Steuerwissenschaftliche Schriften

Herausgegeben von

Prof. Dr. Ekkehart Reimer, Universität Heidelberg
Prof. Dr. Christian Waldhoff, Universität Bonn

Band 26

Markus Eisenbarth

Grenzüberschreitende Verlustverrechnung als Kerngebiet des Europäischen Steuerrechts

Eine Rechtsprechungsanalyse im europarechtlichen Kontext

 Nomos

 C. H. Beck

Die Deutsche Nationalbibliothek verzeichnet diese Publikation in der Deutschen Nationalbibliografie; detaillierte bibliografische Daten sind im Internet über http://dnb.d-nb.de abrufbar.

Zugl.: Heidelberg, Univ., Diss., 2010

ISBN 978-3-8329-5979-1

1. Auflage 2011
© Nomos Verlagsgesellschaft, Baden-Baden 2011. Printed in Germany. Alle Rechte, auch die des Nachdrucks von Auszügen, der fotomechanischen Wiedergabe und der Übersetzung, vorbehalten. Gedruckt auf alterungsbeständigem Papier.

Vorwort

Die vorliegende Arbeit wurde im Frühjahr 2010 von der Juristischen Fakultät der Ruprecht-Karls-Universität Heidelberg als Doktorarbeit angenommen. Hiesige Veröffentlichung bietet Gelegenheit, Dank zu sagen. Dieser gilt zuallererst meiner Familie: Die unverzagte Förderung durch meine Eltern, ihr steter Rückhalt auf einem kräftezehrenden juristischen Weg und der Gedanke an meinen Bruder sind der unverzichtbare Sockel dieses Projekts. Ihnen widme ich diese Arbeit.

Ein herzliches Wort des Dankes gilt meinem verehrten Doktorvater Professor Dr. Ulrich Hufeld, ohne dessen wissenschaftliches und persönliches Engagement mir der Weg zum Europäischen Steuerrecht verschlossen geblieben wäre. Für seinen Rat sowie den mir gebotenen Raum fachlicher Entfaltung in einer Atmosphäre gegenseitiger Wertschätzung, stehe ich in seiner Schuld. Professor Dr. Ekkehart Reimer danke ich sehr für die große Mühe um das Zweitgutachten sowie die Aufnahme in diese Schriftenreihe. Darüber hinaus danke ich Professor Dr. Jürgen Schwarze, wurde ich durch den fortwährenden Diskurs an seinem Lehrstuhl erst für das wissenschaftliche Arbeiten im Europarecht gewonnen, sowie Professorin Dr. Indra Spiecker, genannt Döhmann, LL.M., deren konstruktive Anregungen und Zutrauen mich stets zur rechten Zeit erreichten.

Jeder, der ein solches Projekt zum Abschluss gebracht hat, kennt die Unerlässlichkeit unterstützender Hände und Gedanken anderer. Für den beflissenen Beistand im Laufe der Dissertation bin ich besonders Dr. Hilde Neidhardt und Dr. Peter Winter verbunden. Ferner danke ich meinen Budapester Mitstreitern Marcell Baumann und Matthias Schäfer für Wort und Tat.

Ermöglicht wurde diese Arbeit überdies durch ein Stipendium der Landesstiftung Baden-Württemberg und die europäische Forschungskooperation mit der Andrássy Universität Budapest.

Kaiserslautern, im Oktober 2010   Markus Eisenbarth

Inhaltsverzeichnis

Erster Abschnitt: Einführung in den europarechtlichen Kontext der Verlustverrechnung ... 13

Erstes Kapitel: Schlüsselfragen des Europäischen Steuerrechts ... 15

A. Der Spannungsbogen des Europäischen Steuerrechts ... 15
   I. Einführung ... 15
   II. Problemstellung und Gang der Untersuchung ... 16
   III. Der steuerrechtliche Status quo ... 17
   IV. Der Normenkonflikt ... 24
   V. Wettbewerb im Europäischen Steuerrecht ... 30
     1. Interessen der Mitgliedstaaten ... 30
       a) Fiskalischer Egoismus ... 30
       b) K(l)eine Gewinner ... 33
       c) Der Binnenmarkt als Marktplatz der Steuertarife ... 35
       d) Querfinanzierung durch Einkommen- und Mehrwertsteuer ... 38
       e) Lager der Interessen innerhalb der europäischen Staatengemeinschaft ... 41
     2. Interessen und Rechte der Unternehmen ... 45
       a) Allgemein ... 45
       b) Lager der Interessen innerhalb der Unternehmerschaft ... 47
       c) Wahrnehmung der Rechte ... 48
     3. Interessen der Europäischen Kommission und des Europäischen Parlaments ... 52
   VI. Wechselwirkungen zwischen den Gerichten im Binnenmarkt ... 56
   VII. Zusammenfassung des Spannungsverhältnisses ... 60
B. Grenzüberschreitende Verlustverrechnung als Kernfrage ... 62
   I. Beispiel ... 63
   II. Zusammenhang mit der Gewinn- und Verlustermittlung ... 64
   III. Ökonomische Perspektive ... 66

Zweites Kapitel: Verlustberücksichtigung als Gerechtigkeitsmodus ... 69

A. Das Finanzierungskonzept des Staates ... 69
B. Verlustberücksichtigung als Gebot des Leistungsfähigkeitsprinzips ... 74
C. Verlustberücksichtigung im offenen Steuerstaat ... 79
   I. Gerechtigkeitsprobleme aus Sicht der Staaten ... 80
   II. Gerechtigkeitsprobleme aus Sicht des Steuerbürgers ... 88

III. Zusammenfassung	91
D. Das deutsche System der Verlustberücksichtigung	91
I. Ökonomische Rahmenbedingungen für die Ausgestaltung der Verlustverrechnung	91
1. Rechtsformneutralität	92
2. Standortneutralität	94
3. Intertemporale Neutralität	95
II. Grundzüge der deutschen Verlustberücksichtigung	97
E. Europäisches Leistungsfähigkeitsprinzip	107

Zweiter Abschnitt: Die Verlustverrechnung in der jüngsten Rechtsprechung des Europäischen Gerichtshofes — 111

Drittes Kapitel: Die Rechtssache „Marks & Spencer" — 113

A. Allgemeines	113
B. Fallproblem	116
C. Schlussanträge des Generalanwaltes	117
D. Urteil des Gerichtshofs	122
I. Anwendungsbereich und Beschränkung der Grundfreiheit	122
II. Rechtfertigung der Ungleichbehandlung	127
E. Zusammenfassung	132

Viertes Kapitel: Die Rechtssache „Oy AA" — 133

A. Allgemeines	133
B. Fallproblem	134
C. Grundzüge der Gruppenbesteuerungsmodelle	135
I. Zusammenveranlagung	135
II. Einzelveranlagung	135
III. Sonstige	136
IV. Zusammenfassung	136
D. Schlussanträge der Generalanwältin	136
E. Urteil des Gerichtshofes	138
I. Anwendungsbereich und Beschränkung der Grundfreiheit	139
II. Rechtfertigung der Ungleichbehandlung	143
F. Zusammenfassung	149

Fünftes Kapitel: Die Rechtssache „Lidl Belgium" — 150

A. Allgemeines	150

B. Fallproblem	154
C. Schlussanträge der Generalanwältin	156
D. Urteil des Gerichtshofs	158
I. Anwendungsbereich und Beschränkung der Grundfreiheit	159
1. Konkurrenzverhältnis zwischen Art. 43 EG und Art. 56 EG	159
2. Betriebsstättentätigkeit und Art. 43 EG	161
3. Beschränkung der Niederlassungsfreiheit	161
a) Ansatz des EuGH im Urteil „Lidl Belgium"	163
aa) Vergleichsgruppe	163
bb) Vergleichbarkeit	167
cc) Fazit	169
b) Abgrenzungskonzept von Generalanwalt Geelhoed	171
c) Einfluss des Doppelbesteuerungsabkommens	172
d) Auslegung des Doppelbesteuerungsabkommens	177
e) Tatbestandsausschließende Wirkung des Doppelbesteuerungsabkommens	180
f) Zusammenfassung der tatbestandlichen Beschränkungsprüfung	187
II. Rechtfertigung der Ungleichbehandlung	191
1. Übertragbarkeit der Rechtfertigungstrias auf die Betriebsstättensituation	191
2. Die einzelnen Elemente der Rechtfertigungstrias	194
a) Vermeidung von Steuerumgehung	194
b) Gefahr doppelter Verlustberücksichtigung	197
c) Aufteilung der Besteuerungsbefugnis	201
aa) Territorialität als Anknüpfungspunkt	203
bb) Kern der Rechtfertigungstrias	205
cc) Abwägbarkeit einer Aufteilung der Besteuerungshoheit	206
d) Kumulatives oder alternatives Vorliegen der Gründe innerhalb der Trias	207
e) Zusammenfassung	209
3. Die Kohärenz als Rechtfertigung	210
a) Der Fall „Krankenheim Ruhesitz GmbH" und die Wiederbelebung des Kohärenzargumentes	212
aa) Sachverhalt	213
bb) Anwendungsbereich der europarechtlichen Kontrolle	215
cc) Die Nachversteuerungsregelung des § 2a Abs. 3 EStG a. F.	216
dd) Beachtlichkeit von Liquiditätsnachteilen	219
ee) Beschränkung	220
ff) Rechtfertigungsprüfung im Fall „Krankenheim Ruhesitz GmbH": die Kohärenz	221
b) Das Verhältnis der Kohärenz zur „Marks & Spencer"-Trias	223
III. Die Beurteilung der Verhältnismäßigkeit im Fall „Lidl Belgium"	224
1. Die „ultima ratio"-Lösung	225

2. Der Harmonisierungsvorbehalt	227
3. Endgültige Verluste	232
a) Das für die Beurteilung der Endgültigkeit maßgebliche Recht	233
b) Maßgeblichkeit der rechtlichen Umstände	233
c) Fallgruppen	234
aa) Liquidation/Einstellung der Auslandstätigkeit	234
bb) Verschmelzung von Gesellschaften	235
cc) Umwandlung	236
dd) Verkauf	237
d) Die Schwelle des Missbrauchs	237
aa) Inhaltliche Annäherung an die steuerrechtliche Schwelle des Missbrauchs vor dem Hintergrund der Regelung in § 42 AO	239
bb) Die Tendenz der Missbrauchsdeutung durch den EuGH	241
e) Zwischenergebnis	248
f) Verantwortungsverteilung zwischen den Staaten	248
aa) Grenzüberschreitende Relevanz des nationalen Verlustverrechnungsregimes	249
bb) Kontraproduktive Anreizwirkung der EuGH-Lösung	250
cc) Anzeichen einer Nachjustierung durch den EuGH	251
dd) Resümee der „Krankenheim Ruhesitz"-Neuerung	255
4. Zusammenfassung der Abwägung	257
E. Zusammenfassung	258

Dritter Abschnitt: Abschließende Analyse der Entwicklungen im Bereich der grenzüberschreitenden Verlustverrechnung und allgemeine Tendenzen im Europäischen Steuerrecht ... 261

Sechstes Kapitel: Der EuGH und seine steuerliche Kompetenzdeutung im Spannungsfeld nationaler Verfassungsrechtsprechung ... 263

A. Vorbemerkung	263
B. Grundfreiheit ohne Markt im Steuerrecht ohne Harmonisierung	263
I. Art. 18 EG	264
II. Loslösung der europarechtlichen Schutzwirkung vom wirtschaftlichen Zweck	265
C. Das Verhältnis des EuGH zu den nationalen Gerichten, insbesondere zum Bundesverfassungsgericht: Das Europäische Steuerrecht als Bewährungsprobe der nahen Zukunft?	266
I. Das Verhältnis zwischen dem EuGH und dem BVerfG	266
1. Standpunkt des EuGH	267
2. Standpunkt des BVerfG	268
3. Konfliktpunkte	268

a) Solange-Formel: Grundrechtskonformität des Gemeinschaftsrechts	268
b) Ausbrechender Rechtsakt: Handeln nur im Rahmen der Kompetenz	269
c) Mahnungen des BVerfG aus jüngerer Zeit	273
aa) Beispiel „Oddset"-Urteil	273
bb) Herabsetzen der europäischen Vorlagedirektiven durch das BVerfG	274
cc) Urteil zum Europäischen Haftbefehl	278
dd) Urteil zum Vertrag von Lissabon	279
III. Die Relevanz der Figur des ausbrechende Rechtsakte für das Europäische Steuerrecht	281
1. Allgemeines	281
2. Der verfahrensrechtliche Weg zur Ultra vires-Kontrolle	283
3. Klare Kompetenzabgrenzung als deutsches Verfassungspostulat	285
4. Politischer Rückhalt für die Annahme eines ausbrechenden Rechtsaktes im Europäischen Steuerrecht	286
5. Ansatzpunkte des BVerfG zur Feststellung einer Kompetenzüberschreitung	288
a) Bestreiten der „Urformel"	289
b) Sonstige Anknüpfungspunkte	289
III. Zusammenfassung	292

Siebtes Kapitel: Eine Phase neuer Konzessionsbereitschaft beim EuGH 293

A. Vorbemerkung	293
B. Gerechtigkeit im Europäischen Steuerrecht	293
I. Im Allgemeinen	294
1. Gerechtigkeitsverlust durch Steuergestaltung	294
2. Gleichheit zu Lasten aller	296
3. Wechselwirkungen unter Gerechtigkeitsvorstellungen	299
II. Im Besonderen: Ideal eines europäischen Leistungsfähigkeitsprinzips	300
III. Ergebnis	306
C. Kurskorrektur beim EuGH	306
I. Neue Großzügigkeit auf der Rechtfertigungsebene	308
1. Rechtfertigungsgründe	308
2. Verhältnismäßigkeit	311
II. Resümee	314
1. Abschließender Querschnitt	314
2. Wertung	314
3. Ausblick	316

Literaturverzeichnis	321

Erster Abschnitt:

**Einführung in den europarechtlichen Kontext der
Verlustverrechnung**

Erstes Kapitel: Schlüsselfragen des Europäischen Steuerrechts

A. Der Spannungsbogen des Europäischen Steuerrechts

I. Einführung

Der Europäische Gerichtshof ist häufig und hart kritisiert worden. Dies ist für sich genommen keine bemerkenswerte Neuerung der letzten Jahre[1], wären die jüngst im Zusammenhang mit seiner Rechtsprechung zum sogenannten „Europäischen Steuerrecht"[2], also den Einwirkungen des Europarechts auf die nationalen Steuerrechtsordnungen[3], zu vernehmenden Töne nicht so zahlreich und oft in besonders harscher Manier vorgetragen. Das Spektrum dieser Kritik reicht von der Feststellung, dass Deutschland „nicht auf den Gerichtshof als Motor der deutschen Steuergesetzgebung angewiesen" sei[4] und die Rechtsprechung im Steuerrecht „auf einer grds. unrichtigen Auslegung der Vereinbarungen des EG-Vertrages" basiert[5], dem volkstümlichen Rat „Schuster bleib bei deinen Leisten"[6] bis hin zur drastischen Warnung, die national ausbalancierten Steuersysteme würden durch die Luxemburger Richter zur „Schlachtbank" geführt, wogegen den souveränen Mitgliedstaaten ein „Notwehrrecht" gebühre[7]. Außerhalb Deutschlands wird vergleichbare Kritik keineswegs zurückhaltender geäußert[8]. Während der Entstehungsphase des 2005 gescheiterten „Europäischen Verfassungsvertrages" wurde sogar erwogen, die direkten Steuern

---

1 Eine Übersicht zu Kritik an der Rechtsprechung des EuGH aus diversen Politikfeldern bis Mitte der 90er Jahre findet sich bei: Zuleeg in: Hilf/Stein/Schweitzer, Europäische Union, S. 156f.
2 Nach wie vor klingt dieser Begriff für eine Reihe von Rechtswissenschaftlern durchaus befremdlich, hierzu Geibel, JZ 2007, 277 (ebenda).
3 Begriffsverwendung in diesem Sinne bei Birk, Steuerrecht, Rn. 180; Haase, Europäisches Steuerrecht, Rn. 14; Lang in: Tipke/Lang, Steuerrecht, § 2 Rn. 47ff; Weber-Grellet, Europäisches Steuerrecht, Rn.1.
4 Barbara Hendricks, Parlamentarische Staatssekretärin im BMF, FAZ vom 15.02.2005, S. 10; ähnlich Finanzminister Peer Steinbrück, welcher im Zusammenhang mit der Rechtssache „Meilicke" Gedankenspiele über eine Kontrollinstanz für den EuGH anstellte, http://www.zeit.de/online/2007/10/eugh-urteil-steuern-rueckzahlung?page=all, zugegriffen am 28.10.2008.
5 Referent im BMF Mitschke, NWB, Fach 2, S. 9805 (ebenda).
6 Referatsleiter im BMF Lasars, IStR 2006, 566 (567).
7 Richterin am BFH Ahmann, DStR 2005, 75 (80). Deutliche Kritik an der Steuerrechtsprechung des EuGH übt ferner BFH Richter Fischer, FR 2005, 457ff.
8 Siehe etwa Williams, EC Tax Review 1997, 4 (ebenda): „The European Court and the power to destroy"; Van Raad, EC Tax Review 1995, 190 (201): In some cases, the ECJ „is restricted to pulling individual bricks from domestic law structures without having the a builder's means to redesign and rebuild these structures in conformity with EC law"; Vermeend, EC Tax Review 1996, 54 (ebenda): „Elefant im Porzellanladen des direkten Steuerrechts".

per Bereichsausnahme explizit dem Anwendungsbereich der Grundfreiheiten zu entziehen oder zumindest die Rechtsprechungsbefugnisse des EuGH im Steuerrecht deutlich einzuengen[9].

So stellt sich die Frage, warum beachtliche Teile mitgliedstaatlicher Eliten, vom Politiker über Beamte und Richter bis hin zur Professorenschaft, gerade in diesem Kontext gerne die Contenance verlieren. Weshalb provoziert das Agieren der Gemeinschaftsrichter im Europäischen Steuerrecht selbst sonst besonnene Zeitgenossen, ja sogar leidenschaftliche Verfechter der Vergemeinschaftung, zu solch unmissverständlicher Missbilligung?

Antworten hierauf finden sich in der besonderen Struktur dieses komplexen und im Fluss befindlichen Sachgebiets, dessen Probleme sich vielfach auf dem Gebiet der grenzüberschreitenden Verlustberücksichtigung bewegen. Die stete Beanstandung des Gerichtshofes verdeutlicht dabei auf den ersten Blick, dass dieser Bereich viel juristische wie politische „Musik" birgt. Dabei prägt ein hohes Maß an Unsicherheit das Bild. Die Verlässlichkeit von Prognosen hinsichtlich des Ausgangs von steuerrechtlichen EuGH-Verfahren ist vielfach mäßig[10]. Die Grundlinien der Rechtsprechung sind hier im Gegensatz zu anderen Politikfeldern des Europarechts vergleichsweise ungefestigt, mithin noch beträchtlich formbar. In den kommenden Jahren werden die Unionsrichter zahlreiche langfristig prägende Weichenstellungen vornehmen, welche den Rahmen für die nationalen Steuerrechtsordnungen fixieren. Folglich wird derzeit massiv um Einfluss gerungen.

II. Problemstellung und Gang der Untersuchung

Die grenzüberschreitende Verlustberücksichtigung stellt einen Kernbereich des Europäischen Steuerrechts dar. In jüngerer Zeit wurden vom Europäischen Gerichtshof gleich vier Rechtssachen zu diesem Fragenkomplex entschieden, beginnend 2005 mit dem Verfahren „Marks & Spencer plc"[11], „Qy AA"[12] im Jahre 2007 sowie „Lidl Belgium GmbH & Co KG"[13] und „Krankenheim Ruhesitz GmbH"[14] im Verlaufe des Jahres 2008. Anhand eines induktiv-paradigmatischen Fallvergleiches soll untersucht werden, ob – und wenn ja – wie und warum sich die Ausrichtung des EuGH in seiner Steuerrechtsprechung mit diesen Verfahren verändert hat. Gibt es eine „neue Linie" in der Luxemburger Rechtsprechung, welche die rechte Balance zwischen nationalstaatlicher Steuerrechtssystematik und europäischem Integrationsanspruch

---

9 Mutén in: Brokelind, EC Direct Tax Law, S. 31; Wattel/Terra, European Tax Law, S. 162.
10 Vgl. Geibel, JZ 2007, 277 (ebenda).
11 Rechtssache C-446/03, „Marks & Spencer plc/David Halsey (Her Majesty's Inspector of Taxes)", Slg. 2005, I-10837.
12 Rechtssache C-231/05, „Oy AA", Slg. 2007, I-6373.
13 Rechtssache C-414/06, „Lidl Belgium GmbH & Co KG/Finanzamt Heilbronn", IStR 2008, 400ff.
14 Rechtssache C-157/07, „Krankenheim Ruhesitz am Wannsee-Seniorenheimstatt GmbH/ Finanzamt Berlin", IStR 2008, 769ff.

herzustellen vermag? Falls sich ein neuer Kurs konstatieren lässt, gilt es zu fragen, wie nachhaltig und repräsentativ dieser Prozess ist und welche Rückschlüsse sich für kommende Rechtsstreitigkeiten im Bereich der Verlustverrechnung ziehen lassen. Aus verfassungsrechtlicher Sicht wird ferner eine Einschätzung dazu vorgenommen, wie sich das BVerfG in Bereich des Europäischen Steuerrechtes im Verhältnis zum EuGH positionieren könnte: Bieten die Strukturen der steuerlichen Grundfreiheiten-Rechtsprechung Anlass für die Zurückweisung des europäischen Vorranganspruches mittels einer Ultra vires-Kontrolle? Der steuerliche case law-Kontext mündet zudem immerfort in die Frage nach einer inneren Gerechtigkeit im gedeihenden Europäischen Steuerrecht: Können die sich verdichtenden Vorgaben des Gerichtshofes zu einem in sich geschlossen und zukunftsweisenden steuerlichen Gerechtigkeitssystem auf dem Binnenmarkt erwachsen? Im Zusammenhang mit der grenzüberschreitenden Verlustverrechnung stellt sich dabei insbesondere die Frage nach der Perspektive eines europäischen Leistungsfähigkeitsprinzips.

Zu Beginn der Arbeit wird das Umfeld des Europäischen Steuerrechts sowie die Bedeutung der grenzüberschreitenden Verlustverrechnung innerhalb dieses Bereiches skizziert. Das zweite Kapitel widmet sich abstrakt den grundsätzlichen Gerechtigkeitsfragen der Verlustberücksichtigung sowie deren Struktur in Deutschland. Ausgehend von diesen Betrachtungen wird der Gedanke eines europäischen Leistungsfähigkeitsprinzips konturiert.

Der zweite Abschnitt beschäftigt sich mit der Analyse der einzelnen Verfahren in chronologischer Reihenfolge. Folglich begutachtet das dritte Kapitel den Ausgangsfall „Marks & Spencer", bevor sich ein eigenes Kapitel mit der Rechtssache „Oy AA" befasst. Schwerpunkt der Urteilsanalyse ist das fünfte Kapitel mit dem in Deutschland wurzelnde Verfahren „Lidl Belgium". Die Wissensstränge der Entscheidungsuntersuchungen laufen hier zusammen und werden mit Neuerungen aus dem Urteil „Krankenheim Ruhesitz GmbH" verflochten[15].

Im dritten Abschnitt werden die zuvor gesammelten Erkenntnisse zusammenhängend analysiert, indem zunächst im sechsten Kapitel die Auswirkungen der Grundfreiheiten-Rechtsprechung auf das Verhältnis zwischen EuGH und BVerfG beleuchtet wird. Das siebte Kapitel greift abschließend die tragenden Fragestellungen nach einem europäischen Leistungsfähigkeitsprinzip sowie des vom EuGH in der grenzüberschreitenden Verlustverrechnung eingeschlagenen Entscheidungskurses auf.

III. Der steuerrechtliche Status quo

Für die neuen Generationen von Juristen, welche von Beginn ihrer Ausbildung an lernen, bei jeglicher Fallbegutachtung das „Europarecht im Hinterkopf" zu haben, ist

---

15 Das Verfahren „X-Holding", Rechtssache C-337/08, DStR 2010, 427ff. fließt nur am Rande in die Untersuchung ein. Siehe hierzu Eisenbarth/Hufeld, IStR 2010, 309 (ebenda ff.).

er alltäglich[16]: der Anwendungsvorrang des Gemeinschaftsrechts[17]. Auch wenn diese Konstruktion, fußend auf einem Verständnis der EG als „eigenständiger Rechtsordnung" mit einem dogmatisch aus dem sogenannten „effet utile", vgl. Art. 10 EG, entspringenden gleichmäßigen Funktionsfähigkeitsanspruch in allen Mitgliedstaaten, heute weithin juristisches Allgemeingut ist, handelt es sich hierbei um die Wurzel aller Kontroversen im Europäischen Steuerrecht. Dieses tragende Fundament soll im Folgenden im Bewusstsein bleiben, wenn das verzweigte Geäst des Europäischen Steuerrechtsbaumes erklommen wird. Es bildet, zusammen mit dem Grundsatz der unmittelbaren Anwendbarkeit des Europarechts, die Basis dafür, dass der EuGH heute faktisch zum höchsten europäischen Steuergericht[18] avanciert ist. So nahmen die Gemeinschaftsrichter seit dem Jahre 1985 die spezifische Ausgestaltung mitgliedstaatlicher Steuerrechtsordnungen in mehr als 250 Fällen in Augenschein, wobei die Anzahl steuerlicher Prüfungsgegenstände gerade in den letzten Jahren stark angestiegen ist[19].

Vor diesem Hintergrund sollte man annehmen, dass der Gemeinschaft umfassende Kompetenzen im Bezug auf das Steuerrecht zustehen, welche das Gericht als zur Wahrung des Vertragsrechts berufene Instanz, Art. 220 EG, kontrolliert. Dies ist indes nicht der Fall. Wenngleich sich die Europäische Gemeinschaft als supranationale Organisation mit einer Rechtsordnung sui generis[20] sowohl sprachlich als auch rechtlich von der Struktur klassischer völkerrechtlicher Organisationen entfernt hat, so entbehrt sie nach wie vor – wie auch der EU als „Staatenverbund"[21] – die Staatsqualität. Unmittelbare Folge hieraus ist, dass die EG, anders als ein souveräner Staat,

---

16 Siehe zu diesem gewandelten Bewusstsein innerhalb der Rechtsausbildung Deutschlands, aber auch der anderen Mitgliedstaaten den Beitrag von Böttcher, „Der europäische Jurist", in: Häberle, Jahrbuch des Öffentlichen Rechts der Gegenwart, Band 49, S. 1ff.

17 EuGH, Rechtssache 6/64, „Costa/ENEL", Slg. 1964, 1251 (1269f.); implizit bereits in Rechtssache 26/62, „van Gend & Loos", Slg. 1963, 1 (25), wo es jedoch primär um die unmittelbare Anwendbarkeit des Gemeinschaftsrechts ging und die Frage des Vorrangs aufgrund der monistisch – mit Primat des Völkerrechts –
aufgebauten niederländischen Verfassung nicht entscheidungserheblich war.

18 So auch Heintzen in: Depenheuer/Heintzen, Staat im Wort, Festschrift für Isensee, S. 853.

19 Vgl. Jahresbericht des Gerichtshofes 2007, S. 95. Eine detaillierte Auflistung aller EuGH-Urteile zum direkten Steuerrecht bis zum Jahre 2005 findet sich bei Kofler, taxlex 2006, 13 (18ff.) und 63 (ebenda ff.). Dabei ist gerade der BFH in jüngster Zeit besonders vorlagefreudig: allein in den Jahren 2005-2008 wurden 32 Vorlagen an den EuGH gerichtet (im selben Zeitraum erfolgten 11 Vorlagen an das BVerfG), siehe die Jahresberichte des BFH 2005-2008. Insgesamt erweist sich der BFH als mit Abstand vorlagefreudigstes deutsches Höchstgericht (250 Vorlagen seit 1952), Jahresbericht des Gerichtshofes 2008, S. 110. Diese Quantität unterstreicht die hohe Relevanz des Steuerrechts innerhalb des Europarechts.

20 Vgl. hierzu das grundlegende Urteil des EuGH in der Rechtssache 6/64, „Costa/ENEL", Slg. 1964, 1251 (1269).

21 Vgl. diese Klassifizierung durch das BVerfG in seinem Urteil zum Vertrag von Maastricht, BVerfGE 89, 155 (189). Ebenso jüngst im Urteil zum Vertrag von Lissabon, BVerfG, 2 BvE 2/08 vom 30.6.2009, BeckRS 2009 35262, Rn. 229.

über keine sogenannte Kompetenz-Kompetenz verfügt[22]. Mangels einer solchen Allzuständigkeit zur Realisierung der Vertragsziele, allen voran das Binnenmarktprojekt, Art. 14 EG, bedarf es mithin jeweils der Übertragung von Einzelkompetenzen[23]. Bei den EG-Zuständigkeiten handelt es sich demnach um abgeleitete Kompetenzen; das Vertragsziel an sich reicht grundsätzlich nicht aus, um eine Maßnahme der EG zu rechtfertigen[24]. Was speziell das Besteuerungsrecht anbelangt, ist auch im 21. Jahrhundert zu konstatieren: „the power to tax is the power to govern"[25]. So wird die Steuerautonomie, also das Recht, Steuern zu erheben und nach Belieben zu gestalten, von den Mitgliedstaaten häufig als eines der letzten Bollwerke nationaler Eigenständigkeit angesehen, als unabdingbare „essentialia negotii" ihrer souveränen Staatlichkeit. Dementsprechend zurückhaltend agieren die Länder, wenn es darum geht, Kompetenzen an die supranationale Ebene abzutreten. Daher ist die EG keine Steuerrechtsunion[26].

Aufgrund anderer wirtschaftlich-kultureller Umstände erscheint durchaus nachvollziehbar, dass die Gründerväter der EWG 1957 im Rahmen der Römischen Verträge einer Harmonisierung der Steuern keine Priorität in den Verträgen einräumten. Doch haben sich die Zielschwerpunkte des europäischen Binnenmarktes verlagert: Zuvörderst friedenspolitisch geprägtes Gedankengut funktioneller Integration mittels enger wirtschaftlicher Verflechtung wurde mit der Zeit zugunsten wirtschaftlicher Gesichtspunkte wie der Förderung des Freihandels, der Konkurrenz zu gleichen Wettbewerbsbedingungen und den mit diesem Europäischen Wirtschaftsrecht verbundenen Wachstums- und Entwicklungschancen verschoben[27]. Heute wird weniger nach einer „Friedensdividende"[28] als nach einer ökonomischen Reproduktivität[29] politischer wie finanzieller Kapitalanlagen in der Europäischen Union gefragt[30].

Dabei sind die manifesten funktionshemmenden Wirkungen für diesen Markt, welche durch die starken Divergenzen der nationalen Steuersysteme bei gleichzeitig steigender innergemeinschaftlicher Mobilität und Wirtschaftstätigkeit[31] hervorgeru-

---

22 Haratsch, Europarecht, Rn. 166, Weidemann, Bedeutung der Querschnittsklauseln für die Kompetenzen inner-halb der EG, S. 34. In seinem Urteil vom 30.6.2009 weist das BVerfG explizit daraufhin, dass im Rahmen des Grundgesetzes eine solche Übertragung der Kompetenz-Kompetenz untersagt ist, 2 BvE 2/08, BeckRS 2009 35262, Rn. 233.
23 Sogenannte „Prinzip der begrenzten Einzelermächtigung", Art. 5 Abs. 1 EG (für die Verbandskompetenz) und Art. 7 Abs. 1 Satz 2 EG (für die Organkompetenz).
24 Weidemann, Bedeutung der Querschnittsklauseln für die Kompetenzen innerhalb der EG, S. 34.
25 Hierzu Knobbe-Keuk, Bilanz- und Unternehmenssteuerrecht, S. 335.
26 Begriff nach Weber-Grellet, Europäisches Steuerrecht, § 1 Rn. 4.
27 Vgl. Entwicklungsbeschreibung des Binnenmarktes in Schwarze, Europäisches Wirtschaftsrecht, S. 31ff.
28 Böttcher, Subsidiarität für Europa, S. 187f.
29 Zum Begriffsinhalt: Koch in: Albers, Handbuch der Wirtschaftswissenschaft, Band 3, S. 221.
30 Zur Verknüpfung des Reproduktivitätsgedankens mit der EU, Hufeld in: Depenheuer/Heintzen, Staat im Wort, Festschrift für Isensee, S. 863.
31 Zu den Handels- wie auch Mobilitätseffekten des Binnenmarktes ausführlich, Brasche, Europäische Integration, S. 71ff.

fen werden, nicht mehr zu leugnen. Angefangen bei steigenden Bürokratiekosten[32] über verzerrende Investitionslenkung bis hin zu offen diskriminierender Standortpolitik reichen die möglichen, dem gewünschten level playing field entgegenstehenden Wirkungen[33]. Zudem herrscht ein immer größer werdender funktionaler Druck: Die Assimilation der 27 nationalen Märkte in Handels- und Wirtschaftsfragen ist weit fortgeschritten. Je weiter sich die Abschaffung nichtsteuerlicher Hemmnisse entwickelt, desto klarer treten die Wettbewerbsverzerrungen aufgrund der Steuergrenzen hervor. Gerade hier könnten im Vergleich zu den anderen Teilbereichen des Binnenmarktes noch große Verbesserungen erzielt werden, um einen in seiner Gesamtheit schrankenlosen und unverzerrten europäischen Markt zu erreichen[34]. Dieser Prozess eines weiteren Abbaus unterschiedlicher steuerrechtlicher Regularien ist in der Europäischen Union politisch vom Grundsatz her beabsichtigt. So berücksichtigt die sogenannte Lissabon-Strategie, welche Europa bis 2010 zum wettbewerbfähigsten und dynamischsten Wirtschaftsraum der Welt modernisieren will, auch steuerliche Aspekte des Binnenmarktes[35]. In den umfangreichen Eingangsbestimmungen des EG-Vertrages, Art. 2, 3 EG, sucht man das Ziel einer Beseitigung steuerlicher Diskriminierungen hingegen auch noch heute vergeblich[36]. Die Durchforschung des Vertrages nach konkreten Handlungsermächtigungen bleibt ebenfalls weitgehend ergebnislos. Unter dem Titel „Steuerliche Vorschriften" finden sich lediglich die Art. 90-93 EG. Eine ausdrückliche steuerrechtliche Kompetenz ist dabei allein für die indirekten Steuern normiert, Art. 93 EG. Diese weisen in Folge ihrer Produktbezogenheit einen direkten Einfluss auf die Verbraucherpreise auf, mithin eine besonders ersichtliche Binnenmarktrelevanz, insbesondere für die Warenverkehrsfrei-

---

32 Etwa durch die verschiedenen Arten der Gewinnermittlung. Siehe auch die Studien von KPMG aus dem Jahre 2007, https://www.kpmg.de/Presse/2798.htm, zugegriffen am 28.10.2008 oder PWC/Weltbankstudie "Paying Taxes 2008: The global Picture", http://www.innovations-report.de/html/berichte/studien/bericht-96486.html, zugegriffen am 28.10.2008.
33 Vertiefendes hierzu findet sich in Kapitel 2 IV. 1.
34 Das beschriebene Phänomen, dass sich Kooperation in unschiedlich stark integrierten Teilbereichen aufgrund der Vorteile, welche durch sie sichtbar werden, quasi „automatisch" ausdehnen oder zumindest einen Druck zugunsten einer Ausweitung der Kooperation erzeugen, bezeichnet man in der Politikwissenschaft als „spill-over" Effekt, vgl. Lehmkuhl, Theorien internationaler Politik, S. 163.
35 Europäischer Rat vom 23. und 24. März 2000 in Lissabon, Schlussfolgerungen des Vorsitzes, Schlussfolgerung Nr. 21. Siehe ferner die Entschließung des Europäischen Parlaments vom 24. Oktober 2007, Beitrag der Steuer- und Zollpolitik zur Lissabon-Strategie, 2007/2097(INI), Amtsblatt der Europäischen Union, C 263 E/441.
36 Vgl. hierzu Oppermann, Europarecht, S. 359. Am steuerlichen Kompetenzgefüge hat der seit Dezember 2009 gültige Vertrag von Lissabon nichts wesentliches geändert. Die besprochenen Entscheidungen sind unter der Geltung des Nizza-Vertrages erlassen worden, weshalb sich die Arbeit auf die Kompetenztitel dieses Vertrages stützt. Insbesondere erfolgten keine materiellen Änderungen im Bereich der Grundfreiheiten, sodass die Ergebnisse der Arbeit ohne weiteres auf die gültige Rechtslage übertragbar sind.

heit[37]. Auf diesem Feld ist die Tätigkeit von Gemeinschaft und Gerichtshof seit längerer Zeit als konstruktiv akzeptiert[38]. So ist im Besonderen durch die EG-Umsatzsteuerrichtlinien die Harmonisierung auf europäischer Ebene weit fortgeschritten[39].

Dies lässt sich für die direkten Steuern nicht konstatieren. In diesem Bereich, zu welchem unter anderem die bedeutenden Ertragsteuern der Körperschaft- und der persönlichen Einkommensteuer gehören, mangelt es schon an einer expliziten Ermächtigungsnorm, welche der EG eine wahrnehmbare Zuständigkeit vermitteln würde. Vielmehr werden auch im Vertragstext immer wieder die Vorbehalte der Mitgliedstaaten deutlich. Überaus fassbar findet sich diese Skepsis beispielsweise in der durch die Einheitliche Europäische Akte 1987 eingeführten Zentralnorm des Art. 95 EG. Dieser eröffnet in vielen Bereichen die Möglichkeit für Maßnahmen zur Binnenmarktharmonisierung per Mehrheitsentscheidung. Gemäß Art. 95 Abs. 2 EG sind Steuern hiervon explizit ausgenommen. Daraus lässt sich zwar nicht die Schlussfolgerung ziehen, eine Harmonisierung direkter Steuern sei durchgängig unzulässig. Eine Angleichung dieser Steuern kommt auf der Grundlage der allgemeinen Rechtsangleichungsvorschrift des Art. 94 EG in Betracht[40]. Aufgrund der dort vorgesehenen vollumfänglichen Rückbindung an die Mitgliedstaaten qua Einstimmigkeit im Ministerrat, aber vor allem wegen des mangelnden politischen Willens[41], sind mit der Mutter/Tochter-[42], der Zins-[43], der Amtshilfe-[44] sowie der Fusions-Richtlinie[45] bisher nur wenige Sekundärrechtsakte mit steuerrechtlicher Relevanz ergangen. Zudem ist die Kompetenzgrundlage des Art. 94 EG im Normtext auf das zur Vollendung des Binnenmarktes Notwendige eingegrenzt, sodass etwa ein gemeinschaftliches Tätigwerden allein zum Zwecke von Steuergerechtigkeit oder von Einnahmesteigerung nicht gangbar wäre[46].

---

37 Laule, IStR 2001, 297 (303); Seiler in: Depenheuer/Heintzen, Staat im Wort, Festschrift für Isensee, S. 885.
38 Schön, DStR 2008, 10 (14).
39 Lang und Reiß in: Tipke/Lang, Steuerrecht, § 2 Rn. 54 sowie § 14, Rn. 6ff; Laule, IStR 2001, 297 (303). In diesem Kontext bewegte sich folglich auch ein Großteil der anfänglichen Steuerrechtsprechung des EuGH.
40 Kischel, IWB Nr. 22, S. 797 (ebenda); Wunderlich/Albath, DStZ 2005, S. 547 (548).
41 Im Ergebnis unterscheiden sich die Rechtssetzungsvoraussetzungen des Art. 93 EG und Art. 94 EG nicht grundlegend. Die Unterschiede hinsichtlich Rechtssetzungsform, tatbestandlichem Bezugspunkt und Geltung des Subsidiaritätsprinzips stellen im Falle des politischen Wollens kein unüberwindbares Hindernis dar.
42 RiL 90/435/EWG, letzte Novellierung durch RiL 2003/123/EG.
43 RiL 2003/48/EG.
44 RiL 77/799/EWG.
45 RiL 90/434/EWG, letzte Novellierung durch RiL 2005/19/EG.
46 Genschel in: Decker/Höreth, die Verfassung Europas, S. 205. In der Praxis völlig der Vergessenheit anheim gefallen ist der Weg über Art. 96 EG. Dieser eröffnet die Möglichkeit, im Falle gravierender Wettbewerbs-verzerrungen mit qualifizierter Mehrheit Angleichungsrichtlinien zu erlassen. Hierüber ist ein Vorgehen in grenzüberschreitenden Steuerrechtsfragen denkbar. Trotz seiner vergleichsweise unkomplizierten Verfahrensweise und eines ver-

Dementsprechend besitzen die Mitgliedstaaten eigentlich eine umfassend angelegte Steuerautonomie gerade im für diese Arbeit relevanten Bereich der Ertragsteuern. Diese umfasst vor allem[47]

- die Unabhängigkeit in der Gestaltung der nationalen Steuern,
- die Freiheit hinsichtlich der Aufteilung des Steuersubstrats zwischen den Staaten und
- die selbstbestimmte Koordination dieser Steuern.

Danach steht es jedem Mitgliedstaat grundsätzlich frei, die Bemessungsgrundlagen der Besteuerung sowie die Tarife eigenständig zu systematisieren. Ferner behalten sie das Recht, durch Doppelbesteuerungsabkommen (DBA) konkurrierende Besteuerungsansprüche aufzuteilen und sonstige Abstimmungen vorzunehmen. Bemühungen um eine europaweite Harmonisierung dieser Fragen sind bisher hingegen zum Großteil im Sande verlaufen. Dabei lässt die Europäische Kommission keinesfalls die Initiative vermissen. Im Bewusstsein der wirtschaftlichen Bedeutung des Steuerrechts hat sie sich immer wieder als Motor einer steuerlichen Harmonisierung versucht. In Form diverser Berichte[48], Analysen[49], einzelner Legislativvorschläge[50] bis hin zu einer steuerpolitischen Gesamtstrategie[51] mühte sich die Kommission – grösstenteils vergebens, die Mitgliedstaaten von der Notwendigkeit eines gemeinsamen Vorgehens zu überzeugen. In neuerer Zeit zollt das Vorgehen der Kommission dieser mitgliedstaatlichen Reserviertheit insofern Tribut[52], als vermehrt auf einzelne, unverbindliche Empfehlungen und eine verstärkte Zusammenarbeit gleich gesinnter Staaten im Rahmen von Art. 11 EG in Verbindung mit Art. 43 ff EU gesetzt wird[53]. Neben Streitfragen der Verlustverrechnung werden hier vor allem Fragen der Doppelbesteuerung oder unterschiedlicher Verrechnungspreise[54] fokussiert angegangen.

gleichsweise präzise bestimmten Tatbestandes wurde bisher jedoch noch keine Richtlinie auf Grundlage dieser Vorschrift erlassen, vgl. Herrnfeld in: Schwarze, EU-Kommentar, Art. 96, Rn. 2; Langeheine/Tietje in: Grabitz/Hilf, Das Recht der Europäischen Union, Bd. II, Art. 96, Rn. 2.
47 Vgl. Beiser, IStR 2008, 587 (ebenda).
48 Siehe etwa den sogenannten Neumark- (1962), den Tempel- (1970), den Rüding- (1992) oder den Montibericht (1996).
49 Beispielsweise zu den „Steuertrends in der EU", http://ec.europa.eu/taxation_customs/ taxation/gen_info/economic_analysis/tax_structures/index_de.htm., zugegriffen am 29.10.2008.
50 Siehe etwa die beinahe jährlichen Mitteilungen zum Unternehmenssteuerbereich, http://ec.europa.eu/taxation_customs/taxation/company_tax/key_documents/index_de.htm, zugegriffen am 29.10.2008.
51 KOM (2001) 260.
52 *Wittkowski* sieht hierin sogar eine nachhaltige Beachtung des Subsidiaritätsprinzips im steuerlichen Kompetenzgefüge, Verlustverrechnung, S. 88.
53 Vgl. Pressemitteilung der Kommission vom 23.05.2001, http://europa.eu/rapid/ pressReleasesAction.do?referece=IP/01/737&format=HTML&aged=1&language=de&guiLanguage=de, zugegriffen am 19.11.2008.
54 Hierzu ausführlich Beiser, IStR 2008, 587ff.

Doch nicht allein die Ausgestaltung der Normsetzungsbefugnisse im Vertrag, die durch keine der bisherigen Vertragsrevisionen angetastet wurde und welche die Steuerpolitik als einen der seltenen Politikbereiche der ersten Säule belässt, wo immer noch absolute Einstimmigkeit notwendig ist[55], spiegelt die Schwäche der EG in Fragen des Steuerrechts wider. Neben dieser Steuergesetzgebungshoheit zeugt ebenfalls die Verteilung der übrigen Finanzhoheiten von der Macht der Länder im Verhältnis zur Union. Liegt die Verwaltungshoheit, wie in den meisten anderen Politikfeldern auch, bei den Mitgliedsstaaten, so spielt der Kern der politischen Auseinandersetzung auf der Ebene der Ertragshoheit[56]. Ähnlich wie im föderal gegliederten Deutschland, wo die Aufteilung der Erträge von Anbeginn bis hin zur aktuellen Diskussion über die Reorganisation des Föderalismus den politischen Hauptstreitpunkt markiert[57], kann auf EU-Ebene dieser Teil der Finanzhoheit als Gradmesser für die Souveränitätsvorbehalte der Mitgliedstaaten dienen[58]. Die Union wird dabei hauptsächlich durch das sogenannte Eigenmittelsystem, Art. 269 EG, finanziert. Zwar sollte dieses System aus Sicht der Europabefürworter, in Abkehr von einer Beitragsfinanzierung, die Gemeinschaft in Betonung ihres supranationalen Charakters vermehrt von den Mitgliedstaaten unabhängig machen[59]. Allerdings beruht die momentane Lösung einer vertikalen Ertragsverteilung[60] maßgeblich auf einem Eigenmittelbeschluss, welcher von den mitgliedstaatlichen Parlamenten ratifiziert werden muss[61]. Diese „Eigenmittel"[62] der Europäischen Gemeinschaft gleichen folglich

---

[55] Hieran ändert sich inhaltlich auch mit einer Aufhebung der Säulenstruktur im Vertrag von Lissabon nichts.
[56] Nicht umsonst ist Art. 106 GG, welcher das Steueraufkommen im zwischen Bund und Ländern verteilt, als eine der wichtigsten Regelungen der deutschen Verfassung anzusehen. Dieser vermittelt den Ländern trotz Auseinanderfallen zwischen Rechtsetzung und Ertraghoheit, bei einem „Gesetzgebungsübergewicht" des Bundes, einen Anspruch auf angemessene, die Eigenstaatlichkeit der Länder sichernde, Beteiligung der Gesamteinkünfte im Bundesstaat. Ausführlich zur grundlegenden Verknüpfung zwischen Staatlichkeit und deren Finanzierung im zweiten Kapitel.
[57] Vgl. Wanke, Streitfragen und Entscheidungsprozesse im föderalistischen Finanzausgleich der Bundesrepublik Deutschland, S. 19ff.
[58] Vgl. Waldhoff in: Isensee/Kirchhof, Handbuch des Staatsrecht, Band V, § 116, Rn. 163.
[59] Wagschal, Steuerpolitik, S. 370.
[60] Eigenmittelsystem auf der Grundlage des Beschlusses 2000/597/EG des Rates.
[61] Schneider, Der EU-Haushalt, S. 5.
[62] Herkömmlich erfolgt eine Einteilung in traditionelle (wirkliche) Eigenmittel (z.B. Zölle und Agrarabschöfungen), Anteile an den Mehrwertsteuern der Mitgliedstaaten und als Haupteinnahmequelle Abführungen auf Grundlage des Bruttosozialproduktes. Dabei zeigt die Tendenz der letzten drei Jahrzehnte, dass sich Bedeutung der wirklichen Eigenmittel enorm zugunsten der "Betragsfinanzierung" durch die Mitgliedstaaten verlagert hat. Siehe Schaubild bei Brasche, Europäische Integration, S. 247; Vgl. ferner Wenzel, Finanzpolitik in Europa, S. 72ff. Hierdurch wird die Autonomie der EU in Finanzfragen immer geringer, zumal sie gemäß Art. 268 aE i.V.m. Art. 269 Abs. 1 EG keine Geldmittel über Kreditfinanzierung akquirieren kann.

mehr mitgliedstaatlichen Finanzzuweisungen als eigenen Steuererträgen[63]. Ein unmittelbarer fiskalischer Berührungspunkt zwischen Union und Steuerpflichtigem existiert nicht. Die EU bleibt in erheblichem Umfang „Kostgänger der Mitgliedstaaten"[64]. Reformvorschläge, etwa zur Einführung einer eigenen EU-Steuer[65], konnten sich bisher nicht durchsetzen. So kommt es zu der – auf den ersten Blick – paradoxen Konstellation in der europäischen Finanzpolitik, dass dem „Glanzstück der europäischen Integration", der Währungsunion, steuerpolitisch nichts Vorzeigbares entspricht. Hier dominieren die nationalen Vorbehalte.

IV. Der Normenkonflikt

Im Kontrast zu dieser Machtdemonstration der Nationalstaaten, welche die EG-Harmonisierungspolitik im Bezug auf die direkten Steuern nahezu ohnmächtig erscheinen lässt, steht die Durchsetzungskraft der Rechtsprechung des EuGH. Sein Fallrecht determiniert die nationale Steuergesetzgebung weit mehr als jegliche Rechtsetzung von Rat und Parlament[66]. Hier kommt das grundlegende Selbstverständnis des Gemeinschaftsgerichtes zum Tragen, welches den allgemeinen Grundsätzen des Vertrages ebenso in Sachbereichen, die nicht zu den Kernzuständigkeiten der EG gehören, Geltung verschaffen will[67]. Im Ansatz begründet der EuGH dies mit dem einmal von den Mitgliedstaaten gefällten Beschluss, den Binnenmarkt zu verwirklichen: Diesen Beschluss zu schützen, sei die ureigenste Aufgabe des EuGH, vgl. Art. 220 EG. Dementsprechend orientiert sich der Gerichtshof bei der Auslegung des Vertrages vorrangig an einer teleologischen Interpretation mit dem Ziel einer bestmöglichen Pflege der gemeinschaftlichen Funktionsfähigkeit[68]. Hingegen treten andere Methoden der Auslegung wie etwa das Abheben auf den Wortlaut und den in ihm zum Ausdruck kommenden Willen der Mitgliedstaaten etwas in den Hintergrund[69].

63 Ähnlich Brasche, Europäische Integration, S. 247; Waldhoff in: Isensee/Kirchhof, Handbuch des Staatsrechts, Band V, § 116, Rn. 164.
64 In Anlehnung an eine berühmte Rede des Reichskanzlers Otto von Bismarck, welcher in einer Plenardebatte am 02.05.1879 betonte, „daß es für das Reich unerwünscht ist, ein lästiger Kostgänger bei den Einzelstaaten zu sein [...]", Otto von Bismarck, Die gesammelten Werke, Band 12, 58 (59).
65 Siehe etwa die jüngsten Vorschläge den Haushaltskommissars Lewandowski für eine Luftverkehrsabgabe oder eine Transaktionssteuer, FAZ vom 11. August, S. 11.
66 Vgl. Lang in: Tipke/Lang, Steuerrecht, § 2, Rn. 56.
67 Vgl. hierzu die Äußerung des Gerichtspräsidenten *Skouris*: „Wir leben nun einmal im Binnenmarkt. Und da ist kein Bereich völlig immun gegen die Anwendung der Grundfreiheiten", Die ZEIT, http://www.zeit.de/ 2006/19/EUGH, zugegriffen am 7.4.2009.
68 Isensee bezeichnet diesen Umstand als „dynamische Vertragsauslegung", siehe Isensee in: Burmeister/ Nierhaus, Verfassungsstaatlichkeit, Festschrift für Klaus Stern, S. 1254. Siehe ferner Schwarze, Europäisches Wirtschaftsrecht, S. 366ff.
69 Vgl. Schwarze in: Schwarze, EU-Kommentar, Art. 220, Rn. 28; Wieland, NJW 2009, 1841 (1843).

So folgt der EuGH einem weiten Binnenmarktverständnis mit einer Gesamtheit von Konsumenten und Unternehmern als Teilnehmer eines einheitlichen Marktes, auf welchem europaweit Angebote an Waren, Dienstleistungen, Arbeitskraft und Kapital einer ebenso ausgestalteten grenzüberschreitenden Nachfrage gegenüber gestellt werden[70]. Vorstellen kann man sich diesen Markt als einen großen Billardtisch – anstelle von 27 kleinen Tischen – auf welchem alle Akteure als Mitspieler, nicht mehr nur als Einzelspieler, ihre Kugeln hin und her stoßen können[71]. Da dieser Billardtisch jedoch immer wieder erhebliche Unebenheiten aufweist, bedarf es eines Makörs[72], welcher diese glättet. Nimmt der EuGH diese Spielleiterfunktion ein, so müssen nach seiner Ansicht gerade die tragenden Pfeiler dieses Kernprojekts, im Besonderen die europäischen Grundfreiheiten, auch außerhalb der zweifelsfreien Kompetenzen verteidigt werden, um die Hauptziele der Binnenmarktverwirklichung, Art. 3 Abs. 1 c) in Verbindung mit Art. 14 EG, nicht zu gefährden. Die Grundfreiheiten bilden, dogmatisch in etwa vergleichbar mit deutschen Grundrechten[73], einen komplementären Rechtmäßigkeitskanon, welcher eisern auf die Marktwirtschaft ausgerichtet ist und welchem die staatliche Rechtsnutzung genügen muss. Sie weisen somit einen wirkungsmächtigen Querschnittscharakter auf[74].

Die Luxemburger Richter verfügen mit jener Auslegung der Grundfreiheiten, die sich nicht an der aus der deutschen Methodenlehre bekannten Dreiteilung zwischen Auslegung, zulässiger Rechtsfortbildung[75] und unzulässiger Rechtssetzung orientiert, sondern einem monistischen Interpretationsverständnis ohne feste Grenze zwischen Auslegung und Rechtsfortbildung folgt[76], über ein flexibles und einflussreiches Kontroll- und Korrekturinstrument im Binnenmarkt, welches unabhängig von den Einzelinteressen der 27 Mitgliedsländer existiert[77]. Die Steuerjustizhoheit der

---

70 Schön, IStR 2004, 289 (290).
71 Bild des Billardtisches in Anlehnung an Vanistendael, EC Tax Review 2003, 136 (139).
72 Schiedsrichter beim Billard.
73 Gerade in den Anfangsjahren des Grundgesetzes wurde heftig darum gestritten, ob die Grundrechte überhaupt irgendeine Art an wirksamen Schutz gegen steuerliche Eingriffe des Staates bieten könnten. Eine solch – aus damaliger Sicht – weitgehende Wirkung bestritt auf der deutschen Staatsrechtslehrertagung 1955 etwa Karl Maria Hettlage, Professor für Öffentliches Recht und später Staatssekretär im Bundesministerium der Finanzen, vgl. Diwell, Beihefter zu DStR 17 2008, 7 (8). Insofern durchliefen die Grundfreiheiten – wenn auch zeitversetzt und in längeren Zyklen – im Bezug auf die prägenden Einwirkungen auf das Steuerrecht eine Art parallele Entwicklung.
74 Kube in: Reimer, Europäisches Gesellschafts- und Steuerrecht, S. 226.
75 Dieses gesteht das BVerfG dem EuGH ausdrücklich zu, vgl. BVerfG, NZA 2010, 995 (997).
76 Vgl. Schenke, Rechtsfindung im Steuerrecht, S. 454 und 458. Zwar kennt auch der EuGH die Grenze unzulässigen Richterrechts, doch sichert ihm diese insgesamt dogmatisch unscharfe Auslegung Handlungsspielräume und trägt zum Gefühl eines ausdehnenden Vorgehens der Gemeinschaftsrichter bei.
77 Natürlich muss sich der EuGH dabei im Rahmen des jeweils geltenden Vertragstextes bewegen, dessen „Herren" nach wie vor die Mitgliedstaaten sind. Jedoch erweist sich dieser Rahmen, wie im folgenden zu sehen sein wird, aus der Sicht des EuGH als durchaus weitläufig.

Länder wird in bedeutendem Maße aufgebrochen. Diese Perspektive konkretisiert der Gerichtshof für das Recht der direkten Steuern, indem er zwar betont, dass

> „[...] der Bereich der direkten Steuern als solcher beim gegenwärtigen Stand des Gemeinschaftsrechts nicht in die Zuständigkeit der Gemeinschaft fällt", um allerdings noch im selben Atemzug hervorzuheben, dass „die Mitgliedstaaten die ihnen verbleibenden Befugnisse jedoch unter Wahrung des Gemeinschaftsrechts ausüben müssen"[78].

Dies ist eine dogmatische Konstruktion voller „Sprengkraft". Diese steuerrechtliche „Urformel" aus dem „Schumacker"-Urteil[79] von 1995 fungiert seither als stete Eintrittskarte in diesen nicht vergemeinschafteten, aber ausgesprochen binnenmarktrelevanten Bereich. Mit dieser Formel stellt das Gemeinschaftsgericht fest, dass eine den Mitgliedstaaten vorbehaltene Zuständigkeit keine völlig unbeschränkte Zuständigkeit ist. Wie in anderen Politikfeldern gilt auch im Steuerrecht die Unterordnung unter das nach wie vor zentrale Anliegen der EG, einen einheitlichen europäischen Wirtschaftsraum herzustellen[80], welcher einem weitestgehend barrierefreien Wettstreit der Marktteilnehmer offen stehen soll. Dabei hängt der Grad einer Erreichung dieses hohen Zieles der Wettbewerbsgleichheit maßgeblich davon ab, inwieweit die Beseitigung vorhandener Abschottungseffekte nationaler Rechtsordnungen gelingt[81]. Auf diese Wirkungen sichert sich der EuGH den Korrekturzugriff. Jede Norm des Steuerrechts hat sich folglich innerhalb des gemeinschaftsrechtlichen Rahmens zu bewegen. Dieser wirkt wie ein Korsett, für welches die europäischen Richter die Schnürung vornehmen können: Je nach Standpunkt des Betrachters werden die nationalen Steuerrechtsordnungen hierdurch ge- oder verformt.

Vornehmlich die Erfordernisse der allgemeinen Grundfreiheitendogmatik markieren die Ränder des nationalen Gestaltungsspielraumes[82]. Diese Freiheiten sind zwar nicht speziell auf das Steuerrecht zugeschnitten, doch verkörpern sie die elementaren Charakterzüge des europäischen Binnenmarktes. Sie sind es, welche dem Einzelnen eine transnationale Dimension der Unionsbürgerschaft in Form von Wirtschaftsverkehrs- und Freizügigkeitsrechten einräumen[83]. Dieser Zweck weist erhebliche

---

78 Vgl. Urteile in Rechtssache C-319/02, „Manninen", Slg. 2004, I-7477, Rn. 19; C-196/04, „Cadbury Schweppes", Slg. 2006, I-7995, Rn. 40.
79 Rechtsache C-279/93, Slg. 1995, I-225. Diese Betrachtungsweise scheint dem EuGH derart selbstverständlich, dass er sich in seinem ersten Urteil zum direkten Steuerrecht, der Rechtsache 270/83 „avoir fiscal", Slg. 1986, S. 273, hierzu gar nicht äußerte.
80 Vgl. hierzu allgemein: Seiler in: Depenheuer/Heintzen, Staat im Wort, Festschrift für Isensee, S. 881f.
81 So allgemein Hatje in: Schwarze, EU-Kommentar, Art. 14, Rn. 8.
82 Vgl. Borgsmidt, IStR 2007, S. 802ff; Haase, Europäisches Steuerrecht, Rn. 787 ff. Daneben weisen vor allem die Art. 87f EG steuerliches Konfliktpotential auf, hierzu Kube in: Steuer- und Sozialrecht im Europäischen Systemwettbewerb, S. 99ff. Allerdings kann nach Ansicht des EuGH selbst die nicht ökonomisch ausgerichtete lex generalis über die europäische Freizügigkeit, Art. 18 EG, steuerrechtlich relevant werden, vgl. Rechtsache C-76/05, „Schwarz", NJW 2008, 351, Rn. 83ff. Steuerliche Maßgeblichkeit birgt ebenfalls – wenn auch stets subsidiär – Art. 12 EG.
83 Vgl. Schwarze, Europäisches Wirtschaftsrecht, S. 41.

Schnittstellen zum Steuerrecht auf. Eine Bereichsausnahme, wie etwa Art. 39 Abs. 4 EG und Art. 45 Abs. 1 EG, welche Steuersachen von vornherein aus dem Anwendungsbereich einzelner Grundfreiheiten ausnehmen würde, ist nicht geltender Vertragsinhalt. Die Berechtigten sollen dementsprechend auch hier vor vertragswidrigen Beschränkungen der Mitgliedstaaten geschützt werden. Im Einzelnen erfolgt dies anhand einer Gewährleistung der Warenverkehrsfreiheit, Art. 28 ff. EG, der Arbeitnehmerfreizügigkeit, Art. 39 ff. EG, der Niederlassungsfreiheit, Art. 43 ff. EG, sowie der Dienstleistungs-, Art. 49 ff. EG, und Kapitalverkehrsfreiheit, Art. 56 ff. EG. In Kontext des Europäischen Steuerrechts haben dabei in jüngerer Zeit, vor allem im Bereich der Unternehmensbesteuerung, die Niederlassungs- und die Kapitalverkehrsfreiheit einen herausragenden Stellenwert erlangt[84]. In seiner Jurisdiktion zu den Grundfreiheiten hat der EuGH diese ursprünglich vor allem als Diskriminierungsverbote gedachten Rechte[85] sukzessive zu allgemeinen Beschränkungsverboten ausgestaltet[86]. Dies führt zu einer Ausweitung des Anwendungsbereichs auf solche Fälle, wo trotz rechtlicher Gleichbehandlung von Inländern und Angehörigen anderer Mitgliedstaaten eine Beschränkung des freien Wirtschaftsverkehrs erfolgt. Inwieweit ihnen diese Eigenschaft auch im Europäischen Steuerrecht zukommt, ist umstritten[87]. Bisher war die Relevanz dieser Frage allerdings nicht so drängend wie in anderen Bereichen des Europarechts, da sich das Gros der Steuerfälle zumindest über ein weit verstandenes Diskriminierungsverbot erfassen lässt, zumal der EuGH im Steuerrecht ohnehin eine dogmatisch etwas „lose" Beschränkungsprüfung vornimmt[88].

---

[84] Siehe etwa die Verfahren C-9/02, „De Lasteyrie du Saillant", Slg. 2004, I-2409; C-315/02, „Lenz", Slg. 2004, I-7063; C-196/04, „Cadbury Schweppes", Slg. 2006, I-7995; C-347/04, „Rewe Zentralfinanz", IStR 2007, 291; C-524/04, „Test Claimants in the Thin Cap Group Litigation", Slg. 2007, I-2107; C-157/05, „Holböck", Slg. 2007, I-4051; C-284/06, „Burda", IStR 2008, 515, C-157/07, „Krankenheim Ruhesitz GmbH", IStR 2008, 769. Beachte ferner die Urteilsübersicht bei Kofler, taxlex 2006, 63 (68ff.).

[85] Seit dem Vertrag von Amsterdam sind auch die Formulierungen in den meisten der vier Grundfreiheiten zu „Beschränkungen" übergegangen, vgl. Art. 43 Abs. 1 oder Art. 49 Abs. 1 EG.

[86] Streinz, Europarecht, Rn. 797.

[87] Als umfassendes Beschränkungsverbot auch im Steuerrecht werden die Grundfreiheiten gedeutet von Herzig/Wagner, DStR 2006, 1 (2); Generalanwalt Maduro in seinen Schlussanträgen vom 7. April 2005 zur Rechtssache C-446/03, „Marks & Spencer", Rn. 35; Generalanwältin Kokott in ihren Schlussanträgen vom 12. September 2006 zur Rechtssache C-231/05, „Oy AA", Rn. 22; Reimer in: Lehner, Grundfreiheiten im Steuerrecht der EU-Staaten, S. 71; Schönfeld, Hinzurechnungsbesteuerung, S. 85; Thomas, grenzüberschreitende Verschmelzung, S. 99. Skeptisch hingegen Lang, IStR 2005, 289 (293); Treisch, Unternehmensbesteuerung, S. 79. Als Beispielsfall, in dem der EuGH auch eine Grundfreiheit als absolut wirkendes Freiheitsrecht in Form des umfassenden Beschränkungsverbotes in Stellung brachte, kann etwa das Urteil „Futura Participations SA" aus dem Jahre 1997, Rechtssache C-250/95, Slg. 1997, I-2492, gedeutet werden, hierzu Cordewener, Europäische Grundfreiheiten und nationales Steuerrecht, S. 638.

[88] Vertieft wird diese Frage in dritten Kapitel D. I.

Mittels dieser Verfahrensweise hat sich der EuGH sonach „selbst in den Sattel gesetzt und eine sehr hohe Kontrollbefugnis" geschaffen[89]. Dabei ist „sein Ritt" von dem Versuch geprägt, in Zeiten steuerrechtlicher Funktionsschwäche von Kommission und den Rechtsetzungsorganen als starker Akteur auf europäischer Ebene einzuspringen, um Widerstände auf dem Binnenmarktpfad auszuräumen. Hier kann man eine gewisse Parallele zu seiner Marschroute in den Anfangsjahren der Gemeinschaft ziehen, als es ebenfalls häufig an der politischen Fähigkeit zu einer Vertiefung der Europäischen Integration mangelte[90]. Allerdings gehören Finanzfragen aufgrund Ihrer hohen Eingriffsintensität in die Freiheit des Einzelnen neben den Fragen der inneren und äußeren Sicherheit[91] zu den delikatesten Bereichen staatlicher Souveränität mit einem besonderen Bedürfnis nach demokratischer Legitimation[92]. Zu Anbeginn der EWG hätte sich deswegen niemand träumen lassen, dass das europäische Primärrecht einmal unmittelbar auf das nationale direkte Steuerrecht einwirken würde[93]. Die weite Grundfreiheiteninterpretation durch den EuGH bewirkt nämlich eine ansehnliche Verschiebung der Gewichte, weg von einer Integration mittels eines gemeinsamen mitgliedstaatlichen Vorgehens hin zu Hebeln des Primärrechts, von der Legislative zur Judikative, von „positiver zu negativer Integration"[94]. Auf diesem Wege wird in der Europäischen Steuerpolitik zwar viel bewegt, diese Bewegung wird hingegen nicht nur von den europaskeptischen englischen Lords als „Wedeln eines europäischen Schwanzes mit nationalem Hund"[95] empfunden.

Dieses Unbehagen wird durch einen weiteren in der Natur der Finanzpolitik liegenden Aspekt zusätzlich genährt. Nationale Haushaltspolitik ist konzeptionell auf besondere Verlässlichkeit angelegt. Sie soll klassischerweise sowohl das Vertrauen

---

89 So verbildlicht Rainer Wahl im Zusammenhang mit der Vorrangthese die mächtige Position des EuGH, Das öffentliche Recht der letzten fünf Jahrzehnte, S. 96.
90 Zu dieser Zeit Anfang der 60er Jahre (Stichworte: De Gaulles „Politik des leeren Stuhls", Luxemburger Kompromiss) entstanden die wegweisenden Urteile 26/62, „van Gend & Loos", Slg. 1963, 1 und 6/64, „Costa/ENEL", Slg. 1964, 1253. In weiteren Krisenjahren Mitte/Ende der 70er Jahre (Stichworte: Euro-Sklerose, Budgetprobleme, Stahlkrise) kam es zu den prägenden Entscheiden der Rechtssachen 8/74, „Dassonville", Slg. 1974, 83 und 120/79, „Cassis de Dijon", Slg *1979,* 649. Hierzu Kingreen in: v. Bogdandy, Europäisches Verfassungsrecht, S. 636ff.
91 Hierbei besonders der Einsatz von physischem Zwang.
92 Vgl. Waldhoff in: Isensee/Kirchhof, Handbuch des Staatsrecht, Band V, § 116, Rn. 156.
93 Ebenso Cordewener, Europäische Grundfreiheiten und nationales Steuerrecht, S. 19.
94 Der Begriff der „negativen Integration" beschreibt den Umstand, dass der EuGH qua Kompetenz nur europarechtswidrige Einzelnormen verwerfen kann. Eine Angleichung der Standards erfolgt mithin nur im Wege der gemeinschaftsweiten Kassation. Die Harmonisierung ist somit bestenfalls punktuell. Hingegen wird die Schaffung harmonisierender Regeln durch Ministerrat und Parlament als „positive Integration" bezeichnet. Ausführlich hierzu Wattel/Terra, European Tax Law, S. 28.
95 House of Lords 1999, Rn. 71; vgl. Genschel in: Bauer/Voelzkow, Die europäische Union, S. 220.

in die finanzielle Leistungsfähigkeit eines Staates[96] als auch die Planbarkeit bei Bürgern und Konsumenten hinsichtlich des vom Staat beanspruchten Belastungsanteils an ihrer Markttätigkeit gewährleisten[97]. Diese weitgehend statischen Ziele treffen auf die sehr dynamische Grundfreiheiten-Rechtsprechung des Gerichtshofs. Eine an Beständigkeit orientierte, innerstaatliche Disziplin prallt auf die kassatorische Kraft europäischer Einzelfallurteile. So verstärkt sich bei vielen Entscheidungsträgern der Eindruck, dass die allgemeinen Binnenmarktfreiheiten nicht mehr nur die äußere Grenze des prinzipiell nicht vergemeinschafteten Politikbereiches verkörpern, sondern sich ein recht engmaschiges „case law"-Netz über die nationale Steuerrechtsordnung legt, dessen Durchlässigkeit sich stetig reduziert[98]. Daraus keimen Zweifel, ob der Gesetzgeber das Heft des Handelns noch selbst in der Hand hält[99] oder nur zum Reagieren im Einzelfall verdammt ist. Wie groß ist der verbleibende Gestaltungsanteil und wie viel Kraft wird lediglich darauf verwendet, immer neue „europarechtliche Brände" im „nationalen Steuerhaus" zu vermeiden oder zu löschen?

Die zu Tage tretende Emotion gründet sich auf einen tiefgreifenden materiellrechtlichen Normenkonflikt. Die in den nationalen Verfassungen verankerte Steuerhoheit der Mitgliedstaaten trifft auf vom EuGH stark gemachte und über subjektive Rechte des Einzelnen gegen die nationale Steuerhoheit in Stellung gebrachte Grundfreiheiten. Dieser Zweipoligkeit folgen die grundlegenden Probleme in puncto Konkurrenz und Hierarchie von Verfassungs- und Primärrecht. Spannungen sind vorprogrammiert. Triebfeder der Auseinandersetzung zwischen dem EuGH und den Nationalstaaten sind dabei neben der Gefahr einer unsystematischen Beeinflussung langer Zeit abgeschlossener steuerlicher Regelungszirkel besonders die schwer kalkulierbaren Risiken für die mitgliedstaatlichen Haushalte. Da der Gerichtshof den Mitgliedstaaten zur Verteidigung ihrer Steuerrechtsordnungen ein Berufen auf das bewusste Nichtbestehen europaweiter Steuerharmonisierung nur bedingt zugesteht[100], findet dieses Ringen zunehmend auf Rechtfertigungsebene der Grundfreiheitenprüfung statt, sodass sich die Mitgliedstaaten dauernd unter Rechtfertigungsdruck sehen – wohlgemerkt in ihrem Souveränitätsbereich.

Es bleibt festzuhalten, dass die EG-Rechtsgrundlagen trotz spärlicher Kompetenzausstattung gehörigen Einfluss auf die nationalen Steuerrechtsordnungen entfalten. Hierbei ist der EuGH der derzeit wichtigste, aber auch umstrittenste Akteur. Sein Maßstäbe setzendes Vorgehen gründet sich in erster Linie auf die Strahlkraft

---

96 Was geschehen kann, wenn dieses Systemvertrauen – sei es auch unter den besonderen Umständen einer weltweiten Finanzkrise – in die staatliche Leistungsfähigkeit nicht mehr besteht, lässt sich besonders bei kleineren Staaten mit eigener Währung beobachten. Siehe etwa zu Ungarn, FAZ vom 29.10.2008, S. 10.
97 Vgl. Schmölders, Finanzpolitik, S. 4.
98 Diesem Eindruck widerspricht Kokott, BB 2007, 913 (917).
99 So die artikulierten Befürchtungen in einem auf Friedrich Merz zurückgehenden Entschließungsantrag der CDU/CSU Bundestagsfraktion im Zusammenhang mit dem internationalen Steuerwettbewerb, BT-Drs. 15/2745, S. 4.
100 Hierzu ausführlich im fünften Kapitel unter D. I. 3. f) und D. III. 2.

seiner offensiven Grundfreiheiten-Rechtsprechung, welche im Steuerrecht eine besonders schwer aufzulösende Normenkollision erzeugt.

V. Wettbewerb im Europäischen Steuerrecht

Nachdem die Umrisse des europarechtlichen „Könnens" aufgezeigt wurden, bedarf es zur weitergehenden Erfassung des Rahmens, in welchem sich die grenzüberschreitende Verlustberücksichtigung bewegt, einer Vergegenwärtigung der grundlegenden konkurrierenden Belange inklusive der daraus folgenden steuerpolitischen Realitäten auf dem europäischen Binnenmarkt. In der europäischen Steuerpolitik lassen sich die unterschiedlichen Interessensphären grob auf drei Gruppen projizieren:

- die Mitgliedstaaten
- die Unternehmen
- die Europäische Kommission und das Europäische Parlament

Wer will was? In der Urteilslinie von „Marks & Spencer" bis „Lidl Belgium" manifestieren sich die Interessen dieser Akteure sehr anschaulich, zwar auf wechselnden dogmatischen Ebenen und in divergierender Intensität, jedoch wiederkehrend. Um die Ausbalancierung dieser Spannungsbögen im Konkreten einfacher durchdringen zu können, werden nun die abweichenden Perspektiven im Grundsätzlichen dargelegt.

1. Interessen der Mitgliedstaaten

a) Fiskalischer Egoismus

Deutschland schmückt sich mit seinem Status als Exportweltmeister. Von 2003 bis 2008 erwirtschaftete die deutsche Wirtschaft Jahr für Jahr diesen inoffiziellen Titel; jeder fünfte Arbeitsplatz hängt am Geschäft mit der Ausfuhr von Autos, Maschinen oder Chemieprodukten[101]. Zwei Drittel des deutschen Außenhandels erfolgt dabei mit den Mitgliedstaaten der Europäischen Union[102]. Dieser rege Wirtschaftsaustausch ist damit tragende Stütze eines konjunkturellen Wachstums und der steuerli-

---

101 Pressemitteilung der Bundesregierung, http://www.bundesregierung.de/Content/DE/Artikel/2008/02/2008-02-08-deutschland-erneut-exportweltmeister.html, zugegriffen am 03.11.2009.
102 Pressemitteilung der Bundesregierung, http://www.bundesregierung.de/Content/DE/Artikel/2008/02/2008-02-08-deutschland-erneut-exportweltmeister.html, zugegriffen am 03.11.2009.

chen Leistungsfähigkeit eines Unternehmens[103]. Die Bundesrepublik ist insoweit der Profiteur einer immer stärkeren Verflechtung der nationalen Ökonomien. In der Fläche sollte die wirtschaftliche Interaktion auf einem gemeinsamen deregulierten Absatzmarkt allen EU-Staaten nutzen. Jedenfalls folgt das Binnenmarktmodell den Erwartungen der klassischen ökonomischen Theorie: Mit der Vergrößerung des Marktes sinken die Produktionskosten für Waren, weil die Grenzkosten[104] niedriger werden. Vereinfacht formuliert: je höher die Zahl der Abnehmer, desto günstiger kann ein Produkt hergestellt werden. Hierdurch können die Erzeugnisse preiswerter angeboten werden, was insgesamt zu einer Wohlstandsmehrung führt[105]. Diese geordnete Entfesselung der Kräfte des Handels und des Wettbewerbs in Europa führt demnach im Saldo zu einer Steigerung des Lebensstandards aller, eine Art „win win"-Situation[106]. Effekt dieser Verquickungen ist allerdings zugleich eine deutliche Zunahme der Wechselwirkungen zwischen den nationalen Steuerpolitiken. Hier strahlt der Glanz des Exportweltmeisters und seiner europäischen Partner dann nicht mehr ganz so hell. Weitaus stärker als in der klassischen Wirtschaftspolitik, wo die Vorteile des freien Marktes fassbarer erscheinen[107], mangelt es hier an einem solidarischen Verhalten in der Staatengemeinschaft. In Steuerfragen orientiert sich Politik besonders stark am vermeintlichen Wohlstandseffekt des eigenen Landes. Die Staaten stehen im Wettstreit um ihre Wohlstandsgrundlagen. Eine europaweite Gemeinwohlerkenntnis, aus welcher das Verständnis eines gemeinsamen Vorgehens in Steuerfragen erwachsen könnte, gedeiht dabei nur spärlich. Zwar besteht durch Entwicklungen wie der weltweiten Finanzkrise die Chance, den Aufbau eines europäischen Solidargefühls zu beschleunigen[108]. Momentan entsteht aus den keineswegs kongruenten Interessen der Länder jedoch vor allem Konkurrenz.

---

103 e.conomy 8/2006, http://www.bundesregierung.de/Content/DE/Magazine/emags/economy/ 2006/037/thema-wachsende-unternehmensgewinne-bringen-steuereinnahmen.html, zugegriffen am 04.11.2008.
104 Grenzkosten ist derjenige Kostenzuwachs, welcher durch die Herstellung einer zusätzlichen Leistungseinheit entsteht, mithin die Kosten für die jeweils letzte Produktionseinheit. Im Falle einer Ausweitung der Produktion bezeichnen Grenzkosten somit die entstehenden Mehrkosten für die letzte Produktionseinheit, Aubeck, Rechnungswesen, S. 479.
105 Zu dieser klassischen ökonomischen Theorie speziell im Zusammenhang mit dem Binnenmarkt: Brasche, Europäische Integration, S. 33 ff.; Treisch, Unternehmensbesteuerung, S. 68.
106 Brasche, Europäische Integration, S. 45.
107 Was die Staaten allerdings nicht in Gänze davon abhält gelegentlich protektionistischen Tendenzen zu verfallen. Als Beispiel sei etwa die vor allem von Frankreich angestoßene Diskussion um sogenannte „national champions" der Wirtschaft angeführt, siehe hierzu Alesina/Giavazzi, The Future of Europe, S. 82ff. Gerade in der aktuellen Finanz- und Wirtschaftskrise erhalten diese nationalen Präferenzen wieder auftrieb, siehe Die ZEIT vom 19.02.2009, S. 23 und 25.
108 Vgl. zu einer sich herausbildenden europäischen Solidargemeinschaft bereits Schön in: Becker/Schön, Steuer- und Sozialstaat, S. 58f.

In einem Binnenmarkt, welcher der Faktormobilität[109] kaum noch Grenzen setzt, entsteht so für Privatpersonen und Unternehmen die Möglichkeit, Investitionen an dem Ort vorzunehmen, der den höchsten Profit nach Steuern verspricht. So wirken sich die steuerlichen Rahmenbedingungen stark Kapital steuernd aus. Dieser Wettbewerb um Investoren ist nicht von vornherein verwerflich. Gerade Ökonomen sehen in einem Steuerwettbewerb häufig den heilsamen Effizienzregulator für staatliches Handeln und Quell persönlicher Freiheit[110]. Sie denken in Form eines Preis-Leistungs-Verhältnisses: Welcher Staat stellt die attraktivsten Bedingungen des Wirtschaftens bereit? Dies ist ersichtlich nicht die Perspektive der Staaten. Zwar kann Konkurrenz den Druck zu sinnvollen, dem Allgemeinwohl dienender Reformen erhöhen. *Hey* beschreibt diese Sondierung nach den „besten Steuerkonzepten" als „Wettbewerb der Steuerrechtsordnungen"[111]. Allerdings ruft diese neue Flexibilität der Unternehmen, auf Verschiedenheiten in der Steuerbelastung zu reagieren, aus der Sicht der Staaten ungekannte Probleme hervor. Diese erstrecken sich von der sinkenden Fähigkeit der Nationalstaaten, mobile Faktoren überhaupt noch zu besteuern, über Wirtschaftlichkeit und Administrierbarkeit internationaler Steuererhebung bis hin zu Fragen der Simplizität und Gerechtigkeit einer im Steuerwettbewerb stehenden Rechtsordnung. So kommt es zu dem als schädlich wahrgenommenen Steuerwettbewerb[112] deshalb, weil sich die Länder durch Steueranreize und niedrige

---

109 Faktormobilität meint die räumliche, qualifikatorische und sektorale Beweglichkeit von Produktionsfaktoren (z.B. von Arbeit oder Kapital).
110 Etwa Neumann in: Kirchhof/Neumann, Freiheit, Gleichheit, Effizienz, S. 26; Wagschal in: Czada, Politik und Macht, S. 327. Als Jurist vertritt diese These etwa Steichen in: Schön, Tax Competition in Europe, S. 62.
111 Hey in: Reimer, Europäisches Gesellschafts- und Steuerrecht, S. 303ff. Doch kommt auch sie zum Schluss, dass sich die Erwartungen an diesen Systemwettbewerb nicht erfüllt haben, S. 309.
112 Vgl. hierzu Schönfeld, Hinzurechnungsbesteuerung, S. 319ff. Hingegen ist eine justiziable Definition der Schädlichkeit des Steuerwettbewerbs schwierig. Der ECOFIN Rat hat sich im Jahre 1997 auf Kriterienkatalog geeinigt, welche den Wettbewerb als unfair brandmarken sollen:
- Die steuerlichen Vorteile werden nur Gebietsfremden oder für Transaktionen mit Gebietsfremden gewährt.
- Vorteile werden auch dann eingeräumt, wenn keine substantielle wirtschaftliche Präsenz in dem vorteilbietenden Mitgliedsstaat vorhanden ist, und
- wenn die Regeln für die steuerliche Gewinnermittlung bei Aktivitäten innerhalb einer multinationalen
- Unternehmensgruppe von anerkannten Grundsätzen, wie z.B. denen der OECD, abweichen, oder
- es den steuerlichen Regelungen generell an Transparenz mangelt und zudem die bestehenden Rechtsvorschriften von Seiten der Steuerverwaltung einer laxen und undurchsichtigen Handhabung unterliegen.
Mitteilung des Rates für Wirtschafts- und Finanzfragen, 98/C 2/01, S. C 2/3. Diese klaren Privilegierungen von Ausländern stellen jedoch heute nicht mehr das Kernproblem dar, unter anderem deshalb weil die EU-Kommission hiergegen das Beihilferechtrecht zum Einsatz gebracht hat, vgl. Mitteilung der Kommission über die Anwendung der Vorschriften über staatliche Beihilfen auf Maßnahmen im Bereich der direkten Unternehmensbesteuerung, Amtsblatt

Sätze rigoros darum bemühen, international mobile Steuerbasen zu halten oder neu zu gewinnen. Anders als in den USA, wo ein durch unterschiedliche Steuersätze in der föderalen Struktur der Bundesstaaten hervorgerufener Wettbewerb als eher nützlich und anregend empfunden wird[113], ist diese ökonomische Rivalität in Steuerfragen im Staatenverbund der EU von den Partnern weitgehend nicht akzeptiert. Von einem transnationalen Ideenwettbewerb um die besten Steuerkonzepte bleibt somit meist nur die Nachahmung von Konkurrenz fördernden Tarifsenkungen oder Markt hemmenden Missbrauchsbekämpfungsinstituten[114].

b) K(l)eine Gewinner

Dieser „Wettbewerb um Steuersubstrat" bringt einstweilen kleine Gewinner und große Verlierer hervor. Tendenziell profitieren die kleineren, ärmeren Mitgliedstaaten zulasten der großen wie Deutschland oder Frankreich[115]. Dieser anhaltende Trend verstärkte sich massiv durch den Betritt der kleinen mittel- und osteuropäischen Länder. Diese verfügen im Vergleich zu den konservativen Wohlfahrtstaaten[116] wie Italien, Frankreich oder Deutschland über weniger ausgeprägte Sozialsysteme[117]. Dabei leistet sich vor allem Deutschland eine materiell aufwendige Sozialtrias aus Wohlstand, Freiheit und Sicherheit[118]. Diese bindet enorm viel finanzielle Kraft[119], wodurch der wirtschaftspolitische Gestaltungsspielraum stark eingeengt wird. Die EU-Neulinge sind hier weitaus beweglicher. Hinzu kommt, dass die kleinen Staaten ohnehin – relativ gesehen – durch eine Steuersatzsenkung wenig inländische Steuerbasis verlieren, wohingegen die Perspektive besteht, viel auswärti-

---

der EG vom 10.12.1998, C 384. Die „Gefahr" besteht jedoch darin, dass der sehr weite andere Bereich an harten Wettbewerbsmethoden, etwa eine allgemeine, radikale Absenkung der Körperschaftsteuersätze, welcher nicht unter diesen Katalog zu subsumieren ist, aus Sicht des Gemeinschafts-rechts als „fair" qualifiziert wird, damit in gewisser Weise legitimiert wird, vgl. Lumpp in: Reimer, Europäisches Gesellschafts- und Steuerrecht, S. 337.

113 Vgl. Schneider, Föderale Finanzautonomie im internationalen Vergleich: die Vereinigten Staaten von Amerika, Bundeszentrale für politische Bildung, http://www.bpb.de/ publikationen/9EMA8M,4,0,F% F6derale_Finanzautonomie_im_internationalen_Vergleich.html#art4, zugegriffen am 10.11.2008.
114 Vgl. Reimer in: Möllers/Voßkuhle, Internationales Verwaltungsrecht, S. 197.
115 Scharpf in: Schneider, Europäisierung in Wirtschaft, Recht und Politik, S. 46; Tömmel, Die Europäische Union, S. 315.
116 Zu dieser Kategorisierung: Lippl, Welten der Gerechtigkeit, S. 8.
117 Von Münch, Die deutsche Staatsangehörigkeit, S. 300.
118 Vgl. Zacher in: Becker/Schön, Steuer- und Sozialstaat, S. 296.
119 Im Jahre 2008 stellte der Sozialetat des Ministeriums für Arbeit und Soziales mit einem Anteil am gesamten Bundeshaushalt von 43,8 % den mit Abstand größten Haushaltsposten. Innerhalb dieses Etats bilden die Zuschüsse an die Rentenkasse den weitaus größten Posten; siehe Deutscher Bundestag: http://www.bundestag.de /aktuell/archiv/2007/ bundeshaushaltsgesetz2008/index.html, zugegriffen am 24.09.2008. Ähnlich hohe oder sogar noch höhere Sozialausgabenquoten sind zumindest in den alten Mitgliedstaaten der EU zu verzeichnen, vgl. Butterwege, Sozialstaat, S. 101.

ges Steuersubstrat zu gewinnen[120]. Die Verluste an inländischem Steueraufkommen werden folglich durch den Zufluss ausländischen Kapitals mehr als aufgewogen[121]. Diese Staaten sehen folglich in ihren an Steuerdumping grenzenden Tarifen die einmalige Chance, fernab aller Strukturhilfen und Transferzahlungen schnell zu den wohlhabenderen, alten Mitgliedern aufzuschließen[122]. Denn diese Aufwärtsentwicklung bedarf keiner teuren und langfristig ausgerichteten Konzepte zum Ausbau anderer Standortfaktoren wie der Verkehrs- oder der Bildungsinfrastruktur[123], sondern lediglich flexibler Staatsstrukturen, welche eine solch einschneidende Steuerpolitik ermöglichen[124].

Nun könnte man diese Angleichungsbewegungen innerhalb der EU durchaus begrüßen, trifft diese Verschärfung des Steuerwettbewerbs doch mit dem positiven Effekt einer relativen Umverteilung zugunsten kleinerer, ärmerer Staaten zusammen. Hierdurch sinkt zum einen deren Bedarf an Kohäsions- und Strukturhilfemitteln, zum anderen entstehen – gerade für Deutschland als Exportnation von Interesse – neue, nachfragekräftige Absatzmärkte. Die in der Gemeinschaft anvisierte Harmonisierung der Lebensstandards erfolgt mithin im Marktprozess und nicht in den sonst üblichen Formen, welche die finanzschwachen Länder als Bittsteller erscheinen lassen. Eine solche Betrachtung blendet jedoch die bisherigen Erfahrungen etwa mit Luxemburg und Irland aus, welche nach Erreichen oder gar Übertreffen dieses europäischen Wohlstandsniveaus[125] ihre Steuer- und Abgabenlast[126] nicht wieder anhe-

---

120 Zu diesem ökonomischen Ansatz im Steuerwettbewerb inklusive empirischer Belege, Tömmel, Die Europäische Union, S. 303.
121 Als Beispiel aus der jüngeren Zeit kann die Entscheidung von Daimler für ein 800 Millionen Euro umfassendes Investitionsprojekt in Kecskemét/Ungarn (bei einem ungarischen Staatshaushalt 2009 von insgesamt ca. 34 Milliarden €) angeführt werden, welche ausdrücklich mit dem niedrigen Körperschaftsteuersatz von 16% und weiteren besonderen steuerlichen Vergünstigungen begründet wurde, vgl. SZ, http://www.sueddeutsche.de/wirtschaft/artikel/777/181218/, zugegriffen am 08.12.2008.
122 Vorbilder finden sie dabei in Staaten wie Luxemburg oder Irland, welche mit dieser Strategie positive Erfahrungen gemacht haben. Allerdings sollte sowohl die politische wie die Nachhaltigkeit eines solchen Vorgehens nicht ausgeblendet werden. Politisch steht man immer unter dem Druck der mächtigen Hochsteuerländer und wirtschaftlich ist eine Struktur mit wenig Realwirtschaft und hohem auf Banken ausgerichteten Dienstleistungssektor in Krisen weitaus anfälliger (vgl. die rasanten Auswirkungen der Finanzkrise etwa auf Irland, http://www.sueddeutsche.de/finanzen/727/313633/text/, zugegriffen am 04.11.2008).
123 Bemerkenswert in diesem Zusammenhang ist etwa, dass der attraktive Steuerstandort Luxemburg, also selbst ein Gründerstaat der EWG, bis zum Jahre 2003 keine eigene Universität hatte. Vorher wurde zur Ausbildung der „luxemburgischen Elite" vornehmlich die Bildungsinfrastruktur der Nachbarländer Deutschland (Trier und Saarbrücken) und Frankreich (Metz und Straßburg) genutzt.
124 Vgl. Hey in: Reimer, Europäisches Gesellschafts- und Steuerrecht, S. 338.
125 Luxemburg führt heute das Wohlstandsniveau gemessen am BIP pro Kopf vor Irland an, siehe Studie des Centrums für Europäische Politik, http://www.cep.eu/198.html, zugegriffen am 05.11.2008.
126 In diesem Zusammenhang gilt es gerade für Deutschland zu beachten, dass neben dem Steuerniveau die sonstige Abgabenhöhe ganz entscheidend für die Gesamtbelastung einer wirtschaftlichen Tätigkeit ist. Gerade diese sonstige Abgabenlast ist in Deutschland außerge-

ben, weil sie befürchten, ihren „first mover"-Vorteil[127] einzubüßen. Dadurch sehen sich die anderen Staaten gezwungen, standortpolitisch nachzuziehen, was im Ganzen zu einer Anpassung nach unten führt. Weder international noch in Europa sind Mindesthöhen der Nettobesteuerung – vergleichbar der Regelungstechnik bei der Umsatzsteuer – festgeschrieben[128]. Dieser angefachte Trend an Steuersenkung mindert in der Folge die Realisierungschance der europaweit gehegten Zukunftserwartung eines steigenden Wohlstandsniveaus. Dabei existieren gerade im Verständnis und den Erwartungen an den Sozial- und Leistungsstaat in Europa sehr unterschiedliche Gerechtigkeitsvorstellungen, welche – meist historisch bedingt – prägend in die Strukturen der Sozialstaatsinstitutionen eingeflossen sind. Entsprechend bleibt zu befürchten, dass es zu einem ruinösen „race to the bottom" im Hinblick auf das Niveau der Staatseinnahmen aus direkten Steuern[129] kommt, wodurch vielen Staaten im Ergebnis zu wenig Steueraufkommen zufließen wird, um ihr derzeitiges Sozialmodell in Europa weiter aufrechterhalten zu können.

c) Der Binnenmarkt als Marktplatz der Steuertarife

Der Steuerwettbewerb wird am stärksten um mobiles und damit potentiell flüchtiges Finanz-und Investorenkapital geführt. Hier herrscht inzwischen eine Art Markt unter den Staaten[130]. Potente Steuerpflichtige, von der reichen Einzelperson[131] bis zum in-

---

wöhnlich hoch, vgl. die Ergebnisse der „Taxing Wages" Studie der OECD 2009, zusammengefasst in Welt-online, http://www.welt.de/finanzen/article3723322/Deutsche-Geringverdiener -tragen -hoechste-Last.html, zugegriffen am 10.07.2009.
127 Allgemein zum first mover advantage, Neus, Einführung in die Betriebswirtschaftlehre, S. 281. Luxemburg hat durch seine drastischen Steuersenkungen im Jahre 1986/87 die Runde des Steuerwettbewerbs in der EG als erster eröffnet. So sanken die Körperschaftsteuersätze von 51,4% (1986) auf 39,9% (1988), vgl. Wagener, Internationaler Steuerwettbewerb, S. 140. Ein neueres Beispiel, welches aber auf demselben gedanklichen Kalkül fußt, ist das Verhalten Irlands zu Beginn der weltweiten Finanzkrise: So preschte Irland innerhalb der EU hinsichtlich einer staatlichen Zusage der Einlagensicherung, um mit Hilfe dieser Garantie ausländisches Kapital, vorwiegend aus anderen Mitgliedstaaten anzuziehen, welche dann nach der Krise mit günstigen Konditionen auf irländischen Banken gehalten werden soll. Hierfür ist Irland sowohl von den anderen Mitgliedstaaten als auch von der Kommission scharf kritisiert worden, weil so ein verzerrender Wettlauf um staatliche Zusagen entstand, vgl. FAZ vom 8. Okt. 2008, S. 11.
128 Zum Erfordernis eines solchen Abkommens vgl. Lüdicke, IStR 2009, 544 (546).
129 Vgl. Dehne, Ober- und Untergrenzen der Steuerbelastung in europäischer Sicht, S. 176; Reimer in: Möllers/Voßkuhle, Internationales Verwaltungsrecht, S. 185. Diese Befürchtung trug auch der Vertreter der deutschen Bundesregierung, Ulrich Forsthoff, in der mündlichen Verhandlung im Verfahren „Cadbury Schweppes" am 13.12.2005 vor, siehe Rödder/Schönfeld, IStR 2006, S. 49 (ebenda). Bestritten wird diese Entwicklung von Wagschal in: Czada, Politik und Macht, S. 327.
130 Kritisch hingegen Seiler in: Depenheuer/Heintzen, Staat im Wort, Festschrift für Isensee, S. 884.

ternationalen Großkonzern, werden massiv umworben. Sie erfahren nie gekannte Freiheiten, bewegen sich mehr als Kunden denn als Steuerunterworfene auf diesem „Basar der Steuerangebote". Der Plakateffekt eines niedrigen Steuersatzes soll sie anlocken und ansässig werden lassen. Besonders deutlich manifestiert sich diese Entwicklung im Trend zu immer niedrigeren Unternehmensteuersätzen[132]. Dieses seit geraumer Zeit zu beobachtende Phänomen hat in den letzten Jahren nochmals an Brisanz hinzugewonnen. Vollzieht man allein die Tendenz seit dem Jahre 2006 im Bereich der nominalen Körperschaftsteuersätze[133] nach, so wird die Abwärtsbewegung[134] greifbar[135]:

- Bulgarien: von 15 % auf 10 %
- Dänemark: von 28 % auf 25 %
- Estland: Ausschüttungssteuersatz von 23 % auf 20 %, der Thesaurierungssteuersatz beträgt 0 %
- Griechenland: von 29 % auf 25 %
- Italien: von 33 % auf 27,5
- Litauen: von 19 % auf 18 % durch Senkung des Sozialzuschlags von 4 % auf 3 %
- Niederlande: von 29,6 % auf 25,5 %
- Portugal: von 27,5 % auf 26,5 % inklusive Gemeindezuschlag
- Slowenien: von 25 % auf 20 %
- Spanien: von 35 % auf 30 %
- Tschechien: von 24 % auf 19 %

Noch sichtbarer wird diese Entwicklung, lenkt man den Blick auf das letzte Jahrzehnt: So sank die durchschnittliche Steuerbelastung für Kapitalgesellschaften in

---

[131] Erinnert sei etwa an die Möglichkeit, in der Schweiz oder teilweise auch in Österreich über seinen Steuersatz zu verhandeln, siehe hierzu Amt für Wirtschaft und Arbeit des Kantons Zürich: „In der Schweiz ist es üblich, vorgängig mit den Steuerbehörden die Konditionen zu verhandeln", http://www.standort.zh.ch/internet /vd/awa/standort/de/search.html, PDF 4, zugegriffen am 05.11.2008. Von diesen oder ähnlichen „Rabatt-aktionen" profitieren etwa *Michael Schumacher* oder Milchbaron *Müller*, vgl. Spiegel, http://www.spiegel.de/ wirtschaft/0,1518,489780,00.html, zugegriffen am 25.02.2009.

[132] Siehe hierzu für das Jahr 2007 Tabellen 2 und 3 im Monatsbericht des BMF April 2008, S. 72ff. Diesen Trend bestätigen die Zahlen aus dem Monatsbericht des BMF März 2009, S. 90ff. Die Entwicklung der letzten Jahre kann anhand der vom Deutschen Institut für Wirtschaftsforschung erstellten Tabellen 1 und 2 in der Stellungnahme zur Unternehmenssteuerreform 2008, S. 3 nachvollzogen werden, http://www.diw.de/documents /dokumenten archiv/17/57314/20070423_stllngn_diw_untreform.pdf, zugegriffen am 05.11.2008.

[133] Die Zahlen entstammen dem Monatsbericht des BMF April 2008, S. 74.

[134] Lediglich in Ungarn kam es durch Einführung eines Solidaritätszuschlages ab 1. September 2006 zu einer Erhöhung der nominalen Steuerbelastung von 20,52 % auf 21,28 %.

[135] Hierbei noch außen vor sind „Steueroasen" außerhalb Europas, etwa die Bahamas, Bermuda, oder die Kaiman-Inseln, wo die Belastung von Kapitalgesellschaften gar bei 0 Prozent liegt, siehe Bt-Drs. 16/12028.

den EU-Mitgliedstaaten um über elf Prozentpunkte auf 23,2 Prozent[136]. Auch Deutschland hat sich diesem Wettbewerbsdruck bei der für die grenzüberschreitende Investition wichtigen Unternehmensteuer nicht entzogen und ist mit der Unternehmenssteuerreform 2008 auf den Steuersenkungszug aufgesprungen[137]. Nominal beträgt die Belastung nun 29,83%[138]. Besonders auffällig sind die Unterschiede bei der Betrachtung der Sätze zwischen neuen und alten Mitgliedstaaten, wodurch die oben getroffene Aussage über das Vorgehen der kleinen Länder nochmals bestätigt wird.

Die reine Betrachtung des Unternehmensteuersatzes vernachlässigt jedoch wichtige weitere Aspekte der Steuerbelastung[139]. So lässt sich etwa ohne die Kenntnis des Zuschnitts der Bemessungsgrundlage kaum eine seriöse Aussage über die wahre Steuerlast treffen. Häufig geht mit der Aufsehen erregenden und imagewirksamen Tarifsenkung nämlich eine Ausweitung der Bemessungsgrundlage[140] einher[141]. Eine präzise Berechnung der Belastung kann lediglich anhand eines konkreten Investiti-

---

136 Vgl. KPMG Studie aus dem Jahre 2008, http://www.innovations-report.de/ html/ berichte/studien/steuersaetze_1993_2008_internationalen_vergleich_117632 .html, zugegriffen am 06.11.2008.
137 Diese herausgehobene Bedeutung rührt aus der Tatsache, dass Investitionsprojekte im Ausland ganz überwiegend in Form von Kapitalgesellschaften durchgeführt werden, vgl. Wittkowski, Verlustverrechnung, S. 3 und 6. Zu den Erwartungen an die Unternehmenssteuerreform 2008 der Staatssekretär im Bundes-ministerium der Justiz Diwell, Beihefter zu DStR 17, 2008, 7 (9):
„Wir haben uns nicht darauf beschränkt, das deutsche Steuer- und Gesellschaftsrecht an die Entwicklungen des europäischen Rechts anzupassen, also insbesondere die EU-Verschmelzungsrichtlinie umzusetzen. Mit dem Unternehmenssteuerreformgesetz, das zum 1. 1. 2008 in Kraft getreten ist, haben wir den Standort Deutschland für Investoren darüber hinaus attraktiver gemacht. Unsere Reform wird dafür sorgen, dass in Deutschland entstandene Gewinne nicht ins Ausland verlagert, sondern in Deutschland versteuert werden. Damit verbessern wir die Steuerbasis und sichern die Finanzierung öffentlicher Aufgaben. Familienförderung, Bildung und Klimaschutz – das alles ist ohne Investitionen und Wachstum nicht möglich".
138 Dieser Zahl setzt sich zusammen aus der Körperschaftsteuer (jetzt gesenkt von 25% auf 15%) und der kommunalen Gewerbesteuer (Gewerbesteuermesszahl von 5% auf einheitliche 3,5% gesenkt). Vormals lag der Satz bei insgesamt 38,7%, Pressemitteilung der Bundesregierung, http://www.bundesregierung.de/Content /DE /Artikel/2007/07/2007-07-06-unternehmen steuerreform.html, zugegriffen am 05.11.2008.
139 Vgl. Tipke, Die Steuerrechtsordnung, S. 1183.
140 Hey in: Reimer, Europäisches Gesellschafts- und Steuerrecht, S. 301; Ebenso Stellungnahme des Deutschen Instituts für Wirtschaftsforschung zur Unternehmenssteuerreform 2008, S. 2, http://www.diw.de/documents/dokumentenarchiv/17/57314/20070423_stllngn_diw_untrefor m.pdf, zugegriffen am 05.11.2008. Speziell für die Beitrittsstaaten, Schewe, Harmonisierung der Körperschaftsteuerbemessungsgrundlage, S. 12.
141 Auch im Rahmen der Unternehmenssteuerreform in Deutschland wurden zahlreiche Gegenfinanzierungs-maßnahmen ins Werk gesetzt. So wurden etwa Abschreibungsregelungen verändert, die Hinzurechnungs-vorschriften für die Gewerbesteuer neu gefasst und eine „Zinsschranke" eingeführt, § 4h EStG, welche sich aufgrund ihrer Voraussetzungen besonders für große, international tätige Konzerne nachträglich auswirken wird, vgl. Keller, BayGTzeitung 2007, 509 (ebenda).

onsprojektes vorgenommen werden. Bis dahin wirkt jedoch erst einmal das Lockmittel des niedrigen Tarifs[142].

d) Querfinanzierung durch Einkommen- und Mehrwertsteuer

Mit der stetigen Absenkung des Körperschaftsteuersatzes geht eine zunehmende Spreizung im Verhältnis zu den Spitzensätzen der Einkommensteuer einher[143]. Diese liegen in der EU, außer bei Staaten mit einer Flat Tax[144], in der Regel deutlich über 40%[145]. Die daraus folgende Ungleichbehandlung führt gerade in Deutschland zu einer erheblichen Verletzung von Rechtsform- und Wettbewerbsneutralität in der Besteuerung. Ein deutsches Spezifikum ist nämlich die hohe Anzahl an wirtschaftlich tätigen Personenunternehmen. Fast 84% der deutschen Unternehmen[146] firmieren als Einzelunternehmer (zum Beispiel Selbständige) oder Personengesellschaften (vor allem OHG, KG und GbR) und unterliegen folglich der persönlichen Einkommensteuer. Diese Ungerechtigkeit in der Belastung wird für die Unternehmer in Deutschland zwar durch die Anrechenbarkeit der Gewerbesteuer auf die Einkommensteuer abgemildert, § 35 EStG[147]. Dieser Ausweg bewirkt jedoch eine völlig unsystematische Verkomplizierung des Steuerrechts[148], welche zudem gerade für ausländische Investoren, die nicht mit dem komplexen deutschen Steuerrecht vertraut sind, schwerlich anziehend wirken kann. Zugegebenermaßen ist es auch nicht einfach zu erklären, warum eine Steuer erst mit hohem Verwaltungsaufwand erhoben wird, deren Belastungswirkung in einem zweiten Schritt wieder weitestgehend aufgehoben

---

142 An dieser Stelle wird allein die steuerliche Belastung betrachtet. So bleiben Faktoren, welche grundsätzlich ebenfalls zu berücksichtigen sind (sonstige Abgaben, Infrastruktur, Qualitätsmanagement, Lebensumfeld etc.), außen vor. Zu diesen Standortfaktoren siehe im zweiten Kapitel D. I. 2.
143 Dieser Trend ist bereits seit Mitte der 1980er zu verzeichnen, Die ZEIT, http://www.zeit.de/1997/14/ Flucht_in_die_Oasen? page=2, zugegriffen am 12.11.2008. Jedoch hat sich in den letzten Jahren sowohl das Tempo als auch die Kluft dieses auseinander driftenden Lastenniveaus erhöht.
144 Etwa Estland: 22%; Lettland: 25%; Litauen: 27% oder die Slowakei mit 19%.
145 Siehe hierzu Tabelle 5 im Monatsbericht des BMF April 2008, S. 80.
146 Diese Angabe entstammt einer Rede des Bundesfinanzministers aus dem Jahre 2006, http://www.bundesregierung.de/nn_1498/Content/DE/Rede/2006/09/2006-09-26-rede-steinbrueck-bdi-steuerkongress.html, zugegriffen am 05.11.2008; ebenso Keller, BayGTzeitung 2007, 509 (ebenda).
147 Diese Direktverrechnung der Gewerbesteuer mit der Einkommensteuerschuld wurde durch die Anhebung des Anrechnungsfaktors im Rahmen der Unternehmenssteuerreform 2008 sogar noch verbessert, § 35 Abs.1 EStG. Zudem wurde für der Einkommensteuer unterliegende Unternehmen durch § 34a EStG eine sogenannte Thesaurierungsbegünstigung – für Gewinne, welche nicht ausbezahlt werden, sondern im Unternehmen verbleiben – mit einem einheitlichen Steuersatz von 28,25% zuzüglich Solidaritätszuschlag eingeführt.
148 Zur Kritik an dieser Gewerbesteueranrechnung in systematischer Hinsicht siehe Tipke, Die Steuerrechtsordnung, S. 1185f.

wird[149]. Ferner kommen diese Ansätze zur Belastungsangleichung nur gewerbesteuerpflichtigen Unternehmern zugute. Für den normalen Arbeitnehmer bleibt es in Relation zur Kapitalbesteuerung bei einer finanziellen Diskriminierung seines Arbeitseinkommens[150]. Eine ähnliche Schwäche haftet der 2009 eingeführten sogenannten Abgeltungsteuer auf Kapitaleinkünfte an[151]. Hierdurch wird nun eine Einkommensart anders behandelt, weil sie für die Steuerflucht ins Ausland besonders anfällig ist. Die vorgenommene Typisierung und die besondere Erhebungstechnik sollen einen effizienten Steuervollzug gewährleisten. Eine so gelagerte Vorgehensweise lässt sich europaweit feststellen. Die Staaten kapitulieren im internationalen Wettbewerb zunehmend vor Fragen der Steuergerechtigkeit. Gerade bei der Besteuerung von Kapital scheint vielmehr nur noch die Devise zu gelten: besser wenig als gar nichts. Gefragt wird lediglich danach, wem gegenüber welcher Steuersatz durchgesetzt werden kann. Dabei verfügt das bewegliche Geld- und Sachkapital über ein weitaus höheres Drohpotential als die meistens sozial ortsgebundene Arbeitskraft[152].

In den Vorreiterstaaten dieser Steuertrends lässt sich die Tarifsenkung bei den direkten Steuern in aller Regel durch verstärkten Zufluss von ausländischem Kapital und Investitionen mit dem positiven Effekt der Arbeitsplatzschaffung überkompensieren. Die meist großen Staaten, welche nur widerwillig der Kraft des neuen Steuermarktes folgen, erleiden hingegen zunehmend Einnahmeausfälle. Da die Staatsausgaben der europäischen Industriestaaten – erst recht in Folge der internationalen Finanzkrise – auf hohem Niveau stagnieren oder ansteigen[153], verfolgen diese Länder daher vermehrt die Strategie, ihr finanzielles Auskommen stärker über indirekte Steuern zu sichern[154]. Diese Art der Querfinanzierung erfolgt etwa durch eine Anhebung der Mehrwertsteuer. Zwar ist innerhalb der EG ohnehin ein Mindestsatz von 15% vorgeschrieben[155], doch zeigt sich europaweit wie international ein stetiges

---

149 Vgl. Ritter in: Drenseck/Seer, Festschrift für Kruse, S. 467.
150 Schön konstatiert hierzu zutreffend:" Vor allem aber wurde die Grundentscheidung [...], nämlich eine konzeptionelle Höherbelastung des Faktors Arbeit im politischen Raum nicht akzeptiert. Dass der heutige Rechtszustand sich faktisch und unausgesprochen dennoch dieser Konzeption annähert, steht auf einem anderen Blatt", Beihefter zu DStR 17, 2008, 10 (16).
151 Eine umfassende Darstellung der Wirkungsweise und der verfassungsrechtlichen Kritik an dieser Steuer findet sich bei Weber-Grellet, NJW 2008, 545ff.
152 Vgl. Lang in: Kirchhof/Neumann, Freiheit, Gleichheit, Effizienz, S. 40. Allerdings steigen gerade bei hochqualifizierten Fachkräften die Möglichkeiten ihre Arbeitskraft international anzubieten, vgl. Pethe, Internationale Migration hochqualifizierter Arbeitskräfte, S. 133. Diese Gruppe hat folglich ebenfalls vermehrt die Chance in den Genuss attraktiver Steuersätze zu gelangen. Siehe hierzu Steichen in: Schön, Tax Competition in Europe, S. 54. Beachte vor allem die Tabelle Nr. 2 zur Mobilität von Produktionsfaktoren sowie die Beispiele gezielter Vergünstigungen bei der Einkommenssteuer als Lockmittel für Hochqualifizierte in England.
153 Siehe die Grafik der Wirtschaftskammer Österreich (Finanzkrise noch nicht berücksichtigt): http://wko.at/statistik/eu/europa-staatsausgaben.pdf, zugegriffen am 06.11.2008.
154 Vgl. Hufeld in: Depenheuer/Heintzen, Staat im Wort, Festschrift für Isensee, S. 861.
155 Sechste Mehrwertsteuerrichtlinie 2006/112/EG. Daneben dürfen zwei ermäßigte Sätze eingeführt werden, welche allerdings nicht unter 5% sinken dürfen.

Ansteigen dieser aufkommensstarken Verbrauchsteuer[156]. Im EU-Durchschnitt lag die Mehrwertsteuer 2008 bei 19,49%. Auch in Deutschland sticht die Parallele einer deutlichen Anhebung der Mehrwertsteuer von 16 auf 19% bei enger zeitlicher Nähe zur Entlastung bei der Unternehmensteuerbelastung ins Auge[157]. Unter Gerechtigkeitsgesichtspunkten ist diese Tendenz bedenklich: Umsatzsteuer zahlt der Bettler wie der Billionär gleichermaßen[158]. Indirekte Steuern werden vom Konsumenten anonym erhoben und verringern die Umverteilungsfunktion des Steuersystems[159]. Im Ergebnis haben diese Steueraufkommensverlagerung vorwiegend Arbeitnehmer und Familien zu tragen[160]. Diese Entlastung von Unternehmens- und Kapitaleinkünften kombiniert mit der Verteuerung des alltäglichen Konsums verstärkt unweigerlich ein Gefühl der Privilegierung von Reichen, was im Ergebnis die Akzeptanz eines Steuersystems schmälert. Dabei ist gerade im Steuerrecht als einem komplexen Pflichtenrecht die materielle Akzeptanz für den Rechtsgehorsam von ganz entscheidender Bedeutung[161]. Diese Zerfaserung der Gerechtigkeitsstruktur im internationalen Ringen um Standortattraktivität mit seinen negativen Folgen für die Steuermoral ist ein oftmals unterbewerteter Aspekt des Steuerwettbewerbs[162].

---

156 Vgl. KPMG Studie aus dem Jahre 2008, ttp://www.innovationsreport.de/html/berichte/studien/steuersaetze_1993_2008_internationalen_vergleich_117632.html, zugegriffen am 06.11.2008. Eine vergleichende Auflistung der Mehrwertsteuersätze in den Mitgliedstaaten 2008 findet sich im Kommissionsdokument 2412/2008, S. 3.
157 Zu diesem Konnex Jarass, Gutachten zur Unternehmensteuerreform 2008, S. 1 und 3.
158 Angelehnt an Kirchhof in: Isensee/Kirchhof, Handbuch des Staatsrecht, Band V, § 118, Rn. 193.
159 Vgl. Schmehl in: Schön, Zukunftsfragen des deutschen Steuerrechts, S. 103.
160 Seiler in: Depenheuer/Heintzen, Staat im Wort, Festschrift für Isensee, S. 889.
161 Vgl. Wernsmann, Verhaltenslenkung im rationalen Steuersystem, S. 12f.
162 Dabei herrscht in Deutschland ohnehin eine Kultur, welche Steuerhinterziehung als Kavaliersdelikt bagatellisiert, vgl. hierzu etwa die Aussagen im Beschluss des FG Köln zur Verfassungsmäßigkeit der Besteuerung von Zinseinkünften, DStRE 2005, 1398 (1403). Gerade im Bereich der grenzüberschreitenden Steuerhinterziehung besteht ein mangelndes Unrechtsbewusstsein der Täter, vielleicht noch vergleichbar mit dem Phänomen illegaler Internetkopien, siehe Die Zeit vom 23.04.2009, S. 20. Diese systematische Entkriminalisierung wird in Deutschland – anders als etwa in den USA – durch die milde Sanktionspraxis verstärkt. So ist bei Verurteilung wegen Steuerhinterziehung, einer besonderen Form des Betruges, eine Geldstrafe die Regel. Häufig wird das Strafmaß durch sogenannte Deals zusätzlich abgesenkt, vgl. Kummer in: Wabnitz/Janovsky, Handbuch des Wirtschafts- und Steuerstrafrechts, Rn. 82ff. Dadurch wird beim einzelnen der Eindruck verstärkt, dass viele Mitbürger Steuern hinterziehen, sobald sie die Möglichkeit dazu haben. Dadurch wird der Anreiz für sie sich ordnungsgemäß kooperativ zu verhalten deutlich sinken, vgl. Monatsbericht des BMF März 2005. Allerdings deutet sich nach dem sogenannten Liechtenstein Steuerskandal 2008 diesbezüglich ein gewisses Umdenken innerhalb der Politik und der Rechtsprechung an. Siehe hierzu das Urteil des BGH vom 02.12.2008, 1 StR 416/08, zur Strafzumessung bei § 370 AO (Steuerhinterziehung), welches erstmals feste Vorgaben hinsichtlich des Hinterziehungsbetrages und hieraus folgender Sanktionsart festlegt. Ferner verfügt jeder Bürger seit Ende 2008 über eine Persönliche bundeseinheitliche Steueridentifikationsnummer, welche beim Bundeszentralamt für Steuern hinterlegt ist. Durch diesen zentralen Datenpool wird das „Steuerleben" eines

e) Lager der Interessen innerhalb der europäischen Staatengemeinschaft

All dies erinnert demnach wenig an die erwähnte, im Großen und Ganzen als „win win"-Situation empfundene Öffnung der Handelswege auf dem Binnenmarkt. Vielmehr fühlt sich die Mehrzahl der Staaten als „Opfer des Steuerwettbewerbs"[163]. Danach müsste die Interessenlage der Mitgliedstaaten eigentlich klar sein: anstelle die Abwärtsspirale gegenseitig immer neu anzustoßen und damit zu einer Art „Täter" in Sachen Steuerdumping zu werden, sollte durch ein koordiniertes Vorgehen eine angemessene Steuerbasis für alle Länder gesichert werden. Dies in einer Form, welche weg von der derzeitigen gegenseitigen Anpassungsbewegung zwischen den armen und reichen Ländern auf niedrigem Niveau, hin zu dem Level der reicheren Staaten in Gänze führt[164]. Problematisch ist hierbei jedoch, dass es in einem solchen Falle immer noch an einem international koordinierten Vorgehen mangelt und der europäische Binnenmarkt keine steuerliche Insel darstellt. Der Druck von außen würde bestehen bleiben. Dennoch würde der Einfluss Europas im Falle eines gemeinsamen Vorgehens wachsen, wodurch sich die Chancen erhöhen, weltweit zu einem „fairen" Steuergebaren zu gelangen, welches allen Staaten bei solidem Wirtschaften ihr Auskommen sichert; denn im Steuerwettbewerb spielt die relative Größe eine wichtige Rolle: je kleiner eine Jurisdiktion ist, desto glaubhafter ist die steuerlich bedingte Abwanderungsdrohung und desto eher muss ein Steuergläubiger nachgeben, indem er die Besteuerung mobiler Faktoren (vor allem auf Zinsen, Dividenden, Körperschaftsteuer) reduziert[165]. Umgekehrt würde mit dem vergrößerten Geltungsbereich einer in Steuerfragen koordinierten Jurisdiktion im bedeutenden europäischen Wirtschaftsraum ein vom Steuerschuldner in Aussicht gestelltes Wegzugsszenario an Vehemenz verlieren. Darin läge die konkrete Chance der EU-Staaten, die Transnationalisierung nicht nur passiv zu erleben[166]. Dem Fiskalinteresse der Staatengemeinschaft würde insgesamt ein Dienst erwiesen.

Doch die Realität ist wie gezeigt eine andere. Die Globalisierung führt zwar auf der einen Seite zu einer größeren Vernetzung und Abhängigkeit der Staaten. Ande-

---

Bürgers für den Staat transparenter. Hierdurch versprechen sich die Behörden einen Fortschritt im Kampf gegen Steuerhinterziehung.

163 "Wir sind Opfer des Steuerwettbewerbs und haben in den vergangenen Jahren rund fünfzehn Milliarden Gulden an Kapital verloren, weil andere Länder attraktiver sind. Man kann uns nichts vorwerfen", Heleen Nijkamp, Sprecherin des Finanzministeriums der Niederlande zu einer auf die europäische Konkurrenz ausgerichteten Steuersenkungsoffensive ihres Landes. Die ZEIT, http://www.zeit.de/1997/14/ Flucht_in_die_Oasen?page=5, zugegriffen am 13.11.2008.

164 Diesen Gedankenansatz verfolgte ebenfalls der sogenannte Ruding-Ausschuss (benannt nach dem ehemaligen niederländischen Finanzminister Onno Ruding), welcher 1992 etwa einen Mindestkörperschaftsteuersatz von 30% empfahl und damit einer Technik folgt, welche sich bereits bei den Mehrwertsteuersätzen bewährt hat, Bericht des Unabhängigen Sachverständigenausschusses zu Unternehmensbesteuerung, BT-Drs. 13/4138, S. 220f.

165 Vgl. Hemmelgarn, Steuerwettbewerb in Europa, S. 3; Spoerer, Steuerlast, Steuerinzidenz und Steuerwettbewerb, S. 174.

166 Siehe hierzu Die ZEIT vom 09.10.2008, S. 13.

rerseits spiegelt sie eine trügerische Freiheit vor, welche gerade in steuerlicher Hinsicht zu einem unsolidarischen Verhalten in der Staatengemeinschaft verleitet[167]. Jeder versucht die Vorteile aus dem Spiel der Internationalisierung zu ziehen, ist dann allein aber nicht mächtig genug, um die Nachteile zu vermeiden. Das gemeinsame Vorgehen gegen den „race to the bottom" beschränkt sich bisher auf vorsichtige, rein politische Eigenverpflichtungen der Staaten und damit, anders als noch die Vorschläge des Ruding-Ausschusses, auf rechtlich unverbindliche Maßnahmen. So wurde 1997 ein Verhaltenskodex für die Unternehmensbesteuerung in Form des „kooperativen Gemeinschaftsrechts"[168] beschlossen[169] und auf Ebene der OECD ein „Forum on Harmful Tax Practices"[170] geschaffen. International wurde im Zusammenhang mit der Weltfinanzkrise auf dem sogenannten Weltfinanzgipfel in Washington 2008 ein erneuter Anlauf zum gemeinsamen Vorgehen gegen „Steueroasen" vereinbart, welcher durch die Folgekonferenzen 2009 in London[171] und Pittsburgh[172] weiter konkretisiert wurde. Angesichts der Zugkraft des internationalen steuerlichen Konkurrenzkampfes waren diese Maßnahmen – jedenfalls bisher –

---

167 Gipfel dieses Eigensinns ist die Behandlung des Bankgeheimnisses als Standortfaktor. Auf CNN ist bereits Werbung für „diskrete, steuerfreie Paradiese" geschaltet. Es wird bewusst die Zusammenarbeit mit anderen Staaten bei der Verfolgung von Steuerhinterziehung eingeengt; so zahlt sich die „besondere Vertraulichkeit" für Länder wie Luxemburg oder die Schweiz durch hohe Geldzuflüsse aus. Die Schweiz leistet etwa bei Verdacht auf Steuerhinterziehung keine Rechtshilfe: Art. 27 Abs. 1 b) DBA D-Ch bestimmt, dass nur im Falle von Betrugsdelikten eine Auskunft erteilt wird. Gemäß Art. 186 des schweizer DBG liegt ein solcher nur vor, wenn zu einer bewusst unrichtigen Steuererklärung falsche Belege, strafrechtlich eine Urkundenfälschung, eingereicht wurden. Dies setzt eine schwierige und aufwendige Beweiskette voraus und lässt diesen Tatbestand in einer Vielzahl der Fälle leer laufen, vgl. Hennerkes, Familienunternehmen, S. 398; Kirchgässer in: Enste, Schattenwirtschaft, S. 133. Vergleiche hingegen eine Sichtweise aus der schweitzer Wissenschaft: „Bankgeheimnis als moralischer Imperativ", Pressemitteilung des Zentrums für Steuerwettbewerb vom 22.10.2008, http://www.steuerwettbewerb.ch/articles/das-bankgeheimnis-ist-ein-moralischer-imperativ, zugegriffen am 12.11.2008. Eine umfassende Analyse der Vor- und Nachteile von „Bankgeheimnis" und „Steuerwettbewerb" für die Schweiz bieten die Schweizer Wirtschaftsjournalisten Parma/Vontobel in: Schurkenstaat Schweiz? Steuerflucht: Wie sich der größte Bankenstaat der Welt korrumpiert und andere Länder destabilisiert. Im Zuge der Finanzkrise wackelt allerdings auch das Bankgeheimnis der Schweiz samt derer reservierter Amtshilfepraxis, FAZ vom 04.03.2009, S. 12. So erhöht sich stetig der Druck eine „große Auskunftsklausel" nach dem Vorbild des Art. 26 OECD-MA in das DBA D-Ch aufzunehmen.
168 Eine geläufigere, von der EU unabhängige Terminologie für dieses Instrumentarium wäre „Soft Law". Vgl. zur rechtlichen Qualifizierung des Kodex, Schönfeld, Hinzurechnungsbesteuerung, S. 323ff.
169 Ratsmitteilung 98/C 2/01.
170 Siehe hierzu OECD, http://www.oecd.org/topic/0,2686,en_2649_33745_1_1_1_1_37427,00 .html, zugegriffen am 07.11.2008.
171 Vgl. FAZ vom 04.03.2009, S. 11 sowie zu den konkreten Beschlüssen FAZ vom 03.04.2009, S. 2f.
172 Siehe hierzu Spielonline, http://www.spiegel.de/wirtschaft/soziales/0,1518,651171,00.html, zugegriffen am 20.10.2009.

allerdings nicht ausreichend[173]. Dazu sind die Profite der Nutznießer zu beträchtlich[174]. So wurde die stets Erwartung eines durch den Abwärtstrend entstehenden kreativen Drucks zur Harmonisierung größtenteils enttäuscht. Selbst wenn sich die Erkenntnis, im staatlichen Alleingang diese Probleme nicht mehr bewältigen zu können, ausgebreitet hat, so drosseln kurzfristige Eigeninteressen weiterhin den Ansporn, verbindliche und nachhaltige steuerliche Mindeststandards zu setzen.

Bleibt aus der Sicht der Staaten die einheitliche – wenn auch profane – Erkenntnis, dass „das Budget [...] das aller täuschenden Ideologien rücksichtslos entkleidete Gerippe des Staates" darstellt[175]. Daraus ergibt sich für alle ein ersehntes Ziel: Investitionen, Arbeitsplätze und damit letztlich auch Steuereinnahmen zu sichern oder auszubauen, um so die Grundlage eines wirkungsvollen Staatshandelns zu schaffen. Hier endet allerdings die Homogenität der Staatengruppe. Aufgrund der divergierenden ökonomischen, kulturellen und sozialen Verhältnisse in den EU-Mitgliedsländern ergeben sich differierende Leitgedanken in der Steuerpolitik. Schematisch lassen sich die daraus folgenden Interessenlagen zu zwei, miteinander konkurrierenden Blöcken zusammenfassen:

Die Niedrigsteuerländer[176] ziehen zumindest kurz- und mittelfristigen Nutzen aus ihrem Standortvorteil Steuer. Ihr Werben um solche Unternehmen, welche über eine flexible Steuerplanung auf dem Binnenmarkt verfügen – mitunter stark gefördert durch die extensive Grundfreiheiten-Rechtsprechung des EuGH –, hat ein frappie-

---

173 Eine Bewertung des Verhaltenskodex findet sich etwa bei Lammel/Reimer in: Reimer, Europäisches Gesellschafts- und Steuerrecht, S. 186f. Im Zuge der Finanzkrise existieren Zeichen einer verschärften Gangart gegenüber Steueroasen. Als scharfe Sanktion gegen kooperationsunwillige Staaten soll nunmehr auch die Aufkündigung bilateraler Vereinbarungen wie Doppelbesteuerungsabkommen in Betracht gezogen werden, FAZ vom 04.03.2009, S. 11. Ferner führt die sogenannte „Schwarze Liste" der OECD verstärkt zum Einlenken kooperationsunwilliger Staaten durch Akzeptanz der OECD-Standards. Darin enthalten sind etwa der Abschluss von DBA oder Amtshilfe und Informationsaustausch in Steuersachen, hierzu ausführlich unter Abdruck der „schwarzen OECD-Liste", Stand März 2009, FAZ vom 27.03.2009, S. 16.
174 Beispielsweise hält die Schweiz an der globalen Vermögensverwaltung mittlerweile einen Anteil neun (!) Prozent, was ihr trotz niedriger Steuern sprudelnde Einnahmequellen sichert. Diesem lukrativen Modell nahmen sich bis zu 70 Zwerg-, Klein-, Insel- und Stadtstaaten rund um den Erdball, darunter die Cayman-Inseln, Bermuda, Libanon, Liberia, Liechtenstein, Luxemburg zum Vorbild. Jeweils im Sortiment: Niedrige Steuersätze und eine Palette sonstiger „Bonbons", etwa mit oder ohne Doppelbesteuerung, mit oder ohne Rechtshilfe, mit oder ohne Geldwäsche, mit oder ohne Korruption, die meisten aber mit gut funktionierendem Bankgeheimnis. Siehe Deutschlandfunk, http://www.dradio.de/dlf/sendungen/andruck/924054/, zugegriffen am 25.02.2009.
175 So bereits Goldscheid im Jahre 1917, Staatssozialismus oder Staatskapitalismus, S. 148.
176 Der Begriff wird plakativ-typisierend verwendet. Eine international anerkannte Definition existiert insoweit nicht. Allerdings bestehen mitgliedstaatliche gesetzliche Kategorisierungen für Niedrigbesteuerung. Im Kontext der britischen Hinzurechnungsbesteuerung ist etwa normiert, dass diese Abwehrgesetzgebung nur greift, sofern sich die beherrschte Tochter in einem „Niedrigsteuerland" mit einer Steuerlast unter 75% der vergleichbaren britischen Besteuerung befindet, vgl. Rechtssache C-196/04, „Cadbury Schweppes", Slg. 2006, I-7995, Rn. 7.

rendes Ausmaß zulasten anderer EG-Partner erreicht. Durch den gesteigerten Zufluss ausländischen Kapitals und damit häufig verbundene Arbeitsplätze sind sie die Profiteure des Steuerwettbewerbs. Ihr Interesse ist demgemäß tendenziell die Bewahrung des Status quo im Europäischen Steuerrecht.

Hingegen stellt es das Hauptanliegen der Hochsteuerländer[177] dar, Korrekturen herbeizuführen, welche zum einen die Sicherung ihres Steuersubstrates[178] bei gleichzeitig möglichst großer Beibehaltung nationaler Steuerautonomie bewirken, zum anderen das intern abgestimmte Gerechtigkeitsgefüge der eigenen Steuerrechtsordnung schonen. Die erstrebten Modifikationen können dabei sowohl die gemeinschaftsweite Gesetzgebung als auch die Rechtsprechungslinie des EuGH betreffen. Derzeit sind es nämlich fast ausschließlich diese Hochsteuerländer, welche regelmäßig auf der Anklagebank in Luxemburg Platz nehmen müssen[179] und dort, jedenfalls bis vor kurzem, in circa 75% der Fälle mit Bezug zum direkten Steuerrecht unterlagen[180]. Entsprechend verstärkt sich in dieser Gruppe das Gefühl, der EuGH verkaufe „Staat und Recht an den Wettbewerb"[181]. Vor dem Gemeinschaftsgericht spielt sich demzufolge auch die derzeitige Hauptauseinandersetzung um die Anerkennung ihrer Belange ab. Aus der Sicht der Mitgliedstaaten mündet diese in die Frage, welches Gewicht dem der staatlichen Souveränität entspringenden Territorialitätsprinzip im Europäischen Steuerrecht beigemessen wird. Dieser aus dem Völkerrecht stammende Leitsatz knüpft hinsichtlich der Geltungskraft und des Einflusses staatlicher Rechtsmacht im Gegensatz zum sogenannten Personalitätsprinzip nicht an die Staatsangehörigkeit[182], sondern allein an das Hoheitsgebiet, also einen räumlichen Maßstab an[183]. In diesem Sinne soll das Grundprinzip auch im Folgenden für das Steuerrecht verstanden werden: als Ausdruck einer begründenden, meist räumlich-äquivalenztheoretisch fundierten Anknüpfung für einen Besteuerungsan-

---

177 Begriffsverwendung ebenfalls plakativ-typisierend.
178 Schätzungen zufolge entgehen allein den „Hochsteuerländern" in der EU durch „Steuervermeidung" großen Ausmaßes 200 bis 250 Milliarden Euro an Steuern pro Jahr, vgl. Deutschlandfunk, http://www.dradio.de/ dlf/sendungen/andruck/924054/, zugegriffen am 25.02.2009.
179 Betrachtet man die steuerrechtlich einschneidenden Rechtssachen der letzten Zeit sowohl im Bereich der Verlustverrechnung von „Marks&Spencer, Oy AA bis Lidl Belgium" als auch auf anderen Feldern wie der Hinzurechnungsbesteuerung („Cadbury Schweppes") oder der Dividendenbesteuerung („Kerckhaert & Morres", „Amurta") finden sich dort kontinuierlich Deutschland, Frankreich, Finnland, Schweden, Spanien, das Vereinte Königreich, also die Staaten mit relativ hohen Steuersätzen, vgl. Monatsbericht des BMF April 2008, S. 75ff., als Beklagte oder zur eigenen Interessenwahrung dem Verfahren beigetretene Staaten.
180 Vgl. Tiedtke, EuZW 2008, 424 (425).
181 So Prandtl in SZ vom 19.09.2008, S. 4.
182 So allerdings noch das preußische EStG, Birk, Steuerrecht, S. 8. Als einziger der wirtschaftlich bedeutenden Staaten weltweit knüpft das Steuerrecht der USA auch heute noch die unbeschränkte Steuerpflicht an die Staatsangehörigkeit, Schön in: Becker/Schön, Steuer- und Sozialstaat, S. 50.
183 Frotscher, Internationales Steuerrecht, Rn. 28.

spruch[184]. Das Territorialitätsprinzip bildet zunehmend die Speerspitze innerhalb der Verteidigungsbemühungen der höher besteuernden Mitgliedsländer. Die hiermit verbundene gedankliche Aufteilung der steuerbaren Tätigkeiten nach der geographischen Quelle soll die Finanzminister dieser Staaten davor bewahren, im Steuerrecht finanziell wie gestalterisch weiter vom EuGH auf „Diät" gesetzt zu werden.

Dabei finden sich verstärkt Normen, durch welche die Hochsteuerstaaten eigenmächtig, mit Hilfe gezielter nationaler Maßnahmen gegen den Steuerwettbewerb innerhalb der Gemeinschaft zu Felde ziehen wollen. Gekennzeichnet sind solche Vorschriften durch das Bestreben, die geldwerten Vorteile, welche einem Steuerschuldner dank seiner Aktivitäten im niedrig besteuerten Ausland zugute kommen, zu neutralisieren, um so die europaweite Betriebsamkeit weniger verlockend zu machen[185]. Die Aufkommenssicherung, sei es auch im Wege solcher Abwehrgesetzgebung, stellt eine unabdingbare Voraussetzung für ein mitgliedstaatliches Staatshandeln dar, was sie folglich aufs engste mit der bestehenden Eigenstaatlichkeit im Staatenverbund der Gemeinschaft verknüpft. Dieser Gedankengang durchzieht das gesamte Bemühen der relativ hoch besteuernden Mitgliedstaaten im Interessenwettstreit vor dem EuGH: Den Richtern auf Gemeinschaftsebene soll verdeutlicht werden, dass der Blickwinkel der Staaten zunächst einer aus Sicht der national vorbehaltenen Kompetenzen zur angemessenen Erhebung und des gleichmäßigen Vollzuges von Steuerbelastung ist[186]. Dadurch soll die Macht zur Gestaltung, aber auch die Verantwortung für das eigene Staats- und Steuerkonzept gewahrt werden.

2. Interessen und Rechte der Unternehmen

a) Allgemein

Grenzüberschreitende Wirtschaftsaktivität konfrontiert jeden Unternehmer mit einer vom Gewohnten abweichenden gesellschafts- und steuerrechtlichen Rechtsarchitektonik. Die Andersartigkeit reicht von unterschiedlichen Gewinnermittlungs-[187] und

---

184 Umfassend zum steuerlichen Territorialitätsprinzip, Reimer, Der Ort des Unterlassens, S. 318ff; Reimer/Lehner, IStR 2005, 542 (ebenda). Zutreffend wird dort auf die Problematik dieses „schillernden", in vielerlei Kontext verwendeten Begriffes hingewiesen. Da diese Terminologie allerdings auch vom EuGH in seinen Urteilen verwendet wird, vgl. Rechtssache C-446/03, „Marks & Spencer", Slg. 2005, I-10837, Rn. 39 und C-231/05, „Oy AA", Slg. 2007, I-6373, Rn. 45, wird hier an diesem Terminus festgehalten. Etwaige Unschärfen werden dadurch vermieden, dass das Prinzip meist nur Ausgangspunkt für eine weitere Konkretisierung darstellt, somit in der Regel nicht allein, ohne spezifischen Kontext verwendet wird.
185 Zu denken ist etwa an das Institut der Hinzurechnungsbesteuerung.
186 Vgl. für Deutschland die Art. 105ff. GG.
187 Hierzu Schewe, Harmonisierung der Körperschaftsbemessungsgrundlage, S. 12; Treisch, Unternehmens-besteuerung, S. 129. Besondere kulturelle Unterschiede ergeben sich beispielsweise daraus, dass die neuen Mitgliedstaaten, als Länder mit ehemals zentraler Planwirtschaft und staatlichem Außenhandels- und Valutamonopol, gar keine Gewinnermittlung kannten.

Abschreibungsvorschriften, Tarifstruktur bis hin zu den ungleichen Vollzugsphilosophien. Gerade im Steuerrecht führen solche Unterschiede zu weniger Planungssicherheit und einem kostenträchtigen Mehraufwand an Bürokratie im Vergleich zum reinen Inlandsengagement. Daher wird der Vorschlag der EU-Kommission zur Einführung einer gemeinsamen, konsolidierten Körperschaftsteuerbemessungsgrundlage auch von einer Mehrzahl der europäischen Unternehmen begrüßt[188]. Dies kann aber nicht darüber hinwegtäuschen, dass vor allem im für die Verlustverrechnung besonders relevanten Bereich der Unternehmensbesteuerung die nationalen Steuergrenzen aus der Sicht der Unternehmen durchaus nicht zu vernachlässigende Vorteile bergen, denn steuerlich haben Schlagbaum und Schranke ihre Geltung nicht verloren: Geschickt eingesetzt kann die Staatsgrenze eine gewisse Abschirmwirkung von höher besteuerter Umgebung vermitteln. Die Möglichkeit auszunutzen, Gewinne aus Hoch- in Niedrigsteuerländer zu verlagern, erscheint als betriebswirtschaftlich sinnvolles Ziel eines jeden Geschäftsmannes. So ist es nicht unüblich, dass Unternehmen auf der Suche nach dem günstigsten Steuersystem zwischen den Mitgliedstaaten hin- und herwandern. Große Unternehmen können dabei ihre grenzüberschreitenden Konzernstrukturen nutzen, um ihre steuerliche Abgabenlast durch geschickte Veranschlagung der Verrechnungspreise[189], Verlustverrechnung oder Unternehmensverlagerung[190] zu senken[191]. Sie verfügen über die lukrative Option einer „europäischen Steuerplanung"[192]. Demzufolge mangelt es hier an dem pekuniären Interesse einer Assimilation der aktuellen Besteuerungsunterschiede zwischen den EU-Staaten, denn aus Sicht dieser Unternehmen bedeutete die Vereinbarung einer Steuerharmonisierung den Wegfall oder zumindest die Verengung ihrer gestalterischen Auswahlmöglichkeiten.

Für die Mehrzahl dieser Global Player[193] hat die Geschlossenheit von Gesellschaft, Staat und Wirtschaft aus steuerlicher Sicht nicht nur kleine Risse bekommen, sondern ist längst zerborsten. Für sie ist längst klar: Wenn sich die Wirtschaft internationalisiert, dann muss das zwangsläufig auch für das Steuerrecht gelten. Die spannungsgeladene Beziehung zwischen einheimischer Solidarität und persönlicher, steuerlicher Freizügigkeit entscheiden sie rein nach der ökonomischen Wirkkraft ei-

---

188 Vgl. KPMG Studie aus dem Jahre 2007, https://www.kpmg.de/Presse/2798.htm, zugegriffen am 12.11.2008.
189 Einen Praxisfall zum Thema „Verrechnungspreise" schildert Zech, IStR 2009, 418ff.; eine Kommentierung aus Beratersicht findet sich bei Ditz, IStR 2009, 421ff.
190 Diese Verlagerung kann sich auch nur auf einzelne, wertvolle Wirtschaftsgüter beziehen: Verfrachtet etwa ein Stammhaus mit Sitz in Saarlouis/Saar einen teuren Fertigungsroboter, welcher in Deutschland bereits abgeschrieben ist und die dortige Bemessungsgrundlage geschmälert hat, nach Luxemburg, um ihn dort durch eine Betriebsstätte zu veräußern, so wird der Gewinn in Luxemburg niedrig besteuert, nachdem der Kosten der Anschaffung in Deutschland hochwertig genutzt wurden.
191 Vgl. Birk, Steuerrecht, Rn. 228ff.
192 Begriff angelehnt an den durch *Grotherr* geprägten Begriff der „internationalen Steuerplanung", vgl. Grotherr, Handbuch der internationalen Steuerplanung.
193 Begriffsbestimmung: Weltkonzern mit globalem Einfluss- und Wirkpotential, siehe Herberg, Neuer Wortschatz: Neologismen der 90er Jahre im Deutschen, S. 145.

ner Maßnahme. Ihre wirtschaftliche Loyalität gilt weder einem Staat noch Europa[194]. Die Europäische Gemeinschaft bietet dank ihres durch die Grundfreiheiten determinierten Binnenmarktes lediglich ein günstiges Umfeld für steuerwirtschaftlich rationales Handeln. Langfristig belastbare Bindungen schafft das allerdings nicht. So wird Steuerzahlen in dieser Effizienzsphäre häufig nicht mehr als staatsbürgerliche Pflicht, sondern als zudringliche Obliegenheit empfunden. Folglich erscheint es gleichgültig, wo diese Schuldigkeit geleistet wird, Hauptsache die finanzielle Last ist gering.

b) Lager der Interessen innerhalb der Unternehmerschaft

Eine derart einseitige Interessenbeschreibung der Unternehmensseite ließe jedoch eine große Anzahl der kleinen und mittelständischen Unternehmen (KMU) unberücksichtigt. Zwar bilden diese Unternehmen das Rückgrat des Europäischen Wirtschaftskreislaufes[195], jedoch sind bei ihnen im Gegensatz zu den Global Playern in der Großindustrie und den Banken die Vorteile einer steuerlichen Grenzüberschreitung nicht derart manifest. Sie verfügen häufig nicht über die großräumigen Konzernstrukturen, um die Möglichkeiten steuerlicher Belastungsunterschiede im Wege einer Gestaltung ihrer Geschäftsbeziehungen auf dem europäischen Binnenmarkt zur Steueroptimierung nutzen zu können[196]. Zudem sind ihre Absatzmärkte und damit ihre Bindungen oftmals regionaler. Auch wenn ihr Kerngeschäft damit zumeist innerhalb der heimischen Grenzen liegt[197], sind sie heute dank moderner Kommunikations- und Verkehrstechnologien zunehmend europaweite Marktteilnehmer. Als Besitzer mehr oder weniger immobiler Steuerbasen haben sie jedoch prinzipiell ein stärkeres Interesse an einer Eindämmung des Steuerwettbewerbs, zumal sich die jetzigen Vorteile der Großen auf dem „Steuermarkt" ihnen gegenüber wettbewerbsverzerrend auswirken[198]. Diese KMU profitierten vielmehr stark von einem grenzüberschreitenden Bürokratieabbau im Steuerrecht. Denn für sie sind es eher die vielen

---

194 Das Bundesfinanzministerium schätzt die Steueraufkommensverluste allein für den Teilbereich grenzüberschreitender Gewinnverlagerung zugunsten weltweiter „Steueroasen" auf etwa 65 Milliarden Euro. Auch wenn die Treffsicherheit solcher Schätzungen mit Vorsicht zu genießen ist, so lässt doch die generelle Größenordnung dieser Beträge aufhorchen. Zwar geht als Nebeneffekt der Finanz- und Wirtschaftskrise vielerorts auch das Gespür für Finanzdimensionen verloren; hier 100 Milliarden Bürgschaft für die Hypo Real Estate dort 30 Milliarden Hilfen und Garantien für die Bayerische Landesbank. 65 Milliarden stellen allerdings immer noch etwa ein Viertel des Gesamtdeutschen Bundeshaushalts dar.
195 Schwarze, Europäisches Wirtschaftsrecht, S. 34.
196 Vgl. Bullinger, Neue Organisationsformen im Unternehmen, S. 199; Döring in: Bouncken, Management, Festschrift für Kahle, S. 219; Willgerodt in: Albers, Handwörterbuch der Wirtschaftswissenschaft, Bd. 2, S. 194.
197 Vgl. Europäische Kommission, Portal für KMU, http://ec.europa.eu/news /business/ 080626_1_de.htm, zugegriffen am 14.11.2008.
198 Beachte zu den Vorteilen der großen Unternehmen gegenüber den KMU etwa die Einschätzung der Kommission, KOM (2006) 824, S. 4 und 11.

kleinen steuerlichen Hindernisse des grenzüberschreitenden Alltags, welche ein transnationales Agieren mühsam erscheinen lassen. Ihre Befolgungskosten für Unternehmen-, Mehrwertsteuer und sonstige steuerliche Abgaben erweisen sich im Vergleich zu großen Unternehmen als höher[199]. Da ihr ausländisches Engagement aber gemeinhin weniger gezielt auf Steuersparmodelle denn auf branchenspezifischen Handel in einer Art regionalen Globalisierung im grenzüberschreitenden Waren- und Dienstleistungsverkehr mit den Nachbarländern ausgerichtet ist, würde ihnen eine Verwaltungsvereinfachung besonders zugute kommen[200]. Im Vergleich zu den Konzernen fehlt ihnen jedoch meistens die entsprechende Lobby. Während die großen Unternehmen eigenständig, durch ihre Verbände oder durch von ihnen finanzierte wissenschaftliche Expertisen[201] um Einfluss bei den Regierungen ringen, tritt der Mittelstand in steuerpolitischen Fragen grenzüberschreitender Natur selten in Erscheinung. Damit fehlt folglich für die einzelnen Regierungen auch die innerpolitische Bedrängnis, von ihren nationalen Egoismen zugunsten einer koordinierten europäischen Steuerpolitik abzurücken. Vielmehr werden sie von den transnationalen Konzernen bestärkt, da deren Interessen an mannigfaltigen steuerlichen Wahlmöglichkeiten durch die Torpedierung Brüsseler Harmonisierungsinitiativen bewahrt werden.

c) Wahrnehmung der Rechte

Daneben verbleibt den Unternehmen bezüglich einschränkender nationaler Abwehrgesetzgebung die Option, ihre vom EG-Vertrag vermittelten Rechte über die nationale Gerichte bis hoch zum EuGH zu verfolgen. Dazu bietet Art. 234 EG die Verknüpfung zwischen nationaler und europäischer Verfahrenssystematik. Subjektive Rechte[202], welche der Einzelne im Ausgangsverfahren vor nationalen Gerichten behaupten möchte, können oder müssen auf diesem Wege den europäischen Richtern vorgelegt werden[203]. Der Unternehmer oder Unionsbürger wird mithin befähigt, das

---

199 Europäische Kommission, EU-Steuerumfrage 2004, http://ec.europa.eu/taxation_customs/ taxation/ company_tax/home_state_taxation/index_de.htm, zugegriffen am 14.11.2008. In diesem Zusammenhang schlägt die Kommission zur Verwaltungsvereinfachung für KMU eine „Sitzlandbesteuerung" vor, KOM 2005, 702.
200 Vgl. Wirtschaftskammer Österreich, http://portal.wko.at/wk/format_detail.wk?StID=407153 &AngID=1, zugegriffen am 14.11.2008.
201 Vgl. etwa das schweizer „Zentrum für Steuerwettbewerb", dessen Auftrag darin besteht einen „Beitrag zur politischen, ökonomischen und moralischen Verteidigung des Konzepts des Steuerwettbewerbs [zu] leisten", http://www.steuerwettbewerb.ch/pages/mission, zugegriffen am 12.11.2008.
202 Grundlegend zur Bedeutung und Wirkungsweise subjektiver Rechte, Schulev-Steindl, Subjektive Rechte: Eine rechtstheoretische und dogmatische Analyse am Beispiel des Verwaltungsrechts, S. 9ff. Siehe ferner speziell zum subjektiv-öffentlichen Recht und dessen Geschichte, Voßkuhle/Kaiser, Jus 2009, 16ff.
203 Bemerkenswert ist, dass der EuGH diesen wichtigen Punkt, mit den Grundfreiheiten verbundener subjektiver Rechte, in seinen Urteilen bestenfalls verklausuliert zur Sprache bringt, et-

Gemeinschaftsrecht effektiv mit zu überwachen. Durch die Honorierung solcher Interessen des Einzelnen mit entsprechender Durchsetzungsmöglichkeit werden gleichzeitig Belange der Allgemeinheit gefördert und bewahrt. Die Behauptung der individuellen Rechte bildet in einer auf Freiheit und Demokratie aufgebauten Gemeinschaft einen zentralen Baustein der Rechtskonzeption. Europarechtsschutz durch Eigennutz[204].

Dieser Leitgedanke eines auf supranationaler Ebene nicht völlig mediatisierten Bürgers ist ein gewichtiger Schlüssel für die bisherige Erfolgsgeschichte des gesamten EU-Projektes sowie der Bedeutung der europäischen Rechtsprechung im Europäischen Steuerrecht[205]. Ähnlich der Wirkung der Verfassungsbeschwerde in Deutschland, welche es dem BVerfG ermöglicht, eine umfangreiche Kontrolle über die bundesweite Rechtsordnung auszuüben und wichtige Leitlinien sowohl für die Rechtsprechung der Gerichte als auch den Gesetzgeber vorzugeben, kann sich der EuGH auf die durchdringende Effizienz des Verfahrens nach Art. 234 EG verlassen. Nur weil es über das Vorabentscheidungsverfahren so viele Klageberechtigte gibt, welche durch Wahrnehmung ihrer Rechte zur Wahrung unterschiedlichster Interessen nationale Regelungen einer europäischen Prüfung unterziehen lassen, wird der flächendeckende Vollzug des Europarechts umsetzbar. Wie viele von voneinander unabhängige, „unsichtbare" Hände sorgen sie dafür, dass der EuGH im Zweifel auch die feinsten nationalen, europarechtlich problematischen Steuerrechtsregelung zugetragen bekommt. Eine derartige Detailkenntnis könnte die Kommission, als hauptamtliche Wächterin des Vertrages, selbst bei massiver Aufstockung ihres Personals, niemals erlangen. Gerade in der Europäischen Union, welche im Wesentlichen eine Rechtssetzungsgemeinschaft ist, stellt diese Effektivität der Beaufsichtigung in der Umsetzung der kollektiv beschlossenen Regelungen eine wichtige Akzeptanz- und Autorisationsvoraussetzung dar.

Zugegebenermaßen sind die Ausführungen zur Interessendivergenz in ihrer Generalität etwas pointiert. So soll nicht der Eindruck entstehen, es gäbe nur „den guten Mittelstand" und „die schlechten Großunternehmen". Aus der Perspektive eines jeden Unternehmers gilt es, bei seiner transnationalen Aktivität steuerliche Abgaben

---

wa in der Rechtssache C-470/04, „N", Slg. 2006, I-7409, Rn. 17. Vielmehr scheint er diesen Charakter einer gehörigen Rechteverleihung zugunsten des Einzelnen als selbstverständlich vorauszusetzen, obwohl diese Konzeption in transnationalen Sachverhalten gerade nicht allgemein üblich ist.

204 Angelehnt an die Formulierung „Umweltschutz durch Eigennutz", siehe Seidl/Temmen, Grundlagen der Volkswirtschaftslehre, S. 376.

205 Vgl. Schwarze in: Schwarze, EU-Kommentar, Art. 234, Rn. 4. Individualrechtsschutz besteht für den Einzelnen sonst nur im Rahmen der an strenge Zulassungsvoraussetzungen gekoppelten Nichtigkeitsklage, Art. 230 Abs. 4. Insgesamt ist eine derart weite Klagebefugnis des Einzelnen in transnationalen Sachverhalten ein Novum. Im klassische Völkerrecht etwa existiert der einzelne Bürger oder Unternehmer rechtlich meist nur in mediatisierter Form, d.h. ohne Rechtssubjektivität und damit auch ohne Klagebefugnis (Ausnahme Art. 34 EMRK), vgl. Schroeder, Das Gemeinschaftsrechtssystem, S. 454; Vitzthum in: Vitzthum, Völkerrecht, S. 29. Siehe ferner Hufeld in: Kluth/Müller/Peilert, Wirtschaft – Verwaltung – Recht, Festschrift für Stober, S. 717 (725).

in möglichst niedrigem Umfang zu zahlen und auch sonst von hoheitlichen Restriktionen soweit als möglich befreit zu bleiben[206]. Diese wirtschaftliche Ausrichtung am Streben nach Gewinn ist eine wichtige Messgröße für die ökonomische Richtigkeit einer betrieblichen Maßnahme und damit der Überlebensfähigkeit eines jeden Unternehmens[207]. Auf dieses Ziel hin sind die betriebswirtschaftlichen Interessen zu bündeln. Dennoch lassen sich die strukturbedingten Differenzen in den Belangen zwischen KMU und den großen internationalen Konzernen ausmachen, welche die Interessengruppe der Unternehmen nicht als durchweg homogen erscheinen lässt. Dieser Eindruck bestätigt sich ebenfalls in den Verfahren vor dem Gemeinschaftsgericht: Stehen die Hochsteuerländer beim EuGH meist auf der „Beklagtenseite"[208], so stellen die europa- und weltweit tätigen Konzerne häufig die „anklagende" Partei[209]. Sie sind es, welche aufgrund ihrer europa- und weltweit intensiv verfolgten ökonomischen Absichten besonders leicht mit den Anliegen der Staaten in Konflikt geraten. Außerdem geht es für diese Großunternehmen nicht um „Peanuts"[210]. So belief sich etwa der direkte Streitwert im Fall „Cadbury Schweppes" zur britischen Hinzurechnungsbesteuerung auf über 11,5 Millionen Euro[211]. In anderen Verfahren geht es um vergleichbare oder größere finanzielle Dimensionen, gerade wenn durch ein Urteil steuerplanerische Perspektiven über den Einzelfall hinaus erwachsen[212]. Dementsprechend unterhalten Unternehmen eigene Rechtsabteilungen und beauftragen für viel Geld im Internationalen Steuerrecht spezialisierte Großkanzleien, um mithilfe von Expertise ihre Interessen vor dem EuGH im Einzelfall zu wahren oder gar gezielt steuerlich lukrative Szenarien mit Modellcharakter vor die Gemein-

---

206 Vor allem auch nicht mehrfach besteuert zu werden.
207 Vgl. Seidel/Temmen, Betriebswirtschaftslehre, S. 29f.
208 Das Vorabentscheidungsverfahren vor dem EuGH ist der Parteiherrschaft entzogen, siehe Rechtssache C-210/06, „Cartesio", IStR 2009, 59ff., Rn. 90. Die Parteien haben insbesondere kein Initiativrecht, Roth, NVwZ 2009, 345 (ebenda). Daher handelt es sich nicht um die klassische Kläger/Beklagtensituation eines Ausgangs-verfahrens.
209 Vgl. aus der jüngeren Zeit: Marks & Spencer, Cadbury Schweppes, Lidl, Columbus Container (gehört zur Dr. Oetker Gruppe). Siehe hierzu Tassikas, EG-Grundfreiheiten, S. 375 (dort vor allem Fn. 94), welcher die grundlegende Prägung der Grundfreiheitendogmatik auf die Verfahren mit Großunternehmen zurückführt.
210 Begriffsprägung durch *Kopper*, ehemaliger Vorstandsvorsitzender der Deutschen Bank AG: dieser bezeichnete offene Handwerkerrechnungen in Höhe von 50 Millionen Deutsche Mark, welche auf einen durch den Bauunternehmer Schneider hervorgerufenen Immobilienskandal zurückgehen, auf einer Pressekonferenz als „Peanuts". Dieser Ausdruck wurde zum „Unwort des Jahres 1994" gekürt, http://www3.ndr.de/ndrtv_ pages_special/ 0,,SPM5114,00.html?mode=item&IID=20329&LID=55, zugegriffen am 17.11.2008.
211 Rechtssache C-196/04, „Cadbury Schweppes", Slg. 2006, I-7995, Rn. 20.
212 So wurden im konkreten Verfahren Lidl Belgium, Rechtssache C-414/06, IStR 2008, 400ff. zwar lediglich Anlaufverluste von Lidl Filialen in Höhe von 85.000€ geltend gemacht. In der Folge eines vollständigen Obsiegens des Klägers hätte dies allerdings aufgrund von Verlusten anderer Auslandsbetriebstätten allein für die Lidl-Gruppe zu Steuererstattungen von insgesamt 550 bis 600 Millionen € für die Jahre 1999 bis 2008 geführt.

schaftsrichter zu bringen[213]. Über diesen Wissenssupport verfügt das durchschnittliche KMU nicht.

Ein gewisses Gegengewicht zu diesem geballten Know-how der Konzerne folgt aus den „Realitäten" des gerade thematisierten Vorabentscheidungsverfahrens, Art. 234 EG. Dieses Verfahren, welches Entscheidungen des EuGH in die nationale Rechtsarchitektur eingliedert, indem die verbindliche Auslegung einer europarechtlich relevanten Rechtsfrage in das Urteil eines nationalen Gerichts mündet, weist eine besondere Nähe gerade zu den kleinen und mittelständischen Unternehmen auf. Für diese nimmt der Steuerstreit formal seinen bekannten, innerstaatlichen Verlauf. Nationales Recht wird mit Europarecht verzahnt, aber der normale Kläger erlebt diese Verknüpfung im Gewand eines gängigen Prozesses vor regionalen Gerichten. Zwar kostet die Aussetzung des Verfahrens zwecks Vorlage zum EuGH Zeit und damit in der Regel auch Geld; ansonsten bewegen sich die Unternehmen jedoch im kulturell vertrauen Rechtsschutzsystem. Auch für den EuGH hat diese Verknüpfung mit dem nationalen Gerichtsverfahren einen zentralen Vorteil. Seine Vorgaben erwachsen als Urteil der nationalen Gerichte in die Autorität einer nationalen Entscheidung. Ihr wird daher der reguläre Rechtsgehorsam der Rechtsunterworfenen zuteil. Ein Urteil aus Luxemburg erscheint durch seine Verzahnung mit dem nationalen Verfahren daher nicht als Urteil zweiter Klasse. Insofern borgt sich der Gerichtshof die Anerkennung und Macht des mitgliedstaatlichen Rechtssystems.

Eine besondere Lobby vor den Gemeinschaftsrichtern erhalten diese finanziell und juristisch weniger potenten Unternehmen durch einen Nebeneffekt des insgesamt bedeutendsten und speziell im Steuerrecht zentralen Vorlageverfahrens[214]. Nicht selten sind nämlich nationale Verwaltungen, Politiker, im Europarecht spezialisierte Anwälte oder auch unterinstanzliche Gerichte versucht, dieses Verfahren zu nutzen, um eigene Geschäfts- oder Machtinteressen zu forcieren[215]. Diese Akteure wählen den Weg zum EuGH also bewusst, weil sie sich von seinem Wirken einen eigenen Nutzen versprechen können. Solche informellen Parteien sind im Folgenden in der Lage – wenn auch nicht flächendeckend – sowohl finanzielle wie rechtswissenschaftliche Lücken der KMU aufzufangen. Sieht etwa ein Finanzgericht in einem Rechtsstreit die Chance, die Rechtsprechung des BFH mithilfe des EuGH zu umge-

---

213 Zu dieser bewussten Suche nach europarechtswidrigen Normenkonstellationen vgl. etwa die Auffassung der großen US-Amerikanischen Anwaltskanzlei Dorsey & White LLP: „Multinational companies are now firmly wedded to viewing tax as a cost to be managed rather than a levy to be accepted. One of the ways to manage tax cost is to find parts of existing rules that may not be legal and to challenge them, either politically or in the courts", http://www.dorsey.com/Resources/Detail.aspx?pub=2360, zugegriffen am 27.11.2008.
214 Vgl. Schwarze in: Schwarze, EU-Kommentar, Art. 234, Rn. 5. Siehe hierzu auch die Rechtssprechungs-statistik 2007 des Gerichtshofs, welche die zahlenmäßige Verfahrensentwicklung bei Art. 234 EG seit dem Jahre 1961 darstellt, Jahresbericht des Gerichtshofs 2007, S. 103f. Speziell zur Bedeutung im Steuerrecht, Schreiber, Besteuerung der Unternehmen, S. 5; Treisch, Unternehmensbesteuerung, S. 53.
215 Diese Möglichkeiten für die Agenden anderer Akteure im Umfeld eines gerichtlichen Urteils werden aus der Perspektive der Politikwissenschaft als „äußerer" Aspekt bezeichnet.

hen oder gar nach seinen Vorstellungen zu beeinflussen, seine Machtposition im Hierarchiegefüge innerhalb der Länderfinanzgerichte oder im Verhältnis zum BFH auszubauen oder einfach einmal auf der europäischen Steuerrechtsbühne mitzuspielen, so wird es der jeweiligen Partei im Rahmen seiner Möglichkeiten beistehen[216]. Diese nicht direkt sichtbaren Interessen Dritter sind ein verbreitetes Phänomen im Bereich des Vorabentscheidungsverfahren[217]. Wenn hierdurch auch keine völlige Waffengleichheit geschaffen wird, so bewirkt es zumindest eine gewisse Nivellierung des Sachverstandes in Relation zu Konzernen, aber auch zu den Bürokratien der Mitgliedstaaten.

3. Interessen der Europäischen Kommission und des Europäischen Parlaments

Gemein ist beiden Organen ihre dominierende Ausrichtung am allgemeinen Europa-Binnenmarktinteresse. Als Akteur supranationaler Prägung tritt im Kontext des Europäischen Steuerrechts allerdings vornehmlich die Europäische Kommission in Erscheinung[218]. Hingegen agiert das Europäische Parlament wegen des meist fruchtlosen Weges über Art. 94 EG, welcher zudem nur eine Anhörung, also die denkbar schwächste Mitwirkungsform der Parlamentarier vorsieht, in diesem Bereich nur als Randfigur. Zwar existiert ein Leitfaden des Parlaments zu Zielen der allgemeinen Steuerpolitik, wo die Rolle der Abgeordnetenkammer im Vorgehen gegen Steuerhinterziehung, Doppelbesteuerung und die nachteiligen Auswirkungen der Steuerkonkurrenz konkretisiert wird[219]. Im Großen und Ganzen beschränkt sich der Einfluss des Parlaments jedoch auf die politische Unterstützung von Initiativen der Kommission. Diese ist neben ihren Exekutivaufgaben im Wettbewerbsbereich auch für die Überwachung der Anwendung des Vertrages und für Rechtssetzungsinitiativen zuständig, Art. 211 EG. Im Rahmen dieser Aufgaben als „Hüterin der Verträge" und gleichzeitiger „Motor der Integration" kann sie sowohl repressiv gegen vertragsuntreue Mitgliedstaaten vorgehen, Art. 226 EG, als auch aktiv Impulse für neu-

---

216 Dieses Handeln ist von der Konstellation ähnlich den in der Politikwissenschaft entwickelten „Vetoplayer-Ansätzen". Zwar stehen vorliegend keine klassischen Vetowirkungen im Raum, doch kann das Vorlageverfahren zum EuGH einem anderen Akteur eine Position verschaffen, welche dieser im normalen gerichtlichen Hierarchiegefüge nicht hätte. Im klassischen Fall erhält etwa eine Oppositionspartei über eine Klage beim Verfassungsgericht eine solche Vetoposition, welche sie im normalen politischen Verfahren nicht besitzt. Ferner sind die Vorwirkungen einer solchen gerichtlich begründeten Vetoposition nicht zu unterschätzen. Allgemein zu den „Vetoplayer-Ansätzen", Wintermann, Vom Retrenchment zur Krisenreaktionsfähigkeit, S. 54ff.
217 Vgl. Haltern, Europarecht, Rn. 358ff.
218 Der Gerichtshof als ganz wichtiger europäischer Akteur im Steuerwettbewerb wird in diese einführende Interessenbeschreibung nicht einbezogen. Vielmehr durchzieht die Artikulation seiner Belange und Absichten die Arbeit so vielfältig, dass hier auf eine eher abstrakt gehaltene Schilderung verzichtet wird.
219 Leitfaden des Europäischen Parlaments, 4.17.1, http://www.europarl.europa.eu/facts/ 4_17_1_de.htm, zugegriffen am 18.11.2008.

es Sekundärrecht setzen. Dieses gesamten Werkzeugkastens, bestückt mit „Zuckerbrot und Peitsche", bedient sie sich im Europäischen Steuerrecht. Nachdem ihre Vorstöße auf gedämpfte Resonanz bei den entscheidungsbefugten Mitgliedstaaten gestoßen sind, setzt die Kommission neben gezielten Empfehlungen und Stellungnahmen, welche abgegeben werden können, sofern „sie dies für notwendig erachtet", vgl. Art. 211 Spiegelstrich 2, vermehrt auf das rechtliche Vorgehen – auch über das Beihilfenrecht – gegen Mitgliedstaaten, deren steuerliche Regelungen ihrer Auffassung nach gegen das Gemeinschaftsrecht verstoßen[220]. Auch wenn das Vorabentscheidungsverfahren das schlechthin beherrschende Verfahren im Europäischen Steuerrecht darstellt nehmen die Vertragsverletzungsverfahren mit steuerlichem Bezugspunkt zu[221]. Insbesondere neuerdings im Anschluss an wichtige EuGH-Urteile vorgenommene „screening-Verfahren", welche die Europarechtskonformität von Parallelregelungen in anderen Mitgliedstaaten begutachten, führen zu einer systematischeren Durchforschung des steuerlichen Rechtsbestandes von Amts wegen.

Abseits dieser Einzelmaßnahmen interessiert für eine Positionierung der Europäischen Kommission innerhalb des Akteurkreises, welchem Leitmodell sie im Bereich des Europäischen Steuerrechts folgt. Die Kommission hat sich zuvörderst der Binnenmarktkompatibilität verschrieben. Angestrebt wird dabei nicht etwa eine „Planierung" aller nationalen steuerlichen Rahmenbedingungen im Wege einer allgemeinen Harmonisierung, sondern eine Koordinierung zum Zwecke einer voranschreitenden Marktintegration. Diese ist kein Selbstzweck, sondern erfüllt vielmehr eine dienende Funktion auf dem Weg zur Vervollkommnung der europäischen Wettbewerbsgleichheit. Dominierend wirkt dabei das Bestreben, die vier Grundfreiheiten des Binnenmarktes gegen steuerlich bedingte Hindernisse zu schützen[222]. Ferner soll die Steuerpolitik nicht isoliert betrachtet, sondern verstärkt in die größeren politischen Strategien, vor allem in das vom Europäischen Rat in Lissabon im März 2000 verabschiedete Lissabonkonzept eingegliedert werden[223].

Trotz dieser klar am Binnenmarkt ausgerichteten Arbeitsvorgabe gibt es innerhalb des Kollegialorgans Europäische Kommission divergierende Interessensstränge. So kann es vorkommen, dass sich ein EU-Kommissar glaubwürdig als Kämpfer gegen Steuerdumping und Steueroasen profiliert, während sein für den Wettbewerb zu-

---

220 Siehe entsprechende Ankündigung in Pressemitteilung vom 23.05.2001, http://europa.eu /rapid/press ReleasesAction.do?reference=IP/01/737&format=HTML &aged= 1&language =de&guiLanguage=de, zugegriffen am 19.11.2008. Ferner hierzu Wittkowski, Verlustverrechnung, S. 85ff. Ein Beispiel für diesen flankierenden Einsatz des Beihilferecht in steuerlichen Fragen ist etwa der „Azorenfall", Rechtssache C-88/03, Portugal/Kommission, Slg. 2006, I-7145. Auch im Gemeinnützigkeitsrecht wird die Beihilfenkontrolle steuerlich relevant, vgl. Rechtssache C-222/04, „Cassa di Risparmio di Firenze", EuZW 2006, 306ff.
221 Vgl. Cordewener, IWB 2009, Fach 11, 959 (966). Detaillierte Übersichten finden sich in den Jahresberichten 2008, S. 5, 2007, S. 5, 2006, S. 13, 2005, S. 12.
222 KOM (2001) 260, S. 7.
223 KOM (2001) 260, S. 8. In neuerer Zeit diesen Ansatz wiederholend: KOM (2005) 532, endg., S. 9.

ständiger Kollege die missbrauchsanfälligen „Dublin Docks"[224] oder Steuervergünstigungen unter dem Deckmantel von Regionalbeihilfen auf Madeira genehmigt[225]. Allerdings ist in den letzten Jahren die Sensibilität für die Probleme eines rücksichtslosen Steuerwettbewerbs in der Kommission auch direktionsübergreifend gewachsen. Dies ist vor dem Hintergrund zu sehen, dass die Kommission über ihr Initiativmonopol zwar über ausreichend Autorität verfügt, um den Ministerrat wiederkehrend in Verhandlungen um den Abbau von Steuergrenzen und die Minderung von Besteuerungsdifferenzen zu verstricken, sie dort ohne die Unterstützung der Hochsteuerländer aber jedes Mal scheitert. Ferner stößt ihr intensives Buhlen um die Gunst nationaler Fachbeamter im Steuerrecht anders als in anderen Bereichen wie etwa dem Umwelt- oder Verbraucherrecht[226] auf wenig Zuspruch. Vielmehr gebärden sich hohe Finanzbeamte der Mitgliedstaaten besonders integrationsskeptisch[227], was zunehmend negativ auf den Willen zu eigentlich gebotenen Transferleistungen, wie etwa die Sinnübertragung von Rechtsfolgen ergangener EuGH-Entscheidungen auf offensichtlich vergleichbare Fälle[228], durchschlägt[229].

Des Weiteren gilt es zu beachten, dass in föderal aufgebauten Staaten wie Deutschland bei grundsätzlichen Interessenkonflikten immer wieder die Möglichkeit besteht, gegensätzliche Haltungen der verschiedenen Ebenen durch finanzielle Zuwendungen zu überbrücken[230]. Dieses politische Anreizmittel zur Steigerung der Kompromissfindungsbereitschaft steht der bisweilen als „europäische Regierung"[231] angesehenen Kommission mangels eigenem, verteilungsfähigen Steuersubstrat nicht zur Verfügung[232]. Wenn die EU derzeit regiert, dann nicht mit Geld, sondern vor allem mittels Normen[233]. Insgesamt scheint der große politische Wurf einer Neuordnung der Finanzhoheiten, mit deutlich ausgeweiteten Zuständigkeiten der EU, nicht

---

224 Siehe hierzu Kofler, RdW 2005, 786ff.
225 Vgl. Die ZEIT, http://www.zeit.de/1997/14/Flucht_in_die_Oasen?page=3, zugegriffen am 19.11.2008.
226 Vgl. zu der Zusammenarbeit in diesen Politikfeldern, Schmidt-Aßmann in: Blankenagel/Pernice, Verfassung im Diskurs, S. 398. Zur besonderen Offenheit dieser Kooperation mit der europäischen Ebene, Vgl. Genschel, Steuerharmonisierung und Steuerwettbewerb, S. 283.
227 Um diese Vorbehalte abzubauen und die innereuropäische Zusammenarbeit der Finanzverwaltungen zu verbessern hat die KOM das Programm „Fiscalis 2013" ins Leben gerufen, vgl. Entscheidung 1482/2007/EG.
228 Rechtlich wird diese Bindungswirkung der Behörden aus dem Institut des Vorabentscheidungsersuchen i.V.m. Art. 10 Abs. 1 EG abgeleitet, vgl. Annacker, Der fehlerhafte Rechtsakt im Gemeinschaftsrecht, S. 130; Pechstein, EU-/EG-Prozessrecht, Rn. 862.
229 Vgl. Haase, BB 2009, 980 (981).
230 Erinnert sei etwa an die Steuerreform der rot-grünen Bundesregierung, welche im Frühsommer 2000 mithilfe der Stimmen CDU mitregierter Bundesländer wie Berlin, Brandenburg und Bremen im Bundesrat verabschiedet wurde. Diese Zustimmung zu den Gesetzesvorhaben wurde über materielle Zugeständnisse an diese Länder förmlich „erkauft", vgl. Bräuer, Finanzbeziehungen in Deutschland, S. 21, Fn. 34.
231 Hierzu Lehner, Organe der Europäischen Union, S. 10.
232 Vgl. Genschel, Steuerharmonisierung und Steuerwettbewerb, S. 283.
233 Vgl. Genschel in: Decker/Höreth, die Verfassung Europas, S. 201.

ohne ein nachhaltiges System des Finanzausgleichs zwischen den Mitgliedstaaten zu organisieren sein[234]. Vergegenwärtigt man sich der massiven Querelen um den deutschen, bereits bestehenden Finanzausgleich[235], so wird sichtbar, wie komplex und mühevoll eine Einigung hierüber – zudem im Kontext mit einer binnenmarktkonformen Steuerharmonisierung – sein würde. Ein derart weitläufiges Arrangement ist derzeit nicht in Sicht.

In neuerer Zeit wägt die Kommission daher etwas achtsamer ab, bevor sie sich im Ministerrat mit konkreten Gesetzesvorschlägen bei 27 potentiellen Vetospielern erneute Misserfolge einhandelt. Vielmehr verfolgt sie mit grundsätzlichem Wohlwollen und teilweise auch mit mehr oder weniger verdeckter Hilfeleistung, dass Bürger bzw. Unternehmen über das Verfahren des Art. 234 EG in zunehmendem Maße auch im Steuerrecht als Wächter des Gemeinschaftsrechts auftreten. Dieser Weg ist im Gegensatz zum mühseligen und von komplexen politischen Erwägungen durchzogenen Vertragsverletzungsverfahren, Art. 226 EG, für die Kommission weitaus unverfänglicher. Der Einzelne klagt, die Kommission ist außen vor. Es bedarf weder einer ressourcenintensiven Überwachung der nationalen Steuergeflechte noch einer Ermessensausübung[236]. Zudem kann der durch die einzelnen Vorabentscheidungsverfahren entstehende Druck auf Gruppen von Mitgliedstaaten flankierend sehr zielgerichtet eingesetzt werden, um gewisse Einzelprojekte unter veränderten Umständen wieder mit Nachdruck auf die politische Agenda zu heben; dies gilt besonders in Konstellationen, wenn derartige juristische Bedrängnis mit einer merklichen Neu-

---

234 Beispielhaft können die derzeitigen Arbeiten zu einer gemeinsamen konsolidierten Körperschaftsteuer-bemessungsgrundlage (Common Consolidated Corporate Tax Base, kurz: CCCTB) – zu unterscheiden von den Ideen einer „nur" gemeinsamen Bemessungsgrundlage (CCTB) – angeführt werden. Demzufolge sollen transnationale Unternehmen ihren Gewinn zunächst separat nach einheitlichen Gewinnermittlungsregeln errechnen, um sodann ein konsolidiertes Gesamtergebnis anhand von Schlüsselgrößen auf die jeweiligen Mitgliedstaaten zu verteilen. Das hier strittige Problem der grenzüberschreitenden Verlustverrechnung wäre gelöst. Dieses wirtschaftspolitisch sinnvolle Projekt, welches dem beschriebenen Steuerwettbewerb und dem damit verbundenen „race to the bottom" merklich entgegenwirken würde, steht allerdings vor einigen sehr schwierigen Fragen; so erweist sich etwa das Findens eines geeigneten Aufteilungsschlüssels für das konsolidierte Gesamtergebnis als sehr komplex. Realisieren hier einzelne Regierungen in der Folge Einbußen im Steueraufkommen, so werden sie das gemeinsame Projekt entweder schnell blockieren oder auf angemessene finanzielle Ausgleichsströme drängen, vgl. zum Projekt der CCCTB, Mayr, BB 2008, 1312 (1317); Spengel, DStR 2009, 773ff..

235 Vgl. grundlegend Korioth, der Finanzausgleich zwischen Bund und Ländern, S. 187ff. und 407ff. Zur Diskussion über die Regelung der Finanzbeziehungen zwischen Bund und Ländern im Rahmen der Föderalismuskommission II, FAZ, http://www.faz.net/s/RubA24ECD630CAE40E483841DB7D16F4211/Doc~E7B28E0ED9E1E4799A1608CC099690 4C4~ATpl~Ecommon~Scontent.html, zugegriffen am 03.03.2009.

236 Vgl. Haltern, Europarecht, Rn. 326ff. Dieser „Schwächen" des Vertragsverletzungsverfahrens treten im komplexen und politisch sehr konfliktträchtigen Steuerrecht besonders deutlich hervor und führen zu einer relativen Bedeutungslosigkeit des Vertragsverletzungsverfahrens – mal abgesehen von einigen Verfahren im Zusammenhang mit dem Beihilferecht – im Bereich des Europäischen Steuerrechts.

ausrichtung der gesellschaftlichen Wertvorstellungen einhergeht. So birgt etwa die beginnende Abkehr von der reinen Marktlehre in Folge der weltweiten Finanzkrise gepaart mit der Einsicht in ein verstärkt multinationales Vorgehen auch für das Steuerrecht die Chance, allseits bekannte Bedenkenträger von der Notwendigkeit eines koordinierten Vorgehens zumindest auf europäischer Ebene überzeugen zu können.

Es bleibt festzuhalten, dass der Kommission über ihr Initiativrecht und ihr weites Ermessen im Einsatz anderer Handlungs- und Informationsmittel eine nicht zu unterschätzende Definitionsmacht für die Entwicklungen im Europäischen Steuerrecht zukommt. Ihre praktischen Umsetzungserfolge sind bisher allerdings bescheiden. Auch sie ist im Grundsatz, wie der EuGH, vornehmlich der Perspektive jener den Binnenmarkt prägenden Grundfreiheiten verhaftet, deren Ziel es ist, einen diskriminierungsfreien und marktwirtschaftlich organisierten Verkehr von Waren, Personen, Dienstleistungen und Kapital zu ermöglichen. Vor diesem Hintergrund wird sich ihre Interessenausrichtung vielfach mit der eines wirtschaftlich tätigen Marktbürgers oder Unternehmers decken. Die Zweipoligkeit des Normenkonflikts korrespondiert insofern mit einer dualen Interessenlage von drei Akteuren.

VI. Wechselwirkungen zwischen den Gerichten im Binnenmarkt

Gerichte im Binnenmarkt existieren nicht mehr bloß nebeneinander, zwischen ihnen bestehen mannigfache Wechselwirkungen, sowohl vertikaler als auch horizontaler Natur. Ähnlich wie im nationalen Kontext etwa zwischen Landesverfassungsgerichten und Bundesverfassungsgericht verhilft diese „föderale Gerichtsstruktur" zu Gedanken- und Lösungsanstößen infolge vielfältiger Interpretationsansätze. Dies kann, sofern es sich hierbei um einen konstruktiven Dialog handelt, zu einer steten qualitativen Weiterentwicklung über Vorbildfunktion und Innovation führen und dogmatische Versteinerungen verhindern helfen[237]. Es können aber auch Abhängigkeit und Zuständigkeitsstreitigkeiten entstehen. Negative Ausflüsse sind in den Bezügen der nationalen Gerichte über die Grenze hinweg selten. Hier dient ein Verfahren aus einem anderen Mitgliedstaat meist als Exempel, dem man sich anschließen kann oder von dem bewusst abgewichen wird[238]. Ideen und Probleme aus divergierenden Rechtsrahmen geben so einen grenzüberschreitenden Anstoß oder dienen als Mene-

---

237 Vgl. Dreier, Grundrechtsschutz durch Landesverfassungsgerichte, S. 24; Neidhardt, Staatsverschuldung und Verfassung, S. 82ff.
238 Im Kontext des Verfahrens „Lidl Belgium" ist etwa konkret an die Abkehr der maßgeblichen österreichischen und luxemburgischen Gerichte von einer symmetrischen Freistellungsauslegung (Symmetriethese) zu denken, vgl. LuxVG, Urteil vom 19.01.2005, IStR 2005, 594ff.; ÖStVwGH, Erkenntnis vom 25.09.2001, IStR 2001, 754ff.,welche den BFH zwar nicht zu einer Rechtsprechungsänderung bewog, ihm jedoch einen erhöhten Begründungsaufwand zur Beibehaltung seiner Interpretationslinie abverlangte, BFH, Beschluss vom 28.06.2006, I R 84/04, BFHE 214, 270, Rn. 12. Hierzu im fünften Kapitel unter D. I. 3. d).

tekel[239]. Diese Korrelationen betreffen sowohl die mitgliedstaatlichen Verfassungsgerichte[240] als auch sonstige nationale Gerichte.

Gegenseitige Effekte bestehen ebenfalls in hohem Maße zwischen nationalen Gerichten und dem EuGH. Diese Wechselbeziehungen mit ihren teilweise symbiotischen Zügen interessieren im Europäischen Steuerrecht besonders. Höchst verflochten sind die Gerichte durch die Vorlagekonzeption des Art. 234 EG. Der EuGH ist auf die Vorlagebereitschaft der unteren wie der höheren Instanzen angewiesen. Er muss um ihre Gunst werben, ein Gefühl gemeinsamer effektiver gerichtlicher Aufgabenerledigung vermitteln sowie die Eigenständigkeit der Gerichte in der europäischen Hierarchie achten, will er nicht den fruchtbaren Zweig der Kooperation[241] absägen, welchen das Vorlageverfahren bisher hat wachsen lassen. Nur ein Dreiklang aus Eröffnung breiter Vorlagemöglichkeiten, verfahrensrechtlichen Sanktionen bei Nichtvorlage und dem Bemühen zur Zusammenarbeit kann die Nachfragebereitschaft beim EuGH effektiv sichern[242]. Denn kein noch so ausgeklügeltes Sanktions-

---

239 Dies ist keineswegs selbstverständlich. So ist es etwa nach der Auffassung vieler Richter des US-Suspreme Court unstatthaft, auf Rechtsgedanken ausländischer Gerichte zurückzugreifen.

240 Beispielhaft ist das Urteil des tschechischen Verfassungsgerichts über den Vertrag von Lissabon zu nennen. In dieser Entscheidung finden sich an zentraler Stelle Verweise auf diverse BVerfG-Entscheidungen und deren Maßstäbe; Tschechisches Verfassungsgericht, Urteil vom 26.11.2008, Pl. 19/08,"Treaty of Lisbon amending the Treaty on European Union and the Treaty establishing the European Community", Rn. 116ff: "In the case law of other constitutional courts – which we can take as inspiration – we can consider fundamental especially the decision of the German Federal Constitutional Court (GCC), Solange II and the Maastricht decision."

241 Diesen „Geist der Zusammenarbeit" betont der EuGH etwa jüngst im Verfahren C-210/06, „Cartesio", IStR 2009, 59ff., Rn. 70.

242 Siehe beispielhaft für die breite Eröffnung von Vorlagemöglichkeiten durch den EuGH und die Verteidigung gegen beschneidendes nationales Prozessrecht, Rechtssache C-210/06, „Cartesio", IStR 2009, 59ff., Rn. 92ff.:

[92] Im vorliegenden Fall ergibt sich aus der Vorlageentscheidung, dass eine Entscheidung, mit der ein Vorab-entscheidungsersuchen beschlossen wird, selbständig mit der Berufung angefochten werden kann, wobei das Ausgangsverfahren jedoch insgesamt bei dem Gericht anhängig bleibt, das diese Entscheidung erlassen hat, und bis zur Verkündung des Urteils durch den Gerichtshof ausgesetzt wird. *Das so angerufene Berufungsgericht kann nach ungarischem Recht die Entscheidung abändern, das Vorabentscheidungsersuchen außer Kraft setzen und dem erstinstanzlichen Richter aufgeben, das ausgesetzte nationale Verfahren fortzusetzen.*

[93] Wie sich aus der in den Rn. 88 und 89 des vorliegenden Urteils angeführten Rechtsprechung ergibt, schließt Art. 234 EG im Hinblick auf ein Gericht, dessen Entscheidungen mit Rechtsmitteln des innerstaatlichen Rechts angefochten werden können, nicht aus, dass gegen die Entscheidungen, mit denen dieses Gericht den Gerichtshof um Vorabentscheidung ersucht, die normalen Rechtsmittel des innerstaatlichen Rechts gegeben sind. Die Entscheidung über ein solches Rechtsmittel *kann jedoch nicht die dem vorlegenden Gericht durch Art. 234 EG eingeräumte Befugnis einschränken, den Gerichtshof anzurufen, wenn es meint, dass eine bei ihm anhängige Rechtssache Fragen nach der Auslegung gemeinschaftsrechtlicher Bestimmungen aufwirft, die eine Entscheidung des Gerichtshofs erfordern.*

[94] Darüber hinaus hat der Gerichtshof bereits entschieden, dass es einem erstinstanzlichen Gericht in dem Fall, dass es nach Aufhebung eines von ihm erlassenen Urteils durch ein höchstrichterliches Gericht ein zweites Mal mit einer Rechtssache befasst ist, *unbenommen bleibt,*

system für den Fall einer pflichtwidrig unterlassenen Vorlage kann eine freiwillige, bzw. durch Eigeninteressen motivierte, Zusammenarbeitsdynamik ersetzen. Die Triebfedern einer solch europaweiten Gerichtsliaison sind teilweise äußerst flüchtiger Natur, wie es sich beim verknüpften Rechtsschutzsystem zwischen nationaler und europäischer Ebene überhaupt um ein labiles, ständig pflegebedürftiges Konstrukt handelt, in welchem vertrauensvolle Kooperation lange aufgebaut werden muss, gleichzeitig aber schon durch kleine Befremdlichkeiten – gerade vor dem Hintergrund unterschiedlicher Rechts- und Richterkulturen – fortgesetzte Störungen auftreten können. Daher müssen die Luxemburger Richter ihr Vorgehen immer wieder begründen und auch zu Kompromissen bereit sein. Diese Notwendigkeit ständiger Überzeugungsarbeit gilt für den EuGH in erhöhtem Maße, steht er doch – je nach Deutungsweise – außerhalb oder gar über den nationalen Gerichtsinstanzen, greift anhand seiner Entscheidungen aber einschneidend in die Rechtsordnungen der Mitgliedstaaten ein[243]. Neben ausführlicher Begründung[244] wobei die Erwartungen an die Urteilserwägungen je nach Rechtskreis durchaus unterschiedlich ausfallen[245], damit verbundener erhöhter Plausibilität und Nachvollziehbarkeit der Entscheidung, sowie einer gesteigerten Voraussehbarkeit zukünftiger Eingriffsreichweite, kann auch im Wege eines informellen Meinungsaustausches durch Teilnahme an wissenschaftlichen Konferenzen in verschiedenen Mitgliedstaaten[246] oder durch aktives Werben einzelner Richter in der europäischen Öffentlichkeit[247], eine Steigerung der Akzeptanz erreicht werden[248].

Was das Umfeld dieser Arbeit angeht, so gilt diese Unverzichtbarkeit permanenter Überzeugungsarbeit aus deutscher Sicht insbesondere dem BFH und dem BVerfG gegenüber. Diese zwei, auch auf der europäischen Bühne hoch angesehenen und mit gewisser Vorbildfunktion ausgestatteten Gerichte verhehlen keineswegs ihre

---

den Gerichtshof nach Art. 234 EG anzurufen, auch wenn eine innerstaatliche Rechtsnorm besteht, die die Gerichte an die rechtliche Beurteilung eines übergeordneten Gerichts bindet (Rechtssache 146/73, Rheinmühlen-Düsseldorf, Slg. 1974, 139).[eigene Hervorhebung]
Möglichen Sanktionen bei Nichtvorlage werden im fünften Kapitel A besprochen.
243 So auch Hirsch in: Häberle, Jahrbuch des öffentlichen Rechts der Gegenwart, Band 49, S. 87.
244 Näher zum Begründungsstil des EuGH, Röthel, Normkonkretisierung im Privatrecht, S. 404f.
245 So sind in Deutschland ausgebildete Juristen umfassendere Begründungen gewohnt als etwa französische. Dementsprechend wird hier auch der Erwartungshorizont oftmals unterschiedlich sein.
246 Vgl. das bereits angesprochene BMF-Kolloquium 2008.
247 Dies tut etwa der derzeitige deutsch Richter v. Danwitz verstärkt, welcher sowohl in Tageszeitungen, vgl. Die TAZ, http://www.taz.de/1/politik/europa/artikel/1/kritik-ist-nicht-berechtigt/, zugegriffen am 22.04.2009, als auch in der Fachliteratur publiziert und dort um Ausgleich bemüht ist.
248 Dabei ist die Akzeptanz des EuGH beim Bürger, jedenfalls bei den Deutschen, vergleichsweise hoch. Bei 62% der Deutschen genießt der Gerichtshof vertrauensvollen Respekt, Die ZEIT, http://www.zeit.de /2006/19/EUGH, zugegriffen am 7.4.2009. In ähnlicher Größenordnung bewegt sich die Gesamtunterstützung der Deutschen für die EU, Eurobarometer 70, Herbst 2008, National Report Germany, Summary, S. 5.

Skepsis in punkto extensiver Kompetenzausübung durch den Gerichtshof[249]. Die Handhabung des Gemeinschaftsrechts als System eines möglichst umfassenden Rechtsschutzes[250], mag sie noch so sehr von der Sorge um die Einheit des Gemeinschaftsrechts geleitet sein[251], schafft eine große Anzahl potentieller Schnittstellen gerichtlicher Zuständigkeit. Die „Anwälte des Nationalstaates"[252] treffen auf die „Hüter der Integration"[253]. Dabei sieht sich der Gerichtshof gerade im Vorabentscheidungsverfahren häufig als erste und gleichzeitig letzte Instanz für Fragen des Europarechts, dessen Einflusshorizont er durch seine Auslegung nicht unmaßgeblich selbst mitprägt. Dem Luxemburger Gericht kommt dabei eine spezielle, nahezu doppelte Akteurseigenschaft zu. Über die Wechselwirkungen zwischen der Rechtsprechung des Gerichtshofes und den anderen Organen der Gemeinschaft, insbesondere in Bezug auf den Rat[254], hinaus, ist seine Einbettung im EG-Vertrag ins Kalkül zu ziehen. Zwar sind die Richter nicht Herren ihres eigenen Verfahrens; sie sind nicht ungebunden bei der Frage, welcher Fälle sie sich annehmen und anhand welcher Vorgehensweise sie diese zu beurteilen haben[255]. Jedoch erwächst ihnen über die Macht der Vertragsauslegung ein gehöriges Maß an Einfluss auf ihr rechtliches Umfeld zu, wie sich insbesondere bei der Zuständigkeit erweiternden Auslegung der Grundfreiheiten zeigt. Hierdurch wird dem Gerichtshof das Privileg zuteil, seine eigene Akteursrolle nicht unwesentlich mitmodulieren zu können. So entscheidet er

---

249 Kritische Anmerkungen von BFH-Richtern finden sich bereits ganz zu Beginn dieses Kapitels. Beispielhaft für die aktuelle Skepsis am BVerfG, Handelsblatt vom 12.02.2009, http://www.handelsblatt.com/politik/ deutschland/verfassungsrichter-machen-eu-anhaenger-nervoes;2151320, zugegriffen am 23.04.2009. Ferner Gerichtspräsident *Papier* in einer Rede am Walter Hallstein Institut (WHI) der Humboldt Universität Berlin, FCE-Paper 01/08, S. 9. Besonders harsche Kritik äußerte jüngst auch der ehemalige Bundespräsident und Präsident am Bundesverfassungsgericht *Herzog*, FAZ vom 08.09.2008, S. 8, „Stoppt den Europäischen Gerichtshof". Eine wissenschaftliche Entgegnung auf Herzog veröffentlicht das WHI, Lenz, WHI-Paper 01/09.
250 Vgl. Schwarze in: Schwarze, EU-Kommentar, Art. 220 EG, Rn. 3.
251 Diese Rolle und die damit verbundene innere Intention des EuGH sind nicht gering zu schätzen. Der Gerichtshof versucht die fehlende Einheit des Gemeinschaftsrechts, dessen rechtliche Architektur noch immer mehr einer Vernetzung von Rechtsordnungen und -räumen gleicht denn einem homogenen Rechtskörper – dies ganz besonders im Europäischen Steuerrecht, durch seine Rechtsprechungstätigkeit zu kompensieren.
252 Begriff in Anlehnung an die Titulierung der Verfassungsrichter *Papier* und *Di Fabio* in der ZEIT, http://www.zeit.de/2005/25/Papier_2fdi_Fabio, zugegriffen am 08.11.2009.
253 Begriffsverwendung bei Sander, deutsche Rechtssprache, S. 37.
254 Lange beabsichtigtes Ziel der Rechtsprechung im Steuerrecht war es immer mehr Druck zur Harmonisierung aufzubauen, also den Rat zur Verabschiedung entsprechenden Sekundärrechts zu veranlassen.
255 Auch aus diesem Grund ist die Bedeutung des Vorabentscheidungsverfahren zu betonen: über diese Verfahrenstechnik wird zunehmend gewährleistet, dass dem EuGH genügend Fallmaterial zugeleitet wird. Diese entscheidungsstrukturelle Frage ist nicht zu unterschätzen. Denn auch für den EuGH gilt: „Wo kein (berechtigter) Kläger, da kein Richter".

massiv darüber mit, ob er passiver oder aktiver Akteur sein möchte[256].

Diese Konkurrenzsituation sowie die beschriebenen mannigfachen Interessen der Akteure prägen das Handlungsumfeld des EuGH. Die rechtlichen wie rechtspolitischen Einflüsse besitzen nicht zu vernachlässigendes Gewicht bei der Entscheidungsfindung. Auch wenn die Einbeziehung dieser Umstände etwas von der juristischen Kernarbeit abweicht, ist deren Beachtung unerlässlich, um die Rechtsprechungslinie des EuGH im Europäischen Steuerrecht und im Bereich der Verlustverrechnung im Besonderen adäquat einordnen zu können. Eine solche mitunter akteurs- und kontextbezogene Betrachtungsweise ist in der deutschen Rechtswissenschaft, anders als etwa in der Rechtsprechungsanalyse des US Supreme Court[257] oder jüngeren ausländischen Publikationen zur Tätigkeit des EuGH[258], bis dato die Ausnahme[259]. Die wissenschaftliche Ergründung des Umfelds juristischer Urteile allein den Nachbardisziplinen der Soziologie oder der Politikwissenschaft zu überlassen, ist gerade im Bezug auf die stark praxisorientierte Rechtswirklichkeit des Europäischen Steuerrechts nicht befriedigend[260]. Die Berücksichtigung des Entscheidungsrahmens eröffnet die Chance, eine zusätzliche Erkenntnisebene zu erschließen. Wenn etwa rechtspolitische wie dogmatische Tendenzen festgestellt und analysiert werden, vor einer Betrachtung der äußeren Umstände wie politischem Druck, Eigeninteressen der Gerichte oder gewissen Abhängigkeiten innerhalb des Vorlageverfahrens aber zurückgeschreckt wird, fällt sowohl das Verständnis gegenwärtiger Urteile als auch die Prognose über die Nachhaltigkeit einer Entwicklung weitaus schwerer. Schließlich findet Rechtsprechung nicht im luftleeren Raum statt. Der klare Schwerpunkt dieser Arbeit wird auf einer juristischen Analyse der grenzüberschreitenden Verlustverrechnung liegen. Daneben werden jedoch zuweilen die angesprochenen inneren[261] und äußere Aspekte mit in die Betrachtung einfließen.

VII. Zusammenfassung des Spannungsverhältnisses

Um die Situation der Akteure und deren Interessen im Europäischen Steuerrecht fassbar darzustellen, wurden mehrmals ausdrucksstarke sprachliche Bilder herangezogen. So konnte sich ein erster, wenn auch noch eher abstrakter, Eindruck über die

---

256 Speziell zum Konkurrenzverhältnis zwischen EuGH und BVerfG siehe im sechsten Kapitel C.
257 Grundlegend hierzu der ehemalige Richter am Supreme Court *Cardozo*, The Nature of the Judical Process. Zur festen Verankerung dieser Akteursperspektive in der US-amerikanischen Rechtswissenschaft, Vorländer in: Häberle, Jahrbuch des Öffentlichen Rechts, Band 36, S. 479ff.
258 Etwa Stone-Sweet, The Judical Construction of Europe.
259 Eine Ausnahme stellt beispielsweise das Werk von *Haltern* zum Europarecht dar.
260 Kritisch ebenfalls Schenke, Die Rechtsfindung im Steuerrecht, S. 103f.
261 Im Unterschied zu den äußeren Aspekten verfolgt die „innere" Betrachtung eine Begutachtung der Maßnahmen, welche das Gericht – hier vorwiegend der EuGH – vornimmt, um seine eigene Position zu legitimieren und zu stärken.

enorme Relevanz dieses dynamischen Zweiges am Europarechtsbaum herauskristallisieren[262]. Resümierend lässt sich der Grundkonflikt, welcher die gesamte Arbeit durchzieht, auf folgenden Nenner bringen: Im Ausgangspunkt ist es der bekannte Widerstreit des Europarechts zwischen supranationaler und nationaler Rechtsordnung. Im Europäischen Steuerrecht trifft hierbei die Realisierung des Binnenmarkts auf die innerstaatliche Steuerrechtsordnung. Die besondere Note der Auseinandersetzung begründet der Aspekt, dass den Mitgliedstaaten kompetenzrechtlich die alleinige Gestaltungskompetenz gebührt. Hinsichtlich der Ausgestaltung ihrer Steuerrechtsarchitektonik wähnen sich die Länder daher souverän. Dennoch dringt die Rechtsprechung des Gerichtshofs bis in das Kapillarsystem des nationalen Steuerrechtsbaumes vor, müssen sich nationale Regeln in der europäischen Einfassung bewegen. Dies liegt besonders an der Ausstrahlungswirkung der Grundfreiheiten, welchen dank der Auslegung durch den EuGH die Qualität von „negativen Kompetenznormen"[263] zukommt. So entsteht ein tief greifendes Spannungsverhältnis im nicht harmonisierten Bereich der Besteuerung in Europa: Normen des nationalen Steuerrechts schränken die Effektivität der gemeinschaftsrechtlichen Grundfreiheiten ein, während diese die Gestaltungsoptionen innerhalb der nationalen Steuerrechtsordnungen empfindlich einengen. Die universell gefasste, intersektoral wirkende Grundfreiheitendogmatik trifft auf präzise ausgerichtete, in sich geschlossene Steuerrechtskonzepte der Mitgliedstaaten[264]. Marktorientiertes Wettbewerbsdenken kollidiert mit der Konzeption eines steuerstaatlich komponierten Solidarverbandes.

Dementsprechend unterscheiden sich sowohl Dogmatiken als auch Leitmotive dieser sich kreuzenden Rechtsmaterien. Parallel zu den verschiedenen Schnittpunkten bewegen sich die Interessengefüge der handelnden Akteure, welche diese zudem auf unterschiedlichste Art und Weise und mit divergierender Intensität durchzusetzen versuchen. Ergebnis ist mithin eine komplexe, gegenseitig spürbare Beschränkung des jeweiligen Handlungs- und Geltungsrahmens. Die Kunst besteht darin, zwischen diesen heterogenen Perspektiven auf ein und denselben Sachverhalt einer grenzüberschreitenden unternehmerischen Tätigkeit in Europa einen ausgewogenen Lösungsweg zu finden265, idealerweise im Sinne einer praktischen Konkordanz.

Vor dieser Aufgabe steht, sowohl im Einzelfall als auch im Ganzen, der vom EG-Vertrag – anders als viele Spruchkörper im klassischen Völkerrecht – mit relevanter

---

262 Ein europaweit rechtsvergleichender Überblick über die Probleme im Zusammenhang mit der Anwendung der vier Grundfreiheiten im Bereich des direkten Steuerrechts findet sind bei Xenopoulos, X. L., Direct tax rules and the EU fundamental freedoms: origin and scope of the problem; National and Community responses and solution, S. 5ff.

263 Verwendung des Begriffes erfolgt in Anlehnung an den Gebrauch in der deutschen Verfassungsliteratur: „Grundrechte als negative Kompetenznormen", vgl. Cornils, Ausgestaltung der Grundrechte, S. 503; Hoffmann, Verfassungsrechtliche Perspektiven, S. 101.

264 Diese Geschlossenheit kann teilweise berechtigterweise in Zweifel gezogen werden. Zumindest viele Teilbereiche nationalen Steuerrechts sind jedoch an der Folgerichtigkeit und der inneren Gerechtigkeit des Normenkomplexes orientiert.

265 Teilweise wird dieser Ausgleich zwischen Binnenmarkt und Steuerautonomie für schlichtweg undurchführbar gehalten, Genschel in: Bauer/Voelkow, Die Europäische Union, S. 227.

Macht[266] ausgestattete Gerichtshof der Europäischen Gemeinschaften. Innerhalb seiner Zuständigkeit zur „Wahrung des Rechts bei der Auslegung und Anwendung" des Vertrages, Art. 220 EG, obliegt es ihm, zwischen dieses Polen zu vermitteln. In Folge der aufgezeigten Interessenschwerpunkte werden dabei Europäische Kommission und Unternehmen in vielen Fällen als ein gleich gesinntes Paar dem Kreis der Mitgliedstaaten, genauer den Hochsteuerländern unter ihnen, gegenüber stehen. Des Weiteren sollte der zu analysierende Konflikt in dem Wissen betrachtet werden, dass auch das Gemeinschaftsgericht selbst, bei aller Kargheit vieler seiner Urteile, aufgrund seiner praktischen Verhältnisse ebenfalls nicht frei von signifikanten Eigeninteressen agiert.

B. Grenzüberschreitende Verlustverrechnung als Kernfrage

Nachdem die Relevanz des Europäischen Steuerrechts im Allgemeinen verdeutlicht wurde, verfolgt dieser Teilabschnitt die Absicht, die herausgehobene Bedeutung der grenzüberschreitenden Verlustverrechnung für diesen Gesamtbereich zu illustrieren.

Vorneweg vermittelt folgendes Schaubild einen Eindruck von der relevanten Grundkonstellation:

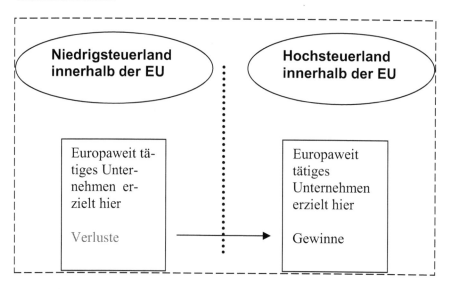

Inhaltlich dreht sich alles um die Frage, inwiefern ausländische Verluste mit inländischen Gewinnen eines Unternehmens verrechnet werden können: Eine geschickte

---

266 Vgl. etwa Kokott: Der EuGH „ist im Hinblick auf seine Machtfülle ein einzigartiges internationales Gericht", Zur Rolle der Generalanwälte beim Europäischen Gerichtshof, S. 9.

Steuerplanung ist stets bestrebt, den betriebswirtschaftlichen Wert von Verlusten zu mehren, indem diese mit möglichst hoch besteuerten Gewinnen verrechnet werden.

I. Beispiel

Ein Unternehmensverbund verzeichnet durch seine europäische Tochtergesellschaft einen Verlust von 100.000€. Dieser wird verrechnet einmal mit Gewinnen des Unternehmens in Land A, einem Niedrigsteuerland mit einer nominalen Unternehmensbesteuerung von 15%, und einmal mit positiven Einkünften im Land B, welches mit einer Steuerlast von 30%[267] zu den vergleichsweise hoch besteuernden Ländern zählt. Zeitliche Verschiebungen aufgrund unterschiedlicher Veranlagungszeiträume bestehen nicht.

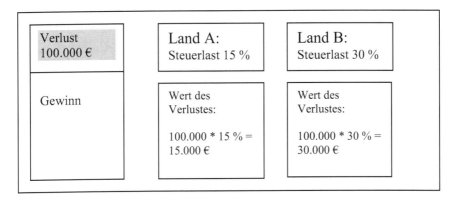

Die Modellrechnung verdeutlicht die Relevanz divergierender Verrechnungslösungen: Vermag das Unternehmen durch den Verlust von 100.000€ seine Steuerlast in Land A um 15.000€ zu drücken, so schlägt dieselbe Verlustgröße in Land B mit einer Steuerersparnis von 30.000€ zu Buche. Der Wert des Verlusteinsatzes in Land B ist demnach doppelt so hoch wie im Vergleichsfall A. Besteht mithin die Möglichkeit, Verluste nach B zu transferieren, so ist dies betriebswirtschaftlich vorteilhaft[268].

Für die Verlustberücksichtigung entstehen dabei unterschiedliche Ansatzpunkte je nach der rechtlichen Ausgestaltung eines Unternehmens. Auseinanderzuhalten sind einerseits die Situation eines Stammhauses mit einer ausländischen Betriebstätte (Verlustverrechnung innerhalb eines Unternehmens) und andererseits die Bedingungen einer inländischen Mutter mit einer europäischen Tochtergesellschaft (Verlustverrechnung innerhalb eines Konzerns). Um diese zwei Aufbauarten ranken sich

---

267 Also einer Belastung, wie sie in etwa Deutschland nach der Unternehmenssteuerreform 2008 anlegt.
268 Eine ausführliche ökonomische Analyse dieses sogenannten Steuersatzeffekts findet sich bei Watrin/Wittkowski, IStR 2008, 637 (642).

auch die Kernfälle der Arbeit: „Lidl Belgium" gründet sich auf einen Betriebsstätten-, „Marks & Spencer" auf einen Tochtergesellschaftssachverhalt.

II. Zusammenhang mit der Gewinn- und Verlustermittlung

Ferner lässt sich der Komplex grenzüberschreitender Verlustverrechnung nicht von den jeweils geltenden Gewinn- und Verlustermittlungsvorschriften trennen[269]. Hier beginnen etwa die tief greifenden nationalen Unterschiede bei Einteilung der Einkunftsarten, Fragen der Verrechenbarkeit innerhalb und zwischen diesen Einkunftsarten und über Veranlagungszeiträume hinweg, bei der Anerkennung von Betriebsausgaben und Sonderabschreibungen. Diese Fragen sind eng mit dem beschriebenen Steuerwettbewerb verquickt. Die Verlustverrechnungsregeln sind nämlich die beliebteste Stellschraube, um eine lockende Tarifsenkung intern einigermaßen auszugleichen. Die angesprochene Verbreiterung der Bemessungsgrundlage findet vor allem hier statt[270].

Diesen Befund versucht auch die Europäische Kommission zu nutzen, um die Verlustberücksichtigung europaweit zu koordinieren. Ihre Aktivitäten in diesem Bereich zeugen davon, dass dem Bereich „Beseitigung von Hemmnissen bei der grenzüberschreitenden Verlustverrechnung" eine elementare Tragweite beigemessen wird[271]. Unterlassen es die Mitgliedstaaten, die Behinderungen bei den grenzüberschreitenden Verlustverrechnungsregeln abzubauen, so hat dies tief greifende Auswirkungen auf den europäischen Integrationsprozess. Verlustverrechnungsregeln bestimmen ganz wesentlich, ob, wie und besonders wo Investitionen vorgenommen werden. Ausschließlich nationale Betrachtungen ohne Reflexion der Harmonisierungseffekte neigen aus der Sicht der Kommission häufig dazu, die positiven Wir-

---

269 Im Fall „Marks & Spencer" war es zwischen den Parteien unstrittig, dass die Verluste nach britischen Vorschriften ermittelt werden sollten, Rechtssache C-446/03, Slg. 2005, I-10837, Rn. 22. Allein um diesen Umstand können jedoch heftige Auseinandersetzungen geführt werden. Mangels konkreter Relevanz hat sich der EuGH zu dieser Frage nicht geäußert. Die Berechnung der Verluste nach den Regeln des Staates, in dem sie steuerlich geltend gemacht werden, erscheint hingegen geboten, da andernfalls eine quasi doppelte Privilegierung, zum einen durch eine unter Umständen großzügigere Gewinnermittlung, zum anderen durch den Verlusttransfer an sich denkbar ist.
270 Vgl. das Ergebnis eines ausführlichen Ländervergleichs bei Wittkowski, Verlustverrechnung, S. 211.
271 Zuletzt etwa in Mitteilung der Kommission, KOM (2006) 824, S. 11: „Die Kommission betont ausdrücklich die Notwendigkeit, innerhalb der EU ein effizientes System des grenzübergreifenden Verlustausgleichs einzurichten. Die begrenzte Möglichkeit eines grenzübergreifenden Verlustausgleichs ist eines der größten Hindernisse für grenzüberschreitende Unternehmenstätigkeit und für das effiziente Funktionieren des Binnenmarkts. Von der Einführung eines Systems für den grenzübergreifenden Verlustausgleich werden insbesondere KMU profitieren, die derzeit unter dem Fehlen eines solchen Ausgleichs leiden. Es wird auch ein Haupthindernis für die Herausbildung wettbewerbsfähiger EU-Unternehmen auf dem Weltmarkt beseitigen".

kungen von Auslandsinvestitionen innerhalb des Euroraums für die nationale Binnenkonjunktur zu vernachlässigen: Die Verflechtungen des Binnenmarktes sind real und nahezu unumkehrbar. Vor diesem gedanklichen Hintergrund unterbreitete die Kommission den Entwurf einer Verlustrichtlinie. Nachdem diese jedoch auf Seiten der Mitgliedstaaten keinen Zuspruch fand[272], zeigt sich die Kommission – ganz in Einklang mit ihrer neuen Vorgehensweise – in jüngster Zeit gewillt, auf gezielte Maßnahmen zu setzen, um die Verlustverrechnungsregeln mit ihren Vorstellungen eines funktionierenden Binnenmarktes in Einklang zu bringen[273]. Im Zusammenhang mit der grundlegenden „Marks & Spencer"-Entscheidung versuchte sie daher, durch ihre Vorschläge und allgemeine Leitsätze für eine möglichst einheitliche Reaktion auf die jüngste Rechtsprechung zu sorgen. Diese Intention, den mitgliedstaatlichen Verwaltungen bei der Bewältigung der Folgen aus den EuGH-Urteilen zur Verlustberücksichtigung zu helfen, stößt bei den staatlichen Fachbeamten jedoch nach wie vor meistens auf Argwohn. Europarechtlich besteht dabei – vereinfacht formuliert – die entscheidende Frage darin, inwieweit eine solche Berücksichtigung von Verlusten zwischen den verschiedenen Mitgliedstaaten auf einem gemeinsamen Binnenmarkt möglich sein muss.

Der herausgehobene Stellenwert dieser Frage innerhalb des Europäischen Steuerrechts gründet auf dem Umstand, dass hier unmittelbar die Wurzel aller Schwierigkeiten betroffen wird. Mehr noch als etwa in den komplexen Verfahren zur Dividendenbesteuerung[274], zu speziellen nationalstaatlichen Missbrauchsregelungen wie der Hinzurechnungsbesteuerung[275] oder zur Vermeidung verdeckter Gewinnausschüttung[276] oder der Abzugsfähigkeit von Schulgeldzahlungen[277] wird hier direkt die Frage der Territorialität und der Souveränität der Steuerstaaten berührt: Welchem europäischen Staat wird welches erzielte Steuersubstrat zugerechnet?

---

272 Im Jahre 1990 unterbreitete die Kommission dem Ministerrat einen ersten mutigen Vorschlag zur Verabschiedung einer Richtlinie zur grenzüberschreitenden Verlustverrechnung innerhalb der Gemeinschaft, KOM (1990) 595. Dieser noch mehrmals überarbeitete Entwurf, welcher den Leitgedanken einer entscheidungsneutralen Ausgestaltung der Verlustverrechnung verfolgte, wurde im Jahre 2001 zurückgezogen, nachdem sich abzeichnete, dass hierfür keine Zustimmung im Rat zu erreichen ist, vgl. KOM (2001) 763.
273 Hierzu ausführlich KOM (2006) 824, S. 9ff. Dabei werden diese „gezielten Maßnahmen" jedoch lediglich als Zwischenlösung auf dem Weg zu einer Einheitlichen Konsolidierten Körperschaftsteuer-Bemessungsgrundlage (GKKB) betrachtet, KOM (2006) 824, S. 8. Eine ausführliche Bewertung der bisherigen Konzeptvorschläge für diese GKKB findet sich bei Wittkowski, Verlustverrechnung, S. 102.
274 Vgl. etwa die Rechtssache C-379/05, „Amurta", IStR 2007, 853ff.
275 Vgl. Rechtssache C-196/04, „Cadbury Schweppes", Slg. 2006, I-7995 zur britischen CFC-Gesetzgebung.
276 Rechtssache C-324/00, „Lankhorst-Hohorst", Slg. 2002, I-11779 zum deutschen § 8a KStG.
277 Rechtssache C-76/05, „Schwarz", NJW 2008, 351ff.

III. Ökonomische Perspektive

Neben einem rechtswissenschaftlichen ist dies augenblicklich das ökonomische Zentralproblem, denn es geht um gewaltige Geldbeträge[278]. Seit den 1990er Jahren sind in Europa bei vielen großen Unternehmen im Zusammenhang mit ihrer grenzüberschreitenden Investitionstätigkeit, gerade nach dem Fall des eisernen Vorhangs[279], erhebliche steuerlich relevante Verluste entstanden[280]. Ferner ist auch für die nächsten Jahre im Zuge der weltweiten Finanzkrise mit erheblichem, wenn auch sachlich anders gelagertem, Verlustpotential bei den Unternehmen zu rechnen. Wo diese Verluste schließlich zur Verwertung durch Verrechnung gelangen, entscheidet sich im Steuergefecht zwischen Hoch- und Niedrigsteuerländern. Dabei sind Länder wie Deutschland mit vergleichsweise hohen Steuersätzen geradezu prädestiniert für steuerlich lukrative Gestaltungsstrategien innerhalb von internationalen Unternehmensverbünden. Allein im Vorfeld zur Rechtssache „Marks & Spencer" wurde für Deutschland im Falle eines uneingeschränkten Triumphes der Klägerseite in der Folge mit Steuerausfällen in Höhe von 30-50 Milliarden € gerechnet[281], was einem Erdbeben für den nationalen Haushalt gleichkäme[282]. Hieraus wird unmittelbar ersichtlich, wie außerordentlich folgenreich sich die Rechtsprechung der europäischen Richter in diesem Teil des internationalen Konzernsteuerrechts gestaltet. Aufgrund dieser finanziellen Dimensionen wird den richterlichen Vorgaben Aufmerksamkeit

---

278 Zwar gibt es vom Ziel der Gewinnverlagerung her betrachtet durchaus ähnliche Konstruktionen, etwa eine grenzüberschreitende Fremdfinanzierungskonstruktion a la „Tin Cap", Rechtssache C-524/04, IStR 2007, 249. Hier erfolgt durch den EuGH durchaus auch ein Abgleich mit den Vorgaben aus „Marks&Spencer", Rn. 79. Die bedeutendere finanzielle Dimension weist jedoch die grenzüberschreitende Verlustverrechnung auf.

279 Selbst vor den EU-Erweiterungen 2004 und 2007 hatte sich der Außenhandel von Deutschland mit den Mittel- und Osteuropäischen Länder im Zeitraum 1993 - 2003 mehr als vervierfacht. Gerade große Unternehmen aus Deutschland investierten in diese stark wachsenden Märkte, vgl. Walden, Der Einfluss der Besteuerung auf die Vorteilhaftigkeit betrieblicher Investitionen in Polen, S. 1.

280 Vgl. die Stellungnahme des Deutschen Instituts für Wirtschaftsforschung zur Unternehmenssteuerreform 2008, S. 2, http://www.diw.de/documents/dokumentenarchiv/17/57314/20070423_stllngn_diw_untreform.pdf, zugegriffen am 21.11.2008.

281 Meister, NZG 2006, 212 (ebenda), Fn. 11; Schwarze, Wirtschaftsrecht, S. 162.

282 Zum Vergleich: das im Rahmen der Wirtschafts- und Finanzkrise 2009 verabschiedete umfangreichste Konjunkturpaket der Nachkriegsgeschichte hat ebenfalls ein Volumen von etwa 50 Milliarden Euro. Zum Umgang mit der dadurch explodierenden Neuverschuldung wurde gar ein Sonderfond zur Tilgung der verur-sachten Verschuldung eingerichtet, vgl. das Gesetz zur Sicherung von Beschäftigung und Stabilität in Deutschland, BGBl. 2009, Teil I Nr. 11, S. 416ff. Ferner wird erwartet, dass gegen die Neuverschuldungsgrenze des Euro-Stabilitätspaktes von 3% des BIP verstoßen wird. Im Falle eines „außerplanmäßigen" Verlustes an Steueraufkommen durch eine europaweit unbegrenzte Verlustverrechnung würden zumindest Teile der entstehenden Lücke im Budget ebenfalls durch eine spürbar höhere Neuverschuldung ausgeglichen werden. Wahrscheinlich wäre ebenfalls eine Übertretung des 3% Defizitkriteriums. Hier zeigt sich erneut ein Konflikt der Vorgaben: Einerseits fordert der europäische Stabilitäts- und Wachstumspakt nahezu ausgeglichene Haushalte, andererseits beinhaltet die Grundfreiheiten-Rechtsprechung des EuGH diese gewaltige finanzielle Sprengkraft.

weit über das rein juristische und politische Fachpublikum hinaus zuteil. Wenn die Befürchtungen einer solchen Erosion der nationalen Steuerbasis real würde, so betrifft das jeden einzelnen Bürger in Form schwindender öffentlicher Leistungen und einer höheren steuerlichen Belastung an anderer Stelle. Dies erhöht zugleich die Verantwortung, für eine ausgereifte und wohlüberlegte Rechtsprechung in diesem Zusammenhang zu sorgen, dies in einem Umfeld, in dem von verschiedenster Seite rigoros versucht wird, den Gerichtshof im Sinne seiner Interessen zu überzeugen oder unter Druck zu setzen.

Dabei kommt dem Europäischen Steuerrecht gegenwärtig insgesamt, aufgrund der Tatsache, dass auf anderen Politikfeldern, welche die letzten Jahre durch die Rechtsprechung des EuGH stark mitgeprägt wurden, „etwas Ruhe eingekehrt" ist, eine exponierte Vorreiterrolle zu. So hat der EuGH etwa im eng mit dem Steuerrecht verknüpften Bereich des Gesellschaftsrechts, trotz einer Vielzahl bestehender gesellschaftsrechtlicher Richtlinien[283], einschneidend formend mitgewirkt[284]. Dennoch sind dank der Rechtssache „Centros"[285] und den dazugehörigen Folgeurteilen „Überseering"[286], „Inspire Art Ltd."[287] und „Sevic"[288] grundlegende Probleme der letzten Jahre weitestgehend geklärt[289], sodass hier der jüngste Rechtsprechungsverlauf eher in eine Konsolidierungsphase eingetreten ist. Wegbereiter für neue Tendenzen ist daher aktuell hauptsächlich das Europäische Steuerrecht. Innerhalb dieses vielschichtigen und unvollendeten Bereichs prägt besonders das Verhalten des Gemeinschaftsgerichts zur grenzüberschreitenden Verlustverrechnung: dieser Komplex entwickelte sich zum juristisch wie politisch dynamischsten Feld – annähernd vergleichbarer Schwung besteht vielleicht noch in den steuerlichen Fragen eines europäischen Gemeinnützigkeitsrechts[290]. Hier werden, fernab aller Details, derzeit die

---

283 Im Gesellschaftsrecht können Richtlinien hauptsächlich aufgrund von Artikel 44 Abs. 2 g) EG-Vertrag, im Unterschied zum Steuerrecht, im Wege des Mitentscheidungsverfahrens zur Verwirklichung der Niederlassungsfreiheit erlassen werden, um die Schutzbestimmungen, die in den Mitgliedstaaten den Gesellschaften im Sinne des Artikels 48 Unterabsatz 2 im Interesse der Gesellschafter sowie Dritter vorgeschrieben sind, soweit erforderlich zu koordinieren und diese Bestimmungen gleichwertig zu gestalten. Daneben ist auch ein Vorgehen über Art. 95 EG denkbar.
284 Hierbei wird die rechtsfortbildende Rolle des EuGH im Gesellschaftsrecht allerdings allgemein um einiges positiver bewertet als dies im Steuerrecht der Fall ist, vgl. Lumpp in: Reimer, Europäisches Gesellschafts- und Steuerrecht, S. 340.
285 Rechtssache C-212/97, „Centros", Slg. 1999, I-1459.
286 Rechtssache C-208/00, „Überseering", Slg. 2002, I-9919.
287 Rechtssache C-167/01, „Inspire Art Ltd.", Slg. 2003, I-10155.
288 Rechtssache C-411/03, „Sevic", Slg. 2005, I-10805.
289 In diese Richtung auch Siems, EuZW 2006, 135 (140), auch wenn er noch nicht alle „Mosaiksteine" für ein internationales Gesellschaftsrecht in der EU beisammen sieht. Zeitlich neu, aber inhaltlich von Kontinuität zeugend ist das Urteil „Cartesio", C-210/06, IStR 2009, 59ff. Hier werden für den Wegzugsfall im Ergebnis die Aussagen des Gerichtshofs zur Rechtssache „Daily Mail" aus dem Jahre 1986 bestätigt.
290 Hierzu ausführlicher in der Analyse des sechsten und siebten Kapitels.

Richtungsentscheidungen im transnationalen Steuerrecht gefällt[291]. Umso entscheidender für die Entwicklung des gesamten Europarechts scheint es daher, die Genese dieses besonders lebhaften Zweiges am Europäischen Steuerrechtsbaum zu analysieren. Hinzu kommt, dass es aufgrund der stark einzelfallbezogenen „case law"-Struktur im Europäischen Recht der direkten Steuern und der angesprochenen Dynamik gemeinhin schwer fällt, fundierte und verlässlichen Prognosen zu erstellen. Im Spektrum der grenzüberschreitenden Verlustverrechnung liegen nun allerdings in kurzem Abstand aufeinander folgende, ins grundsätzliche gehende Urteile vor, sodass hier augenblicklich die berechtigte Aussicht besteht, über die sonst üblichen Momentaufnahmen hinausgehende Aussagen treffen zu können.

---

291 Die Reaktionen des nationalen Gesetzgebers auf diese richterlichen Weichenstellungen im transnationalen Kontext erfassen dabei immer häufiger auch rein innerstaatliche Sachverhalte. Indirekte Auswirkungen ergeben sich etwa daraus, dass in der Folge eines „kassierenden" EuGH-Urteils die Europarechtkonformität durch die – sinnwidrige – Ausweitung einer Regelung auf Inlandssachverhalte hergestellt wird, vgl. beispielsweise die Neuregelung der Unterkapitalisierungsvorschrift des § 8a KStG im Nachgang zur „Lankhorst-Hohorst" Entscheidung, hierzu Hermann, EuGH-Entscheidungen, S. 48ff. Nach einigen Jahren dieses unbefriedigenden Rechtszustandes wurde diese Regelung im Zuge der Unternehmenssteuerreform 2008 nun durch die Einführung einer sogenannten Zinsschranke ersetzt, § 4h EStG. Auch diese soll die Gefahr einer grenzüberschreitenden Einkommensverlagerung durch übermäßige Fremdkapitalfinanzierung gerade bei multinational operierenden Unternehmen verhindern. Dabei versucht der Gesetzgeber durch eine Anhebung der Freigrenze auf eine Million € nun bewusst weite Teile des deutschen Mittelstands von den Auswirkungen dieser Regelung auszunehmen, vgl. Schwarz, IStR 2008, 11ff. Eine Tendenz sieht *Hey* auch für die Verlustberücksichtigung. Sie geht davon aus, dass vor dem Hintergrund des EuGH-Urteils Marks & Spencer die Staaten die Verlustverrechnungsregeln auch für die Inlandssachverhalte zur Gänze abschaffen werden, um so der Bezichtigung einer Ungleichbe-handlung zu entgehen, vgl. Diskussionsbericht Lumpp in: Reimer, Europäisches Gesellschafts- und Steuerrecht, S. 340. Eine gänzliche Streichung der Verlustverrechnung würde jedoch zumindest für Deutschland einige verfassungsrechtliche Probleme bereiten, vgl. hierzu zweites Kapitel B. bis D.

Zweites Kapitel: Verlustberücksichtigung als Gerechtigkeitsmodus

A. Das Finanzierungskonzept des Staates

Ohne Finanzen ist kein Staat zu machen. Soll der Staat, dieses Abstraktum, das die Armen speist und Atome spaltet, welches Straßen und Schulen baut, Verbrecher jagt, Gesetze erlässt und Recht spricht, mit Leben erfüllt werden, bedarf es seiner ausreichenden Finanzierung. Der Regierung muss die Befugnis zugestanden werden, diejenigen Gelder zu akquirieren, welcher es bedarf, um die geforderten Leistungen von den klassischen Ordnungs- und Sicherungsaufgaben bin hin zu den Errungenschaften der besonders finanzintensiven Felder der Leistungs- und Sozialstaatsverwaltung verwirklichen zu können. Ohne diese zureichende finanzielle Handlungsfähigkeit ist die staatliche Ordnungs- und Gestaltungsmacht nahezu substanzlos[292]. Erst ausreichende Geldmittel erlauben es ihm, durch seine Leistungen Gestalt anzunehmen. Ein moderner, funktionierender freiheitlich verfasster Staat ist entsprechend immer „Finanzstaat"[293]. Damit bleibt die Frage nach dem „Wie" der Finanzierung dieser Zwecke jedoch unbeantwortet. Im Gegensatz zur Zwangsläufigkeit des Finanzstaates gibt es hier keine unumstößliche Vorgehensweise.

Von der deutschen Verfassung vorausgesetzt[294] und gleichzeitig Standardmodell der Mitgliedstaaten in der Europäischen Union[295] ist der sogenannte „Steuerstaat"[296]. Zu dieser tragenden Eigenschaft der Steuer[297] als Finanzierungsform führt das BVerfG in seiner Entscheidung zur Zulässigkeit des „Wasserpfennigs" aus:

---

292 Anmerkung: Zweitgrößter Haushaltsposten im Bundeshaushalt ist der Schuldendienst. Auch eine enorme, ständig wachsende Schuldenlast kann für die Spielräume staatlichen Handelns einmal eine erdrosselnde Wirkung entfalten, vgl. bereits Isensee in: Wendt/Höfling, Staat, Wirtschaft, Steuern, Festschrift für Friauf, S. 708 ff.
293 Vgl. bereits Bodin, Les Six Livres de la Republique, ed. 1583, S. 855 („Les nerfs de la Republique sont aux finances"); ferner Vogel in: Isensee/Kirchhof, Handbuch des Staatsrechts, Bd. II, § 30, Rn. 3.
294 Badura, Verwaltungsrecht im liberalen und sozialen Rechtsstaat, S. 25; Hufeld in: Depenheuer/Heintzen, Staat im Wort, Festschrift für Isensee, S. 857; Waldhoff in: Isensee/Kirchhof, Handbuch des Staatsrecht, Band V, § 116, Rn. 84; Weber-Grellet, NJW 2001, 3657 (3661).
295 Vgl. Eurostat: Taxation Trends in the European Union, ed. 2008, S. 3ff. Hieraus ergibt sich, dass für die Mitgliedstaaten der EU die Steuer die typische Einnahmequelle ist.
296 Der Begriff der „Steuer" entstammt dem Althochdeutschen „stiura", was soviel wie „Stütze" bedeutet, Bayer, Steuerlehre, S. 13. Schon an dieser Wortherkunft lässt sich die gewichtige, stützende Funktion der Finanzen, hier in Form der Steuererhebung, für den Staat erahnen.
297 Steuern meint Geldleistungen, welche der Staat von privaten Wirtschaftssubjekten zur Deckung seines allgemeinen Finanzbedarfs erhebt, für welche es also keine speziellere Gegenleistung gibt, als dass die Geldmittel zur Erfüllung der staatlichen Aufgaben eingesetzt werden (vgl. auch § 3 Abs. 1 der AO).

„Der Finanzverfassung liegt die Vorstellung zugrunde, daß die Finanzierung der staatlichen Aufgaben in Bund und Ländern einschließlich der Gemeinden in erster Linie aus dem Ertrag der in Art. 105 ff. GG geregelten Einnahmequellen erfolgt (Prinzip des Steuerstaates)"[298].

Aus dieser Formulierung wird ersichtlich, dass andere Finanzierungsformen (z.B. nichtsteuerliche Abgaben in Form der Gebühr oder des Beitrags), welche in der Finanzverfassung nicht genannt werden, nicht von vornherein unzulässig sind. Vielmehr enthält die Finanzverfassung „keinen abschließenden Kanon zulässiger Abgabetypen"[299]. Dennoch ergibt sich die dominierende Ausrichtung der Verfassung auf Steuern aus der Systematik der Art. 105 ff. GG. Bei der Betrachtung dieses Komplexes wird ersichtlich, dass ein sorgfältig gestricktes und parlamentarisch legitimiertes Balancegefüge zwischen den Normen existiert. Dieses gerät ins Wanken, je mehr die Einnahmeanteile des Staates durch andere Abgaben steigen, da hier die Schutz- und Begrenzungsfunktion der Finanzverfassung[300] und deren abgestimmtes Konzept der Ertragshoheiten zwischen Bund und Ländern immer weniger durchgreifen könnte. Infolgedessen wäre dieser Teil der Verfassung praktisch funktionsentleert, bestünde die Haupteinnahmequelle des Staates nicht mehr in der Steuer. Eine solche Deckung der Staatsfinanzen wäre in letzter Konsequenz sonach verfassungswidrig[301].

Unter der „Herrschaft" von Grundgesetz und EG-Vertrag undurchführbar ist ferner das Gegenmodell zum Steuerstaat, der sogenannte „Unternehmerstaat" sozialistischer Prägung, dessen Staatshaushalt hauptsächlich aus Gewinnabführungen staatlicher oder genossenschaftlicher Betriebe bestritten wird[302]. Mit den ausgeprägten persönlichen Freiheitsrechten des Grundgesetzes, vor allem mit der ebenso auf Europäischer Ebene gewährleisteten Eigentums- und Berufsfreiheit[303], vereinbar ist lediglich ein Staat, welcher auf großflächige eigene unternehmerische Anstrengungen verzichtet und stattdessen am ökonomischen Ergebnis der Privaten partizipiert[304]. Eine Marktwirtschaft, auch eine soziale, widerspricht ihrer Essenz nach dieser derart weitgehenden Verstaatlichung breiter Wirtschaftszweige[305]. Somit erschöpfen sich

---

298 BVerfGE 93, 319 (342).
299 BVerfGE 93, 319 (342).
300 Vgl. v. Danwitz, NVwZ 2000, 615 (616); Franz, Gewinnerzielung durch kommunale Daseinsvorsorge, S. 387 f.
301 Vgl. BVerfG, NVwZ 2003, 715 (716); Heintzen in: Depenheuer/Heintzen, Staat im Wort, Festschrift für Isensee, S. 838.
302 Direkte Steuern spielten in den sozialistischen Staat fast keine Rolle. 70-80% der Einnahmen wurden durch Umsatzsteuer und v.a. durch die vergesellschaftete Wirtschaft erzielt, Unger in: Albers, Handwörterbuch der Wirtschaftswissenschaft, Bd. 2, S. 337.
303 Zur Gewährleistung dieser Grundrechte durch den EuGH sowie deren Zusammenhang mit den Grundfreiheiten, Frenz, EuR 2002, 603 (606 ff.).
304 Vgl. Kirchhof, Beihefter zu DStR 37, 2003, S. 1 (ebenda); Rodi, Rechtfertigung von Steuern als Verfassungsproblem, S. 29.
305 Zwar legt das GG keine spezielles Wirtschaftssystem fest, vgl. BVerfG, NJW 1979, 699 (702): „Das Grundgesetz, das sich in seinem ersten Abschnitt im wesentlichen auf die klassischen Grundrechte beschränkt hat, enthält keine unmittelbare Festlegung und Gewährleistung

die privatwirtschaftlichen Aktivitäten des Staates heute vornehmlich in der Erledigung von Verwaltungsaufgaben[306] zur Gewährleistung der Daseinsvorsorge[307] und der Aufsicht über sensible Wirtschaftbereiche[308].

Im Großen und Ganzen besteht im Steuerstaat demnach eine Teilung zwischen Wirtschafts- und Staatstätigkeit[309], zumindest besteht eine deutliche Subsidiarität staatlichen Handelns gegenüber privater Leistungserbringung. Allerdings sorgt der Staat für die erforderlichen Rahmenbedingungen eines erfolgreichen Wirtschaftens. Dies reicht von der Ausbildung qualifizierter Arbeitskräfte, der Bereitstellung eines leistungsfähigen Rechts-, Währungs- und Verwaltungssystems bis hin zur adäquaten Transportinfrastruktur. Hingegen belässt er das Wirtschaften an sich in privater Hand. Er vertraut damit zu Recht auf die höhere Leistungsfähigkeit effizienten Handelns Privater, welche für ihr Agieren einen klaren Wertmesser haben: Gewinn und Verlust.

Diese eindeutige Leitvorgabe fehlt dem Staat, welcher vor allem auf das Gemeinwohl und Gerechtigkeitsaspekte verpflichtet ist. Die hiermit verbundenen langwierigen Entscheidungsfindungsprozesse des politischen Diskurses sind nicht unbedingt die Erfolg versprechenden Paten ökonomischer Wohlstandserlangung. Dies gilt umso mehr in einer schnelllebigen Wirtschaftsordnung, wie sie heute global und in der EU existiert[310]. Hier bedarf es einer flexiblen Anpassung an sich ständig verändernde Marktgegebenheiten, um im Wettbewerb mit anderen Marktteilnehmern bestehen zu können. Da auf der letzten Ebene über die Steuerbelastung eine Teilhabe am wirtschaftlichen Resultat erfolgt, hat der Staat ein zumindest großes

---

einer bestimmten Wirtschaftsordnung. Anders als die Weimarer Reichsverfassung (Art. 151 ff.) normiert es auch nicht konkrete verfassungsrechtliche Grundsätze der Gestaltung des Wirtschaftslebens. Es überläßt dessen Ordnung vielmehr dem Gesetzgeber, der hierüber innerhalb der ihm durch das Grundgesetz gezogenen Grenzen frei zu entscheiden hat...". Diese Neutralität ist jedoch relativ. Zu beachten sich sowohl die Freiheitsrechte als auch die damit verbundenen sozialen Verpflichtungen. Die Kombination aus Freiheit und Sozialstaat schließt eine Planwirtschaft aus. Weiter geht der EGV in Art. 4 Abs. 1, welcher den „Grundsatz der offenen Marktwirtschaft mit freiem Wettbewerb" ausdrücklich vorschreibt. Vgl. zur wirtschaftliche Systemfestlegung im EG, Hatje in: Von Bogdandy, Europäisches Verfassungsrecht, S. 740.

306 Beispielsweise dem Ausbau und dem Erhalt der Verkehrsinfrastruktur, der Wasserversorgung, der Müllentsorgung, der Gesundheitsfürsorge sowie des öffentlichen Personentransports.
307 Zum Begriff erstmals in Deutschland: Forsthoff, Die Verwaltung als Leistungsträger, 1938, S. 5.
308 Man denke an die Bankenaufsicht, Kartellbehörden, aber auch an Beliehene wie den TÜV.
309 So auch Gröpl, Haushaltsrecht und Reform, S. 19.
310 Dadurch wird nicht in Abrede gestellt, dass das andere Extrem einer reinen Ausrichtung an kurzfristig hohen Renditezielen, ohne jegliche Verfolgung nachhaltiger Unternehmensstrategien, wie es zeitweise von viele Investmentbanken in den USA praktiziert wurde und was in der großen Finanzkrise 2008 mündete, sehr gemeinwohlschädigend ist, zumal dann der Staat mit Steuergeldern wieder stützend eingreifen muss, um nicht das gesamte Finanz- und in dessen Folge auch das Wirtschaftssystem zusammenbrechen zu lassen. Siehe hierzu etwa: Handelsblatt vom 20.10.2008, S. 4; SZ vom 19.09.2008, S. 4; Die ZEIT vom 18.09.2008, S. 23 ff.

indirektes Interesse an einer florierenden Unternehmerschaft: das Plus in der Bilanz[311] ist die notwendige Basis jedweder gerechter Steuerbelastung. Wirtschaftliche Prosperität schafft finanziellen Raum für staatliche Gestaltung. Die Verbindung zwischen Bürger und Staat hat hier symbiotische Züge: Der Bürger profitiert von den Gemeinwohlaufgaben des Staates, während er dafür einen Anteil seines wirtschaftlichen Erfolges schuldet[312]. Wie aus dem Steuerbegriff folgt, ist diese Zahlung jedoch nicht von dem konkreten Wert der Staatsleistung an den Einzelnen abhängig und nicht zweckgebunden. Vielmehr dient grundsätzlich das Steueraufkommen für die Erledigung sämtlicher Staatsausgaben[313] (anonymisierte Globaläquivalenz[314]).

Dem Gedankengut des Steuerstaates mit seinem freiheitlich-demokratischen Menschenbild, welches den wirtschaftlichen Egoismus des Einzelnen in einem rechtlich vorgegeben Rahmen anerkennt, folgt ebenso das europäische Binnenmarktkonzept, vgl. Art. 14 EG. Dieses verlangt in seinem Kern, dass die Marktteilnehmer in der EG überall entweder gleichartige Rechtsrahmen antreffen, oder aber dass unterschiedliche Rahmenbedingungen ohne Einfluss auf ihre wirtschaftlichen Entscheidungen bleiben[315]. So soll dieses level playing field zusammen mit dem liberal-marktwirtschaftliche Konzept[316] des Binnenmarktes, geprägt durch Marktgleichheit und Wettbewerbsfreiheit, für eine grenzüberschreitende Investitionsmotivation das Umfeld bereiten, welche die risikofreudige Eigennützigkeit des homo oeconomicus[317] mobilisiert und hierdurch insgesamt mehr Wohlstand für alle in Europa generiert. Diese grundsätzliche Ausrichtung der EG-Binnenmarktidee stützt bzw. verstärkt die mitgliedstaatliche Ausgestaltung zum Steuerstaat. Eine Struktur mit

---

311 Hier bestätigt sich erneut die bereits im ersten Kapitel II. dargelegte Bedeutung der Gewinnermittlungsnormen und des Bilanzrechts. Gelingt es Unternehmen stetig ihre Bilanzen zu „verfälschen" und die Bemessungsgrundlage gen Null zu bringen, so kann auch ein noch so gutes Besteuerungskonzept nicht greifen. Hier angesiedelte praktische Probleme lassen sich allerdings nicht allein durch immer strengere Bilanzierungsregeln und mehr Steuerfahnder lösen. Mindestens genauso wichtig ist die Mentalitätsfrage: Empfinde ich als „Schande" Steuern zahlen zu müssen oder akzeptiere ich diese Bürgerpflicht, ohne welche kein Staat funktionieren kann. Die Erziehung zu letzterer Ausprägung an „Steuermoral" ist fundamental.
312 Vgl. BVerfG, Urteil vom 17.07.1984, NJW 1984, 2271 (2276): „Das - auch strafrechtlich sanktionierte - Verlangen des Staates nach steuerlichen Angaben begründet sich aus dem Umstand, daß der Betroffene am staatlichen Leben teilnimmt, ihm insbesondere Schutz, Ordnung und Leistungen der staatlichen Gemeinschaft zugute kommen. Deshalb darf ihm ein Anteil an den finanziellen Lasten zur Aufrechterhaltung des staatlichen Lebens auferlegt werden."
313 Vgl. Beschluss des BVerfG vom 26.08.1992 „Keine Steuerverweigerung aus Gewissensgründen", NJW 1993, 455 (ebenda f.).
314 Begriff nach *Kube*, Finanzgewalt in der Kompetenzordnung, S. 59 (dort in Fn. 209). *Rodi* spricht im selben Kontext von einer generellen Äquivalenz, Die Rechtfertigung von Steuern als Verfassungsproblem, S. 15.
315 Von Bogdandy in Grabitz/Hilf, Das Recht der Europäischen Union, Bd. I, Art. 2 EG, Rn. 40.
316 Bleckmann/Pieper in Dauses, Handbuch des EU-Wirtschaftsrechts, B. I, Rn. 20.
317 Zum Bild und den Merkmalen eines solchen „homo oeconomicus" siehe die Analyse von Raab in: Nell/Kufeld, Homo oeconomicus: Ein neues Leitbild in der globalisierten Welt, S. 109.

starker Finanzierung über Abgaben staatlicher Unternehmen wäre bei derzeitiger Vertragslage kaum europarechtskonform zu organisieren. Dazu sind die freiheitsrechtlichen Beschränkungsverbote der Grundfreiheiten[318] und ebenso des Beihilferechts[319] zu weitgehend[320]. Mithin lässt sich festhalten, dass die Struktur des Steuerstaates das europaweit dominierende Konzept verkörpert, welches grundsätzlich mit den Leitvorstellungen der Gemeinschaftsverträge konform geht.

Diese Affinität kann jedoch nicht über die Konflikte des Steuerstaates im supranationalen Integrationsprozess Europas hinwegtäuschen. So mag der Steuerstaat ein Primat der wirtschaftlichen Freiheit des Einzelnen voraussetzen. Lange Zeit war diese Freiheit aber begrenzt auf einen abgeschlossen Nationalstaat und dessen Steuerrechtsordnung. Der Steuerstaat wurde bzw. wird noch immer als eine starke Bastion der Nationalstaatlichkeit verstanden[321]. Wie bereits durch den Problemaufriss des ersten Kapitels erkennbar wurde, ist der nationale Steuerstaat innerhalb der EU jedoch nur noch bedingt souverän. Der klassische Vollbesitz aller rechtsetzenden und rechtaus-übenden Befugnisse in einer Hand ist Geschichte. Seit sich die Wirtschaft globalisiert, entzieht sich auch das Steuerrecht immer mehr einer ordnenden Hand – weil die Hand eine nationale geblieben ist. Wie auch im Hinblick auf andere Kennzeichen der Staatlichkeit, von der Friedenssicherung und der Verantwortung für physische Sicherheit, Freiheit und Rechtssicherheit, über die demokratische Selbstbestimmung bis hin zur Gewähr von wirtschaftlichem Wachstum und sozialer Sicherheit: Überall hat der Nationalstaat sein Monopol auf die Gewährleistung elementarer Güter eingebüßt. Die Zeiten klarer Verhältnisse hinsichtlich nationaler Ertragshoheit, alleinigem Steuermonopol und independenter Anspruchsdurchsetzung sind vorbei. Das Hoheitsrecht ist heute geteilt. Im Zuge stark angestiegener europa- und weltweiter wirtschaftlicher Wechselbeziehungen, basierend auf einer rechtlichen Liberalisierung der Märkte[322], modernen Informations- und Kommunikationstechniken und globalen Transportmöglichkeiten, existieren heute viele externe Direktiven, welche die Handlungsoptionen des Nationalstaates stark verengen, sodass die Macht der Nationalstaaten zunehmend zerfasert.

Neben oder oberhalb der Staaten haben sich neue Träger von Staatlichkeit mit unterschiedlich starker Autorität etabliert. Wo die Leitlinien der internationalen Doppelbesteuerungsabkommen und der WTO noch großflächige Gestaltungsspielräume eröffnen, sind die prägenden Züge des Europarechts deutlich stringenter[323]. Die

---

318 Vgl. Jaeger, EuZW 2007, 499 (502); Kube, EuR 2004, 230 (248f).
319 Vgl. Kahl, NVwZ 1996, 1082 (ebenda und 1088); Soltész/Bielesz, EuZW 2004, 391 (392ff).
320 Wobei die öffentlichen Unternehmen der Daseinsvorsorge auch auf der Ebene des Europarechts eine gewisse Sonderstellung einnehmen, vgl. Art. 16 und Art. 86 Abs. 2 EG; vgl. hierzu Schwarze, EuZW 2001, 334 (336ff).
321 Vgl. Pinzani, Jürgen Habermas, S. 175; Prätorius in: Von Winter, Perspektiven der politischen Soziologie, Festschrift für Theo Schiller, S. 24.
322 Siehe hinsichtlich der Liberalisierung außerhalb der EU durch die WTO, Dolzer in: Vitzthum, Völkerrecht, S. 464 ff.
323 Ein Vergleich der Bindungswirkung von WTO und EU-Vorgaben findet sich bei Becker in: Becker/Schön, Steuer- und Sozialrecht im Europäischen Systemwettbewerb, S. 11ff.

Rechtsprechung des EuGH zu den Wirkungen der Grundfreiheiten kann heute von keinem Staatsbediensteten mehr vernachlässigt werden. So hat ein deutscher Finanzbeamter neben die einfachgesetzlichen Steuernormen und die deutsche Verfassung ebenso die Artikel des EG-Vertrages sowie deren Auslegung durch den Gerichtshof zu legen. Im Konfliktfall hat – meist jedoch nur theoretisch, da in der Praxis aufgrund der hierarchischen Struktur des Verwaltungsaufbaus ein solches Ansinnen in der Regel von der Verwaltungsspitze gestoppt werden wird[324] – der Verwaltungsbeamte das nationale Steuerrecht zugunsten des Europarechts als lex specialis außer Anwendung zu lassen (lex specialis derogat legi generali)[325].

So ist der geschlossene Steuerstaat als Relikt vergangener Zeiten anzusehen. Daraus folgen über die ökonomischen Risiken für die Staatshaushalte hinaus gravierende Gerechtigkeitsprobleme in der Besteuerung. Diese betreffen im Besonderen die im Folgenden zu erläuternden Grundsätze des Leistungsfähigkeitsprinzips.

B. Verlustberücksichtigung als Gebot des Leistungsfähigkeitsprinzips

Gerechtigkeit ist der höchste Maßstab des Rechts. Sie sollte das Leitmotiv jeden juristischen Handelns darstellen und somit sowohl der Gesetzgebung als auch dem Gesetzesvollzug vorgedacht werden. Hier eröffnet sich allerdings sogleich die

---

324 Siehe allerdings das Vorgehen des saarländischen Gesundheitsministeriums im Fall „Doc Morris": Dieses erteilte der niederländischen Kapitalgesellschaft Doc Morris die Erlaubnis zum Betrieb einer Apothekenfiliale, entgegen der geltenden deutschen Rechtslage: Die Betriebserlaubnis kann grundsätzlich nämlich nur an natürliche Personen erteilt werden (vgl. §§ 1 Abs. 3, 2 Abs. 1, 7, 8 ApoG). Hingegen ist das Betreiben in der Form einer Kapitalgesellschaft gem. § 8 ApoG ausgeschlossen. Dieses Verbot wertete das Ministerium als evidenten Verstoß gegen die Niederlassungsfreiheit und sah sich im Hinblick auf den Grundsatz der Gesetzesbindung der Verwaltung und den bestehenden Anwendungsvorrang des Europarechts dazu verpflichtet, die Regelungen des ApoG nicht anzuwenden, hierzu Saarbrücker Zeitung, http://www.saarbruecker-zeitung.de/sz-berichte/wirtschaft/Wirtschaftart2819,250753 0, zugegriffen am 24.09.2008; Streinz, EuZW 2006, 455 (ebenda). Dieser rechtspolitische Mut der saarländischen Ministerialverwaltung wurde vom EuGH letztlich nicht belohnt, vgl. das Urteil der Großen Kammer vom 19.5.2009 in den verbundenen Rechtssachen C-171/07 und C-172/07, „Apothekerkammer/Saarland", EuZW 2009, 409ff.

325 Das diese Rechtssystematik selbst in der Folge von EuGH-Urteilen noch nicht überall als Selbstverständlichkeit aufgefasst werden zeigt etwa eine Verfügung der OFD Hannover vom 28.7.2006 zur Bedeutung von EuGH-Urteilen: „Ein EuGH-Urteil ist für die Verwaltung nur bindend, wenn und soweit ein BMF-Schreiben dazu Regelungen enthält, wenn das EuGH-Urteil im BStBl II veröffentlicht wird oder wenn das dem EuGH-Urteil folgende BFH-Urteil im BStBl II veröffentlicht wird. Bis dahin ist weiterhin die Verwaltungsauffassung zu vertreten. Aussetzung der Vollziehung kann jedoch gewährt werden. Einspruchsverfahren ruhen (§ 363 Abs. 2 Satz 2 AO). Lag der Vorabentscheidung ein Ersuchen eines anderen Mitgliedstaates zugrunde, ist das EuGH-Urteil nur bindend, wenn die Voraussetzungen der ersten beiden Spiegelstriche erfüllt sind. Andernfalls ist die Verwaltungsauffassung zu vertreten. Es kommen weder Aussetzung der Vollziehung noch ein Ruhen des Einspruchsverfahrens in Betracht". Kritisch hierzu Cordewener, IWB 2009, Fach 11, 959 (964).

Schwierigkeit dieser Richtschnur: ihre Fassbarkeit[326] und damit die Fähigkeit, dem formalen Recht den Weg zu konkreten Inhalten zu ebnen. Wie in anderen Bereichen wird auch im Steuerrecht die Gerechtigkeitsidee eng mit dem Gleichheitsgedanken verbunden. Dabei ist der Zugriff durch den Gesetzgeber im Kern erst einmal recht unabhängig[327]. Sein Maß an steuerpolitischer Gestaltungsfreiheit ist sehr weit, geht es um das „ob" einer Erschließung neuer Steuerquellen. Überdies verfügt der Steuergesetzgeber über erhebliche Gestaltungsspielräume hinsichtlich der Zusammensetzung des Steuersystems, etwa der Gewichtung zwischen direkten und indirekten Steuern oder der Erhebung einer Vermögensteuer[328]. Während der Gesetzgeber also eine relativ freie Auswahlentscheidung hinsichtlich der Sachverhalte trifft, die überhaupt der Besteuerung unterworfen werden sollen, besteht weitgehende Einigkeit, dass Gerechtigkeit im Bereich des Steuerrechts hauptsächlich die Besteuerungsgleichheit fordert[329]. Die einmal erfassten Tatbestände sind demnach auf der „zweiten Ebene" gleichartig zu regeln[330]. In Deutschland folgt diese konkrete Gerechtigkeitsmaxime der Besteuerung aus der Werteordnung des Grundgesetzes, vor allem aus dem allgemeinen Gleichheitssatz des Art. 3 Abs. 1 GG[331]. Dieser besagt ganz grundsätzlich, dass „Gleiches gleich, Ungleiches seiner Eigenart entsprechend verschieden zu behandeln" ist[332]. Das BVerfG pointiert in seiner „neuen Formel" überdies die starke personenbezogene Komponente des Vergleichpaares, indem es eine Verletzung annimmt, sofern „eine Gruppe von Normadressaten im Vergleich zu anderen Normadressaten anders behandelt wird, obwohl zwischen beiden Gruppen keine Unterschiede von solcher Art und solchem Gewicht bestehen, dass sie eine ungleiche Behandlung rechtfertigen könnten"[333].

Gleichheit bezeichnet mithin einen Konnex zwischen verschiedenen Anknüpfungspunkten, im Steuerrecht namentlich zwischen Personen (natürlichen oder juristischen). Da hinter diesen Personen unterschiedlichste ökonomische Einkom-

---

326 Zum Gerechtigkeitsbegriff existieren bekanntermaßen Bibliotheken von Literatur. Hier sei insofern lediglich auf ein besonders gelungenes Querschnittswerk von Hans Kelsen, Was ist Gerechtigkeit? aus dem Jahre 1953 hingewiesen.
327 Vgl. Schenke, Die Rechtsfindung im Steuerrecht, S. 217.
328 Vgl. BVerfG, Beschluss vom 15.01.2008, 1 BvL 2/04, FR 2008, 818 (821).
329 Statt vieler: Lang/Englisch, Grundzüge des Kölner Entwurfs eines Einkommensteuergesetzes, Beihefter zu DStR 2005, Heft 25, 1 (2); Ratschow in: Blümich, EStG - KStG - GewStG, § 2 EStG, Rn. 5; Rodi, Verfassungs-konforme Besteuerung von Kapitalerträgen, NJW 1991, 2865 (ebenda).
330 Vgl. BVerfGE 29, 402 (411). Zur Verankerung dieses steuerlichen Grundsatzes in anderen Verfassungen und in Art. 14 EMRK i.V.m. Art. 1 des ersten Zusatzprotokolls zur EMRK, Kofler, taxlex 2006, 13 (14).
331 Heun in: Dreier, Grundgesetz-Kommentar, Art. 3, Rn. 75; Rau, Verfassungsdirigierende Prinzipien für das Unternehmenssteuerrecht, S. 145, Rodi, Die Rechtfertigung von Steuern als Verfassungsproblem, S. 31ff.
332 BVerfGE 71, 255 (271).
333 BVerfGE 60, 123 (133f.); 65, 104 (112f.); 72, 141 (150); vgl. ausführlich Albers, JuS 2008, 945 (946).

mens[334]- und Vermögenssituationen stehen, bedarf es zur Vergleichbarkeit der Umstände der Erfassung jeder Einzelerscheinung. Den freiheitlichen Staat zeichnet es gerade aus, dass er seinen Bürgern einen weiten Rahmen an Möglichkeiten bietet, sich am Markt zu bewegen. Dies beinhaltet große Chancen, aber auch Risiken. Dabei ist das ökonomische Verhalten des Einzelnen mehr oder weniger materiell erfolgreich. Diese Gefahr nimmt der Staat dem Privaten nicht ab, partizipiert aber am Ergebnis. Erzielt das Steuersubjekt danach kein Einkommen oder gar Verluste am Markt, dürfen entsprechend keine Steuern anfallen (keine Sollsteuern). Andererseits wird die gelungene Marktnutzung je nach Einträglichkeit vom Gemeinwesen in Anspruch genommen. Mit der Höhe des Einkommens wächst der Umfang an wirtschaftlicher Leistungsfähigkeit. Jedem Steuerpflichtigem wird eine relativ gesehen gleich schmerzvolle finanzielle Preisgabe abverlangt[335]. Realiter muss dementsprechend die Essenz einer bereichspezifischen Konkretisierung des Gleichheitssatzes für die Steuerrechtsordnung so gestaltet sein, dass eine unterschiedliche Belastung je nach der individuellen wirtschaftlichen Leistungsfähigkeit eingefordert wird[336]. Hier spiegelt sich im Detail, was bereits Cicero mit seinem „suum cuique tribuere"[337] als Ausfluss von Gerechtigkeit beschrieben hat. Indem „jedem das Seine" entsprechend seinen Fähigkeiten „zugeteilt" wird, wird jeder konkrete Fall gerecht behandelt.

Da die Steuer kein Äquivalent für ein konkretes Staatshandeln darstellt, sichert dieses Prinzip, dass der bestehende Gesamtfinanzbedarf lastengerecht auf die Steuersubjekte verteilt wird: Leistungsfähige tragen mehr zugunsten des Gemeinwesens bei, Nicht-Leistungsfähige werden geschont. Diese Berücksichtigung der persönlichen Leistungsfähigkeit vor dem Vermögenseingriff ist der oberste und für alle Steuerarten geltende Grundsatz im deutschen Steuerrecht[338]. Über Art. 19 Abs. 3 GG gilt diese Ausformung des Gleichheitssatzes sowohl für natürliche als auch für inländische juristische Personen.

Um die Besteuerung nach den beschriebenen Grundsätzen möglichst passgenau vornehmen zu können, bedarf es der Messung dieser wirtschaftlichen Leistungsfähigkeit des Steuerpflichtigen. Die staatlichen Belastungsentscheidungen knüpfen überwiegend an das Einkommen (Einkommen- oder Körperschaftsteuer), den Besitz (ehemalige Vermögensteuer, Grundsteuer) oder den Konsum (Umsatzsteuer) als Anhaltspunkte dieser Leistungsfähigkeit an. Die Zahlungsverpflichtung bezieht sich

---

334 Anmerkung: Der Begriff des „Einkommens" wird – wie auch vom deutschen Gesetzgeber – im Sinne einer Bemessungsgrundlage sowohl für natürliche als auch juristische Personen verwendet. Anders beispielsweise die Wirtschaftswissenschaften und andere Steuerrechtsordnungen, welche im Falle eigenständiger Unternehmen von „Ertrag" sprechen, vgl. Tipke, Die Steuerrechtsordnung, S. 1173 f.
335 Diese Idee einer Gleichmäßigkeit der Opfer (Opferminimumprinzip) wurde bereits von *John Stuart Mill* verfochten, Grundsätze der politischen Ökonomie, Band 1, S. 95.
336 Birk, Steuerrecht, Rn. 153; Wernsmann, Verhaltenslenkung in einem rationalen Steuersystem, S. 262.
337 Marcus Tullius Cicero, de legibus, 1, 19; siehe hierzu http://www.thelatinlibrary.com/cicero/leg1.shtml#1, zugegriffen am 29.10. 2008.
338 Weber-Grellet, ZRP 2003, 279 (283).

beispielsweise auf das „zu versteuernde Einkommen" (§ 2 Abs. 5 EStG), das „steuerpflichtige Vermögen" (§ 9 VStG) oder die „steuerbaren Umsätze" (§ 1 UStG). Demzufolge ist konkret zu fragen, welche steuerlich beanspruchbaren Wirtschaftgüter der Einzelne tatsächlich zur Verfügung hat. In dieser Kombination aus adäquater Messung und Belastung der einzelnen Steuergegenstände finden die Gerechtigkeitsvorgaben des Art. 3 Abs.1 GG ihren fassbaren Ausdruck im Einzelfall. Entsprechen nämlich bereits die Vorbedingungen der Bemessungsgrundlage nicht den Erfordernissen des Leistungsfähigkeitsprinzips, so kann auch ein noch so angemessener Steuersatz nicht mehr zu einer insgesamt gerechten Besteuerung führen[339]. Eine gerechte Besteuerung kann sich also nur auf eine richtig bemessene und zutreffend gemessene Grundlage stützen. Dies unterstreicht die enorme Bedeutung, welche dem angemessenen Zuschnitt der Bemessungsgrundlage zukommt.

Die Ausgestaltung der Steuerrechtsordnung inklusive dieses wichtigen Zuschnitts der Bemessungs-grundlage anhand der Leistungsfähigkeitsmerkmale gebietet folglich eine nähere Bestimmung dieses Besteuerungsgrundsatzes. Ebenso wie dem Gerechtigkeitsbegriff wird dem systemprägenden Leistungsfähigkeitsprinzip mangelnde Konkretisierbarkeit und damit mangelnde Brauchbarkeit vorgeworfen[340]. Die hier monierte Unbestimmtheit ist allerdings implizite Eigenart eines Prinzips[341]. Als Wertmaßstab ist es leitender Obersatz für das Steuerrecht. Stellt man sich die Gesamteinnahmen des Einzelnen als einen „unbearbeiteten Rohling" vor, so lässt sich aus der Leistungsfähigkeitsmaxime zwar keine bis in jede Ecke modulierte Bemessungsgrundlage oder auf der zweiten Ebene gar ein konkreter Tarifverlauf herleiten, jedoch kann den Ausflüssen der Maxime durchaus formender Charakter zugeschrieben werden. So ist die durch das Leistungsfähigkeitsprinzip gesteuerte Gleichmäßigkeitsprüfung horizontal wie vertikal zu realisieren. Dies bedeutet zum einen, dass gleich Leistungsfähige gleich niedrig bzw. hoch besteuert werden, zum anderen höhere Einkommen im Vergleich zu niedrigen angemessen unterschiedlich zur Finanzierung des Staates herangezogen werden[342]. Diese Ausrichtungen ergänzen und verknüpfen sich zu einem abgestimmten Steuernetz, welches die Gleichbelastung wahrt. Ferner spielt die Leistungsfähigkeit die Schlüsselrolle bei der so wichtigen Abbildung des jeweilig disponiblen Vermögens eines Steuerschuldners. Wie soeben herausgearbeitet, wird im Allgemeinen keine Bruttobesteuerung[343] vorgenommen,

---

339 Zur Fehlerhaftigkeit der als Gegenauffassung zu verstehenden sogenannten „Binnentheorie", Tipke, Die Steuerrechtsordnung, S. VI, VII und S. 581.
340 Zur Kritik gerade von Ökonomen siehe beispielsweise Neumann in: Kirchhof/Neumann, Freiheit, Gleichheit, Effizienz, S. 27. Zur Kritik aus der Rechtswissenschaft siehe Beck, Besteuerung von Beteiligungen, S. 113.
341 Vgl. Alexy, Theorie der juristischen Argumentation, S. 319: „Prinzipien sind normative Aussagen so hoher Generalitätsstufe, dass sie in der Regeln nicht ohne Hinzunahme weiterer normativer Prämissen angewendet werden können…".
342 BVerfGE 82, 60 (89f.); zuletzt BVerfG, 2 BvL 1/07 vom 9.12.2008, „Pendlerpauschale", Rn. 57.
343 Siehe hingegen die traditionell vorgenommene Bruttobesteuerung bei Künstlern/Sportlern, § 50a Abs. 4 EStG oder Aufsichtsräten, § 50a Abs. 1-3 EStG. Diese bedeutet jedoch für

sondern an den Reineinkünften der Tarif angelegt, vgl. § 2 Abs. 2 Satz 1 EStG. Diese ermitteln sich anhand des sogenannten subjektiven und objektiven Nettoprinzips.

Ersteres – auch privates Nettoprinzip genannt – bezieht sich allein auf die Privatsphäre natürlicher Personen[344]. Grundsätzlich entzieht sich diese aus der Sicht des Steuerrechts dem Gleichheitssatz: Die elementare Trennung von Erwerbs- und Privatsphäre ermöglicht dem Einzelnen in der Folge persönliche Freiheitsräume willkürlicher Vermögensverwendung. Dieses gilt jedoch nur für die wirklich beliebige Einkommensverwendung, welche frei von jedweder Zwangsläufigkeit ist[345]. Damit fließen zum einen das Existenzminimum, zum anderen sonstige unvermeidbare Aufwendungen wie etwa Unterhaltspflichten trotz des privaten Veranlassungsgrundes nicht in die Bemessungsgrundlage ein[346].

Der wirtschaftlich bedeutsamste Ausfluss des Leistungsfähigkeitsprinzips ist das sogenannte objektive Nettoprinzip. Dieser international anerkannte Grundsatz („net income principle", „principe de l'impositon du revenu net", „principio del neto" oder „principio dell' impositione netta") besagt, dass Ausgaben, welche der Steuerpflichtige für die Erzielung seiner Einnahmen einsetzt, er also in seine Marktfähigkeit investiert, ihm realiter nicht zur Verfügung stehen und daher nicht anzusetzen sind[347]. Das gilt für die natürliche wie die juristische Person[348]. Ohne die Aufwendung dieser Mittel könnte der Marktteilnehmer in der Regel weit weniger von den staatlich bereitgestellten Rahmenbedingungen profitieren, geringere Einnahmen erzielen und wäre in der Konsequenz ein minder potenter Steuerzahler. Der Staat hat ergo ein essentielles Eigeninteresse, dass diese Aufwendungen getätigt werden, um an dem hieraus erwachsenden Erfolg zu partizipieren. Das Heraushalten dieser Beträge aus der Bemessungsgrundlage ist also keineswegs als eine Art Subvention in Form einer staatlichen Finanzzuwendung zu verstehen. Es ist auch keine in der Natur der staatlichen Marktregulierung und -förderung opportune Auswirkung. Vielmehr ist diese Mittelbefreiung systemimmanent durch das Leistungsfähigkeitsprinzip geboten. Legt der Gesetzgeber seinen Besteuerungsüberlegungen die spezifischen Seinsgegebenheiten und damit als Maßstab die Ist-Leistungsfähigkeit des Steuerzahlers zugrunde, so dürfen diese Einkünfte auch lediglich die von der Markt-

---

Marktbürger der EG einen Verstoß gegen die Dienstleistungsfreiheit, sofern Sie hierdurch im Vergleich zu den Nettobesteuerten Gebietsansässigen benachteiligt werden, vgl. EuGH Urteil „Gerritse", Rechtssache C-234/01 und in dessen Folge „Scorpio Konzertproduktionen GmbH", Rechtssache Rs. C-290/04.
344 Kußmaul, Betriebswirtschaftliche Steuerlehre, S. 258f.
345 Siehe hierzu die Formel aus der jüngeren Rechtsprechung, BVerfGE 112, 268 (280); zuletzt BVerfG, 2 BvL 1/07 vom 9.12.2008, „Pendlerpauschale", Rn. 65.
346 Beck, Besteuerung von Beteiligungen, S. 109; Birk, Steuerrecht, Rn. 154; Thiede, Ehegattenbesteuerung, S. 77.
347 Vgl. Kirchhof in: Kirchhof, EStG, § 2, Rn. 5ff.
348 Die Korperschaftsteuer ist die Einkommensteuer der juristischen Person. Die Verweise im KStG belegen, dass auch das Einkommen einer Körperschaft in Form des Nettoeinkommens bemessen wird, vgl. §§ 7 Abs. 1 und Abs. 2 i.V.m. 8 Abs. 1 KStG

tätigkeit freie Vermögensmasse abbilden[349]. Nur hierüber kann der einzelne nach seinem Belieben verfügen, nur insoweit ist er potent. Daher unterfallen der Bemessungsgrundlage des Arbeitnehmers etc. keine erwerbsichernden Aufwendungen (Werbungskosten), für Unternehmen bleiben durch den Betrieb veranlasste Aufwendungen (Betriebsausgaben) außen vor.

Für die vorliegende Untersuchung besonders relevant ist der hierauf gründende Effekt, dass eine Form der Verlustberücksichtigung stets in Betracht kommen muss[350]. Denn sind nicht nur die Leistungsfähigkeit heraufsetzende, sondern ebenso herabsetzende Faktoren für eine exakte Messung zu beachten, so können negative Einkünfte nicht ignoriert werden. Verluste sind demgemäß nicht etwa deshalb zu berücksichtigen, weil der Staat sie durch etwaige Fehler bei der Ausrichtung seiner Marktrahmenbedingen mitverursacht hat[351], sondern weil sie die Leistungsfähigkeit des einzelnen Steuerschuldners tangieren, mithin für eine exakte Bemessungsgrundlage unentbehrlich sind. Verlustberücksichtigung ist folglich wesentliche Systemfolge eines auf dem Leistungsfähigkeitsprinzip und seinen Ableitungen gründenden Steuersystems. Die Ausgestaltung der Verlustregeln betrifft die angemessene Belastungsverteilung zwischen den Steuerunterworfenen. In letzter Konsequenz handelt es sich bei der Beachtung von Verlusten um eine Frage von fassbarer Gerechtigkeit.

C. Verlustberücksichtigung im offenen Steuerstaat

Die Einbettung des Steuerstaates sowohl europa- als auch weltweit ist bereits thematisiert worden[352]. Für die hiesige Betrachtung des Europäischen Steuerrechts besonders interessant sind die Konsequenzen nationalstaatlicher Entmachtung im Bezug auf die Verlustberücksichtigungsregeln. Ohne bereits auf die konkreten Erfassungsstrukturen der Verlustverrechnungsordnungen einzugehen, stellt sich die Frage, welche Gerechtigkeitsprobleme in diesem Zusammenhang besonders im heutigen offenen Steuerstaat auftreten können. Die Sichtweise auf die Problematik lässt sich erneut zwischen dem Standpunkt der Steuerstaaten und dem der Rechtsunterworfenen differenzieren.

---

349 Das der deutsche Gesetzgeber zum 1.1.2009 auf Kapitalerträge nun eine pauschalierte Abgeltungssteuer erhebt und damit bedeutende Einnahmen aus Gründen der Vereinfachung von diesem Systemgedanken ausnimmt und einer „Bruttobesteuerung" unterwirft, ändert nichts grundlegend an dem dargestellten Gedankenkonzept, vgl. Weber-Grellert, NJW 2008, 545 (547ff.).
350 Vgl. Birk, Steuerrecht, Rn. 544; Kraft, Unternehmensbesteuerung, S. 111; Reif, Besteuerung des Einkommens, S. 194; Hey, Beihefter zu DStR 34, 2009, S. 109 (113); Schreiber, Besteuerung der Unternehmen, S. 418.
351 Etwa durch eine Geld- und Finanzmarktpolitik, welche Entwicklungen anstößt bzw. fördert, die zu einem Krise und damit zusammenhängenden Verlusten in der Finanzwelt und in deren Folge in der Realwirtschaft führen. Zu diesen Verknüpfungen in der Finanzkrise 2008 vgl. Die ZEIT vom 01.10.2008, S. 27.
352 Ausführlich im ersten Kapitel.

I. Gerechtigkeitsprobleme aus Sicht der Staaten

Die Nationalstaaten haben wie dargestellt im Steuerrecht ihren Inselstatus verloren[353]. Mit der wirtschaftlichen Internationalisierung geht ebenfalls eine Aufweichung der Rechtsmacht des Einzelstaates einher. Die nationalen Grenzen sind zumindest für die flüchtigen Kapital- und Informationsströme, und damit auch für deren rechtlichen Unterbau, durchlässig geworden. Vielleicht hätte das Gros der Staaten aus wirtschaftlicher Erkenntnis heraus viele Veränderungen sowieso aus eigenem Antrieb vorgenommen; durch die Globalisierung wird den einst „unabhängigen Staaten" jedoch die Freiheit genommen, das Tempo dieses Wandels autonom zu bestimmen und den Inhalt kulturell individuell vorzunehmen. Damit einher gehen rechtliche Wertungen, welche nicht aufeinander abgestimmt sind und oft nicht in den jeweiligen Kulturkreis, speziell nicht in die Rechtskultur, passen.

So trübt sich das Bild aus Sicht der Einzelstaaten auch hinsichtlich der Verlustberücksichtigung. War es innerhalb des „Inselstaates" aufgrund der vielen divergierenden Interessen – zumal im modernen Steuerstaat, wo neben den Fiskalzwecken der Steuer vermehrt Gestaltungsaspekte eine gewichtige Rolle spielen[354] – bereits schwierig, eine Verlustberücksichtigung in der Steuerordnung passend und gerecht auszugestalten, so ist dies mit Rücksicht auf die Grenzüberschreitung und dem damit einhergehenden gesetzgeberischen Agieren nicht mehr nur für eine geschlossenen Volkswirtschaft noch einmal um ein vielfaches schwerer geworden. Teilweise wurden diese Einflüsse ignoriert[355] oder nur im Einzelfall umgesetzt. Jedenfalls im Rechtsraum des EG-Vertrages können sich die Staaten aufgrund der beharrlichen Jurisdiktion durch den Gerichtshof eine Nichtbeachtung dieser Zwänge seit geraumer Zeit nicht mehr leisten. Für die Verlustverrechnung stellt sich dabei die ganz grundsätzliche Frage, wie sichergestellt werden kann, dass einerseits zur Stabilisierung von Steuersubstrat angemessen am Ertrag der grenzüberschreitend Wirtschaftenden partizipiert wird, andererseits aber die Regeln des Leistungsfähigkeitsprinzips nicht permanent durchbrochen werden.

In einem ersten Schritt wird dies bei den zwischenstaatlichen Verhandlungen über Doppelbesteuerungsabkommen relevant. So umfasst das Verhandlungsmandat das Ziel, ein Abkommen zu erreichen, welches Deutschland durch die getroffenen Verteilungsregeln in die Lage versetzt, den deutschen Steueransässigen wirkungsvoll anhand seiner wirtschaftlichen Leistungsfähigkeit zu besteuern[356]. Diese Leitvorgabe kann bei einem bilateralen Geben und Nehmen der Sache nach nie vollständig

---

353 Siehe erstes Kapitel A. IV.
354 Zur sogenannten „Lenkungssteuer", also dem Phänomen, dass mit Steuern nicht nur Einnahmen erzielt werden sollen, sondern über die Einnahmeerzielung hinaus auch weitere öffentliche Zwecke verfolgt werden, siehe Weber-Grellet, NJW 2001, 3657 (ebenda ff.).
355 Vgl. Lang, NJW 2006, 2209 (2210).
356 So auch Frotscher, Internationales Steuerrecht, § 1 Rn. 22ff; Waldhoff in: Isensee/Kirchhof, Handbuch des Staatsrechts, Bd. V, § 116, Rn. 160.

verwirklicht werden, mag aber dennoch einen gewissen Schutz des Steuerzahlers vor doppeltem Zugriff durch zwei Steuerstaaten sein.

Von den Doppelbesteuerungsabkommen abgesehen, gilt es zu beachten, dass das Leistungsfähigkeitsprinzip durch seine Verankerung in vielen Verfassungen der Mitgliedstaaten[357] als ein gemeinsames Besteuerungsprinzip in Europa angesehen werden kann, mithin die Steuerordnungen vieler Mitgliedstaaten und damit ebenfalls deren grenzüberschreitende Auswirkungen prägt[358]. Obendrein wird juristischen Personen mit Sitz im EG-Gebiet in Deutschland neben der Berufung auf die Grundfreiheiten im Wege der gemeinschaftsrechtskonformen Auslegung ebenfalls eine Berufung auf Art. 19 Abs. 3 GG in Verbindung mit Art. 3 Abs. 1 GG[359] und damit auf das Leistungsfähigkeitsprinzip ermöglicht werden müssen[360], sodass diese verfassungsrechtliche Direktive aus der Sicht Deutschlands auch in vielen grenzüberschreitenden Einzelsachverhalten die Maßstäbe vorgibt[361].

Inhaltlich drängt sich zunächst die Frage nach dem zu betrachtenden Raum auf: Interessiert als Vergleichsmaßstab nur die Leistungsfähigkeit auf dem deutschen Markt, die auf dem europäischen Binnenmarkt oder gar jene auf dem Weltmarkt? Darauf kann es sowohl eine juristische als auch eine faktische Antwort geben. Zwar sind ein durch die EU geformter Binnen- und ein sich durch die WTO weiter liberalisierender Weltmarkt rechtliche Realitäten. Jedoch besteht zumindest auf dem Weltmarkt genügend juristischer Spielraum, um den Bemessungsraum für die steuerliche Leistungsfähigkeit auf das Inland zu beschränken. Die Leistungsfähigkeitsbestimmung verliefe dann vergleichbar der polizeilichen Hoheitsgewalt bis zur Staatsgrenze, wäre mithin strikt an das Territorium gebunden. Diesem Gedanken wird in Deutschland teilweise gefolgt, etwa mit einer Spezialregelung für den Verlustabzug bestimmter ausländischer Einkünfte, vgl. § 2a Abs. 1 EStG. Konflikte mit

---

357 Lang in: Baur/Watrin, Recht und Wirtschaft der Europäischen Union, S. 98.
358 Vgl. zur grenzüberschreitenden Wirkung des Leistungsfähigkeitsprinzips, Frotscher, DStR 2001, 2045 (2046).
359 Vgl. zu den supranationalen Bezügen des Art. 19 Abs. 3 GG: Dreier in: Dreier, GG-Kommentar, Art. 19 Abs. 3 GG, Rn. 21; Jarass in: Jarass/Pieroth, GG-Kommentar, Art. 19, Rn. 17a; Pieroth/Schlink, Grundrechte Staatsrecht II, Rn. 117.
360 Dabei ist anhand des Art. 19 Abs. 3 GG anschaulich zu beobachten, wie der EGV Einfluss auf die deutsche Verfassung gewinnt, ohne dass dies dem Leser direkt bewusst wird. Denn anhand des Wortlautes erschließt sich die Öffnung zugunsten juristischer Personen mit Sitz in der EG nicht. Vielmehr manifestiert sich diese Modifikation ohne jegliche Textänderung. Dies kommt hier in Betracht, da Art. 23 GG, welcher die Übertragung von Hoheitsrechten auf die EU ermöglicht, gerade nicht auf das Textänderungsgebot des Art. 79 Abs. 1 Satz 1 GG verweist und ebenfalls noch nicht der Kerngehalt des Art. 79 Abs. 3 GG berührt ist. Wie man konkret innerhalb des Art. 19 Abs. 3 GG auslegungstechnisch zu diesem Ergebnis gelangt, etwa indem man „inländisch" weit als innerhalb der EG versteht, ist dann eher zweitrangig. Vgl. hierzu Dreier in Dreier, GG-Kommentar, Art. 19 Abs. 3 GG, Rn. 83f.
361 Denkbar wäre etwa die Konstellation eines Stammhauses mit Sitz im EG-Wirtschaftsraum und einer Betriebsstätte in Deutschland. Hingegen kann sich eine deutsche Tochtergesellschaft als eigenständiges Rechtssubjekt unproblematisch auf Art. 3 Abs. 1 GG i.V.m. Art. 19 Abs. 3 GG berufen.

dem im Gegensatz zum WTO-Recht erheblich strengeren Europarecht sind hier allerdings fassbar[362].

Aufgrund einer bestehenden Internationalisierung weiter Wirtschaftsprozesse werden diese Überlegungen meist bereits von der Wirklichkeit überholt. Der Raum, in welchem sich beispielsweise ein deutscher Steuerzahler bewegt, ist breiter geworden. Die Staatsgrenze existiert zwar räumlich, jedoch nicht mehr in den Köpfen und im Auftreten vieler wirtschaftlich tätiger Akteure. Mag für ein Gros der Steuerbürger die Haupteinnahmequelle in Form der Arbeitskraft noch in Deutschland liegen, so ist spätestens die Geldanlage, die Investition oder der Konsum europäisch, für viele mittlere und große Unternehmen des langjährigen Exportweltmeisters gar global geworden. Die Durchlässigkeit der Kommunikations- und Transportwege lässt heutzutage nicht mehr nur Weltkonzerne als Global Player erscheinen. Diese Vernetzung der wirtschaftlichen Vorgänge vermag ein national begrenztes Denken aus unternehmerischer Sicht unfunktional werden lassen. Ebenso verhält es sich mit dem Betrachtungsraum für die Bezifferung der Leistungsfähigkeit. Diese in den Kategorien des Nationalstaates zu belassen widerspräche sowohl dem skizzierten wirtschaftlichen wie dem kulturellen Alltag der Majorität heutiger Marktteilnehmer – besonders auf dem Binnenmarkt. Diese Erkenntnis besagt allerdings nichts über die rechtliche Unausweichlichkeit einer solchen Anerkennung der so weiträumig verstandenen Leistungsfähigkeit[363].

Faktischer wie juristischer Betrachtungsweise wird in Form des international anerkannten Welteinkommensprinzips Rechnung getragen, indem die Leistungsfähigkeit des unbeschränkt Steuerpflichtigen grundsätzlich aus der Gesamtheit seiner in- und ausländischen Einkünfte ermittelt wird[364]. Anknüpfungspunkt ist mithin das einzelne Steuersubjekt, etwa aufgrund seiner Ansässigkeit[365] im Staat, welchem erst einmal alle Einkunftsbestandteile unabhängig von deren räumlichen Ursprung unterfallen. In Deutschland ist dieses Prinzip zwar nicht explizit gesetzlich festgeschrieben, doch erschließt sich seine Anerkennung aus einem Umkehrschluss zu § 2 Abs. 1 Satz 1 HS 2 EStG[366]. Die Leistungsfähigkeitmessung ist demnach nicht auf Einkommen beschränkt, das der Steuerpflichtige auf dem Heimatterritorium erwirtschaftet hat, auf dem der Heimatstaat die Rahmenbedingungen des Wirtschaftens

---

362 So hat das BMF in seinem Schreiben vom 30. Juli 2008 - IV B 5 - S 2118-a/07/10014 die Anwendung des § 2a Abs. 1 EStG auf Drittstaaten begrenzt, um einer EG-rechtskonformen Anwendung gerecht zu werden. Siehe ferner Urteil des BFH v. 29. 1. 2008, I R 85/06, IStR 2008, 447; Rehm/Nagler, IStR 2008, 129 (130ff.).
363 Diese Frage wird im hiesigen Kapitel unter E. konkretisiert und in der Analyse des siebten Kapitels unter B. II. beurteilt.
364 Homburg, Allgemeine Steuerlehre, S. 250; Wehrheim, Einkommensteuer und Steuerwirkungslehre, S. 14.
365 Beispielhaft in Deutschland: Wohnsitz oder gewöhnliche Aufenthalt bei natürlichen Personen, § 1 Abs. 1 Satz 1 EStG i.V.m. §§ 8f. AO oder Ort der Geschäftsleitung bzw. Sitz bei Körperschaften, § 1 Abs. 1 KStG i.V.m. §§ 10f. AO).
366 Haase, Internationales und Europäisches Steuerrecht, Rn. 185. Für Körperschaften § 2 Abs. 1 EStG i.V.m. § 8 Abs. 1 Satz 1 KStG.

bereitstellt. Zwar beteiligt sich Deutschland aktiv an der Ausgestaltung des europäischen Wirtschafts- und Rechtsraums. In seiner Gesamtheit stellt dieser nichts desto trotz eine konzertierte Aktion aller Unionspartner dar. Die Gestaltung des Weltmarktes übersteigt dann vollends die Kompetenzen und die Fähigkeiten eines jeden Nationalstaates. Demnach spielen äquivalenztheoretische Zuordnungen hier in einem ersten Zugriff keine Rolle, sodass die Leistungsfähigkeitsbeurteilung einen von ökonomischen Bändern erst einmal unabhängigen Ausfluss tragender Gerechtigkeitsvorstellungen darstellt. Die Intention des Welteinkommensprinzips ist folglich vorrangig die individuelle Steuergerechtigkeit[367].

Diese Gerechtigkeit und das damit verbundene Prinzip der Leistungsfähigkeit genießen in der deutschen Steuerrechtswissenschaft zwar eine außergewöhnliche Signifikanz[368]; sie werden jedoch zumeist nur auf den abgeschirmten Nationalstaat bezogen gedacht und ausgestaltet[369]. Eine Fortentwicklung dieses Grundsatzes, welcher durch die zunehmende Verknüpfung gerade auf europäischer Ebene notwendig wäre, wird derzeit im Einzelfall vom EuGH in seiner Rechtsprechung zum Europäischen Steuerrecht, meist auf der Feinjustierungsebene der Rechtfertigung, vollzogen. Im Falle der Verlustverrechnung geschieht dies vor allem anhand von Gründen, welche im Territorialitätsprinzip wurzeln, aber räumlich letzten Endes am Binnenmarkt ausgerichtet sind[370]. Indessen spielen hier oft andere wissenschaftliche und kulturelle Hintergründe eine Rolle. Der EuGH ist kein mit Fachrichtern für Steuerrecht[371] ausgestattetes Gericht[372], und seine Entscheidungsfindung wird stark durch

---

367 So auch Homburger, Allgemeine Steuerlehre, S. 272.
368 Lang, NJW 2006, 2209 (2211); Pollak in: Kirchhof/Neumann, Freiheit, Gleichheit, Effizienz, S. 49.
369 Kritisch in diese Richtung wohl ebenfalls Frotscher, Internationales Steuerrecht, § 1 Rn. 23.
370 Hierzu im siebten Kapitel B. II.
371 Vor diesem Hintergrund wird etwa die Schaffung einer Fachkammer für Steuerrecht gefordert, vgl. Mutén in: Brokelind, EC Direct Tax Law, S. 31.
372 Ebenso wie die nationalen Verfassungsgerichte, welche über die Verfassungsmäßigkeit eines Steuergesetzes zu urteilen haben. In neuerer Zeit sind beim BVerfG allerdings verhältnismäßig viele Richter mit einem steuerrechtlichen Hintergrund tätig. Gemäß Art. 94 Abs. 1 GG i.V.m. § 2 Abs. 3 BVerfGG werden je drei Richter der zwei Senate aus den Reihen der obersten Gerichtshöfe des Bundes gewählt. Damit stehen insgesamt 6 Richterposten aus diesen Reihen zur Verfügung. So kann das wünschenswerte Ergebnis erzielt werden, dass alle obersten Gerichtshöfe am BVerfG vertreten sind (BGH wegen seiner Zuständigkeit für Zivil- und Strafsachen mit zwei Richtern), vgl. Heinrichmeier in: Umbach/Dollinger, BVerfGG, § 2 Rn. 21. Bis 2001 wurde jedoch nie ein BFH-Richter zum BVerfG berufen, vgl. die Biographischen Hinweise zu den Bundes-verfassungsrichtern in Menzel, Verfassungsrechtsprechung, S. 665ff. In jüngster Zeit haben jedoch die Brüder *Kirchhof*, *Mellinghof* (BFH von 1997 bis 2001) und *Osterloh* als Steuerrechtler prägenden Einfluss auf die Entscheidungsfindung des BVerfG in Steuersachen ausüben können. Auch Verfassungsrichter ohne diese steuerrechtliche Grundausbildung setzten sich in jüngster Zeit intensiv mit grundlegenden Fragen der Steuer-rechtsordnung auseinander, vgl. etwa Gerichtspräsident *Papier*, DStR 2007, 973ff. oder *Di Fabio*, JZ 2007, 749ff. So hat das BVerfG mittlerweile eine ausgedehnte Rechtsprechung in Steuersachen vorzuweisen. Dennoch sollte nicht verkannt werden, dass seine Ent-

die kulturell divergierenden Rechtsvorstellungen seiner Mitglieder, erst Recht seit der Osterweiterung der EU 2004, bedingt[373]. Ferner kann er mit seinen Entscheidungen nur punktuell wirken. Um ein gerechtes Besteuerungskonzept anhand der individuellen wirtschaftlichen Leistungsfähigkeit für Europa zu entwickeln, bedarf es jedoch eines abgestimmten, geschlossenen Systems, welches das Gemeinschaftsgericht strukturell nicht leisten kann und demokratietheoretisch auch nicht leisten darf.

Eine solche aktive Weiterentwicklung des Leistungsfähigkeitsprinzips tut gerade in der deutschen Wissenschaft Not, will man nicht den prägenden Einfuß, welcher diesem Prinzip und mit ihm der deutschen Steuerrechtslehre auf europäischer Ebene derzeit noch zukommt, nach und nach einbüßen und letzten Endes zum bloßen Reagieren verdammt sein. So beeinflusst der herrschende Steuerwettbewerb nicht nur Tarife und nationalstaatliche Missbrauchsgesetzgebung. Die liberale wirtschaftliche Anschauung des Binnenmarktes, welche vom Gerichtshof streitbar offensiv geteilt wird, fördert ebenso vor allem die von Steuerökonomen hochgehaltenen Ideale der Effizienz und eiserner Optimierung[374]. Gefragt wird weniger nach Gleichheit, als nach Neutralität für wirtschaftliches Verhalten. Final stützt dies Überzeugungen mit starker Ausrichtung am Äquivalenzprinzip und geht damit allzu häufig zu Lasten des individuellen Leistungsfähigkeitsprinzips, dementsprechend zu Lasten der Belastungsgerechtigkeit[375], jedenfalls im Verhältnis der Steuerzahler untereinander[376]. Eine zunehmend wertneutrale, stringent an Maßstäben der Wirtschaftsfreundlichkeit oder -feindlichkeit ausgerichtete Steuerrechtsordnung bedroht damit nicht weniger als die Grundmauern des bisherigen deutschen Steuerhauses"[377].

---

scheidungsfindung durch steuerrechtlich Fachfremde lange Jahre ebenfalls heftig kritisiert wurde: „BVerfG als steuerliches Laiengericht", vgl. Bayer, Steuerlehre, S. 39.

373 Die juristische Kultur der EuGH Richter ist stark von nationalen Traditionen beeinflusst, sodass in die Einschätzung einer Rechtsfrage, bewusst oder unbewusst, Wertungen dieses Heimatrechts einfließen, vgl. hierzu auch Hirsch in: Häberle, Jahrbuch des öffentlichen Rechts der Gegenwart, Band 49, S. 86 sowie Wurmnest, Europäisches Haftungsrecht, S. 16. Ferner wird die Arbeit innerhalb des EuGH durch die unterschiedliche Sprachenherkunft erschwert. Zwar sollten alle Richter die Arbeitssprache des Gerichtes, französisch, beherrschen. Dennoch arbeiten sie an hochkomplexen Fällen und in der Diskussion mit den anderen Mitgliedern des Spruchkörpers nicht in ihrer Heimatsprache. Selbst wenn die Sprachkenntnisse aller Richter „perfekt" wären garantiert dies noch nicht, dass unter einem juristischen Fachbegriff auch ein und dasselbe subsumiert wird. Dies geht auf den jeweiligen rechtlichen Erziehungsbackground zurück. Anzunehmen ist daher, dass es hier und da aufgrund der Sprachdifferenzen zu Missverständnissen kommt.
374 In diese Richtung auch Lang in: Kirchhof/Neumann, Freiheit, Gleichheit, Effizienz, S. 40f.
375 Siehe etwa Neumann in: Kirchhof/Neumann, Freiheit, Gleichheit, Effizienz, S. 26f.
376 Anders aus der Sicht der steuerberechtigten Staaten, wo konzeptionelle Gedanken des Äquivalenzprinzips durchaus zu einer gerechten Aufteilung der Besteuerungsbefugnisse führen können (dazu im Folgenden mehr).
377 *Schön* problematisiert diese unterschiedliche ökonomische und juristische Herangehens und Betrachtungsweise und schlussfolgert: „Die Ökonomie ist eine Realwissenschaft, die Juristerei eine normative Wissenschaft", Schön in: Kirchhof/Neumann, Freiheit, Gleichheit, Effizienz, S. 122.

Im Detail spiegeln sich genau diese Fragen in der grenzüberschreitenden Verlustverrechnung. Nach dem Welteinkommensprinzip sind nicht nur positive, sondern auch negative Einkünfte zu beachten. Dies mindert die inländische Steuerlast bei entsprechenden ausländischen Verlusten bis hin zu einer Nichtbesteuerung. Das ist nach dem Gedankengebäude des Leistungsfähigkeitsprinzips in Reinform keine grundlegende Frage von Gerechtigkeit, sondern stellt die Messung der wirklichen, heute zunehmend weltweit zu beurteilenden, wirtschaftlichen Leistungsfähigkeit dar. Jedoch ist das Prinzip der Leistungsfähigkeit bereits in seiner nationalstaatlichen Ausformung keine apodiktische Doktrin. Gewisse Ausbalancierungen und Durchbrechungen sind bereits innerstaatlich als „gerecht"fertigt anerkannt[378]. Dies erfasst zum einen den großen Bereich der Typisierungen und Pauschalierungen im Massenverfahren des Steuerrechts. Der Erkenntnis folgend, dass materiell nicht gerecht sein kann, was nicht tatsächlich auch administrierbar ist, wird auf gewisse Schärfen der Erfassung und Messung im Einzelfall verzichtet. Der Gleichheitssatz wirkt nämlich sowohl auf der Ebene der Rechtssetzung als auch für die spätere Durchführung (Gleichheit im Belastungserfolg)[379]. Besonders deutlich beschreibt dies die vom BVerfG entwickelte Figur des „strukturellen Vollzugsdefizits", wonach bei einer flächendeckenden Verfehlung des Belastungserfolges das Steuergesetz verfassungswidrig sein kann[380]. Dieser „Kulturfortschritt" im Steuerrecht geht aber sichtlich zulasten einer wissenschaftlich genauen Leistungsfähigkeitsmessung[381].

---

378 BVerfG, 2 BvL 1/07 vom 9.12.2008, „Pendlerpauschale", Rn. 62f; Tipke, Die Steuerrechtsordnung, S. 1215; Waldhoff in: Isensee/Kirchhof, Handbuch des Staatsrechts, Bd. V, § 116, Rn. 100.
379 Vgl. BVerfGE 84, 239 (268):" Der Gleichheitssatz verlangt für das Steuerrecht, daß die Steuerpflichtigen durch ein Steuergesetz rechtlich und tatsächlich gleich belastet werden. Die Besteuerungsgleichheit hat mithin als ihre Komponenten die Gleichheit der normativen Steuerpflicht ebenso wie die Gleichheit bei deren Durchsetzung in der Steuererhebung. Daraus folgt, daß das materielle Steuergesetz in ein normatives Umfeld eingebettet sein muß, welches die Gleichheit der Belastung auch hinsichtlich des tatsächlichen Erfolges prinzi-piell gewährleistet."; ferner Kirchhof in: Isensee/Kirchhof, Handbuch des Staatsrecht, Band V, § 118, Rn. 199f.
380 Vgl. Urteil des BVerfG vom 9. 3. 2004, DStRE 2004, 396 (408). Kirchhof in: Isensee/Kirchhof, Handbuch des Staatsrecht, Band V, § 118, Rn. 28.
381 In diesem Zusammenhang häufig übersehen wird ebenfalls die mit der Einzelfallprüfung einhergehende Offenbarung vieler privater Details gegenüber dem Staat. Eine genaue Messung, die exakteste wird der klassischen Einkommensteuer zugeschrieben, welche daher in der Folge von *Johannes Popitz* oft als die „Königin der Steuern" bezeichnet wird, erfordert eine detaillierte Erfassung. Betrachtet man allein schon die Norm des § 33 EStG, welcher die Berücksichtigung außergewöhnlicher Belastungen regelt, wird schnell ersichtlich, dass der Staatsgewalt hier mehr sensible Daten zufließen als durch so manche „Antiterrorgesetzgebung". Wird dies thematisiert, so finden sich solch wenig aufschlussreichen Aussagen wie „Die Kontrollkosten und Eingriffe in die informationelle Selbstbestimmung, die für eine lückenlose Zusammenführung von Einkünften [...] notwendig werden, müssen hingenommen werden", Pollak in: Kirchhoff/Neumann, Freiheit, Gleichheit, Effizienz, S. 50. Hier mangelt es bisweilen stark am nötigen Schonungsverständnis. Diesen datenschutzrechtlichen Erwägungen müsste größeres Gewicht beigemessen werden. So sollten diese Gesichtspunkte ebenfalls gewisse Typisierungen vor dem Leistungsfähigkeitsprinzip rechtfertigen können.

Ferner sind gewisse zwingende Wertungsdurchbrechungen zuzulassen, etwa Abzugsverbote für Geldstrafen und Bestechungsgelder oder auch die Abziehbarkeit von Spenden, welche aufgrund der gewichtigen Gemeinwohl fördernden Wirkung gerechtfertigt ist[382]. Diese gedankliche Reihe von Wertungsaspekten muss ebenfalls für den grenzüberschreitenden, internationalisierten Sachverhalt verlängert werden. So kann die Leistungsfähigkeit des Einzelnen aus Sicht des Staates nicht mehr allein maßgebliche Leitgröße sein. Die Maßstäbe an die internationale individuelle Besteuerungsgerechtigkeit müssen in einem System der unkoordinierten Steuerautonomien angepasst werden[383]. Spielen sich die wirtschaftlichen Vorgänge nicht mehr allein auf dem eigenen Staatsterritorium ab, so lösen sich die hergebrachten Maßstäbe der Leistungsfähigkeitsbeurteilung von dem ihr zugrunde liegenden Beurteilungsraum, was ein allein hierauf abgestimmtes Gerechtigkeitskonzept zwangsläufig aus dem Gleichgewicht bringen muss.

Wird das Leistungsfähigkeitsprinzip in seinem Grundmuster national gedacht, so besteht kein Konflikt, ergo nicht die Notwendigkeit, Gedanken wie die international gerechte Verteilung von Steuersubstrat in das rein nationale Besteuerungsprogramm einzuflechten. Ist die Deckungsgleichheit von besteuertem Ansässigen und Besteuerungsraum gegeben, so bedarf es keines ökonomischen, auf Äquivalenz gründenden Bandes zwischen Steuerpflicht und Besteuerung nach Leistungsfähigkeit. Geht diese Symmetrie[384] allerdings zugunsten eines offenen (Steuer-)Marktes verloren, entsteht im Steuerstaat ein neuartiges Ungerechtigkeitspotential. Aus der Staatenperspektive ist dies die inadäquate Verteilungsgerechtigkeit des Steuersubstrats zwischen den Nationalstaaten. Zwar mag die Leistungsfähigkeit des Einzelnen unter Berücksichtigung seiner universellen Einkünfte präzise und gerecht gemessen werden, jedoch geht im internationalen Wettbewerb um Steuersockel die Zuordnung dieser Einkünfte zum Raum der Erwirtschaftung verloren; die Globaläquivalenz wird ausgehöhlt[385]. Nicht nur der realwirtschaftliche Markt ist mobil geworden, sondern auch die Besteuerung bietet einen Markt. Solange dieser nicht international oder zumindest europaweit koordiniert ist, profitieren auf diese Weise einige Staaten, zumeist solche mit attraktiver Niedrigbesteuerung, auf Kosten der anderen Mitglieder des Staatenverbundes[386]. Wohnt etwa ein international tätiger Steuerpflichtiger im

---

Vgl. zum Themenkomplex, Bilsdorfer, Die Informationsquellen und -wege der Finanzverwaltung, S. 19ff.

382 Brümmerhoff, Finanzwissenschaft, S. 496f.; Tipke, Die Steuerrechtsordnung, S. 622; ebenfalls wohl Hey in: Tipke/Lang, Steuerrecht, § 9 Rn. 707 in Verbindung mit Rn. 41f.; aA etwa Kube, IStR 2005, 469 (471), welcher durch die Spende systemgerecht die Leistungsfähigkeit gemindert sieht.

383 Homburger beschreibt in diesem Zusammenhang ein „schwaches Leistungsfähigkeitsprinzip", welches nur „sinnvolle Minimalanforderungen" setzten kann, dies dann aber auch tun muss, Homburger, Allgemeine Steuerlehre, S. 266f.

384 Hufeld spricht in ähnlichem Zusammenhang von einem „asymmetrischen Dualismus", Hufeld in: Depenheuer/Heintzen, Staat im Wort, Festschrift für Isensee, S. 866.

385 Siehe hierzu im siebten Kapitel B. II.

386 Hierzu bereits ausführlich im ersten Kapitel.

Hochsteuerland Deutschland, so kommt er in den Genuss einer hohen Qualität des Systems sozialer Sicherheit und staatlich finanzierter Infrastruktur mit Leistungen wie Schulen und Hochschulen bis zum engmaschigen Schienen- und Autobahnnetz. Infolge der Inanspruchnahme dieser von der Gemeinschaft der Steuerzahler finanzierten Vorzüge ist es gerecht, ihn an der Finanzierung genauso zu beteiligen wie seinen Nachbarn, welcher nur in Deutschland sein Einkommen erzielt. Der vergleichbaren sozialen Integration in das Gemeinwesen mit ihren Rechten in einer Solidargemeinschaft folgt die Pflicht zu angemessener Steuerzahlung[387]. Fließt seine Steuermasse durch die Inanspruchnahme eines unkoordinierten grenzüberschreitenden Steuergefälles ab, so verletzt dies die gerechte Aufschlüsselung von Einnahmen der Staaten untereinander.

Um sich den ihrer Ansicht nach angemessenen Anteil des Steuersubstrats zu sichern, sehen die Staaten deshalb neben der Aufteilung durch Doppelbesteuerungsabkommen national Abwehrgesetzgebung gegen den Abfluss dieser Geldmittel vor, man denke etwa an die Hinzurechnungsbesteuerung in §§ 7ff. AStG oder die Verlustabzugsverbote in § 2a EStG. Diese Regeln sind ersichtlich von dem beschriebenen Gedanken geprägt, unsicheres, weil mobiles Steueraufkommen zu erfassen, welches sich dem eigenen Nationalstaat aufgrund seiner Leistungen im Zusammenhang mit der Marktsystemermöglichung zuordnen lässt. Dabei sind Konflikte sowohl mit dem europapolitischen als auch dem europarechtlichen Gedankengut vorprogrammiert. Nach ersterem ist zu fragen, ob es überhaupt noch eine klare Zuordnung zum Heimatmarkt gibt oder ob dieser nicht schon ein europäischer „Binnenmarkt" ist, wo die Zuteilung dann eigentlich zur gesamten Union erfolgen müsste[388]. Rechtlich bergen diese nationalen Aufteilungssicherungsmodelle, welche im Ergebnis anderen Mitgliedstaaten Steuersubstrat vorenthalten, die große Gefahr, den europäischen Grundfreiheiten zu widersprechen[389].

So zeigt sich im Rahmen einer Gesamtschau der national- und zwischenstaatlichen Anstrengungen zur Verteilung der Steueraufkommen, dass die durch das Welteinkommensprinzip versuchte exakte Messung der Leistungsfähigkeit häufig durchbrochen und die unbeschränkte Steuerpflicht in vielen Fällen doch wieder auf inländischen Einkünfte reduziert wird[390]. Dies dämpft derzeit die Erwartungen an eine internationale Herangehensweise im Konnex mit einer Besteuerung nach der individu-

---

387 Diese Legitimation des Steuerzugriffs auf das Einkommen eines Gebietsansässigen variiert daher im Ansatz etwas von der Begründung einer Belastung des Gebietsfremden. Bei letzterer steht deutlicher die global-äquivalenztheoretische Überlegung der Nutzung einer Wirtschaftsordnung mit ihren öffentlichen Leistungen, also die Marktermöglichung, im Vordergrund, vgl. Englisch, Aufteilung der Besteuerungsbefugnisse – Ein Rechtfertigungsgrund für die Einschränkung von EG-Grundfreiheiten?, S. 38. Dieser Gedanke führt den besteuerungsfähigen Markterfolg auf die individuelle Nutzung gemeinschaftlich zur Verfügung gestellter Erwerbsmöglichkeiten zurück, vgl. allgemein Kirchhof in: Isensee/Kirchhof, Handbuch des Staatsrechts, Bd. V, § 118, Rn. 185.
388 Ebenso Hufeld in: Depenheuer/Heintzen, Staat im Wort, Festschrift für Isensee, S. 866.
389 Siehe etwa EuGH, Rechtssache C-347/04, Rewe Zentralfinanz, IStR 2007, 291.
390 Etwa im Rahmen der Freistellungsmethode, siehe hierzu unter III. 2.

ellen wirtschaftlichen Leistungsfähigkeit[391]. Aus Sicht der Staaten gilt es, für eine gerechte Verlustverrechnung auf transnationaler Ebene eine Balance zu finden zwischen Leistungsfähigkeits- auf der einen und äquivalenztheoretisch untermauertem Territorialitätsprinzip auf der anderen Seite. Betrachtet man ferner die Stufe des gesamten Europäischen Steuerrechts, gilt es ganz allgemein das Spannungsfeld zwischen angemessener Aufteilung der Besteuerungsbefugnisse und der praktisch vollziehbaren Besteuerung nach der individuellen Leistungsfähigkeit im Wege der zwischenstaatlichen Koordinierung in Einklang zu bringen.

II. Gerechtigkeitsprobleme aus Sicht des Steuerbürgers

Die klassischen Fragen des Internationalen Steuerrechts[392], die Doppel- und Mehrfachbesteuerung einerseits und die Minderbesteuerung andererseits, sind eng mit der Frage einer Besteuerung nach der individuellen wirtschaftlichen Leistungsfähigkeit verbunden. Das Völkerrecht als Regelungsebene enthält in diesem Zusammenhang fast keine den nationalen Steuergesetzgeber bindende Festlegungen[393]. Hiernach kann der souveräne Staat beinahe jeden Tatbestand zur Belastung mit einer Steuerschuld nutzen, solange nur irgendeine Verbundenheit, ein „genuine link", zum besteuernden Staat gegeben ist[394]. Folglich kommt es bei diesem erst einmal ungeregelten Steuerzugriffswettstreit nicht selten zu Beanspruchungsschnittmengen.

Treten diese juristisch wie ökonomisch zu missbilligenden Phänomene im Steuersachverhalt auf, so wird innerstaatlich in aller Regel die verfassungsrechtliche Weisung aus Art. 3 Abs. 1 GG missachtet sein[395]. Vergleichsmaßstab ist insoweit ein deutscher Steuerbürger, welcher eine genauso hohe wirtschaftliche Leistungsfähigkeit allein aus inländischen Quellen bezieht. Durch diesen Umstand zeigt sich im internationalen Sachverhalt die Bedeutung der doppelten Wirkungsweise des Leistungsfähigkeitsprinzips für die Sicherung der Gleichmäßigkeit der Belastung: Es kann sowohl den Steuerzugriff gebieten als auch begrenzen[396]. Zwar wird der einzelne durch die gebietende Funktion unter Umständen belastet. Beide Ausprägungen schützen den Bürger allerdings gegen eine nicht gebotene Ungleichbehandlung und tragen auf diese Weise zu einer höheren Akzeptanz der Regelungen bei[397]. Dabei gilt es zunächst, jene den wirtschaftlich sinnvollen Fluss von Waren- und Kapitalströ-

---

391 In diese Richtung auch Frotscher, Internationales Steuerrecht, § 1 Rn. 25.
392 Siehe hierzu bereits Schmölders/Hansmeyer, Allgemeine Steuerlehre, S. 277ff.
393 Vgl. zur Rolle internationaler Organisationen wie OECD, UNO und IOTA, Czakert, IStR 2009, 546 (547f.).
394 Lang in: Becker/Schön, Steuer- und Sozialrecht im Europäischen Systemwettbewerb, S. 215.
395 Vgl. Frotscher, Internationales Steuerrecht, § 1 Rn. 23f.
396 Waldhoff in: Isensee/Kirchhof, Handbuch des Staatsrechts, Bd. V, § 116, Rn. 103.
397 Diese gleichmäßige Lastenverteilung ist einer der Markenzeichen für die Qualität eines Steuersystems und entscheidende Voraussetzung für den Grad an Steuermoral, vgl. hierzu die Aussagen des Staatssekretärs im Bundesministerium der Justiz Diwell, Beihefter zu DStR 17 2008, 7 (8).

men störende sowie den Wettbewerb verzerrende Doppelbesteuerung in ihrer juristischen wie auch ihrer wirtschaftlichen Gestalt zu verhindern. Erstere beschreibt dabei einen Vorgang, welcher bestimmte Einkünfte eines Steuerpflichtigen für denselben Zeitraum von zwei oder mehr Staaten besteuert[398]. Hingegen erfasst die sogenannte wirtschaftliche Doppelbesteuerung das Zusammentreffen von mehreren staatlichen Besteuerungsansprüchen für einen wirtschaftlichen Ertrag, aber unabhängig von einem bestimmten Steuersubjekt[399], etwa einen doppelten Zugriff im Rahmen der Dividendenbesteuerung (erst Körperschaftsteuer beim Unternehmen, später Einkommensteuer auf die Gewinnausschüttung beim Anteilseigner). Diese Formen internationaler Doppelbesteuerung treten auf, da die Mehrzahl der Staaten weltweit nicht nur Wirtschaftsvorgänge auf ihrem Territorium, sondern nach Maßgabe des Welteinkommensprinzips auch exterritoriale Sachverhalte zum Anknüpfungspunkt von Besteuerung nehmen[400].

Nicht wünschenswert, da ebenfalls ungerecht und wettbewerbsverzerrend, ist zudem die sogenannte Minderbesteuerung. Ausgedrückt wird damit ein Zusammentreffen von grenzüberschreitenden Umständen, welches zu einer Nicht- oder zumindest verminderten Normalbesteuerung führt[401]. Damit sind nicht nur Vorgänge der Steuerflucht oder des Missbrauchs von Gestaltungsmöglichkeiten, sondern ebenfalls legitime Steueroptimierung unter Ausnutzung gewisser Regelungslücken, etwa die doppelte Nichtbesteuerung im Anwendungsbereich der Freistellungsmethode[402], gemeint.

Diese Grundkonstellationen sind für die Verlustverrechnung besonders relevant. Stellt sich hier im grenzüberschreitenden Kontext doch regelmäßig einerseits die Frage einer doppelten, gar dreifachen Verlustberücksichtigung, andererseits einer völligen Nichtbeachtung von Verlusten. Beides, sowohl die mehrfache steuerliche Geltendmachung als auch das „Versickern" von negativen Einkünften, widerspricht einer Besteuerung am Maßstab der individuellen Leistungsfähigkeit. Die damit verbundene Ungerechtigkeit wirkt sich gerade im kompromisslosen internationalen Wettbewerb erschwerend für den Wirtschaftsteilnehmer und insofern im Ergebnis ebenfalls, wenn auch indirekt, nachteilig für den Staat und das Gemeinwesen aus.

Bilateral wird im Rahmen von DBA versucht, diese schädliche Diskriminierung zu vermeiden. Ein DBA hat insofern eine nicht zu unterschätzende Gerechtigkeitsfunktion. Diese lässt sich in zwei Blickwinkel aufspalten: die Verhinderung der Doppelbesteuerung zugunsten des Einzelnen und die Verteilungsfunktion zwischen den Staaten. Vereint wird dies in der beschriebenen positiven ökonomischen Wir-

---

398 Haase, Europäisches Steuerrecht, Rn. 31.
399 Haase, Europäisches Steuerrecht, Rn. 34; Vogel in: Vogel/Lehner, DBA-Kommentar, Einleitung, Rn. 4.
400 Ausführlich zu den Formen und der Entstehung der Doppelbesteuerung bei direkten Steuern, Hüsing, Steuer und Studium 2007, 312 (313f.).
401 Dehne, Ober- und Untergrenzen der Steuerbelastung in europäischer Sicht, S. 137.
402 Ein anschauliches praktisches Beispiel findet sich bei Lang in: Becker/Schön, Steuer- und Sozialrecht im Europäischen Systemwettbewerb, S. 230.

kung, welche durch die Abwendung einer flächendeckenden Doppelbelastung entsteht. Gerade für deutsche Unternehmer, welche stark exportorientiert arbeiten und zunehmend mit dem Ausland verflochten sind, ist ein intaktes und Rechtssicherheit bietendes DBA-System zur Vermeidung solcher Sonderbelastungen substanziell. Dabei erfolgt die Unterbindung der Doppelbesteuerung im DBA auf zwei Ebenen im Zusammenspiel der Einkunftsverteilungsartikel der Art. 6 ff. des OECD-MA und des Methodenartikels des Art. 23 A/B OECD-MA. Allerdings wird der Methodenartikel nur relevant, sofern durch die Art. 6ff. OECD-MA noch keine abschließende Rechtsfolge hinsichtlich des Besteuerungsrechts zugesprochen wurde. Ein Ansatz innerhalb dieses Methodenartikels stellt im Quellenstaat erzielte Einkommen in Gänze von der Besteuerung im Ansässigkeitsstaat frei (Freistellungsmethode), vgl. Art. 23 A Abs. 1 OECD-MA. Folglich werden diese Einkünfte ausschließlich im Quellenstaat und nicht nochmals – doppelt – im Ansässigkeitsstaat besteuert. Diese in Kontinentaleuropa geläufige Methode wird ebenfalls von Deutschland favorisiert[403]. Der andere im Musterabkommen vorgesehene Weg ist die Anrechnung (Anrechnungsmethode), Art. 23 B Abs. 1 OECD-MA. Hier kalkuliert der Ansässigkeitsstaat im Ausland angefallene Quellensteuern bei der Berechnung der Steuerbelastung des Pflichtigen mit ein.

Trotz dieser grundsätzlich geeigneten Verfahren verbleiben auch im Falle des Bestehens eines DBA Schwierigkeiten, welche aus der Verknüpfung dieses völkerrechtlichen Vertrages mit dem jeweiligen nationalen Recht herrühren. Ein derartiges Abkommen wirkt nämlich wie eine Art zudeckende „Lochschablone": Es kann Besteuerungsbefugnisse eines Staates nicht direkt begründen, sondern lediglich begrenzen[404]. Die Besteuerungsbefugnis steht dem Staat als Völkerrechtssubjekt allein anhand seiner staatlichen Souveränität zu[405]. So werden vom DBA an sich zugeteilte Besteuerungsansprüche mangels fehlender nationaler Grundlage teilweise nicht ausgeübt, unterschiedlich qualifiziert oder sogar im Wege eines treaty override[406] unilateral überschrieben, wodurch der Einzelne unsachlich belastet wird. Auch im Bereich der grenzüberschreitenden Verlustverrechnung verbleiben demzufolge trotz DBA Gerechtigkeitsprobleme für die individuelle Besteuerung, welche es bei einer Gesamtbetrachtung zu beachten gilt.

---

403 Dempfle, Konzernsteuerquote, S. 233.
404 Vgl. Vogel in Vogel/Lehner, DBA-Kommentar, Art. 23, Rn. 48.
405 Weber-Fas, Rechtsnatur, Geschichte und Funktion der deutschen Doppelbesteuerungsabkommen, S. 33f.
406 Der nationale Gesetzgeber verabschiedet bewusst eine Bestimmung, welche im Widerspruch zu einem DBA eingegangenen Verpflichtungen steht, diese also kontakariert. Diese nicht seltene Vertragsverletzung zugunsten einer Durchsetzung der unilateren Ziele der Mißbrauchsbekämpfung und Sicherung von Besteuerungssubstrat wird hinsichtlich Statthaftigkeit vor Verfassung und Europarecht lebhaft diskutiert. Hierzu insgesamt Gosch, IStR 2008, 413ff.

III. Zusammenfassung

Es zeigt sich, dass die Streitfragen der grenzüberschreitenden Verlustverrechnung sowohl aus der Sicht der Staaten als auch aus der Perspektive der Steuerzahler untereinander stark mit grundlegenden Gerechtigkeitshypothesen und den daraus folgenden Ausformungen des Leistungsfähigkeitsprinzips verwoben sind. Jedoch sind die Blickwinkel einerseits durch die Betrachtung der individuellen Gerechtigkeit zwischen den Steuerzahlern und anderseits durch die Beachtung einer gerechten Aufteilung der Steuererträge zwischen den Staaten gekennzeichnet. Rechnet man hinzu, dass die nationalen Steuerrechtsordnungen aufgrund ihrer autonomen Verlustverrechnungsausgestaltung stark divergieren, so wird manifest, warum es so schwer ist, international eine Gleichmäßigkeit der Besteuerung zu realisieren. Ersichtlich ist dabei die Notwendigkeit, das Steuerrecht gerade auch unter den Maximen des Leistungsfähigkeitsprinzips europäisch zu denken.

D. Das deutsche System der Verlustberücksichtigung

I. Ökonomische Rahmenbedingungen für die Ausgestaltung der Verlustverrechnung

Neben den steuerrechtlich-systematischen Aspekten rund um die Besteuerung nach der individuellen wirtschaftlichen Leistungsfähigkeit spielen vor allem handfeste ökonomische Aspekte eine Rolle bei der Ausgestaltung der jeweiligen nationalen Verlustberücksichtigungsregeln. So ist die Zulassung oder Versagung einer Berücksichtigung von entstandenen Verlusten für das Volumen der Bemessungsgrundlage, an welcher letztendlich der Tarif angelegt wird, von zentraler Bedeutung. Für das Belastungsergebnis ist dies mindestens so entscheidend wie die Höhe des Steuertarifs.

Strukturpolitisch würde die massive Einschränkung oder Abschaffung von Verlustverrechnungsmöglichkeiten die Attraktivität von Konzernstrukturen deutlich senken. Der Staat könnte so durch seine Steuerpolitik umfassend in elementare Gefüge der Wirtschaft eingreifen. Herausbilden würden sich als Folge einer solchen Maßnahme besonders große Unternehmen ohne rechtlich dezentralisierte Teile, welche den Großteil ihrer Tätigkeiten in sich selbst bündeln[407]. Ferner nachdrücklich beeinflusst wird die Vorteilhaftigkeit von Investitionen. Werden Verluste großzügig steuerlich anerkannt, kann ein Investitionsprojekt in ganz anderem Licht erscheinen. Die nationalen Verlustregelungen können von einem vernünftigen Unternehmer im Rahmen einer Investitionsbeurteilung somit nicht ausgeklammert werden. Dieser Befund wird bestärkt, betrachtet man die Intention einer Zulassung sogenannter Sonderabschreibungen von steuerpolitischer Seite, welche gerade auf Investitions-

---

407 Vgl. Wittkowski, Verlustverrechnung, S. 5.

vorteilhaftigkeit und in direkter Folge auf die Investitionsbereitschaft abzielen[408]. Indessen bleibt der Verlustausgleich bei fehlender grenzüberschreitender Verrechnungsmöglichkeit durch den Umfang des Gewinns beschränkt, welchen das steuerpflichtige Unternehmen in einem Mitgliedstaat erwirtschaftet hat.

In der Folge ist schwerlich zu verkennen, dass die von der Europäischen Kommission propagierte Wettbewerbsneutralität auf dem Binnenmarkt in steuerrechtlicher Hinsicht[409] bei weitem nicht nur von einer Harmonisierung der Steuertarife abhängt. Vielmehr spielen Fragen der Entscheidungsneutralität innerhalb, aber besonders zwischen den nationalen Verlustverrechnungsregeln der Mitgliedstaaten eine Schlüsselrolle im Binnenmarktkonzept. Besteht diese Neutralität nicht, so wird ein ökonomisch rational denkender Unternehmer sich zu möglichen Assimilationsmaßnahmen verleitet sehen. Diese können jedoch durch falsche Anreizwirkungen sowohl aus der Sicht des Einzelnen als auch aus der Perspektive der gesamten – nationalen wie europäischen – Volkswirtschaft zu einer Ressourcenverschwendung[410] führen[411].

Unterteilen lässt sich diese Entscheidungsneutralität in die ökonomische Betrachtung steuerlicher Wirkungen im Bezug auf die Rechtsform, die Standortwahl und die zeitliche Vornahme einer Investition[412].

1. Rechtsformneutralität

Aus einer ökonomischen Betrachtung heraus sollte die unternehmerische Wahl einer Rechtsform für die Wahrnehmung der wirtschaftlichen Tätigkeit nicht von deren steuerlicher Behandlung abhängig sein[413]. Der Entscheid für die rechtliche Gestalt des unternehmerischen Auftretens sollte vielmehr von juristischen Funktionalitätskomponenten wie wirtschaftlicher Flexibilität und Anpassungsfähigkeit, Tempo der Entscheidungsfindung, Risikoverteilung und Haftungsausgestaltung, Akzeptanz der

---

408 Mensch, Investition, S. 186; Müller, Steuern vom Einkommen in Deutschland, S. 100f. Jüngeres Beispiel für eine solche politische Maßnahme ist die Einführung einer degressiven Abschreibungsmöglichkeit für bewegliche Wirtschaftsgüter in Höhe von 25 Prozent für die Dauer von zwei Jahren im Rahmen des Konjunkturprogrammes der Bundesregierung 2008. Dadurch eröffnet sich die Möglichkeit, bereits im Jahr des Erwerbs einen verhältnis-mäßig hohen Teil der Erwerbskosten in Form von Betriebsausgaben oder Werbungskosten steuerlich geltend zu machen, vgl. Spiegel, http://www.spiegel.de/politik/deutschland/0,1518, 587920,00.html, zugegriffen am 17.11.2008.
409 Gerken, Internationaler Steuerwettbewerb, S. 196.
410 Grundgedanke der Ausrichtung des EGV an der „offenen Marktwirtschaft" mit freiem Wettbewerb in Art. 4 und Art. 98 EG ist genau diese Förderung des effizienten Einsatzes von Ressourcen, siehe Frenz, Wirtschaft, S. 131; Hatje in: Von Bogdandy, Europäisches Verfassungsrecht, S. 740.
411 Speziell zur internationalen Ausprägung dieser Allokationseffizienz, Paschen, Steuerumgehung im nationalen und internationalen Steuerrecht, S. 179f.
412 Vgl. Treisch, Unternehmensbesteuerung, S. 54ff.
413 Vgl. Kunze, Beteiligungen an Personen- und Kapitalgesellschaften, S. 14.

Rechtsform auf dem Markt oder Kapitalbeschaffungsmöglichkeiten abhängen. International weit verbreitet[414] und auch in Deutschland geltende Anknüpfungspraxis[415] ist jedoch ein Dualismus in der Besteuerung von Unternehmen. Dieser orientiert sich an den zivilrechtlichen Vorgaben und führt zu einer unterschiedlichen Besteuerung von Kapitalgesellschaften (Körperschaftsteuer) und Personengesellschaften (persönliche Einkommensteuer). Diese Ungleichheiten können erhebliche Ausmaße erreichen und dazu führen, dass sich Rechtsformen und einzelne damit verbundene Geschäftsmodelle trotz einer ökonomisch vergleichsweise ineffektiven Arbeitsweise auf dem Markt behaupten oder sogar durchsetzen. Diese Gefahren sind auch dem Gesetzgeber bewusst. So heißt es bereits 1974 in einer Stellungnahme der Bundesregierung:

„Der vorgesehene Körperschaftsteuersatz ist hiernach ebenso hoch wie der Spitzensteuersatz des Einkommensteuertarifs. Für diese Lösung spricht [...], daß die Gleichheit der Wettbewerbsbedingungen nicht durch das Steuerrecht beeinflusst werden darf. Nach Auffassung der Bundesregierung ist deshalb anzustreben, daß der von Körperschaften thesaurierte Gewinn [...] ebenso hoch besteuert wird wie der Gewinn natürlicher Personen mit vergleichbarer Leistungsfähigkeit"[416].

In Zeiten des internationalen Steuerwettbewerbs lässt sich eine solche „Gleichbesteuerung" durch den enormen Druck auf die Tarife der Körperschaftsteuer allerdings kaum noch realisieren[417]. Um Verzerrungen in großem Stile zu vermeiden, reagiert der Gesetzgeber heute üblicherweise mit der Einführung von meist unsystematischen Sonderregelungen zugunsten vor allem kleinerer Personengesellschaften, was jedoch spürbar zur Unübersichtlichkeit und unnötigen Komplexität des Steuerrechts beiträgt[418]. Daher wird im deutschen Schrifttum versucht, ein verfassungsrechtliches Gebot der Rechtsformneutralität aus Art. 3 Abs. 1 GG[419] oder aus einzelnen Freiheitsrechten wie Art. 12 Abs. 1 GG oder Art. 14 Abs. 1 GG[420] abzuleiten. Mit Nachdruck verweist *Paul Kirchhof* ferner auf Art. 9 Abs.1 GG und konstatiert, dass die grundrechtlich verbürgte Vereinigungsfreiheit auch die grundsätzliche Freiheit sichere, bei einem Zusammenschluss diejenige Rechtsform wählen zu dürfen, welche dem Berechtigten in seiner Freiheit am besten passend erscheint. Die Rechtsform einer wirtschaftlichen Tätigkeit allein könne daher bestehende steuerliche Be-

---

414 Sauerland, Besteuerung europäischer Konzerne, S. 27.
415 Sava, Dualismus der Einkunftsarten, S. 6 (dort in Fn.25).
416 BT-Drs. 7/1470, S. 330. Ebenso der politische Anspruch an die Unternehmenssteuerreform 2008, vgl. BT-Drs. 16/4841, S. 1.
417 So auch die Analysetendenz in der Stellungnahme des Deutschen Instituts für Wirtschaftsforschung zur Unternehmenssteuerreform 2008, S. 12, http://www.diw.de/documents/ dokumentenarchiv/ 17/57314/ 20070423_stllngn_diw_untreform.pdf, zugegriffen am 25.11.2008.
418 Vgl. etwa die bereits im ersten Kapitel problematisierte Anrechenbarkeit der Gewerbesteuer.
419 Lang, StuW, 107 (115f); Wagner, Reform der Unternehmensbesteuerung, S. 357.
420 Kirchhof, StuW 2002, 3 (11).

lastungsunterschiede nicht rechtfertigen[421]. Hingegen stellt das BVerfG keine solche Direktive auf und verweist auch in diesem Zusammenhang auf die vorhandenen Gestaltungsspielräume des Gesetzgebers im Steuerrecht, welcher eine einmal getroffene Entscheidung – hier die Anknüpfung der Besteuerung an die zivilrechtliche Rechtsform – vor allem folgerichtig und nicht willkürlich umzusetzen habe[422]. Zudem besteht in Deutschland eine grundsätzliche Wahlfreiheit innerhalb des Numerus Clausus der Rechtsformen, kombiniert mit den vorhandenen Änderungsmöglichkeiten[423].

Es bleibt zu konstatieren, dass die deutsche Verfassungsrechtsprechung kein Gebot rechtsformneutraler Besteuerung fordert[424]. Das besonders im grenzüberschreitenden Kontext der Verlustverrechnung noch bedeutsame Vergleichspaar einer Kapitalgesellschaft mit Tochter im Verhältnis zu einer Kapitalgesellschaft mit Betriebsstätte muss daher nach innerdeutschem Recht nicht absolut gleich besteuert werden. Die bedeutungsvolle Frage der europarechtlichen Anforderungen an eine rechtsformunabhängige Besteuerung wird Gegenstand der Fallanalysen sein.

2. Standortneutralität

Diese Ausformung der Entscheidungsneutralität weist eine inländische wie eine grenzüberschreitende Größenordnung auf. Im deutschen Kontext kann hierbei an unterschiedlich hohe Gewerbesteuersätze oder auch die „Sonderwirtschaftszone Ost"[425] als politisches Schlagwort für Deregulierungen im bürokratischen Bereich, besondere Tarifabschlüsse, erleichterte Regeln für den ostdeutschen Kredit- und Finanzsektor, aber auch an steuerliche Privilegien gedacht werden. Diese steuerliche Ungleichbehandlung wird die Ansiedlungsbereitschaft eines Unternehmers beeinflussen.

Wurden im ersten Kapitel die Vorteile der kleineren Mitgliedstaaten im Steuerwettbewerb angeführt, so gilt es an dieser Stelle auf einen natürlichen Trumpf der großen Länder hinzuweisen. In einem Zustand fehlender grenzüberschreitender Verlustausgleichsmöglichkeit ist es zweckmäßig, innerhalb großer inländischer Märkte, wie etwa dem deutschen Inlandsmarkt, zu investieren. Hier können gerade große Unternehmen weitflächig Gewinne und Verluste aus verschiedenen Inlandsaktivitäten betriebswirtschaftlich sinnvoll verrechnen. Die territorial bedingten Ver-

---

421 Kirchhof, StuW 2000, 221 (230). Dieser Idee trägt er im Karlsruher Entwurf, welcher die Körperschaftsteuer wieder in die Einkommensteuer integriert, Rechnung, Kirchhof, Beihefter zu DStR 37 2003, 1ff.
422 BVerfG, NJW 2006, 2757 (2762f.).
423 Diese Änderungen erfolgen anhand des UmwG. Ob sich diese Umwandlungen allerdings steuerlich neutral vollziehen ist damit noch nicht garantiert, vgl. etwa §§ 12 Abs. 2 Satz 2 UmwStG i.V.m. 8b Abs. 3 KStG.
424 Auch der BFH hält die steuerliche Differenzierung nach der Rechtsform für statthaft, BFH, BStBl. II 1975, 666 (668f.).
425 Vgl. Kunat, Ost-West-Fördergefälle in Deutschland, S. 40.

rechnungsverbote greifen hier nicht. Dies verschafft ihnen unabhängig von ihrer tatsächlichen Innovationskraft eine sowohl gegenüber KMU als auch gegenüber Mitkonkurrenten aus kleineren Märkten der Europäischen Union vorteilhafte Ausgangsposition.

International steht die gesamte Wirtschaftsverfassung, also das Sozialsystem, die Regulierung an Güter- und Arbeitsmärkten und die Steuerpolitik, im Standortwettbewerb. Steuerrechtliche Unterschiede, im Besonderen die Kombination aus großzügiger Verlustanerkennung und Tarif, spielen dabei im transnationalen Kontext eine eminent wichtige Rolle. Gerade im europäischen oder gar im weltweiten Werben um Investitionen zählen die Steuern[426] neben der Verkehrs- und Bildungsinfrastruktur, den Bürokratiekosten[427], der Struktur des Absatzmarktes oder der Verfügbarkeit von Arbeitskräften zu den sogenannten harten Standortfaktoren[428], also den klassisch messbaren Kostenfaktoren[429]. Das steuerliche Belastungsgefälle zwischen den Staaten ist ein zentral beeinflussendes Kriterium für oder gegen die Wahl eines Investitionsstandortes. Als maßgeblicher Bestandteil der Ermittlung einer Bemessungsgrundlage werden dabei die europa- und weltweit divergierenden Verlustverrechnungsregeln nach wie vor einen signifikanten Standortvorteil oder -nachteil darstellen.

3. Intertemporale Neutralität

Bei dem Wettstreit um ein attraktives Investitionsklima genießt ebenfalls die Frage, ob Verluste eines Jahres auch mit positiven Einkünften anderer Jahre verrechnet werden können, einen beachtlichen Stellenwert. Dieser sogenannte intertemporäre Verlustausgleich kann in Form eines Verlustrücktrags[430] auf vergangene und einem Verlustvortrag[431] für folgende Steuerjahre bestehen. Er wird technisch erforderlich, da die Besteuerung international üblicherweise dem Konzept der Abschnittsbesteuerung folgt[432]. Neutral verhält sich die Verlustverrechnung dabei, wenn die

---

426 Vgl. hierzu: Thomas, grenzüberschreitende Verschmelzung, S. 274.
427 So existieren allein in der EU bemerkenswerte Unterschiede bei der Bürokratiebelastung. Während die Verwaltung von Steuern und Abgaben in Irland nur knapp 80 Stunden, in Luxemburg noch nicht einmal 60 Stunden pro Jahr in Anspruch nimmt, müssen sich Unternehmen in Tschechien 930 Stunden mit derselben Tätigkeit befassen (Deutschland: 196 Stunden), PwC/Weltbank Studie aus dem Jahre 2007 http://www.innovations-report.de/html/berichte/studien/bericht-96486.html, zugegriffen am 05.11.2008.
428 Haas/Neumair, Internationale Wirtschaft, S. 417.
429 Daneben beeinflussen ferner sogenannte „weiche Standortfaktoren" die Ansiedlungs- oder Investitionsentscheidung. Dazu gehören etwa der Freizeitwert und das regionale Image einer Region, das Kulturangebot oder die Umwelt und Wohnbedingungen. Siehe hierzu Beckmann, Standortmanagement, S. 31.
430 „carry back".
431 „carry over" bzw. „carry forward".
432 Bauer, Internationale Einkunftsabgrenzung im Steuerrecht, S. 137.

steuerliche Belastung gleich beschaffen ist, egal in welcher Phase Einnahmen und Ausgaben entstehen. Volkswirtschaftlich verlangt schon die sachgerechte Allokation[433] einen derart ausgestalteten Verlustausgleich. Andernfalls würde durch eine Schmälerung der Gewinnerwartungen tendenziell das Risiko zu Lasten der Gewinne erhöht, was in der Folge eine Drosselung der Investitionsfreudigkeit erwarten ließe[434]. Anders gewendet: Der Staat würde vollumfänglich an den Gewinnen, jedoch nicht in gleicher Weise an den Verlusten partizipieren.

Ferner führt die Beschränkung der Verlustverrechnung zu Liquiditäts- und Zinsnachteilen[435], welche betriebswirtschaftlich hemmend wirken. Gerade Unternehmen, deren Erfolgsergebnisse heftigen Schwankungen unterworfen sind, etwa die stark zyklische Baubranche oder Existenzgründungen sowie Unternehmensprojekte mit einem besonders riskanten, aber unter Umständen sehr innovativen Produktkonzept, werden hiervon hart, teilweise existentiell getroffen. Ihnen fehlt in einer finanziellen Durststrecke das nötige Kapital, um eine vermeintlich Erfolg versprechende Neuerung auf dem Markt zu etablieren[436]. Dies zieht besonders in Zeiten unsicherer Marktbedingungen, z.B. ausgelöst durch eine Finanzkrise und einem damit verbundenen mangelnden Systemvertrauen der Wirtschafts-teilnehmer, negative Konsequenzen nach sich. Insbesondere die Verlustrücktragsmöglichkeit kann hier, gesetzt den Fall, in den zurückliegenden Veranlagungszeiträumen wurde ein hinreichender Gewinn erwirtschaftet, eine wirkungsvolle, umgehende Liquidationsspritze darstellen, was in Zeiten zögerlicher Kreditvergabe für ein Unternehmen lebensnotwendig sein kann.

Will man diese volkswirtschaftlich relevanten Aspekte im nationalen, im europäischen und globalen Kontext gebührend beachten und dabei sowohl die steuerrechtlichen Gerechtigkeitsmaximen als auch die Fiskalinteressen des Staates in Ausgleich bringen, so wird nachvollziehbar, wie wichtig, aber auch multipel eine sachgerechte Ausgestaltung der Verlustberücksichtigung ist. Kommen dazu noch die Einflüsse der nicht auf das Steuerrecht zugeschnittenen und nur grobgliedrige Vorgaben liefernde europäischen Grundfreiheiten, nimmt das Spannungsfeld Züge eines „Gordischen Knotens" an.

---

433 Zu deren Grundannahmen siehe Cezanne, Allgemeine Volkswirtschaftslehre, S. 49.
434 Vgl. Peffekoven in: Albers, Handwörterbuch der Wirtschaftswissenschaft, Bd. 9, S. 704; Brümmerhoff, Finanzwissenschaft, S. 498.
435 Diesen Erwägungen widmet Frau Generalanwältin Sharpston in ihren Schlussanträgen vom 14.02.2008 zur Rechtssache C - 414/06 „Lidl Belgium" breiten Argumentationsraum, Rn. 28ff. Siehe fünftes Kapitel C.
436 Zu dieser Verknüpfung siehe das Jahresgutachten des Sachverständigenrates der Bundesregierung aus dem Jahre 2003, Staatsfinanzen konsolidieren – Steuersystem reformieren, S. 320f.

II. Grundzüge der deutschen Verlustberücksichtigung

Vor diesem Hintergrund soll im Folgenden das Gedankenkonzept der in Deutschland geltenden Verlustverrechnung skizziert werden. Dieses ist in erster Linie im EStG niedergelegt. Dort wird der Umfang der Besteuerung anhand der Einkünfte des Steuerpflichtigen bemessen[437]. Die Normsystematik des § 2 EStG zeichnet diese Einkünfte als einen Saldobegriff[438]. Hierbei stellen Verluste die negativen Einkünfte[439] dar, etwa Überschüsse der Werbungskosten über die Einnahmen, vgl. § 2 Abs. 2 Satz 1 Nr. 2 EStG. Allein der einzelne Aufwendungsposten, die Betriebsausgabe oder die Werbungskosten, sind nach dem Verständnis des deutschen Steuerrechts, noch kein Verlust. Mithin erfordert der Begriff des Verlusts ebenfalls eine Saldierung.

Bevor die Feinheiten dieser Verrechnungsvorgänge betrachtet werden, vermag nachstehendes Schaubild die Bausteine der deutschen Regelung verdeutlichen. Das methodische Konzept stützt sich auf die tragenden Pfeiler eines innerperiodischen Verlustausgleichs und eines periodenübergreifenden Verlustabzugs. Dadurch soll die Verlustverrechnung grundsätzlich in zwei Richtungen egalisierend wirken: unabhängig von der Einkunftsart und auf der Zeitachse.

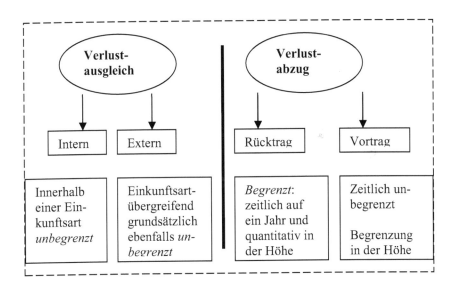

---

437 Für Körperschaften verweist § 8 Abs. 1 KStG auf die Regelungen des EStG.
438 Geserich, DStR 2000, 845 (ebenda).
439 Vgl. Lang in: Tipke/Lang, Steuerrecht, § 9, Rn. 60.

Der Verlustausgleich ist durch die Ermittlungssystematik des § 2 Abs. 1 bis 3 EStG vorausgesetzt. Danach sind positive und negative Einkünfte innerhalb eines Veranlagungszeitraums zu verrechnen. Dies gilt sowohl für Gewinne und Verluste innerhalb einer Einkunftsart (sogenannter interner[440] Verlustausgleich) als auch zwischen den sieben Einkunftsarten (sogenannter externer[441] Verlustausgleich). Dabei erfolgt als erster Schritt die Summierung in derselben Einkunftsart bevor darüber hinaus gehende Verluste innerhalb aller Einkunftsarten, Beachtung finden. Diese beiden Verrechnungswege sind vom Grundgedanken her unbegrenzt zu gewähren. Im Einzelfall gibt es aber spezielle Einschränkungen etwa zugunsten der Missbrauchsbekämpfung[442].

Können auf diesen beiden Stufen nicht alle Verluste durch einen Verlustausgleich in die Bemessung einfließen, so kommt ferner der zweite Pfeiler, die Verrechnung auf der Zeitachse mittels des Verlustabzuges, in Betracht. Diese periodenübergreifende Berücksichtigung folgt anders als der Verlustausgleich nicht bereits aus § 2 EStG, sondern ist eigens in § 10d EStG geregelt. Das Bedürfnis einer solchen Regelung entsteht durch die in Deutschland geltende Zeitabschnittsbesteuerung, wonach das Einkommen eines Jahres der Einkommensteuerfestsetzung zugrunde gelegt wird, vgl. § 2 Abs. 7 EStG. Dadurch werden die Verluste eines Steuerpflichtigen eigentlich nur für den Veranlagungszeitraum eines Steuerjahres berücksichtigt. Dieses Verfahren ist aus Sicht der Steuerverwaltung sowohl aus praktisch-technischen Gründen der Steuererhebung und eines bestandskräftigen Verfahrensabschlusses als auch zur Sicherung eines fortwährenden Steueraufkommens das Zweckmäßigste[443]. So ist ein Anknüpfen an unbekannte Vorgänge in der Zukunft bei einer Ist-Besteuerung, welche nicht auf Vermutungen beruht, realiter nicht machbar. Ebenso ist ein Aufgreifen von weit in der Vergangenheit liegenden Vorgängen schon wegen der wahrscheinlich seither geänderten Rechtslage (z.B. hinsichtlich des Tarifs) problematisch. Zudem entsteht hierdurch ein gehöriger Verwaltungsmehraufwand durch die Lagerung und Bearbeitung weit zurückliegender Aktenvorgänge. Vertrauensschutzgesichtspunkte für den Bürger und Flexibilitätserwägungen streiten demgemäß für die Veranlagung in Abschnitten.

---

440 Eine andere geläufige Bezeichnung ist „horizontaler Verlustausgleich".
441 Ebenfalls „vertikaler Verlustausgleich" genannt.
442 Vgl. beispielsweise § 15b Abs. 1 EStG: „Verluste im Zusammenhang mit einem Steuerstundungsmodell dürfen weder mit Einkünften aus Gewerbebetrieb noch mit Einkünften aus anderen Einkunftsarten ausgeglichen werden; sie dürfen auch nicht nach § 10d abgezogen werden. Die Verluste mindern jedoch die Einkünfte, die der Steuerpflichtige in den folgenden Wirtschaftsjahren aus derselben Einkunftsquelle erzielt. § 15a ist insoweit nicht anzuwenden."
443 Dem entspricht auf der Ausgabenseite der jährliche Haushaltsplan des Parlaments, siehe Kirchhof, EStG, § 2, Rn. 154.

Dadurch ändert sich jedoch nichts an der Erkenntnis, dass sich die Leistungsfähigkeit am gerechtesten durch die Betrachtung des gesamten Steuerlebens[444] beurteilen lässt[445]. Den durch die Jahresbesteuerung für einen Zeitraum festgestellten Gewinn würde es bei der Betrachtung einer längeren Zeitspanne effektiv häufig gar nicht geben, weil Verluste anfallen. Die Besteuerung dieses Gewinns ist damit gewissermaßen künstlich durch Aufspaltung konstruiert, aber nicht wirklich leistungsgerecht. Gerade in Fällen starker Einkommensschwankungen, etwa bei Leistungssportlern oder Künstlern, aber ebenso in einer sonst eher steten Erwerbsbiographie hervorgerufen durch Krankheit oder Arbeitslosigkeit, entstehen durch die Kombination eines progressiven Tarifes und der Bemessungsgrundlage anhand eines Jahres deutliche Ungleichbelastungen[446] im Vergleich zu einer durchgehenden Erwerbsbiographie mit schwankungsfreien Einkommensdimensionen.

Der Verlustabzug bietet einen Weg der Abmilderung dieses Gerechtigkeitsdefizits: Über die Grenzen des technischen[447] Jahresbesteuerungsprinzips hinweg können Verluste in andere Veranlagungszeiträume übertragen werden. Betrachtet man die Zeitachse, so gilt dies für die Vergangenheit wie auch für die Zukunft.

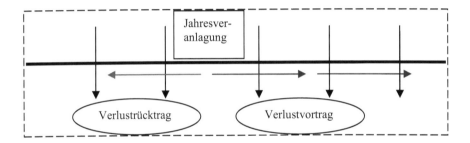

Fraglich bleibt, wie weit diese Glättungen der Belastung zugelassen werden. Hierbei spielen erneut verwaltungstechnische Praktibilitätserwägungen eine Rolle: Wird der Jahresbetrachtungszeitraum durchbrochen, so entstehen dem Verwaltungsapparat

---

444 Vgl. Berg/Schmich, DStR 2002, 346 (347); Tipke, Die Steuerrechtsordnung, S. 755f.; A.A.: Kirchhof in: Kirchhof/Neumann, Freiheit, Gleichheit, Effizienz, S. 19. Dieser spricht von „Gleichheit in der Zeit".
445 Diese Feststellung deckt sich in weiten Teilen mit der von der Steuerökonomie propagierten und im zweiten Kapitel D. I. 3. dargestellten sogenannten „intertemporären Neutralität".
446 Siehe einschlägige Beispiele bei Brümmerhoff, Finanzwissenschaft, S. 488f. und Tipke, Die Steuerrechtsordnung, S. 755.
447 Die Abschnittsbesteuerung wird aus Gründen der Zweckmäßigkeit angewandt und dient allein der Verwaltungsvereinfachung bei der Steuererhebung. Zum Charakter der Abschnittsbesteuerunfg als technisches Prinzip siehe Berg, DStR 2002, 346 (347); Grotherr, BB 1998, 2337 (2341); Lang, Verfassungsmäßigkeit der Mindestbesteuerung, S. 17; Tipke, Die Steuerrechtsordnung, S.756; Ratschow in Blümich: EStG - KStG - GewStG, § 2 EStG, Rn. 176; A.A. BFH, BFH, XI R 54/99, DStR 2005, 13 (16): „materielles Prinzip der Einkommensbesteuerung", Kirchhof, Beihefter zu DStR 37, 2003, S. 1 (12).

erneut die aufgezählten Nachteile. Je weiter die Durchbrechungen zugelassen werden, desto höher werden der Aufwand und der Verlust an Rechtssicherheit. Der periodenübergreifende Verlustabzug bewegt sich mithin im Spannungsfeld des Rechtsstaatsprinzips, Art. 20 Abs. 3 GG: Die Ausprägungen der Rechtsicherheit durch die Abschnittsbesteuerung und der materiellen Gerechtigkeit im Wege der Betrachtung des Lebenseinkommens stehen im Widerstreit. Hier gilt es einen Ausgleich zu finden, wobei dem Gesetzgeber ein gewisser Gestaltungsspielraum zugestanden wird[448]. Die deutsche Legislatur hat diesen Konflikt zugunsten einer einjährigen Verlustrücktragsmöglichkeit, § 10d Abs. 1 Satz 1 EStG und eines zeitlich unbegrenzten Verlustvortrags, § 10d Abs. 2 Satz 1 EStG aufgelöst. Dabei gilt grundsätzlich der Vorrang des Rücktrags, § 10d Abs. 2 Satz 1 EStG. Allerdings kann der Steuerpflichtige einen Verzicht dieses Rücktrags beantragen, § 10d Abs. 1 Satz 5 EStG, was im Einzelfall vorteilhafter sein kann[449].

In diesem Zusammenhang ist, insbesondere im Anschluss an die Darstellung der vielfältigen ökonomischen Anreizwirkungen, erneut zu betonen, dass die Verlustverrechnung in der Systematik des deutschen Steuerrechts im Kern keine Steuervergünstigung, sondern einen systematisch gebotenen Ausfluss des Leistungsfähigkeitsprinzips darstellt[450]. Dies gilt im Besonderen für den innerperiodischen Verlustausgleich[451], im Ergebnis jedoch ebenso für den Verlustabzug[452]. Diese Erkenntnis ist keineswegs selbstverständlich, für die Gestaltungsfreiheit des Gesetzgebers aber von entscheidender Bedeutung. Diese berührt über Art. 19 Abs. 3 GG in Verbindung mit Art. 3 Abs. 1 GG und Art. 20 Abs. 3 GG in europarechtskonformer Lesart ebenfalls die besonders interessierende europarechtliche Dimension der Verlustverrechnung.

Das BVerfG erkannte bis Anfang der 1990er keinerlei verfassungsrechtliche Bahnen an, in welchen sich ein Verlustabzug bewegen müsse. Das technische Abschnittsprinzip war insoweit Begründung genug, auch gar keinen Abzug zuzulassen[453]. Erst in späteren Entscheidungen kam das Verfassungsgericht zu einer Abwägung mit dem Leistungsfähigkeitsprinzip und einer Betonung des damit verbundenen Gerechtigkeitsgedankens[454]. Ausdrücklich vorgeschrieben bzw. konkrete Grenzvorgaben für die Ausgestaltung des Verlustabzugs wurden hingegen höchstrichterlich bisher nicht vorgenommen. Hierbei wird von den Richtern stets die Gestaltungs-

---

448 Vgl. BVerfG, Beschluss vom 22.07.1991 - 1 BvR 313/88, DStR 1991, 1278 (1279).
449 So kann es opportun sein, die Verluste mit zukünftigen Gewinnen zu verrechnen, sofern diese weit höher sind als die vergangenen, sodass hier auch eine höhere tarifliche Progressionsbelastung anfiele, welche durch den Verlustvortrag reduziert wird.
450 Orth in: Kessler/Körner/Köhler, Konzernsteuerrecht, § 11, Rn. 8. Vgl. ebenfalls Deutschen Juristentages 2006, Beschlüsse zum Steuerrecht, S. 26, Beschluss Nr. 9:„Sowohl der Verlustausgleich als auch der Verlustabzug sind als Ausprägungen des Nettoprinzips systemgerechte Folgerungen der Besteuerung nach der wirtschaftlichen Leistungsfähigkeit und keine Steuervergünstigungen."
451 Birk, Steuerrecht, Rn. 544; Weber-Grellet, Steuern im modernen Verfassungsstaat, S. 277f.
452 Berg, DStR 2002, 346 (347); Lang in: Tipke/Lang, Steuerrecht, § 9, Rn. 62.
453 BVerfG, Beschluss vom 8. 3. 1978, 1 BvR 117-78, HFR 1978, 293 f.
454 BVerfG, Beschluss vom 22.07.1991, 1 BvR 313/88, DStR 1991, 1278ff.; BVerfG, Beschluss vom 30. 9. 1998 - 2 BvR 1818-91, DStR 1998, 1743ff.

freiheit des Gesetzgebers herausgestellt, welche dieser aus Sicht des Gerichts in der Gesamtbetrachtung aktuell nicht willkürlich zu überschreiten scheint. Dennoch zeigt sich, dass Abstriche am Idealmaßstab der Bemessung am Lebenseinkommen der Rechtfertigung bedürfen, hier also nicht beliebig verfahren werden darf, sondern im Rahmen des technisch Möglichen und verhältnismäßig Praktikablen das periodenübergreifende Nettoprinzip bewerkstelligt werden muss[455].

Dies geschieht derzeit, indem der verwaltungstechnisch mit überschaubarem Aufwand verbundene Verlustvortrag zeitlich unbegrenzt gewährt wird. Hier bedarf es am Ende eines Veranlagungszeitraums lediglich der gesonderten Feststellung nicht abziehbarer, damit für kommende Perioden verbleibender Verluste, § 10d Abs. 4 Satz 1 EStG. Hingegen müssen beim Verlustrücktrag bereits erlassene, bestandskräftige Verwaltungsakte wieder geändert werden, § 10d Abs. 1 Satz 3, 4 EStG, was in der Regel zu Steuererstattungen führt. Um diesen administrativen Mehraufwand und die fiskalischen Risiken durch Erstattungen überschaubar zu halten, begrenzt Deutschland den Rücktrag auf ein Jahr. Diese weite Einengung des Verfahrens beim Rücktrag und die grundsätzliche Offenheit beim Vortrag liegen dabei im Trend der EU-Mitgliedstaaten.

Schaubild: Periodenübergreifende Verlustberücksichtigung innerhalb der EU - Mitgliedstaaten[456]

Mitgliedstaat	**Verlustrücktrag**	**Verlustvortrag**
Belgien Dänemark Luxemburg Malta Österreich Schweden Slowenien Ungarn Zypern	Keinen	Unbegrenzt
Bulgarien Griechenland Italien	Keinen	Auf 5 Jahre begrenzt

---

455 Vgl. Tipke, Die Steuerrechtsordnung, S. 780f.
456 Das Schaubild wurde auf Grundlage von Daten des Bundesfinanzministeriums, Monatsbericht April 2008, S. 70, siehe http://www.bundesfinanzministerium.de/nn_17844/DE /BMF__Startseite/Aktuelles/Monatsbericht_desBMF/2008/04/000__c__mb__april,templateId =raw,property=publicationFile.pdf, zugegriffen am 21.10.2008, und der Europäischen Kommission, SEK(2006) 1690, http://eurlex.europa.eu/LexUriServ/LexUriServ.do?uri =CELEX :52006SC1690:DE:NOT, zugegriffen am 21.10.2008, erstellt.

Lettland		
Litauen		
Polen		
Rumänien		
Slowakei		
Tschechien		
Portugal	Keinen	Auf 6 Jahre begrenzt
Finnland	Keinen	Auf 10 Jahre begrenzt
Spanien	Keinen	Auf 15 Jahre begrenzt
Deutschland	Auf 1 Jahr begrenzt	Unbefristet
Irland		
Vereinigtes Königreich		
Niederlande	Auf 1 Jahr begrenzt	Auf 9 Jahre begrenzt
Frankreich	Auf 3 Jahre begrenzt	Unbefristet
Estland	Keine Regelung notwendig: es werden einbehaltene Gewinne nicht besteuert; Körperschaftsteuer wird lediglich erhoben, wenn Gewinne an die Anteilseigner ausgeschüttet werden. Weil hier nur Gewinne ausgeschüttet werden können, werden Verluste folglich systematisch schon vorher berücksichtigt.	

Über die Eingrenzung des Verlustrücktrags hinaus bestehen zahlreiche Verrechnungsbeschränkungen und -verbote, welche überwiegend eine Durchbrechung des Leistungsfähigkeitsprinzips darstellen und somit der Rechtfertigung bedürfen.

Aus der Systematik der deutschen Steuerordnung ergeben sich Verlustberücksichtigungsverbote sowohl für nicht dem Einkünftebegriff unterfallende, damit nicht steuerbare Verluste, etwa für Verluste aus Liebhaberei oder der Veräußerung von Privatvermögen, als auch für die mit den nicht steuerpflichtigen Einkünften des § 3c EStG zusammenhängenden negativen Einkünfte. Die ratio des § 3c EStG zielt darauf, einen Steuerschuldner nicht durch die Abziehbarkeit von Aufwendungen zu bevorteilen, welche bei der Erzielung von im Ergebnis freigestellten Einnahmen angefallen sind. Die steuerliche Beachtlichkeit erfordert nämlich eine Art Spiegelbildlichkeit in der Veranlassung von Aufwendungen und der Steuerpflichtigkeit damit verbundener Einnahmen[457]. Steuerfreiheit bedeutet insofern eine Auslassung der Be-

---

457 Vgl. Von Becherath in: Kirchhof, EStG, § 3c, Rn. 8.

lastung von Einkünften im Sinne des Saldobegriffs[458]. Diese Regelung erlangt im grenzüberschreitenden Kontext mit DBA eine besondere Note, denn nach der Rechtsprechung des BFH[459] bewirkt eine abkommensrechtliche Freistellung ebenfalls eine Steuerfreiheit im Sinne des § 3c EStG. Durch ausländische Einnahmen verursachte Aufwendungen sind daher nicht abziehbar. Problematisch kann dies deshalb werden, weil diese im Inland steuerlich befreiten Einkünfte durchaus im Ausland der Besteuerung unterliegen können[460]. Hier wird wieder einmal ersichtlich, dass – aus Sicht des Steuerschuldners – die wirtschaftliche Leistungsfähigkeitsbeurteilung nicht national gedacht werden darf.

Darüber hinaus existieren spezielle, nicht systematische Durchbrechungen der Verlustverrechnung. Hierzu zählen etwa die Einschränkungen für Kommanditisten, § 15a EStG oder die Missbrauchsbekämpfungsvorschrift des § 15b EStG. Für die europarechtliche Betrachtung relevant ist ferner § 2a EStG, welcher einen Katalog von Verrechnungsbeschränkungen für bestimmte „passive" ausländische Einkünfte vorsieht. Bezeichnend ist jedoch, dass diese punktuellen Normen fast durchweg starken verfassungsrechtlichen Bedenken ausgesetzt sind[461], sei es aufgrund ihrer Unbestimmtheit[462] oder aus dem Gesichtspunkt einer Verletzung des Leistungsfähigkeitsprinzips[463].

Eine weitere einschneidende und häufig kritisierte[464] Begrenzung ist die sogenannte Mindestbesteuerung. Danach wird der Verlustrücktrag in der Höhe durch einem Fixbetrag gedeckelt (511 500 €/Ehegatten: 1 023 000€), § 10d Abs. 1 Satz 1 EStG. Der Verlustvortrag ist im folgenden Veranlagungszeitraum ebenfalls der Höhe nach beschränkt (1 000 000€/Ehegatten: 2 000 000€). Allerdings verfallen die vortragbaren Verluste in der Regel nicht, sondern werden über diesen Betrag hinaus in diesem Veranlagungszeitraum nur 60% der positiven Einkünfte berücksichtigt, § 10d Abs. 2 Satz 1, 2 EStG. Die restlichen Beträge sind dann in den Folgejahren geltend zu machen. Hierdurch erfolgt demnach eine zeitliche Streckung der Verlustvortragsmöglichkeit. Diese hat vor allem Unternehmen im Blick, welche enorme Verlustvortragspotentiale vor sich herschieben, was die Berechenbarkeit des staatlichen Steueraufkommens erheblich erschwert. Nach Angaben des Statistischen Bundesamtes hatten körperschaftsteuerpflichtige Unternehmen in Deutschland am Jahresende 2001 Verlustvorträge in Höhe von insgesamt mehr als 380 Milliarden Euro ange-

---

458 Mit Frotscher kann hier weitergehend durchaus ein Umkehrschluss aus dem Nettoprinzip gesehen werden, welcher diese systematische Nichtberücksichtigung nicht nur rechtfertigen, sondern sogar gebieten würde, Frotscher, DStR 2001, 2045 (2045f.).
459 BFH, Urteil vom 06.10.1993 - I R 32/93, BFHE 172, 385.
460 Frotscher, DStR 2001, 2045 (2052ff.).
461 Tipke, Die Steuerrechtsordnung, S. 782f.
462 So im Falle des § 15b EStG, hierzu Birk, Steuerrecht, Rn. 554.
463 Vgl. für § 15a EStG, Lang in: Tipke/Lang, Steuerrecht, § 9, Rn. 65; für § 2a EStG, vgl. Vogel in: Wendt/Höfling, Staat, Wirtschaft, Steuern, Festschrift für Friauf, S. 829ff.
464 Siehe hierzu BR in: BT-Drs. 15/1665, S. 2; Rödder/Schumacher, DStR 2003, 1725 (1726).

sammelt und dies bei stetig steigender Tendenz seit Ende der 1990er Jahre[465]. § 10d Abs. 2 EStG führt durch seine Grenzvorgaben nun zu einer gewissen Verstetigung der Zahlungen pro Veranlagungszeitraum und damit zu einer besseren finanziellen Planbarkeit für den Steuerberechtigten. Trotz dieser Argumente wird in der zeitlichen Verschiebung, welche zu Liquiditätsnachteilen oder in Einzelfällen gar zum völligen Versickern von Verlusten führt, eine ungerechtfertigte Verletzung des Nettoprinzips gesehen[466]. Der von gerichtlicher Seite zugestandene Gestaltungsspielraum für den Gesetzgeber ist in diesen Fragen der Schärfe des Leistungsfähigkeitsprinzips jedoch – wie schon angedeutet – eher weit und meist auf eine Willkür- und Folgerichtigkeitskontrolle beschränkt[467], sodass die derzeitige Vorgehensweise gerichtlich im Großen und Ganzen weiterhin gehalten werden wird.

Über diese direkt aus dem Steuerrecht folgenden Einschränkungen hinaus tangieren allgemeine Strukturentscheidungen des deutschen Zivilrechts die Reichweite der Verlustberücksichtigung. Diese Wertungen gewinnen in einigen Fällen ebenfalls grenzüberschreitende Relevanz, wodurch einmal mehr die Verwobenheit des Europarechts, in concreto der Grundfreiheiten, mit dem nationalen Steuerrecht und damit zusammenhängenden zivilrechtlichen Grundsatzurteilen anschaulich wird. Von Belang sind hier besonders die Vererblichkeit von Verlusten sowie die Verlustverrechnung zwischen Mutter- und Tochtergesellschaften, beides Fragen der intersubjektiven Verlustnutzung. Bei der ersten Konstellation geht es um die Frage, ob ein Verlust, welcher beim Erblasser entstand und welchen dieser zu Lebzeiten im Rahmen des Verlustabzuges hätte geltend machen können, bei der Bemessungsgrundlage des Erben berücksichtigt werden kann (sogenannter interpersoneller Verlustausgleich). Nachdem dieses Problem jahrelang unter den Senaten des BFH und im Schrifttum umstritten war, hat der Große Senat des BFH eine Vererbungsfähigkeit von Verlusten nun verneint[468]. Diese Rechtsprechung wird – insofern aufschlussreich – mit den Prinzipien der Leistungsfähigkeit anhand des Lebenseinkommens begründet[469]. Europarechtliche Bedeutsamkeit kann diese Frage im Rahmen der Verschmelzung von Körperschaften, §§ 12 Abs. 3 i.V.m. 4 Abs. 2 UmwStG erlangen[470].

---

465 Statistisches Bundesamt Deutschland, http://www.destatis.de/jetspeed/portal/cms/Sites/destatis/Internet/DE/Content/Statistiken/FinanzenSteuern/Steuern/Koerperschaftsteuer/Aktuell,templateId=renderPrint.psml, zugegriffen am 21.10.2008.
466 Etwa Lang, Verfassungsmäßigkeit der Mindestbesteuerung, S. 1; a.A.: BFH, Urteil vom 6. 3. 2003, DStR 2003, 797 (798).
467 Vgl. Intemann/Nacke, DStR 2004, 1149 (1151).
468 BFH, Beschluss vom 17. 12. 2007 - GrS 2/04, DStR, 545.
469 BFH, Beschluss vom 17. 12. 2007 - GrS 2/04, DStR, 545 (548): „Die personale Anknüpfung der Einkommensteuer garantiert die Verwirklichung des verfassungsrechtlich fundierten Gebots der Besteuerung nach der wirtschaftlichen Leistungsfähigkeit. Die einzelne natürliche Person ist das Zurechnungssubjekt der von ihr erzielten Einkünfte (§ 2 Abs. 1 EStG). Die persönliche Steuerpflicht erstreckt sich auf die Lebenszeit einer Person; sie endet mit ihrem Tod."
470 Die Wertung des BFH spielt bei der Frage eine Rolle, ob verschmelzende Gesellschaften streng steuersubjektbezogen getrennt betrachtet werden oder ob man sie als Einheit begreift, wo dann Verluste konsequentermaßen „mitfließen". Siehe siebtes Kapitel D. III. 3. c) bb).

Die Verlustverrechnung zwischen Mutter- und Tochtergesellschaften ist in der Grundsystematik des deutschen Körperschaftsteuerrechts mit seiner Anknüpfung an die Rechtsform der juristischen Person, § 1 Abs. 1 KStG, nicht möglich. Der zivilrechtlichen Eigenständigkeit folgt prinzipiell eine Struktur steuerlicher Abgeschirmtheit der Kapitalgesellschaft[471]. Die Erkenntnis einer notwendigen wirtschaftlichen Gesamtbetrachtung eng verbundener Unternehmen erschloss sich allerdings bereits dem Reichsfinanzhof[472]. Schon früh ging das Gericht davon aus, dass im Falle einer tiefen Verbindung von Unternehmen die abhängige Gesellschaft lediglich „nach Art einer bloßen Geschäftsabteilung" arbeite, was steuerlich Berücksichtigung finden müsse[473]. So kann auch im gegenwärtigen Konzern-steuerrecht eine Gewinn- und Verlustverrechnung zwischen Muttergesellschaft (Organträger) und Tochtergesellschaft (Organgesellschaft) im Wege der Errichtung einer sogenannten Organschaft realisiert werden, §§ 14ff KStG[474]. Diese wirtschaftliche Betrachtungsweise kann jedoch nicht als reine Billigkeitsregelung verstanden werden, sondern versucht der individuellen wirtschaftlichen Leistungs-fähigkeit eines Konzerns mit eng verbundenen Unternehmen unabhängig von den Grenzen der zivilrechtlichen Rechtsform gerecht zu werden. Dies kann vom Gedankengang her mit der Ermittlung der grenzüberschreitenden Leistungsfähigkeit eines global aktiven Steuerpflichtigen verglichen werden. Wirtschaftlich fließen das Risiko und die Einkünfte in einer Person zusammen, welche sich dafür steuerlich belasten lassen muss. Auch die Organschaft bezweckt, durch die „Grenzüberschreitung bei der Rechtsform" Mehrfach- oder Nichtbelastungen, also eine nicht leistungsgerechte Besteuerung zu verhindern[475].

Um die enge wirtschaftliche Verbundenheit anzunehmen, welche die steuerliche Gesamtveranlagung erst rechtfertigt, bedarf es neben der finanziellen Eingliederung der Organgesellschaft in das Unternehmen des Organträgers[476], § 14 Abs. 1 Satz 1 Nr. 1 KStG, eines Ergebnisabführungsvertrag zwischen beiden, § 14 Abs. 1 Satz 1 KStG in Verbindung mit § 291 Abs. 1 AktG. Dieser auf mindestens 5 Jahre geschlossene Vertrag bewirkt neben der steuerlichen zugleich eine riskante haftungsrechtliche Durchlässigkeit zwischen den grundsätzlich juristisch abgeschirmten Un-

---

471 Diese Abschirmwirkung ist Ausfluss des sogenannten Trennungsprinzips im Steuerrecht. Dieses Trennungsprinzip gilt im Grundsatz in allen EU-Mitgliedstaaten und sorgt dafür, dass bei rechtsfähigen Kapitalgesellschaften die Verluste erst einmal auf der Gesellschaftsebene verhaftet bleiben, vgl. Scheunemann, IStR 2006, 145 (148); Wittkowski, Verlustverrechnung, S. 76.
472 Dieser wiederum orientierte sich schon an Rechtsprechungsentwicklungen des Preußischen Oberverwaltungsgerichts zur Gewerbesteuerpflichtigkeit, siehe Spindler, Recht und Konzern, S. 18.
473 RFHE 22, 183 (187).
474 Hingegen existieren gerade in den neuen Beitrittsländern (so in Bulgarien, Litauen, Rumänien, Slowakei, Tschechische Republik und Ungarn) häufig keine steuerlichen Regelungen, welche das Bestehen eines Konzerns berücksichtigen, vgl. Anhang zu KOM (2006) 824, S. 5.
475 Vgl. Montag in: Tipke/Lang, Steuerrecht, § 18, Rn. 400.
476 Organträger kann auch eine Personengesellschaft sein, Montag in: Tipke/Lang, Steuerrecht, § 18, Rn. 404.

ternehmen. Gerade diese in einer wirtschaftlich schnelllebigen Welt relativ lange Vertragsdauer muss sorgfältig mit den steuerlichen Vorteilen in Relation gesetzt werden[477]. Ferner sind zeitlich vor der Organschaft entstandene Verluste während des Bestehens der Organschaft nicht verwertbar, sie können weder mit Gewinnen des Organkreises noch mit positiven Einkünften der Organgesellschaft selbst verrechnet werden, § 15 Abs. 1 Nr. 1 KStG. Eine Nutzung dieser vororganschaftlichen Verlustvorträge einer Organgesellschaft ist erst nach Auflösung der Organschaft wieder möglich.

Das europarechtliche Konfliktpotential dieses deutschen Gruppenbesteuerungsmodells ist breit gestreut: Die gemeinschaftsrechtlichen Zweifel reichen von seiner nationalen Ausrichtung in Bezug auf den Sitz und Geschäftsleitung der Organgesellschaft, § 14 Abs. 1 Satz 1 KStG[478], über den erforderlichen Ergebnisabführungsvertrages[479], welcher nicht auf schuldrechtlicher sondern lediglich auf gesellschaftsrechtlicher Basis abgeschlossen werden kann, wozu das jeweilige ausländische Recht dieses Institut erst einmal kennen muss, bis hin zur von § 294 Abs. 2 AktG geforderten zwingenden Eintragung dieses Vertrages in das deutsche Handelsregister am Sitz der Gesellschaft, welche zur Gewinnabführung verpflichtet ist, was bei einer ausländischen Tochter ersichtlich nicht möglich ist[480].

---

477 Wird der Gewinnabführungsvertrag vor Ablauf von 5 Jahren beendet, so gilt er steuerrechtlich als von Anfang an unwirksam. Die Vorteile der Organschaft werden dann also nicht gewährt. Etwas anderes gilt jedoch im Falle des Vorliegens eines „wichtigen Grundes". Ein solcher liegt etwa in der Verschmelzung, Spaltung oder Liquidation des Organträgers oder der Organgesellschaft. Hierzu Stache, Besteuerung der GmbH, S. 141.
478 Im Bezug auf diesen nach wie vor bestehenden doppelten Inlandsbezug für die Organgesellschaft – beim Organträger genügt eine Geschäftsleitung in Deutschland – als Voraussetzung einer steuerlichen Organschaft hat die KOM ein Vertragsverletzungsverfahren gegen Deutschland angestrengt, Verfahren 2008/4909.
479 Vgl. Haase, BB 2009, 980 (981); Mayr, BB 2008, 1312 (1315); Pache/Englert, IStR 2007, 47 (49).
480 Vgl. Linn/Reichl/Wittkowski, BB 2006, 630 (631). Beispielhaft kann auf die Argumentation der Klägerin in Verfahren 1 K 2406/07 vor dem FG Rheinland-Pfalz verwiesen werden: Die Klägerin trug vor, dass nach dänischem Gesellschaftsrecht der Abschluss eines Gewinnabführungsvertrages zwischen einer dänischen Tochter- und einer deutschen Muttergesellschaft nicht statthaft sei. Hierdurch werde ihr der Zugriff auf dieses deutsche Institut faktisch versagt. Darin läge ein Verstoß gegen die Niederlassungsfreiheit. Diese Frage ist strittig. Festzustellen ist, dass dem Gewinnabführungsvertrag im deutschen Konzept der Ergebnisverrechnung eine herausgehobene Bedeutung zukommt. Er garantiert die Besteuerung nach der Leistungsfähigkeit, weil die Ergebniszu-rechnung beim Organträger nur dann erfolgt, wenn tatsächlich Gewinn abgeführt oder ein Verlust der Organge-sellschaft übernommen wird. Die mehrjährige Bindung sichert die Beständigkeit der wirtschaftlichen Verbindung und führt dazu, dass die Organschaft betriebswirtschaftlich vom Unternehmer nicht nur rein steuerlich kalkuliert werden kann. Zur Europarechtskonformität der bestehenden Organschaftsregelung, vgl. Kuss-maul/Niehren, IStR 2008, 81 (86f.). Siehe ebenfalls NsFG, 6 K 406/08, „AWD", IStR 2010, 260 (261 ff.).

Resümierend lässt sich festhalten, dass die Konzeption der deutschen Verlustverrechnung nacheinander auf drei Ebenen ansetzt:

- Innerhalb derselben Einkunftsart; falls nicht alle Verluste verrechenbar
- Einkunftsartübergreifend; sofern noch Verluste verbleiben
- Periodenübergreifend auf der Zeitachse

Dieses Konzept wird allerdings vielfach durch abweichende Normen zur Beschränkung der Verlustberücksichtigung modifiziert. Hinzu treten prägende Berührungspunkte mit zivilrechtlichen Aufbauwertungen.

E. Europäisches Leistungsfähigkeitsprinzip

Wenn etwa *Seiler/Axer* innerhalb ihrer Bewertung der Rechtssache „Lidl Belgium" bemerken, dass „bloßes Nachvollziehen sachgerechten Völkerrechts keine marktfreiheitlich zu beanstandende und deshalb rechtfertigungsbedürftige Entscheidung des deutschen Gesetzgebers darstellt"[481], so vergegenwärtigt dieser Satz – ohne dass es an dieser Stelle bereits auf den genauen Kontext und die Richtigkeit dieser Aussage ankäme – die schwierige Konstellation des offenen Steuerstaates allgemein und bei der Messung grenzüberschreitender Leistungsfähigkeit im Besonderen. Ausgehend von der Annahme, dass ein prinzipiell in sich logisches nationales Steuerkonzept neben einem klaren und bewährten internationalen Steuerrecht existiert, stellt sich nämlich die Frage, wo und wie das Europarecht hier seinen Platz findet. Beide Modelle, nationales wie internationales, verkörpern ein in sich geschlossenes Gerechtigkeitssystem, ausgerichtet mittels erprobten steuerlichen Leitlinien. Das Gemeinschaftsrecht wirkt nun in Form der Grundfreiheiten in diese „steuerliche Harmonie" hinein, unabgestimmt und unspezifisch. Es bewegt sich zwischen der völkervertraglichen Selbstbeschneidung der Steuerhoheit und den auf dieser Hoheit beruhenden Systemen; es verlangt danach, von ihnen berücksichtigt und mit ausbalanciert zu werden.

Nachdem die nationale Struktur der Verlustberücksichtigung mit ihren mannigfachen Rückkopplungen zum deutschen Verfassungsrecht, insbesondere zum Leistungsfähigkeitsprinzip, dargestellt und in diesem Zusammenhang auf die europarechtlich prekären Schnittstellen zwischen staatlichem und Völkerrecht hingewiesen wurde, soll nun vor dem Einstieg in die gezielte Fallanalyse die Frage weiter konturiert werden, ob es im Europäischen Steuerrecht des Jahres 2009 so etwas wie ein europäisches Leistungsfähigkeitsprinzip gibt oder geben muss[482]. Beispielhaft ist an den Niedergang der „Königin aller Steuern", der Einkommensteuer, zu erinnern. Mit voranschreitender Globalisierung geht ihr Triumphzug zu Ende. Mangels geschlos-

---

481 Seiler/Axer, IStR 2008, 838 (841).
482 Siehe bereits in diesem Kapitel unter C. I.

sener Steuersysteme fällt es immer schwerer, an dem ihr zugeschriebenen Gerechtigkeitsniveau festzuhalten[483]. Es drängt sich die Frage auf, ob nicht in Zeiten, wo der offene Steuerstaat diese Gerechtigkeit nicht mehr zu gewährleisten vermag, es Aufgabe der nächst höheren Instanz ist, diese Gewähr zu übernehmen. Konkret ist daher zu ergründen, ob die Geschlossenheit des Systems nicht auf Ebene der Union, wenn schon nicht perfekt, dann zumindest merklich besser als im „entmachteten Nationalstaat", wiederhergestellt werden kann[484]. In der Folge bleibt zu klären, ob dies nur ein honoriges Ansinnen oder gar eine rechtliche Pflicht darstellt. Zuweilen wird dieses Thema europäische Leistungsfähigkeit vielleicht indirekt beantwortet, indem das Ergebnis einer Prüfung im europäischen Kontext die national gedachte Leistungsfähigkeit voraussetzt. Offen diskutiert wird diese Frage allerdings viel zu selten. Dabei ist diese Fragestellung gerade für den Bürger und Unternehmer, der im nationalen Rechtsstaatsgefüge mit einer Fülle subjektiver Rechte ausgestattet ist, wichtig: Kann er sich auf europäischer Ebene über die Grundfreiheiten auf die Beachtung seiner grenzüberschreitenden Leistungsfähigkeit als Grundlage der exakten Steuermessung berufen? Unter solchen Vorzeichen wäre es dann beispielsweise unstrittig, dass in einem anderen Mitgliedstaat der Union angefallene Verluste im Stammhausstaat irgendwie berücksichtigungsfähig sein müssten[485].

Ausgangspunkt der Überlegungen bleibt die nationale Steuerrechtsordnung. Unterstellt man fiktiv deren Geschlossenheit und Unabhängigkeit, so wird hier verfassungsrechtlich gewährleistet, dass anhand der individuellen Leistungsfähigkeit besteuert werden muss. Durchbrechungen dieses Grundsatzes sind rechtfertigungsbedürftig. Auf die Einhaltung dieser Maxime kann der Bürger drängen. Die Grundrechte, hier insbesondere Art. 3 Abs. 1 GG, vermitteln ihm über den Gerichtsweg die Möglichkeit richterlicher Absicherung seines subjektiven Rechts.

Anders verhält es sich im Völkerrecht. Nimmt man das DBA-Recht als Maßstab, so wird ersichtlich, dass es hier mehr oder weniger Glückssache ist, wie weitreichend der national geltende Anspruch auf Besteuerung anhand der Leistungsfähigkeit verwirklicht wird. Wie aufgezeigt strahlt die nationale Verfassung zwar auch auf die Verhandlungen der Regierung über DBA mit anderen Staaten aus. Nachhaltige Durchbrechungen dieses Ausflusses des Gleichheitssatzes liegen hier aber in der Natur der zwischenstaatlichen Verhandlungen, erzwungener gegenseitiger Rücksichtnahme und unterschiedlicher Machtverhältnisse. Hier mangelt es an dem Individualrecht des Bürgers zur grenzüberschreitenden Durchsetzung des national verankerten Besteuerungsgrundsatzes.

---

483 Ausführlich zum Wandel der Einkommensbesteuerung in Europa und den damit verbundenen Gerechtigkeitseinbußen, Schratzenstaller in: Grasse/Ludwig, Soziale Gerechtigkeit, S. 345ff.
484 Abgelehnt wird ein solcher Gedankengang etwa von Seiler in: Depenheuer/Heintzen, Staat im Wort, Festschrift für Isensee, S. 890.
485 Details interessieren an dieser Stelle noch nicht, etwa in welchem Verhältnis die Staaten bei der Berücksichtigung stehen, wo vorrangig anerkannt werden muss oder wie eine doppelte Verlustberücksichtigung vermieden werden kann.

Wie verhält es sich auf europäischer Ebene; muss es hier ein europäisches Leistungsfähigkeitsprinzip als rechtlichen Maßstab für eine gerechte Bemessung der Steuerbelastung geben? Was über Jahrzehnte rechtlich eingespielt und akzeptiert wurde, könnte durch die Wirkung der Europäischen Grundfreiheiten eine neue rechtliche Note erfahren. Faktisch ist das auf den Nationalstaat beschränkte Denken der Leistungsfähigkeit überholt. Rechtlich wurde diese Realität aber noch nicht stringent nachvollzogen. Dies könnte sich ändern, geht man davon aus, dass die Marktfreiheiten eine Gewährleistung solch europäisch betrachteter Leistungsfähigkeit gebieten. Sie vermitteln bekanntlich genau das subjektive Recht, das im rein völkerrechtlichen Kontext der DBA fehlt. Eine juristische Durchsetzbarkeit wäre gewährleistet. Der EuGH könnte durch die jeweilige Anlegung dieses Prinzips in seinen Fällen die national gehaltene Denkweise der Staaten mit ihrer territorial begrenzten Denkweise spürbar durchlöchern. Der Druck auf die Mitgliedstaaten würde wachsen, sich einer gesamteuropäischen Lösung zu widmen, welche diese Betrachtung der Leistungsfähigkeit flächendeckend und harmonisch, das heißt nicht nur einzelfallbezogen und punktuell löst.

So lautet die entscheidende Fragestellung: Umfassen die Grundfreiheiten diese weitgehende Vereinheitlichungswirkung? Können die unspezifisch gehaltenen Marktfreiheiten ein nationales, verfassungsrechtlich gewährleistetes Besteuerungsprinzip flächendeckend so weit europäisch ausdehnen und den Unionsbürgern ein subjektives Recht vermitteln? Ist dies nicht Sache der Politik und Frage eines einheitlichen Willens der Mitgliedstaaten, welchen diese über Art. 94 EG im Ministerrat kundtun müssen[486]? Diese Problematik durchzieht im Detail die nun zu betrachtenden Fälle. Hier erweist sich, wie die Reichweite der Grundfreiheiten praktisch wirkt bzw. wirken sollte und wo die Gefahr einer Überdehnung des liberalen Binnenmarktgedankens droht[487].

---

486 Etwa in Form eines EU-weiten DBA. Zu dessen etwaigen Vorzügen siehe Seiler/Axer, IStR 2008, 838 (844).
487 Zusammenfassend wird die Frage nach einem europäischen Leistungsfähigkeitsprinzip erneut im siebten Kapitel unter B. II. behandelt.

Zweiter Abschnitt:

Die Verlustverrechnung in der jüngsten Rechtsprechung des Europäischen Gerichtshofes

Drittes Kapitel: Die Rechtssache „Marks & Spencer"

A. Allgemeines

Nach Darstellung der vielfältigen Verstrickungen der deutschen Verlustverrechnungsregeln sowohl in juristischer als auch in ökonomischer Hinsicht lässt sich erahnen, wie komplex Betrachtungen des Gerichtshofes auf die Verlustberücksichtigungskonzepte der 27 Mitgliedstaaten ausfallen werden. Zwar erstreckt sich die Bindungswirkung seiner Urteile in den Steuerrechtsfällen im Verfahren nach Art. 234 EG formal nur auf die Verfahrensbeteiligten und das vorlegende Gericht[488]; eine Norm wie § 31 BVerfGG kennt das Gemeinschaftsrecht nicht[489]. Allerdings nimmt der EuGH die Auslegung und Effektuierung der Grundfreiheiten zuvörderst am Ziel der Verwirklichung eines die nationalen Grenzen transzendierenden Binnenmarktes vor dessen Durchsetzung sie ausweislich der Art. 3 Abs. 1 lit. c; 14 Abs. 2 EG dienen. Infolge einer solch final auf den Binnenmarkt ausgerichteten Interpretation sind potentielle Grundfreiheitsverstöße im Zuge mitgliedstaatlicher Steuererhebung nicht nur isoliert aus der Perspektive der jeweiligen nationalen Rechtsordnung, sondern auch aus überstaatlichem Blickwinkel zu beurteilen[490]. Diese über den Einzelfall hinausgehende Betrachtungsweise spiegelt sich dank einer gewissen Abstraktheit in der Normeninterpretation[491] und der wegweisenden Rechtsprechung zu den „inneren Gründen"[492] einer Vorlagepflicht in der Präjudizwirkung[493] von EuGH-Urteilen. Diese resultieren im Kern aus der Feststellung, dass letztinstanzliche Gerichte von ihrer Vorlagepflicht nach Art. 234 Abs. 3 EG befreit sind, sofern eine vergleichbare Streitfrage schon vom Europäischen Gerichtshof entschieden wurde[494]. Umgekehrt

---

488 Vgl. Schwarze in: Schwarze, EU-Kommentar, Art. 234 EG, Rn. 63.
489 Haltern, Europarecht, Rn. 428.
490 Vgl. Englisch, IStR 2007, 66 (68).
491 Vgl. Schwarze in: Schwarze, EU-Kommentar, Art. 234 EG, Rn. 13.
492 Vgl. Verbundene Rechtssachen 28-30/62, „Da Costa", Slg. 1963, 60 (80f.): „Wenn auch Artikel 177 letzter Absatz [heute Art. 234 Abs. 3 EG] nationale Gerichte wie die Tariefcommissie, deren Entscheidungen nicht mehr mit Rechtsmitteln des innerstaatlichen Rechts angefochten werden können, ohne jede Einschränkung dazu verpflichtet, dem Gerichtshof alle sich in bei ihnen anhängigen Verfahren stellenden Fragen der Auslegung des Vertrages vorzulegen, so kann die Wirkung, die von einer durch den Gerichtshof gemäß Artikel 177 in einem früheren Verfahren gegebenen Auslegung ausgeht, doch im Einzelfall den *inneren Grund* dieser Verpflichtung entfallen und sie somit sinnlos erscheinen lassen". [eigene Hervorhebung]
493 Vgl. Borchardt in: Lenz/Borchardt, EU- und EG-Vertrag, Art. 234 EG, Rn. 61; Haltern, Europarecht, Rn. 428ff; Schaumburg, Außensteuerrecht und Europäische Grundfreiheiten, S. 9; Scholz, Besteuerung der betrieblichen Altersversorgung in Europa, S. 151.
494 Vgl. Rechtssache 283/81, „Cilfit", Slg. 1982, 3415, Rn. 14. Unter Bezug auf die Rechtssache „Da Costa": „Die gleiche Wirkung kann sich für die Grenzen der in Artikel 177 Absatz

bedeutet das aber, dass die Gerichte das case law des EuGH ihren Entscheidungen zugrunde zu legen haben. Eine Vorlage muss danach lediglich erfolgen, wenn erhebliche neue Umstände dies rechtfertigen. Aufgrund dieser tatsächlich rechtsbildenden Kraft über den Einzelfall hinaus muss der EuGH die Rückkopplungen seiner Urteile auch für andere europäische Rechtsordnungen im Blickfeld haben[495], denn diese Präjudizen schaffen Vertrauenstatbestände, welche den Gerichtshof selbst binden[496]. Diese Wirkung einer Selbstbindung gestaltet sich umso ausgeprägter, je verstetigter die Rechtsprechung in einem Bereich erfolgt und je größer sich die Zustimmung zu einer Linie auch in der Rechtswissenschaft erweist[497].

Diese Feststellungen betreffen namentlich die jüngere Rechtsprechung im Bereich der grenzüberschreitenden Verlustverrechnung. Hier ergingen innerhalb von nur drei Jahren drei bedeutende und viel diskutierte Urteile zu variierenden Konstellationen im grenzüberschreitenden Verlustberücksichtigungsprozess. Inwiefern hierdurch eine Verstetigung im beschriebenen Sinne erfolgt und in welcher Hinsicht nun mehr Klarheit und Rechtssicherheit in diesem Leitgebiet des Europäischen Steuerrechts zu verzeichnen ist, wird zu klären sein. Ferner interessiert die grundlegende Frage der Gesamtausrichtung des EuGH in einem solch wichtigen Fragenkomplex: Hält er kompromisslos an freiheitlich geprägten Binnenmarktvorstellungen fest oder erfolgen nachhaltige Zugeständnisse an das nationale Regelungsinteresse der Mitgliedstaaten? Bemüht man in diesem Zusammenhang die ausdrucksstarke Beschreibung von *Lord Denning*, welcher das Verhältnis zwischen Europarecht und nationaler Rechtsordnung wie folgt in Worte kleidete: „When we come to matters with a European element, the Treaty is like an incoming tide. It flows into the estuaries and up the rivers. It cannot be held back"[498], so könnte die Fragestellung lauten: Schwappt die europäische Welle weiter ungebremst über die nationalen Steuerrechtsordnungen hinweg oder erlaubt der EuGH nunmehr die Errichtung gewisser mitgliedstaatlicher Dämme zur Kanalisierung des enormen Drucks?

Bereits vor der Rechtsprechungskette „Marks & Spencer, Oy AA und Lidl Belgium" hat sich der Gerichtshof mit Fällen grenzüberschreitender Verlustverrechnung beschäftigt. So befand das Gericht im Jahre 1997 in der Sache „Futura"[499] über die

---

3 aufgestellten Verpflichtung ergeben, wenn bereits eine gesicherte Rechtsprechung des Gerichtshofs vorliegt, durch die die betreffende Rechtsfrage gelöst ist, gleich in welcher Art von Verfahren sich diese Rechtssprechung gebildet hat, und selbst dann, wenn die strittigen Fragen nicht vollkommen identisch sind."

495 Hierbei helfen vor allem die Schlussanträge der Generalanwälte, welche in ihren ausführlichen Rechtsgutachten Rechtssachen häufig aus der Perspektive verschiedener Rechtsordnungen würdigen, vgl. Kokott, Zur Rolle der Generalanwälte beim Europäischen Gerichtshof, S. 10.
496 Vgl. zum Grundsatz des Vertrauensschutzes im Zusammenhang mit EuGH-Urteilen, Riesenhuber, Europäische Methodenlehre, S. 301.
497 Riesenhuber, Europäische Methodenlehre, S. 301.
498 Lord Alfred Thompson Denning in case Bulmer vs. Bollinger, 1974, 2 WLR 202. Lord Denning war 20 Jahre Vorsitzender Richter am Court of Appeal (sog. Master of the Rolls) und gilt in Großbritannien bis heute als einer der einflussreichsten Richter des 20. Jahrhunderts.
499 Rechtssache C-250/95, „Futura Participations", Slg. 1997, I-2471.

steuerliche Behandlung von Betriebstätten in Luxemburg, also aus der Sicht des Betriebstättenstaates. Dabei wurde die Beschränkung der Verrechnungsmöglichkeiten auf Verluste, die in einem wirtschaftlichen Zusammenhang mit in diesem Staat erzielten Gewinnen stehen, grundsätzlich gebilligt, aber eine abgetrennte und weit reichende Buchführungsverpflichtung für Betriebsstätten als unverhältnismäßige Kontrollauflage qualifiziert[500].

Darüber hinaus sahen sich die Luxemburger Richter in der Rechtssache „AMID"[501] aus dem Jahr 2000 mit der Verwertung des Verlustes eines in Belgien ansässigen Stammhauses konfrontiert, welches eine gewinnbringende Betriebstätte in Luxemburg unterhielt. In Belgien gab es eine steuerliche Regelung, welche eine vorrangige Nutzung des Verlustes im EU-Ausland – hier bei der schwarze Zahlen schreibenden Betriebsstätte in Luxemburg – verlangte. Der Blickwinkel war mithin der eines Stammhausstaates, welcher inländische Verluste auf Gewinne im Ausland „abschieben" will. Diese belgische Steuerkonstruktion qualifizierte der EuGH als eine ungerechtfertigte Beschränkung der Niederlassungsfreiheit[502].

In seinem „ICI"[503]-Urteil aus dem Jahre 1998 behandelt der EuGH erstmalig die beabsichtigte Verlustverrechnung zwischen eigenständigen Unternehmen. Überprüft und für europarechtswidrig erklärt wurde eine Regelung des britischen Rechts, wonach die Verrechnung von Verlusten im Konzern dann versagt wurde, wenn die betroffene inländische Tochtergesellschaft eines inländischen Konsortiums überwiegend Enkelgesellschaften mit Sitz außerhalb des Vereinigten Königreichs hatte[504].

Mit der auf „Marks & Spencer" gründenden jüngeren Urteilsreihe erhält die grenzüberschreitende Verlustverrechnung eine bisher ungekannte Aufmerksamkeit und rechtliche Relevanz. Hier spiegeln sich die grundsätzlichen systematischen Probleme des Europäischen Steuerrechts. Bei der nun folgenden Betrachtung der Urteile zur Verlustverrechnung sollte stets die skizzierte „Triangelsituation" aus allgemein ausgerichteten Grundfreiheiten, Besteuerung nach wirtschaftlicher Leistungsfähigkeit und ökonomischen Auswirkungen im Hinterkopf verbleiben.

Daneben bedarf es einer ständigen Vergegenwärtigung der Sichtweisen von Nationalstaaten, steuerpflichtigen EU-Marktteilnehmern, Europäischer Kommission und zu guter Letzt des Europäischen Gerichtshofes, um die kleinen und großen Weichenstellungen innerhalb dieser neuen Wegstrecke an EuGH-Urteilen zum direkten Steuerrecht zuordnen und bewerten zu können. Den Schwerpunkt der Fallanalyse, in welchem alle „Betrachtungsfäden" zusammenfließen, wird das deutsche Verfahren „Lidl Belgium" bilden. Die Rechtssache „Marks & Spencer" ist jedoch für das Gesamtverständnis der Argumentationsstruktur unerlässlich. Ferner werden hier allgemeine dogmatische Fragestellungen der Grundfreiheiten aufgezeigt, welche die gesamte Entscheidungskette durchziehen, sodass das Augenmerk beim Unter-

---

500 Rechtssache C-250/95, „Futura Participations", Slg. 1997, I-2471, Rn. 43.
501 Rechtssache C-141/99, "AMID", Slg. 2000, I-11621.
502 Rechtssache C-141/99, "AMID", Slg. 2000, I-11621, Rn. 33.
503 Rechtssache C-264/96, "ICI", Slg. 1998 I-4695.
504 Rechtssache C-264/96, "ICI", Slg. 1998 I-4695, Rn. 30.

suchungsgegenstand „Lidl Belgium" mehr auf die Verzahnung dieser Dogmatik mit den inhaltlichen Problemen der grenzüberschreitenden Verlustverrechnung gerichtet werden kann.

B. Fallproblem

Marks & Spencer plc[505] ist eine Einzelhandelskette mit Hauptsitz im Vereinigten Königreich. Zu der Unternehmensgruppe zählen Tochtergesellschaften in Deutschland, Frankreich und Belgien, welche durch eine Holdinggesellschaft betreut wurden. Im Rahmen der Geschäftstätigkeit dieser Töchter auf dem Festland entstanden in den Jahren 1998 bis 2001 Verluste von insgesamt ca. 150 Millionen Euro.

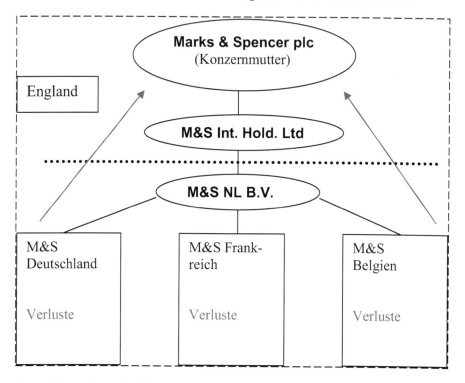

Daraufhin reagierte die Konzernmutter mittels Verkauf der französischen Niederlassung und durch Schließung der Filialen in den beiden anderen Ländern. Die finanziellen Einbußen des Auslandsengagements wollte Marks & Spencer im Rahmen seiner Steuerklärung in Großbritannien berücksichtigt wissen. Das britische Ein-

---

505 Plc steht für "public limited company" und entspricht einer deutschen Aktiengesellschaft.

kommen- und Körperschaftsteuergesetz[506] kennt eine Sonderform der Gruppenbesteuerung, welche es der Muttergesellschaft eines Konzerns ermöglicht, trotz grundsätzlicher Geltung des Trennungsprinzips[507] in Großbritannien, ihre Gewinne und die in ihren Tochtergesellschaften entstandenen Verluste gegeneinander zu verrechnen (sogenannte „group relief"). Dennoch wurde ein entsprechender Antrag der Konzernmutter von der englischen Steuerverwaltung mit der Begründung abgelehnt, dieser Konzernabzug beschränke sich auf Gewinne und Verluste, welche in den Anwendungsbereich des britischen Steuerrechts fallen. Verluste ausländischer Tochtergesellschaften könnten daher nicht berücksichtigt werden[508].

Gegen diesen abschlägigen Bescheid klagte Marks & Spencer vor dem Finanzgericht erster Instanz (Special Commissioners of Income Tax), welches die Auffassung der Verwaltung jedoch bestätigte[509]. Hiergegen legte die Konzernmutter Rechtsmittel ein, wodurch das Verfahren zum High Court of Justice gelangte. Dieser legte die Frage der Europarechtskonformität der britischen „group relief" Konstruktion, welche die konzerninterne Verlustverrechnung lediglich räumlich-national gestattet, dem EuGH zur Vorabentscheidung gemäß Art. 234 EG vor.

C. Schlussanträge des Generalanwaltes[510]

Ist die Betrachtung der Schlussanträge schon im Normalfall für das Verständnis der teilweise recht wort- und begründungsarmen EuGH-Urteile unerlässlich, so kommt ihnen im Zusammenhang mit der auf „Marks & Spencer" folgenden Urteilsreihe zur grenzüberschreitenden Verlustberücksichtigung eine besondere Bedeutung zu. In allen drei Verfahren folgten die Richter in bedeutenden Einschätzungen nicht oder nur

---

506 Income and Corporation Tax Act 1988 (ICTA). Hierbei handelt es sich um ein einheitliches Gesetz für die Einkommen- sowie die Körperschaftsteuer.
507 Zu diesem steuerlichen Prinzip und der daraus folgenden steuerlichen Abschirmwirkung siehe bereits zweites Kapitel D. II. Die britischen Konzernabzugsregelungen behandeln den Konzern weitestgehend als tatsächliche wirtschaftliche Einheit und schaffen so in steuerlicher Hinsicht eine gewisse Rechtsformneutralität im Verhältnis zur Gründung einer unselbstständiger Zweigniederlassungen. In diesem Ansatz besteht eine Verwandtschaft zu dem deutschen Modell der Organschaft, dazu ebenfalls im zweiten Kapitel IV. 2.
508 Im Gegensatz zu der Konstellation im ICI Verfahren wird das Privileg des Konzernabzugs nach Section 402 ICTA nicht mehr allein an den Sitz der Konzerngesellschaften geknüpft, sondern auch gebietsfremden Tochtergesellschaften eröffnet, welche eine tatsächliche wirtschaftliche Tätigkeit im Vereinigten Königreich ausüben. Dies war bei den Töchtern von Marks & Spencer allerdings nicht der Fall.
509 Anmerkung: Interessanterweise erkannte bereits dieses Gericht die europarechtliche Relevanz des Falles, berief sich jedoch bemerkenswerterweise auf aus der Rechtsprechung des EuGH klar ergebende Grundsätze zum Bereich der grenzüberschreitenden Verlustverrechnung (Gedanke des Präjudizes), sodass es von seiner Vorlagemöglichkeit keinen Gebrauch machte, vgl. Schlussanträge des GA Maduro vom 7. April 2005, Rn. 10.
510 Schlussanträge Generalanwalt Maduro vom 7. April 2005, Rechtssache C-446/03, „Marks & Spencer", Slg 2005, I-10837.

mit deutlich abweichendem Begründungsweg ihren Generalanwälten[511]. Dies ist äußerst bemerkenswert, da bereits ein einfaches Abweichen von den Entscheidungsvorschlägen die Ausnahme darstellt[512]. Stehen die Urteile eines Themenfeldes allerdings mehrmals in deutlichem Kontrast zu den Schlussanträgen, so ist dies eine kleine Sensation. Es zeigen sich gerade vor dem Hintergrund der diese Arbeit tragenden Fragestellungen neue, heterogene Argumentations- und Denkmuster zwischen den Luxemburger Richtern und den Generalanwälten. Die Schlussanträge spielen hier die Rolle, wie sie sonst abweichenden Meinungen von Richtern innerhalb anderer Gerichtsbarkeiten zukommt[513]. Ihnen sind rechtliche Begründungen für unterschiedliche oder sogar gegenteilige Positionen zu entnehmen. Auch diese können für die Weiterentwicklung der Gemeinschaftsrechtsordnung wertvoll sein.

Außergewöhnlich an den umfangreichen Schlussanträgen von *Maduro* ist bereits der Beginn. Nach Darstellung der Fallproblematik beginnt er einen umfassenden Exkurs zu Grundsätzen der Auslegung von Grundfreiheiten im Steuerrecht durch den Gerichtshof. Sorgfältig und nahezu lehrbuchartig zieht er seine Deutung grundlegender dogmatischer Probleme im Steuerrecht „vor die Klammer" und kristallisiert allgemeine Leitlinien einer ausgewogenen Abwägung zwischen steuerlicher Zuständigkeit der Mitgliedstaaten und den Zielen des Binnenmarktes heraus[514]. Dieser Einstieg verdeutlicht, wie sehr sich *Maduro* bewusst ist, dass es bei dieser Thematik steuerrechtlich „um das Ganze"[515] geht, bisher geltende Grundannahmen auf dem Spiel stehen. Inhaltlich richten sich die Entscheidungsvorschläge des Generalanwaltes vernehmlich an einer unbegrenzten Geltung der Grundfreiheiten sowie der hierdurch gestützten Interessenperspektive eines grenzüberschreitend tätigen Groß-

---

511 Eine weitere auffallende Abweichung der jüngeren Zeit ist für das Verfahren „Columbus Container" zu konstatieren, Rechtssache C-298/05, IStR 2008, 63ff. Hier widersprach der EuGH seinem Generalanwalt Mengozzi, indem die Richter – zur Freude der Mitgliedstaaten und durchaus ungewöhnlich – bereits die Beschränkung der Niederlassungsfreiheit verneinten. Insgesamt zeigte sich in den grundlegenden Fragestellungen des Europäischen Steuerrechts der letzten Jahre eine gewisse Unvorsehbarkeit des jeweils einzuschlagenden Weges. Gerade nach dem überraschend positiven „Columbus Container"-Urteil wurde aus Sicht deutscher Finanzbeamter im Vorfeld zu „Lidl Belgium" wieder „vieles möglich" als erachtet, was nach den als hart empfundenen Eingriffen in die Steuerrechtssouveränität Deutschlands und dem „Rigorismus" des EuGH verloren schien, vgl. ausführlich Schaumburg, Außensteuerrecht und Europäische Grundfreiheiten, S. 6ff.
512 In aller Regel, in circa 80 % der Fälle, folgt der Gerichtshof nämlich den Schlussanträgen der Generalanwälte, Kokott, Zur Rolle der Generalanwälte beim Europäischen Gerichtshof, S. 6.
513 Vgl. Hackspiel in Von der Groeben/Schwarze, Kommentar zum EU-/EG Vertrag, Art. 222, Rn. 14.
514 Schlussanträge des Generalanwaltes Maduro vom 7. April 2005, Rn. 21ff. Anders als die klassische Urteilsbegründung des EuGH, welche sich auf die im konkreten Fall entscheidungserheblichen Gesichtspunkte beschränken muss, bieten die Schlussanträge ein Podium, die Streitfragen des Einzelfalles in einen weitläufigeren Kontext zu stellen. Hierdurch sind sie durchaus in der Lage zur Kohärenz der Gemeinschaftsrechtsordnung beizutragen, vgl. Hackspiel in Von der Groeben/Schwarze, Kommentar zum EU-/EG Vertrag, Art. 222, Rn. 13.
515 So Kube im Zusammenhang mit der Rechtssache Lidl Belgium, IStR 2008, 305 (306).

unternehmens[516] aus, für welches es unter Solidaritätsgesichtspunkten im Ergebnis belanglos ist, wo auf dem Binnenmarkt die Steuerschuld anfällt. Kernanliegen ist die Ermöglichung einer nahezu behinderungsfreien Wahrnehmung grenzüberschreitender Wirtschaftschancen.

Zur Messung möglicher Hemmnisse diskutiert er zwei unterschiedliche Vergleichsgruppen: Einerseits wird das Auslandsengagement in Form einer juristisch eigenständigen Tochtergesellschaft im Verhältnis zu Aktivitäten mittels einer unselbständigen Zweigniederlassung/Betriebstätte betrachtet (horizontaler Vergleich)[517]. Andererseits setzt er das Handeln einer Tochtergesellschaft im In- und Ausland ins Verhältnis[518] (vertikaler Vergleich)[519]. Zur Bewertung der Beschränkungswirkung der britischen „group relief" herangezogen wird schlussendlich nur die vertikale Vergleichspaarbildung. Würde man die verschiedenen Niederlassungsformen zueinander in Beziehung setzen, also den horizontalen Vergleich anlegen, so käme den Grundfreiheiten eine umfassend rechtsformneutralisierende Wirkung zu[520]. Die an gesellschaftsrechtliche Grundkonstruktionen anknüpfende innerstaatliche Ausgestaltung eines Steuersystems gehört aber zu den absoluten Kernbeständen souveräner Strukturentscheidungen. Das Gros der europäischen Steuerstaaten knüpft seine Steuerarchitektur an grundlegende zivilrechtliche Formungen[521]. Dabei sind jedoch sowohl die verfügbaren Rechtsformen[522] als auch die mit deren Verzahnung verbundenen steuerlichen Folgen staatenindividuell. Würde die Niederlassungsfreiheit diese Systementscheide für den grenzüberschreitenden Sachverhalt nivellieren, so bliebe von der Steuersouveränität der Staaten faktisch nichts mehr übrig[523]. Eine solch weite Vergleichspaarbildung wird daher richtigerweise abgelehnt[524].

---

516 Siehe hierzu allgemein bereits erstes Kapitel I 2 b).
517 Schlussanträge des Generalanwaltes Maduro vom 7. April 2005, Rn. 42ff.
518 Schlussanträge des Generalanwaltes Maduro vom 7. April 2005, Rn. 51ff.
519 Dieser vertikale Vergleich kann einerseits personenbezogen hinsichtlich der Ansässigkeit (Gebietsansässiger und Gebietsfremder) oder andererseits – wie hier – tätigkeitsbezogen erfolgen.
520 Zur Rechtsformneutralität bereits allgemein im zweiten Kapitel IV. 1 a).
521 Vgl. etwa für die Verlustverrechnung den ausführlichen Ländervergleich in BDI/PWC Studie, Verlustberücksichtigung über Grenzen hinweg, S. 37ff. Siehe aber etwa das „Consolidato nationale" in Italien als ein vom Gesellschaftsrecht gelöstes Konzernbesteuerungssystem, Schneider, IStR 2007, 457 (464).
522 Europaweit einheitlich verfügbar sind lediglich die Europäische Aktiengesellschaft (SE), EG-Verordnung 2157/2001, die Europäische Genossenschaft (SCE), EG-Verordnung 1435/2003 und die Europäische wirtschaftliche Interessenvereinigung (EWIV), EWG-Verordnung 2137/85.
523 Innerstaatlich ist die unterschiedliche Behandlung von Tochtergesellschaft und Betriebsstätte europarechtlich ohnehin unproblematisch, da es sich um eine reine Inländerdiskriminierung handelt.
524 Allerdings gibt es in der Literatur Stimmen, welche gerade diesen horizontalen Vergleich fordern. Vgl. etwa Rödder in: Gocke/Gosch/Lang, Internationales Steuerrecht, Festschrift für Wassermayer, S. 174, der die unterschiedliche Behandlung von Tochtergesellschaften und Betriebsstätten „als EU-rechtlich problematisch" erachtet.

Die Rechtfertigungserwägungen *Maduros* kreisen um den Territorialitätsgrundsatz und die Kohärenz eines nationalen Steuersystems. Hier zeigt sich die unternehmerfreundliche Grundhaltung des Generalanwaltes am deutlichsten. So wird die an der Territorialität anknüpfende, die mitgliedstaatliche Sicht ganz besonders verkörpernde Argumentation Großbritanniens, dass die Zuständigkeit der Besteuerung für die Gewinne und damit – spiegelbildlich – auch für Verluste der Tochtergesellschaft im Ausland fehle, lapidar zurückgewiesen[525]. Diesem mit der Grundfrage nach der international anerkannten Aufteilung zwischen unbeschränkter und beschränkter Besteuerungsbefugnis verquickten Gedankengang hält der Generalanwalt eine Art Gesamtbetrachtung des Marks & Spencer Konzerns entgegen. Die auf der Insel steuerpflichtige Konzernmutter habe schließlich den Antrag auf die Gruppenbesteuerung und damit auf steuerliche Zusammenschau gestellt. Dies genügt dem Generalanwalt als „genuine link", um die Verluste grenzüberschreitend auch ohne Gewinnzuständigkeit zu erfassen. Eine solche Auslegung ist vertretbar, jedoch erfasst dieser Blickwinkel lediglich die Interessen der gestaltungswilligen Konzernmutter, mithin die Großunternehmersicht. Fragen einer angemessen Zuteilung von Steuersubstrat zwischen den Staaten bleiben innerhalb des eng mit der Eigenstaatlichkeit verknüpften Territorialitätsprinzips völlig außen vor[526].

Stattdessen deutet *Maduro* das Begehren der britischen Regierung eigenständig um, sodass nach seiner Ansicht allenfalls eine Rechtfertigung auf Grundlage des tatbestandlich unscharfen und bisher nur selten[527] tatsächlich eingreifenden Rechtfertigungsgrundes der steuerlichen Kohärenz in Frage kommt[528]. Vereinfacht formuliert soll dieser Rechtfertigungsgrund die Gesamtregelungssystematik eines nationalen Steuersystems schützen, sofern einzelne Normen eng aufeinander abgestimmt und in Gänze europarechtskonform sind. Die Wirkungen einer Regelung, welche in einer Einzelbetrachtung als europarechtswidrig qualifiziert würden, können mithin in gewisser Weise kompensiert werden. Die Anforderungen an diese Kompensationsmöglichkeit werden allerdings vom Gerichtshof sehr hoch angesetzt. Ein pauschaler Nachteilsausgleich durch die Gewährung anderweitiger Vorteile wird von der Rechtsprechung stets abgelehnt[529]. So bedarf es eines sehr limitierend wirkenden,

---

525 Schlussanträge des Generalanwaltes Maduro vom 7. April 2005, Rn. 58ff.
526 Ausführlich zu diesem Komplex im fünften Kapitel unter III. 1. c) sowie 2. b) cc).
527 Erstmals in der Rechtssache C-204/90, „Bachmann", Slg. 1992, I-249. Hier machte der EuGH einen wechselseitigen Zusammenhang zwischen der Besteuerung von Versicherungsprämien bei der Auszahlung (Belastung) und der Abzugsfähigkeit der Versorgungsbeiträge bei der Einzahlung (Entlastung) aus, welcher die vorher festgestellte Beschränkung von Arbeitnehmer- und Dienstleistungsfreiheit rechtfertigte. Ferner bejaht in Rechtssache C-300/90, „Kommission/Belgien", Slg. 1992, I-314 und jüngst im Verfahren C-157/07, „Krankenheim Ruhesitz", IStR 2008, 769ff.
528 Schlussanträge des Generalanwaltes Maduro vom 7. April 2005, Rn. 64.
529 So bereits in Rechtssache 270/83, „avoir fiscal", Slg. 1986, 273, Rn. 21.

weil streng ausgelegten unmittelbaren Zusammenhangs[530] zwischen den Einzelregelungen[531].

Generalanwalt *Maduro* möchte in der Auslegung dieses Rechtfertigungsgrundes verstärkt die Zielsetzung der in Rede stehenden steuerlichen Norm berücksichtigen, was eigentlich einen Schritt auf den Gesetzgeber in den Mitgliedstaaten zu bedeutet. Seine konkrete Subsumtion taxiert den Normzweck der britischen Gruppenbesteuerung allerdings wieder zum Vorteil der Unternehmen rein ökonomisch und damit bewusst eng. Nach *Maduro* dienen diese Regelungen der „group relief" allein dazu, steuerliche Nachteile der Konzernstruktur zu glätten[532]. Dazu bedarf es indes keiner Beschränkung auf den Inlandsbezug. Diese steuerliche Angleichungswirkung war und ist sicherlich auch das Hauptziel des englischen Gesetzgebers. Historisch hatte dieser aber lediglich den Inselkonzern oder in Großbritannien tätige Unternehmen im Blick. Mit Zunahme der wirtschaftlichen Verflechtungen auf dem Binnenmarkt auch über die Staatsgrenzen hinweg und der parallelen Einwirkungen des Europarechts liegt jedoch die Konvergenz zwischen den Steuersystemen ebenfalls im natürlichen Interesse des Vereinigten Königreiches. Die Balance zwischen einer gerechten Belastung des Bürgers und der angemessenen Staatsfinanzierung muss nun nämlich auch transnational gefunden werden. Diese Zwecke klammert *Maduro* weitestgehend aus. Er sieht die Gefahr einer doppelten Verlustberücksichtigung und bezeichnet sie gar als der „Systematik [des Kohärenzgedankens] fremde Zwecke"[533]. Durch die Internationalisierung der Konzernstruktur bedarf es aber auch der Internationalisierung des Regelungszwecks. Dem Internationalen Steuerrecht liegt gerade dieser Gedanke der grenzüberschreitenden steuerlichen Abstimmung zugrunde[534]. Diesen Aspekt vernachlässigt der Generalanwalt bei seiner unternehmerfreundlichen Betrachtungsweise.

So gelangt *Maduro* zu dem Ergebnis, dass die Ausformung der britischen Gruppenbesteuerung der Niederlassungsfreiheit grundsätzlich entgegensteht. Europarechtskonform wäre seines Erachtens allerdings die Einführung einer Lösung, welche die grenzüberschreitende Verlustverrechnung an den Nachweis knüpft, dass im Belegenheitsstaat der Tochtergesellschaft keine gleichwertige Verlustnutzung möglich ist[535].

---

530 In etwa vergleichbar mit der synallagmatischen Abhängigkeit gegenseitiger Verträge im Zivilrecht.
531 Aßmann, Europa und direkte Steuern, S. 14; Wunderlich/Albath, EWS 2006, 205 (207).
532 Schlussanträge des Generalanwaltes Maduro vom 7. April 2005, Rn. 71.
533 Schlussanträge des Generalanwaltes Maduro vom 7. April 2005, Rn. 75.
534 Vgl. Reimer in: Möllers/Voßkuhle, Internationales Verwaltungsrecht, S. 183.
535 Schlussanträge des Generalanwaltes Maduro vom 7. April 2005, Rn. 82.

D. Urteil des Gerichtshofs[536]

Bereits der Tenor des Urteils lässt eine andere Gesamtausrichtung als die Schlussfolgerungen des Generalanwalts erkennen. Regel ist die europarechtliche Vereinbarkeit der Inlandsbegrenzung durch die „group relief"[537]. Entschieden haben 13 Richter in der Besetzung als Große Kammer. Allein dieser Umstand weist auf die Schwierigkeit und die herausgehobene Bedeutung der Rechtssache „Marks & Spencer" hin[538]. In Relation hierzu ist das Urteil jedoch vergleichsweise kurz und dogmatisch darlegungsarm abgefasst, obwohl es inhaltlich deutlich von den Rechtfertigungsmustern der Schlussanträge abweicht.

I. Anwendungsbereich und Beschränkung der Grundfreiheit

Einleitend begründet der EuGH – wie stets bei Urteilen im Europäischen Steuerrecht – mit den wenigen Worten der „Urformel"[539] seine Überprüfungskompetenz für die britische „group relief"- Besteuerung anhand der europäischen Grundfreiheiten[540]. Vorliegend kommt dabei allein die Niederlassungsfreiheit, Art. 43 in Verbindung mit Art. 48 EG[541], als Prüfungsmaßstab in Betracht. Diese Grundfreiheit ist die Schlüsselfreiheit im Rahmen der europäischen Verlustverrechnung. Ihr Charakter formt alle drei Richtersprüche der zu begutachtenden Entscheidungsreihe. Art. 43 EG begründet das Recht zur Aufnahme und Ausübung selbständiger Erwerbstätigkeit sowie zur Gründung und Leitung von Unternehmen und Zweigniederlassungen in einem anderen Mitgliedstaat[542]. Garantiert wird also vornehmlich die freie Standortwahl in der EU. Durch Art. 48 Abs. 1 EG werden Gesellschaften den natürlichen Personen als Berechtigte gleichgestellt, sofern diese in einem Mitgliedstaat gegründet[543] wurden und ihre Hauptniederlassung oder -verwaltung in der EU haben[544]. Hier wird deutlich, dass die Grundfreiheiten auf der Tatbestandsebene nahezu ausschließlich die Interessenperspektive der Unternehmen als den Zentralakteuren auf dem europäischen Markt verkörpern. Ihnen soll ein möglichst ungehindertes Wirt-

---

536 Rechtssache C-446/03, „Marks & Spencer plc/David Halsey (Her Majesty's Inspector of Taxes)", Slg. 2005, I-10837. Alle Fußnoten im dritten Kapitel, welche ohne Angabe der Rechtssache erfolgen, bezeichnen eine Fundstelle im Urteil „Marks & Spencer". In den nachfolgenden Kapiteln werden Verweise auf dieses Urteil wie folgt vorgenommen: „Marks & Spencer" und Angabe der Randnummer.
537 Rn. 59.
538 Vgl. allgemein Borchardt in: Lenz/Borchardt, EU- und EG-Vertrag, Art. 221, Rn. 2.
539 Zur „Urformel" siehe bereits im ersten Kapitel unter A.
540 Rn. 29.
541 Jetzt – ohne inhaltliche Änderung – Art. 49 i. V. m. Art. 54 des Vertrages über die Arbeitsweise der Europäischen Union (AEUV).
542 Schwarze, Europäisches Wirtschaftsrecht, S. 68.
543 Vergleichbar dem Staatsangehörigkeitserfordernis bei natürlichen Personen.
544 Schlag in: Schwarze, EU-Kommentar, Art. 43, Rn. 31.

schaften zugunsten des Wohlstandes aller ermöglicht werden. Aspekte mitgliedstaatlicher Belange werden auf dieser Prüfungsstufe lediglich im Rahmen von primärrechtlich verankerten[545] oder durch die Rechtsprechung entwickelten[546] Bereichsausnahmen beziehungsweise unter Missbrauchsgesichtspunkten berücksichtigt. Die Missbrauchsprüfung weist dabei inhaltlich große Parallelen zu Aspekten der Rechtfertigungsebene auf und wird vom EuGH daher im Tatbestand besonders restriktiv angewandt[547]. Denn aus einer Bejahung des Missbrauchs folgt eine gänzliche Schutzverwehrung, mithin die intensivste Rechtszurückweisung überhaupt. Vorliegend hatte der Mutterkonzern diverse Tochtergesellschaften nach belgischem, deutschem und französischem Recht gegründet. Auf diese Weise hat er von seiner Niederlassungsfreiheit Gebrauch gemacht. Zwar sichert Art. 43 Abs. 1 EG seinem Wortlaut nach nur die Inländergleichbehandlung im Aufnahmestaat. Dessen ungeachtet hat der EuGH auch diese Grundfreiheit zu einem weitergehenden Beschränkungsverbot ausgedeutet[548]. Zwar verlief dieser Prozess bei Art. 43 EG etwas schleppender als bei den anderen Grundfreiheiten, weil lange Zeit argumentiert wurde, dass bei einer „Integration in die Wirtschaft des Aufnahmestaates", wie es bei der dauerhaften Niederlassung in der Regel der Fall ist, eigentlich die Gleichstellung mit den Inländern genügen müsse[549]. Wie weit dieses Beschränkungsverbot im Steuerrecht konkret reicht, ist nicht abschließend geklärt. Gewissheit herrscht allerdings darüber, dass sich die Schutzreichweite des Art. 43 EG im Verständnis des EuGH nicht allein auf Fälle klarer Diskriminierung wie etwa in den Fällen einer Wegzugsbesteuerung[550] beschränkt. Ein absolutes europäisches Beschränkungsverbot wie in anderen, harmonisierten Bereichen des Gemeinschaftsrechts ist im Europäischen Steuerrecht allerdings schwerer denkbar. Das Erfordernis, die Eingriffsmacht der Grundfreiheiten im Steuerrecht nicht ausschließlich anhand der allgemeinen Beschränkungsformel zu bestimmen, wird etwa daran deutlich, dass sonst das grundlegende Welteinkommensprinzip von vornherein immer rechtfertigungsbedürftig

---

545 Etwa Art. 45 EG.
546 Zu denken ist hierbei vor allem an die besonders im Bereich der Warenverkehrsfreiheit relevante „Keck-Rechtsprechung", hierzu Frenz, Handbuch Europarecht, Rn. 2559ff.
547 Lehrbuchartig ist dies in der Rechtssache C-196/04, „Cadbury Schweppes", Slg. 2006, I-7995, Rn. 34ff zu beobachten. Die Missbrauchsprüfung auf Tatbestandsebene wird sehr zurückhaltend vorgenommen. Inhaltlich identische Argumentationsstränge finden sich dann jedoch innerhalb der Rechtfertigungsprüfung wieder, siehe Rn. 47ff. Insgesamt wird der Missbrauchsbegriff jedoch grundsätzlich eng gezogen.
548 Dies gilt spätestens seit der Rechtssache C-55/94, „Gebhard", Slg. 1995, I-4165, Rn. 39.
549 Vgl. Lübcke, der Erwerb von Gesellschaftsanteilen zwischen Kapital- und Niederlassungsfreiheit, S. 439ff., Schilling, Binnenmarktkollisionsrecht, S. 101.
550 In der Konstellation der Wegzugsbesteuerung versucht der „verlassene Staat" durch die Auferlegung einer Art „Landfluchtsteuer" im Zeitpunkt des Ansässigkeitswechsels am durch die eigene Infrastruktur ermöglichten wirtschaftlichen Zugewinn zu partizipieren. Die beschränkende Wirkung einer solchen Steuererhebung, etwa auf Grundlage einer Realisationsfiktion und meist noch verbunden mit der Leistung von entsprechenden Sicherheiten hat fraglos diskriminierenden Charakter, vgl. zum Beispiel Rechtssache C-470/04, „N", Slg. 2006, I- 7409, Rn. 34ff.

wäre[551]. Denn dass Einkünfte, die im Ausland erwirtschaftet werden, auch im Wohnsitzstaat zu versteuern sind und dass deshalb eine Doppelbesteuerung droht, nimmt der Auslandsinvestition im Binnenmarkt einen Teil ihrer Zugkraft, macht sie also im Sinne der „Gebhard-Formel" weniger attraktiv. Man könnte im Extremfall sogar unterstellen, dass bei Anwendung eines so breit gefächerten Beschränkungsverbotes jede Erhebung einer mitgliedstaatlichen Steuer rechtfertigungsbedürftig wäre und damit potentiell das ganze Steuerrecht unter die Zensur der Grundfreiheiten gestellt würde. Die Beispiele illustrieren die Notwendigkeit einer Einschränkung der Beschränkungsprüfung. So muss die grundsätzliche Entscheidung eines Staates, einen Sachverhalt mit einer Steuerbelastung zu belegen und damit die Freiheit des Steuerpflichtigen zu begrenzen, vom Gemeinschaftsrecht unangetastet bleiben, soll noch ein Rudiment an Steuerstaatlichkeit der Mitgliedstaaten verbleiben. Lediglich in dem absoluten Ausnahmefall, dass die nationale Steuerbelastung ihrer Ausgestaltung und Höhe nach einer unüberwindbaren Sperre im grenzüberschreitenden Handeln gleichsteht[552], kann auch in steuerlichen Grundlagenentscheidungen der Staaten ein Gemeinschaftsrechtsverstoß erwogen werden. Prinzipiell gilt jedoch im Steuerrecht ein Vorrang der gleichheits- vor den freiheitsrechtlichen Wirkungen der Grundfreiheiten.

Jedoch hat der Gerichtshof die innere Struktur der Grundfreiheiten in jahrelanger Rechtsprechung so ausgearbeitet, dass jedenfalls der hier relevante Fall, dass der „verlassene Staat" die europäische Mobilität seiner Staatsangehörigen oder nach seinem Recht gegründeter Gesellschaften behindert[553], als Eingriff in den Anwendungsbereich erfasst wird. Dieses Verbot „herkunftsseitiger Beschränkung"[554] ist ein zumindest sehr weit verstandenes Diskriminierungsverbot[555], unter welches vielfältige Fälle im Steuerrecht subsumiert werden können. Adressat der grundfreiheitlichen Binnenmarktgewährleistung ist hier nicht wie so oft der Ziel-[556], sondern der Herkunftsstaat. Der allgemeinen Grundfreiheitendogmatik folgend, würde nun eigentlich geprüft, welche Art von Diskriminierung, offene[557] bzw. versteckte[558], oder

---

551 Dabei führt das Welteinkommensprinzip aus Sicht des Wohnsitzstaates lediglich zu einer ertragsteuerlichen Gleichbehandlung von Inlands- und Auslandsinvestition. Die grenzüberschreitenden ökonomischen Aktivitäten werden mithin nicht gezielt belastet.
552 Vgl. Lammel/Reimer in: Reimer, Europäisches Gesellschafts- und Steuerrecht, S. 179, welche in diesem Zusammenhang die aus der deutschen Verfassungsrechtsprechung zu Art. 14 GG bekannte „erdrosselnde" Wirkung als Schwelle anführen.
553 Rn. 31. Auf dieser Linie etwa die Rechtssachen C-264/96, „ICI", Slg. 1998, I-4695, Rn.21 oder C-196/04, „Cadbury Schweppes", Slg. 2006, I-7995, Rn. 42.
554 Sogenannte outbound-Konstellation.
555 Vgl. Cordewener, IWB 2009, Fach 11, 959 (962); Schönfeld, Hinzurechnungsbesteuerung, S. 85.
556 Siehe etwa Rechtssache C-524/04, „Thin Cap", IStR 2007, 249ff., Rn. 37.
557 Auch „unmittelbare" Diskriminierung, das heißt Maßnahmen, die offen aus Gründen der Staatsangehörigkeit unterscheiden, vgl. Schlussanträge des Generalanwaltes Geelhoed vom 23.02.2006, Rechtssache C-374/04, „Test Claimants", Slg. 2006, I-11673, Rn. 35.
558 Oder ebenfalls als mittelbare Diskriminierung tituliert, also rechtlich in gleicher Weise anwendbare Maßnahmen, die jedoch tatsächlich diskriminierende Wirkung entfalten, vgl.

eine unterschiedslos geltende Beschränkung vorliegt[559]. Diese Qualifikation hat in der Folge für eine mögliche Rechtfertigung Konsequenzen. So können diskriminierende Maßnahmen normalerweise nur anhand der geschriebenen Rechtfertigungsgründe gerechtfertigt werden[560], hier also allenfalls aus Art. 46 Abs. 1 EG. Hingegen können unterschiedlos anwendbare Maßnahmen auch aus zwingenden Gründen des Allgemeinwohls, das heißt aus einem ungeschriebenen, aber durch Richterrecht als berechtigtes Interesse anerkannten Grund, gerechtfertigt sein[561].

Für den Bereich des Steuerrechts weicht der Gerichtshof in seiner neueren Rechtsprechung von dieser tradierten Vorgehensweise ab. Er ordnet die betreffende Maßnahme nicht als eine der aufgezeigten Beschränkungen ein, sondern stellt lediglich fest, dass eine unterschiedliche steuerliche Behandlung vorliegt, die zu einer Benachteiligung des Wirtschaftsteilnehmers, der von seinem Recht auf Niederlassung Gebrauch gemacht hat, führt oder sich auf die Ausübung jener Rechte abschreckend auswirken könnte[562]. Hier manifestiert sich die Handhabung der Grundfreiheiten als weit verstandene Diskriminierungsverbote. Die fehlende Detaileinordnung ist vor dem Hintergrund als konsequent anzusehen, als der Gerichtshof in seiner Rechtsprechung zum direkten Steuerrecht seit längerem selbst bei diskriminierenden Ungleichbehandlungen die Möglichkeit ungeschriebener Rechtfertigungsgründe zugesteht[563]. Die bei den Mitgliedstaaten verbliebene steuerliche Regelungszuständigkeit prägt insofern die äußere Prüfungsstruktur der gerichtlichen Marktfreiheitenprüfung. Es bedarf folglich keiner inhaltlich exakten Differenzierung des Eingriffs, um steuerliche Allgemeinwohlbelange zugunsten mitgliedstaatlicher Interessen ins Feld zu führen. Jener partielle Sonderweg fügt sich in das Gesamtbild einer Grundfreiheitendogmatik, welche in ihrer Querschnittsfunktion für das Steuerrecht zu eng und nicht passgenau ausgeformt ist. Dies ist nur das erste Beispiel eines vom EuGH fortgesetzt eingegangenen dogmatischen Kompromisses, um innerhalb des gewohnten Schemas der Grundfreiheitenprüfung die aus seiner Sicht der Dinge er-

---

Schlussanträge Generalanwalt Geelhoed vom 23.02.2006, Rechtssache C-374/04, „Test Claimants", Slg. 2006, I-11673, Rn. 35.
559 Vgl. Haratsch, Europarecht, Rn. 705.
560 Schwarze, Europäisches Wirtschaftsrecht, S. 47. Umstritten ist dies aber schon für die Rechtfertigung sogenannter indirekter Diskriminierungen, vgl. Arndt, Europarecht, S. 151ff.
561 Tiedje/Troberg in : Von der Groeben/Schwarze, Kommentar zum EU-/EG-Vertrag, Art. 43, Rn. 104ff.
562 Rn. 32 ff; vgl. ebenfalls Rechtssachen C-196/04, „Cadbury Schweppes", Slg. 2006, I-7995, Rn. 46; C-471/04, „Keller Holding", Slg. 2006, I-2107, Rn. 31ff. Ebenso konstatieren dies für das Europäische Steuerrecht (unter Angabe weiterer Nachweise): Herzig/Wagner, DStR 2006, 1 (3); Metzler in: Lang/Pistrone, Introduction to European Tax Law: Direct Taxation, S. 45; Stewen, EuR 2008, 445 (451).
563 Vgl. Fischer, Europarecht, S. 307; Stewen, EuR 2008, 445 (455). Beispielhaft bereits Rechtssache C-264/96, „ICI", Slg. 1998, I-4695, Rn. 23f. Anders jedoch nach wie vor in anderen Politikbereichen, siehe hierzu aus jüngster Rechtsprechung zur Niederlassungsfreiheit die verbundenen Rechtssachen C- 171/07 und 172/07, „Apothekenkammer/Saarland", EuZW 2009, 409ff., Rn. 26.

forderlichen Mittel zur Ausbalancierung der nötigen Interessen juristisch in seinen Händen zu halten.

Sonach ist auf dieser Prüfungsstufe der Eingriffsbestimmung hauptsächlich in Augenschein zu nehmen, wie weit der Gerichtshof die Behinderungen ausräumende Wirkung der Grundfreiheiten zieht, um sich damit einen Prüfungskorridor zu schaffen. Dabei liegt es im Interesse der europäischen Richter, einen Streitfall möglichst nicht schon hier aus den Händen zu geben, sondern zumindest die Ebene der Rechtfertigungsprüfung zu erreichen. Denn stellt eine mitgliedstaatliche Regelung bereits keinen Eingriff in die Grundfreiheit dar, so bleibt den nationalen Gesetzgebern für diesen Bereich fast freie Handhabe. Die Kontrolle durch die supranationale Judikative wäre folglich nur auf Missbrauchsfälle beschränkt oder gar nicht mehr möglich.

Für die Begründung der Reichweite der Kontrollbefugnisse ist richtungweisend, welches Vergleichspaar für die Beurteilung der Ungleichbehandlung herangezogen wird. Bekanntlich liegt bereits in der Auswahl der Vergleichspaare eine wesentliche Wertung, welche das Ergebnis jeder Gleichheitsprüfung – und damit auch die der Grundfreiheiten – entscheidend beeinflussen kann. Hierüber befindet ebenfalls der EuGH[564]. Im Urteil „Marks & Spencer" begnügen sich die Richter mit der Heranziehung des vertikalen Vergleichpaares, ohne auf die vom Generalanwalt breit diskutierte und in der Vorlage des High Court angelegte Frage einer unterschiedlichen Behandlung der Niederlassungsformen überhaupt einzugehen[565]. Verglichen wird folglich nur ein Mutterkonzern, welcher in Großbritannien ansässig ist und eine Tochtergesellschaft mit Tätigkeitsschwerpunkt in einem anderen Mitgliedstaat hat, mit einem Konzern, dessen Tochter gleichermaßen im Vereinten Königreich wirtschaftlich aktiv ist.

Mehr bedarf es hier aus Sicht des Gemeinschaftsgerichts in der Tat nicht. Mit Hilfe des weit verstandenen Diskriminierungsverbotes lässt sich anhand dieses Paares eine Behinderung darin sehen, dass die steuerlich vorteilhaft wirkende Gruppenbesteuerung im Auslandskontext nicht gewährt wird. Für die Richter besteht mithin kein Grund, ein fragwürdiges horizontales Vergleichspaar zu diskutieren, geschweige denn sich auf ein solches festzulegen. Hier wären subtile Fragen der faktischen wie rechtlichen Vergleichbarkeit unter Rückgriff auf grundlegendes britische Zivil- und Gesellschaftsrecht vorab zu ergründen. So würde etwa der Grad an Vergleichbarkeit bei einer Regelung steigen, die im Falle der Option für den „group relief" auch Gewinne der inländischen Tochtergesellschaft der Muttergesellschaft zurechnet[566]. Tochtergesellschaften würden dann in viel geringerem Ausmaß als unabhängige rechtliche und steuerliche Einheiten behandelt werden, sich mithin der Situation einer Betriebsstätte deutlich annähern. Eine solche Diskussion würde vorliegend ohne Not noch mehr Groll der Mitgliedstaaten heraufbeschwören und Spielräume für die Zukunft verbauen. Die allgemeine Zurückweisung eines Gleichbehandlungs-

---

564 Ausführlich zu dieser entscheidenden Gelenkstelle im Urteil sowie der Deutungshoheit des EuGH über Heranziehung der Vergleichspaare im fünften Kapitel D. I. 3. a).
565 Rn. 33f.
566 Vgl. Lang, IStR 2006, 397 (401).

gebots zwischen Tochtergesellschaft und Betriebsstätte ist im Urteil „Marks & Spencer" mithin nicht zu sehen[567]. Vielmehr scheint die Nichtbehandlung der Frage hauptsächlich auf pragmatische Erwägungen zurückzuführen zu sein.

Nunmehr stellt sich die Frage einer möglichen Rechtfertigung der festgestellten Ungleichbehandlung. Zu klären ist also, wie weit der aktuelle Schutzbereich reicht. Nachdem der grundsätzliche, der virtuelle Schutzbereich der Niederlassungsfreiheit taxiert und die in Rede stehenden Eingriffe bestimmt sind, gilt es zu ermitteln, welche dieser Strapazierungen des Binnenmarktversprechens in angemessener Weise einem legitimen Interesse des Gemeinwohls folgen. Dem weiten Binnenmarktschutzschirm des Grundfreiheitentatbestandes kann hier im Einzelfall Schutzfläche abgetrotzt werden. Auf dieser Ebene liegt im Allgemeinen der Wertungsschwerpunkt der Grundfreiheitenprüfung. Mithin besteht hier das größte Potential für eine Neutaxierung der Rechtsprechung. So verhält es sich auch im „Marks & Spencer" - Urteil.

II. Rechtfertigung der Ungleichbehandlung

Die vorliegende Diskriminierung im Anwendungsbereich der Niederlassungsfreiheit begründet eine Vermutung für die Verletzung der Grundfreiheit[568]– ähnlich wie im deutschen Strafrecht die Erfüllung des Tatbestandes die Rechtswidrigkeit indiziert. Methodisch folgt daraus eine Umkehr der Darlegungs- und Beweislast. Die Mitgliedstaaten müssen sich für Ihr Verhalten, hier ihr steuerliches Gruppenbesteuerungskonzept, erklären. Diese Ausgangssituation, sich in einem unharmonisierten Bereich, wo einem als souveräner Staat formal die alleinige Hoheitsgewalt innewohnt, kontinuierlich für eigene Gestaltungsentscheidungen rechtfertigen zu müssen, trägt signifikant zum Argwohn der Mitgliedstaaten gegenüber dem Status quo im Europäischen Steuerrecht bei. Diese Konstellation birgt eine Empfindung des Passiven.

Besonders für die Hochsteuerländer gilt es hier, auf der Ebene der Rechtfertigungsprüfung um die Anerkennung ihrer Interessen in Form von Rechtfertigungsgründen zu streiten. Wie aus der klassischen Grundfreiheitendogmatik bekannt, gewährt der Gerichtshof neben den geschriebenen Schranken der Art. 30, 39 Abs. 3 und 46 Abs. 1 EG[569] die Möglichkeit einer Rechtfertigung auf der Grundlage allgemein anerkannter Gemeinwohlbelange. Hier besteht für die Vertreter der Staaten die Möglichkeit, eigene Akzente zu setzen, politisch wie rechtlich argumentativ zu

---

567 Anderer Ansicht sind Herzig/Wagner, DStR 2006, 1 (7).
568 Zu dieser Indizwirkung vgl. Cordewener, Europäische Grundfreiheiten und nationales Steuerrecht, S. 338
569 Innerhalb der Rechtfertigungsprüfung im Zusammenhang mit steuerrechtlichen Sachverhalten spielen diese Gründe regelmäßig keine Rolle. Zu einer möglichen Nutzbarmachung der geschriebenen Rechtfertigungsgründe auch im Europäischen Steuerrecht siehe Stewen, EuR 2008, 445 (452ff.).

überzeugen, um die weitere Entwicklung der Rechtsprechung mitzuprägen. Diese ungeschriebenen Rechtfertigungsgründe sind Ausdruck des Erfordernisses, nationale Regelungs- und Schonungsinteresses über den Vertragstext hinaus zu akzeptieren, weil aufgrund des restriktiven Gebrauchs der geschriebenen Ausnahmen in Kombination mit der weiten Handhabung des Diskriminierungsverbots den heutigen Konfliktlagen nicht mehr gerecht zu werden ist.

Im Bereich des Steuerrechts ist dieses Souveranitätsbedürfnis der Staaten besonders ausgeprägt. Nachdem die „Urformel" des EuGH klassisch geworden ist, damit die Frage des Eintritts des Europarechts in die nationalen Steuerrechtsordnungen nicht mehr als eine des „Ob", sondern nur als eine des „Wie" erscheint[570], bietet sich auf Ebene der Rechtfertigungsgründe die letzte juristisch einigermaßen Erfolg versprechende Möglichkeit der Staaten, systematisch die „Welle des Europarechts" in ihrem Sinne zu kanalisieren. Daher wird die rechtspolitische Auseinandersetzung hier derzeit umso vehementer geführt. Wie in den anderen Teilbereichen auch, kommen im Rahmen des Steuerrechts grundsätzlich sämtliche im Allgemeinwohl liegenden Interessen in Betracht. Die Mitgliedstaaten versuchen immer neue, häufig finanziell geprägte Rechtfertigungserwägungen europäische Rechtsprechung werden zu lassen. Die Rechtfertigungsmöglichkeiten sind insoweit nicht enger als in anderen Bereichen.

Ob umgekehrt eine Tendenz des EuGH besteht, im Bereich seiner Steuerrechtsprechung großzügiger ungeschriebene Schranken zuzulassen, erscheint fraglich. So begründet etwa die undifferenzierte Berufung auf die mangelnde Harmonisierung im Steuerrecht keine rechtfertigende Kraft[571]. Vor allem erkennt das Gericht allgemeine wirtschaftliche Gründe zur Rechtfertigung einer Einschränkung grundsätzlich nicht an. In mittlerweile ständiger Rechtsprechung[572], so auch im „Marks & Spencer"- Urteil[573], wird dem alleinigen Vorbringen eines Verlustes von Steueraufkommen keine rechtfertigende Wirkung beigemessen[574]. Dies erscheint aus der Sicht des EuGH nachvollziehbar, ist eine Berücksichtigung finanzieller Interessen in den klassischen Kategorien eines gerichtlichen Entscheidungsverfahrens nicht einfach umzusetzen, ohne die Durchsetzbarkeit des Gemeinschaftsrechts insgesamt nachhaltig in Frage zu stellen[575]. Könnte der Mitgliedstaat stets mit entgangenen Steuergeldern argu-

---

570 Zur verfassungsrechtlichen Sicht auf die „Urformel" siehe jedoch im sechsten Kapitel C. II. 4. a).
571 So bereits Rechtssache 270/83, "Avoir fiscal", Slg. 1986, 273, Rn. 24.
572 Vgl. Rechtssachen C-136/00, „Danner", Slg. 2002, I-8147, Rn. 56; C-422/01, „Skandia und Ramstedt", Slg. 2003, I-6817, Rn. 53; C-319/02, „Manninen", Slg. 2004, I-7477, Rn. 49; C-196/04, „Cadbury Schweppes", Slg. 2006, I-7995, Rn. 49; C-318/07, "Persche", DStR 2009, 207ff., Rn. 46.
573 Rn. 44.
574 Ähnlich wertet das BVerfG, wenn es um die sachlichen Gründe geht, welche ein Abweichen von einer gleichmäßigen und folgerichtigen steuerlichen Belastung rechtfertigen können: der rein fiskalische Zweck staatlicher Einnahmeerhöhung ist nicht anerkannt, so zuletzt in seinem Urteil zur „Pendlerpauschale", BVerfG, 2 BvL 1/07 vom 9.12.2008, Rn. 61.
575 Vgl. Schwarze, NJW 2005, 3459 (3464).

mentieren, so könnte er sich auf diesem Wege praktisch komplett auf seine Steuerhoheit zurückziehen. Von einer Ausübung unter Wahrung des EG-Rechts, also einer Schonung der Marktfreiheiten, bliebe nicht mehr viel übrig. Dennoch ist dieses Ergebnis nicht so selbstverständlich, wie die knappen Verweise des EuGH den Eindruck zu vermitteln suchen. Schließlich handelt es sich bei den Steuern um die unverzichtbare Grundlage zur Sicherung der allgemeinen Aufgabenerfüllung des Staates[576]. Ferner kann es vor dem Hintergrund, dass die Mitgliedstaaten durch Art. 104 EG zu einem soliden Haushaltsgebaren angehalten werden und der mit empfindlichen Sanktionsmöglichkeiten versehene Euro-Stabilitätspakt der nationalen Finanzpolitik Grenzen setzt, durchaus zu einem Zielkonflikt kommen, wenn aufgrund von EuGH-Urteilen im Bereich des Steuerrechts Einnahmen in Milliardenhöhe erodieren. In diesem Zusammenhang – wenn auch vor nationalem Hintergrund – haben das BVerfG und einige Landesverfassungsgerichte einen Verfassungsgrundsatz der verlässlichen und planbaren Finanz- und Haushaltswirtschaft entwickelt[577]. Dieser anerkennt die Notwendigkeit staatlicher Finanzplanung sowie fortlaufend zu gewährleistender finanzieller Handlungsfähigkeit des Staates als wichtigen Gemeinwohlbelang. Praktische Folge hiervon sind etwa – anstelle einer Nichtigkeitserklärung – die regelmäßige Unvereinbarkeitserklärung bei Leistungsgesetzen oder die prinzipielle Zurückhaltung der Verfassungsgerichtsbarkeit hinsichtlich der Kontrollintensität im Staatsschuldenrecht[578]. Dem Gesetzgeber wird ein recht weiter Ermessensspielraum zugebilligt; finanzielle Risiken als Folge der Urteile fließen direkt in die Entscheidungserwägungen mit ein.

Nichts desto trotz ist dem EuGH in seiner grundsätzlich ablehnenden Haltung insoweit zuzustimmen, als andernfalls die Binnenmarktidee im Bereich des Steuerrechts leblos wäre, da nahezu alle steuerlichen Maßnahmen dem Ziel der staatlichen Mehreinnahmen dienen und so fast jede Einschränkung schematisch zu rechtfertigen wäre. Unterhalb dieser pauschalen Berücksichtigung besteht jedoch die Möglichkeit, die besonderen finanziellen Ausflüsse einer Entscheidung im Europäischen Steuerrecht auf Rechtfertigungsebene in der Verknüpfung mit anderen Allgemeinwohlbelangen zu berücksichtigen. Hierfür ist „Marks & Spencer" ein anschauliches Beispiel. Nachdem das Gericht den allgemeinen Rückgang von Steuereinnahmen nicht als Gemeinwohlbelang anerkennt, wird direkt im Anschluss hervorgehoben, dass derartige Befürchtungen in rechtfertigenden Detailüberlegungen durchaus ihre Berechtigung haben, konkret zur „Wahrung der Aufteilung der Besteuerungsbefugnis" zwischen den Ländern[579]. Mit dieser Verknüpfung steigen die Richter in ihre originäre Prüfung ein, welche inhaltlich stark an den Vortrag der britischen Regierung angelehnt ist[580]. Hier bestätigt sich eindrucksvoll die These, dass die Mitgliedstaaten

---

576 Siehe ausführlich hierzu im zweiten Kapitel.
577 Ausführlich Ferdinand Kirchhof in: Depenheuer/Heintzen, Staat im Wort, Festschrift für Isensee, S. 363ff.
578 Vgl. etwa BVerfG, 2 BvF 1/04, „Bundeshaushalt 2004", JuS 2008, 75ff.
579 Rn. 44f.
580 Rn. 42f.

auf der Rechtfertigungsebene mithilfe ihrer Darlegungen durchaus eine systematisierende Rolle einnehmen können. Während sich der Generalanwalt auf die bereits bekannten Rechtfertigungsmuster der Territorialität und Kohärenz beschränkt, entwirft der EuGH ein völlig neues Rechtfertigungskonzept für den Bereich der Verlustverrechnung[581]. Hierzu existiert in der Rechtswissenschaft bereits eine ausführliche Literatur[582], sodass sich die Darstellung an dieser Stelle auf eine Auffrischung des absolut Wesentlichen konzentrieren kann. Daraus folgende dogmatische Verschiebungen, reale Ausflüsse und Tendenzen werden in der Folge bei dem im Fokus stehenden Fall „Lidl Belgium" eingehend untersucht.

Die neuartige Rechtfertigungsarchitektonik umfasst folgende zwingende Gründe des Gemeinwohls, welche eine Beschränkung rechtfertigen können:

- Wahrung der Aufteilung der Besteuerungsbefugnis,
- Verhinderung doppelter Verlustberücksichtigung und
- Verminderung der Gefahr der Steuerflucht.

Diese von den Mitgliedstaaten zur Verteidigung vorgetragenen Bedenken prägen die Urteilsreihe zur Verlustverrechnung nachhaltig. Inhaltlich gibt es zwar Abweichungen in der Gewichtung der Einzelgründe; grundsätzliche Prüfungsbeachtung finden hingegen stets alle drei Gedanken[583]. Nach dem Konzept des „Marks & Spencer"-Urteils handelt es sich dabei um eine Rechtfertigungstrias, welche gerade durch ihr Ineinandergreifen geeignet ist, die auf das Inland beschränkte „group relief" vor der Niederlassungsfreiheit zu rechtfertigen. Jedenfalls in dieser Entscheidung folgt jenes Ergebnis aus der Gesamtheit aller drei Gründe[584]. Schulmäßig nennt das Urteil nacheinander deren Tatbestände, subsumiert, um dann in Rn. 51 vergleichbar einer Endsumme die Vereinbarkeit dieser Regelung mit den Zielen des EG-Vertrages festzustellen. Erst durch die Folgeurteile erweist sich, dass hierbei keineswegs eine Zementierung dieser neuen Dreier-Verkettung intendiert ist[585]. Ebenfalls erst anhand der sich anschließenden Schlussanträge und Entscheide erfolgt eine konkretisierende

---

581 Rn. 44 ff.
582 Siehe etwa Balmes/Brück/Ribbrock, BB 2006, 186ff; BDI/PWC Studie, Verlustberücksichtigung über Grenzen hinweg, S. 21ff; Hey, GmbHR 2006, 113ff; Scheunemann, IStR 2006, 145ff.
583 In der Rechtssache C-231/05, „Oy AA", in den Rn. 45ff. In der Rechtssache C-414/06, „Lidl Belgium", in Rn. 30ff., wobei hier die Steuerfluchtgefahr eine nur sehr untergeordnete Rolle in der Gesamtbetrachtung spielte.
584 Der EuGH spricht in Rn. 51 davon, dass sich seine Beurteilung der Sachlage „insgesamt...aus diesen drei Rechtfertigungsgründen" ergibt. So auch die eigene Deutung des EuGH im Urteil „Lidl Belgium", Rn. 39: „Urteils Marks & Spencer hat der Gerichtshof entschieden, dass die drei Rechtfertigungsgründe, die Hintergrund der im Ausgangsverfahren streitigen Regelung waren, *zusammen genommen berechtigte* [eigene Hervorhebung] und mit dem EG-Vertrag zu vereinbarende Ziele verfolgten und daher zwingende Gründe des Allgemeininteresses darstellten."
585 Ausführlich hierzu: Schlussanträge von Generalanwältin Sharpston vom 14.02.2008, Rechtssache C-414/06, „Lidl Belgium", Rn. 17f.

Verdichtung des Gehalts dieser neu anerkannten Allgemeinwohlbelange. Im „Marks & Spencer"-Urteil verwenden die Richter samt Subsumtion hierauf lediglich fünf kurze Randnummern. Die vom Generalanwalt erörterten – herkömmlichen – Rechtfertigungsgründe finden im Urteil keinerlei Auf-merksamkeit mehr, wenn sich auch in der Sache durchaus entsprechende Gedankengänge finden[586].

Der EuGH teilt mithin die Gefahrenprognose Großbritanniens hinsichtlich einer uneingeschränkten Ausdehnung des Gruppenbesteuerungsmodells, um sich hieran anschließend mit dem Dreh- und Angelpunkt der Verhältnismäßigkeitprüfung der Maßnahme auseinanderzusetzen. Diese setzt – vergleichbar dem deutschen Staatsrecht[587] – voraus, dass kein milderes Mittel existiert, welches den angestrebten Zweck genauso effektiv erreichen kann[588]. Vor diesem Hintergrund gewinnen die Stellungnahmen von Marks & Spencer und der Kommission – vereinte Interessenkonstellation – wieder an Bedeutung, wenn der EuGH fordert, dass zumindest gesichert sein muss, dass entstandene Verluste nicht vollends „versickern". Eine einmalige Nutzung dieser Verluste muss im Binnenmarkt gewährleistet sein. Soweit ein Steuerpflichtiger mithin nachweist – die Beweislast wird also den Unternehmen auferlegt[589]–, dass die Verluste der Tochtergesellschaft im EU-Ausland endgültig geworden sind, so muss – in der Vorstellung des EuGH als Ausnahmefall konzipiert – eine Berücksichtigung bei der Konzernmutter ermöglicht werden. Ansonsten sind die Grenzen des Erforderlichen zur Erreichung der in der Trias beschriebenen legitimen Ziele überschritten.

Weitere Konkretisierungen, zum Beispiel hinsichtlich der praxisrelevanten Frage, wann Verluste endgültig werden[590], werden von den Richtern nicht vorgenommen. Der Gerichtshof sieht aber die sich hierin gründende Gefahr, dass auch diese Konstruktion gegen kreative steuerliche Umgehungsstrategien nicht gefeit ist, sodass er ausdrücklich darauf hinweist, dass eine konkrete Missbrauchsbekämpfung den Mitgliedstaaten weiterhin anheim steht[591]. Hier zeigt sich deutlich der Balancecharakter einer Argumentation im Rahmen der Verhältnismäßigkeit. Interessen der Parteien werden gegeneinander auf- und miteinander abgewogen. Heraus kommt wie vorliegend meist ein Kompromiss. Doch auch ein solcher Weg der Zugeständnisse setzt Akzente. Wie diese aussehen, warum diese gesetzt werden und wie nachhaltig diese

---

586 Beispielsweise wird die Gefahr der doppelten Verlustberücksichtigung vom Generalanwalt nicht als eigener Rechtfertigungsgrund, sondern im Rahmen seiner Ausführungen zur Kohärenz des nationalen Steuersystems diskutiert, Schlussanträge des Generalanwaltes Maduro vom 7. April 2005, Rn. 74f.
587 Allgemein zum konstituierenden Einfluss des deutschen Rechts auf die Herausbildung des Verhältnismäßig-keitsprinzips in der Gemeinschaftsrechtsordnung, Schwarze, Europäisches Verwaltungsrecht, S. LXXIV und S. 831ff. Prägenden Charakter hatte dabei etwa die rege Vorlagebereitschaft deutscher Verwaltungsgerichte im Zusammenhang mit Rechtssachen, in denen die Unverhältnismäßigkeit einer Maßnahme gerügt wurde.
588 Vgl. Rn. 54f.
589 Rn. 56.
590 Hierzu ausführlich im fünften Kapitel D. III. 3.
591 Rn. 57.

Feinjustierung über den Einzelfall hinaus wirken kann, wird im Zentrum der Überlegungen zur Rechtssache „Lidl Belgium" stehen. Dort wird auch näher auf den Umstand einzugehen sein, dass der Gerichtshof, anders als noch die Schlussanträge von *Maduro*, nicht von der Notwendigkeit einer „gleichwertigen steuerlichen Behandlung" im anderen Mitgliedstaat spricht[592] und in Kenntnis einer weniger belastenden Alternative – der Methode der Nachversteuerung im Moment der Gewinnerzielung – dennoch die aus der Perspektive des Unternehmens belastendere Konstruktion auswählt und schonendere Maßnahmen unter einen Harmonisierungsvorbehalt stellt[593].

E. Zusammenfassung

Zu konstatieren bleibt, dass ein pauschaler Ausschluss der grenzüberschreitenden Verlustverrechnung im Konzern europarechtlich nicht mehr zulässig ist. Ein der grundlegenden Binnenmarktidee folgendes „über die Grenze Tragen der Töchter" darf im Ergebnis nicht dazu führen, dass Verluste nirgendwo verrechnet werden können. Der ökonomisch unliebsame Effekt einer „Versickerung" von Verlusten soll binnenmarktweit verhindert werden. Andererseits wird – und hier liegt der entscheidende Unterschied zu den Schlussanträgen – das Bedürfnis einer richtigen Zuordnung von Steuersubstrat innerhalb des Binnenmarktes anerkannt. Dies ist der Kern einer neuen Rechtfertigungstrias, welche der EuGH mit diesem Urteil aus der Taufe gehoben hat.

---

592 Rn. 82.
593 Rn. 58.

Viertes Kapitel: Die Rechtssache „Oy AA"

A. Allgemeines

Eineinhalb Jahre nach seinem Urteil zur britischen „group relief" fällte der EuGH die erste wichtige Folgeentscheidung zu „Marks & Spencer". Das Urteil „Oy AA" behandelt eine Konstellation der finnischen Gruppenbesteuerung. Auch dieser Fall gründet auf Finanztransfers zwischen Mutter- und Tochtergesellschaften innerhalb eines Konzerns, also zwischen juristisch wie steuerlich eigen-ständigen Rechtssubjekten. Anders als im Verfahren „Marks & Spencer" stellt sich allerdings nicht die Frage, inwiefern es ein Mitgliedstaat zulassen muss, dass steuerbare Gewinne der im Inland ansässigen Konzernmutter durch Verluste einer im europäischen Ausland tätigen Tochtergesellschaft geschmälert werden. Vielmehr bewegt die transnationale Fragestellung, ob europarechtlich zu dulden ist, dass eine ausländische Tochter im Inland angefallene, noch unversteuerte Gewinne ins Ausland übertragen kann, um sie dort mit Verlusten der Muttergesellschaft zu verrechnen. Es geht also nicht um „Verlustimport" in ein Hochsteuerland, sondern um „Gewinnexport" in ein Niedrigsteuerland. Dieser grenzüberschreitende Gewinntransfer ist im Ergebnis allerdings eine in etwa wirkungsgleiche Erscheinung im europäischen Steuerwettbewerb. In der freiheitlichen Form wie er in der finnischen Konzeption des Konzernbeitrags zugelassen ist, ohne Einschränkung der Leistung eines Konzernbeitrags für den Fall entstandener Verluste und ohne zwingende Ausrichtung auf die Muttergesellschaft, birgt dieses steuerliche Planungsinstrument im Falle einer grenzüberschreitenden Zulassung gar beträchtlichere Gefahren für die nationalen Haushalte der Hochsteuerländer als die „Marks & Spencer"-Problematik. Gewinne könnten grenzüberschreitend in beliebiger Richtung innerhalb des Konzerns und ohne vorausgesetzte Verluste bei der Empfängergesellschaft per Mausklick hin und her verschoben werden. Eine solche Konzernbeitragsarchitektur böte mithin uneingeschränkte Verlagerungsmöglichkeiten für Konzerngewinne in Europa. Sie ist die Vision eines jeden Steuerplaners und der Alptraum vieler Finanzminister[594].

---

594 Mit dieser substanziellen Fragestellung befasste sich erneut die Große Kammer des Gerichtshofes. Zwar bearbeitete ein anderer Berichterstatter den Fall, doch gehörten diesem Spruchkörper lediglich fünf Richter an, welche sich nicht bereits mit der Marks & Spencer Konstellation konfrontiert sahen. Damit hatte die Mehrheit dieser Kammer bereits an den Weichenstellungen der vorangegangenen Grundlagenentscheidung mitgewirkt.

B. Fallproblem

Oy[595] AA ist eine in Finnland ansässige, juristisch selbstständige Gesellschaft des englischen AA Konzerns. Die englische Konzernmutter, AA Ltd., hält über zwei niederländische Zwischengesellschaften alle Anteile an der skandinavischen Tochter. Die Konzernmutter verzeichnete mehrere Jahre lang Verluste. Hingegen konnte die finnische Tochter stets einen Überschuss erwirtschaften. Nun wollte die Oy AA zur finanziellen Stützung ihrer Muttergesellschaft im Vereinigten Königreich einen Teil dieses Gewinnes auf die Insel überweisen und dies in Finnland steuerlich geltend machen.

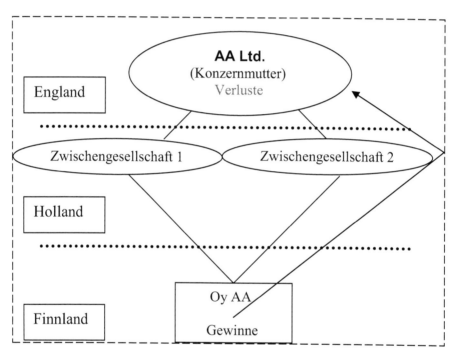

Dazu berief sich die Gesellschaft auf § 3 des finnischen Gesetzes über Konzernbeiträge im Rahmen der Besteuerung (KonsAvL)[596], welcher vorsieht, dass Konzernbeiträge als „Betriebsausgaben" die Bemessungsgrundlage schmälern können. Ein entsprechender Antrag wurde von den finnischen Finanzbehörden unter Verweis auf die ausländische Ansässigkeit der empfangenden Muttergesellschaft abgelehnt. Dieser abschlägige Bescheid, welcher die Zahlung mangels Vorliegen des Erfordernisses „einheimisch" nicht als Konzernbeitrag im Sinne des § 3 KonsAvL anerkannte,

---

595 „Oy" ist das Kürzel für „Osakeyhtiö", eine finnische Kapitalgesellschaftsform, vergleichbar mit einer deutschen Aktiengesellschaft.
596 Konserniavutuksesta verotuksessa annettu laki 825/1986.

wurde beim Verwaltungsgericht angefochten. Dieses hat die Problematik dem EuGH gemäß Art 234 EG zur Vorlage unterbreitet.

C. Grundzüge der Gruppenbesteuerungsmodelle

Nachdem im „Marks & Spencer"-Urteil eine nationale Konstruktion der Gruppenbesteuerung Quell des europarechtlichen Anstoßes war und bereits im zweiten Kapitel[597] auf die Schwierigkeiten der deutschen Organschaft hingewiesen wurde, sollen an dieser Stelle, zum Zwecke eines klareren systematischen Verständnisses der Fälle und in antizipierter Abgrenzung zu „Lidl Belgium", die verschiedenen Grundmodelle mitgliedstaatlicher Gruppenbesteuerung dargestellt werden. Diese führen im Ergebnis häufig zu einer ähnlichen steuerlichen Wirkung, basieren jedoch auf einer eigenen nationalen Gestaltungs- und Lenkungsentscheidung und zeigen sich unterschiedlich offen für grenzüberschreitende Verrechnungsvorgänge. Diese steuerlichen Kompositionen müssen sich in der Folge an den Grundfreiheiten messen lassen. Grob kann zwischen sogenannten Zusammenveranlagungs- und Einzelveranlagungskonzepten unterschieden werden.

I. Zusammenveranlagung[598]

Hierbei wird bei jedem Konzernunternehmen zunächst eine Bemessungsgrundlage ermittelt. Anschließend werden diese Einzelergebnisse auf der Ebene der Konzernmutter zusammengerechnet (Ergebniszurechnung) und nur dort besteuert. Hierunter kann etwa das deutsche Organschaftsmodell subsumiert werden[599]. Ähnliche Konzepte verfolgen Frankreich[600], Luxemburg, Polen, Portugal oder Spanien[601].

II. Einzelveranlagung

1. Hierunter fällt zum einen das Konzept konzerninterner Verlustverrechnung, etwa die bereits bekannten britischen „group relief" Regeln.
2. Zum anderen werden hierzu konzerninterne Beitragssysteme (group contribution) wie die vorliegend relevante finnische Vorgehensweise gezählt. Im Gegensatz zur „group relief" werden die konzerninternen Buchungen nicht nur „fiktiv" steuerlich zugerechnet, sondern tatsächlich wirtschaftlich übertragen. Die gebende Gesellschaft

---

597 Zweites Kapitel D. II.
598 Im Englischen: „Pooling".
599 Vgl. Linn/Reichl/Wittkowski, BB 2006, 630 (ebenda), Fn. 5.
600 Siehe zur „intégration fiscale" Rechtssache C-418/07, IStR 2009, 66ff.
601 Vgl. Anhang zu KOM (2006) 824, S. 5.

muss die Zahlung als Ausgabe, der empfangende Unternehmensteil als Einnahme verbuchen[602].

Gemein ist diesen Ansätzen 1. und 2., dass grundsätzlich jede Konzerngesellschaft einzeln besteuert wird, Verluste jedoch – zumindest steuerlich – auf ein anderes Konzernunternehmen übertragen werden können.

III. Sonstige

Daneben gibt es innerhalb dieser Konzepte auch Mitgliedstaaten, welche die Berücksichtigung von Verlusten ausländischer Tochtergesellschaften zulassen. Hierzu zählen etwa die Regelungen Dänemarks, Frankreichs, Italiens oder auch Österreichs[603]. Viele, gerade neue Mitgliedstaaten, sehen hingegen keinerlei Möglichkeiten der Gruppenbesteuerung vor[604]. Das Bestehen eines Konzerns als wirtschaftlicher Einheit bleibt steuerlich unberücksichtigt. Dies untermauert die Aussage[605] von der Gegenfinanzierung der niedrigen Tarife durch eine restriktive Politik bei der Verlustberücksichtigung.

IV. Zusammenfassung

Schon diese Übersicht vermittelt eine Vorstellung von der großen Mannigfaltigkeit der nationalen Konzepte einer Verlustberücksichtigung im Konzern. Noch vielschichtiger erweisen sich häufig die detailreichen Konfliktfelder[606] mit dem Europarecht, welche der EuGH auszubalancieren hat.

D. Schlussanträge der Generalanwältin[607]

Vor dem Hintergrund der dargestellten Gruppenbesteuerungssystematiken lassen sich auch die Schlussanträge von Generalanwältin *Kokott* besser einordnen. Diese fußen, anders als das spätere Urteil, hinsichtlich der auf der Kohärenz des finnischen

---

602 Vgl. etwa für Finnland § 4 KonsAvL.
603 Vgl. Linn/Reichl/Wittkowski, BB 2006, 630 (631); ausführlich zu diesen einzelnen Ländern, Wittkowski, Verlustverrechnung, S. 111ff.
604 So etwa in Bulgarien, Litauen, Slowakei, Tschechische Republik oder auch Ungarn.
605 Siehe bereits im ersten Kapitel.
606 Siehe allein die umfassende Diskussion um die Europarechtskonformität einzelner Details des deutschen Organschaftskonzeptes, etwa Kussmaul/Niehren, IStR 2008, 81 (86f.); Pache, IStR 2007, 47ff; Wagner, IStR 2007, 650 (653f).
607 Schlussanträge Generalanwältin Kokott vom 12. September 2006, Rechtssache C-231/05, „Oy AA", Slg. 2007, I-6373.

Steuersystems als rechtfertigendem Allgemeinwohlbelang[608]. Hierbei bildet für *Kokott*, wie auch schon für Generalanwalt *Maduro* in „Marks & Spencer"[609], die Zielsetzung des finnischen Konzernbeitragskonzepts den Ausgangspunkt ihrer Überlegungen[610]. Wie bei den anderen Gruppenbesteuerungssystemen intendiert auch die finnische Regelung die Schaffung möglichst umfassender steuerlicher Rechtsformneutralität. Die in der Souveränität des nationalen Steuersystems wurzelnde Gestaltungsentscheidung soll geschützt werden, soweit sich ihre Umsetzung als verhältnismäßig erweist. Zwar verweisen die Generalanwälte *Maduro* und *Kokott* im Rahmen der Ausgestaltung ihrer jeweiligen Kohärenzüberlegungen stetig aufeinander[611], jedoch setzen sie im Detail unterschiedliche Schwerpunkte. Wo *Maduro* in „Marks & Spencer" lange der grundsätzlichen Zielsetzung der „group relief" verhaftet bleibt und diese letzten Endes bewusst eng ausdeutet[612], lässt *Kokott* die Kohärenz erst an der Erforderlichkeit scheitern[613]. Zuvor überwindet sie sowohl die hohe Hürde eines unmittelbaren Zusammenhangs zwischen belastender und begünstigender Steuervorschrift[614] als auch die Voraussetzung, dass diese Be- und Entlastung bei ein und demselben Steuerpflichtigen zusammentreffen muss[615]. Inländische Systemkonformität lässt sich ihrer Ansicht nach allerdings auch ohne eine vollständige Begrenzung der Beitragsregelung auf Innlandsfälle herstellen, indem die steuerliche Abzugsmöglichkeit an einen Nachweis geknüpft wird, dass der transferierte Gewinn bei der empfangenden Gesellschaft tatsächlich steuerpflichtig ist. Damit bestünde ein milderes Mittel zur Abwehr einer Nichtbesteuerung.

Auffallend ist, dass unter dem Rechtfertigungsgrund der Kohärenz inhaltlich viel zusammengefasst wird, was im folgenden Urteil von den Richtern unter der neuen

---

608 Schlussanträge der Generalanwältin Kokott vom 12. September 2006, Rn. 34ff.
609 Siehe hierzu bereits drittes Kapitel B.
610 Diese Ausrichtung verfolgt die Generalanwältin ebenso im Verfahren „Papillon", Rechtssache C-418/07, Schlussanträge vom 4. September 2008, Rn. 36f. Dem folgt auch der Gerichtshof im Urteil „Papillon", IStR 2009, 66ff., Rn. 27ff.
611 Generalanwalt *Maduro* verwies bereits in seinen Entscheidungsvorschlägen zu „Marks & Spencer" ausführlich auf die innovativen Vorschläge von *Kokott* zur ebenfalls aus Finnland stammenden Rechtssache C-319/02, „Manninen", Schlussanträge vom 18.03.2004, Rn. 61. Ebenso nun *Kokott* mit Verweis auf den Kollegen *Maduro*, Schlussanträge der Generalanwältin Kokott vom 12. September 2006, Rn. 35. Hierdurch besteht – teilweise abseits der EuGH Urteile, welchen die Vorschläge nicht oder nicht ausdrücklich gefolgt sind – ein Art sich verstetigtes Alternativlösungskonzept zur geltenden Rechtsprechungslinie. Diese „innere Geschlossen-heit" der Generalanwälte setzt – im Falle der notwendigen Beharrlichkeit – auch die Richter unter Zugzwang, sich mit diesen Vorschlägen auseinander zu setzen.
612 Siehe hierzu bereits drittes Kapitel B.
613 Schlussanträge der Generalanwältin Kokott vom 12. September 2006, Rn. 43ff.
614 Schlussanträge der Generalanwältin Kokott vom 12. September 2006, Rn. 42. Siehe hierzu allgemein bereits drittes Kapitel B.
615 Schlussanträge der Generalanwältin Kokott vom 12. September 2006, Rn. 34. Diese Frage ist hier grundsätzlich relevant, da es sich – außerhalb einer rein wirtschaftlichen Betrachtung – um das Verhältnis von Mutter- zu Tochtergesellschaft handelt und somit zwei Steuerpflichtige betroffen sind. *Kokott* geht jedoch davon aus, dass dieses Erfordernis vom EuGH seit seinem „Manninen"-Urteil in Gefolgschaft zu ihren eigenen Schlussanträgen aufgegeben wurde.

Rechtfertigungstrias aus „Marks & Spencer" subsumiert und integriert wird. Dies ist wohl dem Denken in bewährten Rechtfertigungsmustern und den prägenden Stellungnahmen der Mitgliedstaaten[616], aber vermutlich ebenfalls dem Experimentierwillen der Generalanwältin geschuldet, welche sich nach ihren Vorstößen im Verfahren „Manninen" weiter um eine substanzielle Revitalisierung der Kohärenz bemüht und hierbei zumindest das Abrücken vom Erfordernis der Steuersubjektsidentität festigen will.

Erst nach Ablehnung dieses Rechtfertigungsgedankens werden die bereits in der mündlichen Verhandlung deutlich zu Tage getretenen Parallelen zum „Marks & Spencer"-Urteil in konkreten Rechtfertigungserwägungen verarbeitet[617]. Hierbei nähern sich die Gedankengänge von Generalanwältin und Richtern immer weiter an. Innerhalb des Argumentationsstrangs der Schlussanträge ist besonders die Abgrenzung der Wirkungsbereiche der Rechtfertigungsgründe interessant, welche mehr oder weniger inzident vollzogen wird. Durch eine abgestufte Betrachtung der Erforderlichkeitsprüfung wird deutlich, inwiefern der Allgemeinwohlbelang einer „Wahrung der Aufteilung der Besteuerungsbefugnis" über die bekannten Kohärenzgedanken, jedenfalls in der Fassung einer eng limitierten Zielsetzung wie der von Generalanwalt *Maduro*, hinausgeht[618]. Eine der Systemkonformität entgegenlaufende Nichtbesteuerung, ausgelöst durch eine Gewährung der steuerlichen Abzugsfähigkeit des Konzernbeitrages ohne kompensatorisch belastende Besteuerung bei der empfangenden Gesellschaft, könnte durch eine Nachweispflicht vermieden werden. Hieran war die Verhältnismäßigkeit einer rechtfertigenden Kohärenz innerhalb des finnischen Steuersystems gescheitert. Hingegen wäre eine gerechte, im Territorialitätsprinzip wurzelnde, Aufteilung des Steuersubstrates dadurch nicht gewährleistet. Eine grenzüberschreitend zulässige Gewinnverlagerung würde die willkürliche, gebiets- und äquivalenzunabhänige Gewinnverlagerung gerade nicht unterbinden. Hier lässt sich zum ersten Mal erahnen, dass die Rechtfertigungstrias aus „Marks & Spencer" mehr ist als eine überkommene Kohärenzprüfung in neuem Gewand.

E. Urteil des Gerichtshofes[619]

Die Entscheidungsbegründung im Verfahren „Oy AA" erweist sich um einiges ausführlicher als im „Mutterfall Marks & Spencer". Gerade auf Ebene der Rechtferti-

---

616 Nachdem ein Berufen auf die Kohärenz des eigenen Steuersystems aufgrund der vom Gerichtshof aufgestellten hohen Hürden in Kreisen hoher mitgliedstaatlicher Beamter schon als aussichtslos qualifiziert wurde, hat dieser Rechtfertigungsgrund im Folgeurteil zu „Lidl Belgium", der Rechtssache C-157/07, „Krankenheim Ruhesitz", IStR 2008, 769ff. seit langer Zeit wieder tatsächliche Bedeutung erlangt. Hierzu ausführlich im fünften Kapitel.
617 Schlussanträge der Generalanwältin Kokott vom 12. September 2006, Rn. 46ff.
618 Schlussanträge der Generalanwältin Kokott vom 12. September 2006, Rn. 66ff.
619 Rechtssache C-231/05, „Oy AA", Slg. 2007, I-6373. Alle Fußnoten im vierten Kapitel, welche ohne Angabe der Rechtssache erfolgen, bezeichnen eine Fundstelle im Urteil „Oy AA".

gungserwägungen lassen sich einige Konkretisierungen und Fortentwicklungen zu „Marks & Spencer" entdecken. Das Urteil baut jedoch ganz wesentlich auf den Gedankengängen der Ende 2005 zur englischen „group relief" ergangenen Entscheidung auf und kann dementsprechend als Folgeentscheidung klassifiziert werden.

I. Anwendungsbereich und Beschränkung der Grundfreiheit

Aufgrund der konkreten Vorlagefrage des finnischen Gerichts[620] nimmt der EuGH zunächst eine Abgrenzung der in Betracht kommenden Grundfreiheiten, Niederlassungsfreiheit, Art. 43 EG und Kapitalverkehrsfreiheit, Art. 56 EG, vor[621]. Diese beiden Marktfreiheiten prägen das Europäische Steuerrecht besonders nachhaltig. Dabei weisen sie einen deutlich überlappenden Anwendungsbereich auf[622]. Nahezu jeder Vorgang grenzüberschreitender Niederlassung verursacht Kapitalbewegungen. Dies allein kann jedoch nicht genügen, um die Niederlassung in einem anderen Mitgliedstaat zugleich auch der Kapitalverkehrsfreiheit zuzuordnen. Infolge des Umstandes, dass die zu betrachtende Urteilsreihe keine Fälle mit Drittstaatenbezug beinhaltet, kommt der Kapitalverkehrsfreiheit keine besondere, eigenständige Bedeutung zu[623]. Ihre Wirkung geht in den vorliegenden Fallgestaltungen nicht über die der Niederlassungsfreiheit hinaus. Selbstständige Bedeutung erlangen die Art. 56ff. EG jedoch, sobald – im globalisierten Wirtschaftsleben keine Seltenheit – außereuropäische Mutter- oder Tochtergesellschaften in die Unternehmensstruktur invol-

---

620 Rn. 17.
621 Rn. 20ff.
622 Inhaltlich anders verhält es sich hingegen bei dem Verhältnis zwischen Niederlassungs- und Dienstleistungsfreiheit. Diese zwei Grundfreiheiten schließen sich prinzipiell gegenseitig aus und es stellt sich lediglich die Frage der Grenzziehung zwischen den Schutzbereichen. Diese verläuft anhand der örtlichen und zeitlichen Anbindung einer Person an den anderen Mitgliedstaat. Eine bloß vorübergehende, grenzüberschreitende Orts-veränderung ist nicht als Niederlassung zu qualifizieren. Vielmehr bedarf es einer gewissen Dauerhaftigkeit und Festigkeit der Einrichtung. Im steuerlichen Kontext kann insoweit auf das Merkmal eines Betriebes abgestellt werden. Liegt ein solcher Betrieb grenzüberschreitend vor, dann hat, wenn dieser Dienstleistungen erbringt, eine Inanspruchnahme der Niederlassungsfreiheit zu unterstellen sein, Tiedje/Troberg, in: Von der Groeben/Schwarze, Kommentar zum EU-/EG-Vertrag, Art. 43 EG, Rn. 5ff.
623 Anmerkung: ein interessanter Aspekt im Rahmen der Art. 56ff. EG ist die sogenannte Unberührtheitsklausel des Art. 58 Abs.1 a) EG dar. Diese begründet für die Kapital- und Zahlungsverkehrsfreiheit ein besonderes steuerrechtliches Ungleichbehandlungsrecht. Der Artikel stellt eine steuerspezifische Ausnahmebestimmung zu einer Grundfreiheit dar und zeugt davon, dass die Kollision mit dem Anwendungsbereich von Grundfreiheiten zumindest im Ansatz gesehen und dann auch primärrechtlich verankert wurde, vgl. allgemein Ress/Ukrow in: Grabitz/Hilf, Das Recht der Europäischen Union, Bd. I, Art. 58, Rn. 5; Glaesner in: Schwarze, EU-Kommentar, Art. 58, Rn. 2. Durch das in Art. 58 Abs. 3 EG verankerte Missbrauchsverbot wird den Ausnahmeklauseln der Abs. 1 und 2 aber weitgehend die praktische Wirksamkeit genommen, siehe jüngst etwa C-318/07, "Persche", IStR 2009, 171ff., Rn. 41. Siehe hierzu die vertiefenden Ausführungen im sechsten Kapitel C. II. 4.

viert sind. In diesen Fällen mit Drittstaatsbezug reicht der persönliche Schutzbereich der Kapitalverkehrsfreiheit weiter als derjenige der Niederlassungsfreiheit. Hier wird die Auflösung dieses Normenkonflikts somit entscheidungserheblich[624].

Die Abgrenzung erfolgt, wie aus der deutschen Grundrechtsdogmatik bekannt[625], grundsätzlich nach dem Schwerpunkt[626] der Handlungsweise. Dabei festigt sich die Rechtsprechungstendenz, dass der Niederlassungsfreiheit im Falle einer Kontrollbeteiligung, welche einen sicheren Einfluss auf die Entscheidungen einer Gesellschaft garantiert, der Vorrang eingeräumt wird[627]. Die Niederlassungsfreiheit entfaltet insofern eine Sperrwirkung, welche den betroffenen Steuerpflichtigen von vornherein die Berufung auf die Kapitalverkehrsfreiheit in Drittstaatsfällen verwehrt. Regelt sie einen geschützten Sachbereich – unter Ausschluss bestimmter Personengruppen – inhaltlich spezieller, würde sonst die hiermit getroffene Wertung unterlaufen. Nicht abschließend geklärt ist dabei die Folgefrage, welcher Bezugspunkt für die Ermittlung des Kontrolleinflusses angelegt werden soll. Zunächst unabhängig von der erforderlichen Höhe der Beteiligung[628] geht es um die Frage, ob die in der streitentscheidenden Norm angesetzte oder die im zu Grunde liegenden Sachverhalt tatsächlich vorliegende Beteiligungs-höhe am Unternehmen Maßstab der Beurteilung sein soll. Anders formuliert stellt sich die Frage, ob ein abstrakter oder ein konkreter Anknüpfungspunkt maßgeblich sein soll[629]. Diese Streitfrage kann vorliegend offen

---

624 Siehe zur Bedeutung der Kapitalverkehrsfreiheit im Drittstaatenfall sowie zum Konkurrenzverhältnis der Grundfreiheiten in der Rechtsprechung des EuGH zu den direkten Steuern, Haslehner, IStR 2008, 565ff.
625 Tschentscher, Examenskurs Grundrechte, S. 22.
626 Ehlers, Europäische Grundrechte und Grundfreiheiten, S. 204; Haratsch, Europarecht, Rn. 900.
627 Diese grundlegende Konkurrenzfrage ist nämlich im Vertragstext selbst nicht geklärt. So bedarf es des rechtsfortbildenden Eingreifens des EuGH, vgl. Rechtssache C-196/04, „Cadbury Schweppes", IStR 2006, 670ff., Rn. 31; siehe ferner das inhaltlich eng mit der „Lidl Belgium" Betriebsstättenkonstellation verwandte Verfahren „Stahlwerke Ergste Westig", Rechtssache C-415/06, IStR 2008, 107ff. Diese Vorlage des BFH beantwortete der EuGH in einem Beschluss von wenigen Randnummern unter Verweis auf ein bestehendes Ausschlussverhältnis in Fällen der vorrangigen Einschlägigkeit der Art. 43ff. EG (Exklusivität).
628 Ab welcher Beteiligungshöhe von einer Kontrollbeteiligung auszugehen ist, wurde vom EuGH noch nicht abschließend benannt. Dies dürfte zudem nicht unabhängig vom nationalen Gesellschaftsrecht sein.
629 Der BFH geht in seinem Urteil vom 26.11.2008, I R 7/08, Rn. 3 a) davon aus, dass auf den abstrakten „Gegenstand der betreffenden Regelung abzustellen" sei (Gegen diese Auslegung durch den BFH wehrt sich das FA Arnsberg per Verfassungsbeschwerde, 2 BvR 862/09). Der BFH konstatiert dies als „gefestigte Recht-sprechung". Hierfür sprechen Aussagen im Urteil „Holböck", C-157/05, Slg. 2007, I-4051 Rn. 22ff. Der EuGH nahm dort trotz der Tatsache, dass eine tatsächliche Kontrollbeteiligung an dem Drittstaatsunternehmen vorlag, keine vorrangige Anwendbarkeit der Niederlassungsfreiheit an. Folglich ging er wie der BFH davon aus, dass allein das Vorliegen einer Kontrollbeteiligung nicht automatisch schon zu einer Prüfung nach Art. 43 EG führt, sondern die relevante beschränkende Norm das ausschlaggebende Moment darstellt. Ebenso die verbundene Rechtssache „KBC Bank", C-439/07 und C-499/07, BeckRS 2009 70667, Rn. 67ff. Offener hingegen die Rechtssache „Burda" C-284/06, EuZW 2008, 533ff., Rn. 70ff. Zwar ist „Burda" kein Fall mit Drittstaatsbezug, jedoch ist die Situati-

bleiben, da sowohl die nationale Regelung des § 3 KonsAvL tatbestandlich eine Kontrollbeteiligung von mindestens 9/10 des Aktienkapitals einer anderen inländischen Aktiengesellschaft vorsieht als auch die finnische Tochter, wenn auch mittelbar, zu 100% vom Mutterkonzern AA Ltd. beherrscht wurde. Bei dieser abstrakten wie konkreten Beherrschungssituation geht die Zielsetzung einer finanziellen Maßnahme in aller Regel über eine bloße Kapitalbewegung hinaus[630]. Diese These bestätigt sich, betrachtet man vorliegend Sinn und Zweck des grenzüberschreitenden Kapitalflusses zwischen Oy AA und der Muttergesellschaft AA Ltd. Intendiert war der Ausgleich von Gewinnen und Verlusten innerhalb des in verschiedene Gesellschaften aufgegliederten Konzerns durch Transfer von Gewinnen an die beherrschende AA Ltd. Diese an der europaweit ausgerichteten Konzernstruktur und auf das Wohl der Unternehmensgruppe gerichtete Maßnahme tangiert daher überwiegend die unternehmensbezogene Niederlassungsfreiheit, Art. 43 i.V.m. Art. 48 EG. Auch grundsätzlich vorrangig zu prüfendes Sekundärrecht war vorliegend nicht entscheidungserheblich[631]. Mithin kann sich der EuGH damit begnügen, den Sachverhalt anhand der Niederlassungsfreiheit zu beurteilen.

Ihrer Betrachtungsweise aus „Marks & Spencer" folgend, klassifizieren die Luxemburger Richter die finnische group contribution als Beschränkung der aus Art. 43 in Verbindung mit Art. 48 EG fließenden Rechte des Unternehmens[632]. Herangezogen wird erneut eine vertikale Vergleichspaarbildung[633].

---

on ansonsten mit „Holböck" vergleichbar. Der EuGH kommt hier indes zu einer exklusiven Anwendung von Art. 43 EG. Dabei stellen die Richter zunächst deutlich auf Bezüge des Einzellfalles ab, welche sie erst anschließend mit der abstrakten Normbetrachtung verknüpfen. Ferner spricht die Charakteristik des Vorabentscheidungsverfahrens, welches als „Zwischenverfahren" zu einem nationalen Prozeß strukturell starke Einzelfallbezüge aufweist, die auch der EuGH bei seiner Bewertung der rein europarechtlichen Fragestellung nicht außer Acht lassen darf, für eine Berücksichtigung der konkreten Beteiligung. Dies würde darüber hinaus in das neuerdings auszumachende Gesamtbild passen, dass der Gerichtshof die Mitgliedstaaten im Blick auf das Verhältnis zu Drittstaaten nicht über Gebühr belasten will und sein vorrangiges Aufgabengebiet nach wie vor in der Integration des Binnenmarktes verortet, deutlich etwa in Rechtssache „KBC Bank", C-439/07 und C-499/07, BeckRS 2009 70667, Rn. 72. Die Tendenz eines anderen, „Mitgliedstaaten freundlicheren" Maßstabs bei der Kapitalverkehrsfreiheit in Drittstaatsfällen findet sich bereits in Rechtssache C-101/05, „A", EuZW 2008, 117ff.

630 Vgl. Germelmann, EuZW 2008, 596 (600).
631 Rn. 25ff. In Rede stand eine Anwendbarkeit der Art. 4ff. der Mutter-Tochter-Richtlinie, Ril 90/435. Jedoch stellen die Zahlungen von Oy AA an die Konzernmutter keine Gewinnausschüttung im Sinne der Richtlinie, sondern Zuwendungen aus dem noch unversteuerten Vermögen der Tochter dar.
632 Rn. 29ff.
633 Ein horizontaler Vergleich wurde bereits von der Generalanwältin nicht in Betracht gezogen. Umso bemerkenswerter sind Urteilerwägungen im Zusammenhang mit der Beschränkungsprüfung, welche zumindest indirekt eine gewisse steuerliche Rechtsformneutralität fordern, Rn. 40:„Diese Feststellung kann auch nicht durch das Argument der Regierung des Vereinigten Königreichs entkräftet werden, wonach die Muttergesellschaft das angestrebte Ziel dadurch hätte erreichen können, dass sie in Finnland anstelle einer Tochtergesellschaft eine

Für den grenzüberschreitenden Fall ist die steuerliche Anrechenbarkeit der Gewinnzuwendung ausgeschlossen. Sie wird nicht als abzugsfähiger Konzernbeitrag behandelt, § 3 KonsAvL. Der EuGH verbleibt mithin in seiner rein schematischen Bewertung der Vorteilhaftigkeit einer Steuernorm mit und ohne Auslandsbezug. Jede Form einer Schlechterbehandlung gegenüber der Inlandskonstellation wird als Beschränkung der Niederlassungsfreiheit angesehen[634].

Erneut zeigt sich, wie weit der Gerichtshof das Diskriminierungsverbot innerhalb der Grundfreiheiten deutet. Insbesondere wird jegliches, hauptsächlich auf Grundsätze des Territorialitätsprinzips gestütztes, Vorbringen der Mitgliedstaaten gegen eine Vergleichbarkeit der Situationen, wie schon in „Marks & Spencer", zurückgewiesen[635]. Bemerkenswert ist jedoch der Begründungsaufwand, mit welchem vorliegend die Beschränkung konstatiert wird. Wurde eine solche bei „Marks & Spencer" noch in vier Randnummern nahezu nebensächlich festgestellt, so widmet das „Oy AA"-Urteil, trotz der Ähnlichkeit der Sachverhalte, der Eingriffsprüfung mit 15 Randnummern ungewöhnlich viel Raum. Dies ist vermutlich den verstärkt schon auf dieser Ebene ansetzenden Stellungnahmen der Mitgliedstaaten geschuldet, welche sich nicht mehr nur auf eine Verteidigungslinie innerhalb der Rechtfertigungsprüfung zurückziehen[636]. Der Gerichtshof scheint zu erkennen, dass er auf diese Bedenken der Staaten sensibler als zuvor reagieren muss.

Im Detail – ganz abgesehen von grundsätzlichen Überlegungen[637] – ist seine Argumentation dabei nicht unanfechtbar. So führt unter anderem die deutsche Regierung an, dass die Vergleichbarkeit der Situationen an der territorialen Zuständigkeit Finnlands scheitere[638]. Die finnische „group contribution" ist auf eine Verknüpfung zwischen steuerlicher Entlastung des Gebers und steuerlicher Belastung des Empfängers angelegt[639]. Mangels Steuerhoheit über eine ausländische Empfängergesellschaft kann Finnland die Zuwendung in diesem Fall nicht besteuern. Im ungünstigen Fall bliebe eine steuerliche Entlastung ohne eine entsprechende Belastung, mithin ein nicht gewollter doppelter Vorteil. Da Finnland die Kontrolle dieser Verknüpfung

---

Zweigniederlassung gegründet hätte. Da nämlich Art. 43 Abs. 1 Satz 2 EG den Wirtschaftsteilnehmern ausdrücklich die Möglichkeit lässt, die geeignete Rechtsform für die Ausübung ihrer Tätigkeiten in einem anderen Mitgliedstaat frei zu wählen, darf diese freie Wahl nicht durch diskriminierende Steuer-bestimmungen eingeschränkt werden (Urteile „Kommission/Frankreich", Rn. 22; „CLT-UFA", C-253/03, Slg. 2006, I-1831, IStR 2006, 200, Rn. 14)."

634 Rn. 31.
635 Hierzu ebenfalls ausführlich im fünften Kapitel bei der Analyse des Verfahrens „Lidl Belgium".
636 Diese Tendenz innerhalb der Stellungnahmen setzt sich auch im Verfahren „Lidl Belgium" fort. Gerade der rechtliche Beistand des Bundesfinanzministeriums in der Rechtssache „Lidl Belgium", Professor *Kube*, vertritt eine bereits tatbestandsbegrenzende Wirkung der aus dem Territorialitätsprinzip fließenden Aufteilungsbefugnis der Besteuerungshoheit, siehe etwa IStR 2008, 305 (306f.).
637 Solche finden sich im fünften Kapitel.
638 Rn. 34.
639 Siehe bereits die Ausführungen hierzu im Rahmen der Betrachtung der Kohärenz.

also nur im Inland gewährleisten kann[640], wird vorgetragen, dass es bereits an der Gleichartigkeit der Konstellationen fehle.

Gegen diese Argumentation wenden die Richter ein, dass die Abzugsfähigkeit des Konzernbeitrags in Finnland an Voraussetzungen geknüpft werden kann, welche die steuerliche Behandlung dieses Beitrags in dem anderen Mitgliedstaates betreffen[641]. Unausgesprochen wird hier auf eine Nachweis-pflicht des Unternehmens für die tatsächliche Besteuerung des empfangenen Betrages im Ausland angespielt, wie sie bereits im Rahmen der Erforderlichkeitsprüfung von *Kokott* zur Kohärenz relevant war. Hier zeigt sich, dass die Dogmatik des EuGH innerhalb seiner Grundfreiheitenprüfung keineswegs immer stringent verläuft. Das „mildere Mittel" Nachweispflicht baut hier bereits die Brücke zur grundsätzlichen Vergleichbarkeit der Sachverhalte. Dieses Argumentationsschema ist Hilfsmittel, um überhaupt zur Rechtfertigungs- und Verhältnismäßigkeitsprüfung gelangen zu können. Der Gerichts-hof begibt sich – notgedrungen – schon auf der Ebene des Tatbestandes in die Rolle des abwägenden Ratgebers. Die Intention hinter dieser Vorgehensweise lässt sich aus den noch weitaus pragmatischer angelegten Ausführungen der Generalanwältin zu diesem Punkt folgern[642]. Im sonst vom Gerichtshof gewohnten Stil lässt sie sich gar nicht erst auf Einzelfragen ein, sondern argumentiert großflächiger, mit dem Wesen der Grundfreiheiten. Denen liege gerade das Verständnis eines permanenten grenzüberschreitenden Vergleiches zugrunde, sodass es ausgeschlossen sei, bereits den Anwendungsbereich zu verneinen[643]. Das in Rede stehende Verhalten Finnlands, auch wenn es an anerkannte Grundsätze des internationales Steuerrechts anknüpfe, muss daher nach ihrer Ansicht zumindest rechtfertigungsbedürftig sein. Kurzum: Sowohl EuGH als auch Generalanwältin sind sich bewusst, dass die Grundfreiheiten ihrer durchschlagenden Wirkung beraubt würden, wenn bereits auf Tatbestandsebene zu viele Zugeständnisse an die Mitgliedstaaten gemacht werden. So suggeriert der eingesetzte Begründungsaufwand äußerlich zwar Sensibilität für die Belange der Mitgliedstaaten, inhaltlich bleibt es jedoch bei der Linie einer weiten Beschränkungsinterpretation. Zu wirklichen Zugeständnissen kann es daher nach wie vor hauptsächlich auf Rechtfertigungsebene kommen.

II. Rechtfertigung der Ungleichbehandlung

Trotz der Ausführlichkeit der Beschränkungsprüfung liegt das Herzstück der inhaltlichen Auseinandersetzung – wie bei „Marks & Spencer" und „Lidl Belgium" – auf der zweiten Stufe der Prüfung bei der Frage, ob die Ungleichbehandlung vor der

---

640 Konkret kann Finnland nicht gewährleisten, dass der Konzernbeitrag in Großbritannien besteuert wird.
641 Rn. 37.
642 Schlussanträge der Generalanwältin Kokott vom 12. September 2006, Rn. 21ff.
643 Schlussanträge der Generalanwältin Kokott vom 12. September 2006, Rn. 27.

Niederlassungsfreiheit zu rechtfertigen ist[644]. Dabei nimmt der Gerichtshof ausdrücklich Bezug auf die in „Marks & Spencer" erschaffene Rechtfertigungstrias[645] und geht auf die Kohärenz des Steuersystems mit keiner Silbe ein[646]. Inhaltlich präzisieren die Richter, angefangen bei der „Wahrung einer ausgewogenen Aufteilung der Besteuerungsbefugnis", die in „Marks & Spencer" begonnenen Erläuterungen zur Essenz der neuartigen Rechtfertigungsgründe – ohne, dass deren Konturen nach dem Urteil erschöpfend geklärt wären[647]. Ersichtlich bemüht ist der EuGH, steuerplanerischen Wunschphantasien eines europaweit freien Wahlrechts der Gewinnplatzierung innerhalb von Konzernstrukturen entgegen zu treten. Diese Gefahr schätzen die Richter im Falle einer transnationalen Öffnung der Konzernbeitragsstruktur zutreffend als noch problematischer ein als den Verlusttransfer gemäß „Marks & Spencer". Aus unternehmerischem Eigeninteresse wird ein vernünftiger Unternehmer im Grundsatz bestrebt sein, anhaltende – und damit auch für das Steueraufkommen der Nationalstaaten ins Gewicht fallende – Verluste zu vermeiden[648]. Hingegen stellt die Gewinnerzielung verbunden mit einer niedrigen Besteuerung das primäre Ziel eines jeden Unternehmers dar. Anerkannt wird folglich ein reales Risiko, dass die Mitgliedstaaten den steuerlichen Ertrag über auf ihrem Hoheitsgebiet durchgeführte Tätigkeiten verlieren können, indem Konzernen die Chance geboten wird, für eine ihnen günstige Gewinnbesteuerung zu optieren[649]. Im Extremfall droht Finnland durch den Gewinntransfer das gesamte Steueraufkommen an der Tochtergesellschaft Oy AA einzubüßen, obwohl deren Erfolg ausschließlich im Inland erwirtschaftet wurde. Ein solcher Verlust der Besteuerungszuständigkeit hinsichtlich hochmobilen Kapitals soll verhindert werden. Dabei wird deutlich an grundsätzliche Gedanken der Äquivalenz und Territorialität[650] angeknüpft[651]. Dieses Bestreben ei-

---

644 Rn. 44ff.
645 Rn. 51.
646 Dies vermutlich auch aufgrund des Verlaufs der mündlichen Verhandlung, vgl. Rn. 46 und 66.
647 Zur Substanz und der Verknüpfung der einzelnen Rechtfertigungsgründe ausführlich im fünften Kapitel.
648 Vgl. Kussmaul/Niehren, IStR 2008, 81 (86).
649 In der Vergangenheit hat sich der Gerichtshof hierzu abweichend geäußert, vgl. etwa die verbundenen Rechtssachen C-397/98 und C-410/98, „Metallgesellschaft Ltd. und Höchst AG", Slg. 2001, I-1721, Rn. 59: „Was viertens schließlich die finanzielle Einbuße betrifft, die den Steuerbehörden des Vereinigten Königreichs entstünde, wenn die gebietsansässigen Tochtergesellschaften gebietsfremder Muttergesellschaften die Möglichkeit erhielten, für die Besteuerung des Gruppeneinkommens zu optieren und so Befreiung von der Körperschaftsteuer-Vorauszahlung zu erlangen, so sind die Steuermindereinnahmen nach ständiger Rechtsprechung nicht als zwingender Grund des Allgemeininteresses anzusehen, der zur Rechtfertigung einer grundsätzlich gegen eine Grundfreiheit verstoßenden Maßnahme angeführt werden kann (vgl. für Artikel 52 des Vertrages Urteil ICI, Randnr. 28)." Zwar wird der reine Verlust von Steuereinnahmen nach wie vor nicht als Rechtfertigungsgrund anerkannt, jedoch lassen sich in den hier aufgeführten Fällen durchaus grundlegende Parallelitäten entdecken, welche im Ergebnis abweichend entschieden werden.
650 Vgl. Rn. 54.

ner Wahrung der Hoheitsgewalt dürfen die Mitgliedstaaten bei der Ausgestaltung ihrer Steuernormen zu Grunde legen und sich in Fällen bewusster Umgehung in Form von Missbrauchsbekämpfungsvorschriften aktiv zur Wehr setzen.

Über die Klarheit der gewählten Worte hinaus enthält das Urteil in diesem Zusammenhang eine bemerkenswerte Neuerung. Im Rahmen der Verhältnismäßigkeitsprüfung, bei der Frage, ob der gänzliche Ausschluss transnationaler Konstellationen erforderlich ist, zeigt sich ein Abrücken von der bisher strikten Linie zur Zulassung von Missbrauchsbekämpfungsnormen. Waren diese grundsätzlich nur in engen Grenzen, vor allem bei gezielter Ausrichtung auf einen konkreten Missbrauchsfall, als zulässig erachtet worden, erklärt der Gerichtshof vorliegend die finnische Regelung aufgrund einer Gesamtbetrachtung für verhältnismäßig[652]. Wurde die Öffnung des EuGH gegenüber gewissen typisierenden Missbrauchsvermutungen[653] und die Duldung der Beweislastumkehr zulasten des Steuerschuldners[654] im Verfahren Cadbury Schweppes von den Mitgliedstaaten bereits wohlwollend registriert[655], so stellt das Vorgehen in „Oy AA" ein weiteres, nicht unbedeutendes Zugeständnis an die nationale Steuersouveränität dar. Explizit bezieht sich das Gericht auf seine Terminologie aus „Cadbury Schweppes"[656]. Auch wenn es dort anders als in „Oy

---

651 Generalanwältin Kokott bezeichnet eine solche Orientierung als „nicht sachfremd" (im englischen: "not unreasonable"; französisch: „n'est pas déraisonnable"), Schlussanträge vom 12. September 2006, Rn. 50.
652 Rn. 63: „Auch wenn die im Ausgangsverfahren streitige Regelung nicht speziell bezweckt, rein künstliche, jeder wirtschaftlichen Realität bare Gestaltungen, die zu dem Zweck errichtet wurden, die Steuer zu umgehen, die normalerweise für Gewinne aus inländischen Tätigkeiten geschuldet wird, von dem in dieser Regelung vorgesehenen Steuervorteil auszuschließen, steht sie gleichwohl in einem angemessenen Verhältnis zu den angestrebten Zielen, *in ihrer Gesamtheit betrachtet* [eigene Hervorhebung]."
653 Rechtssache C-196/04, „Cadbury Schweppes", Slg. 2006, I-7995, Rn. 71f.. Dies bedeutet eine Abkehr von seiner strikten „Leur-Bloem-Doktrin", Rechtssache C-28/95, Slg. 1997, I-4161, Rn. 41 ff..
41: „Bei der Prüfung, ob der beabsichtigte Vorgang einen solchen Beweggrund hat, können sich die zuständigen nationalen Behörden jedoch nicht darauf beschränken, vorgegebene allgemeine Kriterien anzuwenden; sie müssen vielmehr eine globale Untersuchung jedes Einzelfalls vornehmen. Eine solche Untersuchung muß nach ständiger Rechtsprechung gerichtlich überprüfbar sein (vgl. in diesem Sinne Urteil vom 31. März 1993 in der Rechtssache C-19/92, Kraus, Slg. 1993, I-1663, Randnr. 40)."
44: „Dabei ginge jedoch eine generelle Vorschrift, mit der bestimmte Gruppen von Vorgängen auf der Grundlage von Kriterien der in den Buchstaben a bis d der zweiten Frage genannten Art automatisch und unabhängig davon, ob tatsächlich eine Steuerhinterziehung oder -umgehung vorliegt, vom Steuervorteil ausgeschlossen werden, über das zur Verhinderung einer Steuerhinterziehung oder -umgehung Erforderliche hinaus und beeinträchtigte das mit der Richtlinie verfolgte Ziel. Dies wäre auch dann der Fall, wenn eine derartige Vorschrift nur der Verwaltung das Ermessen einräumte, Ausnahmen vorzusehen."
654 Rechtssache C-196/04, „Cadbury Schweppes", Slg. 2006, I-7995, Rn. 70.
655 Vgl. Axer, IStR 2007, 162 (166f.).
656 Rn. 62f.: „[...] rein künstliche, jeder wirtschaftlichen Realität bare Gestaltungen zu dem Zweck zu errichten, die Steuer zu umgehen, die normalerweise für Gewinne aus inländischen

AA" konkret um Detailfragen der Zulässigkeit nationaler Abwehrgesetzgebung in Form der Hinzurechnungsbesteuerung[657] ging, sind die Argumentationsstränge der Urteile durchaus vergleichbar. „Oy AA" kann daher auch hier als eine Art Fortentwicklung angesehen werden. Die Gesamtschau auf Verhältnismäßigkeitsebene ermöglicht dem EuGH eine noch flexiblere Justierung im Einzelfall[658]. Die Gesamtabwägung, in der Kürze, wie sie der EuGH vornimmt, bietet den Richtern große Entscheidungsspielräume. Sie kann sich als eine Art allgemeines Endkorrektiv für die Richtung des Urteils erweisen.

Der zweite aus „Marks & Spencer" bekannte Rechtfertigungsgrund, die „Vermeidung einer doppelten Verlustberücksichtigung", hat vorliegend keine entscheidungserhebliche Bedeutung. Dieser eng mit der Aufteilung der Besteuerungsbefugnis verknüpfte Gedanke wird vom Gericht mit dem Hinweis abgelehnt, dass die finnische Konstellation nicht die Abzugsfähigkeit von Verlusten, sondern Möglich-keiten der Gewinnverschiebung betrifft[659].

Ferner wird die „Vermeidung einer Steuerumgehung"[660] als Rechtfertigungsgrund angeführt. Dessen Zielrichtung ist das Vorgehen gegen Unternehmenskonstruktionen, deren alleiniger Sinn es ist, Gewinne auf Unternehmensstrukturen im niedrig[661] besteuerten EU-Ausland übertragen zu können. Dieser Steuerplanung Einhalt zu gebieten, ist besonders im freiheitlichen Raum des Binnenmarktes von Nöten. Zwar ist die Geschichte der Steuerstaaten schon immer auch eine Geschichte des Kampfes gegen Steuerumgehung[662]. Allerdings haben sich die gestalterischen Spielräume für Unternehmen unter dem Regime des EG-Vertrages merklich vergrößert, sodass es

---

Tätigkeiten geschuldet wird [...]". Ebenso Rechtssache C-196/04, „Cadbury Schweppes", Slg. 2006, I-7995, Rn. 55.
657 Die Hinzurechnungsbesteuerung greift – vereinfacht formuliert – auf Erträge eines von einem Steuerinländer beherrschten ausländischen eigenen Rechtsträgers zu, durchbricht demzufolge dessen prinzipielle steuerliche Abschirmwirkung, und schleust deren Belastung beim „kontrollierenden" Anteilseigner auf das inländische Steuerniveau hoch.
658 Ausführlich zur Schwelle des Missbrauchs im fünften Kapitel unter D III. c).
659 Rn. 57. Diese knappe Ablehnung weicht merklich von den Ausführungen der Generalanwältin ab. Diese hatte in ihren Schlussanträgen unter Herleitung der ratio dieses zweiten Elementes der Rechtfertigungstrias auch eine doppelte Nichtbesteuerung unter diesen Rechtfertigungsgrund subsumiert, vgl. Schlussanträge vom 12. September 2006, Rn. 54ff. Der EuGH trennt diese Gefahr hingegen nicht so genau von der „Wahrung der Aufteilung der Besteuerungsbefugnis" ab und grenzt die doppelte Verlustberücksichtigung ihrem Wortlaut nach ein. Ausführlich zum Verhältnis der Rechtfertigungsgründe untereinander im fünften Kapitel.
660 Synonym verwendet der EuGH teilweise den Begriff der Steuerflucht, vgl. etwa Oy AA, Rn. 58 („Gefahr einer Steuerumgehung") und Lidl Belgium, Rn. 38 („Steuerfluchtgefahr"); ebenso Kußmaul/Niehren, IStR 2008, 81 (85, dort in Fn. 51); Wienbracke, Jura 2008, 929 (935). Da dieser Rechtfertigungsgrund im Verfahren Lidl Belgium keine bedeutende Rolle spielt, werden seine inhaltlichen Voraussetzungen und Konturen bereits hier näher beleuchtet.
661 Im Fall Oy AA steht sogar zur Rede, dass die konzerninternen Zahlungen an die AA Ltd. in Großbritannien dort gar nicht besteuert werden, Rn. 49.
662 Vgl. Diwell, Beihefter zu DStR 17, 2008, 7 (ebenda).

ebenfalls einer europäisch ausgerichteten Abwehrgesetzgebung bedarf[663]. In diesem Zusammenhang bemüht der Gerichtshof gern das Bild der „rein künstlichen Konstruktionen", die allein auf die Umgehung des Steuerrechts im jeweiligen Mitgliedstaat gerichtet sind und welche es zu bekämpfen gilt[664]. Neben einer subjektiven Komponente, welche in dem Streben nach einem Steuervorteil besteht, bedarf es somit besonders auch objektiver Indikatoren für die Annahme eines solchen Missbrauchs einer Grundfreiheit[665]. Das genaue Verständnis dieser Konstruktion ist allerdings nicht abschließend geklärt und unterliegt zudem in bedeutendem Maße Tatsachenfragen des Einzelfalles[666].

Die Gefahr der Umgehung ist bei dem finnischen Konzernbeitragskonzept besonders real, da interne Gewinnverschiebungen gestattet sind, ohne dass beim Beitragsempfänger überhaupt Verluste entstehen. In einem Umfeld stark divergierender Steuersätze, sprich ohne Harmonisierung[667], ist der Anreiz somit groß, Mittel und Wege zu finden oder zu schaffen, um den Steuersätzen zu entgehen, welche normalerweise im Mitgliedstaat der Tochtergesellschaft auf deren Gewinne geschuldet wären. Normen, welche diesen Umgehungsbestrebungen Einhalt gebieten wollen, allgemein nationale Abwehrgesetzgebung, scheiterten in Luxemburg bisher oft an einer zu pauschalen Benachteiligung grenzüberschreitender Sachverhalte. Zwar sind diese staatlichen Maßnahmen auf die Bekämpfung von steuerlichem Missbrauch transnationaler Art ausgerichtet, doch ist ihre breite Streuwirkung und damit die Behinderung der Marktfreiheiten häufig als unverhältnismäßig angesehen worden[668].

---

663   Jedenfalls solange die Missbrauchsbekämpfung nicht vereint auf europäischer Ebene geregelt ist.
664   Vgl. hierzu umfassend die Mitteilung der Kommission, KOM (2007) 785, S. 3 ff.
665   In der Auseinandersetzung mit dem britischen „Motivtest" im Rahmen der Rechtssache C-196/04, „Cadbury Schweppes", Slg. 2006, I-7995, wird deutlich, dass für die Luxemburger Richter auf diesen objektiven Anhaltspunkten der Schwerpunkt der Argumentation für die Annahme einer Steuerflucht liegen muss. Subjektive Kriterien haben hingegen mehr indiziellen und ergänzenden, eine objektive Beweisführung stützenden Charakter.
666   Siehe hierzu im fünften Kapitel D III. 3. c).
667   Rn. 59. Dieser fehlenden Harmonisierung misst der EuGH hier mithin eine gewisse rechtfertigende Wirkung zugunsten der Mitgliedstaaten bei. Das ist durchaus bemerkenswert, hat der Gerichtshof die steuerlichen Unterschiede zwischen den Mitgliedstaaten doch häufig nicht als rechtfertigenden Gedanken anerkannt, sogar als misslichen Umstand betrachtet, welchen es mit Hilfe seiner Grundfreiheiten-Rechtsprechung schnellst möglich zu beseitigen gilt. So haben die Richter in der Nutzung des Steuergefälles in aller Regel gerade keine „Steuerflucht", sondern eine legitime Inanspruchnahme der Marktfreiheit und des Wettbewerbs gesehen, vgl. etwa Rechtssache C-264/96, „ICI", Slg. 1998, I-4695, Rn. 26 oder die verbundene Rechtssache C-397/98 und C-410/98, „Metallgesellschaft Ltd. und Höchst AG", Slg. 2001, I-1721, Rn. 57.
668   Zugegebenermaßen wird unter dem Deckmantel der Missbrauchsbekämpfung stetig versucht Protektionismus zu betreiben und der inländischen Wirtschaft Wettbewerbsvorteile zu verschaffen. Dieses Phänomen geht weit über die Grenzen des Europäischen Steuerrechts hinaus. So dreht sich etwa ein Großteil der Streitigkeiten im Welthandelsrecht vor den WTO-Streitschlichtungspanals um Fragen, ob technische Sicherheitsnormen, Einfuhrverbote gestützt auf Umwelt- oder Gesundheitsbelange etc. notwendige Schutzmaßnahmen oder gezielte

So fordert der Gerichtshof gewöhnlich ein Gesetz, welches speziell auf die Erfassung der Steuerum-gehung im Einzelfall ausgerichtet ist; ansonsten fehlt es mangels der „Zielgenauigkeit" an der Erforderlichkeit einer solchen Regelung[669].

Von dieser Linie hat sich der EuGH vorliegend in seiner Verhältnismäßigkeitsbeurteilung gelöst, indem er die Wirkung dieser Regelung in einer Gesamtschau bewertet. Der EuGH splittet seine Erforderlichkeitsprüfung nicht anhand der einzelnen Rechtfertigungsgründe. Vielmehr konstatiert er die grundsätzliche Einschlägigkeit zweier der drei „Marks & Spencer"-Rechtfertigungsgründe, um dann eine gemeinsame Prüfung der Verhältnismäßigkeit vorzunehmen. Interessant ist dies deshalb, weil die beiden Rechtfertigungsgründe unterschiedlichen Ebenen entstammen. So betrifft die spezifische Missbrauchsbekämpfung die Sphäre der Ausübung und nicht der Aufteilung der Besteuerungshoheit. Durch diese Vorgehensweise unterstreichen die Richter allerdings die enge inhaltliche Verknüpfung innerhalb der Rechtfertigungstrias, welche eine getrennte Bewertung vorliegend aus ihrer Sicht überflüssig macht. Primär zielt die Argumentation auf die Angemessenheit des Gedankens einer Missbrauchsbekämpfung, jedoch wird ersichtlich, dass diese unspezifischere Gesamtschaubewertung nur aufgrund der prägenden Vorstellung von einer „Wahrung der Aufteilung der Besteuerungsbefugnis" vorgenommen wird[670]. Hier erscheint nämlich bereits fraglich, inwiefern dieser Gedanke einer Abwägung überhaupt zugänglich ist[671]. Jedenfalls erweist sich deren rechtfertigendes Gewicht aus Sicht des EuGH als so groß, dass seine Begutachtung – in auffallender Kürze und Allgemeinheit[672] – den Mitgliedstaaten zum Vorteil gereicht. Die Gesamtschau in der vorliegenden Verhältnismäßigkeitsprüfung ist mithin einer Gesamtbeurteilung der Rechtfertigungstrias geschuldet, wobei der „Aufteilung der Besteuerungsbefugnis" die Kernwirkung zukommt[673].

Handelshemmnisse darstellen, vgl. Dolzer in: Vitzthum, Völkerrecht, S. 492ff.. Hier jeweils die richtige Balance in der Beurteilung des Ausgestaltung und der Intention der mitgliedstaatlichen Regelung zu finden, ist die schwere Aufgabe der Rechtsprechungsorgane. Dieser Herausforderung muss sich fortwährend auch der EuGH stellen.

669 Vgl. etwa Rechtssache C-436/00, „X und Y", Slg. 2002, I-10847, Rn. 42f.
670 Sie die Verknüpfung von Rn. 62f. mit Rn. 64 des Urteils.
671 Vgl. Kube, IStR 2008, 305 (308). Ausführlich hierzu im fünften Kapitel.
672 Geläufig sind solch knappe, fast schon apodiktische Feststellungen bisher eher bei die Mitgliedstaaten benachteiligenden Stellen, etwa der „Urformel".
673 Diese Erkenntnis wird ebenfalls durch die letzte inhaltlich relevante Randnummer des Urteils, Rn. 65, bestärkt. Hier wird die Möglichkeit eines Nachweises über die Besteuerung der Zahlung bei der empfangenden Gesellschaft als milderes Mittel abgelehnt. Wie bereits in den Schlussanträgen von *Kokott* angeklungen, dort Rn. 68, könnte dadurch zwar die Nichtbesteuerung vermieden, nicht aber die gerechte Aufteilung der Besteuerungsbefugnis sichergestellt werden. Mithin liefert die Gesamtschau eine Rechtfertigung des Eingriffs.

F. Zusammenfassung

Die Große Kammer urteilt aus Sicht der mitgliedstaatlichen Steuersouveränität verheißungsvoll. Das auf das Inland beschränkte finnische Konzernbeitragssystem stellt keine Verletzung der vertraglich garantierten Niederlassungsfreiheit dar, Art. 43ff EG. Die festgestellte Beschränkung kann durch die zwei Rechtfertigungsgründe „Wahrung der Aufteilung der Besteuerungsbefugnis" und „Vermeidung der Steuerumgehung" in verhältnismäßiger Weise gerechtfertigt werden. Eine Rechtfertigung ist damit durch das Vorliegen von zwei der drei „Marks & Spencer-Gründe" möglich[674]. Insgesamt erfährt die Rechtfertigungstrias aus dem vorangegangenen Urteil neben einer inhaltlichen Vertiefung eine gewisse Konsolidierung durch die Prüfung ausschließlich dieser Rechtfertigungserwägungen. Dabei etabliert sich vor allem die ausgewogene „Aufteilung der Besteuerungsbefugnis" als Richtschnur der gerichtlichen Überlegungen.

Inhaltlich gesteht der EuGH den Mitgliedstaaten in der „Oy AA Inbound-Konstellation" mehr gesetzgeberischen Freiraum zu als im „Outbound-Fall Marks & Spencer". So findet sich im vorliegenden Urteil kein dem Versickerungsverbot für Verluste vergleichbarer Vorbehalt[675]. Ist die in „Marks & Spencer" vorgesehene Möglichkeit der grenzüberschreitenden Verlustverrechnung ohnehin als Ausnahme gedacht, so käme dem freien Gewinnexport die unheilvolle „Willkürlichkeit"[676] zu, welche Staaten untereinander erpressbar und im Wettbewerb um Steuersubstrat erneut zum „Hinterherhecheln" in einer neuen Runde des „race to the bottom" degradieren würde. Diesem Szenario hat der EuGH Einhalt geboten und die Legitimität der Maßnahmen der Mitgliedstaaten zum Schutz ihrer Steuerquellen unterstrichen.

---

674 Rn. 60.
675 In Rn. 65 nennt der EuGH sogar einige aufgeworfene, denkbare mildere Mittel, deren Umsetzung als Einschränkung á la „Marks & Spencer" in Betracht käme, jedoch lehnt er deren Notwendigkeit vorliegend ab.
676 So Kußmaul/Niehren, IStR 2008, 81 (86).

Fünftes Kapitel: Die Rechtssache „Lidl Belgium"

A. Allgemeines

Bisher umfasst das Waren- und Dienstleistungsangebot des Discountanbieters Lidl keine Discount-Steuersätze für Unternehmen. So strengte auch die deutsche Supermarktkette ein steuerrechtliches Gerichtsverfahren an in der Hoffnung, vom EuGH mit weiteren Impulsen für eine grenzüberschreitende Verlustplanung bedacht zu werden. Das Urteil der Vierten Kammer des Gerichtshofs vom 15. Mai 2008, welches erstaunlich zeitnah auf die Schlussanträge der Generalanwältin *Sharpston*[677] folgte, geht auf eine in Baden-Württemberg wurzelnde Sachverhaltskonstellation zurück und stellt hinsichtlich der jüngsten Urteilsreihe zur grenzüberschreitenden Verlustverrechnung einen vorläufigen Schlusspunkt dar. Zwar ist dieser Bereich nach wie vor in Bewegung[678] und viele Detailfragen bedürfen auch zukünftig der Klärung, allerdings kann nach dem vorliegenden Urteil die Aufhellung wichtiger Grundsatzfragen konstatiert werden[679].

Der EuGH Fall „Lidl Belgium" geht auf ein Vorabentscheidungsersuchen des in den letzten Jahren vorlagefreudigen ersten Senats des Bundesfinanzhofs zurück[680]. Diese neue Kooperationsbereitschaft des BFH ist durchaus bemerkenswert, hat sich der Nachfolger des Reichsfinanzhofes doch lange Zeit eine Belehrung durch die Luxemburger Nicht-Steuerrechtler verbeten und seine Vorlagepflicht aus Art. 234 EG bestritten[681]. Der politische wie auch rechtliche Druck gegen diese Verweigerungshaltung nahm jedoch stetig zu[682]. Er wurde einerseits befördert durch die

---

677 Schlussanträge Generalanwältin Sharpston vom 14.02.2008, Rechtssache C-414/06, „Lidl Belgium", IStR 2008, 184 ff.
678 So folgte auf das Lidl Verfahren bereits wieder die Entscheidung zur Rechtssache „Krankenheim Ruhesitz", C-157/07, Urteil vom 23. Oktober 2008, IStR 2008, 769ff. Dieses Verfahren wird innerhalb der Erörterung von Lidl Belgium verschiedentlich Beachtung finden.
679 „Lidl Belgium" kann als eine Art „Schulfall" für die europarechtliche Abgrenzung der Besteuerungsrechte angesehen werden. In der jüngeren Vergangenheit bestanden bereits Erwartungen, dass sich der EuGH nach „Marks & Spencer" auch grundlegend zur Betriebsstättenkonstellation äußert, so etwa im Vorfeld der Rechtssache C-152/03, „Ritter Coulais". Obwohl vom Verfahren her möglich, hat sich der EuGH bis zu „Lidl Belgium" jedoch mit nachdrücklichen Aussagen zurückgehalten, vgl. Lang, IStR 2006, 550 (551f.).
680 BFH, Beschluss vom 28.06.2006, I R 84/04, BFHE 214, 270.
681 Hierzu Groh, DStR 1996, 1206 (1207ff.); Kessler, IStR 2000, 531 (ebenda ff.).
682 Lückenlos ist diese Vorlagefreudigkeit allerdings nicht. So verzichtete der erste Senat etwa in seinem Urteil vom 26.11.2008, I R 7/08, IStR 2009, 244ff. trotz massiver Entscheidungserheblichkeit der gemeinschafts-rechtlichen Frage auf eine Vorlage. Dabei ist jedoch zu beachten, dass die vom BFH vorgenommene Lösung im Ergebnis binnenmarktfreundlich ist. Seine Auslegung des Konkurrenzverhältnisses von Niederlassungs- und Kapitalverkehrsfreiheit führt im konkreten Fall zu einem Schutz auch in der Drittstaatskonstellation. Gegen dieses

Rechtsprechung des BVerfG zu Art. 101 Abs. 1 Satz 2 GG, welche eine „unhaltbare Handhabung" der Vorlagepflicht als Verstoß gegen den Anspruch auf den gesetzlichen Richter qualifiziert[683]; andererseits trägt auch die Entwicklung der EuGH-Direktiven zum Staatshaftungsrecht merklich zu einer disziplinierenden Bedrängnis der Höchstgerichte bei, dies besonders durch in den Rechtssachen „Köbler"[684] und „Kommission/Italien"[685] entwickelte Maßstäbe. Mit diesen Urteilen hat der EuGH den von ihm lange Zeit zumindest verbal gepflegten Kooperationsgedanken in Richtung verstärkter eigener Kontrollmöglichkeit verschoben. Erstere Entscheidung bedeutet dabei eine Weiterentwicklung der so genannten „Francovich-Rechtsprechung" aus den 1990er Jahren[686]. Das europarechtlich determinierte staatliche Haftungssystem umfasst danach ebenfalls Schadensersatz für judikatives Unrecht[687]. Die Rechtssache Kommission/Italien geht auf ein von der Europäischen Kommission angestrengtes Vertragsverletzungsverfahren, Art. 226 EG, zurück. Italien wurde dafür verurteilt, dass seine Gerichte ein vom EuGH beanstandetes und daraufhin abgeändertes Gesetz weiterhin flächendeckend europarechtswidrig auslegten. Obwohl inhaltlich eine Frage judikativen Unrechts wurde der Vertragsverstoß – dogmatisch interessant – dem italienischen Parlament angelastet, welches keine unmissverständ-

---

Urteil ist eine Verfassungsbeschwerde des am Ausgangsverfahren beteiligten Finanzamtes (!) anhängig, BVerfG, 2 BvR 862/09.
683 BVerfG, NVwZ 1991, 53 (57f.); NZG 2006, 781 (782); NVwZ 2008, 780 (ebenda f.). Die dabei angelegten Prüfungsmaßstäbe finden sich im sechsten Kapitel C. I. 3. c) bb).
684 Rechtssache C-224/01, „Köbler", Slg. 2003, I-10239.
685 Rechtssache C-129/00, „Kommission/Italien", Slg. 2003, I-14637.
686 Benannt nach dem grundlegenden Urteil zum Staatshaftungsrecht im europäischen Kontext, verbundene Rechtssachen C-6/90 und C-9/90, „Francovich", Slg. 1991, I-5357.
687 Auch wenn diese Haftung aus Sicht des EuGH nur ausnahmsweise eingreifen soll, vgl. hierzu Rn. 32 des Folgeurteils zu Köbler, Rechtssache C-173/03, „Traghetti", Slg. 2006, I-5177 [eigene Hervorhebung]: „Aufgrund der Besonderheit der richterlichen Funktion sowie der berechtigten Belange der Rechtssicherheit haftet der Staat in einem solchen Fall allerdings nicht unbegrenzt. Wie der Gerichtshof entschieden hat, haftet er nur in dem *Ausnahmefall*, dass das letztinstanzliche nationale Gericht *offenkundig* gegen das geltende Recht verstoßen hat. Bei der Entscheidung darüber, ob diese Voraussetzung erfüllt ist, muss das mit einer Schadensersatzklage befasste nationale Gericht alle Gesichtspunkte des Einzelfalls berücksichtigen, insbesondere das Maß an Klarheit und Präzision der verletzten Vorschrift, die Vorsätzlichkeit des Verstoßes, die Entschuldbarkeit des Rechtsirrtums, gegebenenfalls die Stellungnahme eines Gemeinschaftsorgans sowie die Verletzung der Vorlagepflicht nach Artikel 234 Absatz 3 EG durch das in Rede stehende Gericht (Urteil „Köbler", Randnrn. 53 bis 55)".
Dabei ist die Bestimmung der Offenkundigkeit eines Verstoßes allerdings selbst wieder mit einiger Unschärfe verbunden, welche sich die Luxemburger Richter bei Bedarf zu eigen machen werden, um Akzente hinsichtlich des Kontrollradius zu setzen. Im Verfahren „Köbler" war der Gerichtshof mit der Annahme eines Haftungsfalls sehr vorsichtig. Zwar weitete er seine Kompetenz auf die Prüfung eines Schadenfalls durch richterliche Verstöße aus, sah auch alle Angaben vorliegend, um über einen Haftungsfall zu entscheiden, handhabte dann die Auslegung der Offensichtlichkeit in der konkreten österreichischen Situation jedoch äußerst zurückhaltend – gerade zu den restlichen Ausführungen des Urteil – auffällig knapper und allgemein gehaltener Art und Weise, vgl. Rechtssache C-224/01, „Köbler", Slg. 2003, I-10239, Rn. 120ff.

lich europarechtskonforme Norm erlassen beziehungsweise in Kenntnis der gemeinschaftswidrigen Rechtsprechungspraxis nicht richtigstellend eingegriffen habe[688]. Die judikative Missachtung seiner Vorgaben rügt der EuGH mithin durch die Hintertüre. Die Verurteilung eines Mitgliedstaates erregt dabei durchgehend politisches Aufsehen, welches für die Regierenden in der Regel unerfreulich ist. Dies kann bis zu einem gewissen Maße dazu führen, dass die nationalen Regierungen bei ihren höchsten Gerichten mehr oder weniger offen eine verstärkt europarechtsfreundliche Vorlagepraxis anempfehlen[689].

Bereits in der Einführung ist die tragende Bedeutung der Vorabentscheidung thematisiert worden. Die europaweite Durchsetzung subjektiver Rechte aus dem EG-Vertrag bildet gewissermaßen den Dreh- und Angelpunkt für die Entwicklungen im Europäischen Steuerrecht, denn im Verfahrensrecht des EuGH gilt: nur wenn der Gerichtshof gefragt wird, kann er Auskunft geben[690]. Ohne das „Einstiegs-fenster" des Art. 234 EG klänge die Aussage von Gerichtspräsident *Skouris*: „Und wenn man uns fragt, darf man sich nicht wundern, dass wir Antwort geben"[691] weit weniger markig. Der EuGH würde einfach weitaus weniger „gefragt". Durch die flankierende Rechtsprechung des EuGH zur Durchsetzung des Art. 234 Abs. 3 EG werden subjektive Rechte nun auch verfahrensrechtlich forciert, indem verstärkt gewährleistet ist, dass Klagen auch bis zum EuGH gelangen[692]. Zudem versetzt diese rechtlich provozierte Vorlagefreudigkeit den EuGH erst in die Lage, eine Rechtsprechungslinie wie im Bereich der Verlustverrechnung zu gestalten. Er kann sich zunehmend gewiss sein, dass ihm auch die praktisch bedeutsamen Verfahren zugetragen werden, welche besondere Möglichkeiten für grundsätzliche Weichenstellungen bergen. Durch diese erhöhte Wahrscheinlichkeit, nicht nur vereinzelt Verfahren zu einem

---

688 Rechtssache C-129/00, „Kommission/Italien", Slg. 2003, I-14637, Rn. 33.
689 Ein solch sanfter Druck auf das Kooperationsverhalten kann bei den Höchstgerichten bereits durch die Besetzung der Richterposten erfolgen. Im Gegensatz zu den Karrieren innerhalb der Instanzgerichte hat die Ernennung zum Bundesrichter eine weitaus stärkere politische Komponente. In Deutschland entscheidet etwa nach § 5 des Richterwahlgesetztes ein so genannter Richterwahlausschuss zusammen mit dem für das jeweilige Sachgebiet zuständigen Bundesministerium über die Besetzung der Richterposten an den obersten Gerichtshöfen des Bundes. Dieser Ausschuss wird je zur Hälfte vom Bundesrat und Bundestag berufen.
690 Dies ist beim BVerfG nicht viel anders. Vergegenwärtigt man sich etwa die Konstellation bei der Kontrolle der europäischen Integrationsschritte: Hier sichert der Aufhänger des Art. 38 Abs. 1 GG als grundrechtsgleichem Recht einen Maßstab, welchen jeder wahlberechtigte Bürger potentiell beschwerdebefugt werden lässt. Dieser große Kreis an Beschwerdebefugten sichert dem BVerfG sein Mitspracherecht.
691 Die ZEIT, http://www.zeit.de/2006/19/EUGH, zugegriffen am 7.4.2009.
692 Für unterinstanzliche Gerichte ergeben sich aus der sogenannten „Foto Frost"-Rechtsprechung besondere Vorlagepflichten, Rechtssache 314/85, Slg. 1987, S. 4199, Rn. 14ff. Über den Wortlauts aus Art. 234 Abs. 2 EG hinaus konstatiert der EuGH eine Pflicht zur Vorlage, sofern es sich um die Gültigkeit – im Gegensatz zu Auslegungsfragen – von Handlungen der Gemeinschaftsorgane handelt. Hier behält sich der EuGH aus Gründen der Einheitlichkeit der Gemeinschaftsrechtsordnung ein über den ausdrücklichen Vertragstext hinausgehendes Letztentscheidungsrecht vor (eine Art Verwerfungsmonopol).

Komplex wie der grenzüberschreitenden Verlustverrechnung vorgelegt zu bekommen, können die Richter weitaus bedachter vorgehen – sofern Sie dies möchten. Der Druck auf das einzelne Urteil nimmt etwas ab. Es reduziert sich der Drang zur Überfrachtung eines Urteils allein aus dem Grund seltener Gelegenheit. Vielmehr kann der Gerichtshof immer öfter darauf vertrauen, im Bedarfsfall bei Fehlentwicklungen in einem späteren Verfahren relativ zeitnah nachjustieren zu können. Eine in sich vergleichsweise geschlossene Urteilsreihe wie die vorliegende ist dennoch ein spezieller Glücksfall.

Neben der deutschen gaben sechs weitere Regierungen Stellungnahmen zu der Rechtssache „Lidl Belgium" ab[693]. Im Unterschied zu den zwei vorangegangenen Verfahren behandelt „Lidl" die Nutzung einer Betriebsstätte in einem anderen Mitgliedstaat. Zwar ist die Tochtergesellschaft die verbreitetere Organisationsform für ein Auslandsengagement[694], doch kann die Betriebsstätte eine interessante Alternative darstellen[695]. Unter einer Betriebsstätte versteht man eine „feste Geschäftseinrichtung, durch die die Tätigkeit eines Unternehmens ganz oder teilweise ausgeübt wird"[696]. Der Betriebsstättenbegriff legt mithin gewisse Präsenzanforderungen in zeitlicher, rechtlicher und örtlich-sachlicher Hinsicht zugrunde. Die Betriebsstätte ist dabei, anders als die Tochtergesellschaft, rechtlich unselbständiger Teil eines Unternehmens. In Anknüpfung an diese fehlende Eigenständigkeit erfolgt die Besteuerung ihrer Tätigkeiten nicht losgelöst von der des Stammhauses[697]. Im grenzüberschreitenden Fall folgt diese einheitliche steuerliche Belastung zusätzlich aus dem Welteinkommensprinzip. Daneben versucht der Tätigkeitsstaat der Betriebsstätte fiskalisch zu partizipieren[698]. Mithin besteht durch das Zusammentreffen von unbe-

---

693 Dies sind ebenso viele wie bei dem Mutterfall „Marks & Spencer" (bei „Oy AA" waren es vier weitere Staaten). Ein Faktum, welches abermals die Bedeutung des vorliegenden Verfahrens unterstreicht.
694 Frotscher, Internationales Steuerrecht, Rn. 261.
695 Ganz praktisch wird die Nutzung einer Betriebsstätte häufig in Fällen eines kurz- oder mittelfristigen beziehungsweise vom Umfang eher mäßigen Auslandsengagements vorteilhaft sein.
696 Legaldefinition des Art. 5 Abs. 1 OECD-MA. Eine Konkretisierung erfolgt durch einen Positivkatalog in Art. 5 Abs. 2 OECD-MA. Ebenso die Definition in Art. 2 Abs. 1 Nr. 2 DBA Deutschland-Luxemburg. Vgl. ferner die parallelen Tatbestandsvoraussetzungen in § 12 AO. Auch die Interpretation der Tatbestandsvoraussetzungen im Abkommensrecht und der deutscher AO entsprechen sich im Wesentlichen, vgl. hierzu Ditz, Internationale Gewinnabgrenzung bei Betriebsstätten, S. 26. Allerdings erfüllt die Begrifflichkeit der Betriebsstätte jeweils unterschiedliche Funktionen: innerstaatlich dient die Definition vor allem als Anknüpfungspunkt einer materiellen Steuerpflicht für die Quellenbesteuerung der grenzüberschreitenden Tätigkeit; in den DBA dient sie hingegen vorwiegend zur Abgrenzung der Besteuerungsrechte zwischen den Vertragstaaten sowie im Rahmen der Verhinderung unerwünschter Doppelbesteuerung als Voraussetzung für die Anwendung der Freistellungs-methode.
697 Fey in: Becksches Steuerlexikon, Betriebsstättenbesteuerung, Rn. 1.
698 Dieser Besteuerung liegt die im Territorialitätsprinzip wurzelte und äquivalenztheoretischem Gedankengut folgende Vorstellung zugrunde, dass es vorrangig der Quellenstaat ist, welcher durch die Bereitstellung öffentlicher Güter zur Erzielung des Unternehmensgewinnes beigetragen hat (Betriebsstättenprinzip), vgl. Autzen, Die ausländische Holdingpersonengesellschaft, S. 184; Paschen, Steuerumgehung, S. 183. Die Betriebsstätte bietet einen territorialen

schränkter und beschränkter Steuerpflicht die Gefahr einer doppelten Belastung ein und derselben Betriebsstättentätigkeit. Dies zu verhindern ist Ziel von DBA.

Der Fall „Lidl Belgium" betrifft demnach – anders als die zwei bereits besprochenen Urteile – nicht die Verlustverrechnung in Konzernstrukturen, sondern innerhalb eines eine rechtliche Einheit bildenden, grenzüberschreitend tätigen Unternehmens. Vergleichbar mit „Marks & Spencer" ist allerdings die Konstellation des „Verlustimportes" und dessen ökonomische Dimension. Das Verfahren „Lidl Belgium" dreht sich nämlich um die Frage, ob Verluste ausländischer Betriebsstätten im Mitgliedstaat des Stammhauses geltend gemacht werden können obwohl, dort nach einem DBA die Einkünfte der Betriebsstätte freigestellt sind. Trotz der sich mit dem DBA zusätzlich einstellenden völkerrechtlichen Ebene[699] führt das Verfahren „Lidl Belgium" mit seinen verständlichen Sachverhaltsumständen im Ergebnis zu einer Reduktion des komplexen Bereichs der grenzüberschreitenden Verlustverrechnung auf die Kernfragen im Verteilungswettstreit des Europäischen Steuerrechts.

B. Fallproblem

Die Lidl Belgium GmbH & Co KG[700] ist Teil der Unternehmensgruppe Lidl. Sie hat ihren Sitz im baden-württembergischen Neckarsulm. Ihre Aufgabe liegt im Betreiben des Lidl-Filialnetzes in Belgien undLuxemburg. Die Lidl Belgium GmbH & Co KG ist damit Teil einer dezentral organisierten operativen Unternehmensebene[701], welche das ausländische Management der Filialen lenkt und überwacht.

Anknüpfungspunkt. Dieser ist ein – auch völkerrechtlich – ausreichender genuine link für das Besteuerungsrecht des Betriebsstättenstaates.

699 Das DBA ist ein völkerrechtlicher Vertrag, welcher sich auf Gegenstände der Bundesgesetzgebung bezieht und daher gemäß Art. 59 Abs. 2 Satz 1 GG eines Zustimmungsgesetzes bedarf. Durch dieses Gesetz wird der vertragliche Inhalt unmittelbar anwendbares, innerstaatliches Recht, vgl. Brähler/Djanani, Internationales Steuerrecht, S. 85. Hinsichtlich der konkreten Form der Umsetzung des Völkervertragsrecht herrscht auch für das DBA der allgemeine Streit zwischen Adotions-, Transformations- und Vollzugstheorie, vgl. Hobe/Kimminich, Völkerrecht, S. 225f.

700 Bei der Lidl Belgium GmbH & Co KG handelt es sich um eine KG, deren einziger Komplementär eine GmbH ist. Allgemein zur GmbH & Co KG siehe Hueck/Windbichler, Gesellschaftsrecht, § 37. Über 10% aller deutschen Unternehmen werden in dieser Rechtsform geführt, Giehl, MittBayNot 2005, 122 (ebenda).

701 Ursprünglich war die Gesellschaft Lidl Belgium auch nur für den belgischen Markt errichtet worden. Für die Erschließung des kleinen Luxemburger Marktes lohnte es sich allerdings nicht, eine eigene Betriebsgesellschaft zu gründen, sodass Lidl Belgium auch die Unterhaltung der Filialen in Luxemburg übertragen wurde, ohne dass die Firma entsprechend angepasst wurde.

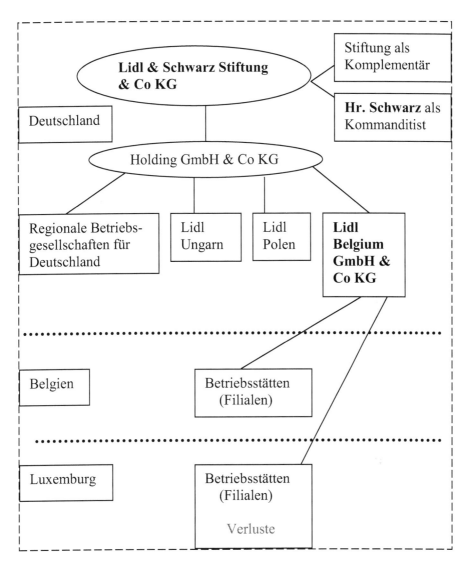

Der Streit vor dem EuGH dreht sich um den Verlust einer Filiale in Luxemburg. Diese hatte im Steuerjahr 1999 negative Einkünfte in Höhe von 163.382 DM erwirtschaftet[702]. Diesen Betrag wollte Lidl Belgium im Steuerfeststellungsverfahren von ihrer Bemessungsgrundlage in Deutschland abziehen. Dieses Begehren lehnte das Finanzamt ab und berücksichtigte den Verlust lediglich im Rahmen des negativen

---

702 1999 ist vorliegend auch der streitige Veranlagungszeitraum.

Progressionsvorbehalts[703], § 32b EStG 1997. Zur Begründung wurde auf die Freistellung von Betriebsstätteneinkünften gemäß Art. 5 Abs. 1 in Verbindung mit Art. 20 Abs. 2 DBA Deutschland-Luxemburg verwiesen[704].

Hiergegen erhob Lidl Belgium Verpflichtungsklage auf Änderung des Feststellungsbescheides. Diese wurde vom Finanzgericht Baden-Württemberg als unbegründet abgewiesen[705]. Der mit der Revision betraute Bundesfinanzhof hat das Verfahren gemäß § 121 Satz 1 in Verbindung mit § 74 der Finanzgerichtsordnung ausgesetzt und dem Gerichtshof die mit dem Fall verbundenen europarechtlichen Fragen zur Vorabentscheidung vorgelegt[706].

C. Schlussanträge der Generalanwältin[707]

Die Entscheidungsvorschläge von Generalanwältin *Sharpston* sind im Vergleich zu den Ausführungen ihrer Kollegen bei „Marks & Spencer" und „Oy AA" recht kurz[708] und inhaltlich nahezu auf eine rein subsumierende Anwendung der Rechtfer-

---

703 Soweit es sich bei den Mitunternehmern um natürliche Personen handelte.
704 Einschränkungen der Verrechenbarkeit aufgrund § 2a Abs. 1 EStG spielen vorliegend keine Rolle. Das unilaterale Ausgleichsverbot für negative Einkünfte einer im Ausland belegenen Betriebsstätte gem. § 2a Abs. 1 Satz 1 Nr. 2 EStG greift hier aufgrund der einschlägigen Ausnahme nach § 2a Abs. 2 Satz 1 EStG nicht, weil es sich bei der Tätigkeit der Lidl Filialen um von Deutschland tolerierte „gute" Einkünfte aus der „Herstellung oder Lieferung von Waren" handelt. Darüber hinaus ist die Regelung des Art. 2a Abs. 1 EStG als Europarechtswidrig zu qualifizieren, vgl. Rehm/Nagler, IStR 2008, 129 (130). In der Folge der Rechtssachen C-152/03, „Ritter Coulais", Slg. 2006, I-1711 und C-347/04, „Rewe Zentralfinanz", IStR 2007, 291 ff. und nach Einleitung eines Vertragsverletzungsverfahrens auf Grundlage des Art. 226 EG hat auch das BMF per Rundschreiben vom 30. Juli 2008, DStR 2008, 1588 eine geänderte Vollzugspraxis angeordnet. Danach soll Art. 2a EStG nur noch auf sogenannte Drittstaatenfälle zur Anwendung gebracht werden. Zur hier relevant werdenden Einschlägigkeit des Art. 56 EG siehe die Ausführungen von Rehm/Nagler, IStR 2008, 129 (131). Diese geänderte Anwendung wird nun durch das Jahressteuergesetz 2009 in Gesetzesform gegossen, vgl. JStG 2009, BGBl 2008, S. 2794ff.
705 Urteil vom 30. 6. 2004, 1 K 312/03, DStRE 2004, 958f.
706 Anmerkung: Durch die Struktur der Unternehmensgruppe mit einer Ausgestaltung der verschiedenen Ebenen in Form von Personengesellschaften706 und einer ganz überwiegenden Gewinnberechtigung des Kommanditisten der Lidl & Schwarz Stiftung & Co KG706 fließen – dem im deutschen Steuerrecht für Personengesellschaften geltenden Transparenzprinzip706 entsprechend – die Ergebnisse am Ende größtenteils bei Herrn Schwarz zusammen. Verluste von Lidl Belgium werden so – vereinfacht gesprochen – zu Verlusten von Herrn Schwarz706. Dies verhält sich mit den anderen operativen Gesellschaften überwiegend genauso. Hierdurch wird ersichtlich, welch enormes Verlustverrechnungspotential für Herrn Schwarz entsteht, sofern im „Modellverfahren Lidl Belgium" eine grenzüberschreitende Verlustberücksichtigung für möglich erachtet wird.
707 Schlussanträge Generalanwältin Sharpston vom 14.02.2008, Rechtssache C-414/06, „ Lidl Belgium", IStR 2008, 184 ff.
708 Ohne die Ausführungen zum Hilfsantrag einer zeitlichen Begrenzung des Urteils umfasst die inhaltliche Auseinandersetzung mit der Materie ganze 32 Randnummern.

tigungstrias beschränkt. Auf Ebene der Beschränkungsprüfung geht sie mit keiner Silbe auf die nachdrücklich vorgetragenen Bedenken der Mitgliedstaaten ein und bejaht in nur einer Randnummer die tatbestandliche Verletzung von Art. 43 EG[709]. Dies ist umso verwunderlicher als in der „Lidl Belgium"-Konstellation das DBA zwischen Deutschland und Luxemburg eine gewichtige Rolle bei der Verteilung der Besteuerungszuständigkeiten spielt. Dessen besondere nationalstaatliche Sensibilität im Ausdruck des beiderseitigen Willens zweier souveräner Staaten, welche auf dem Verhandlungsweg die Steuergrenzen zwischen sich ziehen, wurde vom Gerichtshof bereits mehrmals herausgehoben[710]. Vor diesem Hintergrund ist die völlige Ausklammerung des DBA auf Tatbestandsebene der Schlussanträge problematisch[711].

Insgesamt folgten die Schlussanträge ausgesprochen zeitnah auf die mündliche Verhandlung[712]. Der Verlauf der mündlichen Verhandlung[713], insbesondere die Präsentation tatsächlicher Momente wie den Umfang der Geschäftstätigkeit der Klägerin in Belgien und Luxemburg und die Verlustberücksichtigung im Jahre 2003 in Luxemburg, wurde von der Generalanwältin nicht ausreichend gewichtet. Dies dürfte ein Grund für ihr Resümee sein, welches mangels einer im Verhältnis zur generellen Nichtberücksichtigung von ausländischen Betriebsstättenverlusten mildern, aber in Deutschland nicht mehr vorhandenen Nachversteuerungsmöglichkeit die Unverhältnismäßigkeit der Verlustbegrenzung feststellt[714]. Daher unterbreitete *Sharpston* dem EuGH folgenden Entscheidungsvorschlag[715]:

---

709 Schlussanträge Generalanwältin Sharpston vom 14.02.2008, Rechtssache C-414/06, „ Lidl Belgium", Rn. 7.
710 Vgl. etwa aus jüngerer Zeit Rechtssache C-470/04, „N", Slg. 2006, I-7409, Rn. 44: „Der Gerichtshof hat in diesem Zusammenhang bereits entschieden, dass in Ermangelung gemeinschaftsrechtlicher Vereinheitlichungs- oder Harmonisierungsmaßnahmen die Mitgliedstaaten befugt bleiben, insbesondere zur Beseitigung der Doppelbesteuerung die Kriterien für die Aufteilung ihrer Steuerhoheit vertraglich oder einseitig festzulegen (Urteile „Gilly", Randnrn. 24 und 30, vom 21. September 1999 in der Rechtssache C-307/97, „Saint-Gobain ZN", Slg. 1999, I-6161, Randnr. 57, vom 12. September 2002 in der Rechtssache C-385/00, „De Groot", Slg. 2002, I-11819, Randnr. 93, und vom 23. Februar 2006 in der Rechtssache C-513/03, „van Hilten-van der Heijden", Slg. 2006, I-1957, Randnrn. 47 und 48)".
711 Zum Einfluss des DBA auf die Beschränkungsprüfung siehe fünftes Kapitel D. I. 3. c).
712 Die mündliche Verhandlung fand am 29.11.2007 statt. Die Schlussanträge wurden am 14.02.2008 veröffentlicht. Berücksichtigt man die übliche Zeit für die Übersetzung sowohl der Stellungnahmen der Parteien und der beigetretenen Regierungen als auch der in Englisch abgefassten Schlussanträge, so bleiben für inhaltliche Aus- bzw. Überarbeitungen kaum drei Wochen übrig.
713 Vgl. zur mündlichen Verhandlung ausführlich Rehm/Nagler, IStR 2008, 129 (133ff.).
714 Schlussanträge Generalanwältin Sharpston vom 14.02.2008, Rechtssache C-414/06, „ Lidl Belgium", Rn. 32.
715 Bemerkenswert ist obendrein die teilweise herausfordernde Wortwahl der Generalanwältin. So stellt sie sich einige Male offen gegen die Schlussfolgerungen des Gerichtshofs aus „Marks & Spencer", etwa im Zusammen-hang mit ihren Vorschlägen zum Konzept einer Nachversteuerung nach dem Vorbild des § 2a Abs. 3 EStG a.F. im Rahmen der Verhältnismäßigkeitsprüfung, Schlussanträge Generalanwältin Sharpston vom 14.02.2008, Rechtssache C-414/06, „ Lidl Belgium", Rn. 25: "Eine solche Abzugsregelung mit Nachbesteuerung greift unbestreitbar weniger tief in das Grundrecht der freien Niederlassung des Steuerpflichtigen

„Es ist nicht mit Art. 43 EG vereinbar, wenn ein Mitgliedstaat einem Unternehmen verwehrt, Verluste aus einer Betriebsstätte in einem anderen Mitgliedstaat bei der Ermittlung der zu versteuernden Gewinne abzuziehen, weil nach dem maßgeblichen Doppelbesteuerungsabkommen entsprechende Betriebsstätteneinkünfte nicht der Besteuerung des erstgenannten Mitgliedstaats unterliegen"[716].

D. Urteil des Gerichtshofs[717]

Gerade die privatwirtschaftliche Fachwelt war wie die Generalanwältin ganz überwiegend davon ausgegangen, dass die einheitliche Versagung einer grenzüberschreitenden Verlustnutzung von EU-Betriebsstättenverlusten der Niederlassungsfreiheit widerspricht[718]. Hingegen urteilte der Gerichtshof:

„Art. 43 EG steht dem nicht entgegen, dass eine in einem Mitgliedstaat ansässige Gesellschaft von ihrer Steuerbemessungsgrundlage nicht die Verluste einer Betriebsstätte abziehen kann, die ihr gehört und in einem anderen Mitgliedstaat belegen ist, sofern nach einem Abkommen zur Vermeidung der Doppelbesteuerung die Einkünfte dieser Betriebsstätte im letztgenannten Mitgliedstaat

> ein als ein pauschales Verbot des Abzugs der von einer Betriebsstätte in einem anderen Mitgliedstaat erwirtschafteten Verluste von den Gewinnen einer Gesellschaft. Trotzdem ist die Regelung immer noch zur Erreichung der Ziele der Wahrung der ausgewogenen Aufteilung der Besteuerungsbefugnis und der Vermeidung der Gefahr einer doppelten Verlustberücksichtigung geeignet. *Meiner Ansicht nach würde damit dem Gebot der Verhältnismäßigkeit eindeutig besser entsprochen als mit der Entscheidung des Gerichtshofs im Urteil Marks & Spencer.*" [eigene Hervorhebung]. Siehe ferner in Rn. 27.. Hierbei verwundert ihr ungewohnt undiplomatisches Vorgehen. So bezeichnet sie das angesprochene Urteil in einem wichtigen Punkt gar als „äußerst lakonisch", Schlussanträge Generalanwältin Sharpston vom 14.02.2008, Rechtssache C-414/06, „ Lidl Belgium", Rn. 26. Zwar sind die Entscheidungsvorschläge von *Sharpston* im Original in ihrer Muttersprache Englisch verfasst, doch die dort verwendete Formulierung „extremely laconic" ist nicht minder provokativ. Strategisch hat sie sich mit ihren Ausführungen sicher keinen Gefallen getan. Durch die unverblümte, ihre Gesichtswahrung des EuGH erschwerende Marschroute konnte der Gerichtshof ihren Anträgen eigentlich nicht vollumfänglich folgen, ohne sich selbst und seine Autorität im Nachgang zu „Marks & Spencer" zu beschädigen. Andererseits wirft sie mit ihrem Vorgehen ebenso den Mitgliedstaaten einen Fehdehandschuh vor die Füße, etwa durch die Art und Weise ihrer Beschränkungsprüfung. Siehe zu den Schlussanträgen die ausführliche und deutliche Kritik durch den Prozessbeistand des Bundes, Professor Kube, IStR 2008, 305ff.. Insgesamt ein in „rechtstaktischer" Hinsicht zumindest ungeschicktes Vorgehen.

716 Schlussanträge Generalanwältin Sharpston vom 14.02.2008, Rechtssache C-414/06, „ Lidl Belgium", Rn. 37.
717 Urteil vom 15.05.2008, Rechtssache C-414/06, „Lidl Belgium GmbH & Co KG/Finanzamt Heilbronn", IStR 2008, 400ff. Alle Fußnoten im fünften Kapitel, welche ohne Angabe der Rechtssache erfolgen, bezeichnen eine Fundstelle im Urteil „Lidl Belgium".
718 Dörfler/Ribbrock, BB 2008, 1322 (1326) mit weiteren Nachweisen. Hingegen vertrat die deutsche Finanz-verwaltung seit geraumer Zeit die Ansicht, dass sich eine DBA rechtliche Freistellung europarechtskonform ebenfalls auf negative Einkünfte erstreckt, vgl. Rupp, Internationales Steuerrecht: Auslandsverluste, HaufeIndex 1873803.

besteuert werden, in dem diese Verluste bei der Besteuerung der Einkünfte dieser Betriebsstätte für künftige Steuerzeiträume berücksichtigt werden können"[719].

I. Anwendungsbereich und Beschränkung der Grundfreiheit

1. Konkurrenzverhältnis zwischen Art. 43 EG und Art. 56 EG

Der Einstieg in die Grundfreiheitenprüfung erfolgt wie bereits bei „Oy AA" über eine Abgrenzung der hier denkbaren Anwendungsbereiche von Art. 43 EG und Art. 56 EG. Dies war in der Vorlagefrage des BFH explizit angelegt[720]. Das „Lidl Belgium"-Urteil ist dabei eines der jüngsten steuerrechtlichen Urteile in der Nachfolge zu „Cadbury Schweppes"[721] und „Fidium Finanz"[722], in welchem die Abgrenzung einem nunmehr weitgehend gefestigten Muster folgt[723]. Entsprechend knapp sind die Ausführungen des Gerichtshofes[724]. Trotz der Kürze der Abhandlung ist „Lidl Belgium" Teil einer Konsolidierungsphase hinsichtlich der Handhabung des Konkurrenzverhältnisses zwischen Niederlassungs- und Kapitalverkehrsfreiheit. Als Grundlinie erweist sich nun, dass im Falle einer Überlappung der Grundfreiheiten die Art. 56 ff. EG verdrängt werden, wenn der Gesichtspunkt der Niederlassung erkennbar im Vordergrund steht. Behindern die streitigen Normen in erster Linie die Niederlassung, während eine Tangierung der Kapitalverkehrsfreiheit nur die zwangsläufige Folge dieser Behinderung darstellt, so sind nur die Art. 43ff. EG zu würdigen[725].

Das Ergebnis dieser Vorgehensweise scheint für den EuGH derart offensichtlich, dass er im Urteil „Lidl Belgium" auf eine Subsumtion des Falles verzichtet. Ausgangspunkt für die Einordnung ist jedoch stets die Niederlassung im Sinne des Art. 43 EG. Sie fordert die Ausübung einer „selbständigen Erwerbstätigkeit", Art. 43 Abs. 2 EG, etwa durch Agenturen, Zweigniederlassungen oder Tochtergesellschaften, Art. 43 Abs. 1 Satz 2 EG. Die vorliegend streitigen Auswirkungen des DBA Deutschland-Luxemburg verbieten den Abzug von Verlusten, die durch die

---

719 Rn. 54. Diesem EuGH-Urteil folgte am 17.07.2008 die Entscheidung des BFH in der Revisionssache I R 84/04, „Lidl Belgium".
720 BFH, Beschluss vom 28.06.2006, I R 84/04, BFHE 214, 270, Leitsätze: „Ist es mit Art. 43 und Art. 56 EG vereinbar, wenn ein deutsches Unternehmen mit Einkünften aus Gewerbebetrieb Verluste aus einer Betriebsstätte in einem anderen Mitgliedstaat (hier: Luxemburg) bei der Gewinnermittlung nicht abziehen kann, weil nach dem maßgeblichen Doppelbesteuerungsabkommen entsprechende Betriebsstätteneinkünfte nicht der deutschen Besteuerung unterliegen?"
721 Rechtssache C-196/04, „Cadbury Schweppes", Slg. 2006, I-7995.
722 Rechtssache C-452/04, „Fidium Finanz", Slg. 2006, I-9521.
723 Zu den lange Zeit währenden Unklarheiten im Konkurrenzverhältnis gerade dieser beiden Grundfreiheiten siehe Haslehner, IStR 2008, 565ff.
724 Rn. 15f. Ferner kommt dieser Abgrenzung, anders als etwa im Verfahren „Stahlwerke Ergste Westig", Rechtssache C-415/06, IStR 2008, 107ff. keine entscheidungserhebliche Bedeutung zu.
725 In diesem Sinne Rn. 16.

Tätigkeit einer ausländischen Betriebsstätte in Luxemburg erwirtschaftet wurden. Die Betriebsstätte wurde soeben als „feste Geschäftseinrichtung, durch die die Tätigkeit eines Unternehmens ausgeübt wird" definiert. Vorrangiger Zweck dieser Normen ist es, die steuerliche Behandlung der damit verbundenen grenzüberschreitenden Erwerbstätigkeit zu regeln[726]. Im Falle der Betriebsstätte soll die Geschäftstätigkeit im anderen Quellenstaat mithin erst dann besteuert werden, wenn sie dort zu einer intensiven geschäftlichen Bindung geführt hat und sich in der Bindung eine gewisse Verwurzelung des Unternehmens mit dem Belegenheitsort ausdrückt[727]. Zudem ergibt die Betrachtung des konkreten Einzelfalles eine vollständige Kontrolle[728] des Managements und der Vertriebspraktiken der Lidl Filialen in Luxemburg durch die Lidl Belgium GmbH & Co KG in Deutschland[729], sodass auch vor diesem Hintergrund ausschließlich die Art. 43 ff. zu prüfen sind[730].

Allgemein lässt sich aus dieser Abgrenzung folgern, dass die Niederlassung eine eigene Geschäftstätigkeit voraussetzt, während sich der Kern des Kapitalverkehrs in einem bloß finanziellen Engagement erschöpft[731].

---

[726] Der Sinn und Zweck kann andererseits auch zu einer parallelen Anwendbarkeit von Niederlassungs- und Kapitalverkehrsfreiheit führen. So erkannte der EuGH etwa, dass in der Rechtssache C-446/04, „Test Claimants in the FII Group Litigation", Slg. 2006, I-11753, die britischen Steuerregelungen für ausländische Dividenden-erträge nicht speziell auf Niederlassungsvorgänge zugeschnitten waren, somit auch keine vorwiegende Berührung der Niederlassungsfreiheit vorlag, welche ein Zurücktreten der Kapitalverkehrsfreiheit zur Folge gehabt hätte. Die geprüften Regelungen waren nämlich – anders als in etwa die britischen CFC-Normen im Verfahren „Cadbury Schweppes" – unterschiedslos auf Fälle der beherrschenden und der nicht beherrschenden Beteiligung anzuwenden. Ähnlich in der Rechtssache C-157/05, „Holböck", Slg. 2007, I-4051.
[727] Vgl. Bendlinger, IStR 2009, 521 (ebenda f.); Englisch, IStR 2009, 526 (ebenda).
[728] Zu diesem Merkmal der „Beherrschung" siehe bereits Kapitel vier unter IV. 1. Die Betriebsstätte ist unselbständiger Teil eines Unternehmens, hier der Lidl Belgium GmbH & Co KG, welche dem unbegrenzten Einfluss der Unternehmensführung unterliegt.
[729] Ob die Perspektive des Einzelfalls oder eine abstrakte Betrachtung der in Rede stehenden Vorschriften vom EuGH bevorzugt wird, ist noch nicht abschließend geklärt. Diese Frage müsste wie gezeigt vorliegend aber auch nicht entschieden werden.
[730] Eine solch klare Differenzierung wäre vorliegend eigentlich nicht notwendig gewesen, da hier beide Grundfreiheiten nach nahezu identischen Maßstäben angewandt werden können. Allerdings bestätigt der Gerichtshof so abermals seine bisher entwickelte Abgrenzungslinie.
[731] Interessanterweise werden durch diese Abgrenzung nach dem Schwerpunkt reine Portfoliobeteiligungen im Drittstaatenfall besser gestellt als beherrschende Mehrheitsbeteiligungen. Für sie streitet in diesem Fällen nämlich die Kapitalverkehrfreiheit wohingegen die Niederlassungsfreiheit nicht eingreift. Hier entsteht eine Schutzlücke zulasten der höheren Beteiligungsquote. Diese Begünstigung widerspricht zudem der vom nationalen Gesetzgeber vorgenommenen Wertung aus Art. 2a Abs.1 EStG in Verbindung mit Art. 2a Abs. 2 EStG, wonach gerade aktive Tätigkeiten honoriert werden. Die deutsche Finanzverwaltung versucht daher die Schwelle für einen bestimmenden Einfluss möglichst niedrig zu halten.

2. Betriebsstättentätigkeit und Art. 43 EG

Die sachliche Einschlägigkeit der Niederlassungsfreiheit wird von den Richtern ebenfalls en passant festgestellt. Vorliegend handelt es sich um die sogenannte sekundäre Niederlassungsfreiheit, Art. 43 Abs. 1 S. 2 EG, welche sowohl die Errichtung von Tochtergesellschaften, also rechtlich selbständigen Unternehmensteilen, als auch die Gründung von unselbständigen Betriebsteilen erfasst[732]. Beispielhaft sind im Vertrag die Agentur und die Zweigniederlassung aufgeführt. Damit ist allerdings keine Einengung auf ganz bestimmte Formen unselbständiger Unternehmensteile bezweckt[733]. Wie bereits festgestellt, handelt es sich bei der Betriebsstätte um eine weder gesellschafts- noch steuerrechtlich selbstständige Unternehmenseinheit. Auf Grundlage dieser Einordnung erkennt der EuGH die Geschäftstätigkeit in Gestalt der Betriebsstätte in ständiger Rechtsprechung als von der Niederlassungsfreiheit umfasst an[734].

Die Lidl Belgium GmbH & Co KG kann folglich im Bezug auf ihre Betriebsstätte subjektive Rechte aus Art. 43 EG geltend machen, sofern in dessen Schutzbereich eingegriffen wurde.

3. Beschränkung der Niederlassungsfreiheit

In der Beschränkungsprüfung liegt eine maßgebliche Weichenstellung der konkreten wie auch der allgemeinen Auseinandersetzung im Europäischen Steuerrecht. Wie ausgedehnt begreift der EuGH das Beschränkungsverständnis am Berührungspunkt zwischen Europarecht und nationalem Steuerrecht? Hier finden wichtige Selektionsvorgänge statt, welche den Ausgang eines Verfahrens vorformen.

Zwar werden der Diskussion um die beschränkende Wirkung des deutschen Abkommensverständnisses im vorliegenden Urteil erneut nur wenige Randnummern gewidmet. Hierin ist jedoch eher eine geschickte Schwerpunktsetzung der Richter im eigenen Interesse denn eine mangelnde Bedeutung dieser Problematik zu sehen, ist es doch das Bestreben der Richter, den Streitstand zum Europafall zu machen. Nur so verbleibt ihnen die Möglichkeit, durch „Geben und Nehmen" auf Ebene der Rechtfertigung feinzujustieren – und dort stehen nach dem Konzept des Vertrages die Mitgliedstaaten unter Rechtfertigungsdruck.

Vorliegend herrscht ein Disput über den behindernden Charakter von Normen des deutschen Einkommensteuergesetzes sowie dessen Zusammenspiel mit dem DBA Deutschland-Luxemburg (im Folgenden: DBA). Mangels der Einschlägigkeit von § 2a Abs. 1 EStG besteht aus Sicht des Einkommensteuerrechts, auf Grundlage des

---

732 Vgl. zur Form der sekundären Niederlassungsfreiheit, Schlag in: Schwarze, EU-Kommentar, Art. 43 EG, Rn. 20.
733 Schlag in: Schwarze, EU-Kommentar, Art. 43 EG, Rn. 20.
734 Siehe etwa Rechtsachen C-141/99, „AMID", Slg. 2000, I-11619, Rn. 20 und C-253/03, „CLT-UFA SA", Slg. 2006, I-1831, Rn. 9 und 13.

Welteinkommensprinzips, für Lidl Belgium im Ansatz eine territorial uneingeschränkte Verrechenbarkeit der Anlaufverluste aus den Filialen in Luxemburg mit in Deutschland erzielten Gewinnen. Die vom Finanzamt Heilbronn angeführte Einschränkung auf eine rein inländische Verlustberücksichtigung ergibt sich erst als Folge der im DBA vereinbarten Freistellungsmethode, beziehungsweise, genauer gesagt ihrer Anwendung nicht nur auf Gewinne, sondern auch auf Verluste[735]. Dessen Regelung gehen als Vertrag im Sinne des Art. 59 Abs. 2 Satz 1 GG gemäß § 2 AO den Steuergesetzen, also auch dem Einkommensteuergesetz, vor[736]. Art. 2 Abs. 1 Nr. 2 DBA definiert die Betriebsstätte in bereits bekannter Art und Weise, sodass auch die in Rede stehenden Discountmärkte in Luxemburg als solche angesehen werden können. Innerhalb des Allgemeinen Teils des DBA gewährt Art. 5 Abs. 1 Luxemburg als Quellenstaat ein Besteuerungsrecht für die Einkünfte aus der Betriebsstätte der deutschen Lidl Belgium GmbH & Co KG[737]. Damit steht dem Großherzogtum allerdings noch nicht das ausschließliche Besteuerungsrecht zu. Um dem Kernanliegen des Abkommens, eine Doppelbesteuerung zu vermeiden, gerecht zu werden, bedarf es daher in einem zweiten Schritt der abschließenden Zuteilung des Besteuerungsrechtes zwischen den vertragschließenden Staaten. Diese erfolgt im Zusammenspiel zwischen Art. 5 Abs. 1 DBA und Art. 20 Abs. 2 Satz 1 DBA[738]. In Folge dieser Freistellung seitens Deutschlands steht Luxemburg das Besteuerungsrecht für die auf seinem Staatsgebiet belegenen Betriebsstätten zu. Deutschland verzichtet hingegen auf die Ausübung seines im Grundsatz bestehenden – und durch einen ausreichenden genuine link völkerrechtlich legitimierten – Besteuerungsrechts.

---

735 Bemerkenswert ist, dass im Ausgangsverfahren vor dem FG Baden-Württemberg hauptsächlich um die Abschaffung des § 2a Bas. 3 EStG a.F. gestritten wurde, Urteil vom 30. 6. 2004, 1 K 312/03, DStRE 2004, 958f. Die systematisch vorstehende Frage einer Erstreckung der Freistellung auch auf Verluste, war hingegen nicht direkt Prüfungsgegenstand des FG Urteils. Diesen Fehler im Prüfungsansatz hat der BFH in seiner Vorlage zum EuGH allerdings korrigiert.
736 Diese Anordnung bedarf es aufgrund der in Deutschland vorherrschenden dualistischen Theorie. Danach bilden innerstaatliches Recht und Völkerrecht zwei im Grundsatz unabhängige und gleichrangige Rechtskreise, vgl. Stein/Frank, Staatsrecht, S. 26. Der das Europarecht kennzeichnende Vorrang des supranationalen Rechts besteht hier gerade nicht.
737 Art. 5 Abs.1 DBA Deutschland-Luxemburg lautet: „Bezieht eine Person mit Wohnsitz in einem der Vertragstaaten als Unternehmer oder Mitunternehmer Einkünfte aus einem gewerblichen Unternehmen, dessen Tätigkeit sich auf das Gebiet des anderen Staates erstreckt, so hat der andere Staat das Besteuerungsrecht für diese Einkünfte nur insoweit als sie auf eine dort befindliche Betriebsstätte entfallen". Die Tätigkeiten der Filialen erfolgt in Luxemburg, also im „anderen Staat". Soweit also die Einkünfte auf die Betriebsstätte entfallen, besitzt Luxemburg ein Besteuerungsrecht.
738 Art. 20 Abs. 2 Satz 1 DBA Deutschland-Luxemburg lautet: „Ist die Bundesrepublik Deutschland der Wohnsitzstaat, so wird sie die Einkünfte und Vermögensteile aus der Bemessungsgrundlage ausnehmen, für die nach den vorhergehenden Artikeln das Großherzogtum Luxemburg das Besteuerungsrecht hat". Deutschland ist im Fall der Wohnsitzstaat im Sinne von Art. 3 DBA. Gemäß Art. 5 Abs. 1 wurde Luxemburg das Recht zugestanden die Einkünfte für auf seinem Territorium tätige Betriebsstätten zu besteuern.

Konsequenz dieses Verzichts ist – aus der Sicht Deutschlands und der Mehrzahl der übrigen dem Verfahren beigetretenen Regierungen[739] – die Nichtbeachtung von Verlusten aus den Luxemburger Lidl Filialen. Wieder steht eine „herkunftsseitige Beschränkung" im Raum. Fraglich erscheint mithin, inwiefern beim Verlassen des Heimatsteuerraums bewusst die Aufnahme einer wirtschaftlichen Tätigkeit in einem anderen Mitgliedstaat weniger attraktiv gemacht wird und ob solche negativen Folgen lediglich Reibungsverluste aus dem Nebeneinander verschiedener Steuersysteme in einem nicht harmonisierten Bereich der Europapolitik sind.

a) Ansatz des EuGH im Urteil „Lidl Belgium"[740]

aa) Vergleichsgruppe

Wie im „Marks & Spencer"-Urteil deutlich wurde, spielt die konkrete Einordnung einer Maßnahme als offene beziehungsweise versteckte Diskriminierung oder als sonstige Beschränkung für den EuGH zumindest im Bereich des Europäischen Steuerrechts keine Ausschlag gebende Rolle mehr. Vielmehr rücken die grundsätzliche Weite dieses unspezifischen Beschränkungsverständnisses und der Zuschnitt der maßgeblichen Vergleichsgruppe in den Vordergrund[741]. Zur Weite der Schutzwirkung der Niederlassungsfreiheit verweist das Gericht lediglich auf das in seiner neueren Rechtsprechung mittlerweile etablierte, über den rein die Inländergleichbehandlung sichernden Wortlaut von Art. 43 EG hinausgehende, „Verbot herkunftsseitiger Beschränkungen"[742], um sich sogleich der Konfiguration der Vergleichsgruppe zu widmen.

Erneut legt der Gerichtshof den vertikalen Vergleich an. Verglichen werden die Situationen eines deutschen Stammhauses, welches die Verluste einer in einem anderen Mitgliedstaat belegenen Betriebstätte berücksichtigt wissen will, mit der Konstellation, dass gleichartige negative Einkünfte bei einer inländischen Betriebsstätte entstehen.

---

739 Vgl. Schlussanträge Generalanwältin Sharpston vom 14.02.2008, Rechtssache C-414/06, „Lidl Belgium", Rn. 7.
740 Rn. 19ff.
741 Siehe drittes Kapitel D. I.
742 Rn. 19. Ein vergleichbares Vorgehen findet sich in neuerer Zeit etwa bei der Rechtssache C-298/05, „Columbus Container", IStR 2008, 63ff, Rn. 33 oder jüngst bei „Krankenheim Ruhesitz", Rechtssache C-157/07, IStR 2008, 769ff., Rn. 29.

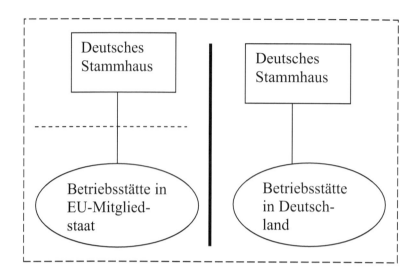

Während im rein innerdeutschen Verhältnis die Verluste der Betriebsstätte gemäß §§ 2 in Verbindung mit 10d EStG mit den Gewinnen des Stammhauses aus Gewerbebetrieb, § 15 Abs. 1 Nr.1 EStG, „verrechnet" werden, ist ein Verlustausgleich im transnationalen Sachverhalt mit Luxemburg aufgrund der abkommensrechtlichen Freistellung nach deutscher Lesart nicht möglich. Die Betriebsstätte wird im innerdeutschen Kontext nicht als getrennt steuerpflichtig behandelt. Es existiert nur ein Steuersubjekt, das Stammhaus, innerhalb dessen sich Gewinne und Verluste saldieren. Hingegen wird im DBA-Fall die Eigenständigkeit der Betriebsstätte fingiert, Art. 5 Abs. 2 DBA Deutschland-Luxemburg. Hierdurch können deren Verluste getrennt eingruppiert und dann je nach weiterer Abkommensgestaltung zugeordnet werden. Im hier vorliegenden DBA werden Einkünfte der „formal" deutschen, aber in Luxemburg tätigen Betriebsstätten von der Bemessungsgrundlage für die deutsche Steuer ausgenommen, Art. 5 Abs.1 in Verbindung mit Art. 20 Abs. 2 Satz 1 DBA. Von dieser kompletten Nichtberücksichtigung der abgesonderten Betriebsstätte sind nach deutschem Abkommensverständnis sowohl positive als auch negative Einkünfte umfasst (sogenannte Symmetriethese)[743]. Danach können die Luxemburger Filialverluste die Bemessungsgrundlage der Lidl Belgium GmbH & Co KG beziehungsweise ihrer Gesellschafter nicht schmälern. Die Steuerschuld in Deutschland für den umstrittenen Veranlagungszeitraum 1999 wird mithin nicht reduziert. Aufgrund dieser Unterschiedlichkeit der jeweiligen Ergebnisse stellt der EuGH eine Beschränkung der Niederlassungsfreiheit fest[744].

---

743 BFH, Beschluss vom 28.06.2006, I R 84/04, BFHE 214, 270, Rn 10.
744 Rn. 26.

Auch die Realisierung eines sogenannten Progressionsvorbehalts, in Deutschland geregelt im § 32b Abs. 1 Nr. 3 EStG[745], ändert nichts an dieser beschränkenden Wirkung. Solch ein Vorbehalt schafft lediglich auf Ebene des Steuersatzes eine Art Gleichbehandlung, nicht jedoch hinsichtlich der Bemessungsgrundlage, um welche es im vorliegenden Verfahren vorrangig geht.

Im Zusammenhang mit der Möglichkeit, bei der Ermittlung des Gewinns des Stammhauses Verluste der Betriebsstätte zu berücksichtigen, spricht das Urteil von einem „Steuervorteil"[746]. Dabei ist auszuschließen, dass es sich um eine misslungene Übersetzung handelt. Im Verfahren „Lidl Belgium" ist die Verfahrenssprache Deutsch[747]. Die Benennung als Steuervorteil bzw. -vergünstigung stellt im hiesigen Kontext jedoch eine zumindest unglückliche Terminologie dar. Dieser Sprachgebrauch rückt die Verlustverrechnung in die Nähe von Maßnahmen mit Subventionscharakter[748]. Dies zeugt sowohl in der Betriebsstätten- als auch in der Tochtergesellschaftssituation von einem steuersystematisch zweifelhaften Verständnis des Vorgangs[749]. In der vorliegenden „Lidl Belgium"-Konstellation einer beabsichtigten Saldierung von Betriebsstättenverlusten mit Gewinnen des Stammhauses, also eines Verrechnungsvorgangs innerhalb eines Steuersubjekts, wird die Unrichtigkeit des mit der EuGH Formulierung verbundenen Subventionierungsgedankens besonders deutlich. Gleichermaßen, wenn auch nicht auf den ersten Blick genauso fassbar, verhält es sich mit der „group relief" als einem mit der deutschen Organschaft verwandten Gruppenbesteuerungsregime[750]. Diese Regelungen sind in ihrer Valutierung des Konzerns als ökonomischer Ganzheit Ausdruck einer exakten Leistungsfä-

---

[745] Beachte jedoch die Änderungen durch das Jahressteuergesetz, 2009, BGBl 2008, S. 2794ff. Entgegen der bisherigen Regelung findet der positive wie negative Progressionsvorbehalt für abkommensrechtlich freigestellte Einkünfte keine generelle Anwendung mehr. Nach dem § 32b Abs. 1 Satz 1 EStG neu angefügten Satz 2 kommt dieser grundsätzlich nur noch in Drittstaatenfällen in Betracht, vgl. JStG 2009, BGBl 2008, S. 2794 (2799). Hinsichtlich nicht innerhalb von Drittstaaten verwirklichter Tatbestände findet der Progressionsvorbehalt nur noch unter verschärften Voraussetzungen Anwendung, vgl. JStG 2009, BGBl 2008, S. 2794 (2799) in Verbindung mit BR-Drs. 545/1/08, S. 27f. Diese Neuregelung soll bezwecken, dass keine Steuersparmodelle im EU-/EWR-Bereich entstehen, die über den negativen Progressionsvorbehalt das deutsche Steuersubstrat mindern.

[746] Rn. 23. Ebenso im Urteil „Krankenheim Ruhesitz", Rn. 32. Im Urteil „Marks & Spencer", Rn. 32 wird die britische „group relief" als Steuervergünstigung bezeichnet.

[747] Die englische Fassung spricht in beiden Verfahren von „tax advantage".

[748] Vgl. etwa die sogenannten Subventionsberichte des Bundes, welche alle zwei Jahre erstellt werden. Dort wird das Ausmaß von Steuervergünstigungen und direkte „Finanzhilfen" unter dem Oberbegriff Subventionen zusammengefasst, hierzu Brümmerhoff, Finanzwissenschaft, S. 586.

[749] Die Typisierung der Verlustverrechnung als Systemfolge einer gerechten Steuerbemessung nach Maßgabe des Leistungsfähigkeitsprinzips wurde im zweiten Kapitel B. dargestellt.

[750] Zur den deutschen Organschaftsregelungen und ihre Herleitung aus dem Leistungsfähigkeitsprinzip siehe bereits zweites Kapitel D. II.

higkeitsbestimmung[751]. Erst durch die Zusammenrechnung der Einzelergebnisse kann hier eine präzise Ermittlung der Grundlage für die Besteuerung erfolgen[752].

Auch wenn man dem EuGH unterstellt, dass er mit dieser Bezeichnung der Regelungen als „Steuervorteil" lediglich – aus seiner Betrachtung des Vergleichspaares heraus – die Unterschiedlichkeit der Ergebnisse ausdrücken wollte, so zeugt diese terminologische Unschärfe dennoch nicht von einem durchweg sicheren Umgang mit der nationalen Steuermaterie. Zwar existieren in der Wissenschaft Stimmen, welche solche steuerrechtlichen Kenntnisse bei den Europarichtern ohnehin für entbehrlich halten, weil diese die Fälle allein nach dem Europarecht zu beurteilen hätten[753]. Dem ist zu widersprechen: Ohne die Erfassung der Grundprinzipien steuerrechtlicher Systematik in den Mitgliedstaaten sind fundamentale, im Steuersystem verwirklichte Gerechtigkeits- und Gleichheitsaspekte nicht vor dem Europarecht zu bewahren. Die bei einem Gericht strukturell vorherrschende Einzelfallbeeinflussung ist geeignet, die nationale Steuerrechtsharmonie – sofern eine solche innerstaatlich vorhanden ist – zu durchlöchern, ohne die ganzheitliche Gerechtigkeitsfrage zu stellen. Aspekte der Leistungsfähigkeit und der Folgerichtigkeit werden – wenn überhaupt – meist nur im konkreten Verfahren berücksichtigt. Dieser, der fallbezogenen Prüfungsweise geschuldete, Makel entbindet die Richter jedoch nicht von ihrer Verantwortung, auch das große Ganze im Blick zu behalten. Schließlich ist der EuGH als Gemeinschaftsorgan insgesamt zur „Wahrung des Rechts"[754], also einem – gerade von den Richtern selbst – weit verstandenen Rechtsschutzauftrag in der EG berufen[755]. Besonders im Steuerrecht als politisch bewusst nicht harmonisiertem Bereich scheint es daher für den gebührenden Respekt vor den eigenverantwortlichen Systementscheidungen der Länder unerlässlich, sich mit deren Steuergefüge auseinanderzusetzen. Erst auf dieser Basis sind die Richter in der Lage, beurteilen zu können, welchen Rahmen das Europarecht um diese Strukturprinzipien legt bzw. wie das Zusammenspiel der Rechtskomplexe verlaufen kann. In diesem sensiblen Bereich kann es also nicht mit dem Verweis auf eine „Landesblindheit" der europarechtlichen Entscheidung getan sein. Um eine angemessene Abwägung vornehmen zu können, müssen die Luxemburger Richter einschätzen können, welche nachhaltigen Folgen finanzieller wie auch struktureller Art ihr Eingriff in die nationalstaatliche Steuerrechtsarchitektonik haben wird. Neben dem angesprochenen Respekt vor der Souveränität der Mitgliedstaaten, führt eine sichtbar werdende steuerliche Fachkompetenz

---

751 Ebenso und speziell für „Marks & Spencer", Hey, GmbHR 2006, 113 (114); Maiterth, DStR 2006, 915 (918).
752 Dies gilt insbesondere bei der von der deutschen Regelung geforderten engen Verknüpfung der Konzernteile durch einen Ergebnisabführungsvertrag.
753 Etwa Hermann, EuGH-Entscheidungen, S. 11 (mit weiteren Nachweisen).
754 Diese rein objektiv-rechtliche Fassung der Formulierung geht vor allem auf die Einflüsse der traditionellen, an der Legalitätskontrolle der Verwaltung ausgerichteten, französischen Verwaltungsgerichtsbarkeit zurück, vgl. Schwarze in: Schwarze, EU-Kommentar, Art. 220, Rn. 2. Wie bereits des Öfteren angesprochen ist der Individualrechtsschutz jedoch wichtiger Bestandteil des Binnenmarktkonzeptes und damit auch der Schutzaufgabe des EuGH.
755 Vgl. Schwarze in: Schwarze, EU-Kommentar, Art. 220, Rn. 1.

beim EuGH ebenfalls zu einer gewissen Reverenz bei den nationalen Steuerrechtsexperten. Auch wenn man im Ergebnis weiterhin in der Verfolgung seiner Interessen unterschiedlicher Meinung sein wird, so führt die Gewissheit, dass die Beurteilung der Problematik gelehrig wie sachverständig vorgenommen wird, zu einer höheren Akzeptanz bei nationalen Fachbeamten und Wissenschaftlern.

bb) Vergleichbarkeit

Weder von den Richtern noch der Generalanwältin ernsthaft gewürdigt wird die Problematik der grundsätzlichen Vergleichbarkeit der Betriebsstätten- mit der Tochtergesellschaftssituation[756]. Diese Frage ist gleichwohl Vorfrage für eine das Urteil durchziehende Gleichbehandlung mit der „Marks & Spencer"-Situation sowohl auf Tatbestands- als auch auf Rechtfertigungsebene. Zumindest diskussionswürdig ist hier – abgesehen von der bedeutenden Frage einer Eigenverantwortlichkeit der Staaten hinsichtlich der Aufteilung ihrer Besteuerungsbefugnisse untereinander[757]– der deutlich gewordene unterschiedliche Charakter einer Betriebsstätte im inländischen und transnationalen Sachverhalt. Zwar ist dem deutschen Steuerrecht die Betriebsstätte aus § 12 AO bekannt, im rein inländischen Sachverhalt kommt ihr jedoch keine[758] steuerrechtliche Bedeutung zu. Für die Zumessung der Steuer ist die Betriebsstätte gar nicht vorhanden. Demgegenüber ist die Funktion der Betriebsstätte im Internationalen Steuerrecht gerade dadurch gekennzeichnet, als eigenständige Wurzel einer Steuerbelastung zu dienen. Ihr werden originäre Einkünfte zugerechnet, welche sie erzielt hätte, wenn eine vergleichbare Tätigkeit als im Rechts- und Geschäftsverkehr eigenständiges Unternehmen zusammen mit dem Stammhaus ausgeführt worden wäre[759]. Dazu bedarf es einer eigenen Buchführung der ausländischen Betriebsstätte. Anhand ihres gesonderten Ergebnisses besteht dann ein Besteuerungsrecht des Betriebsstättenstaates. Dies entspricht über das DBA Deutschland-Luxemburg hinaus den gängigen Abkommensmodalitäten, vgl. Art. 7 OECD-MA.

---

756 Solche Erwägungen klingen allenfalls in Rn. 21f. vage an.
757 Hierzu sogleich unter b).
758 Abgesehen von der Erhebung der Gewerbesteuer, wo die Betriebsstätte bei der Verteilung des Steuermessbetrages zwischen den Gemeinden eine Rolle spielen kann. Hier ist die Betriebsstätte Anknüpfungspunkt für die Zerlegung der Steuer, § 28 Abs. 1 GewStG. Allerdings wird der Zerlegungsmaßstab auf der sehr speziellen Grundlage des § 29 Abs. 1 Nr.1 GewStG nach dem Verhältnis der „Summe der Arbeitslöhne, die an die bei allen Betriebsstätten (§ 28) beschäftigten Arbeitnehmer gezahlt worden sind, zu den Arbeitslöhnen steht, die an die bei den Betriebsstätten der einzelnen Gemeinden beschäftigten Arbeitnehmer gezahlt worden sind" ermittelt. Basis der Bemessung ist also die Summe der Gehälter, die innerhalb der fraglichen Betriebsstätte gezahlt wurden. Hingegen wird die Messung bei der in Lidl Belgium streitigen Konstellation durch die Saldierung von positiven und negativen Einkünften vorgenommen. Insofern handelt es sich um verschiedenartige Ausgangspunkte.
759 Zum Zwecke der Gewinnermittlung wird hierzu der sogenannte Fremdvergleichsgrundsatz herangezogen, vgl. Rek/Brück, Internationales Steuerrecht in der Praxis, S. 157.

Konkrete Folge dieser unterschiedlichen Eingruppierungen ist die Anzahl potentieller Steuergläubiger, welche am Betriebsstättengewinn partizipieren wollen. In der rein inländischen Gesamtbetrachtung von Betriebsstätte und Stammhaus als gesellschaftsrechtliche wie steuerliche Einheit bedingt sich lediglich die Bundesrepublik eine wirtschaftliche Teilhabe aus. Hingegen gerieren sich in der Auslandskonstellation sowohl Deutschland als auch Luxemburg als dem Grunde nach Besteuerungsberechtigte. Die divergierende Handhabung der steuerlichen Eigenständigkeitsqualität führt mithin zu einem Gläubiger im nationalen und zu zwei Gläubigern im grenzüberschreitenden Sachverhalt[760]. Der EuGH setzt sich in seiner pragmatischen Vorgehensweise nicht näher mit dieser Verschiedenartigkeit oder weiteren Details der deutschen Steuerrechtsordnung zur Betriebsstätte auseinander. Vielmehr legt er dem Urteil ausschließlich die international geläufige Betriebsstättenfunktion aus den völkerrechtlichen Doppelbesteuerungsabkommen mit ihrer Eigenständigkeitsfiktion zugrunde[761]. Diese ist sowohl hier als auch bei der Übertragung der Rechtfertigungskonzeption aus „Marks & Spencer" Ausgangspunkt seiner Überlegungen.

Der vertikale Ansatz grenzüberschreitender Vergleichspaarbildung erweist sich mithin als im Europäischen Steuerrecht übliche Vergleichsgruppe[762]. Den horizontalen Vergleich zugunsten einer grenzüberschreitenden Rechtsformneutralität hat der EuGH im Bereich der grenzüberschreitenden Verlustverrechnung bisher noch nicht vorgenommen[763]. Ferner versagte der Gerichtshof der „revolutionären" Vergleichspaarbildung von Generalanwalt *Mengozzi* in den Entscheidungsvorschlägen zu „Columbus Container" die Gefolgschaft. Der Jurist unterbreitete einen Vergleich zwischen den Steuersätzen der Mitgliedstaaten. Nationale Regelungen wie der deutsche § 20 Abs. 2 AStG führten aus Sicht des Steuerbürgers zu einer Spaltung des Binnenmarktes in Hoch- und Niedrigsteuerländern, zwischen welchen die wirtschaftliche Mobilität behindert würde[764]. Eine solch breite Betrachtungsweise hätte die Beschränkungsprüfung vollends zur Farce verkommen lassen.

---

760 Ebenso verhält es sich im Verfahren „Krankenheim Ruhesitz", Rechtssache C-157/07, IStR 2008, 769ff, Rn. 27ff.
761 Vgl. Rn. 21 f.
762 In allen Verfahren aus dem Bereich der grenzüberschreitenden Verlustverrechnung inklusive des jüngsten Falles Krankenheim Ruhesitz, Rechtssache C-157/07, IStR 2008, 769ff, Rn. 36 f. wurde anhand dieser Korrelation eine Beschränkung der Niederlassungsfreiheit angenommen.
763 Zur Sprache gebracht wurde dieser Gedanken allerdings sowohl in den Schlussanträgen zu Marks & Spencer, Rn. 42ff als auch im Urteil „Oy AA", Rn. 40.
764 Schlussanträge vom 29.03.2007, Rechtssache C-298/05, „Columbus Container", Rn. 148: „Aus der Sicht des deutschen Steuerpflichtigen wird dieser gleichwohl davon abgeschreckt, sich in einem Mitgliedstaat niederzulassen, dessen Steuersatz niedriger als der nach dem AStG festgelegte ist, oder seine Niederlassung dort beizubehalten. Unter Berücksichtigung der Aufspaltung des Binnenmarkts, die durch die in Rede stehende steuerliche Maßnahme hervorgerufen wird, was der deutsche Gesetzgeber im Übrigen angestrebt hat, kann eine solche Maßnahme nur dann als mit der durch den Vertrag gewährleisteten Niederlassungsfreiheit vereinbar betrachtet werden, wenn sie durch ein Erfordernis des Allgemeininteresses gerechtfertigt ist".

cc) Fazit

Weniger mitgliedstaatliche Missbilligung provoziert die hier aufgezeigte Kombination eines weiten Diskriminierungsbegriffes mit der wenig feingliedrigen Vergleichpaarbildung. Dieses Zusammenspiel ermöglicht den Richtern ein stetes Vordringen auf die zweite Prüfungsstufe, wo dann die Frage einer Rechtfertigung der Rechtsverletzung in Rede steht. Aufgrund der bisherigen Marschroute des Luxemburger Gerichts, Beschränkungen des Binnenmarktes stark lösungs- und am wirtschaftlichen Freiheitsgedanken orientiert zu qualifizieren, ist jedoch anzunehmen, dass die Richter im angezeigten Kontext auch den rechtsformübergreifenden Vergleich im Bereich der Verlustverrechnung anlegen werden[765], um eine Verletzung des Tatbestandes einer Grundfreiheit zu bejahen[766].

Dabei kommt dem Gerichtshof ferner der Charakter dieses Herzstückes einer jeden Gleichheitsprüfung entgegen: Die Zusammenstellung der in Beziehung zu setzenden Gruppen als Grundlage des Gleichheitsurteils ist mehr oder minder eine Frage wertender Perspektive und weniger ein rein rationaler, beweisbarer Umstand mit nur einer Wahrheit[767]. Zwar kann an dieser Stelle von Seiten der Mitgliedstaaten versucht werden, durch Darlegung der Historie, Wortlaut sowie Sinn und Zweck der Grundfreiheiten im nicht harmonisierten Bereich des Steuerrechts den die Eigenstaatlichkeit schonenden Blickwinkel zu bestärken. Eine unverrückbar schlüssige Anschauung wird es – jedenfalls in dieser abstrakten Form – nicht geben. Dies macht sich der EuGH geschickt zu nutze. Dabei erscheint sein methodisches Vorgehen teilweise obskur. In Problemfällen behelfen sich die Richter oft mit der Verarbeitung von Textbausteinen, ohne diesen allgemein gehaltenen Ausführungen eine Subsumtion oder Begründung folgen zu lassen. Sie verbleiben im Vagen und versuchen die fehlende Substanz einer gehaltvollen Argumentation durch die Entschiedenheit ihrer Formulierungen auszugleichen[768]. Angesichts dieses strukturell beste-

---

765 Beachte die hiergegen geübte Kritik im dritten Kapitel C.
766 Ein solches Vorgehen ist etwa in der BFH Vorlage „CLT", Rechtssache C-253/03, Slg. 2006, I-1861, Rn. 14ff. zu beobachten. Der EuGH betrachtet hier gezielt das Ergebnis und die Umstände (Kontrolle, Begünstigter der Ausschüttung der Gewinne etc.) der steuerlichen Belastung. Die Rechtsform scheint für ihn nebensächlich, Rn. 20ff. Vgl. ferner bereits Rechtssache C-307/97, „Saint Gobain", Slg. 1999, I-6181, Rn. 38.
767 Vgl. ausführlich zum Begriff der Gleichheit: Schwarze, Europäisches Verwaltungsrecht, S. 532f.
768 Beispielhaft: Rechtssache C-524/04, „Thin Cap", IStR 2007, 249ff., Rn. 61ff. Die Wertungsabhängigkeit der Vergleichbarkeit unterstreicht ebenfalls eindrucksvoll das jüngst entschiedene Verfahren C-318/07, "Persche", DStR 2009, 207ff., Rn. 41ff. Der mitgliedstaatlichen Stellungnahme, der unterschiedliche Bezugpunkt der Wohltätigkeitsräume innerhalb der Gemeinnützigkeit hindere die Vergleichbarkeit, setzt der EuGH den Maßstab der „Förderung identischer Interessen der Allgemeinheit" gegenüber. Werden in den jeweiligen Staaten solch identische Förderzwecke verfolgt (hier etwa Jugend- und Altenpflege), so sei die „Gewährung von Steuer-vergünstigungen (!) zur Förderung gemeinnütziger Tätigkeiten" vergleichbar, Rn. 49f. Die grundsätzliche Frage des Gemeinnützigkeitsrechts in diesem Kontext, ob es einen europäischen Raum der Gemeinnützigkeit gibt, wird mit keiner Silbe direkt angespro-

henden, begrifflich-intellektuellen Spielraums haben die Mitgliedstaaten auf dieser Ebene der Vergleichspaarbildung wenig Entgegenkommen des Europäischen Gerichtshofs zu erwarten.

Festzuhalten bleibt eine im gesamten Bereich der Unternehmensbesteuerung sehr weit reichende Annahme der Vergleichbarkeit[769] von gebietsfremden und gebietsansässigen Steuerpflichtigen[770]. Hier fehlen die für das Gebiet der direkten Individualbesteuerung typischen privaten Lebensumstände, welche die steuerliche Leistungsfähigkeit aus persönlichen oder familiären Gründen beeinflussen können. Aspekte, welche in Deutschland – wie auch in vielen anderen europäischen Ländern – nach Maßgabe des subjektiven Nettoprinzips bei der Bemessungsgrundlage zu berücksichtigen sind, existieren bei Unternehmen nicht. Mithin ergeben sich auch keine Einschränkungen der Vergleichbarkeit aus diesen besonderen persönlichen Verhältnissen, welche vorwiegend am Wohnsitzstaat Berücksichtigung finden[771]. Der EuGH gelangt infolgedessen regelmäßig zu einer, die Rechtfertigungsebene eröffnenden, Annahme der Beschränkung.

---

chen – allerdings permanent vorausgesetzt. Zu diesem dogmatisch unsauberen Vorgehen des EuGH besonders im Bereich der direkten Steuern, vgl. Dürrschmidt, EuR 2006, 266 (278).

769 Zur europarechtlichen Vergleichspaarbildung allgemein Hufeld, EWS 2008, 209 (217f.); Wienbracke, Jura 2008, 929 (933f.).

770 Vgl. ferner die Rechtssache C-418/07, „Papillon", IStR 2009, 66ff., Rn. 27ff. zur französischen Gruppenbesteuerung, wo der Gerichtshof ebenfalls eine weite Vergleichbarkeit zwischen Inlands- und Auslandssachverhalt annimmt, welche im Ergebnis auf eine weitgehende europäische Steuerneutralität im Konzernaufbau abzielt.

771 Ausführlich hierzu etwa Rechtssache C-234/01, „Gerritse", Slg. 2003, I-5945, Rn. 43ff.: „Wie der Gerichtshof bereits entschieden hat, befinden sich Gebietsansässige und Gebietsfremde im Hinblick auf die direkten Steuern in einem Staat in der Regel nicht in einer vergleichbaren Situation, denn das Einkommen, das ein Gebietsfremder im Hoheitsgebiet eines Staates erzielt, stellt meist nur einen Teil seiner Gesamteinkünfte dar, deren Schwerpunkt an seinem Wohnort liegt, und die persönliche Steuerkraft des Gebietsfremden, die sich aus der Berücksichtigung seiner Gesamteinkünfte sowie seiner persönlichen Lage und seines Familienstands ergibt, kann am leichtesten an dem Ort beurteilt werden, an dem der Mittelpunkt seiner persönlichen Interessen und seiner Vermögensinteressen liegt; dieser Ort ist in der Regel der Ort des gewöhnlichen Aufenthalts der betroffenen Person (Urteile Schumacker, Randnrn. 31 und 32, Gschwind, Randnr. 22, und vom 16. Mai 2000 in der Rechtssache C-87/99, Zurstrassen, Slg. 2000, I-3337, Randnr. 21).Versagt ein Mitgliedstaat Gebietsfremden bestimmte Steuervergünstigungen, die er Gebietsansässigen gewährt, so ist dies in Anbetracht der objektiven Unterschiede zwischen der Situation der Gebietsansässigen und derjenigen der Gebietsfremden sowohl hinsichtlich der Einkunftsquelle als auch hinsichtlich der persönlichen Steuerkraft sowie der persönlichen Lage und des Familienstands im Allgemeinen nicht diskriminierend (Urteile Schumacker, Randnr. 34, und Gschwind, Randnr. 23)". Beispiele für so differenzierende Rechtsprechung des EuGH aus jüngster Zeit sind die Rechts-sachen C-346/04, „Conijn", Slg. 2006, I-6137, Rn. 16 und C-182/06, „Lakebrink", IStR 2007, 642ff., Rn. 27ff.

b) Abgrenzungskonzept von Generalanwalt Geelhoed

Ein seltener Fall aus der jüngeren Vergangenheit, wo der EuGH anders agierte, indem er seine Begutachtung mangels beschränkender Wirkung der streitigen Maßnahme bereits auf der Tatbestandsebene beendete, ist das Verfahren „Kerckhaert-Morres"[772]. Im Vorfeld des Urteils versuchte der ehemalige niederländische Generalanwalt *Geelhoed* in seinen viel beachteten Schlussanträgen[773] die Beschränkungsprüfung als Schlüsselstelle jedweder steuerrechtlicher Grundfreiheitsprüfung stärker zu systematisieren. Er war gewillt, mehr Rationalität und Berechenbarkeit bei diesem Prüfungspunkt zu etablieren, nachdem die Beschränkung in der gerichtlichen Kontrollpraxis vermehrt zur ergebnisbezogenen Einzelsondierung mit schier unvorhersehbarer Breite abzugleiten droht und inhaltliche Auseinandersetzungen erst auf Rechtfertigungsebene einsetzen.

Ähnliches hatte die bereits erwähnte „Keck"-Rechtsprechung für den Bereich der Warenverkehrsfreiheit zu leisten versucht. Danach sollen bloße Ausübungsmodalitäten, welche nicht ihrerseits diskriminierend angelegt sind, keine Beschränkung von Art. 23 ff. EG darstellen[774]. *Geelhoed* bemühte sich, diesen „Keck-Gedanken" für das Europäische Steuerrecht und hier vor allem für die Niederlassungsfreiheit fruchtbar zu machen. Auch wenn der EuGH den Ansätzen seines Generalanwalts weder im Urteil „Kerckhaert-Morres"[775] noch in anderen Verfahren[776] sonderlich viel Beachtung schenkt und auch die Überlegungen *Geelhoeds* eine Zufälligkeit, damit verbunden eine gewisse Willkür der Ergebnisse nicht vollends zu eliminieren vermag, sind seine Ansätze geeignet, grundsätzliche Trennungs- und Aufteilungsmuster zwischen nationalstaatlicher und europäischer Zuständigkeit bereits auf Eingriffsebene zu erhellen. Insofern haben die Ansätze aus den Schlussanträgen „Kerckhaert-Morres", gerade auch durch ihre interessierte Beachtung in der Wissen-

---

772 Rechtssache C-513/04, „Kerckhaert-Morres", Slg. 2006, I-10981. Das Verfahren betrifft Dividendenzahlungen eines französischen Unternehmens an das Ehepaar Kerckhaert-Morres. Für den steuerlich bereits durch die Körperschaftsteuer vorbelasteten Gewinn des Unternehmens erhielt das Ehepaar nach französischem Recht ein Anrechnungsguthaben, welches allerdings in Frankreich besteuert wurde. Das Ehepaar wollte nun diese Besteuerung bei seiner Steuerschuld in Belgien berücksichtigt wissen. Diesem Antrag wurde nicht entsprochen, da Belgien einen vergleichbaren avoir fiscal abgeschafft hatte.
773 Schlussanträge des Generalanwaltes Geelhoed vom 06.04.2006, Rechtssache C-513/04, „Kerckhaert-Morres", Slg. 2006, I-10981.
774 Zur Keck-Rechtsprechung im Einzelnen, Frenz, Handbuch Europarecht, Rn. 831ff.
775 Zwar folgt der EuGH durch die Ablehnung einer beschränkenden Wirkung der belgischen Dividendenbesteuerung im Endergebnis dem Entscheidungsvorschlag von Geelhoed. Die ausdifferenzierten – Richter damit auch stärker bindenden – Systematisierungsideen werden im Urteil allerdings nur sehr verhalten konturiert, vgl. Rechtssache C-513/04, „Kerckhaert-Morres", Slg. 2006, I-10981, Rn. 20.
776 Ebenso folgt der Gerichtshof *Geelhoed* zwar in der Sache aber nicht in seinen innovativen Ansätzen etwa in Rechtssache C-374/04, „Test Claimants", Slg. 2006, I-11673, Rn. 46ff. Zu der Vorgehensweise im Verfahren „Lidl Belgium" nachfolgend unter c).

schaft, Druck zur Auseinandersetzung mit diesen – vom Gerichtshof meist nur auf Rechtfertigungsebene angerissenen – Aspekten erzeugt.

Vereinfacht gesagt differenziert Geelhoed zwischen Belastungen, welche

- durch eine tatsächliche Ungleichbehandlung vor den Grundfreiheiten erfolgen (Diskriminierungen), und solchen
- die durch das Nebeneinander der nicht harmonisierten nationalen Steuersysteme hervorgerufen werden (Quasibeschränkungen).

Mit den Worten des Generalanwaltes: Die Grundfreiheiten verbieten nur Beschränkungen, „die über das hinausgehen, was sich unvermeidlich aus der Tatsache ergibt, dass Steuersysteme national sind, sofern diese Beschränkungen nicht gerechtfertigt und verhältnismäßig sind. Dies bedeutet insbesondere, dass eine nachteilige steuerliche Behandlung nur dann unter die Vertragsbestimmungen über die Freizügigkeit fällt, wenn sie sich aus einer unmittelbaren oder verdeckten Diskriminierung aufgrund der Vorschriften eines Gesetzgebers ergibt und nicht nur aus Unterschieden oder der Aufteilung der Besteuerungszuständigkeiten auf zwei oder mehr Steuersysteme von Mitgliedstaaten oder aus dem Nebeneinander nationaler Steuerverwaltungen"[777].

Der Generalanwalt konstatiert mithin, dass die Aufteilung der Besteuerungskompetenz zwischen den Staaten, notwendig aufgrund des Nebeneinanders verschiedener Steuersysteme, unausweichliche Folgehemmnisse nach sich ziehen kann. In Folge seiner Einstufung als Quasibeschränkung erweisen sich diese Auswirkungen gegenüber den Grundfreiheiten als „neutral", sofern die Aufteilung nur einigermaßen angemessen vorgenommen wurde[778]. Nachdem der EuGH die Vergleichbarkeit der Situationen nicht in Frage gestellt hat, erscheint indessen fraglich, ob nicht das DBA Deutschland-Luxemburg zu einer differenzierten Betrachtung des Falles auf der Tatbestandsebene führen muss.

c) Einfluss des Doppelbesteuerungsabkommens

Bereits in den Schlussanträgen zu „Marks & Spencer" stellte *Geelhoeds* Amtskollege *Maduro* heraus, dass es „notwendig [ist], diesen Begriff [der Beschränkung] im Rahmen der verschiedenen Verkehrsfreiheiten zu konkretisieren, wobei die besondere Natur der Bereiche zu berücksichtigen ist, auf die diese Freiheiten anzuwenden sind". Neben dem unterschiedlichen Wirkungshintergrund der jeweiligen Grundfreiheit, hier der Niederlassungsfreiheit, sind mithin die Gegebenheiten des Steuerrechts als nicht vergemeinschaftetem Bereich bereits bei der Eingriffsprüfung in Rechnung zu stellen. Vorliegend fällt der die konkurrierenden Besteuerungsansprüche verteilende Vertrag zwischen Deutschland und Luxemburg ins Auge. Die sich stark an

---

777 Schlussanträge Generalanwalt Geelhoed, Rechtssache C-513/04, „Kerckhaert-Morres", Slg. 2006, I-10981, Rn. 18 und Rechtssache C-374/04, „Test Claimants", Slg. 2006, I-11673, Rn. 37ff.
778 Ebenso Seiler in: Depenheuer/Heintzen, Staat im Wort, Festschrift für Isensee, S. 893.

cc) Fazit

Weniger mitgliedstaatliche Missbilligung provoziert die hier aufgezeigte Kombination eines weiten Diskriminierungsbegriffes mit der wenig feingliedrigen Vergleichpaarbildung. Dieses Zusammenspiel ermöglicht den Richtern ein stetes Vordringen auf die zweite Prüfungsstufe, wo dann die Frage einer Rechtfertigung der Rechtsverletzung in Rede steht. Aufgrund der bisherigen Marschroute des Luxemburger Gerichts, Beschränkungen des Binnenmarktes stark lösungs- und am wirtschaftlichen Freiheitsgedanken orientiert zu qualifizieren, ist jedoch anzunehmen, dass die Richter im angezeigten Kontext auch den rechtsformübergreifenden Vergleich im Bereich der Verlustverrechnung anlegen werden[765], um eine Verletzung des Tatbestandes einer Grundfreiheit zu bejahen[766].

Dabei kommt dem Gerichtshof ferner der Charakter dieses Herzstückes einer jeden Gleichheitsprüfung entgegen: Die Zusammenstellung der in Beziehung zu setzenden Gruppen als Grundlage des Gleichheitsurteils ist mehr oder minder eine Frage wertender Perspektive und weniger ein rein rationaler, beweisbarer Umstand mit nur einer Wahrheit[767]. Zwar kann an dieser Stelle von Seiten der Mitgliedstaaten versucht werden, durch Darlegung der Historie, Wortlaut sowie Sinn und Zweck der Grundfreiheiten im nicht harmonisierten Bereich des Steuerrechts den die Eigenstaatlichkeit schonenden Blickwinkel zu bestärken. Eine unverrückbar schlüssige Anschauung wird es – jedenfalls in dieser abstrakten Form – nicht geben. Dies macht sich der EuGH geschickt zu nutze. Dabei erscheint sein methodisches Vorgehen teilweise obskur. In Problemfällen behelfen sich die Richter oft mit der Verarbeitung von Textbausteinen, ohne diesen allgemein gehaltenen Ausführungen eine Subsumtion oder Begründung folgen zu lassen. Sie verbleiben im Vagen und versuchen die fehlende Substanz einer gehaltvollen Argumentation durch die Entschiedenheit ihrer Formulierungen auszugleichen[768]. Angesichts dieses strukturell beste-

---

765 Beachte die hiergegen geübte Kritik im dritten Kapitel C.
766 Ein solches Vorgehen ist etwa in der BFH Vorlage „CLT", Rechtssache C-253/03, Slg. 2006, I-1861, Rn. 14ff. zu beobachten. Der EuGH betrachtet hier gezielt das Ergebnis und die Umstände (Kontrolle, Begünstigter der Ausschüttung der Gewinne etc.) der steuerlichen Belastung. Die Rechtsform scheint für ihn nebensächlich, vgl. Rn. 20ff. Vgl. ferner bereits Rechtssache C-307/97, „Saint Gobain", Slg. 1999, I-6181, Rn. 38.
767 Vgl. ausführlich zum Begriff der Gleichheit: Schwarze, Europäisches Verwaltungsrecht, S. 532f.
768 Beispielhaft: Rechtssache C-524/04, „Thin Cap", IStR 2007, 249ff., Rn. 61ff. Die Wertungsabhängigkeit der Vergleichbarkeit unterstreicht ebenfalls eindrucksvoll das jüngst entschiedene Verfahren C-318/07, "Persche", DStR 2009, 207ff., Rn. 41ff. Der mitgliedstaatlichen Stellungnahme, der unterschiedliche Bezugpunkt der Wohltätigkeitsräume innerhalb der Gemeinnützigkeit hindere die Vergleichbarkeit, setzt der EuGH den Maßstab der „Förderung identischer Interessen der Allgemeinheit" gegenüber. Werden in den jeweiligen Staaten solch identische Förderzwecke verfolgt (hier etwa Jugend- und Altenpflege), so sei die „Gewährung von Steuer-vergünstigungen (!) zur Förderung gemeinnütziger Tätigkeiten" vergleichbar, Rn. 49f. Die grundsätzliche Frage des Gemeinnützigkeitsrechts in diesem Kontext, ob es einen europäischen Raum der Gemeinnützigkeit gibt, wird mit keiner Silbe direkt angespro-

henden, begrifflich-intellektuellen Spielraums haben die Mitgliedstaaten auf dieser Ebene der Vergleichspaarbildung wenig Entgegenkommen des Europäischen Gerichtshofs zu erwarten.

Festzuhalten bleibt eine im gesamten Bereich der Unternehmensbesteuerung sehr weit reichende Annahme der Vergleichbarkeit[769] von gebietsfremden und gebietsansässigen Steuerpflichtigen[770]. Hier fehlen die für das Gebiet der direkten Individualbesteuerung typischen privaten Lebensumstände, welche die steuerliche Leistungsfähigkeit aus persönlichen oder familiären Gründen beeinflussen können. Aspekte, welche in Deutschland – wie auch in vielen anderen europäischen Ländern – nach Maßgabe des subjektiven Nettoprinzips bei der Bemessungsgrundlage zu berücksichtigen sind, existieren bei Unternehmen nicht. Mithin ergeben sich auch keine Einschränkungen der Vergleichbarkeit aus diesen besonderen persönlichen Verhältnissen, welche vorwiegend am Wohnsitzstaat Berücksichtigung finden[771]. Der EuGH gelangt infolgedessen regelmäßig zu einer, die Rechtfertigungsebene eröffnenden, Annahme der Beschränkung.

---

chen – allerdings permanent vorausgesetzt. Zu diesem dogmatisch unsauberen Vorgehen des EuGH besonders im Bereich der direkten Steuern, vgl. Dürrschmidt, EuR 2006, 266 (278).

769 Zur europarechtlichen Vergleichspaarbildung allgemein Hufeld, EWS 2008, 209 (217f.); Wienbracke, Jura 2008, 929 (933f.).

770 Vgl. ferner die Rechtssache C-418/07, „Papillon", IStR 2009, 66ff., Rn. 27ff. zur französischen Gruppenbesteuerung, wo der Gerichtshof ebenfalls eine weite Vergleichbarkeit zwischen Inlands- und Auslandssachverhalt annimmt, welche im Ergebnis auf eine weitgehende europäische Steuerneutralität im Konzernaufbau abzielt.

771 Ausführlich hierzu etwa Rechtssache C-234/01, „Gerritse", Slg. 2003, I-5945, Rn. 43ff.: „Wie der Gerichtshof bereits entschieden hat, befinden sich Gebietsansässige und Gebietsfremde im Hinblick auf die direkten Steuern in einem Staat in der Regel nicht in einer vergleichbaren Situation, denn das Einkommen, das ein Gebietsfremder im Hoheitsgebiet eines Staates erzielt, stellt meist nur einen Teil seiner Gesamteinkünfte dar, deren Schwerpunkt an seinem Wohnort liegt, und die persönliche Steuerkraft des Gebietsfremden, die sich aus der Berücksichtigung seiner Gesamteinkünfte sowie seiner persönlichen Lage und seines Familienstands ergibt, kann am leichtesten an dem Ort beurteilt werden, an dem der Mittelpunkt seiner persönlichen Interessen und seiner Vermögensinteressen liegt; dieser Ort ist in der Regel der Ort des gewöhnlichen Aufenthalts der betroffenen Person (Urteile Schumacker, Randnrn. 31 und 32, Gschwind, Randnr. 22, und vom 16. Mai 2000 in der Rechtssache C-87/99, Zurstrassen, Slg. 2000, I-3337, Randnr. 21).Versagt ein Mitgliedstaat Gebietsfremden bestimmte Steuervergünstigungen, die er Gebietsansässigen gewährt, so ist dies in Anbetracht der objektiven Unterschiede zwischen der Situation der Gebietsansässigen und derjenigen der Gebietsfremden sowohl hinsichtlich der Einkunftsquelle als auch hinsichtlich der persönlichen Steuerkraft sowie der persönlichen Lage und des Familienstands im Allgemeinen nicht diskriminierend (Urteile Schumacker, Randnr. 34, und Gschwind, Randnr. 23)". Beispiele für so differenzierende Rechtsprechung des EuGH aus jüngster Zeit sind die Rechts-sachen C-346/04, „Conijn", Slg. 2006, I-6137, Rn. 16 und C-182/06, „Lakebrink", IStR 2007, 642ff., Rn. 27ff.

beim EuGH ebenfalls zu einer gewissen Reverenz bei den nationalen Steuerrechtsexperten. Auch wenn man im Ergebnis weiterhin in der Verfolgung seiner Interessen unterschiedlicher Meinung sein wird, so führt die Gewissheit, dass die Beurteilung der Problematik gelehrig wie sachverständig vorgenommen wird, zu einer höheren Akzeptanz bei nationalen Fachbeamten und Wissenschaftlern.

bb) Vergleichbarkeit

Weder von den Richtern noch der Generalanwältin ernsthaft gewürdigt wird die Problematik der grundsätzlichen Vergleichbarkeit der Betriebsstätten- mit der Tochtergesellschaftssituation[756]. Diese Frage ist gleichwohl Vorfrage für eine das Urteil durchziehende Gleichbehandlung mit der „Marks & Spencer"-Situation sowohl auf Tatbestands- als auch auf Rechtfertigungsebene. Zumindest diskussionswürdig ist hier – abgesehen von der bedeutenden Frage einer Eigenverantwortlichkeit der Staaten hinsichtlich der Aufteilung ihrer Besteuerungsbefugnisse untereinander[757] – der deutlich gewordene unterschiedliche Charakter einer Betriebsstätte im inländischen und transnationalen Sachverhalt. Zwar ist dem deutschen Steuerrecht die Betriebstätte aus § 12 AO bekannt, im rein inländischen Sachverhalt kommt ihr jedoch keine[758] steuerrechtliche Bedeutung zu. Für die Zumessung der Steuer ist die Betriebsstätte gar nicht vorhanden. Demgegenüber ist die Funktion der Betriebsstätte im Internationalen Steuerrecht gerade dadurch gekennzeichnet, als eigenständige Wurzel einer Steuerbelastung zu dienen. Ihr werden originäre Einkünfte zugerechnet, welche sie erzielt hätte, wenn eine vergleichbare Tätigkeit als im Rechts- und Geschäftsverkehr eigenständiges Unternehmen zusammen mit dem Stammhaus ausgeführt worden wäre[759]. Dazu bedarf es einer eigenen Buchführung der ausländischen Betriebsstätte. Anhand ihres gesonderten Ergebnisses besteht dann ein Besteuerungsrecht des Betriebsstättenstaates. Dies entspricht über das DBA Deutschland-Luxemburg hinaus den gängigen Abkommensmodalitäten, vgl. Art. 7 OECD-MA.

---

756 Solche Erwägungen klingen allenfalls in Rn. 21f. vage an.
757 Hierzu sogleich unter b).
758 Abgesehen von der Erhebung der Gewerbesteuer, wo die Betriebsstätte bei der Verteilung des Steuermessbetrages zwischen den Gemeinden eine Rolle spielen kann. Hier ist die Betriebsstätte Anknüpfungspunkt für die Zerlegung der Steuer, § 28 Abs. 1 GewStG. Allerdings wird der Zerlegungsmaßstab auf der sehr speziellen Grundlage des § 29 Abs. 1 Nr.1 GewStG nach dem Verhältnis der „Summe der Arbeitslöhne, die an die bei allen Betriebsstätten (§ 28) beschäftigten Arbeitnehmer gezahlt worden sind, zu den Arbeitslöhnen steht, die an die bei den Betriebsstätten der einzelnen Gemeinden beschäftigten Arbeitnehmer gezahlt worden sind" ermittelt. Basis der Bemessung ist also die Summe der Gehälter, die innerhalb der fraglichen Betriebsstätte gezahlt wurden. Hingegen wird die Messung bei der in Lidl Belgium streitigen Konstellation durch die Saldierung von positiven und negativen Einkünften vorgenommen. Insofern handelt es sich um verschiedenartige Ausgangspunkte.
759 Zum Zwecke der Gewinnermittlung wird hierzu der sogenannte Fremdvergleichsgrundsatz herangezogen, vgl. Rek/Brück, Internationales Steuerrecht in der Praxis, S. 157.

Konkrete Folge dieser unterschiedlichen Eingruppierungen ist die Anzahl potentieller Steuergläubiger, welche am Betriebsstättengewinn partizipieren wollen. In der rein inländischen Gesamtbetrachtung von Betriebsstätte und Stammhaus als gesellschaftsrechtliche wie steuerliche Einheit bedingt sich lediglich die Bundesrepublik eine wirtschaftliche Teilhabe aus. Hingegen gerieren sich in der Auslandskonstellation sowohl Deutschland als auch Luxemburg als dem Grunde nach Besteuerungsberechtigte. Die divergierende Handhabung der steuerlichen Eigenständigkeitsqualität führt mithin zu einem Gläubiger im nationalen und zu zwei Gläubigern im grenzüberschreitenden Sachverhalt[760]. Der EuGH setzt sich in seiner pragmatischen Vorgehensweise nicht näher mit dieser Verschiedenartigkeit oder weiteren Details der deutschen Steuerrechtsordnung zur Betriebsstätte auseinander. Vielmehr legt er dem Urteil ausschließlich die international geläufige Betriebsstättenfunktion aus den völkerrechtlichen Doppelbesteuerungsabkommen mit ihrer Eigenständigkeitsfiktion zugrunde[761]. Diese ist sowohl hier als auch bei der Übertragung der Rechtfertigungskonzeption aus „Marks & Spencer" Ausgangspunkt seiner Überlegungen.

Der vertikale Ansatz grenzüberschreitender Vergleichspaarbildung erweist sich mithin als im Europäischen Steuerrecht übliche Vergleichsgruppe[762]. Den horizontalen Vergleich zugunsten einer grenzüberschreitenden Rechtsformneutralität hat der EuGH im Bereich der grenzüberschreitenden Verlustverrechnung bisher noch nicht vorgenommen[763]. Ferner versagte der Gerichtshof der „revolutionären" Vergleichspaarbildung von Generalanwalt *Mengozzi* in den Entscheidungsvorschlägen zu „Columbus Container" die Gefolgschaft. Der Jurist unterbreitete einen Vergleich zwischen den Steuersätzen der Mitgliedstaaten. Nationale Regelungen wie der deutsche § 20 Abs. 2 AStG führten aus Sicht des Steuerbürgers zu einer Spaltung des Binnenmarktes in Hoch- und Niedrigsteuerländern, zwischen welchen die wirtschaftliche Mobilität behindert würde[764]. Eine solch breite Betrachtungsweise hätte die Beschränkungsprüfung vollends zur Farce verkommen lassen.

---

760 Ebenso verhält es sich im Verfahren „Krankenheim Ruhesitz", Rechtssache C-157/07, IStR 2008, 769ff, Rn. 27ff.
761 Vgl. Rn. 21 f.
762 In allen Verfahren aus dem Bereich der grenzüberschreitenden Verlustverrechnung inklusive des jüngsten Falles Krankenheim Ruhesitz, Rechtssache C-157/07, IStR 2008, 769ff, Rn. 36 f. wurde anhand dieser Korrelation eine Beschränkung der Niederlassungsfreiheit angenommen.
763 Zur Sprache gebracht wurde dieser Gedanken allerdings sowohl in den Schlussanträgen zu Marks & Spencer, Rn. 42ff als auch im Urteil „Qy AA", Rn. 40.
764 Schlussanträge vom 29.03.2007, Rechtssache C-298/05, „Columbus Container", Rn. 148: „Aus der Sicht des deutschen Steuerpflichtigen wird dieser gleichwohl davon abgeschreckt, sich in einem Mitgliedstaat niederzulassen, dessen Steuersatz niedriger als der nach dem AStG festgelegte ist, oder seine Niederlassung dort beizubehalten. Unter Berücksichtigung der Aufspaltung des Binnenmarkts, die durch die in Rede stehende steuerliche Maßnahme hervorgerufen wird, was der deutsche Gesetzgeber im Übrigen angestrebt hat, kann eine solche Maßnahme nur dann als mit der durch den Vertrag gewährleisteten Niederlassungsfreiheit vereinbar betrachtet werden, wenn sie durch ein Erfordernis des Allgemeininteresses gerechtfertigt ist".

den OECD-Vorschlägen orientierende Abkommenspraxis zur Regelung der steuerrechtlichen Konfliktfelder im internationalen Kontext ist ein „Alleinstellungsmerkmal" beim Zusammentreffen zwischen Grundfreiheit und nationalem Steuerrecht. Diese Doppelbesteuerungsabkommen sind greifbarer Ausdruck staatlicher Souveränität[779]. Sie bezwecken neben ihrer Hauptfunktion, der Vermeidung von Doppelbesteuerung, die Bekämpfung des Steuermissbrauches[780] und die sachgerechte Verteilung des Steuersubstrates zwischen den Staaten. Ein solcher Vertrag tangiert sonach sowohl die individuelle Steuergerechtigkeit des Bürgers als auch die Verteilungsgerechtigkeit zwischen den Staaten.

Die Kompetenz zur Zuteilung dieser Rechte ist bei den Mitgliedstaaten verblieben, Art. 293 zweiter Spiegelstrich EG. Der Handlungsauftrag an die Mitgliedstaaten besagt, den Binnenmarkt behindernden Wirkungen der Doppelbesteuerung entgegenzutreten. Art. 293 EG enthält allerdings kein unmittelbar geltendes Gleichbehandlungsgebot, welches dem Gemeinschaftsbürger ein Recht auf tatsächliche Vermeidung von Doppelbesteuerung vermitteln würde[781]. Ferner beinhaltet diese Norm keine Ermächtigung der Gemeinschaft zum Erlass vom materiellen Recht in diesem Bereich[782]. Zwar werden die Staaten zur Aufnahme von Verhandlungen verpflichtet – insofern wird ihr politisches Handlungsermessen beschränkt[783], allerdings lassen sich aus dieser Vertragsbestimmung keine inhaltlichen Vorgaben für die Beseitigung der Doppelbesteuerung ablesen. Die Bestimmung enthält lediglich eine Zielvorgabe und erweist sich damit als eines der „schwächsten Mittel der Integration"[784]. Zielsetzung ist der Abschluss eines völkerrechtlichen Vertrages. Insgesamt stellt das gemeinschafts-rechtliche Integrationsprogramm beim derzeitigen Stand keine Grundlagen für die Aufstellung solcher Kriterien bereit, anhand derer die gebotene Verteilung der Kompetenzen zwischen den Mitgliedstaaten zu erfolgen hat[785]. Gerade die

---

779 Hierzu ausführlich Weber-Fas, Staatsverträge im Internationalen Steuerrecht, S. 32ff.
780 Hierbei handelt es sich um eine noch recht junge Funktion solcher DBA, welche aber durch die immer kreativeren Gestaltungsbemühungen innerhalb des Internationalen Steuergefüges, zunehmend an Bedeutung gewinnt. Siehe hierzu etwa Haase, Europäisches Steuerrecht, Rn. 567.
781 Geibel, JZ 2007, 277 (278); Lang in: Becker/Schön, Steuer- und Sozialstaat, S. 234.
782 Schweitzer in: Grabitz/Hilf, Das Recht der Europäischen Union, Band III, Art. 293, Rn. 1ff; Hatje in: Schwarze, EU-Kommentar, Art. 293, Rn. 1f.
783 Über die Erforderlichkeit („Soweit erforderlich", Art. 293) besteht bei dem evidenten Binnenmarktbezug einer Doppelbesteuerung kein Disput. Dennoch existiert nach herrschender Meinung kein Pflicht zum Abschluss eines DBA, vgl. Darstellung des Streitstandes bei Frey, Doppelbesteuerungsabkommen zwischen miteinander wirtschaftlich eng verflochtenen Staaten in der Vergangenheit und Gegenwart, S. 40f. Details sind umstritten.
784 Seiler in: Depenheuer/Heintzen, Staat im Wort, Festschrift für Isensee, S. 891. Im Vertrag von Lissabon ist eine dem Art. 293 II zweiter Spiegelstrich vergleichbare Norm nicht mehr vorgesehen.
785 Vgl. Rechtssachen C-513/04, „Kerckhaert-Morres", Slg. 2006, I-10981, Rn. 22 oder C-298/05, „Columbus Container", IStR 2008, 63ff, Rn. 45: „Das Gemeinschaftsrecht schreibt bei seinem gegenwärtigen Stand […] in Bezug auf die Beseitigung der Doppelbesteuerung innerhalb der Europäischen Gemeinschaft keine allgemeinen Kriterien für die Verteilung der Kompetenzen der Mitgliedstaaten untereinander vor. Dementsprechend ist abgesehen von der

Europäischen Grundfreiheiten sind hier – wie so häufig in Fragen des Europäischen Steuerrechts – vermöge ihres unspezifischen Regelungsrahmens überfordert, sind sie doch gerade nicht für die Bewältigung bilateral erzeugter Diskriminierungen konzipiert. Es bleibt infolgedessen den verhandelnden Regierungen anheim gestellt, welche Anknüpfungspunkte zur Aufteilung der Besteuerungshoheit angelegt werden[786]. Bei natürlichen Personen billigte der EuGH bisher Abgrenzungskriterien wie Staatsangehörigkeit[787] oder Wohnort[788]. Anhand dieser Merkmale kann dann die Zuordnung der jeweiligen Einkünfte von Wirtschaftsteilnehmern zu einem Staat vorgenommen werden. Als besonders geeignet klassifiziert der EuGH dabei die Orientierung an den Abkommensvorgaben der OECD[789].

Vorliegend werden die Betriebsstätte und deren Tätigkeitsort in Luxemburg als Anknüpfungspunkt für die Aufteilung des anfallenden Steuersubstrates ausgewählt. Gemäß Art. 7 OECD-MA erweist sich die dafür erforderliche Selbständigkeitsfiktion als sachdienlich. In der Folge verzichtet der Sitzstaat des Stammhauses zugunsten des Quellenstaates, welcher die ökonomischen Umstände zur Erzielung der Betriebsstätteneinkünfte bereitgestellt hat – also ein Verzicht zugunsten einer territorial-äquivalenten Besteuerung. Dieses Aussparen der Betriebsstätteneinkünfte im Wege der Freistellung begründet folglich eine durchaus plausible Grenzziehung zwi-

---

Richtlinie 90/435/EWG des Rates vom 23. Juli 1990 über das gemeinsame Steuersystem der Mutter- und Tochtergesellschaften verschiedener Mitgliedstaaten (ABl. L 225, S. 6), dem Übereinkommen vom 23. Juli 1990 über die Beseitigung der Doppelbesteuerung im Falle von Gewinnberichtigungen zwischen verbundenen Unternehmen (ABl. L 225, S. 10) und der Richtlinie 2003/48/EG des Rates vom 3. Juni 2003 im Bereich der Besteuerung von Zinserträgen (ABl. L 157, S. 38) bis heute im Rahmen des Gemeinschaftsrechts keine Maßnahme der Vereinheitlichung oder Harmonisierung zum Zweck der Beseitigung von Doppelbesteuerungstatbeständen erlassen worden".

786 Vgl. Rechtssache C-170/05, „Denkavit", Slg. 2006, I-11968, Rn. 43.
787 Rechtssache C-336/96, „Gilly", Slg. 1998, I-2832, Rn. 30: „Auch wenn das Kriterium der Staatsangehörigkeit in Artikel 14 Absatz 1 Satz 2 als solches im Zusammenhang mit der Aufteilung der Steuerhoheit aufgeführt wird, können derartige Unterscheidungen nicht so gewertet werden, als begründeten sie eine durch Artikel 48 des Vertrages verbotene unterschiedliche Behandlung. Sie ergeben sich nämlich, in Ermangelung gemeinschaftsrechtlicher Vereinheitlichungs- oder Harmonisierungsmaßnahmen insbesondere nach Artikel 220 [heute Art. 293] zweiter Gedankenstrich des Vertrages, aus der Befugnis der Vertragsparteien, die Kriterien für die Aufteilung ihrer Steuerhoheit untereinander festzulegen, um Doppelbesteuerungen zu beseitigen".
788 Rechtssache C-346/04, „Conijn", Slg. 2006, I-6137, Rn. 17.
789 So auch in „Lidl Belgium", Rn. 22. Ebenso Rechtssache C-513/04, „Kerckhaert-Morres", Slg. 2006, I-10981, Rn. 23. Sowohl sprachlich als auch inhaltlich befremdlich bezeichnet es der EuGH als „nicht sachfremd" (Generalanwalt *Mengozzi* nennt es „nicht abwegig", Schlussanträge, Rechtssache C-298/05, „Columbus Container"), sich an den OECD-MA zu orientieren. Vergegenwärtigt man sich der langen Tradition von Doppelbesteuerungsabkommen zwischen Staaten, hierzu ausführlich Frey, Doppelbesteuerungsabkommen zwischen miteinander wirtschaftlich eng verflochtenen Staaten in der Vergangenheit und Gegenwart, S. 15ff., und des vergleichsweise jungen Gebietes des Europäischen Steuerrechts, so scheint diese Benennung einer Ausrichtung an dem bewährten Kodifikationsmodell der Musterabkommen als „nicht sachfremd" zumindest missglückt.

schen den konkurrierenden Besteuerungskompetenzen. Die freigestellten Einkünfte sind „der inländischen Einkommensbesteuerung entzogen"[790]. Für die inländische Steuer gelten sie somit als nicht vorhanden. Nach der in Deutschland vorherrschenden Meinung[791] erfasst dies aufgrund des bereits erwähnten symmetrischen Abkommensverständnisses auch etwaige Verluste. Danach wären die Einkünfte[792] der Lidlfilialen in Luxemburg allein Sache des Großherzogtums. Die Besteuerung erfolgt ausschließlich anhand der Normen im Quellenstaat. Deutschland hätte mit den steuerlichen Verhältnissen der Betriebsstätten nichts zu tun. In der Folge könnte eine deutsche Steuerregelung eigentlich nicht beschränkend im Sinne der Niederlassungsfreiheit wirken.

Wo hingegen eine Anrechnung zur Vermeidung der Doppelbesteuerung vereinbart ist, stellt sich diese Frage erst gar nicht[793]. Ihre Berechnungsgrundlage ist das Welteinkommen, auf welches die jeweils im Ausland gezahlten Steuern angerechnet werden. Sofern nicht unilaterale Verrechnungsverbote bestehen[794], betreffen die ausländischen Verluste ganz unproblematisch die Bemessungsgrundlage der inländischen Besteuerung. Auf diese Weise kommt es zu unterschiedlichen Ergebnissen, je nachdem, welche Methode vereinbart ist. Bei der Wahl der jeweiligen Methode existiert allerdings keine Rangfolge[795]. Beide Wege zur Vermeidung der Doppelbesteuerung sind als gleichwertige Alternativen anerkannt. Die Entscheidung für die eine oder die andere Verfahrensweise obliegt wiederum den Mitgliedsstaaten. Ihre Wahl lässt dabei verschiedenartige ökonomische Präferenzen erkennen. Verwirklicht die Freistellungsmethode mit ihrem Ansetzen an der Bemessungsgrundlage die Idee der Quellenbesteuerung und einer Kapitalimportneutralität, so führen die Mechanismen der Anrechnung zu einer Besteuerung immer auf dem jeweils höheren Steuerlevel von Sitz- oder Quellenstaat, also zu einer aus Sicht des Kapital exportierenden Staates gleichen Besteuerung[796].

Der abkommensrechtlichen Rechteaufteilung zwischen Staaten ist demnach sowohl bei der Wahl der Abgrenzungskriterien als auch bei der Entscheidung innerhalb des Methodenartikels für eine Technik zur Vermeidung der Doppelbesteuerung

---

790 BVerfGE 30, 272 (280f.).
791 Bereits RFH, RStBl 1935, 1358 (1359); BFH, Beschluss vom 28.06.2006, I R 84/04, BFHE 214, 270, Rn 10; Frotscher, DStR 2001, 2045 (ebenda); a.A. Schaumburg, Außensteuerrecht und Europäische Grundfreiheiten, S. 31; Vogel, IStR 2002, 91 (93).
792 In Ermangelung einer abkommensinternen Definition wird der Einkünftebegriff innerstaatlich ausgefüllt.
793 Entsprechendes gilt, wenn sich die Anrechnungsmethode aus inländischen „treaty override" Klauseln, in Deutschland etwa § 50d Abs. 9 EStG, ergibt oder gar kein DBA existiert. In letzterem Fall bliebe es schlechterdings bei einer Steuerbemessung nach dem Welteinkommensprinzip, welches die ausländischen Verluste unproblematisch einbindet. Allerdings sind dann folgerichtig auch die ausländischen Gewinne anzusetzen.
794 So wie in Deutschland der bereits problematisierte § 2a EStG.
795 Vgl. Lehner in: Vogel/Lehner: DBA-Kommentar, Einleitung, Rn. 267.
796 Vgl. Hüsing, Steuer und Studium, 312 (321f.); Paschen, Steuerumgehung im nationalen und internationalen Steuerrecht, S. 186f.

keine bewusst diskriminierende Wirkung beizumessen. Etwaige mit diesen Entscheidungen verknüpfte Auswirkungen sind Ausfluss des Nebeneinanders nationaler Steuersysteme, welche bei der Behandlung grenzüberschreitend tätiger Wirtschaftsteilnehmer entscheiden, wie diese Systeme zusammenspielen sollen. Diesen Souveränitätsmanifestationen der Mitgliedstaaten[797] zollt der EuGH insofern einen gewissen Respekt[798]. Nichts anderes folgt aus den Aussagen des Gerichtshofs in der Entscheidung „Bouanich"[799]: „Die Aufteilung der Steuerhoheit erlaubt es den Mitgliedstaaten jedoch nicht, eine gegen die Gemeinschaftsvorschriften verstoßende Diskriminierung einzuführen"[800]. Wie sich aus dem Kontext des Urteils ergibt, zielt der Gerichtshof damit lediglich auf nationale Reglungen, welche in der Umsetzung des DBA diskriminierend wirken, nicht hingegen auf die aufteilenden DBA-Normen selbst. Diese Ausgestaltung der durch das DBA abstrakt aufgeteilten Rechte kann jedoch gegen das Gemeinschaftsrecht verstoßen[801]. Entsprechend stellt sich die Problematik einer Beschränkung erst eine Stufe nach der vertraglichen Zuteilung, erst hier entfaltet das Europarecht wieder seine limitierende Wirkung. An der prinzipiellen Sachgerechtigkeit der in den DBA vorgenommenen Aufteilungsmechanismen ändert dies folglich nichts. Vorliegend verzichtet der EuGH daher sowohl auf eine eingehende Kontrolle der Anknüpfung an den Betriebsstättenstaat Luxemburg als auch der vorgenommenen Freistellung[802].

---

797 Vgl. etwa Rechtssache C-298/05, „Columbus Container", IStR 2008, 63ff, Rn. 46: „Auch wenn die Mitgliedstaaten im Rahmen ihrer in Randnr. 27 des vorliegenden Urteils genannten Zuständigkeiten zahlreiche bilaterale Abkommen zur Beseitigung oder Abmilderung der erwähnten negativen Wirkungen geschlossen haben, ist der Gerichtshof im Rahmen von Art. 234 EG nicht dafür zuständig, festzustellen, ob ein vertragschließender Mitgliedstaat ein solches Abkommen verletzt hat". Hingegen sprechen sich etwa Englisch, IStR 2007, 66 (69) oder Rehm/Nagler, IStR 2007, 7 (13f.) sowie IStR 2008, 129 (135) für eine offensive inhaltliche DBA-Prüfung durch den EuGH aus.
798 In diesem Kontext ist ebenfalls die Entscheidung C-379/05, „Amurta", IStR 2007, 854ff. zur Dividendenbesteuerung interessant. Vereinfacht formuliert stellte sich hier die Frage, ob ein DBA die Wirkung einer europarechtlichen Benachteiligung „kompensieren" kann. Der EuGH bejahte die Möglichkeit, sofern der „neutralisierende" Ausgleich bewusst bilateral gefunden wurde, Rn. 79ff. Dabei ist die Vorgehensweise des Gerichtshofes bemerkenswert. Nach Feststellung des Tatbestandes und Beschränkung widmet er sich wie gewohnt der Frage einer Rechtfertigung. Nachdem eine solche seiner Ansicht nach vorliegend nicht durchgreift fragen die Richter, in einer Art viertem Prüfungsschritt, nach dem DBA als Kompensation. Gefragt wird damit im Ergebnis in diesem europa- und völkerrechtlichen Bezugsrahmen, ob auch im Saldo eine diskriminierende Wirkung im Binnenmarkt zu konstatieren ist.
799 Ebenfalls im Zusammenhang mit einem DBA.
800 Rechtssache C-265/04, „Bouanich", Slg. 2006, I-923, Rn. 50.
801 Vgl. Rechtssache C-265/04, „Bouanich", Slg. 2006, I-923, Rn. 56.
802 In diesem Zusammenhang ist allgemein daran zu erinnern, dass der EuGH kein völkerrechtliches Gericht zur Überprüfung von DBA ist. Streitigkeiten über DBA fallen mithin grundsätzlich nicht in seine Zuständigkeit, vgl. Rechtssache C-298/05, „Columbus Container", IStR 2008, 63ff, Rn. 46ff. Im Rahmen seiner Kompetenz zur Einhaltung der Grundfreiheiten können hier allerdings wie gezeigt durchaus Schnittpunkte entstehen, vgl. Beiser, IStR 2009, 236 (237).

d) Auslegung des Doppelbesteuerungsabkommens

Die aus der Sicht von Lidl beschränkende Wirkung einer Nichtberücksichtigung von ausländischen Verlusten ist nicht zwingende Folge aus der DBA-Freistellung. So existieren gewichtige Stimmen, welche die Freistellung der Einkünfte nicht spiegelbildlich auf Gewinne und Verluste ausdehnen. Gerade ausländische Gerichte aus der unmittelbaren Nachbarschaft Deutschlands vertreten in neuerer Zeit eine dem BFH gegenläufige Ansicht[803]. Ihre Hauptargumente gründen sie auf der Natur eines DBA. Zum einen bezwecke dieses ausschließlich die Vermeidung der Doppelbesteuerung, zum anderen könne ein DBA keine „negative steuerliche Wirkung" entfalten[804]. Der erste Gedanke knüpft dabei an den Umstand, dass es zur Verhinderung einer Doppelbesteuerung nicht erforderlich ist, die Berücksichtigung von ausländischen Verlusten auszuschließen. Dieses Abkommensverständnis zeugt von einer strikten Ausrichtung am Hauptzweck des DBA. Eng hiermit verknüpft ist die ebenso in der Wissenschaft verbreitete[805] Lesart, dass aufgrund des bloß begünstigenden Charakters eines DBA mit seiner Schrankenwirkung gegenüber den nationalen Steuerrechten eine grenzüberschreitende Verlustverrechnung nicht auszuschließen sei. Das Symmetrieverständnis führe zu einer Ausdehnung der Steuerpflicht, obwohl durch DBA eine innerstaatliche Steuerverpflichtung nur begrenzt[806], hin-gegen nicht verschärft oder gar begründet werden kann. Ein DBA enthalte nur Steuerbefreiungs- und Steuerermäßigungsnormen, sodass dieser Vertrag zwischen Staaten am Ende nicht zu einem höheren inländischen Steueranspruch führen dürfe. Diese weitergehende Steuerverpflichtung sehen die Vertreter jener Auffassung in der – im Vergleich zu einer strikten Beachtung des Welteinkommensprinzips[807] – größeren Steuerbelastung mangels Schmälerung der Bemessungsgrundlage durch die tatsächlich angefallenen, aber nicht berücksichtigungsfähigen ausländischen Verluste[808]. Neben diesen am grundsätzlichen Verständnis solcher DBA ausgerichteten Begründungen wird zusätzlich auf eine Europarechtswidrigkeit der symmetrischen Auslegung in Form eines Verstoßes gegen die Europäischen Grundfreiheiten, explizit gegen Art. 43 EG, aufmerksam gemacht[809].

---

803 LuxVG, Urteil vom 19.01.2005, IStR 2005, 594ff. (vom LuxVGH am 10.08.2005 bestätigt); ÖStVwGH, Erkenntnis vom 25.09.2001, IStR 2001, 754ff. Ferner spricht sich das FG Berlin, IStR 2005, 571 (574) (hierbei handelt es sich um das Ausgangsverfahren zum EuGH Fall „Krankenheim Ruhesitz GmbH") gegen die Symmetriethese aus.
804 Vgl. ÖStVwGH, Erkenntnis vom 25.09.2001, IStR 2001, 754 (755).
805 Etwa Vogel in: Vogel/Lehener, DBA-Kommentar, Art. 23, Rn. 48; Vogel, IStR 2002, 91 (93).
806 Aus diesem Verständnis heraus erklärt sich auch das bereits verwendete Bild der „Lochschablone".
807 Wobei dann ja auch die Gewinne mit einbezogen werden müssten.
808 In diesem Zusammenhang verweist zudem auf das Leistungsfähigkeitsprinzip, Schaumburg, Internationales Steuerrecht, S. 1039ff sowie in Außensteuerrecht und Europäische Grundfreiheiten, S. 31.
809 Etwa ÖStVwGH, Erkenntnis vom 25.09.2001, IStR 2001, 754 (755).

Trotz des sowohl international als auch national in der Rechtsprechung anerkannten Grundsatzes der Entscheidungsharmonie bei der auf ein DBA folgenden Rechtsanwendung[810] hält der BFH an der Symmetriethese fest[811]. Hierfür streiten überzeugende Argumente. Wie bereits dargelegt, verfolgen gerade neuere DBA nicht mehr nur den Zweck der Vermeidung von Doppelbesteuerung, sondern dienen vermehrt auch der Missbrauchsbekämpfung. Vorliegend besteht durch eine Einbeziehung der ausländischen Verluste anstelle einer Doppelbesteuerung die Gefahr einer doppelten Verlustberücksichtigung[812]. Eine solche ist ebenso ungewollt wie die wirtschaftliche hemmende Mehrfachbelastung. Ferner scheint die Herleitung eines Gebotes der Verlustberücksichtigung aus dem Abkommenszweck vor dem Hintergrund der Kommentierung im OECD-Kommentar unrichtig. Unter der Überschrift „Behandlung von Verlusten" wird ausgeführt, dass erstens die Freistellungsmethode ebenfalls auf Verluste Anwendung findet und es zweitens den Mitgliedstaaten freigestellt ist, wie sie mit deren Berücksichtigung verfahren[813]. Hierbei ist von einer gänzlichen Berücksichtigung über ein Nachversteuerungsmodell[814] oder einer Nichtberücksichtigung alles denkbar.

Darüber hinaus wirkt die Einstufung der fehlenden Verlustberücksichtigung als vom DBA nicht umfasste „Steuererhöhung" konstruiert[815]. Regelmäßig werden nicht Einnahmen besteuert, sondern wie hier nach deutschem Abkommensverständnis Einkünfte, also Einnahmen abzüglich der damit in Zusammenhang stehenden Betriebsausgaben oder Werbungskosten[816]. Sofern die Einkünfte einer Betriebsstätte im Quellenstaat freigestellt werden, ergibt sich daraus zwar nicht zwangsläufig, aber durchaus folgerichtig, dass negative Einkünfte ebenfalls nicht angesetzt werden. Insofern fehlt es im Falle der Freistellung am „Veranlassungszusammenhang"[817]. Die

---

810 Ausführlich zu Entscheidungsharmonie als Maßstab für die Auslegung von DBA, Reimer, IStR 2008, 551ff.
811 BFH, Beschluss vom 11.03.2008, I R 116/04, DStR 2008, 1086ff., Rn. 9; BFH, Urteil vom 17.07.2008, I R 84/04, IStR 2008, 704f., Rn. 8.
812 Hierzu ausführlich in diesem Kapitel D. II. 2. b). Eine solche Gefahr gestehen auch Gegner der BFH Meinung ein, vgl. Vogel in: Vogel/Lehener, DBA-Kommentar, Art. 23, Rn. 51.
813 Vgl. OECD-Kommentar, Art. 23A, Rn. 44: „Bei Anwendung des Art. 23A behandeln einige Staaten die in einem anderen Staat entstandenen Verluste ebenso wie die aus diesem Staat stammenden Einkünfte [...]. Da die Lösung in erster Linie vom innerstaatlichen Recht der Vertragsstaaten abhängt, und da die Rechtsvorschriften der Mitgliedstaaten der OECD voneinander wesentlich abweichen, kann für den Artikel selbst keine Lösung vorgeschlagen werden; es bleibt vielmehr den Vertragsstaaten überlassen, erforderlichenfalls, die vorstehende Frage und sonstige Probleme im Zusammenhang mit Verlusten [...] zu klären [...]". Vgl. hierzu Vogel, IStR 2002, 91 (93).
814 Hierzu in diesem Kapitel D. III. 2. a) cc).
815 Abgesehen von der Frage, ob es überhaupt einen Rechtssatz gibt, welcher besagen würde, dass ein DBA stets so auszulegen ist, dass eine Schlechterstellung des Steuerpflichtigen vermieden wird. Eine solche Auslegungsmaxime verneint u.a. Hahn, IStR 2002, 681 (683f).
816 Zu diesen europaweit bekannten Grundsätzen des objektiven Nettoprinzips siehe bereits zweites Kapitel B.
817 Vgl. Frotscher, DStR 2001, 2045 (ebenda).

Zulassung einer solchen Verlustberücksichtigung würde ihrerseits zu einem „Steuervorteil"[818] führen. Die Freistellung der Luxemburger Betriebsstätte bedeutet somit Steuerfreiheit im umfassenden Sinn. Ein Rosinenpicken in Form der Aussparung von positiven Einkünften, kombiniert mit der steuerlichen Honorierung von Vermögensminderungen, kann nicht verpflichtend sein – wie es die Gegner der Symmetriethese allerdings fordern[819]. Diese Erkenntnis bewahrheitet sich, macht man anhand des objektiven Nettoprinzips die Probe aufs Exempel. Fordert dieser Grundsatz den Abzug wirtschaftlicher Aufwendungen, welche mit steuerlich relevanten Einnahmen zusammenhängen, so ergibt sich aus dem Umkehrschluss, dass solche Aufwendungen, die mit nicht steuerlich belasteten Einnahmen verbunden sind, nicht berücksichtigt werden müssen[820]. Kurzum: Das Konzept der umfassenden Freistellung überzeugt. Das Recht der Betriebsstättenbesteuerung sowie die Verpflichtung zur Anerkennung etwaiger Verluste wird in sich geschlossen überantwortet. Geben und Nehmen befinden sich in einer staatlichen Hand. Damit in Einzelfällen verbundene Durchbrechungen des grenzüberschreitenden Leistungsfähigkeitsprinzips sind inso-

---

818 In diesem Verständnis ist die alte Regelung des § 2a Abs. 3 EStG zu verstehen, welcher aus dem AIG ins EStG übernommen wurde: „Sind nach einem Abkommen zur Vermeidung der Doppelbesteuerung bei einem unbeschränkt Steuerpflichtigen aus einer in einem ausländischen Staat belegenen Betriebsstätte stammende Einkünfte aus gewerblicher Tätigkeit von der Einkommensteuer zu befreien, so ist auf Antrag des Steuerpflichtigen ein Verlust, der sich nach den Vorschriften des inländischen Steuerrechts bei diesen Einkünften ergibt, bei der Ermittlung des Gesamtbetrags der Einkünfte abzuziehen, soweit er vom Steuerpflichtigen ausgeglichen oder abgezogen werden könnte, wenn die Einkünfte nicht von der Einkommensteuer zu befreien wären, und soweit er nach diesem Abkommen zu befreiende positive Einkünfte aus gewerblicher Tätigkeit aus anderen in diesem ausländischen Staat belegenen Betriebsstätten übersteigt".
Durch diese Norm hatte der deutsche Gesetzgeber die Symmetrie quasi in Gesetzesform gegossen. Die Regelung machte nämlich überhaupt nur Sinn, wenn man von einem spiegelbildlichen Ausschluss von Gewinnen und Verlusten ausging. Die Streichung des § 2a Abs. 3 EStG durch das Steuerentlastungsgesetz von 1999 bewirkt jedoch nicht unmittelbar auch eine Änderung der Rechtsprechung zum Abkommensverständnis. Wie der BFH anhand der Gesetzesmaterialien überzeugend darlegt geht die Streichung dieser Norm vorwiegend auf Probleme bei der praktischen Vollziehbarkeit zurück, BFH, Beschluss vom 28.06.2006, I R 84/04, BFHE 214, 270, Rn. 11.
819 Andererseits wird auch den Nationalstaat nicht ganz zu unrecht eine Art unsystematisches Verhalten vorgeworfen, wenn sie mittels „treaty override" Regelungen zur Hinzurechnungsbesteuerung, vgl. §§ 7ff. AStG, siehe zu einem vergleichbaren Fall in Großbritannien das Verfahren „Cadbury Schweppes", C-196/04, Slg. 2006, I-7995, oder „switch over" von Freistellung zu Anrechnung über § 20 Abs. 2 AStG, hierzu Rechtssache C-298/05, „Columbus Container", IStR 2008, 63ff. die konsequente Spiegelbildlichkeit preisgeben, vgl. Englisch, IStR 2006, 19 (22); Rehm/Nagler, IStR 2008, 129 (134). Diese Regelungen sind vom EuGH überwiegend für europarechtskonform gehalten worden. Vorrangig durch die Anerkennung eines berechtigten Missbrauchsbekämpfungsinteresses. Dieses Bedürfnis rechtfertigt auch die systematische Durchbrechung teilweise. Ferner enthalten vor allem neuere DBA bereits Aktivitätsklauseln direkt im Abkommen, hierzu Holthaus, IStR 2003, 632 (ebenda); ferner Vogel in: Vogel/Lehner, DBA-Kommentar, Art. 23, Rn. 74.
820 Nach Frotscher sogar nicht berücksichtigt werden dürfen, DStR 2001, 2045 (ebenda f.).

179

fern hinzunehmen, als jede der beiden Techniken des Methodenartikels spezifische Vor- und Nachteile aufweist[821]. Selbst wenn die Europarichter dem vermeintlichen Idealbild einer umfassenden Verwirklichung der Besteuerung nach einer Bemessung der europäischen Leistungsfähigkeit folgen sollten, so muss ihnen bewusst sein, dass sie dieses Ziel nicht durch stete Unnachgiebigkeit umsetzen werden[822]. Die beschriebenen Unebenheiten auf dem Billardtisch, hier Verzerrungen in der exakten Besteuerung nach der Leistungsfähigkeit und damit im Ergebnis eine Verfälschung der wirtschaftlichen Betätigung, berühren erneut den Umstand, dass verschiedene Rechtsordnungen nebeneinander existieren müssen. Im einen Fall führen diese Verzerrungen zu Nachteilen für die Wirtschaftsteilnehmer, in anderen wiederum zu Vorteilen[823]. Will man den Tisch vollständig glätten, bedarf es des nötigen Sekundärrechts[824]. Richterliche Rechtsfortbildung stößt hier an ihre Grenzen. Vielmehr handelt es sich um eine Frage des politischen Willens, welche sich dem Einflussbereich der Richter entzieht. Der Gesetzgeber weiß es insoweit besser als der Richter[825].

e) Tatbestandsausschließende Wirkung des Doppelbesteuerungsabkommens

Diese Argumente und die damit verflochtene Vorgehensweise einer Verortung der Aufteilung der Besteuerungsbefugnis bereits auf Tatbestandsebene durch Generalanwalt *Geelhoed* waren auch der Generalanwältin im Verfahren „Lidl Belgium" bekannt. In ihren Schlussanträgen zum Fall „Deutsche Schell", welche zeitlich lediglich vier Monate vor den Entscheidungsvorschlägen „Lidl" einzureihen sind, wurde *Sharpston* aufgrund der Stellungnahmen der Beteiligten mit den Vorschlägen ihres niederländischen Kollegen konfrontiert, verortete dessen Ideen jedoch mit wenigen

---

821 Hierzu ausführlich, Wittkowski, Verlustverrechnung, S. 68ff.
822 Siehe zweites Kapitel E. und siebtes Kapitel B. II.
823 Vgl. das einprägsame Bild von Generalanwalt Geelhoed in seinen Schlussanträgen vom 23.02.2006, Rechtssache C-374/04, „Test Claimants", Slg. 2006, I-11673, Rn. 38 [eigene Hervorhebung]: „Auch wenn sich der Gerichtshof in der Regel Erscheinungen gegenübersieht, die man „Quasibeschränkungen" aufgrund dieser Verzerrungen nennen könnte, sollte nicht vergessen werden, dass *diese Medaille auch eine Kehrseite hat* – d. h. dann, wenn besondere Vorteile für die grenzüberschreitende Niederlassung entstehen. Im letztgenannten Fall beruft sich der betroffene Steuerpflichtige im Allgemeinen nicht auf das Gemeinschaftsrecht".
824 Etwa ein europäisches Musterabkommen. Hierzu Klapdor, Effiziente Steuerordnung durch ein europäisches Musterabkommen?, S. 96ff.
825 Zu den Schranken der Rechtsfortbildung siehe Schroeder, Das Gemeinschaftsrechtssystem, S. 64ff. Selbst im misslichen Fall, dass ein Richter als (Ersatz-)gesetzgeber tätig wird, bleibt die Leitlinie, sich ebenso zu verhalten, wie es der Gesetzgeber an seiner Stelle tun würde, vgl. Pawlowski, Methodenlehre, S. 61.

Worten auf die Rechtfertigungsebene[826]. Diesem Gedankengang folgt sie unausgesprochen auch im „Lidl Belgium" Verfahren.

Diesem Ansatz schließt sich der Gerichtshof grundsätzlich an. Den inhaltlich stichhaltigen Argumenten des BFH widmet er sich erst auf Rechtfertigungsebene. Die sachliche Auseinandersetzung erfolgt nicht in direkter Bezugnahme auf die Abkommensauslegung, sondern in Verknüpfung mit der aus „Marks & Spencer" bekannten Rechtfertigungstrias[827]. Zwar lässt der EuGH die Symmetriethese letzten Endes unbeanstandet[828], allerdings führt dies nicht dazu, den Eingriffscharakter der DBA-Auslegung zu verneinen. Das Gericht misst dem OECD-Musterabkommen und seiner Kommentierung mithin nicht nur für die Ausgestaltung des eigentlichen DBA, sondern auch für dessen Auslegung Bedeutsamkeit zu[829], ohne vorliegend jedoch den letzten Schritt zu gehen. Erscheint dieses Vorgehen aus seiner Sicht rechtspolitisch verständlich, würde die Vorwärtsbewegung seinen Einfluss doch nachhaltig beschränken, bleibt es rechtssystematisch zu beanstanden. Mit der Symmetrievorstellung verbunden sind nämlich grundlegende Gedanken von Verantwortungszuteilung[830] und damit von mitgliedstaatlicher Souveränität, welche dogmatisch passend bereits bei der Frage nach dem „Ob" einer Verletzung und nicht erst bei dem „Wie" eines Interessensausgleichs anzustellen sind[831].

So kann nicht die Rede davon sein, dass eine deutsche Gesellschaft aufgrund der steuerlichen Unterschiede davon „abgehalten werde", ihre wirtschaftliche Tätigkeit über eine in einem anderen Mitgliedstaat belegene Betriebsstätte auszuüben[832]. Verzichtet ein Mitgliedstaat auf sein Recht zur Besteuerung nach dem Welteinkommensprinzip, indem er ausländische Einkünfte freistellt, begünstigt er Investitionen im Ausland. Der Unternehmer wird nur der vermeintlich günstigeren steuerlichen Situation im anderen, selbst gewählten Steuerraum unterworfen. Es handelt sich so-

---

826 Schlussanträge Generalanwältin Sharpston vom 08.11.2007, Rechtssache C-293/06, „Deutsche Shell", Slg. 2008, I-1129, Rn.40f.
827 Etwa in Rn. 33 bei der Prüfung der „Wahrung der Aufteilung der Besteuerungsbefugnis".
828 Gosch, IStR 2008, 413 (421); weitergehend: Lidl Belgium „bestätigt die vom BFH stets präferierte Symmetriethese und erteilt Durchbrechungen dieses Prinzips, wie jüngst der österreichische Verwaltungsgerichtshof und der luxemburgische Verwaltungsgerichtshof, EG-rechtlich eine Absage", Kessler, IStR 2008, 581 (582).
829 Vgl. hierzu ebenfalls Rechtssache C-265/04, „Bouanich", Slg. 2006, I-923, Rn.51: „Da die Steuerregelung, die sich aus dem [...] Abkommen, ausgelegt im Licht der Erläuterungen zum OECD-Musterabkommen, ergibt, zu dem auf das Ausgangsverfahren anwendbaren rechtlichen Rahmen gehört und als solche vom vorlegenden Gericht dargestellt worden ist, muss der Gerichtshof sie berücksichtigen, um das Gemeinschaftsrecht in einer Weise auszulegen, die für das nationale Gericht nützlich ist". Vgl. ebenfalls Lehner in: Vogel/Lehner, DBA-Kommentar, Einleitung, Rn. 265b.
830 Von „Verantwortung" in diesem Kontext spricht ebenfalls, Kube, IStR 2008, 305 (310f.). Allgemein zum rechtlichen Inhalt des „Verantwortungsbegriffes", Di Fabio, Der Verfassungsstaat in der Weltgesellschaft, S. 105ff.
831 Unabhängig vom konkreten Fall fordert dies ebenso Kube in: Reimer, Europäisches Gesellschafts- und Steuerrecht, S. 247; a.A. Stewen, EuR 2008, 445 (451).
832 Rn. 25.

mit um einen umfassenden Verzicht auf Rechte und nicht um ein konkretes Verbot des Verlustabzuges[833]. Wo das Hoheitsrecht der Besteuerung bereichsweise preisgegeben wird, kann auch kein Verbot mehr erlassen werden. Wertet man hingegen den kongruenten Ausschluss von Verlusten als Beschränkung, so zeugt dies von einem Verständnis, welches, über eine reine Gewährleistung der Mobilität hinaus, eine aktive Förderung der Kapitalinvestitionsmobilität zum Ziel hat, indem jeweils die Vorteile der verschiedenen Steuerrechtsordnungen kombiniert werden. Dieser hohe Grad an Liberalisierung, verbunden mit erheblichem Druck auf die Staaten, kann indes nicht auf die Grundfreiheiten gestützt werden[834]. Leidtragende wären neben den Hochsteuerstaaten auch die Unternehmen, welche sich auf den regionalen Markt beschränken, demnach vor allem KMU. Sie unterlägen ungünstigeren steuerlichen Startbedingungen, nur weil sie sich nicht europaweit betätigen. Die steuerliche Wettbewerbsneutralität würde weiter verzerrt.

Selbst für die steuerliche Gleichbehandlung kann einem Staat die Verantwortlichkeit nur soweit auferlegt werden als auch seine Hoheitsgewalt wirkt. Nur in Bereichen, wo Steuerhoheit ausgeübt wird, kann der steuernde Einfluss der Mitgliedstaaten staatenbezogen kritisiert werden. Belastungen an den unregulierten Schnittstellen der staatlichen Steuergrenzen sind hingegen Reflexe, deren Ursachen und Verantwortlichkeit nur mehrseitig zu erklären und zu klären sind. Die Haftung hierfür darf nicht einem einzelnen Staat durch Einzelfallurteil auferlegt werden – vielmehr befinden wir uns erneut im Radius politischer Lösungszuständigkeit. Verzichtet insofern ein souveräner Hoheitsträger gänzlich auf seine steuerliche Belastungsmacht, also unisono auf Rechte und Pflichten, und geschieht dies im Einvernehmen mit den kollidierenden Steueransprüchen anderer Staaten, so darf dieser aus der nationalstaatlichen Souveränität entstammende Rechtsverzicht nicht durch die Grundfreiheiten punktuell rückgängig gemacht werden. Dies gilt zumindest für Aufteilungsergebnisse, welche sich an den Direktiven international anerkannter und erprobter Besteuerungsmaßstäbe, vor allem am OECD-MA, ausrichten. Hier bleibt sichergestellt, dass Staaten nicht bewusst kollusiv zusammenwirken, um die Geltung der Grundfreiheiten per bilateralen Vertrag auszuhebeln. Solch ein Vorgehen ist theoretisch etwa in der Konstellation eines „Tauschgeschäftes" zwischen den verhandelnden Staaten denkbar. So könnte ein Hochsteuerland mit einem anderen, niedrig besteuernden Unionsmitgliedstaat vereinbaren, zwischenstaatlich die grenzüberschreitende Verlustverrechnung unbeschränkt zuzulassen, wenn im Gegenzug eine europarechtlich diskriminierende Regelung zur Bekämpfung der Unterkapitalisierung in DBA-Form gegossen wird. Bei diesem fiktiven Beispiel geht es nicht um die Sinnhaftigkeit dieser Absprache. Vielmehr soll gezeigt werden, dass nach jetzigem Stand der EuGH-Rechtsprechung diese Verankerung direkt im DBA dem Prüfungsanspruch

---

833 Vgl. Hahn, IStR 2003, 734 (735).
834 Vgl. zu dieser auf die Gewährleistung der Mobilität begrenzten Wirkungsmacht der Grundfreiheiten, Frank, IStR 2007, 489 (495).

des EuGH entzogen wäre[835]. Allerdings ist ebenso davon auszugehen, dass der Gerichtshof in solchen Fällen des kollusiven Zusammenwirkens eingreifen würde, etwa unter Verweis auf Art. 293 EG, welchem im Hinblick auf das Binnenmarktziel eine Verpflichtung rationaler DBA-Politik zu entnehmen sein könnte.

Normalerweise wird die Verfolgung unterschiedlicher Staatsinteressen für ein ausgeglichenes DBA-Ergebnis sorgen, welches sich in seiner inhaltlichen Aufteilung an die Maßstäbe des internationalen Steuerrechts hält und in aller Regel erst aufgrund unilateral von der Nachvollziehung der getroffenen Absprachen abweichender, unsachgemäßer Ausübung mit dem Europarecht in Konflikt gerät[836]. Solange jedoch solche Exzesse nicht zu beobachten sind, ist die staatliche Machtentsagung, beruhend auf den Verhandlungen zwischen unabhängigen Völkerrechtssubjekten, zu respektieren. Die Staatsverträge sind von einem ausgehandelten „Geben und Nehmen" geprägt[837]. Sie führen zu einer rechtlichen Schärfe an staatsbezogener steuerlicher Zurechenbarkeit, wie sie anhand reiner Überlegungen zur Marktermöglichung in einem gemeinsamen europäischen Wirtschaftsraum nicht mehr möglich erscheinen. Die Leistungen der Staaten sind miteinander verknüpft, sie verwischen Grenzen und verkomplizieren zunehmend klare Äquivalenzzuteilungen[838]. Ein DBA schafft Abhilfe durch Verhandlung. Diese in sich ausbalancierte Beziehung würde massiv gestört, wenn nachträglich und unabgestimmt Vorgaben in das Verhandlungsergebnis hineingelesen werden. Der Gerichtshof wäre ungeladener dritter Akteur im Duett der Staaten, weit außerhalb seines gewohnten Terrains, weder ausgestattet mit DBA-Expertise noch dem passenden Handwerkszeug. Erkennbar wird die Gefahr einer spürbaren Verfälschung des Parteiwillens[839]. Auch die gewichtige freiheitliche Wirkung des Binnenmarktes darf diese grundlegende Trennlinie nicht modifizieren. Würde sich über diesen Willen ebenfalls hinweggesetzt, so bestünde kein Unterschied mehr zwischen der begrenzenden Inanspruchnahme des nationalen Rechts im harmonisierten und im nicht harmonisierten Regelungsbereich. Die Grundfreiheiten würden dann auch die letzte politisch autonome Entscheidung durch die Hintertüre obsolet erscheinen lassen.

---

835 Vgl. hierzu die typische Zwei-Schritt-Systematik des EuGH in seiner „DBA-Prüfung", welche zwischen der Billigung der DBA-rechtlichen Aufteilung der Besteuerungsrechte und ihrer unilateralen Ausübung unterscheidet, beispielhaft C-524/04, „Thin Cap", IStR 2007, 249, Rn. 49ff. Schritt eins durch den Textbaustein in Rn. 49, Schritt zwei durch die Feststellung einer „einseitigen Entscheidung des Gesetzgebers des Vereinigten Königreichs", Rn. 51.
836 So etwa in der Rechtssache C-524/04, „Tin Cap", IStR 2007, 249, Rn. 50f.
837 Zu diesem „do, ut des" im Rahmen von DBA, Helde, Dreiecksverhältnisse im internationalen Steuerrecht, S. 95.
838 Siehe hierzu ausführlich siebtes Kapitel B. II.
839 Zum maßgeblichen Willen der Staaten bei steuerrechtlichen Verhandlungen und die Geltung des Wiener Übereinkommens über das Recht der Verträge (WVRK), Schenke, Rechtsfindung im Steuerrecht, S. 428. Wie deutlich sich die völkerrechtliche Methodenlehre in diesem Zusammenhang der Wahrung der staatlichen Souveränität verpflichtet fühlt erweist sich anhand des Art. 31 Abs. 3 WVRK. Die mit der geläufigen objektiv-teleologischen Auslegung verbundene Entwicklungsoffenheit wird hier umgehend an den Willen der Vertragsparteien rückgekoppelt.

Soweit die Staatensicht. Doch hat nicht auch der Unionsbürger in diesem Zusammenhang einforderbare Rechte? Muss der Einzelne nicht vor dieser geballten Macht der verhandelnden Staaten geschützt werden? Ist hier nicht der Gedanke freien Wirtschaftens auf dem europäischen Binnenmarkt betroffen? Bedarf es hier nicht eines gemeinsamen vom EuGH zu kontrollierenden Rechtsstandards? Die Entgegnung auf diese Fragen ist im Kern eine Bekräftigung des gerade aus dem Blickwinkel der Staaten ausgeführten. Dennoch kann genau dies nicht oft genug betont werden, um die systematischen Unterschiede zwischen anderen Politikbereichen und dem Steuerrecht auf der europäischen Ebene zu kennzeichnen. Da diese Heterogenität in der gerichtlichen Praxis des EuGH oft genug hintenangestellt wurde, schadet diese teilweise argumentative Wiederkehr keineswegs.

Das Steuerrecht ist nicht vergemeinschaftet. Der Binnenmarkt wirkt hier mithin nicht in seiner vollen „Schlagkraft". Mittels der Grundfreiheiten dürfen daher nur die absoluten Spitzen an Behinderung begradigt werden. Diese Tatsachen muss der einzelne Unternehmer in seine Investitionskalkulation einstellen. Insofern gilt der Aphorismus: „Wer sich den Gesetzen nicht fügen lernt, muß die Gegend verlassen, wo sie gelten"[840]. „Abgehalten" wird der Unternehmer aufgrund der steuerlichen Reibungsverluste von keiner Investition im Binnenmarktraum. Ein vernünftiger Kaufmann wird eine betriebswirtschaftliche Gesamtprognose erstellen, bevor er sich mit seiner Unternehmung in eine andere Rechtsordnung begibt. Er hat die Freiheit, sich für einen Raum zu entschließen, der ihm wirtschaftlich besonders gewinnbringend erscheint[841]. Dabei ist die Steuerbelastung eine wichtige Größe. An diesem Entschluss für einen Investitionsstandort muss sich der Unternehmer dann aber auch festhalten lassen, positiv wie negativ. Gewinnchance wie Verlustgefahr wurden bewusst gewählt. Die Folgen dieser Entscheidung unterfallen dem allgemeinen Unternehmerrisiko[842] und sind nicht über das Europarecht auf die Staaten abwälzbar. Alles andere würde faktisch dazu führen, dem Unionsbürger über die Grundfreiheiten eine Art subjektives Recht auf die vergleichbar niedrigsten Steuersätze zuzusprechen. Insofern kollidieren die Interessen und Sichtweisen von Staaten und mobilen Marktteilnehmern erneut.

Die Annahme einer solchen Zurechenbarkeit von Verantwortung bildet ebenfalls die Basis für Aussagen des EuGH im progressiven Urteil „Columbus Container". Hier spricht der Gerichtshof von einer „gewissen Autonomie" der Mitgliedstaaten im Steuerrecht, um dann konkretisierend fortzufahren:

---

840 Johann Wolfgang von Goethe, Wilhelm Meisters Wanderjahre, II, 2.
841 Dies war zu Goethes Zeiten keinesfalls selbstverständlich. Gerade dem „Wegzugsfall" von Bürgern wurden hier erhebliche Steine in den Weg gelegt. Mit dem Wegzug gingen häufig zum einen die Bürgerrechte verloren, zum anderen wurde eine erhebliche „Nachsteuer" verlangt, welche einer Auswanderungs- beziehungsweise einer Vermögensabzugsteuer entsprach, Nemitz, Die direkten Steuern der Stadt Regensburg: Abgaben und Stadtverfassung vom 17. bis zum 19. Jahrhundert, S. 381. Siehe ferner Hopp, Jüdisches Bürgertum in Frankfurt am Main im 19. Jahrhundert, S. 101f.
842 Hierzu Fridl, Kostenrechnung, S. 134.

„Aus dieser Besteuerungsbefugnis folgt, dass das Recht von Gesellschaften, für die Niederlassung zwischen verschiedenen Mitgliedstaaten zu wählen, diese [Staaten] keineswegs verpflichtet, ihr eigenes Steuersystem den verschiedenen Steuersystemen der übrigen Mitgliedstaaten anzupassen, um zu gewährleisten, dass eine Gesellschaft, die beschlossen hat, sich in einem bestimmten Mitgliedstaat niederzulassen, auf nationaler Ebene genauso besteuert wird wie eine Gesellschaft, die sich dafür entschieden hat, sich in einem anderen Mitgliedstaat niederzulassen"[843].

Dieses Argumentationsschema findet sich in einer Reihe von neueren Urteilen des EuGH, von „Thin Cap"[844], über „Deutsche Schell"[845] bis zu „Persche"[846] und „Krankenheim Ruhesitz GmbH"[847]. Bemerkenswert im Urteil „Columbus Container" ist, neben dem Inhalt, die Verortung dieser Ausführungen. Sie dienen dazu, eine Beschränkung der Niederlassungsfreiheit abzulehnen. Maßstab ist hierbei eine territoriale Gleichbehandlung der Niederlassungen[848]. Genau diese „Kästchengleichheit"[849] sollte im nicht harmonisierten Bereich des Steuerrechts Postulat, aber gleichzeitig auch grundsätzliche Grenze des europarechtlichen Gewährleistungsgehaltes darstellen. Ein beharrlich anderes Verständnis würde die als vordringlich erachtete Gleichheitskomponente ignorieren.

Jener Gedanke der Kästchengleichheit passt in die Charakteristika der Niederlassungsfreiheit. Deren sachlicher Anwendungsbereich wird entscheidend durch den Begriff der Niederlassung geprägt. Dabei geht der Gerichtshof – mangels Definition im Vertrag durch Rechtsfortbildung – davon aus, dass sich der von einer Grundfreiheit Gebrauch machen wollende Niederlassungswillige auf Dauer in die Wirtschaft des Aufnahmestaates integriert[850]. Es besteht mithin eine, den anderen Grundfreiheiten weitgehend fremde, territoriale Verwurzelung mit dem gewählten Staat und dessen ökonomischer Struktur. Dabei weisen die Mitglieder der EU bekanntermaßen erhebliche Unterschiede in ihrem Wirtschaftsrecht auf. Die Gemeinschaft trägt hier starke föderale Züge. Diese erweisen sich in Relation zu den Divergenzen im Bundesstaat Deutschland, hervorgerufen durch die Selbstverwaltungsgarantien der Länder und Kommunen[851], als ungleich ausgeprägter; schließlich handelt es sich bei der EU selbst „nur" um einen Staatenverbund, also ein Minus zum Bundesstaat, in welchem das Steuerrecht ganz der Kompetenz der Mitgliedstaaten unterfällt. Zur besseren Durchdringung der eigentlichen Funktion der Grundfreiheiten mit ihrer vorran-

---

843 Rechtssache C-298/05, „Columbus Container", IStR 2008, 63ff, Rn. 51.
844 Rechtssache C-524/04, „Thin Cap", IStR 2007, 249, Rn. 88.
845 Rechtssache C-293/06, „Deutsche Schell", Slg. 2008, I-1129, Rn. 42.
846 Rechtssache C-318/07, "Persche", DStR 2009, 207ff., Rn. 48.
847 Rechtssache C-157/07, „Krankenheim Ruhesitz", IStR 2008, 769ff., Rn. 49.
848 Rechtssache C-298/05, „Columbus Container", IStR 2008, 63ff, Rn. 53.
849 Begriffsverwendung etwa bei Reimer in: Lehner: Grundfreiheiten im Steuerrecht der EU-Staaten, S. 50.
850 Vgl. ferner Schlag in: Schwarze, EU-Kommentar, Art. 43 EG, Rn. 16. Aus der Rechtsprechung etwa Rechtssache, C-470/04, „N", Slg. 2006, I-7409, Rn. 26.
851 Zur geteilten Gesetzgebungskompetenz zwischen Bund und Ländern, vgl. Art. 30 GG. Hinsichtlich der Selbstverwaltungsgewährleistungen der Gemeinden siehe Art. 28 Abs. 2 GG.

gigen Ausprägung gleichheitsrechtlicher Wirkung in diesem Geflecht lohnt eine Anleihe bei der bewährten Dogmatik des allgemeinen Gleichheitssatzes in Deutschland, Art. 3 Abs. 1 GG[852]. Die egalisierende Steuerungskraft greift hier wie dort. Wie gezeigt, müssen sich, vergleichbar mit der gleichheitsrechtlichen Überprüfung eines Landesgesetzes in Deutschland, auch viele nationale Steuernormen an den Grundfreiheiten messen lassen. Daraus folgt aber gerade nicht, dass länderübergreifend dasselbe Recht gelten muss[853]. Die mit einem Bundesstaat und in noch höherem Maße mit dem weniger integrierten Staatenverbund verknüpften Gedanken einer gewissen Autonomie kleinerer Einheiten, vertikaler Gewaltenteilung, Sicherung regionaler Vielfalt und Subsidiarität wirken von sich aus gegen eine Egalisierung in der Fläche. Hierauf gründen sich die Hoffnungen auf ein besonderes Spektrum an Initiativen und Ideen[854], welche im Einheitsstaat meist lediglich auf der Zentralebene entstehen. Es handelt sich hierbei um den klassischen Konflikt zwischen Freiheit und Gleichheit.

Der EG-Vertrag – in seiner Auslegung durch den EuGH – löst diese Spannung im Steuerrecht dahingehend, dass den Staaten die Kompetenz zur Belastung und deren Gestaltung verbleibt, die Grundfreiheiten allerdings bereichsübergreifend das Mindestmaß an Gleichheit wahren sollen, welches im Interesse des Binnenmarktes unabdingbar ist. Die grundsätzliche Verantwortlichkeit für die Gleichbehandlung eines Binnenmarktbürgers muss dabei grundsätzlich an der territorialen Grenze des autonomen Hoheitsträgers enden, ebenso wie die deutschen Bundesländer ihr Polizei- oder Bildungsrecht prinzipiell nur in sich abgerundet ausgestalten müssen[855]. Das Nebeneinander mit den entsprechenden Reibungsverlusten ist hier der Preis der Selbstständigkeit. Eine Haftung für Versäumnisse eines anderen Landes, welches einen vergleichbaren Sachverhalt im Rahmen seiner Souveränität anders ausgestaltet, darf es nicht geben[856]. Eine solche Einstandspflicht unterliefe genau jenes Recht zur Regelungsvielfalt[857], also das konstitutive Wesensmerkmal des Föderalismus[858]. Sie würde zur Vereinheitlichung der Steuerrechtsordnungen führen, ohne dass es hierfür eine gemeinsame politische Zielvorstellung gäbe.

---

852 Vgl. Kube, IStR 2008, 305 (311) und derselbe in: Reimer, Europäisches Gesellschafts- und Steuerrecht, S. 239f. Siehe ebenfalls Hufeld in: Depenheuer/Heintzen, Staat im Wort, Festschrift für Isensee, S. 858.

853 In diesem Zusammenhang zu Art. 3 Abs. 1 GG, Starck in: Von Mangoldt/Klein, Das Bonner Grundgesetz, Art. 3 Abs. 1 GG, Rn. 226.

854 Zu denken ist hier etwa an den im ersten Kapitel angesprochenen Wettbewerb der Steuerrechtsordnungen um das beste wirtschaftliche Konzept.

855 Zu diesem Anwendungsbereich des Art. 3 Abs. 1 GG im Bundesstaat, Boysen, Gleichheit im Bundesstaat,
S. 102. Aus der Rechtsprechung siehe BVerfGE 106, 62 (145).

856 Siehe in diesem Kapitel ebenso D. III. 3. f) cc).

857 Die mit dieser Regelungsvielfalt verbundene Experimentier- und Vorreiterfunktion der Bundesländer ist einer der zentralen Rechtfertigungsgedanken von föderalen Strukturen.

858 Ebenso zum Wesen des Föderalismus gehört, dass er in einem ständigen Ringen darüber befindet, welche Maßnahmen besser zentral oder dezentral zu regeln seien, vgl. Kilper, Föderalismus in der Bundesrepublik Deutschland, S. 60.

Solche Erwägungen finden sich – wenn auch in gewohnt kurzer und umhüllter Form – durchaus auch in der Rechtssprechungslinie zur grenzüberschreitenden Verlustverrechnung. So statuiert der EuGH erstmals ausdrücklich einen Harmonisierungsvorbehalt für tiefer gehende Eingriffe des Gemeinschaftsrechts[859]. Er erkennt damit an, dass Maßnahmen, welche sachlich einer Vollharmonisierung nahe kämen, nicht allein auf die EG-Marktfreiheiten gestützt werden können[860]. Diese Erkenntnisse finden sich allerdings erst am Ende der Rechtfertigungsprüfung. In Parallelität zur deutschen Dogmatik bei Art. 3 Abs. 1 GG[861] fehlt es jedoch auch bei den Grundfreiheiten im Falle einer Ungleichbehandlung außerhalb desselben Zuständigkeitsbereiches bereits tatbestandlich an der notwendigen Vergleichbarkeit. Mangels kompetenzübergreifender Wirkung ist hier keine rechtliche Ungleichbehandlung und damit auch keine Beschränkung einer Grundfreiheit gegeben.

f) Zusammenfassung der tatbestandlichen Beschränkungsprüfung

Vor dem Hintergrund dieser Feststellungen kommen die vom EuGH angestrengten Überlegungen innerhalb der Rechtfertigungsgründe eine Stufe zu spät. Mögen einzelne Mitgliedstaaten aufgrund respektierlicher Negativverfahren hierin auch ein „lieber spät als nie" erblicken, so täuscht dies nicht über den fortwährenden strategischen Nachteil hinweg, welcher sich aus der mit dem Eingriff verknüpften Vermutung für die Freiheit verbindet. Die Beweislast und mit ihr die Bringschuld für eine Rechtfertigungsargumentation liegt bei den Mitgliedstaaten[862].

Der EuGH als Akteur versucht streitbar offensiv diese Schlüsselstelle eines jeden Urteils zu seinen Gunsten weit auszubauen. Dies gelingt ihm durch eine Kombination aus geschickter Vergleichspaarbildung[863] und weitem Diskriminierungsverständnis. So wird fast jedes Verfahren zum Europafall[864]. Richtigerweise müsste allerdings – im Sinne von Generalanwalt *Geelhoed* – bedächtig zwischen Divergenzen, welche als mehr oder weniger zufällig aufgrund der parallel verlaufenden nationalen Vorstellungen von Besteuerung entstehen und welche nur durch gemeinschaftsweite Harmonisierung aufzulösen sind auf der einen Seite, und bewusst vorgenommenen, das Wesen der Niederlassungsfreiheit hemmenden Differenzierungen auf der ande-

---

859 Vgl. etwa Marks & Spencer, Rn. 58. Ausführlich zum Harmonisierungsvorbehalt unter D. III. 2.
860 Zu dieser notwendigen Erkenntnis des Gerichtshofs allgemein, Hufeld in: Depenheuer/Heintzen, Staat im Wort, Festschrift für Isensee, S. 858.
861 Vgl. Boysen, Gleichheit im Bundesstaat, S. 102f; Jarass in: Jarass/Pieroth, GG-Kommentar, Art. 3, Rn. 4a.
862 Dazu Seiler in: Depenheuer/Heintzen, Staat im Wort, Festschrift für Isensee, S. 883.
863 Ausführlich zur Bedeutung und den verschiedenen Möglichkeiten einer Vergleichspaarbildung, Reimer in: Lehner, Grundfreiheiten im Steuerrecht der EU-Staaten, S. 45ff.
864 So auch jüngst in Rechtssache „Krankenheim Ruhesitz", C-157/07, Urteil vom 23. Oktober 2008, IStR 2008, 769ff, Rn. 30ff und durchaus typisch, vgl. Cordewener, Europäische Grundfreiheiten und nationales Steuerrecht, S. 788.

ren Seite abgegrenzt werden. Die vom EuGH vorgenommene Verortung dieser Problematik auf die Rechtfertigungsebene mag dabei für grenzüberschreitende Schwierigkeiten durch höhere Verwaltungslasten[865] oder grundsätzliche Unterschiede innerhalb der nationalen Steuerstrukturen[866] im Einzelfall noch diskutabel sein[867]. Dies gilt insbesondere für Extremfälle, wo jegliches Mindestmaß an durch den Integrationsfortschritt erreichter Gleichheit ignoriert und damit das elementare Ziel der Grundfreiheiten, die Verwirklichung von Wettbewerbsgleichheit im Binnenmarkt, in Frage gestellt wird. Hier kann es geboten sein, trotz gewährleisteter „Kästchengleichheit" einen Interessensausgleich zu finden. Ersichtlich stellt sich nachfolgend die Abgrenzungsfrage, wann ein solcher Extremfall[868] vorliegt. Diese Frage lässt sich nicht pauschal beantworten. Allerdings wird durch das mit dieser Terminologie verbundene Vorgehen ein Regel-Ausnahme-Verhältnis konstituiert, welches die substanzielle Abgrenzungsprüfung wieder auf die Tatbestandsebene verlagert und zumindest im Europäischen Steuerrecht Angelegenheiten mitgliedstaatlicher Souveränität außerhalb der großen Wanne der Verhältnismäßigkeitsabwägung einstellt. Geboten ist also, vergleichbar der vornehmen Zurückhaltung des BVerfG im Hinblick auf die föderale Struktur[869], ein größerer „judicial self restraint"[870] des Gerichtshofes in Bezug auf die Eigenständigkeit der Unionsmitglieder. So kann sich aus dem bündischen Gesamtverständnis[871] und anderen Wertentscheidungen einer Rechtsordnung[872] bei einem „Lebenssachverhalt, der seiner Natur nach über die Ländergrenzen hinausreicht" die Notwendigkeit ergeben, eine Ungleichbehandlung zu bejahen, um innerhalb der Abwägung korrigierend einzugreifen zu können[873]; dies muss im föderalen Aufbau allerdings die absolute Ausnahme bleiben.

---

865 So die erste Gruppe der sogenannten Quasibeschränkungen in der Kategorisierung innerhalb der Schlussanträge von Generalanwalte Geelhoed vom 23.02.2006, Rechtssache C-374/04, „Test Claimants", Slg. 2006, I-11673, Rn. 41.
866 So die zweite Gruppe der sogenannten Quasibeschränkungen in der Kategorisierung innerhalb der Schlussanträge von Generalanwalte Geelhoed vom 23.02.2006, Rechtssache C-374/04, „Test Claimants", Slg. 2006, I-11673, Rn. 43.
867 Allerdings sollte der Vergleichspaarbildung und der Darstellung der Eingriffswirkung und -weite insgesamt mehr Raum und Sorgfalt gewidmet werden.
868 Dürig in: Maunz/Dürig, GG-Kommentar, Art. 3 Abs. 1 GG, Rn. 242 (dort Fn. 1) spricht in diesem Zusammenhang bei Art. 3 GG von einer „Unerträglichkeitsgrenze". Vgl. ferner Bleckmann, NJW 1985, 2856 (2857f.).
869 Dürig in: Maunz/Dürig, GG-Kommentar, Art. 3 Abs. 1 GG, Rn. 242 (dort Fn. 1).
870 Vgl. Englisch, IStR 2006, 19 (22).
871 Beachte in diesem Zusammenhang auch den Begriff der Bundestreue zwischen politischer Verhaltensmaxime und verpflichtendem Rechtsgebot, Bauer, die Bundestreue, S. 143ff.
872 Etwa aus anderen Grundrechten.
873 Vgl. hierzu für Art. 3 Abs. 1 GG die Ausführungen des BVerfG in seinem bekannten „numerus clausus"-Urteil, BVerfGE 33, 303 (352): „[...] ist davon auszugehen, daß der Landesgesetzgeber innerhalb seines Kompetenzbereiches prinzipiell nicht gehindert ist, von der Gesetzgebung anderer Länder abweichende Regelungen zu treffen, auch wenn dadurch die Einwohner seines Landes im praktischen Ergebnis mehr belastet oder begünstigt werden. Dadurch allein wird - wie das BVerfG in ständiger Rechtsprechung ausgesprochen hat (vgl.

Eines noch sensibleren Vorgehens bedarf es daher hinsichtlich der dritten Quasibeschränkung[874], der Aufteilung der Besteuerungsbefugnisse zwischen EU-Mitgliedstaaten. In der Ausübung dieser urtypischen Aufgabe der Staaten manifestiert sich neben der souveränen Regelungsgewalt nach Innen das Begehren einer zwischenstaatlichen Lösung durch Besteuerungsverzicht wie -hinzugewinn, somit sowohl Souveränitätsabgabe als auch -zuwachs nach Außen. Das Prinzip der begrenzten Einzelermächtigung auf EG-Ebene wirkt zusammen mit der willentlichen Souveränitätsaufteilung im bilateralen Bereich. Hier gilt es für den Gerichtshof, sowohl die begrenzte Verbandskompetenz der EG, als auch die bewusste Wahrnehmung genau dieser verbliebenen Kompetenz für die Zuordnung von Besteuerungsrechten zwischen zwei Staatsgewalten zu respektieren. Zwar wirken die Grundfreiheiten in ihrer Auslegung als Querschnittskompetenzen auch in diesen nicht harmonisierten, aber binnenmarktrelevanten Bereich des Steuerrechts hinein. Allerdings darf nicht verkannt werden, dass die mitgliedstaatliche Zuständigkeit und Prägungsmacht hier die Regel, die Einflussnahme der Gemeinschaft hingegen die Ausnahme bleiben muss[875].

Diese Problematik kann man normlogisch noch genauer umreißen. Ausgehend von der These, das gesamte menschliche Handeln im sozialen Raum sei normativ erfasst, ergo ein rechtlich umfassend kodifizierter Zustand, ist die Vorstellung geläufig: „alles was nicht verboten ist, ist erlaubt"[876]. Hier wird das Rechtssystem folglich zweigeteilt, in erlaubt und verboten. So wie man die Kategorien der Hoheitsgewalten allerdings auch mehrgliedrig fassen kann: Staatsrecht, Völkerrecht und die Rechtsordnung der EG als ein System „sui generis", kann auch der Rechtsraum als solcher ebenfalls mehrstufig gedacht werden: erlaubt, verboten und rechtsfrei[877].

BVerfGE 32, 346) - insbesondere der Gleichheitssatz nicht verletzt, da dieser mit Rücksicht auf die föderalistische Struktur, die Kräfte freisetzen und nicht zur Uniformität zwingen will, grundsätzlich nur dazu verpflichtet, innerhalb des Geltungsbereichs der Landesverfassung auf Gleichbehandlung zu achten. Geht es aber bei einer in die Zuständigkeit des Landesgesetzgebers fallenden Materie um einen Lebenssachverhalt, der seiner Natur nach über die Ländergrenzen hinausgreift und für alle Staatsbürger der Bundesrepublik in allen Bundesländern gleichermaßen gewährleistete Rechtsposition berührt, dann können einseitige Begünstigungen der Einwohner eines Landes eine Ungleichbehandlung anderer Staatsbürger bewirken".

874 Die dritte Gruppe der sogenannten Quasibeschränkungen in der Kategorisierung innerhalb der Schlussanträge von Generalanwalte Geelhoed vom 23.02.2006, Rechtssache C-374/04, „Test Claimants", Slg. 2006, I-11673, Rn. 47ff.
875 Genau diese Schlussfolgerung lässt sich nämlich aus dem Prinzip der begrenzten Einzelermächtigung ziehen, vgl. Art. 5 Abs. 1 EG. Hierzu ausführlich Haratsch, Europarecht, Rn. 166ff. Speziell zur Geltung dieses Grundsatzes – auch – für den EuGH, Pechstein, EU-/EG-Prozessrecht, S. 6ff.
876 So etwa im Zusammenhang mit dem BGB und der Vertragsfreiheit, Schulze, Naturobligation, S. 235. Umgekehrt hingegen etwa im Aktienrecht hinsichtlich des Inhalt der Satzung einer AG, vgl. § 23 Abs. 5 AktG, hierzu Brändel in: Hopt/Wiedemann, Aktiengesetz, S. 92.
877 Zur Existenz rechtsfreier Räume im gedanklichen Konstrukt der Normlogik, Henkel in: Stratenwerth, Festschrift für Hans Welzel zum 70. Geburtstag, S. 38.

Sowohl das „System sui generis" als auch die Annahme eines „rechtsfreien Raumes" bezeichnen mithin einen dritten Weg. Ob man dieses geistige Konstrukt befürwortet oder ablehnt, es kann vorliegend weiterhelfen, die Verständnislinien klarer zu ziehen. Ausgehend von einer Allzuständigkeit der Staaten gilt es zu beachten, dass gerade sie die EG ermächtigen, eigenständig Recht zu setzen. Eigenart dieser Rechtsmacht ist somit deren Ableitung aus der Staatlichkeit der Gemeinschaftsmitglieder. Die Unabhängigkeit der Gemeinschaft bezieht sich insofern genau genommen nur auf die Ausübung, nicht auf die Innehabung der in ihre Obhut gegebenen Hoheitsbefugnisse[878]. Die Kompetenzüberantwortung auf die EG ist also keine „Enteignung" der mitgliedstaatlichen Hoheitsrechte für diesen Bereich. Vielmehr verbleibt ihnen im Rahmen der Allzuständigkeit Handlungsmacht; allerdings muss sich diese im Konfliktfall dem Anwendungsvorrang des Europarechts beugen. Ein weitergehendes Verständnis liefe hingegen im Streitfall stets auf die Annahme eines Geltungsvorrangs hinaus[879]. Eine solche Lesart ist beim derzeitigen Entwicklungsstand der EG abzulehnen. Doch was hat dies mit dem konkreten Fall „Lidl Belgium" und dem Entscheid für die Freistellungsmethode samt ihrer spiegelbildlichen Wirkung auf die Verlustberücksichtigung zu tun?

Diese beschriebene Architektonik des Gemeinschaftsrechts ohne Allzuständigkeit spricht für die Annahme eines gewissen rechtsfreien Raumes. In diesen fällt vorliegende Zuweisungsmechanik der DBA-Freistellung. Dieser Bereich ist nicht rechtsleer im eigentlichen Sinne, jedoch „gemeinschaftsrechtsfrei" insoweit das Steuerrecht in toto erstens nicht auf die supranationale Ebene hochgezont wurde und zweitens Mitgliedstaaten sich bilateral per DBA auf Grundlage ihrer verbliebenen Rechtsmacht auf die Aufteilung des Steuersubstrats verständigt haben. Dann steht kein Anwendungsvorrang des Europarechts im Raum. Die Grundfreiheiten können diese Grenzziehung zwischen erlaubt, verboten und rechtsfrei in diesem Fall nicht zugunsten der EG verschieben. Ihre Kompetenz ausdehnende, sich selbst durch die Ausrichtung am zentralen Binnenmarktziel legitimierende, wirkungsmächtige Hebelfunktion greift nicht. Die Marktfreiheiten und das gesamte Gemeinschaftsrecht werden hier erst nach dieser Zuteilung der Besteuerungshoheit wirksam[880].

Daher müsste die Prüfung anhand der Marktfreiheiten eigentlich im Tatbestand enden, solange Staaten nicht kollusiv zusammenwirken, um das Europarecht auszuhebeln. Es bleibt jedoch zu konstatieren, dass die gängige Praxis des EuGH eine

---

878 Zu dieser – im Bezug auf die EG durchaus umstrittenen – Differenzierung, Seiler, Der souveräne Verfassungsstaat zwischen demokratischer Rückbindung und überstaatlicher Einbindung, S. 71f. und 253.
879 Vgl. Seiler, Der souveräne Verfassungsstaat zwischen demokratischer Rückbindung und überstaatlicher Einbindung, S. 256; allgemein zum Unterschied zwischen Geltungs- und Anwendungsvorrang, Hatje in: Schwarze, EU-Kommentar, Art. 10 EG, Rn. 21.
880 Vgl. Hahn, IStR 2003, 734 (736).

andere ist[881], sodass viele der hier angeführten Argumente[882] sowie sonst zentrale Akzente insgesamt auf der Rechtfertigungsebene verhandelt werden.

II. Rechtfertigung der Ungleichbehandlung

Die Urteilsbegründung „Lidl Belgium" auf Rechtfertigungsebene durchzieht ein Leitgedanke, welcher auch den völkerrechtlichen Doppelbesteuerungsabkommen zugrunde liegt[883]: das Territorialitäts-prinzip. Anders als bei den rein zwischenstaatlichen Verhandlungen ist dieses aus Sicht des EuGH auch mit dem Europarecht und einem europäischen Leistungsfähigkeitsverständnis in Einklang zu bringen. Indem der Gerichtshof die Rechtfertigungsebene betritt, begründet er folglich seine Herrschaft über die Balance zwischen nationalem Steuerrecht und dem Binnenmarktversprechen. Hier entscheiden die Richter anhand des Europarechts, wie intensiv geprüft wird, welche Allgemeinwohlbelange anerkannt werden und wieweit Aspekte des Einzelfalles in die Bewertung miteinfließen.

1. Übertragbarkeit der Rechtfertigungstrias auf die Betriebsstättensituation

Zwar ist das Urteil „Lidl Belgium" bereits als Folgeurteil zu „Marks & Spencer" und „Oy AA" identifiziert. Dennoch gründet sich das deutsche Verfahren auf eine von den letztgenannten Entscheidungen rechtlich erst einmal abweichende Betriebsstättenkonstellation. Die Wertungen dieser Urteile zur Konzernbesteuerung sind demzufolge für die Taxierung der unselbständigen Betriebsstätte und deren Verlusttransfer auf das Stammhaus keineswegs direkt zutreffend[884]. Trotz der unbestreitbaren gesellschaftsrechtlichen – und in Anknüpfung daran auch steuerlichen – Unterschiede gewährt der EuGH der Frage einer Übertragbarkeit der „Marks & Spencer" Erkenntnisse auf das „Lidl" Verfahren im Urteil keinen Raum[885]. Wird diese eigentlich konstitutive Vorfrage bereits in den Schlussanträgen anhand von nur einer Randnummer behandelt[886], so lässt sich im Urteil lediglich aus den im Rahmen der

---

881 Diese Linie des EuGH befürworten Englisch, Aufteilung der Besteuerungsbefugnisse – Ein Rechtfertigungsgrund für die Einschränkung von EG-Grundfreiheiten?, S. 36; Hey, GmbHR 2006, 113 (120); Stewen, EuR 2008, 445 (449ff.).
882 Im Urteil „Lidl Belgium" etwa in Rn. 32ff.
883 Zur Verknüpfung zwischen DBA und dem Territorialitätsprinzip siehe Seiler in: Depenheuer/Heintzen, Staat im Wort, Festschrift für Isensee, S. 886.
884 BFH, Beschluss vom 28.06.2006, I R 84/04, BFHE 214, 270, Rn. 17. Daher hat der BFH den Fall Lidl Belgium auch zu Vorlage gebracht und auf die Geltendmachung einer Ausnahme seiner Vorlagepflicht unter Berufung auf einen Präzedenzfall „Marks & Spencer" verzichtet, vgl. hierzu allgemein Haltern, Europarecht, Rn. 428ff.
885 Vgl. Rn. 27ff.
886 Schlussanträge Generalanwältin Sharpston vom 14.02.2008, Rechtssache C-414/06, „Lidl Belgium",

Bestimmung des Anwendungsbereiches der Niederlassungsfreiheit verwendeten Textbausteinen, welche kurz auf die abkommensrechtliche Behandlung der Betriebsstätte eingehen, erahnen, dass sich der Gerichtshof mit dieser Frage auseinandergesetzt hat[887]. Daraus lässt sich entweder schließen, dass der Gerichtshof hierin – fälschlicherweise – kein diskussionswürdiges Problem sieht oder dass diese Frage im Spruchkörper[888] derart umstritten war, dass man sich nicht abschließend einigen konnte und diesen Diskurs dem Urteil gänzlich vorenthalten hat, um keine offene Flanke für Kritik zu bieten: Das vom EuGH bekannte Prinzip pragmatischen Ausschweigens.

Dabei war eine Vertiefung dieser Materie im Vorlagebeschluss des BFH angelegt[889]. Zudem wäre der argumentativ offensive Umgang vorliegend durchaus Erfolg versprechend gewesen. Gerade vor dem Hintergrund der hier relevanten steuerrechtlichen Angleichung der wirtschaftlichen Ergebnisse mittels der Wirkungen der aufgezeigten Gruppenbesteuerungsmodelle[890] und einer jeweilig 100%igen Beherrschung der Tochtergesellschaften scheint die Übertragbarkeit der Rechtfertigung „nicht sachfremd". Schwieriger wäre es bei niedrigeren Beteiligungsquoten gewesen, welche bei einer Mehrheit der Stimmrechte ebenfalls, etwa für die Bildung einer Organschaft, ausreichend sein kann[891]. Darüber hinaus ergeben sich gewichtige Differenzen aus der abweichenden gesellschafts- wie steuerrechtlichen Eigenständigkeit der strittigen Auslandstätigkeit. Aufgrund dieser jeweils unterschiedlichen Subjektqualität wird die Vergleichbarkeit der Situationen und in der Folge die Übertragbarkeit der Grundsätze aus „Marks & Spencer" auf „Lidl Belgium" teilweise abgelehnt[892]. Nicht ganz von der Hand zu weisen ist die in diesem Zusammenhang geäußerte Kritik, dass durch diese undifferenzierte Übertragung das Regel-Ausnahme-Verhältnis einer Verlustnutzung zwischen Stammhaus/Betriebsstätte und Mutter/Tochter verfälscht wird[893]. Wo die Verlustverrechnung im innerstaatlichen Betriebsstättenfall die Regel ist, bleibt die einheitliche Verlustnutzung durch die Organschaft eine rechtlich komplexe Besonderheit[894].

IStR 2008, 184ff., Rn. 10. Dabei spricht die Generalanwältin von „offenkundig (!) gleichartigen Sachverhalten".
887 Rn. 20ff.
888 Das Verfahren „Lidl Belgium" hat eine kleine Kammer des Gerichtshofs entschieden. Hierbei wirkten zwei Richter aus dem vorangegangenen Verfahren „Oy AA" mit.
889 BFH, Beschluss vom 28.06.2006, I R 84/04, BFHE 214, 270, Rn. 17ff.
890 Hierbei ist jedoch zu bedenken, dass nicht alle EU-Mitglieder solche Gruppenbesteuerungsmodelle kennen, siehe bereits viertes Kapitel C. 3.
891 Vgl. § 14 Abs. 1 Satz 1 Nr. 1 KStG.
892 Dörfler/Ribbrock, BB 2008, 649 (654) und 1322 (1326); Kessler, IStR 2008, 581 (584); Mayr, BB 2008, 1312 (1314). Hierbei ist notabel, dass diese Position vor allem in den Aufsätzen von Anwälten eingenommen wird. Ihnen sowie den Vertretern von Lidl wäre eher gedient, würden die als recht „mitgliedstaatlich freundlich" eingestufte Rechtfertigungstrias aus „Marks & Spencer" nicht übernommen und etwa anhand der lange Zeit desperaten Kohärenzprüfung verfahren.
893 Kessler, IStR 2008, 581 (584).
894 In Deutschland auf Grundlage der Organschaftsregeln.

Andererseits streiten gute Argumente für den grundsätzlichen Transfer der Urteilskontur aus „Marks & Spencer". Allgemein lassen sich hierfür Erwägungen prinzipieller Rechtsformneutralität[895] und der besonderen Behandlung der Betriebsstätte im DBA-Fall anführen. Gerade letztere führt zu einem hohen Grad an Entsprechung im Hinblick auf die grundfreiheitliche Beurteilung. Die Fingierung der Selbständigkeit für steuerliche Anliegen[896] lassen Betriebsstätte und Tochtergesellschaft im grenzüberschreitenden Kontext verwandt erscheinen. Dies gilt insbesondere für die Würdigung aus dem Blickwinkel der inländischen Gesellschaft. Genau diesen grenzüberschreitenden Fall hat der EuGH aber zu beurteilen. Die Übertragbarkeit ist mithin zwar durchaus pragmatisch angelegt, richtet sich jedoch nicht unbedeutend an der Einzelfallvergleichbarkeit aus.

Zudem lässt sich die konkrete Anwendung von Elementen der Rechtfertigungstrias einzeln aus deren ratio begründen[897]. So erscheint ein Rückgriff auf die tragende Gedankenfolge aus „Marks & Spencer" im Prinzip sinnvoll. Ohne dass hier bereits auf die tatsächliche rechtfertigende Kraft der Erwägungsgründe eingegangen werden muss, ist zu konstatieren, dass sowohl das Anliegen, die von den Mitgliedstaaten durch DBA geschaffene Balance zu wahren als auch eine mehrfache Verlustverwendung zu verhindern, für territorial übergreifende Verlustverschiebungen innerhalb eines Unternehmens nicht minder einschlägig sind. Dies erscheint vom Ergebnis her gedacht, die Fundierung ist allerdings plausibel und beinhaltet den Charme einer Aufwertung dieses neu installierten Rechtfertigungskanons[898]. Das Gericht fährt damit eine Linie, welche anhand der Trias ein Verteilungs- und Gerechtigkeitssystem im Europäischen Steuerrecht gewährleisten will, welches weitestgehend losgelöst von der Rechtsform existiert. Ferner fördert diese Verstetigung der Rechtsprechung bedeutende Güter, die aufgrund der „case law"-Struktur oftmals hinten anstehen: Rechtssicherheit und Vorhersehbarkeit[899].

---

[895] Siehe bereits zweites Kapitel D. I. 1. Mit diesem Vorbringen sollte allerdings vorsichtig verfahren werden, begibt man sich doch sonst leicht in die Gefahr durch die Forderung nach einer umfassenden Gewährleistung der Rechtsformneutralität auf Grundlage der Grundfreiheiten gerade jene Grenze einzureißen, welche versucht wurde im Rahmen der Beschränkungsprüfung zu statuieren. Ein konsequentes Durchhalten dieser Argumentation lieferte dem EuGH erneut erweiterte Eingriffsbefugnisse, etwa durch die Bildung eines horizontalen Vergleichspaares. Das Bestärken dieses Grundsatzes hier auf Rechtfertigungsebene zur von den Mitgliedsstaaten gewünschten Übertragung der „Marks & Spencer"-Trias auf die den „Lidl" Betriebsstättenfall könnte insofern in der Gesamtbetrachtung eher kontraproduktiv sein. Zur Diskussion um ein europarechtliches Gebot der Rechtsformneutralität und den Grenzen der Grundfreiheiten in diesem Zusammenhang siehe Hey in: Tipke/Lang, Steuerrecht, § 18, Rn. 534.

[896] Allgemein durch Art. 7 Abs. 2 OECD-MA, konkret durch Art. 5 Abs. 1 DBA Deutschland-Luxemburg.

[897] Vgl. BFH, Beschluss vom 28.06.2006, I R 84/04, BFHE 214, 270, Rn. 17f. Auf dieser Linie bereits PWC Gutachten, S. 34.

[898] In diese Richtung ebenfalls Kessler, IStR 2008, 581 (582).

[899] Zur unzureichenden Absehbarkeit der EuGH-Rechtsprechung im Unternehmenssteuerrecht vgl. Hey in: Tipke/Lang, Steuerrecht, § 18, Rn. 517.

2. Die einzelnen Elemente der Rechtfertigungstrias

Im Detail zeigt sich jedoch, dass keineswegs jede Erwägung aus „Marks & Spencer" auf den Betriebsstättenfall übertragbar scheint. Ferner erweist sich die Grenzziehung zwischen den einzelnen anerkannten Gründen nicht immer als trennscharf. Die Überlegungen sind allesamt auf eine Interessengeltendmachung der Mitgliedstaaten hinsichtlich ihrer nationalen Steuerhoheit zurückzuführen und Ausdruck des territorialen Denkens; so überkreuzen sich manche Gedankengänge.

a) Vermeidung von Steuerumgehung

Dieses Element der „Marks & Spencer"-Trias spielt im Argumentationsschema des Urteils „Lidl Belgium" keine Rolle[900]. Der Spruchkörper unterstellt dies anscheinend als derart offensichtlich, dass dieser Rechtfertigungsgrund von vornherein ausgespart wird. Lediglich innerhalb der sich im Anschluss an „Marks & Spencer" und „Oy AA" ergebenden Frage nach einer geschlossenen Rechtfertigungswirkung der Trias[901] findet die „Steuerfluchtgefahr" Erwähnung[902].

Dabei hängt ein „Bejahen oder Verneinen" der Steuerfluchtgefahr ersichtlich vom Verständnis des Zuschnitts dieses eng mit dem Missbrauchsgedanken verknüpften Rechtfertigungsgrundes ab. In Folge der Unternehmensverschachtelung von Lidl Belgium über drei Länder hinweg[903] und der internen Gestaltungsmöglichkeiten, etwa bei der Gewinnermittlung von Betriebsstätten, wird es im Hinblick auf eine damit verbundene Missbrauchsgefahr teilweise als sinnvoll erachtet, diesen Rechtfertigungsgrund zu prüfen[904].

Hingegen kann der Rechtfertigungsgrund der „Vermeidung einer Steuerumgehung" vor dem konkreten Hintergrund der „Marks & Spencer"-Situation ausgedeutet werden[905]. Dort hatte der EuGH bemerkt: „Was schließlich den dritten Rechtfertigungsgrund – Steuerfluchtgefahr – angeht, so ist anzuerkennen, dass die Möglichkeit der Übertragung von Verlusten einer gebietsfremden Tochtergesellschaft auf eine gebietsansässige Gesellschaft die Gefahr birgt, dass die Verlustübertragungen innerhalb eines Gesellschaftskonzerns in Richtung der Gesellschaften geleitet werden, die in den Mitgliedstaaten ansässig sind, in denen die höchsten Steuersätze gelten

---

900 Anders als etwa in der Rechtssache „Oy AA". Daher siehe bereits dort ausführlich zu den Grundlagen dieses Rechtfertigungsgrundes, viertes Kapitel E. II.
901 Die Frage, ob sich die rechtfertigende Wirkung aus „Marks & Spencer" nur durch das kumulative Vorliegen der Rechtfertigungsgründe ergibt, wird unter D. II. 2. d) behandelt.
902 Rn. 38.
903 Stammhaus in Deutschland, Filialen in Belgien mit eigener Zentrale in Gent, Filialen in Luxemburg.
904 So etwa Kube, IStR 2008, 305 (308).
905 So Generalanwältin Sharpston, Rechtssache C-414/06, „ Lidl Belgium", IStR 2008, 184 ff., Rn. 15; Kessler, IStR 2008, 581 (582).

und folglich der steuerliche Wert der Verluste am höchsten ist."[906] Dieser Kontext – ebenso bei „Oy AA" – geht von der Möglichkeit einer systematischen Organisation des Konzerns zur gezielten Verwertung von Verlusten aus[907]. Unterstellt wird die Gelegenheit des Angebotsvergleichs im europäischen Steuersupermarkt mit der Option eines Verlusthandels zugunsten steuerlich günstiger Konzernergebnisse.

Folgt man dieser Lesart, so fällt die unterschiedliche gesellschaftsrechtliche Struktur zwischen Tochtergesellschaft und Betriebsstätte ins Gewicht. Besteht in deren Folge bei der Betriebsstätte keine steuerliche Abschirmwirkung, so fallen Gewinne und Verluste in der Person desselben Steuerpflichtigen an. Verluste der Betriebstätte sind unmittelbar Verluste des Stammhauses. Die Zuweisung dieser Verluste an einen beliebigen Mitgliedstaat kommt bei dem Ansatzpunkt in „Lidl Belgium" nicht in Frage. Ein „Verlusttransfer" im Sinne „Marks & Spencer" oder eine freie Ortswahl im Sinne von „Oy AA" ist daher nicht möglich. Daran ändert auch die vorliegende DBA-Konstellation nichts. Sie lässt die Systematik, dass die Betriebsstätte lediglich eine „Ausprägung des Steuerpflichtigen selbst" ist, unberührt[908]. Hierdurch wird lediglich anerkannt, dass es einen zweiten, territorial gerechtfertigten Anknüpfungspunkt für die Besteuerung und damit auch für die Verlustverrechnung gibt. Damit einher geht die Gefahr einer mehrfachen Verlustnutzung[909]. Entkoppelt man jedoch diese Missbrauchsmöglichkeit – wie vom EuGH geschehen – von der Gefahr der Steuerumgehung, wobei beide Tatbestände ihre prägende Wurzel im Missbrauchsgedanken haben, so ist die Steuerflucht hier abzulehnen. Das DBA regelt nämlich nur die Verteilung der vorhandenen Besteuerungsrechte, ohne die strukturellen Unterschiede zwischen Betriebsstätte und Tochtergesellschaft rechtlich aufzuheben[910].

Auch eine verstärkte Betonung der Missbrauchskomponente nach dem Vorbild „Cadbury Schweppes" wäre vorliegend nicht Erfolg versprechend. Bei den Lidl Filialen in Luxemburg handelt es sich um voll funktionsfähige und eingesetzte Supermärkte, welche dem Warenvertrieb dienen. Entsprechende Ausstattung und qualifiziertes Personal sind vor Ort. Die strittigen Verluste stellen typische Anlaufverluste dar, welche der Notwendigkeit erheblicher finanzieller Investitionen beim Aufbau des Filialnetzes in Luxemburg entstammen. Dementsprechend handelt es sich nicht um „rein künstliche Gestaltungen" zur Erschaffung roter Zahlen.

Es wird sichtbar, dass die bisherige begriffliche Unschärfe hinsichtlich dieses Rechtfertigungsgrundes Spielraum eröffnet. Der Grundgedanke deckt sich sicherlich

---

906 „Marks & Spencer", Rn. 49.
907 Verbalisiert durch „geleitet".
908 In diesem Sinne auch Schlussanträge Generalanwältin Sharpston, Rechtssache C-414/06, „Lidl Belgium", IStR 2008, 184 ff., Rn. 15.
909 Hierzu sogleich unter D. II. 2. b).
910 Daher wurde bei der Vorfrage, ob die Überlegungen von „Marks & Spencer" übertragbar seien auch vom wirtschaftlichen Ergebnis her gedacht. Danach waren die Situationen vor allem ökonomisch ähnlich, aber nicht rechtlich identisch. Hier ist die Herangehensweise eine andere. Den Anschein der Inkonsequenz umgeht der Gerichtshof hier also, indem er die Vorfrage der Übertragbarkeit nicht thematisiert, sondern unterstellt.

mit dem bereits vorher anerkannten Interesse der Staaten an Missbrauchsvermeidung[911]. Allerdings bleiben der Grad objektiver und subjektiver Missbrauchsmerkmale und die Form einer speziellen Zuschneidung auf die Umgehungsvermeidung unklar. So scheint es, dass sich die Annahme der Steuerfluchtgefahr – im Verbund mit den anderen Rechtfertigungsgründen der Trias – schon anhand eines offensiven Ausnutzens des europäischen Steuergefälles ergeben kann[912]. Dies beurteilte der EuGH auch schon anders, indem darin eine normale Nutzung der Grundfreiheit gesehen wurde[913]. Diese Ansicht gründete sich auf ein Verständnis, welches im Vorteil des Unternehmers, hervorgerufen durch die Unstimmigkeiten im steuerlich nicht harmonisierten Binnenmarkt, eine legitime wirtschaftliche Folge sieht, welche nur durch den politischen Willen der Mitgliedstaaten zu lösen sei. Unter reinen Marktgesichtspunkten ist dieses Streben nach legaler Gewinnmaximierung der einzelnen Unternehmer nicht zu kritisieren. Allerdings setzt sich beim EuGH vermehrt die Erkenntnis durch, dass eine breit angelegte Harmonisierung, aufgrund der sehr divergierenden Interessenlage innerhalb der Mitgliedstaaten derzeit nicht zu verwirklichen ist. Ferner erkennt man in Luxemburg zunehmend die Realitäten des „race to the bottom". Daher kann die legale Steueroptimierung bekämpft werden, wenn durch sie die am Territorialitätsprinzip ausgerichtete Ausgewogenheit des Steueraufkommens in der Gemeinschaft nachhaltig ausgehöhlt wird[914]. So ist auch vorliegend zu berücksichtigen, dass die Annahme der Steuerfluchtgefahr stark auf das konkrete Gruppenbesteuerungsmodell im Einzelfall zugeschnitten ist und nicht ohne den Kontext der anderen Rechtfertigungsgründe gelesen werden darf[915].

Kurzum: Für den eigenständigen Gebrauch des Rechtfertigungsgrundes einer „Vermeidung der Steuerumgehung" ergibt sich aus der Urteilsreihe „Marks & Spencer" keine nachhaltige Verfeinerung der Kontur. Trotzdem liefert die Urteilsreihe hinsichtlich der „Steuerfluchtgefahr" einen Erkenntnisgewinn: Durch die Kombination insbesondere mit der „Aufteilung der Besteuerungsbefugnis" lässt sich der Anwendungsbereich dieses rechtfertigenden Gedankens merklich, über bisher bekannte Missbrauchsgestaltungen hinaus, erweitern.

Die Gefahr einer Steuerumgehung im Sinne von „Marks & Spencer" ist in der „Lidl"-Situation demnach nicht festzustellen.

---

911 Diese große Nähe konstatiert auch Hey, GmbHR 2006, 113 (120).
912 Ebenso Tiedtke/Mohr, EuZW 2008, 424 (428).
913 Für natürliche Personen ausdrücklich, Rechtssache C-9/02, „Hughes de Lasteyrie du Saillant", IStR 2004,
S. 236ff., Rn. 51; ferner bei der günstigen Übertragung von Aktien, Rechtssache C-436/00, „X und Y", IStR 2003, S. 23ff., Rn. 62.
914 Vgl. Kokott, BB 2007, 913 (916).
915 So auch die Erkenntnis aus dem Verfahren „Oy AA", wo ebenfalls eine starke Einzelfallbetrachtung in diesem Punkt, ohne eine allgemeine Präzisierung des Inhalts erfolgte, siehe hierzu viertes Kapitel E. II. Hier wurden die Rechtfertigungsgründe „Aufteilung der Besteuerungsbefugnis" und „Steuerfluchtgefahr" zwingend zusammen gewichtet.

b) Gefahr doppelter Verlustberücksichtigung

Auch der zweite aus „Marks & Spencer" übernommene Rechtfertigungsgrund weist einen hohen Einzelfallbezug auf[916]. Anders als in „Oy AA" ist die Gefahr der mehrfachen Verwertung eines Verlustes real und wichtiger Baustein in der Gewichtung durch den Gerichtshof. Aus Sicht des Unternehmers bietet sich die Chance, Verluste, auch wenn sie bereits beim Stammhaus angerechnet wurden, später im Mitgliedstaat der Betriebsstätte vorzutragen, sobald diese Betriebsstätte die Gewinnzone erreicht. Darin liegt eine doppelte Inanspruchnahme der steuerlichen Entlastungswirkung[917], welche aus dem Nebeneinander der verschiedenen Steuerrechtsordnungen resultiert. Hier erweist sich allgemein, dass dieses Nebeneinander je nach Situation zum Nachteil aber auch zum Vorteil für den Steuerpflichtigen gereichen kann. Aus Sicht der Staaten stellt sich dies allerdings als eine Nichtbesteuerung steuerbarer Gewinne dar, welche unbelastet bleiben, obwohl ihnen real keine verrechenbaren Verluste gegenüberstehen[918]. Dies verstößt gegen den eng mit der Aufteilung der Besteuerungsbefugnis verknüpften Gedanken der Einmalbesteuerung[919] und bedeutet eine Übervorteilung des europaweit aktiven Unternehmers. Dieser unversteuerte Bonus führt ebenso wie eine doppelte Besteuerung zu einer Verzerrung des level playing fields[920]. Gegenüber rein national aufgestellten Konkurrenten wäre dieser Unternehmer im Falle einer möglichen grenzüberschreitenden Verlustverrechnung durch die doppelte Schmälerung der Bemessungsgrundlage ersichtlich privilegiert. Diese Verfälschung einer wettbewerbsneutralen, leistungsfähigen Steuerbelastung

---

916 Vgl. Rn. 36.
917 Im Englischen ein sogenannter „double-dip".
918 Vgl. Schlussanträge Generalanwältin Kokott vom 12. September 2006, Rechtssache C-231/05, „Oy AA", Slg. 2007, I-6373, Rn. 56.
919 Hierzu Englisch, Aufteilung der Besteuerungsbefugnisse – Ein Rechtfertigungsgrund für die Einschränkung von EG-Grundfreiheiten?, S. 22.
920 Anders als die Doppelbesteuerung ist die -bevorteilung des Binnenmarktteilnehmers allerdings aufgrund des Schutzbereiches der Grundfreiheiten nicht zu kritisieren. Zwar besteht weder ein allgemeiner völkerrechtlicher noch ein direkter europarechtlicher Anspruch – etwa aus Art. 293 EG – auf die Vermeidung von Doppelbesteuerung, vgl. Keerl, Internationale Verrechnungspreise, S. 71; Lang in: Becker/Schön, Steuer- und Sozialstaat, S. 234; Weber-Fas, Staatsverträge im Internationalen Steuerrecht, S. 44. Die Grundfreiheiten bewirken jedoch nicht selten, auch wenn es auf den ersten Blick häufig um eine triviale Diskriminierung zwischen Steuerinländer und EU-Ausländer geht, eine zumindest punktuelle Beseitigung der Doppel-besteuerung, quasi als „Nebeneffekt", siehe hierzu Lang in: Becker/Schön, Steuer- und Sozialstaat, S. 235f, welcher sich in diesem Kontext dem Beispiel der Wegzugsbesteuerung widmet. Hingegen ist die „Übervorteilung" aufgrund der eindimensionalen Ausrichtung der Grundfreiheiten auf die Förderung der transnationalen Wirtschaftstätigkeit auf dem Binnenmarkt nicht erfasst. Diese Verzerrung stellt eine reine, aus der Sicht des Europarechts unbeachtliche, Inländerdiskriminierung dar. Dies mag man ökonomisch für unvernünftig halten, entspricht aber dem derzeitigen Ausrichtungsgefüge des EGV. Gemeinschaftsrechtlich wird der Vermeidung von Doppelbesteuerung mithin ein weit höheres Maß an Bedeutung als der Verhinderung von Doppelbefreiungen zugemessen.

tritt nicht ein, wird die territorial übergreifende Berücksichtigung, wie hier in der Deutung der DBA-Freistellung, gänzlich untersagt.

Neu ist nicht der Gedanke, einen solch unerwünschten mehrfachen Profit zu verhindern, sondern lediglich die Einkleidung in einen eigenen, wenn auch in eine Trias eingebundenen, Rechtfertigungsgrund. Bisher[921] – und so auch noch in den Ausführungen von Generalanwalt *Maduro*[922] – ist dieses Bestreben innerhalb des nebulösen Kohärenzgedankens verarbeitet worden[923]. Bei den Urteilen der „Marks & Spencer"-Reihe hat sich der Gerichtshof hiervon gelöst[924] und orientiert sich insoweit an den Stellungnahmen der Mitgliedstaaten[925].

Diese besonderen Umstände des Einzelfalles sind ein gerade in „Lidl Belgium" deutlich zu Tage tretender Entscheidungsfaktor. So haben die Prozessvertreter der Beklagtenseite viel Energie darauf verwandt, die Verwirklichung dieser Gefahr einer mehrfachen Verlustnutzung im Fall „Lidl" deutlich zu machen[926]. Durch die detaillierte Beschreibung der Aufgabenwahrnehmung innerhalb der „Lidl Belgium"-Struktur, einer Verortung des Schwerpunktes ihrer wirtschaftlichen Tätigkeit nach Belgien[927] sowie der Besonderheit, dass in Belgien Lidl als Körperschaft besteuert wird[928], sollte die Aussicht von Lidl auf eine gar dreifache Verlustberücksichtigung dargelegt werden. Neben der Verrechnung beim deutschen Stammhaus, einen Ausgleich in Luxemburg, sobald die Filialen dort die Gewinnzone erreichen, steht hier potentiell auch die Schmälerung der belgischen Bemessungsgrundlage im Raum. Aus Sicht des belgischen Fiskus handelt es sich bei dem Engagement von Lidl Belgium im Königreich nämlich um eine Körperschaft, die einige luxemburgische Betriebsstätten unterhält.

Im Rahmen der mündlichen Verhandlung vor dem Gerichthof räumte die Klägerseite ein, dass eine Verlustnutzung zumindest in Luxemburg stattgefunden hat[929]. Ab dem Jahr 2003 erwirtschafteten die Filialen Gewinne. Die Verluste wurden nach luxemburgischem Recht verrechnet, bis sie 2005 komplett aufgezehrt waren. Bei Zu-

---

921 Etwa in der Rechtssache C-319/02, „Manninen", IStR 2004, 680ff., Rn. 34ff.
922 Schlussanträge des Generalanwaltes Maduro vom 7. April 2005, Rn. 65ff. Beachte besonders seine Ausführungen zu "doppelten Neutralität" und der Deutung, dass "die Staatsangehörigen der Gemeinschaft deren Bestimmungen nicht ausnutzen, um daraus Vorteile zu ziehen, die nicht im Zusammenhang mit der Ausübung der Verkehrsfreiheit stehen", Rn. 67.
923 Ebenso Dürrschmidt, EuR 2006, 266 (278); Englisch, IStR 2006, 19 (22f.); Hey, GmbHR 2006, 113 (115).
924 Siehe allerdings nun die Rechtssache „Krankenheim Ruhesitz", C-157/07, IStR 2008, 769ff., wo die Kohärenz wieder eine tragende Rolle einnimmt. Hierzu in diesem Kapitel D. II. 3.
925 „Marks & Spencer", Rn. 42f. Hingegen berief sich Lidl auf den in Deutschland abgeschafften Nachversteuerungsmechanismus, § 2a Abs. 3 EStG a.F. Dieser bezwecke gerade die Vermeidung einer mehrfachen Verlustnutzung, ebenso Kessler, IStR 2008, 581 (582).
926 Vgl. Kube, IStR 2008, 305 (308).
927 Wo im Gegensatz zu den drei Niederlassungen in Luxemburg weit über 100 Filialen betrieben werden.
928 Vgl. Rehm/Nagler, IStR 2008, 129 (133f.).
929 Rn. 50.

gestehung der grenzüberschreitenden Berücksichtigung beim deutschen Stammhaus hätte sich die doppelte Nutzung also realisiert[930].

Die Frage einer Realisierung der Filialverluste in Luxemburg beschäftigte ebenfalls den BFH in seinem Schlussurteil zur Rechtssache „Lidl Belgium"[931]. Hierin verweist das Revisionsgericht, nachdem der Aussetzungsgrund mit Entscheid des EuGH entfallen ist, den Fall zur Aufklärung dieser Tatsachen wieder an das FG Baden-Württemberg in Stuttgart zurück[932]. Für den erkennenden Senat des BFH kann die Bestätigung vor dem EuGH nämlich nicht herangezogen werden, da sie vom FG als dem für das Revisionsverfahren maßgeblichen Tatsachengericht nicht festgestellt wurde. Daher fällt diesem die Aufgabe zu, die notwendigen Feststellungen in einem zweiten Rechtsgang nachzuholen und jene Bestätigung gegebenenfalls zu verifizieren.

Auch das BMF versucht diese tatsächlichen Umstände für seine Interessen fruchtbar zu machen. Per Erlass wird die Nichtanwendung der Grundsätze des eben erwähnten BFH-„Lidl Belgium"-Folgeurteils angeordnet[933]. Dabei wird explizit auf den hohen Einzelfallbezug der während des EuGH-Verfahrens bekannt gewordenen Verlustverrechnung in Luxemburg verwiesen. „Aufgrund dessen können auch keine weiteren Rückschlüsse aus der Entscheidung des BFH – insbesondere auch nicht zu den Aussagen zum phasengleichen Verlustabzug – in Bezug auf die Beurteilung in vergleichbaren Fällen gezogen werden"[934]. Diese erkennbar restriktive Deutung der

---

[930] Hieran ändert der noch zu diskutierende Einwand einer Nachversteuerungsmöglichkeit á la § 2a Abs. 3 EStG nichts. Das ab 1999 geltende deutsche Steuerrecht kennt eine solche Nachversteuerung nicht. Eine Wiedereinführung mit rückwirkender Erfassung der strittigen Verluste 1999 scheitert am allgemeinen Rückwirkungsverbot im Steuerrecht, vgl. hierzu Weber-Grellet, Steuern im modernen Verfassungsstaat, S. 243f.

[931] BFH, Urteil vom 17.07.2008, I R 84/04, IStR 2008, 704f.

[932] Anmerkung: Diese Tatsachenaufklärung kann der EuGH nicht leisten. Sie ist natürliche Aufgabe der Gerichte vor Ort. Hinsichtlich der Auslegung der europarechtlichen Frage ist das FG nun aber an die Vorgaben des EuGH beziehungsweise des BFH gebunden. Nach Feststellung hinsichtlich der klärungsbedürftigen Sachverhaltsfrage bezüglich der tatsächlichen Verlustnutzung in Luxemburg ist sein Entscheidungsspielraum folglich gering. Dies scheint umso mehr geboten, als die knappen Ausführungen im Urteil vom 30. 6. 2004, 1 K 312/03, DStRE 2004, 958f. „europarechtlich abenteuerlich" anmuten. Nach einer Deutung der EuGH-Urteile „Futura" und „AMID" kommt das FG zu dem Schluss, dass kein Verstoß gegen die Niederlassungsfreiheit vorliegt. Die Kürze der Ausdeutung dieser zwei durchaus umstrittenen Urteile und die Laxheit der Subsumtion sind dabei auffällig. Weder werden Unterschiede in der Ausgangssituation (Inbound-Outbound Fall) noch bestehende Unklarheiten hinsichtlich der Wirkungsweite des Territorialitätsprinzips gewürdigt. Vielmehr wird unter Verweis auf die Tatsache, dass die Verluste ja im Rahmen des negativen Progressionsvorbehalts Berücksichtigung finden, ein Verstoß gegen Art. 43 EG abgelehnt, umfassende Kritik an dem Urteil übt Cordewener, DStR 2004, 1634ff. So sah das FG auch keinen Grund zur Vorlage an den EuGH. Hier zeigen sich die Risiken eines Präjudizsystems: die Auslegung durch die nationalen Gerichte.

[933] BMF Schreiben vom 13. 7. 2009 - IV B 5 - S 2118 - a/07/10004, DStR 2009, 1585 (ebenda).

[934] BMF Schreiben vom 13. 7. 2009 - IV B 5 - S 2118 - a/07/10004, DStR 2009, 1585 (ebenda).

Entscheidungssituation vermag nicht zu überzeugen[935]. Zwar lässt sich darüber streiten, wann eine etwaige Verlustverrechnung zu erfolgen hat, im Verlustentstehungsjahr oder im Veranlagungszeitraum, wo die Endgültigkeit[936] eintritt[937]. Offensichtlich unvertretbar ist der vom BFH gewählte Weg jedenfalls nicht[938]. Der extensive Nichtanwendungserlass des BMF blendet zudem die durchaus verallgemeinerbaren Elemente, gerade im Hinblick auf die in dieser Arbeit aufgezeigte Entwicklung in der Urteilslinie, zugunsten einer aus Sicht der Finanzverwaltung national vorteilhaften Anwendungspraxis aus. Die Pauschalität ist in der Sache unangemessen, sind die meisten rechtlich entscheidenden Fragen der Urteile abstrahierbar, etwa die Charakterisierung von endgültigen Verlusten sowie des Zeitraums ihrer Berücksichtigung. Dabei ist es für den grenzüberschreitend tätigen Unternehmer gerade in schwierigen wirtschaftlichen Phasen wie der Finanz- und Wirtschaftskrise wesentlich, Rechtssicherheit zu besitzen. Er muss Gewissheit darüber haben, wo und unter welchen Voraussetzungen er welcher Besteuerung unterliegt. Das setzt Standards mit Bestandskraft voraus, welche die „Marks & Spencer"-Urteilsreihe am herausbilden ist. Das neuste BMF-Schreiben verpasst die Chance, diese Entwicklung mitzugestalten. Hingegen wird der Steuerpflichtige erneut auf den Einspruchs- und Klageweg „verwiesen".

Auch wenn das BMF-Schreiben in seiner weitgehenden Interpretation fehlgeht, erweist sich die konkrete Verlustnutzung in Luxemburg insgesamt als nicht zu unterschätzendes tatsächliches Entscheidungsmoment[939]. Nach dem Eingeständnis von Lidl war die Gefahr eines Missbrauchs der steuerlichen Unabgestimmtheit zwischen den Ländern für jeden Richter fassbar. Ihnen wurde klar vor Augen geführt, welche Auswirkungen eine komplette Öffnung über die Grenze haben würde. Mithin kann

---

935 Dieser Versuch einer Minimierung von EuGH-Urteilswirkungen durch die Finanzverwaltung ist kein Einzelfall. Ein weiteres markantes Beispiel ist etwa das BMF-Schreiben vom 24. 11. 2006 - IVB 3 - S 2118 a - 63/06, DStR 2006, 2215 (ebenda) im Anschluss an das Urteil „Ritter-Coulais". Auf die blockierende Auslegung der Entscheidung reagierte die EU-Kommission mit der Einleitung eines Vertragsverletzungsverfahrens gegen Deutschland, siehe Mitteilung IP/07/1547 vom 18.10.2007, worauf das BMF seine Haltung aufgab, vgl. BMF-Schreiben vom 30. 7. 2008 - IV B 5 - S 2118-a/07/10014, DStR 2008, 1588 (ebenda).
936 Hierzu unter D III. 3.
937 Hierzu Cordewener, IWB 2009, Fach 11, 983 (990f.); Ditz/Plansky, DB 2009, 1669 (1672). Daran knüpft sich zudem die verfahrensrechtliche Frage an, ob der Eintritt der Endgültigkeit als „rückwirkendes Ereignis" iSd § 175 Abs. 1 Satz 1 Nr. 2 AO zu behandeln ist.
938 Beachte die grundsätzliche Kritik des BFH-Präsidenten *Spindler* an der Handhabungspraxis der Finanz-verwaltung bei den Nichtanwendungserlässen, DStR 2007, 1061 (ebenda ff.). Kritik hieran übt ebenfalls *Hey*, WirtschaftsWoche vom 24.08.2009, S. 81.
939 Hingegen sind faktische Probleme bei der Abstimmung zwischen den Finanzverwaltungen, wie sie etwa Kube anführt, IStR 2008, 305 (308), keine vom EuGH berücksichtigte Größe. Zwar ist die „Wirksamkeit der Steueraufsicht" ein als vom Gericht anerkannter zwingender Grund des Allgemeininteresses; siehe jedoch zur „Marschrichtung" des EuGH in diesem Zusammenhang beispielhaft Rechtssache C-318/07, "Persche", DStR 2009, 207ff., Rn. 51ff. Falls es vorliegend ein Abstimmungs- und Nachvollziehbarkeitsproblem gibt, so könnte dies vergleichbar durch die Auferlegung von Nachweispflichten gelöst werden.

angenommen werden, dass die augenscheinliche Ausnutzungsgefahr und das Zugestehen der realen Verlustanrechnung in Luxemburg erst auf Nachfrage zumindest die Gestimmtheit der Luxemburger Richter merklich zugunsten der Mitgliedstaaten beeinflusst hat. Vor diesem Hintergrund ist die „Lidl Belgium"-Konstellation aus Sicht der Klägerin eher ungünstig gewählt. Um ein unternehmerfreundliches Grundsatzurteil zu erstreiten, wäre es taktisch vermutlich geschickter gewesen, Lidl hätte sich eine Betriebsstättenkonstellation in einem Land etwa mit einer temporär eng begrenzten Verlustvortragsmöglichkeit gesucht, welche vor Eintritt in die Gewinnzone abgelaufen wäre[940]. Hier stellt sich nämlich viel eher die Frage, ob zum Zwecke einer Gleichstellung des grenzüberschreitenden Engagements eine Verlustnutzung im Sitzstaat notwendig ist.

Vom konkreten Fall losgelöst, gilt es zu beachten, dass dem Rechtfertigungsgrund vom Wortlaut her eine ungewöhnliche Weite innewohnt, indem eine einfache „Gefahr" der doppelten Verlustberücksichtigung genügen soll. Gefordert ist danach keine konkrete, auf einer realen Gefahrenprognose im Einzelfall gegründete Gefahr. Zwar wurde die Wirkkraft der tatsächlichen Umstände im Fall „Lidl Belgium" betont. Eine Deutung des Wortlauts sowie der Ausführungen in den bisherigen Urteilen zur Vermeidung der doppelten Verlustberücksichtigung lässt den Rechtfertigungsgrund jedoch schon einige Unmittelbarkeitsstufen vorher einschlägig erscheinen. An diese einfache Gefahr geknüpft ist dessen potentiell rechtfertigende Durchschlagskraft auf den ersten Blick enorm. Allerdings gilt es zu bedenken, dass dieser Allgemeinwohlbelang in „Marks & Spencer" im Verbund mit zwei anderen – in „Lidl Belgium" immerhin noch im Zusammenschluss mit einem weiteren Rechtfertigungsgrund – geprüft wurde. Dieser Konnex mildert die eben konstatierte Schlagkraft. So lassen sich keine verlässlichen Schlüsse ziehen, wie der EuGH bei einer unabhängigen Prüfung der „doppelten Verlustberücksichtigung" vorgehen würde. Zu vermuten bleibt, dass in einem solchen Falle die Anforderungen an die rechtfertigende Wirkung – wie gewohnt – spezifischer gefasst würden, also zumindest der Grad der Gefahr erhöht würde. Hierzu musste sich der Gerichtshof nicht äußern, da sich die prognostizierte Gefahr in Lidl sogar realisiert hat[941] und zudem im Kontext mit der Aufteilung der Besteuerungsbefugnis geprüft wird.

c) Aufteilung der Besteuerungsbefugnis

Im harten internationalen Steuerwettbewerb, in dem Länder auf Kosten anderer gewinnen und es viele staatliche Verlierer gibt, bildet sie den Kern vieler Konflikte: die Aufteilung der Steuern zwischen den Staaten. Der Gerichtshof hat diesem essen-

---

940 Die zeitlich engste Begrenzung in der EU liegt derzeit bei fünf Jahren. Zur damit verbunden Bestimmung sogenannter endgültiger Verluste unter D. III. 3.
941 Ähnlich wie es im Polizeirecht bei einer Störung, also einer verwirklichten Gefahr, nicht notwendig ist, eine Differenzierung der Gefahrenarten vorzunehmen, vgl. Scholler/Schloer, Polizei- und Ordnungsrecht, S. 71ff.

tiellen Interesse jetzt rechtfertigenden Charakter zugemessen. Zwar ist dieser dritte und letzte Rechtfertigungsgrund der „Marks & Spencer"-Trias eng mit der Vermeidung der doppelten Verlustberücksichtigung verzahnt. Trotz der vom EuGH praktizierten Vermischung dieser Allgemeinwohlerfordernisse in seiner Triasstruktur sollte nicht deren im Detail unterschiedlicher Gewährleistungsinhalt verkannt werden. Bezweckt die Vermeidung einer doppelten Verlustberücksichtigung vor allem die Realisierung interpersonaler Belastungsgerechtigkeit, so dient der unter der Aufteilung der Besteuerungsbefugnis thematisierte Symmetriegedanke[942] einem grundlegenden Interesse an europaweit gerechter Steuerverteilung[943]. Erstere kommt unmittelbar dem einzelnen Steuersubjekt zu gute, letztere gereicht vornehmlich den Nationalstaaten zum Nutzen. Mag sich die unterschiedliche Zielsetzung in der Praxis – jedenfalls im Ergebnis – nicht eklatant auswirken, weil viele nationale Rechtsordnungen sich selbst innerstaatlich am Leistungsfähigkeitsprinzip ausrichten, so weist die hier zu thematisierende Verteilungsbefugnis dennoch eine besondere substanzielle Bedeutung und zugleich eine geringere Einzelfallabhängigkeit auf als die beiden anderen Elemente der Trias. Dieser Rechtfertigungsgrund, eng verknüpft mit im Territorialitätsprinzip wurzelnden Gedanken, ist Ausgangspunkt der neueren Überlegungen zu einer europäischen Steuerverteilungsgerechtigkeit. Er ist Stütze und Triebfeder der „Marks & Spencer"-Rechtfertigungsschöpfung. Er weckt umfassende Hoffnungen in den Mitgliedsländern, nun ein Instrumentarium an die Hand zu bekommen, welches die Wirkungen der Marktfreiheiten im Steuerrecht nachhaltig einzuschränken im Stande ist.

„Im Elend bleibt kein anderes Heilungsmittel als Hoffnung nur"[944]. Inwiefern sind die positiven Erwartungen berechtigt? Zur Beurteilung des Einflussreichtums der – aus Staatenperspektive – Souveränität stützenden und schützenden Wirkung dieses Rechtfertigungsgrundes, bedarf es einer näheren inhaltlichen Auseinandersetzung mit diesem tragenden „zwingenden Grund des Allgemeininteresses". Dabei sollte allerdings von Beginn an keine Illusion darüber bestehen, wer den Aktionsradius dieses „Hoffnungsträgers" abmisst. Der Gerichtshof hat hier einen neuen, im Gegensatz vor allem zur Kohärenz unverbrauchten, wohlklingenden und auf den ersten Blick verständlich handhabbaren Rechtfertigungsgrund geschaffen. Mit dieser Schöpfungsfreiheit einer geht allerdings seine ausgedehnte Macht der Formung.

Viele der hier relevanten Erwägungen sind bereits innerhalb der Beschränkungsprüfung behandelt worden. Dies ist der im Vergleich zum EuGH hier präferierten Prüfungsdogmatik geschuldet[945]. Die Bedeutung dieser Verortung der Prüfung wurde ebenfalls bereits sowohl normlogisch-abstrakt als auch rechtspolitisch dargestellt. Darüber hinaus wurde darauf hingewiesen, dass der EuGH auf der Rechtfertigungs-

---

942 Rn. 33.
943 Vgl. Englisch, Aufteilung der Besteuerungsbefugnisse – Ein Rechtfertigungsgrund für die Einschränkung von EG-Grundfreiheiten?, S. 29.
944 Shakespeare, Maß für Maß, III. 1., dort Claudio.
945 Auch Gerichtshof prüft – bei „Lidl" hat er dies „ausgeschwiegen" – durchaus Aspekte der Aufteilung etwa im Rahmen der Vergleichbarkeit, vgl. Rechtssache C-374/04, „ACT", IStR 2007, 138ff., Rn. 59 sowie 79ff.

ebene weite Freiheiten genießt, etwa in Gestalt der Würdigung vieler konkreter Einzelfragen: Welches Gewicht kommt entstehenden Liquiditätsnachteilen in der Abwägung zu? Wie gewichtig ist hingegen der territorial begründete Symmetriegedanke zu bewerten? Die klassische Ungewissheit einer Abwägung beginnt.

aa) Territorialität als Anknüpfungspunkt

In Ergänzung zu den Ausführungen im Rahmen der Beschränkungsprüfung soll ein spezielles Augenmerk auf die Verknüpfung jener Verteilung der Besteuerungsrechte mit dem Territorialitätsprinzip gelegt werden. Bereits auf den ersten Blick scheint diese Territorialität mit dem Binnenmarktgedanken zu kollidieren, steht sie doch in großem Maße für Nationalität. Inwieweit diese in Europa fortbestehen soll und kann, ist ständiger Diskurs, denn das Territorialitätsprinzip beruht auf dem völkerrechtlichen Prinzip der Souveränität der Staaten innerhalb ihres Hoheitsgebietes[946]. Würde sich jedes Mitgliedsland auf eine strikte Umsetzung des Territorialitätsprinzips berufen, so existierten steuerlich reibungsfreie Zuständigkeitsräume[947]. Auf das Recht zur Besteuerung des Welteinkommens würde umfassend verzichtet. Im Inlandsfall entfiele die Unterscheidung zwischen beschränkter und unbeschränkter Steuerpflicht[948]. Die individuelle Leistungsfähigkeit würde von vornherein nur national bemessen. Allerdings wäre damit ebenso die vom Binnenmarktgedanken gehegte Vorstellung einer unionsweiten Angleichung der Rechts- und Lebensstandards zu Grabe getragen. Es würde offen zwischen inländischer und ausländischer Einkommensquelle unterschieden[949]. Eine differenzierte Handhabung von Inlands- und Auslandssachverhalt würde zementiert.

Daher wird diese Reinform des Territorialitätsprinzips vom EuGH nicht befördert. Vielmehr konzipiert der Gerichtshof mit dem Rechtfertigungsgrund[950] der „Aufteilung der Besteuerungsbefugnis" eine innovative Version dieses Gedankens[951]. Der enge Konnex zwischen beiden ist signifikant und wird vom EuGH offen artikuliert. Beispielhaft findet sich dies etwa im Verfahren „N"[952]. Hier ging es um

---

946 Vgl. Everett, DStZ 2006, 357 (362).
947 Vgl. Wittkowski, Verlustverrechnung, S. 44. Siehe ferner auf S. 114ff. die Ausführungen zum strikt territorial ausgerichteten Verlustverrechnungssystem in Frankreich.
948 Hierdurch könnte ein merklicher Abbau von Bürokratie erfolgen.
949 Vertikales Vergleichspaar.
950 Bei der erstmaligen expliziten Berücksichtigung des Territorialitätsprinzips in der Rechtssache C-250/95, „Futura Participations", Slg. 1997, I-2471 war dessen Verortung innerhalb der Prüfungssystematik noch unklar. Vgl. auch Cordewener, Europäische Grundfreiheiten und nationales Steuerrecht, S. 630. Seither erfolgt die Berücksichtigung der Territorialität nahezu ausschließlich auf Rechtfertigungsebene.
951 Ebenso Wittkowski, Verlustverrechnung, S. 219. Anders noch Everett, DStZ 2006, 357 (362), welche der Territorialität keine Zukunft als Rechtfertigungsgrund prognostizierte.
952 Rechtssache C-470/04, „N", Slg. 2006, I-7409, Rn. 41ff. Hier wird zudem ausdrücklich Bezug auf die Rechtfertigungsebene bei „Marks & Spencer" genommen. Sowohl im Urteil

einen Fall der sogenannten Wegzugsbesteuerung. Der steuerstaatliche worst case einer Verlegung der Ansässigkeit wird häufig mit einer Art Fluchtsteuer belegt. Der EuGH billigt dies der Idee nach, solange hierbei der Wertzuwachs während des Aufenthaltes und der Nutzung im Inland verhältnismäßig[953] abgeschöpft wird. Eine derartige Wertzuwachssteuer ist legitim, orientiert sie sich doch am Territorialitätsprinzip und führt auf dieser Grundlage zu einer gerechten Aufteilung des Steuersubstrats zwischen verlassenem und auserkorenem Ansässigkeitsstaat[954]. Bereits der Wortlaut „Aufteilung"[955] unterstellt ein solch räumlich abgrenzendes Ergebnis, wenn es auch nicht um die rein technische Zerlegung des Steuersubstrates geht. Im Mittelpunkt steht die Achtung der mitgliedstaatlichen Steuerkompetenz, welche unter Rückkoppelung an das Territorium Besteuerung erschafft und in das internationale Steuergeflecht einbindet. Rechfertigungsfähig sind Versuche, eine gerechte zwischenstaatliche Zuteilung des Steuersubstrats vorzunehmen. Diese Zuweisung, vor allem durch DBA ausgedrückten Verzicht auf die Wahrnehmung eines Besteuerungsrechtes, kann unbewusst bzw. reflexartig mit einem weit verstandenen Grundfreiheitenverständnis kollidieren – so die Sicht des EuGH. Das Gericht erkennt aber an, dass dieses Aufeinandertreffen keine europarechtliche Sanktion nach sich ziehen soll, sofern die Vermeidung optionaler Ergebnistransfers[956] bezweckt wird und diese verhältnismäßig erfolgt.

Dabei dient der Inlandsbezug des wirtschaftlichen Erfolges als Anhaltspunkt zur Verteilung des Steuerkuchens[957] zwischen Wohnsitz- und Quellenstaat. Der Konnex zu den infrastrukturellen Rahmenbedingungen der Einkommenserzielung wird gerade bei der Betriebstätte besonders deutlich[958]. Als Folge der Orientierung an dieser kollektiven Äquivalenz folgt die abkommensrechtliche Freistellung der Betriebsstätteneinkünfte auf fremdem Territorium. Die dort empfangene Gesamtheit staatlicher Leistungen wird honoriert. Die Freistellung wird – wie dargestellt – symmetrisch

---

„Marks & Spencer" als auch bei „Lidl Belgium" wird diese Verknüpfung allerdings nicht offen ausgesprochen.
953 Rechtsache C-470/04, „N", Slg. 2006, I-7409, Rn. 48ff. Hier hat der EuGH im konkreten Verfahren massiv nachgesteuert. Gewähren lies der EuGH nur den mit der zusätzlichen Abgabe einer Steuererklärung verbundenen erhöhten Bürokratieaufwand. Hingegen wurde sowohl die verlangte Stellung von Sicherheiten als auch die Nichtberücksichtigung späterer Wertminderungen als unverhältnismäßig eingestuft. Dieser strenge Verhältnismäßigkeitsmaßstab gestattet mithin zwar einen verfahrensrechtlichen Nachteil, nicht aber eine merklich erhöhte Belastung der Substanz.
954 Siehe hierzu das „Zwischenfazit" des EuGH in Rechtsache C-470/04, „N", Slg. 2006, I-7409, Rn. 46f.
955 Englisch: allocation of the power to impose taxes; französisch: repartition du pouvoir d'imposition.
956 Vgl. Rn. 32.
957 In der Extremvorstellung des „race to the bottom" wird dieser internationale Steuerkuchen – jedenfalls im Bereich der Unternehmensbesteuerung – immer kleiner. Aus diesem Verständnis heraus erscheint eine „Aufteilung der Reste" nochmals bedeutender.
958 Daher als Ausfluss das sogenannte Betriebstättenprinzip.

verstanden[959]. Andernfalls stünde die Frage im Raum, warum Gewinne unterschiedlich besteuert werden, Verluste jedoch nicht[960]. Einer solchen Willkür in der Besteuerung tritt der EuGH entgegen. Er möchte keine „Lotterie", welche dem Wohnsitzstaat einseitig ausländische Verluste auferlegt, ihm dem ausländischen Gewinn aber vorenthält[961]. Abweichend von Begebenheiten realer Standortverlagerung ändert sich hier nicht der räumliche Bezugspunkt für die Zuordnung der Gewinne wie der Verluste. Beide wurden im Betriebsstättenstaat unter dortigen Bedingungen erzielt. Die Freistellung zeichnet diese innere Geschlossenheit nach. Eine freie Verschiebbarkeit der Verluste hätte somit etwas Inkonsequentes, gar Manipulatives[962]. Diese Angst vor der Wahlfreiheit der Unternehmen hinsichtlich der freien Platzierung ihrer Gewinne konkretisierte der Gerichtshof bereits ausdrücklich im Urteil „Oy AA"[963]. So erkennt er nun in „Lidl Belgium" an, dass der Vorteil für den Steuerpflichtigen, welcher in der Freistellung seiner Gewinne im – steuerlich attraktiven – Betriebsstättenstaat begründet ist, im Falle der Verluste in einen Nachteil umschlagen kann[964]. Vorteil und Nachteil wiegen sich auf. Dies folgt einem stringenten Gedankengang[965].

bb) Kern der Rechtfertigungstrias

Die Aufteilung der Besteuerungsbefugnis kann demnach nicht zu einem rein fiskalischen und daher unbeachtlichen Interesse der Mitgliedstaaten herabgestuft werden[966]. Sie ist nicht als eleganter Versuch der Regierungen zu deuten, diesen fortwährend vom Gerichtshof zurückgewiesenen Aspekt schlichter Aufkommenseinbuße in neuem Gewand zu präsentieren. Vielmehr ist sie Kern und Rückhalt für die praktisch zu lösenden Ausflüsse grenzüberschreitender Tätigkeit, von Doppelbegünstigung über Doppelbesteuerung bis zum Missbrauch. An adäquatem Sekundärrecht mangelt es. Der Gerichtshof hat mit der „Wahrung der Aufteilung der Besteuerungsbefugnis" einen Schritt in Richtung einer Modernisierung seines dogmatischen Instrumentenkastens getan. Die Ausgewogenheit der Besteuerung und ihre Rückkopplung an das Territorialitätsprinzip markieren den Dreh- und Angelpunkt der

---

959 Siehe bereits im fünften Kapitel D. I. 3. d).
960 So Maiterth, DStR 2006, 915 (916).
961 Vgl. Rn. 34.
962 Hier zeigt sich die substanzielle Verbundenheit zur „Steuerfluchtgefahr". Auch für deren Zielrichtung bietet die „Aufteilung der Besteuerungsbefugnis" die geistige Basis. Diese mannigfachen Querverbindungen von der „Aufteilung der Besteuerungsbefugnis" zur Doppelbesteuerung, zum Missbrauch und den Gedanken anonymisierter Globaläquivalenz führen die Vielschichtigkeit dieses Rechtfertigungsgrundes vor Augen.
963 Rechtssache C-231/05, „Oy AA", Slg. 2007, I-6373, Rn. 56.
964 Vgl. Rn. 33.
965 Zur engen Verbindung zwischen diesen Symmetriegedanken mit dem bekannten Rechtfertigungsgrund der Kohärenz siehe sogleich unter D. II. 3.
966 Siehe hierzu bereits die Ausführungen im dritten Kapitel D. II.

progressiven Rechtfertigungstrias. Ihre Anbindung an die Territorialität bietet Orientierung und löst sich von einer Undurchsichtigkeit wie im Zusammenhang mit der Kohärenz, anhand derer diese neuartigen Konstellationen des Europäischen Steuerrechts nicht mehr zu lösen waren[967]. Durch die „Marks & Spencer"-Urteilsreihe hat sich dieser Kern – bei aller Kritik im Detail – als funktionsfähig erwiesen, tragende finanzielle Interessen der Mitgliedstaaten sachgerechter zu erfassen als zuvor. Gerade die Prüfungsstruktur im engen Verbund mit anderen Allgemeinwohlbelangen lässt das neue Rechtfertigungsvorgehen sowohl hinsichtlich der grundsätzlichen Komplexität als auch im Bezug auf Einzelfallbesonderheiten angemessener erscheinen.

cc) Abwägbarkeit einer Aufteilung der Besteuerungshoheit

Der Einordnung als Rechtfertigungsgrund folgt systematisch die Einstellung in eine abschließende Verhältnismäßigkeitsprüfung. Die Belange der charakterisierten Trias müssen in erforderlicher und angemessener Art und Weise umgesetzt worden sein. Hier erfolgt nach inhaltlicher Anerkennung der legitimen, aber oft grob gefassten Zwecke die Feinsteuerung. Bei richtiger Steuerung kommen so die divergierenden Interessen zur bestmöglichen Geltung. Bevor sich dieser schonende Ausgleich allerdings zutragen kann, ist zu fragen, ob die speziell mit der „Aufteilung der Besteuerungsbefugnis" verbundenen grundlegenden Souveränitätsmanifestationen und damit einhergehende Gerechtigkeitsbekundungen überhaupt abwägbar sind. Kann hier das für die Verhältnismäßigkeitskontrolle typische „Spiel von Grund und Gegengrund"[968] überhaupt einsetzen? Ist hier nicht das Wesen der Autonomie der Staaten im nicht harmonisierten Bereich ganz direkt betroffen[969]?

Die Mitgliedstaaten kommen im DBA überein, Betriebsstättenverluste freizustellen. Nachfolgende Symmetrieerwägung, welche Gewinne und Verluste einheitlich erfasst, ist Ausdruck der Absicht, ein ausgewogenes System für die Verteilung der Besteuerungshoheiten zu gestalten. Dieses aktiv geschaffene Gleichgewicht zwischen zwei Staaten ist Teil eines Gesamtpakets des politisch ausgehandelten DBA. Dieser völkerrechtliche Vertrag ist im Detail zwangsweise generalisierend[970]. Er wiegt steuerliche Vor- und Nachteile vertragsintern gegeneinander auf[971]. Stellt man dieses in sich abgerundete Verhandlungsergebnis nun in eine Abwägung mit ande-

---

967 Diese Feststellung verfängt trotz der Reanimation der Kohärenz im Verfahren „Krankenheim Ruhesitz GmbH".
968 Alexy, Theorie der Grundrechte, S. 290.
969 Strukturell ist in diesem Zusammenhang an die Besonderheit der deutschen Grundrechtsprüfung zu denken, wo der Leitwert des Grundgesetzes, die Menschenwürde, der Abwägung nicht offen steht, BVerfGE 75, 369 (380); Höfling in: Sachs, GG-Kommentar, Art. 1, Rn. 10f.; Starck in: Von Mangoldt/Klein, GG-Kommentar, Band 1, Art. 1, Rn. 30.
970 Seiler/Axer, IStR 2008, 838 (841f.).
971 So jedenfalls die Idealvorstellung, sofern eine Orientierung an den OECD-MA stattfindet und die Verhandlungspartner „gleich stark" sind. Hierzu bereits unter D. I. 3. d).

ren Belangen ein, um auf diesem Wege zu einem schonenden Ausgleich zu gelangen, so knüpft man das von den Staaten mühsam geschnürte Paket wieder auf. Der EuGH greift mithin durch die Hintertüre doch in die Verhandlungen der Mitgliedstaaten ein, indem er die Resultate des Vertrages über den Rechtfertigungsgrund der „Aufteilung der Besteuerungsbefugnis" selbst gewichtet. Wie andere Rechtfertigungsgründe, etwa die Steuerflucht, Wirksamkeit der Steueraufsicht oder die Vermeidung von doppelter Verlustnutzung, wird der völkerrechtliche Vertrag auf die Waage gelegt und der EuGH bestimmt die Maßeinheit.

So wird deutlich, dass eine derart geformte Abwägung zu einer Verzerrung des Verhandlungsergebnisses zwischen unabhängigen Staaten führt. Die „Aufteilung der Besteuerungsbefugnis" kann in Relation zu anderen Belangen gerade nicht mehr oder weniger förderungsbedürftig sein. Sie ist selbst bereits Ergebnis einer Abwägung. Diese erfolgt allerdings nicht durch den Gerichtshof, sondern durch die Mitgliedstaaten selbst. Die Einstellung in die Verhältnismäßigkeit auf Rechtfertigungsebene bewirkt mithin eine doppelte Abwägung. Deren Ausflüsse entsprechen nicht mehr dem souveränen Willen der Länder; es besteht die Gefahr, zu asymmetrischen Ergebnissen zu gelangen. Hinsichtlich der DBA-Aufteilung stellt sich daher die Frage, ob der EuGH die völkervertraglich ausgehandelte Aufteilung und deren konsequente Folgen – hier den symmetrischen Ausschluss von Gewinnen und Verlusten – zu respektieren gewillt ist oder ob er diese Manifestation mitgliedstaatlicher Souveränität unter Berufung auf den Binnenmarkt und die Wirkungsweite der Grundfreiheiten torpedieren möchte[972].

d) Kumulatives oder alternatives Vorliegen der Gründe innerhalb der Trias

Ein maßgeblicher Grund für die Vorlage durch den BFH war die Frage, ob die vom EuGH im Urteil „Marks & Spencer" angeführten Rechtfertigungsgründe als kumulative, gleichgewichtige Erfordernisse zu verstehen sind, oder ob schon das Vorliegen eines einzigen Rechtfertigungsgrundes ausreichen kann, um die strittige Steuerregelung als gerechtfertigt ansehen zu können[973].

Betroffen ist das Verständnis der rechtfertigenden Kraft jedes einzelnen Rechtfertigungsgrundes sowie deren Verhältnis untereinander. Mit diesen substanziellen Fragen setzen sich weder die Generalanwältin[974] noch die Kammer[975] auseinander. Zwar räumt der EuGH diesem Punkt aufgrund der Vorlagefrage des BFH breiteren Raum ein als zuvor[976], aber es handelt sich dabei nicht um eine inhaltliche Ausei-

---

972 In diese Richtung ebenfalls Kube, IStR 2008, 305 (308).
973 BFH, Beschluss vom 28.06.2006, I R 84/04, BFHE 214, 270, Rn. 19.
974 Schlussanträge Sharpston, Rechtssache C-414/06, „ Lidl Belgium", IStR 2008, 184 ff., Rn. 17f.
975 Rn. 38ff.
976 In den Urteilen „Marks & Spencer", Rn. 51, und „Oy AA", Rn. 60, wird diese Fragestellung gar nicht offen diskutiert, sondern ergibt sich lediglich aus dem Kontext.

nandersetzung mit der Struktur seiner neuen Trias, sondern um das knappe Feststellen seiner bisherigen Entwicklungslinie von „Marks & Spencer" zu „Oy AA" sowie deren Übertragung auf den Fall „Lidl Belgium". Diese Linie gestaltet sich wie folgt: Zwei der drei Rechtfertigungsgründe reichen, um eine beschränkende Steuerregelung rechtfertigen zu können[977]. Auszugehen ist vom Urteil „Marks & Spencer", wo ausdrücklich dem dreigliedrigen Rechtfertigungsgrund rechtfertigende Wirkung beigemessen wurde[978]. Bestätigt wurde diese Sichtweise, unter Bezug auf „Marks & Spencer", durch die Entscheidung in der Rechtssache „Rewe Zentralfinanz"[979]. Von dieser Rechtsauffassung ist der Gerichtshof allerdings in jüngeren Urteilen nach und nach abgerückt. In „Oy AA" lassen die Richter die „Wahrung der ausgewogenen Aufteilung der Besteuerungsbefugnis" zusammen mit der „Vermeidung einer Steuerumgehung" genügen[980]. Im Fall „Amurta" stellt der EuGH zunächst fest, dass vom „beklagten" Mitgliedstaat Niederlande weder die „Steuerflucht" noch die „Gefahr einer doppelten Verlustberücksichtigung", sondern lediglich die „Aufteilung der Besteuerungsbefugnis" per Stellungnahme geltend gemacht worden sei[981]. Dennoch prüft der Gerichtshof diesen Rechtfertigungsgrund[982].

Vor diesem Hintergrund wird der EuGH konkret nach dem Verhältnis des Rechtfertigungsgewichtes innerhalb der Trias befragt. In „Lidl Belgium" reagiert er wie so häufig ausweichend. Im Stile eines Obergerichtes legen sich die Richter der Vierten Kammer nur soweit fest als unbedingt notwendig. Zwar äußern sie:

„Angesichts der Vielfalt von Situationen, in denen ein Mitgliedstaat derartige Gründe geltend machen kann, kann jedoch nicht verlangt werden, dass alle in Randnr. 51 des Urteils „Marks & Spencer" genannten Rechtfertigungsgründe vorliegen müssen, damit eine die Niederlassungsfreiheit nach Art. 43 EG beschränkende nationale Steuerregelung grundsätzlich gerechtfertigt sein kann."[983]

In der Folge wird jedoch offen gelassen, ob bereits einem einzigen Grund aus der Trias genügend rechtfertigende Kraft beigemessen werden kann, um die vorliegenden Konstellationen grenzüberschreitender Verlustverrechnung sanktionslos bleiben zu lassen. In „Lidl Belgium" stellen die Richter nur fest, dass auch die Kombination aus „Verhinderung doppelter Verlustberücksichtigung" und „Wahrung der Besteuerungsbefugnis" ausreicht[984].

---

977 Rn. 42.
978 „Marks & Spencer", Rn. 51.
979 Rechtssache C-347/04, „Rewe Zentralfinanz", IStR 2007, 291ff., Rn. 41ff. Die Feststellungen dieses Urteils werden sowohl von der Generalanwältin als auch vom Gerichtshof in „Lidl Belgium" vollkommen ausgespart.
980 Oy AA, Rn. 60.
981 Rechtssache C-379/05, „Amurta", IStR 2007, 854ff., Rn. 57.
982 Rechtssache C-379/05, „Amurta", IStR 2007, 854ff., Rn. 58f. Der Rechtfertigungsgrund wird in „Amurta" allerdings abgelehnt.
983 Rn. 40.
984 Rn. 42.

Die Klärung dieser Frage präsentiert sich als ein zähes Ringen. Fest steht, dass der EuGH keine Zementierung der Rechtfertigungstrias aus „Marks & Spencer" wünscht. Zwar soll die Trias als Ausgangsbasis und Richtschnur der Rechtfertigungserwägungen dienen, allerdings muss jeweils der konkrete Einzelfall betrachtet werden[985]. Hierin ist die Stärke der dreigliedrigen Struktur begründet: Sie ist – anders als die Kohärenz – weitaus präziser auszurichten. Um tiefer gehende Gewissheit zu erlangen, bedarf es allerdings weiterer Gelegenheiten zur Konkretisierung für den EuGH. Vor diesem Hintergrund ist zu hoffen, dass die offensive Vorlagepolitik der deutschen Finanzgerichtsbarkeit weiter anhält, um so genügend Fallmaterial auf die europäische Bühne zu heben.

Es ist zu betonen, dass zumindest dem Rechtfertigungsgrund der „Aufteilung der Besteuerungsbefugnis" genügend Leistungsvermögen innewohnt, um gesondert rechtfertigend wirken zu können[986]. Die zentrale Bedeutung dieses anerkannten Gemeinwohlbelanges muss auch zur Folge haben, dass eine „Herauslösung" aus der Trias möglich ist. Er ist die Stütze und Ausdruck des bilateral geäußerten Willens der Mitgliedstaaten sowie Keim ihrer Souveränität. Mehr legitimierende Kraft kann einem Rechtfertigungsgrund kaum innewohnen. Ein solches Verständnis stimmt darüber hinaus mit der allgemein bekannten Grundfreiheitendogmatik überein, an welche sich der Gerichtshof auch im Europäischen Steuerrecht zu halten versucht.

e) Zusammenfassung

Die „Marks & Spencer"-Rechtfertigungstrias gründet sich auf den Aufteilungsgedanken der Besteuerungsbefugnisse, ohne jedoch unauflöslich ineinander verwunden zu sein. Die Querverbindungen und Schnittmengen zwischen den einzelnen Rechtfertigungsgründen sind auffällig. Zwar ist die Verteilungsgerechtigkeit zwischen den Staaten erkennbares Rückrat der neuen ungeschriebenen Rechtfertigungsschöpfung, allerdings wird davor zurückgeschreckt, die angemessene Zuteilung wirklich den völkerrechtlichen DBA und damit den Mitgliedstaaten zu überantworten. Vielmehr sichert sich der Gerichtshof über die Verhältnismäßigkeitsprüfung einen Zugriff auf die Balance der divergierenden Belange. Das Territorialitätsprinzip ist dabei nunmehr ein verstetigter Anknüpfungspunkt für die Verteidigungsbemühungen der Mitgliedsstaaten, und zwar mit wachsendem Gewicht.

---

985 In diesem Sinne ist Rn. 40 zu verstehen.
986 In dieser Richtung ebenfalls Englisch, IStR 2008, 400 (404); Schwenke, IStR 2008, 473 (477); Seiler/Axer, IStR 2008, 838 (841).

3. Die Kohärenz als Rechtfertigung

Dieser klassische Rechtfertigungsgrund findet sowohl in den Schlussanträgen als auch im Urteil selbst keine ausdrückliche Nennung. Nachdem der Gerichtshof die ausführlichen Auseinandersetzungen mit diesem komplexen Konstrukt durch die Generalanwälte *Maduro* in „Marks & Spencer"[987] und *Kokott* in „Oy AA"[988] in seinen Entscheidungen ignoriert hatte, verzichtete *Sharpston* in „Lidl Belgium" von vornherein auf die Thematisierung der Kohärenz. Ebenso vernachlässigten die „Streitparteien" sowie ein Großteil der beigetretenen Regierungen die Erörterung der Kohärenz als eigenen Rechtfertigungsgrund[989].

Dieses Aussparen der Kohärenz gründet sich auf ihre aus Sicht der Mitgliedstaaten unfruchtbare Vergangenheit. Allzu oft haben Stellungnahmen der Regierungen versucht, mitgliedstaatliche Interessen innerhalb dieses Vorteilsausgleichgedankens unterzubringen und sind in dessen unübersichtlichem Geflecht aus Unmittelbarkeit des Zusammenhangs zwischen steuerlicher Be- und Entlastung oder dem engen Verständnis von der Identität des Steuerpflichtigen untergegangen[990]. Zuletzt hat die Berufung auf die Kohärenz etwa im Verfahren „Rewe Zentralfinanz" ein solch jähes Ende genommen[991]. Hier erwies sich die angesprochene Unmittelbarkeit des Zusammenhangs zwischen Entlastungsvorteil und Belastungsnachteil als zu hohe Hürde. Diesem steten Vorbringen und Abgewiesenwerden entsprang zunehmend die Einsicht in die Aussichtslosigkeit eines Berufens auf das „semantische Sammelbecken"[992] der Kohärenz. Vor diesem Hintergrund ist die, unter maßgeblicher intellektueller Mithilfe der britischen Regierung errichtete, „Marks & Spencer"-Rechtfertigungsschöpfung zu betrachten. Die Mitgliedstaaten – und wohl ebenso der EuGH – suchten nach einem Ausweg aus der innerhalb dieses Rechtfertigungsgrundes verfahrenen Lage. Nachdem die versuchte Weiterentwicklung[993] innerhalb der Kohärenz die anstehenden Probleme nicht befriedigend zu lösen im Stande war, setzten die Akteure nunmehr auf einen Neubeginn.

Dabei bestehen durchaus Überschneidungen zwischen dem Kohärenzgedanken und den Erwägungen der Trias[994]. Dies ist nicht weiter verwunderlich, wurzeln diese

---

987 Schlussanträge des Generalanwaltes Maduro vom 7. April 2005, Rn. 65ff.
988 Schlussanträge der Generalanwältin Kokott vom 12. September 2006, Rn. 34ff.
989 Vgl. Rehm/Nagler, IStR 2008, 129 (134ff.). Lediglich die Klägerseite von Lidl Belgium und die Stellungnahme der Regierung aus Frankreich setzen sich noch ausführlich mit der Kohärenz auseinander.
990 Zur schwer handhabbaren inhaltlichen Ausgestaltung dieses Rechtfertigungsgrundes siehe bereits im dritten Kapitel unter C. sowie im vierten Kapitel unter D.
991 Rechtssache C-347/04, „Rewe Zentralfinanz", IStR 2007, 291ff., Rn. 60ff.
992 Englisch, Aufteilung der Besteuerungsbefugnisse – Ein Rechtfertigungsgrund für die Einschränkung von EG-Grundfreiheiten?, S. 138.
993 Hier ist an die bereits beschriebenen Fortentwicklungsversuche der Generalanwälte *Maduro* und *Kokott* in ihren jeweiligen Schlussanträgen zu erinnern.
994 Dies ist bereits im Rahmen der Analyse der Schlussanträge von Generalanwältin Kokott im vierten Kapitel D. angeklungen.

Überlegungen letztendlich alle in der Behauptung nationaler Steuerhoheit. Zudem eignen sich die Unschärfe und Weite des Verständnisses „kohärenter Besteuerung" zur Subsumtion so manchen Sachverhalts, ohne dass dies letzten Endes zum Durchgreifen der Rechtfertigung führt. Vorrangig trägt das Kohärenzargument starke Züge interpersonaler Belastungsgerechtigkeit[995]. Von dieser Zielrichtung her gleicht es dem Gedanken der „Verhinderung doppelter Verlustnutzung"[996]. Neben dieser, die innere Systematik der nationalen Steuersysteme wahrenden Funktion kann der Kohärenz auch ein grenzüberschreitender Gleichheitsaspekt zugeordnet werden. Durch den die nationale Integrität sichernden Ansatz, welcher häufig eng mit einem territorialen Bezug verknüpft ist, wird im Ergebnis – wenn meist auch eher mittelbar – einer sachgerechten Aufteilung des Besteuerungssubstrates Vorschub geleistet[997]. Besteht das angestrebte innere Gleichgewicht bei der Besteuerung, so begünstigt dies die steuerliche Kontrolle, mit ihr die Durchsetzung eines effektiven Belastungsvollzugs sowie die Vermeidung von Missbrauch durch Gestaltung[998]. Hierdurch wird wiederum erreicht, dass mitgliedstaatliche Belastungsentscheidungen, welche meist auf Grundlage der Marktermöglichung erfolgen, die notwendigen Steuereinnahmen generieren. Ferner geriete die innerstaatliche Ausgewogenheit aus dem Lot, wenn das Gemeinschaftsrecht dazu verpflichtete, allein die Vergünstigungen an einen Steuerpflichtigen aus einem anderen Mitgliedstaat zu gewähren, ohne diesem – quasi als Kehrseite – auch die im nationalen Fall an diese Vorteile geknüpften Belastungen aufzuerlegen. Dieser Wechselseitigkeitsgedanke trägt insofern sowohl für die interpersonale als auch für die interterritoriale Belastungsgerechtigkeit[999].

Vor diesem Hintergrund wäre es theoretisch durchaus denkbar gewesen, die Fallkonstellation unter den althergebrachten Allgemeinwohlbelang der Kohärenz zu subsumieren. Zum einen stellt sich hier nicht das Problem, dass die steuerliche Be- und Entlastung bei unterschiedlichen Steuerpflichtigen anfällt, wie das im Falle einer Konzernverbindung der Fall ist. Beides flösse im Stammhaus in Deutschland, der Lidl Belgium GmbH & Co KG, zusammen. Zum anderen besteht ein unmittelbarer Zusammenhang zwischen dem Vorteil, dass die Gewinne der Betriebsstätte im Ausland nicht besteuert werden, und dem Nachteil, dass die Verluste bei der Be-

---

995 Englisch, Aufteilung der Besteuerungsbefugnisse – Ein Rechtfertigungsgrund für die Einschränkung von EG-Grundfreiheiten?, S. 123.
996 So erklärt sich, weshalb *Maduro* diese Verhinderung einer doppelten Verlustnutzung im Rahmen der Kohärenz behandelt hat, Schlussanträge des Generalanwaltes vom 7. April 2005, Rn. 72ff. Weitergehend fordert Hey, GmbHR 2006, 113 (121), genau diese Kohärenz konsequent als Rechtfertigungsgrund speziell zur Vermeidung von Nichtbesteuerung oder sonstiger unberechtigter Steuervorteile nutzbar zu machen.
997 In diese Richtung auch Everett, DStZ 2006, 357 (365f.), welche die „Aufteilung der Besteuerungsbefugnis" und die „Gefahr doppelter Verlustberücksichtigung" als zwei Gesichtspunkte der Kohärenz einordnet. Ebenso wohl auch Schwarze, Europäisches Wirtschaftsrecht, S. 161 und Wunderlich/Albath, EWS 2006, 205 (208).
998 Vgl. Stewen, EuR 2008, 445 (461).
999 A.A. wohl Englisch, Aufteilung der Besteuerungsbefugnisse – Ein Rechtfertigungsgrund für die Einschränkung von EG-Grundfreiheiten?, S. 124ff.

rechnung der steuerpflichtigen Einkünfte in Deutschland außen vor bleiben. Insofern ist das symmetrische Verständnis der Freistellung kohärent[1000].

Diese Subsumtionsfähigkeit des „Lidl Belgium"-Sachverhaltes unter die Kohärenzkonstruktion und deren gänzliche Missachtung in der Entscheidung verstärken den Eindruck der gesamten „Marks & Spencer"-Urteilsreihe, der EuGH lasse die Kohärenz als Rechtfertigungsgrund „einschlafen"[1001]. Dieser Wahrnehmung sind die Richter im Verfahren „Krankenheim Ruhesitz GmbH" entgegen getreten.

a) Der Fall „Krankenheim Ruhesitz GmbH" und die Wiederbelebung des Kohärenzargumentes

Im Fall „Krankenheim Ruhesitz am Wannsee-Seniorenheimstatt GmbH"[1002] handelt es sich um eine Folgeentscheidung zu „Lidl Belgium", ergangen am 23. Oktober 2008. Erneut steht die Verlustbehandlung einer grenzüberschreitenden Betriebsstätte, allerdings auf Grundlage eines im Vergleich zu „Lidl Belgium" komplexeren[1003] Sachverhaltes[1004], zur Diskussion. Wieder handelt es sich um eine Vorlage des ersten Senates des BFH[1005]. Zudem sind vier der fünf Richter in der zuständigen Vierten Kammer des EuGH, die Berichterstatterin[1006] sowie die Generalanwältin bereits mit dem Verfahren „Lidl Belgium" betraut gewesen. Der Generalanwältin *Sharpston* wurde allerdings einige Arbeit erspart, da von der durch den Vertrag von Nizza ein-

---

1000 Freilich lassen sich in der Stringenz dieser Wechselbezüglichkeit Makel ausmachen. So wurde etwa das Auslandsergebnis bis vor kurzem über den negativen Progressionsvorbehalt mitberücksichtigt. Anhand solcher internen Widersprüchlichkeiten sind viele Vorbringen im Rahmen der Kohärenz gescheitert. Allerdings ist die Ausgestaltung der Kohärenzrechtfertigung derart offen, dass die Anwendbarkeit des Rechtfertigungsgrundes hieran nicht scheitern muss.
1001 Ebenso die Tendenz im wichtigen Verfahren zur Dividendenbesteuerung Rechtssache C-379/05, „Amurta", IStR 2007, 854ff., Rn. 45ff. Hier wird die Kohärenz zwar noch angeprüft. Allerdings macht der Gerichtshof unter Verweis auf seine ständige Rechtsprechung schnell klar, dass die Kohärenz abermals nicht durchgreifen wird. Vielmehr geht das Gericht zügig dazu über, sich einige Randnummern später ausführlich mit der „grenzüberschreitenden Kohärenz in Form der Aufteilung der Steuerhoheiten" zu befassen, Rn. 53ff.
1002 Rechtssache C-157/07, IStR 2008, 769ff.
1003 Siehe bereits die diffizil aufgebauten Vorlagefragen des BFH, Rechtssache „Krankenheim Ruhesitz GmbH", C-157/07, IStR 2008, 769ff., Rn. 22.
1004 Hierin dürfte ein gewichtiger Grund für die – im Vergleich zur Rechtssache „Lidl Belgium" – eher spärliche wissenschaftliche Aufarbeitung dieses Falles liegen.
1005 BFH, Beschluss vom 29.11.2006, I R 45/05, IStR 2007, 326ff.
1006 Der Einfluss des Berichterstatters ist nicht zu unterschätzen. Besonders bei der chronischen Überlastung des Gerichtshofes kommt der Stellungnahme des berichtenden Richters eine stark urteilsprägende Vorwirkung zu, da sich nicht die ganze Kammer bis ins Detail in jedes Verfahren einarbeitet. Gerade bei komplexen Steuerrechtsverfahren verfügt der Berichterstatter somit über einen beachtlichen Wissensvorsprung.

geführten Möglichkeit[1007], auf Schlussanträge zu verzichten, Gebrauch gemacht wurde[1008]. Die Richter gingen anscheinend von einer weitgehend geklärten Rechtslage aus.

Die Entscheidung ist aufgrund der Parallelen zum Hauptfall der Arbeit, ihrer äußerlich abweichenden Behandlung auf der Rechtfertigungsebene und der umfassenden Auseinandersetzung mit dem ebenfalls in „Lidl Belgium" bedeutsamen Nachversteuerungsmodell des Art. 2a Abs. 3 EStG a. F. von besonderem Interesse.

aa) Sachverhalt

Bei der Klägerin des Ausgangsverfahrens, der Krankenheim Ruhesitz am Wannsee-Seniorenheimstatt GmbH (im Folgenden: Krankenheim Ruhesitz GmbH), handelt es sich um eine in Deutschland ansässige Gesellschaft mit einer langjährigen Betriebstätte in Österreich. In den Jahren 1982 bis 1990 schrieb diese Auslandsbetriebsstätte rote Zahlen. Diese Verluste wurden vom zuständigen deutschen Finanzamt gemäß § 2a Abs. 3 Satz 1 EStG a. F. (vormals gemäß § 8 Abs. 5 AIG)[1009] bei der deutschen Steuerbelastung im Wege der Verlustverrechnung berücksichtigt. Ab dem Jahre 1991 bis zum Verkauf der Betriebstätte im Jahre 1994 wurden in Österreich Gewinne erzielt. Diese positiven Einkünfte wurden von den deutschen Steuerbehörden in Anwendung des Mechanismus des § 2a Abs. 3 Satz 3 EStG a. F. in Nachholung der vormals berücksichtigten Verluste den Einkünften der Krankenheim Ruhesitz GmbH hinzugerechnet. Um diese Größenordnung wurde mithin die deutsche Bemessungsgrundlage vergrößert. So auch im hier interessierenden Streitjahr 1994.

Gegen diese Hinzurechnung klagte die Krankenheim Ruhesitz GmbH. Streitgegenstand ist mithin der Körperschaftsteuerbescheid des Jahres 1994. Dabei ist in Rechnung zu stellen, dass Österreich bis zum Jahre 1988 gar keinen Verlustvortrag für beschränkt steuerpflichtige Kapitalgesellschaften kannte. Die ab 1989 und auch im Streitjahr gültige Regelung sah hingegen eine Verlustberücksichtigungsmöglichkeit vor, allerdings nur subsidiär zu einer Verrechnung mit positiven Einkünften im Stammhausstaat[1010]. Daher berief sich die Klägerin auf die Ausnahme zur Nach-

---

1007 Vgl. Art. 20 Abs. 5 der Satzung des EuGH, neu eingeführt zum 01.02.2003. 2008 ergingen etwa 41% aller EuGH Urteile ohne Schlussanträge (2007 waren es 43%), Jahresbericht des Gerichtshofes 2008, S. 5. Bei Urteilen im Vorabentscheidungsverfahren ist dieser Prozentsatz allerdings geringer, Skouris in: Grote, Die Ordnung der Freiheit, Festschrift für Starck, S. 994 (dort Fn. 16).
1008 Dies soll dazu beitragen einige Verfahren beschleunigt abzuwickeln, um der überbordenden Arbeitsbelastung Herr zu werden. Vom Eingang einer Klage bis zur Verkündigung des Urteils verstreichen derzeit durchschnittlich 20,4 Monate, Die ZEIT, http://www.zeit.de/2006/19/EUGH, zugegriffen am 7.4.2009.
1009 Jeweils in Verbindung mit § 8 Abs. 1 des KStG.
1010 Diese österreichische Ausgestaltung der Verlustverrechnung, welche den in Österreich beschränkt Steuerpflichtigen gegenüber dem unbeschränkt Steuerpflichtigen benachteiligt, ist nach den bisher diskutierten Grundsätzen zur gemeinschaftskonformen Berücksichtigung

versteuerung nach § 2a Abs. 3 Satz 4 EStG a. F.[1011]. Diesen deutete das FG Berlin entgegen dem Wortlaut und wider die herrschende Meinung[1012] als Vorschrift aus, welche auf die konkreten Umstände des Einzelfalles abstellt, und gab infolgedessen der Klage der Krankenheim Ruhesitz GmbH statt. Diese Normauslegung stützte das FG neben einer auf den Zweck gestützten Argumentation maßgeblich auf vermeintliche europarechtliche Vorgaben. So kam das FG nach ausführlicher Prüfung[1013] der Europarechtkonformität des § 2a Abs. 3 Satz 4 EStG a. F. zu dem Ergebnis, dass nur eine „konkrete Sinndeutung" gemeinschaftsrechtskonform sei[1014]. Es sah einen ungerechtfertigen Verstoß gegen die Niederlassungsfreiheit in der drohenden Gefahr, dass die österreichischen Betriebsstättenverluste weder in Österreich noch in Deutschland Berücksichtigung finden.

Gegen diese Entscheidung legte das Finanzamt Rechtsmittel ein. Der mit der Revision betraute BFH interpretierte die Regelung des § 2a Abs. 3 Satz 4 EStG a. F. grundlegend anders als die Vorinstanz und stellte mit Verweis auf den Normwortlaut „allgemein" auf die bloß abstrakte Verlustberücksichtigungschance im Betriebsstättenstaat ab[1015]. Eine solche „allgemeine" Verlustverrechnungsmöglichkeit für be-

---

grenzüberschreitender Verluste als europarechtlich höchst zweifelhaft zu bewerten. Nach bis dato erfolgten Ausführungen wurde ersichtlich, dass aufgrund der deutschen DBA-Praxis, welche im Einvernehmen mit den Standards der OECD steht, die Einkünfte der Betriebsstätte per Freistellung dem Betriebsstättenstaat als dem Quellenstaat zugeordnet werden. Die österreichische Regelung weist die Verluste hingegen vornehmlich dem Stammhausstaat zu und widerspricht mithin der bilateral vorgenommenen Verteilung des Besteuerungssubstrats, welche nach den Aussagen des EuGH in der Urteilsreihe „Marks & Spencer" auch für die europarechtliche Bewertung die Leitschnur bildet.

1011 Dieser lautete: „Satz 3 ist nicht anzuwenden, wenn der Steuerpflichtige nachweist, daß nach den für ihn geltenden Vorschriften des ausländischen Staates ein Abzug von Verlusten in anderen Jahren als dem Verlustjahr *allgemein* nicht beansprucht werden kann" [eigene Hervorhebung].
1012 Siehe Gosch in: Kirchhof, EStG-Kommentar, § 2a, Rn. 95 (mit weiteren Nachweisen auf die hM).
1013 Hierin unterscheidet sich das FG Berlin merklich von der unzulänglichen Vorgehensweise des FG Baden-Württemberg im Fall „Lidl Belgium". Das hauptstädtische FG verwendet enormen Begründungs- und Platzaufwand im Urteil auf die Darlegung der Europarechtswidrigkeit. Dabei setzt es sich detailliert mit den bisherigen EuGH Entscheidungen auseinander. Wenn das gefundene Ergebnis letztendlich auch abzulehnen ist, so ist diese Auseinandersetzung mit der Vorlagemöglichkeit des Art. 234 EG und dem hiermit verbundenen Europarecht samt seinen Präjudizien handwerklich begrüßenswert.
1014 Das Gericht bediente sich mithin der Figur der „gemeinschaftsrechtskonformen Auslegung", vgl. Körber, Grundfreiheiten und Privatrecht, S. 63. Mit dieser Technik kann allerdings nicht gegen den ausdrücklichen Wortlaut der Norm gearbeitet werden. In diesem Falle hilft als ultima ratio nur die Nichtanwendung der innerstaatlichen Vorschrift. Gegen diese Auslegungsgrenze des Wortlautes hat das FG Berlin hier verstoßen. Der Wortlaut des § 2a Abs. 3 Satz 4 EStG a.F. lässt keinen Auslegungsspielraum für eine gemeinschaftskonforme Anwendung.
1015 BFH, Beschluss vom 29.11.2006, I R 45/05, IStR 2007, 326ff., Rn. 19. Für diese „abstrakte" Interpretation spricht neben dem Wortlaut eine deutlich leichtere verwaltungsseitige Handhabbarkeit der Regelung unter dem Aspekt der Steueraufsicht. Vorliegend liegen nämlich erneut – wie schon beim Verfahren „Lidl Belgium" – unterschiedliche Sachverhaltanga-

schränkt Steuerpflichtige existierte seit 1989, sodass die Ausnahme des Satzes 4 nach rein nationalem Recht nicht einschlägig sei. Allerdings hegte auch der BFH umfassende Zweifel an der damals geltenden Verlustverrechnungskonstruktion. Im Gegensatz zum FG Berlin legte dieser die strittige Frage gemäß Art. 234 EG dem EuGH vor.

bb) Anwendungsbereich der europarechtlichen Kontrolle

Obwohl Österreich zum maßgeblichen Zeitpunkt noch kein Mitglied der Europäischen Union war, vermittelte Art. 31 des EWR-Abkommens eine dem Art. 43 EG entsprechende Wirkungsreichweite der Niederlassungsfreiheit[1016]. Zu Beginn der inhaltlichen Auseinandersetzung mit dem Fall macht der EuGH durch geschickte Umformulierung die komplexen und knifflig formulierten Vorlagefragen des BFH handhabbar. So lautet die in Folge zu Lidl zu lösende Frage, „ob Art. 31 des EWR-Abkommens einer nationalen Steuerregelung entgegensteht, nach der die Verluste einer Betriebsstätte, die in einem anderen Staat als dem Ansässigkeitsstaat ihres Stammhauses belegen ist, bei der Festsetzung der Einkommensteuer des Stammhauses berücksichtigt werden können, später aber, sobald die Betriebsstätte Gewinne erwirtschaftet, steuerlich wieder hinzugerechnet werden müssen, wenn der Betriebsstättenstaat keinen Vortrag von Verlusten einer Betriebsstätte einer in einem anderen Staat ansässigen Gesellschaft zulässt und wenn nach einem zwischen den beiden betreffenden Staaten abgeschlossenen Abkommen zur Vermeidung der Doppelbesteuerung die Einkünfte einer solchen Einheit im Ansässigkeitsstaat ihres Stammhauses von der Steuer befreit sind."[1017]

Nachdem der Schutzbereich der „Niederlassungsfreiheit" als eröffnet angesehen wird, stellt sich die Frage nach einer Beschränkung[1018]. Hierbei stehen die Wirkungsweise der Nachversteuerungsregelung des § 2a Abs. 3 EStG a. F. im Vordergrund. Mit dieser Regelung verbundene Erwägungen spielen sowohl in den Entscheidungsvorschlägen[1019] zur Rechtssache „Lidl Belgium" – dort als spürbar milderes Mittel im Vergleich zur symmetrischen Freistellung betrachtet – als auch in den

---

ben vor. Während der BFH mit der Vorinstanz davon ausgeht, dass im Streitjahr 1994 eine Besteuerung der Betriebsstätte mangels Berücksichtigung der Verluste aus den Vorjahren stattgefunden hat, ist der Rn. 18 des EuGH-Urteils zu entnehmen, dass in diesem Veranlagungszeitraum keine Körperschaftsteuer in Österreich festgesetzt wurde. Ohne diese Besteuerung in Österreich bräche die stark auf die konkrete Situation zugeschnittene Argumentation der Klägerin und des FG in sich zusammen. Der EuGH beantwortet die europarechtliche Frage in der Folge allerdings unabhängig von dieser Tatsachenfrage.

1016 Rechtssache „Krankenheim Ruhesitz GmbH", C-157/07, IStR 2008, 769ff., Rn. 24. Die Republik Österreich ist der EU am 1. Januar 1995 beigetreten.
1017 Rechtssache „Krankenheim Ruhesitz", C-157/07, IStR 2008, 769ff., Rn. 27.
1018 Rechtssache „Krankenheim Ruhesitz", C-157/07, IStR 2008, 769ff., Rn. 30ff.
1019 Schlussanträge Generalanwältin Sharpston vom 14.02.2008, Rechtssache C-414/06, „ Lidl Belgium", IStR 2008, 184 ff., Rn. 23ff.

Stellungnahmen der Parteien[1020] und der wissenschaftlichen Nachbearbeitung[1021] eine tragende Rolle. Zum besseren Verständnis dieser Nachversteuerungsregelung soll kurz deren Systematik sowie Historie in Deutschland betrachtet werden.

cc) Die Nachversteuerungsregelung des § 2a Abs. 3 EStG a. F.

Die Regelungssystematik der Nachversteuerung wurde Ende der 1960er Jahre im Auslandsinvestitionsgesetz (AIG) geschaffen und bestand dort bis zum Jahre 1989. Intention des AIG war es, Direktinvestitionen deutscher Unternehmen im Ausland durch den Abbau steuerlicher Hemmnisse zu fördern. Davon versprach man sich positive Rückwirkungen auf die deutsche Volkswirtschaft[1022]. Jedenfalls vom Grundgedanken war diese Regelung zu Beginn eine Art Investitionshilfe[1023]. Die Norm sollte bestehende Benachteiligungen von gewerblichen Investitionen im Vergleich zum Zustand ohne Abkommen sichern. Trotz DBA-Freistellung sollte die Nutzung von Auslandsverlusten möglich sein. Dabei handelte es sich – jedenfalls in der Theorie – nicht um eine Subvention, weil im Falle des Eintritts in die Gewinnphase eine Nachversteuerung durch Hinzurechnung[1024] erfolgte[1025]. Im Ergebnis handelte es sich mithin um eine Steuerstundung, welche zu einer Gleichbehandlung zwischen investierenden Unternehmen im DBA und im Nicht-DBA Staat führte.

Eigentlich sollte diese Regelung bereits im Rahmen des Steuerreformgesetzes 1990 gestrichen werden, was jedoch politisch nicht durchsetzbar war[1026]. So wurde die Systematik aus dem AIG in § 2a Abs. 3 EStG a. F. überführt[1027], bevor auch dieser durch das Steuerentlastungsgesetz 1999 vollends abgeschafft wurde[1028].

1020 Vgl. Rehm/Nagler, IStR 2008, 129 (133ff.).
1021 Etwa Von Brocke, DStR 2008, 2201 (2203).
1022 Diese Regelung griff nur, sofern die Aktivitätsvoraussetzungen des § 2a Abs. 1 EStG erfüllt waren.
1023 Knobbe-Keuk, Bilanz- und Unternehmenssteuerrecht, S. 323.
1024 Diese Beträge korrespondieren mit jenen, die gemäß § 2a Abs. 3 Satz 1 abgezogen wurden.
1025 Zur gesonderten Feststellung siehe § 2a Abs. 3 Satz 5 EStG a. F. sowie Gosch in: Kirchhof, EStG-Kommentar, § 2a, Rn. 97.
1026 Knobbe-Keuk, Bilanz- und Unternehmenssteuerrecht, S. 323.
1027 Dessen Normtext lautete:
„Sind nach einem Abkommen zur Vermeidung der Doppelbesteuerung bei einem unbeschränkt Steuerpflichtigen aus einer in einem ausländischen Staat belegenen Betriebsstätte stammende Einkünfte aus gewerblicher Tätigkeit von der Einkommensteuer zu befreien, so ist auf Antrag des Steuerpflichtigen ein Verlust, der sich nach den Vorschriften des inländischen Steuerrechts bei diesen Einkünften ergibt, bei der Ermittlung des Gesamtbetrags der Einkünfte abzuziehen, soweit er vom Steuerpflichtigen ausgeglichen oder abgezogen werden könnte, wenn die Einkünfte nicht von der Einkommensteuer zu befreien wären, und soweit er nach diesem Abkommen zu befreiende positive Einkünfte aus gewerblicher Tätigkeit aus anderen in diesem ausländischen Staat belegenen Betriebsstätten übersteigt. 2Soweit der Verlust dabei nicht ausgeglichen wird, ist bei Vorliegen der Voraussetzungen des § 10d der Verlustabzug zulässig. 3Der nach den Sätzen 1 und 2 abgezogene Betrag ist, soweit sich in einem der folgenden Veranlagungszeiträume bei den nach diesem Abkommen zu befreienden Einkünf-

Diese Aufhebung der Regelung folgte der – späten – Einsicht, dass die Nachversteuerung praktisch nicht sicherzustellen war, weil die geltend gemachten Verluste und der spätere Gewinneintritt über die vielen Zeiträume und die Grenze hinweg nur schwerlich zu kontrollieren war[1029]. Beliebte Varianten der Steuerumgehung in diesem Zusammenhang waren etwa die zeitlich befristete atypische Gesellschaft[1030], sogenannte Abschmelzungs- oder Umwandlungsmodelle[1031] oder auch die zeitlich geschickte Auflösung des Organschaftsverhältnisses[1032]. Gegen diese künstlichen Gestaltungen versuchte der Gesetzgeber vorzugehen, allerdings mehr oder minder vergebens[1033]. Ferner zeigt sich innerhalb des § 2a Abs. 3 EStG eine Anfälligkeit für

---

ten aus gewerblicher Tätigkeit aus in diesem ausländischen Staat belegenen Betriebsstätten insgesamt ein positiver Betrag ergibt, in dem betreffenden Veranlagungszeitraum bei der Ermittlung des Gesamtbetrags der Einkünfte wieder hinzuzurechnen. 4Satz 3 ist nicht anzuwenden, wenn der Steuerpflichtige nachweist, daß nach den für ihn geltenden Vorschriften des ausländischen Staates ein Abzug von Verlusten in anderen Jahren als dem Verlustjahr allgemein nicht beansprucht werden kann. 5Der am Schluß eines Veranlagungszeitraums nach den Sätzen 3 und 4 der Hinzurechnung unterliegende und noch nicht hinzugerechnete (verbleibende) Betrag ist gesondert festzustellen; § 10d Abs. 4 gilt entsprechend. 6In die gesonderte Feststellung nach Satz 5 einzubeziehen ist der nach § 2 Abs. 1 Satz 3 und 4 des Gesetzes über steuerliche Maßnahmen bei Auslandsinvestitionen der deutschen Wirtschaft vom 18. August 1969 (BGBl. I S. 1214), das zuletzt durch Artikel 8 des Gesetzes vom 25. Juli 1988 (BGBl. I S. 1093) geändert worden ist, der Hinzurechnung unterliegende und noch nicht hinzugerechnete Betrag."

1028 Bt.-Drs. 14/23, S. 167, dort zu Nr. 2.
1029 So Bt.-Drs. 14/23, S. 167, dort zu Nr. 2.; ferner BFH, Beschluss vom 28.06.2006, I R 84/04, BFHE 214, 270, Rn. 11. Aus der Literatur Maiterth, DStR 2006, 915 (918).
1030 Hierzu Froning in: Sudhoff, Unternehmensnachfolge, § 43, Rn. 22ff.; Schmidt in: Schmidt, Münchener Kommentar zum HGB, § 230, Rn. 75.
1031 Die Nachversteuerung wurde dadurch vermieden, dass die Auslandsbetriebsstätte, sobald Gewinne in Aussicht standen faktisch aufgegeben wurde und zur Weiterführung der wirtschaftlichen Tätigkeit eine Kapitalgesellschaft, mithin ein eigenes Steuerobjekt, neu gegründet wurde, welche dann die Gewinne im niedrig besteuerten Ausland auf sich vereint, ohne die zuvor abgezogenen Verlust nachversteuern zu müssen.
1032 Diese Steuersparmodell lässt sich gut innerhalb der dargestellten Lidl-Strukturen exemplifizieren: Sofern eine Regionalgesellschaft der untersten Ebene anders als Lidl Belgium als Kapitalgesellschaft organisiert ist und mit der mittleren Ebene einen Ergebnisabführungsvertrag abgeschlossen hat, fließen – ähnlich dem Gruppenbesteuerungsmodell „Marks & Spencer" – die Verluste über die Holdinggesellschaft bis hin zum Personengesellschafter. Die negativen Einkünfte werden folglich mit dem Spitzensteuersatz der Einkommensteuer „belastet". Sobald die Kapitalgesellschaft jedoch die Gewinnzone erreicht, wird der Ergebnisabführungsvertrag gekündigt. Dies führt zur Beendigung der Organschaft. In der Folge wäre strittig, wo die Nachversteuerung zu erfolgen hatte: Bei der natürlichen Person an der Konzernspitze oder bei der Kapitalgesellschaft. Ohne den Ergebnisabführungsvertrag war die Zurechnung zur natürlichen Person nicht mehr möglich. Bei einer Nachversteuerung bei der Kapitalgesellschaft erfolgte diese zum deutlich niedrigeren Körperschaftsteuersatz. Die Verluste wurden mithin zum hohen Einkommensteuersatz, die Gewinne zum niedrigen Körperschaftsteuersatz verwertet. Diese Konstruktion führte mithin zu einem deutlichen Belastungsunterschied zwischen anfänglicher Ent- und späterer Belastung zugunsten des Steuerpflichtigen.
1033 Siehe etwa § 2a Abs. IV EStG, hierzu Gosch in: Kirchhof, EStG-Kommentar, § 2a, Rn. 100f.

breit angelegte Verlustverlagerung in das Hochsteuerland Deutschland. So kann eine restriktive Verlustverrechnungspolitik in kleinen Niedrigsteuerländern ausnahmsweise sogar Standort fördernden Charakter annehmen, wenn hierdurch der Weg in die Ausnahme des § 2a Abs. 3 Satz 4 EStG eröffnet wird. So gelänge es diesen Staaten, durch die fehlenden Verlustverrechnungsmöglichkeiten ihre niedrigen Körperschaftsteuersätze teilweise gegenzufinanzieren; zugleich wäre den transnational tätigen Unternehmen gedient, indem sie ihre Verluste in ein Hochsteuerland verbringen könnten, ohne die spätere, Steuersatz neutralisierende Nachversteuerung fürchten zu müssen. Infolgedessen fände eine Subventionierung durch Deutschland als Land mit einer großzügigen Verlustanerkennung zugunsten von Niedrigsteuerländern mit eng ausgestalteten Verlustregeln statt. Dies brächte die Ausgewogenheit der Aufteilung des Steuersubstrates weiter ins Wanken.

Hinzu kommen verwaltungstechnische Schwierigkeiten wie die Tatsache, dass die Nachversteuerungssystematik nur dann fehlerfrei greifen kann, wenn sowohl die Verlustberücksichtigung als auch die nachfolgende Besteuerung im Gewinnfall auf der Grundlage einheitlicher deutscher Gewinnermittlung erfolgt. Bei einem komplexen Konzern wie Lidl bereiten schon die verschiedenen Buchhalt-ungssysteme in den verschiedenen Tätigkeitsstaaten, ganz abgesehen von den länderspezifischen Bilanzierungsstandards, nicht zu vernachlässigende praktische Probleme. So kam es häufig tatsächlich zu einer doppelten Verlustnutzung, mithin zu einer Steuervergünstigung[1034]. Diese Wirkung wurde jahrelang, der vermeintlich sinnvollen Förderung der Auslandsinvestition wegen, politisch toleriert. Mit zunehmender Verflechtung der Märkte, anwachsenden steuerlich relevanten Verlustvolumina und einer verstärkt europäisch wie international Steuerplanung erwies sich diese Norm jedoch zunehmend als zu kostspielig, sodass ihr politischer Rückhalt nach und nach bröckelte.

Sicherlich werden die Vertreter der Bundesregierung sowie des Finanzamtes bemüht gewesen sein, die Schwierigkeiten im Vollzug der alten Nachversteuerungsregelung zu dramatisieren[1035], um den EuGH mit den geschilderten Gefahren zu beeindrucken. Wie die Generalanwältin angesichts der unbestreitbaren Probleme im Vollzug der Regelung[1036] und der hierauf gestützten bewussten Entscheidung des deutschen Gesetzgebers zur Abschaffung des Nachversteuerungsmechanismus allerdings zu der Feststellung gelangt, diese praktischen Schwierigkeiten seien „kaum ernst zu nehmen"[1037], darf sowohl sachlich wie sprachlich verwundern[1038].

1034 Gosch in: Kirchhof, EStG-Kommentar, § 2a, Rn. 3.
1035 Trotz Problemen gerade bei der Gewinnermittlung in Auslandssachverhalten bestehen etwa Normen wie der § 20 Abs. 2 AStG mit seinem „switch over" zur Anrechnungsmethode im Falle besonders niedrig besteuerter Auslandsbetriebsstätten oder die §§ 7ff. AStG „Hinzurechnungsbesteuerung" fort, Rehm/Nagler, IStR 2008, 129 (135). Hingegen wird der negative Progressionsvorbehalt, welcher ebenfalls auf „schwierig zu ermittelnde" ausländische Einkünfte zurückgreift, nicht mehr angewandt.
1036 Vgl. auch Hey, GmbHR 2006, 113 (116).
1037 Schlussanträge Generalanwältin Sharpston vom 14.02.2008, Rechtssache C-414/06, „Lidl Belgium", IStR 2008, 184 ff., Rn. 31. Im englischen Original: „it is difficult to take seriously the argument that significant practical difficulties preclude such a system".

dd) Beachtlichkeit von Liquiditätsnachteilen

Neben der prinzipiellen Verrechnungsmöglichkeit über die Grenze hinweg und dem damit meist verbundenen günstigen Steuersatzeffekt gewährt § 2a Abs. 3 EStG a. F. die sofortige Verrechnung. Im Gegensatz zur nachgelagerten Verlustberücksichtigung birgt dies aus Sicht des Steuerpflichtigen erkleckliche Zins- und damit Liquiditätsvorteile. Diese entstehen, weil durch die zeitnahe Verrechnung ersparte Steuerbeträge reinvestiert oder anderweitig gewinnbringend angelegt werden können. Umgekehrt lässt sich sagen, dass der Nachteilseffekt wächst, je später die Verrechnung möglich ist. Gerade in einer Verlustphase kann dies wie ein zinsloses staatliches Darlehen zur rechten Zeit wirken. Aus betriebswirtschaftlicher Sicht handelt es sich keineswegs um zu vernachlässigende Posten[1039].

Obwohl diesen pekuniären Positionen durch den EuGH bereits entscheidungserhebliche Beachtung zuteil wurde[1040], spielt dieses Kalkül in den Urteilen der „Marks & Spencer"-Reihe keine entscheidende Rolle. Nach einer mehr beiläufigen Erwähnung in der „Marks & Spencer"-Entscheidung[1041], finden sich diese Gedankengänge – trotz potentieller Relevanz – lediglich in den Schlussanträgen wieder, dort allerdings in nicht unerheblichem Ausmaß[1042]. Diese Missachtung des Zeitpunktes der Verrechnung als hinderndem Faktor wird vor allem aus Kreisen der Unternehmensberatungen deutlich kritisiert[1043]. Es bleibt zu konstatieren, dass bei den besprochenen Urteilen eindeutig die Frage des „Ob" einer territorial übergreifenden Verrechnung im Vordergrund steht. Auch wenn die aufgezeigten Liquiditätsnachteile keine „Peanuts" darstellen, so gilt es aus Sicht der Richter zuvörderst, dieses Mindestmaß an europäischer Mobilität zu gewährleisten. Daraus folgt nicht zwangsläufig die Unbeachtlichkeit jeglicher diskriminierender Nachteile aufgrund späterer Verrechnung. Mittelfristig, gerade nach einer weiteren Festigung der EuGH Linie in diesem Bereich und vielleicht auch unter anderen rechtspolitischen Rahmenbedingungen, wird das Gericht vor diesen ökonomisch fassbaren Erwägungen vermutlich

---

1038 Unter Beiseitelassen der aufgezeigten Argumente flüchtet sie sich in den beliebten, praktisch jedoch häufig nutzlosen, Verweis auf die Amtshilferichtlichtlinie: Schlussanträge Generalanwältin Sharpston vom 14.02.2008, Rechtssache C-414/06, „ Lidl Belgium", IStR 2008, 184 ff., Rn. 31 (dort in Fn. 28).
1039 Siehe etwa die Berechnungsbeispiele im Anhang I zur Mitteilung der Kommission 2006, 824: Cash-Flow-Effekte des grenzüberschreitenden Verlustausgleich oder die Darstellung bei Watrin/Wittkowski, IStR 2008, 637 (641f.).
1040 Vgl. Rechtssachen C-436/00, „X und Y", IStR 2003, S. 23ff., Rn. 36ff.; C-446/04, „Test Claimants in the FII Group Litigation", Slg. 2006, I-11753, Rn. 153ff.
1041 Marks & Spencer, Rn. 32.
1042 Schlussanträge Generalanwältin Kokott vom 12. September 2006, Rechtssache C-231/05, „Oy AA", Slg. 2007, I-6373, Rn. 39; Schlussanträge Generalanwältin Sharpston vom 14.02.2008, Rechtssache C-414/06, „Lidl Belgium", IStR 2008, 184 ff., Rn. 28ff.
1043 Kessler (Ernst & Young), IStR 2008, 581 (583); Rehm/Nagler (KPMG), IStR 2008, 129 (135f.); von Brocke (Ernst & Young), DStR 2008, 2201 (2203); Watrin/Wittkowski (Schönberger & Partner), IStR 2008, 637 (641).

nicht dauerhaft die Augen verschließen. Derzeit liegt die Fokussierung allerdings auf einem anderen Punkt[1044].

ee) Beschränkung[1045]

Vor dem Hintergrund dieser Ausführungen hätte das Gericht die Frage des Liquiditätsnachteils im Vergleich zum Inlandssachverhalt durchaus auch im Fall „Lidl Belgium" problematisieren können. Da Stammhaus und Betriebsstätte im Inland als ein Unternehmen betrachtet werden, erfolgt deren Ergebnisverrechnung automatisch, damit im selben Veranlagungszeitraum. Hingegen ist der Verlustabzug im Ausland erst möglich, wenn die dortige Betriebsstätte selbst die Gewinnzone erreicht. Solange eine Verrechnung über die Grenze ausgeschlossen ist, entsteht im Europafall eine materielle Benachteiligung, welche geeignet ist, den wirtschaftlich planenden Unternehmer von seiner Investition abzuhalten. Dies wird vom EuGH gar nicht thematisiert. Bei der in dieser Arbeit vorgeschlagenen Verortung der „Aufteilung der Besteuerungsbefugnis" auf Tatbestandsebene kommt es jedoch auf jene zusätzliche Beschränkungswirkung nicht an. Sie modifiziert keineswegs die Souveränität wahrende Geltungskraft der ausgewogenen Verteilung des Steuersubstrats[1046].

Anders als im Verfahren „Lidl Belgium", wo die Wirkung einer symmetrischen Auslegung der Freistellungsmethode im Vordergrund steht, beschäftigt sich der EuGH in der Rechtssache „Krankenheim Ruhesitz GmbH" umfassend mit der Wirkung der Nachbesteuerungsmechanik des § 2a Abs. 3 EStG a. F. Die Beschränkungsprüfung verläuft hierbei zweistufig. In einer ersten Betrachtung wird die Rechtsfolge des § 2a Abs. 3 Satz 1 EStG a. F., also die sofortige grenzüberschreitende Verrechnungsmöglichkeit, betrachtet. Hier ist keine Behinderung zu erkennen. Deutschland gewährt die im Inland aufgrund der Rechtsform automatisch einsetzende sofortige Verlustberücksichtigung. Darin liegt mehr nationale „Europafreundlichkeit" als in „Lidl". Aus dieser Perspektive erfolgt hierdurch gar eine besondere nationale Förderung der europäischen Mobilität – dies deckt sich mit dem Investitionsgedanken des AIG. Allerdings wird diese grenzüberschreitende Offenheit durch die in § 2a Abs. 3 Satz 3 EStG a. F. verankerte Hinzurechnungsorder wieder zurückgeschraubt. Hierin sieht der EuGH trotz der Tatsache, dass die berücksichtigten Verluste nur bis Höhe der Gewinne der Betriebsstätte hinzugerechnet werden, eine

---

1044 Eine neue Tendenz in diese Richtung, in Abkehr von der Beachtlichkeit des Liquiditätsnachteils, thematisiert auch Generalanwältin Kokott in ihren Schlussanträgen vom 18.09.2008 in der Rechtssache C-282/07, „Truck Center SA". Das auf die Entscheidungserwägungen der deutschen Generalanwältin folgende Urteil – abermals ergangen durch die Vierte Kammer des Gerichtshofs – erwähnt mögliche Liquiditätsnachteile erneut mit keiner Silbe, Rechtssache C-282/07, „Truck Center SA", IStR 2009, 135ff.
1045 „Krankenheim Ruhesitz GmbH", Rn. 27ff.
1046 Siehe fünftes Kapitel D. I. 3.

Beschränkung[1047]. Selbst die durch § 2a Abs. 3 EStG a. F. gewährte Liquiditätsgleichstellung mit dem Inlandsfall führt aus Sicht der Richter nicht zur Verneinung der Behinderungswirkung. Hingegen dürfte nach der in dieser Arbeit zu „Lidl Belgium" vertretenen Meinung hier erst recht keine Beschränkung angenommen werden. Das gegenläufige Vorgehen des EuGH unterstreicht dessen weiten Beschränkungsbegriff und die strategische Fixierung auf die Rechtfertigungsebene.

Wirklich verwundern kann das Ergebnis nicht[1048]. Der EuGH verbleibt in seiner vertikalen Vergleichsprüfung und spaltet die Regelung des § 2a Abs. 3 EStG in ihrer Wirkungsweise so auf, dass die Nachversteuerung als speziell auf den Auslandsfall ausgerichtete Behinderung erscheint. Dabei werden Mängel in der Vergleichbarkeit erneut ausgeblendet. Diese Systematik der Nachversteuerung ist strukturell ausschließlich im grenzüberschreitenden Fall notwendig. Nur hier kann die Gefahr einer doppelten Verlustnutzung überhaupt auftreten. Im reinen Inlandsfall fließen die Verluste automatisch auf das Stammhaus als Rechtspersönlichkeit und Steuerpflichtigem. Einer Regelungskonstruktion wie des § 2a Abs. 3 EStG a. F. bedarf es hier von vornherein nicht. Dies verkennen die Richter. Ferner ist zu berücksichtigen, dass ein Unternehmen beim Start der Tätigkeiten in Deutschland seine Anlaufverluste dort ebenfalls erst nutzen kann, wenn es Gewinne macht. Dies ist Grundlage der wirtschaftlichen Planung des Unternehmers. Wird es dem Wirtschaftenden hingegen durch die Nachversteuerungsregelung ermöglicht, diese Anlaufverluste direkt zu verrechnen, wird der Europafall lukrativer als der Inlandsfall. Bezugspunkt ist der Binnenmarkt.

Im Ergebnis bleibt der EuGH seiner streitbaren „Lidl Belgium"-Linie treu[1049]. Die Beschränkungsprüfung verkörpert keine ernst zu nehmende Hürde. Vielmehr wird bewusst stereotyp eruiert: In „Lidl Belgium" reichte die Tatsache, dass beim vertikalen Vergleich im inländischen Sachverhalt Betriebsstättenverluste nicht ausgeschlossen waren, hier in „Krankenheim Ruhesitz" wird als ausreichend erachtet, dass im Inlandsfall keine Nachversteuerung erfolgt. Liquidationsvor- wie -nachteile blenden die Richter in der jüngeren Rechtsprechung ohnehin aus. Demzufolge gelangt der EuGH auch im Verfahren „Krankenheim Ruhesitz" zu dem gewünschten Ergebnis, einer Beschränkung der „Niederlassungsfreiheit".

ff) Rechtfertigungsprüfung im Fall „Krankenheim Ruhesitz GmbH": die Kohärenz

Auf Tatbestandsebene schreiten die Urteile „Lidl Belgium" und „Krankenheim Ruhesitz GmbH" weitestgehend im gleichen Prüfungsrythmus voran. Dies ändert sich innerhalb der Rechtfertigungsprüfung zumindest äußerlich. Bemerkenswert sind da-

---

1047 „Krankenheim Ruhesitz GmbH", Rn. 37.
1048 Hingegen zeigt sich Lamprecht, IStR 2008, 766 (767) von dieser Vorgehensweise des EuGH überrascht.
1049 Dies visualisieren auch die bei der Beschränkungsprüfung vorhandenen direkten Verweise auf das „Lidl Belgium"-Verfahren, siehe „Krankenheim Ruhesitz GmbH", Rn. 31ff.

bei zwei Punkte. Zum einen wird die Kohärenz als Rechtfertigungsgrund geprüft und bejaht. Zum anderen enthält das Urteil weiterführende Aussagen zur Frage, wo für den Stammhausstaat ein Limit zumutbarer Berücksichtigungspflicht für ausländische Betriebsstättenverluste nach den „Marks & Spencer/Lidl Belgium" Grundsätzen begründet sein könnte. Dies stellt eine praktisch wichtige Konkretisierung des „Lidl"-Urteils dar. Letztere Substanz des Urteils wird im Sinnzusammenhang mit der Verhältnismäßigkeitsprüfung bei „Lidl Belgium" besprochen[1050]. Mithin bleibt zunächst einmal offen, ob die Hinzurechnungssystematik aus europarechtlicher Sicht auch dann greifen darf, wenn eine Verlustvortragsmöglichkeit im Betriebsstättenstaat eingeschränkt ist oder gar nicht existiert, also die Betriebsstättenverluste im Quellenstaat nicht verwertet werden können[1051].

Wie bereits im Kapitel „Marks & Spencer" dargelegt, liegt die letztmalige Rechtfertigung einer Grundfreiheitenverletzung auf Grundlage der Kohärenz 17 Jahre zurück[1052]. Zwar wurde der Kohärenz-gedanke fortgesetzt ins Feld geführt und weiterentwickelt, jedoch vom EuGH ebenso regelmäßig spätestens mit Hilfe der Verhältnismäßigkeit[1053] abgelehnt[1054]. So ist das hiesige Goutieren dieses „enfant terrible" der Rechtfertigungsgründe durchaus überraschend[1055]. Dies gilt insbesondere vor dem Hintergrund der „Marks & Spencer"-Urteilsreihe, wo die Kohärenz als Rechtfertigungsgrund nicht einmal mehr angeprüft wurde. So ist es beachtlich, dass dieses Folgeurteil zu „Lidl Belgium" die eingeschlagene Verfestigung der Rechtfertigungstrias nicht fortsetzt.

Inhaltlich ist die Prüfung der Kohärenz kurz und knapp gehalten. Es gibt keine vorgeschalteten dogmatischen Ausführungen über die notwendigen Bestandteile der Kohärenz. Es wird lediglich festgestellt, dass „ein direkter, persönlicher und sachlicher Zusammenhang zwischen den beiden Komponenten der im Ausgangsverfahren streitigen Steuerregelung" bestand[1056]. Die Mechanik des § 2a Abs. 3 EStG a. F. wird akzeptiert, wonach die zum Abzug gebrachten Verluste später – spiegelbildlich – hinzugerechnet werden. Dieser neutralisierende Konnex wird vom EuGH anerkannt[1057]. Dabei verkennen die Richter nicht, dass dieses Konzept des § 2a Abs.

1050 Siehe fünftes Kapitel D. 3. f).
1051 Konkret betrifft dies innerhalb der deutschen Regelung die Sätze 3 und 4 des § 2a Abs. 3 EStG a. F. Muss die Ausnahme des Satzes 4 in solchen Fällen aufgrund der Vorgaben des Europarechts zulasten von Deutschland angewandt werden?
1052 Sowohl das Verfahren „Bachmann" als auch „Kommission/Belgien" reichen in das Jahr 1992 zurück.
1053 Siehe beispielhaft das zeitlich „Krankenheim Ruhesitz GmbH" nachfolgende Urteil „Papillon", C-418/07, IStR 2009, 66ff., Rn. 52ff.
1054 Zur Kritik hinsichtlich der bisherigen Vorgehensweise des EuGH mit dem Rechtfertigungsgrund der Kohärenz, Seiler in: Depenheuer/Heintzen, Staat im Wort, Festschrift für Isensee, S. 887.
1055 A.A. Lamprecht, IStR 2008, 766 (767) „weniger erstaunlich".
1056 „Krankenheim Ruhesitz GmbH", Rn. 42.
1057 „Krankenheim Ruhesitz GmbH", Rn. 42 („spiegelbildlichen Logik, logische Pendant"). Hingegen wurde die Europarechts-konformität des § 2a Abs. 3 EStG a. F. im Schrifttum nachdrücklich bezweifelt, siehe nur Gosch in: Kirchhof, § 2a, Rn. 4.

3 EStG a. F. erst auf dem symmetrischen Verständnis der abkommensrechtlichen Freistellung aufbaut. Die Billigung der Symmetriethese im „Lidl Belgium"-Urteil ist insofern notwendige Voraussetzung für die Zustimmung zur deutschen Nachversteuerungsreglung[1058]. Sie ist vor diesem Hintergrund sogar als „europafreundliche Fortentwicklung" zur reinen Freistellungslösung zu betrachten. Aus praktischer Sicht scheint somit nachvollziehbar, warum die Vierte Kammer des Gerichtshofes auf die Erstellung neuer Schlussanträge verzichtete: Eine wirklich „neue Rechtsfrage"[1059] wurde nicht aufgeworfen.

b) Das Verhältnis der Kohärenz zur „Marks & Spencer"-Trias

Dass der Gerichtshof hier die Kohärenz – und damit gerade nicht die Trias aus „Marks & Spencer" – als rechtfertigenden Allgemeinwohlbelang heranzieht, dürfte darauf zurückzuführen sein, dass die vorliegende Situation hierfür geradezu maßgeschneidert ist. Die Systematik des § 2a Abs. 3 EStG a. F. ist in ihrer Logik leicht nachvollziehbar und nicht durch viele Ausnahmen selbst wiederum in Frage gestellt. Die Mängel im Vollzug der Nachversteuerung betreffen lediglich die europarechtlich nachteilige Seite der Wechselwirkung und sind insofern für den EuGH irrelevant[1060]. Daher kommt die Heranziehung der Kohärenz als Rechtfertigungsgrund in diesem konkreten Fall zwar unerwartet, ist aber durchaus sinnfällig. Die Trias ist durch die drei besprochenen Urteile als stabiles neues Glied im gerichtlichen Instrumentenkasten etabliert und kann bei nächster Gelegenheit wieder aufgegriffen und weiter konkretisiert werden[1061]. Durch die Heranziehung der Kohärenz haucht der EuGH diesem Allgemeinwohlbelang wieder etwas Leben ein. Er ist nicht gewillt, die Kohärenz durch die Trias vollkommen zu ersetzen. Vielmehr soll das gesamte Spektrum an „Feinsteuerungshandwerkszeug" erhalten werden. Man mag kri-

---

1058 Dabei wird auf der Rechtfertigungsebene des Urteils „Krankenheim Ruhesitz GmbH" auffallend wenig auf das Urteil „Lidl Belgium" verwiesen. Nach einem allgemeinen Verweis zu Beginn der Rechtfertigungsprüfung, Rn. 40, wird der ausdrückliche Bezug durch Nennung von „Lidl Belgium" nicht mehr gesucht.
1059 Vgl. Art. 20 Abs. 5 Satzung des EuGH.
1060 Hingegen würde das BVerfG vermutlich prüfen, ob dem § 2a Abs.3 EStG a. F. ein strukturelles Vollzugsdefizit innewohnt.
1061 Vgl. die jüngste Entscheidung in der „Marks&Spencer"-Urteilsreihe, C-538/08, „X-Holding". Das zu beurteilende niederländische Modell der „steuerlichen Einheit" geht über eine reine Konzernabzugsregelung hinaus. Art. 15 des niederländischen Körperschaftsteuergesetzes begründet eine steuerliche Konsolidierung, die die Eigenständigkeit der Tochtergesellschaften auf steuerlicher Ebene vollkommen negiert. In der Folge findet nicht bloß ein Verlustausgleich statt, sondern internen Geschäften zwischen den Gesellschaften kommt generell weitgehend keine steuerliche Bedeutung zu. Dies eröffnet Möglichkeiten etwa einer steuerlich neutralen Übertragung von Vermögensteilen; eine weitere spürbare Gefährdung der Steuerhoheit. Auch sonst erweisen sich die niederländischen Normen im Vergleich zur „group relief" als weitaus komplexer. Hierzu ausführlich Eisenbarth/Hufeld, IStR 2010, 309 (ebenda ff.).

tisieren, dass hierdurch neuerliche Unwägbarkeiten entstehen. War durch die letzten Urteile zur Verlustverrechnung immer klarer geworden, dass sich die Mitgliedstaaten selbst fast ausschließlich auf das neue, willkommene Argumentationsschema der „Marks & Spencer-Trias" stützen, wird durch „Krankenheim Ruhesitz GmbH" die Kohärenz zurück auf die Bühne gehoben. So wird ihr in zukünftigen Stellungnahmen wieder erhöhte Aufmerksamkeit gewidmet werden. Alles in allem dürfte es allerdings bei der Ausrichtung mit dem Schwerpunkt auf die neue Trias bleiben. Diese ist Richtschnur und Hoffnung der Mitgliedstaaten, zumindest im Bereich der grenzüberschreitenden Verlustverrechnung.

Durch die inhaltliche Nähe gerade zwischen „Kohärenz" und „Aufteilung der Besteuerungshoheit"[1062] dürfte es dem Gericht nicht schwer fallen, von den Mitgliedstaaten zu einem Rechtfertigungsgrund vorgebrachte Argumente auf den anderen zu übertragen, wenn dieser im konkreten Fall seiner Ansicht nach passgenauer erscheint. Allerdings wird sich der Gerichtshof diese Mühe nur machen, wenn die Gesichtspunkte für den anderen Rechtfertigungsgrund zur dogmatischen Weiterentwicklung ins Gewicht fallen oder konkret entscheidungserheblich sind. Ansonsten werden sich die Richter – jedenfalls dem Eindruck der neueren Urteile folgend – tendenziell an die in den Parteistellungnahmen vorgetragenen Rechtfertigungserwägungen halten. Hier wird momentan die Triaskonstruktion favorisiert. Durch diese gerichtliche Zurückhaltung wird den Mitgliedstaaten verstärkt das Gefühl vermittelt, Gehör zu finden – ohne dass hierdurch der Gerichtshof inhaltlich stark beschränkt würde. All diese Gesten des Entgegenkommens ändern jedoch nichts an der grundlegenden Feststellung, dass die vorliegenden Kohärenzüberlegungen ebenso wie die Ausführungen zur Aufteilung der Besteuerungsbefugnis bereits auf Tatbestandsebene ansetzen müssten[1063].

III. Die Beurteilung der Verhältnismäßigkeit im Fall „Lidl Belgium"

Die Urteilsreihe „Marks & Spencer" belegt die These, dass sich die Grundfreiheitenprüfung gerade im Europäischen Steuerrecht stark auf die Rechtfertigungsebene konzentriert. Innerhalb dieser Prüfungsebene wiederum zeigt sich eine zunehmende Gewichtung zugunsten der Verhältnismäßig-keitsprüfung. Dies bedeutet in aller Re-

---

1062 Das Urteil „Krankenheim Ruhesitz GmbH" selbst belegt nochmals gerade diese enge Verknüpfung zwischen Ausgewogenheit der Besteuerungsbefugnis, Territorialität und Kohärenz. Ferner verdeutlicht es deren Bezug zum Gleichheitssatz. Den gerade zu Bejahung der Kohärenz geht mit der Bindung einher, eine stimmige und geschlossene Steuerregelung zu schaffen, welche die Steuererhebung gerecht und folgerichtig durchführt. § 2a Abs. 3 EStG a. F. beinhaltet genau diesen Gerechtigkeits- und Gleichheitsgedanken. Erst vor diesem sich im Gleichgewicht befindenden Hintergrund kann die Rechtfertigung aus Kohärenzgesichtspunkten, zumal nach so langer Zeit des „Leerlaufens" dieses Rechtfertigungsgrundes, ermessen werden.
1063 Ebenso Englisch, Aufteilung der Besteuerungsbefugnisse – Ein Rechtfertigungsgrund für die Einschränkung von EG-Grundfreiheiten?, S. 123 (Fn. 382).

gel: Abwägung von Interessen und Kompromisse. Doch wie bereits an vergleichbarer Stelle in der Analyse des „Marks & Spencer"-Falles angedeutet, setzen auch diese ausgleichenden Ergebnisse Akzente. Häufig sind die Gewichtungen stark einzelfallbezogen, der konkrete Kompromiss ist nicht ohne weiteres zu übertragen. Hierin liegt ein durchaus beachtlicher Nachteil dieser Verlagerung der Probleme auf die Verhältnismäßigkeit: Zu der ohnehin schon unübersichtlichen „case law"-Struktur des Europäischen Steuerrechts kommt eine weitere, stark punktuell ausgerichtete Aussage hinzu. Ein Zustand zufrieden stellender Rechtssicherheit benötigt geraume Zeit. Diese Situation ist vergleichbar einem Maler, welcher pointillistische Gemälde[1064] erstellt. Erst wenn viele dieser „Punkte" neben einander liegen und man „einen Schritt zurücktritt", entsteht ein bildlicher Ausdruck. Erst dann kann „hohe Kunst" von „liederlich ausgeführter Arbeit" unterschieden werden. Die „Marks & Spencer"-Urteile haben bereits einige dicke Punkte zu einer deutlichen Umrisslinie werden lassen. Die Kontinuität in der „Punkt- bzw. Strichführung" wird besonders durch die Parallelen zwischen der Erforderlichkeitsprüfung in „Marks & Spencer" und „Lidl Belgium" deutlich.

1. Die „ultima ratio"-Lösung

Das in „Marks & Spencer" geschaffene[1065] und im „Lidl Belgium"-Urteil übernommene[1066] Modell der grenzüberschreitenden Verlustberücksichtigung gestaltet sich wie folgt: Die Beschränkung auf eine rein innerstaatliche Verlustverrechnung ist zulässig. Sie ist wie gezeigt durch Elemente der Rechtfertigungstrias zu rechtfertigen. Ausnahmsweise[1067] – hier setzt die bereits des Öfteren angesprochene Feinsteuerungswirkung ein – muss jedoch die Möglichkeit einer grenzüberschreitenden Verlustverrechnung zugestanden werden, wenn

- aktuell alle Mittel zur Verlustverrechnung im Betriebsstätten-/Tochtergesellschaftsstaat ausgeschöpft sind und
- derartige Berücksichtigungsmöglichkeiten auch zukünftig nicht bestehen.

Kurzum: Eine Verlustberücksichtigung über die Grenzen innerhalb des Binnenmarktes muss subsidiär gestattet werden, wenn andernfalls die negativen Einkünfte wirt-

---

1064 Charakteristisch für den Malstil des Pointillismus ist, dass ein Bild nicht mit Pinselstrichen gemalt wird, sondern sich aus vielen kleinen Farbpunkten zusammensetzt. Dabei können die Farbtupfer meist nur einzeln identifiziert werden, wenn man ganz nah vor dem Gemälde steht. Betrachtet man das Werk etwas aus der Distanz, so verschwimmen die Einzelnen Punkte zu einem Gesamtbild.
1065 "Marks & Spencer", Rn. 55.
1066 "Lidl Belgium", Rn. 47.
1067 Dieser angedachte Ausnahmecharakter zeigt sich bereits im Aufbau des Urteilstenor „Marks & Spencer".

schaftlich „versickern" würden. Dabei erwägt der Gerichtshof alle zeitlichen Dimensionen: Es darf keine Verrechnungsmöglichkeit aktuell, das heißt weder durch Verlustrücktrag noch durch direkte Anerkennung bei einem Dritten (etwa einer sonstigen Tochter im ausländischen Staat), sowie in der Zukunft, etwa durch Verlustvortrag, in Frage kommen. Die Nachweispflicht für diese Voraussetzungen der Zulassung einer grenzüberschreitenden Verlustverrechnung „ultima ratio" werden dem Steuerpflichtigen, also der Muttergesellschaft oder dem Stammhaus, aufgebürdet[1068].

Im Gegensatz zur Auslegung des § 2a Abs. 3 Satz 4 EStG a. F., wo das rein abstrakte Vorhandensein einer Verlustverrechnungsmöglichkeit ausreichen soll[1069], kommt es hier auf die konkrete Möglichkeit der Verrechnung für das jeweilige Unternehmen an[1070]. Das „Ausschöpfen" ist damit in einem umfassend-aktiven Sinne zu verstehen[1071]. Zu fragen ist mithin, ob eine Verrechnung im Quellenstaat konkret möglich wäre, wenn das Unternehmen seine Optionen vor Ort gewissenhaft prüfen würde. Tatsächlich wahrgenommen werden muss eine sich bietende Berücksichtigungsgelegenheit freilich nicht. Ansonsten könnte ein Unternehmen durch Ablehnung der Verlustverrechnung im – niedrig besteuerten – Quellenstaat eine grenzüberschreitende Verrechnung künstlich herbeiführen. Das kann vom EuGH nicht gewollt sein[1072].

Die Entscheidungsumstände im „Lidl Belgium"-Verfahren liefern hingegen ein klares Subsumtionsbild: Luxemburg als Betriebsstättenstaat lässt zwar keinen Verlustrücktrag, jedoch einen unbegrenzten Verlustvortrag zu. Von dieser Vortragsmöglichkeit hat „Lidl Belgium" Gebrauch gemacht, sodass die Anlaufverluste der Filialen mit Eintritt in die Gewinnphase im Veranlagungszeitraum 2003 von der luxemburger Steuerverwaltung berücksichtigt wurden. „Lidl Belgium" konnte somit den

---

1068 "Marks & Spencer", Rn. 56; "Lidl Belgium", Rn. 48. Hier verstetigt sich ein Trend, welcher seit dem Urteil „Cadbury Schweppes" erkennbar wurde. Die Beweislast wird aktiv zur Ausbalancierung der Interessen zwischen Staaten und Unternehmen eingesetzt. Der lakonische Hinweis auf die „praxisferne" Amtshilferichtlinie verschwindet Zunehmends, hierzu allgemein Frotscher, Internationales Steuerrecht, Rn. 742 ff.; Reimer/Lammel in: Reimer, Europäisches Gesellschafts- und Steuerrecht, S.173f., 180. Vielmehr wird den – meist leistungsfähigen Großkonzernen – zugemutet die Beweisführung für die den heimischen Steuerbehörden fremde ausländische Rechtslage zu übernehmen. Dies ist eine praktisch äußerst wichtige Akzentverschiebung. Vgl. in diesem Zusammenhang die deutsche Regelungslage in § 90 Abs. 2 AO.
1069 Siehe fünftes Kapitel D. II. 3. a).
1070 So auch Hey, GmbHR 2006, 113 (115); wohl auch Watrin/Wittkowski, IStR 2008, 637 (639).
1071 Das Unternehmen hat mitunter auch zu prüfen, ob eine konzerninterne Verrechnung auf Grundlage eines Gruppenbesteuerungsmodells im Quellenstaat in Betracht kommt. Dabei unterfällt es allerdings der staatlichen Gestaltungssouveränität das Mitgliedstaaten, welche keine „organschaftsähnliche" Verlustverrechnung kennen, auch nicht unter dem Zwang stehen, eine solche in Folge des „Marks & Spencer"-Urteils einzuführen.
1072 Dies ergibt sich nicht aus den Entscheidungsumständen. Liest man das Urteil ganzheitlich, so stößt man des Öfteren auf Passagen zur Missbrauchsbekämpfung, etwa „Lidl Belgium", Rn. 52. Hier wie auch im Urteil „Oy AA" spricht sich der Gerichtshof entschieden gegen ein ungezügeltes Optieren der Unternehmen für den Verwertungsraum ihrer Verluste aus. Ferner widerspräche dies dem Ausnahmegedanken der grenzüber-schreitenden Verlustverrechnung.

vom EuGH auferlegten Nachweis einer „Gefahr der Verlustversickerung" nicht erbringen. Dementsprechend sehen die Richter keine Veranlassung zur Ausnahme von der DBA-Zuteilung.

2. Der Harmonisierungsvorbehalt

Diese „ultima ratio"-Konstruktion für im Quellenstaat endgültig nicht zu verwertende Verluste ist das Ergebnis der Erforderlichkeitsprüfung durch den Gerichtshof. Er folgt damit ausdrücklich nicht den Vorschlägen seiner Generalanwältin. Diese hatte jene aus „Marks & Spencer" stammende Systematik scharf kritisiert[1073] und selbst eine weitergehende Forderung aufgestellt, um die Verlust-verrechnung aus ihrer Sicht europarechtskonform auszugestalten: die (Wieder-)einführung einer Nachversteuerungsregelung entsprechend § 2a Abs. 3 EStG a. F.[1074], also einer vom deutschen Gesetzgeber bewusst abgeschafften Gesetzeslage. *Sharpston* wollte demnach die Pflicht der Staaten zu einer Zulassung der grenzüberschreitenden Verlustberücksichtigung nicht davon abhängig machen, ob im Betriebsstättenstaat alle Möglichkeiten ausgeschöpft wurden, sondern ihr genügte bereits der Liquiditätsnachteil, welcher den Unternehmen im jeweiligen Veranlagungszeitraum entsteht, um die geltende Gesetzeslage als unverhältnismäßig zu qualifizieren. Diese Ansicht folgt ersichtlich einem weniger die Souveränität schonenden Verständnis der Grundfreiheiten. Dies gilt schon allein in Bezug auf die technische Umsetzung eines solchen Urteils. Die geltenden Regeln könnten nicht europarechtskonform ausgelegt bzw. durch BMF-Rundschreiben[1075] dementsprechend ergänzt werden. Es bedürfte eines – „erzwungenen" – gesetzgeberischen Tätigwerdens zur Ausgestaltung der symmetrischen Nachversteuerung[1076].

Abgesehen von der inhaltlichen Qualität dieses Vorschlags ist zu fragen, was die Generalanwältin hier methodisch eigentlich fordert: „Meiner Ansicht nach würde damit [einer Abzugsregelung mit Nachversteuerung] dem Gebot der Verhältnismäßigkeit eindeutig besser entsprochen als mit der Entscheidung des Gerichtshofs im

---

1073 Schlussanträge Generalanwältin Sharpston vom 14.02.2008, Rechtssache C-414/06, „Lidl Belgium",
IStR 2008, 184 ff., Rn. 26 („lakonisch") und Rn. 30 („unstimmig").

1074 Schlussanträge Generalanwältin Sharpston vom 14.02.2008, Rechtssache C-414/06, „Lidl Belgium", IStR 2008, 184 ff., Rn. 23ff. Inhaltlich verficht sie damit einen Weg, welcher nach „Marks & Spencer" auch von der EU-Kommission, vgl. KOM (2006) 824 endg., S. 6 und dem Europäischen Parlament, vgl. 2007/2144(INI), S. 4, Nr. 19, favorisiert wurde.

1075 Hierbei gilt es nochmals zu beachten, dass eine solche Verwaltungsvorschrift aus Sicht des EuGH nicht ausreicht, um einen europarechtswidrigen Zustand zu beseitigen. Hier greift die „Landesblindheit" des Europarecht, welche für alle Anwendungsräume dieselbe Beständigkeit des europarechtskonformen Zustandes einfordert – unabhängig von der jeweiligen innerstaatlichen Praxis, also ein formelles Gesetz.

1076 Auf deren Vollzugsprobleme wurde im Zusammenhang mit dem Verfahren „Krankenheim Ruhesitz GmbH" ausführlich hingewiesen.

Urteil Marks & Spencer"[1077]. Im Rahmen der Erforderlichkeit fragt sie nach milderen Mitteln. Zu ergründen ist, ob der Zweck einer Maßnahme durch ein die Grundfreiheiten weniger belastendes, aber gleichermaßen wirksames Mittel erreicht werden kann[1078]. Es wird mithin die Möglichkeit einer anderen als der gewählten Maßnahme geprüft[1079]. Richtschnur ist dabei die Identität im Regelungsziel bei gleichzeitig höherer Gemeinschaftswohldienlichkeit. Diese Frage ist im Rahmen der Beurteilung der Europarechtskonformität nichts Ungewöhnliches. Gegenstand des Vorabentscheidungsverfahren „Lidl Belgium" ist die europarechtliche Zulässigkeit des Art. 5 Abs. 1 DBA in Verbindung mit der symmetrischen Interpretation der deutschen Steuerbehörden. Der Sinn und Zweck des kompletten Verlustausschlusses wurde durch die Darlegung der Elemente der Rechtfertigungstrias zur Genüge beschrieben. Strittig bleibt demnach nur die Gemeinwohldienlichkeit dieses Verrechnungsverbotes. Im Ausgangspunkt ist daher zu fragen, ob das geltende deutsche Steuerrecht in diesem Punkt mit den Marktfreiheiten vereinbar ist. In diesem Rahmen ist nach der gerade geschilderten Systematik die Frage durchaus gestattet, sogar geboten, ob es zum gänzlichen Verbot der grenzüberschreitenden Verlustverrechnung nicht weniger einschneidende Alternativen gibt[1080]. Vor diesem Hintergrund sind die Erwägungen der Generalanwältin – bei aller berechtigten Kritik an Form und Inhalt ihres Vortrags im Detail – systematisch keineswegs abwegig[1081]. Hier werden – aus Sicht der Mitgliedstaaten – die Nachteile gewahr, welche entstehen, wenn man mit dem Gerichtshof die Aufteilung der Besteuerungsbefugnisse bis zur Rechtfertigung und der Feinsteuerung durch die Verhältnismäßigkeit trägt.

Wie gestaltet sich nun die vom Gerichtshof gefundene Lösung? Zur Frage der Nachversteuerung äußert sich der EuGH nicht; dabei hätte er die Nachversteuerungskonzeption durchaus aus praktischen oder grundsätzlichen Gründen sachlich ablehnen können. Gegen die Praktikabilität im Vollzug und damit einer Gleichwertigkeit in der Wirkung dieses milderen Mittels, welche ebenfalls Bestandteil der Erforderlichkeitserwägungen ist, hatten die Mitgliedstaaten in ihren Stellungnahmen genug belastbares Material geliefert. Es wäre mithin ein Leichtes gewesen, diese Frage in einer Randnummer unter Verweis auf die Probleme im Verwaltungsvollzug zu erledigen. Darüber hinaus wäre ein allgemeiner Verweis auf den Beurteilungsspielraum und die Einschätzungsprärogative des Gesetzgebers in Fragen des Wirt-

---

1077 Schlussanträge Generalanwältin Sharpston vom 14.02.2008, Rechtssache C-414/06, „Lidl Belgium", IStR 2008, 184 ff., Rn. 25. Wie die Generalanwältin ebenfalls Mayr, BB 2008, 1312 (1314); von Brocke, DStR 2008, 2201 (2203).
1078 Zum Erforderlichkeitsgrundsatz und dessen Anerkennung in der EuGH-Rechtsprechung, Dammann, Materielles Recht und Beweisrecht im System der Grundfreiheiten, S. 315ff; Kischel, EuR 2000, 380 (382).
1079 Vgl. etwa Rechtssache C-249/95, „SAM Schiffahrt GmbH", EuZW 1998, 178ff., Rn. 67f.
1080 Dies ist insofern ein normaler Vorgang. Siehe beispielhaft aus der Rechtsprechung des EuGH, Rechtssache 120/78, „Cassis de Dijon", Slg. 1979, 649, Rn. 13f. Anstelle eines Einfuhrverbotes für Cassis-Weingeist ist eine warnende Etikettierungspflicht eine gemeinschaftsschonendere Alternative zum Schutz des Verbrauchers.
1081 Diesen Eindruck vermittelt allerdings Kube, IStR 2008, 305 (309).

schafts- und Steuerrechts gangbar gewesen. Beides gesteht der EuGH[1082], ebenso wie das BVerfG[1083], gerade in diesen wirtschaftsnahen Bereichen durchaus zu[1084]. Damit erkennen die Höchstgerichte an, dass es in erster Linie Sache des Gesetzgebers ist, auf der Grundlage seiner wirtschaftspolitischen Thesen und unter Berücksichtigung der Sachgesetzlichkeiten des betreffenden Gebietes zu entscheiden, welche Maßnahmen er im Interesse des Gemeinwohls ergreifen will. Dafür trägt er schließlich auch die demokratische Verantwortung. Für die Wiedereinführung einer § 2a Abs. 3 EStG a. F. entsprechenden Regelung sind die Richter des Gerichtshofs nicht zuständig.

Dies wird im vorliegenden Fall besonders deutlich, da der deutsche Gesetzgeber im Jahre 1999 die Nachversteuerung bewusst abgeschafft hat. Die aufgestellte Forderung nach einer dem ehemaligen § 2a Abs. 3 EStG vergleichbaren Regelung widerspräche hier offen dem Willen des deutschen Parlaments. Es wird augenfällig, wie scharf die Schneide ist, auf welcher der EuGH hier rechtspolitisch balanciert und wie tief über die Erforderlichkeitsprüfung in die Souveränität der Mitgliedstaaten eingegriffen werden kann, wenn keine „judical restraint" geübt wird. Diese Zurückhaltung hat der Gerichtshof vorliegend – wenn auch dogmatisch zu spät – gewahrt. „Im Übrigen bedürfen, soweit es andere, weniger belastende Maßnahmen geben sollte, solche Maßnahmen jedenfalls einer vom Gemeinschaftsgesetzgeber zu erlassenden Harmonisierungsregelung"[1085]. Dieser Verweis verbunden mit einem Ausschweigen der milderen Nachversteuerung führt zu einem Ergebnis, welchem aus Sicht der Mitgliedstaaten das Prädikat „freundlich" gebührt und das in dieser Form – schaut man auf Abwägungsergebnisse der Vergangenheit, gerade im Kontext der Kohärenz – keineswegs selbstverständlich ist[1086]. Die Luxemburger Richter widerstehen damit der Versuchung, die Reich- und Wirkungsweite der Grundfreiheiten erneut zu überdehnen. Folgte man hingegen der Generalanwältin, so würde über die vor allem gleichheitsrechtlichen Ausflüsse dieser Querschnittskompetenzen hinaus die europäische Mobilität vehement aktiv gestaltet. Die Marktfreiheiten dienten

---

1082 Hierzu Kischel (mit weiteren Nachweisen), EuR 2000, 380 (387).

1083 Hierzu Hecker (mit Nachweisen zur Rechtsprechung), Marktoptimierende Wirtschaftsaufsicht, S. 231ff.

1084 Zum hohen Maß an Übereinstimmung bei den dogmatischen Einzelheiten innerhalb der Erforderlich-keitsprüfung zwischen der Prüfungsweise von EuGH und BVerfG siehe Kischel, EuR 2000, 380 (392).

1085 „Marks & Spencer", Rn. 58. In „Oy AA", „Lidl Belgium" und „Krankenheim Ruhesitz GmbH" wurde dieser Hinweis nicht wiederholt, da hier aufgrund der tatsächlichen Umstände kein Anlass bestand, diese Haltung erneut abstrakt hervorzuheben. Inhaltlich bleibt der EuGH bei seiner Linie, dass die Nachteile einer fehlenden Harmonisierung nicht mehr nur zu Lasten der sich sperrenden Staaten ausgelegt werden, sondern auch deren Souveränität verstärkt schutzwürdig ist. So etwa im Kontext einer konkreten Erwägung bei „Oy AA", Rn. 59.

1086 Des Öfteren hatte der EuGH bisher nämlich herausgestellt, dass die Direktiven der Marktfreiheiten weitgehend losgelöst von der Harmonisierung eines bestimmten Politikbereiches bestehen und dementsprechend verfahren, vgl. Dürrschmitt (mit weiteren Nachweisen), EuR 2006, 266 (279).

- pointiert gesprochen – als Rechtsgrundlage für eine ganz spezielle Form des Steuereingriffs.

Neben diesen grundsätzlichen Erwägungen für das vom EuGH gewählte Vorgehen gibt es konkret noch einen in der Urteilsreihe begründeten Aspekt, welcher gegen die Heranziehung einer § 2a Abs. 3 EStG a. F. vergleichbaren Regelung spricht. Hätte der EuGH die Nachversteuerung als milderes Mittel eingefordert, so wären die Unterschiede in der Behandlung von „Verlustimport"[1087] und „Gewinnexport"[1088] noch größer geworden[1089]. Wie im Verfahren „Oy AA" gezeigt, gewährt der Gerichtshof den Mitgliedstaaten in Falle des „Gewinnexports" eine besonders nachdrückliche Durchsetzung der Territorialität, um ein freies steuerliches Optieren der Unternehmenslenker unabhängig von der Quelle des Ertrages zu vermeiden. Hätten die Luxemburger Richter nun auch noch die Nachversteuerung forciert, so wäre über den maßgeblichen Versickerungsschutz für Verluste hinaus noch die phasengleiche Verrechnung europäischer Standard geworden. Dies hätte die Schere in der Handhabung zwischen diesen zwei Konstellationen ein und desselben Problemkomplexes weiter inkonsistent geöffnet. So hat sich der EuGH dieses Diskurses um die Nachversteuerung enthalten. Einige Anzeichen sprechen dafür, dass die Frage innerhalb der entscheidungsbefugten Richterschaft umstritten war. Unter anderem ist zu vermuten, dass die Vorbehalte der deutschen Finanzverwaltung hinsichtlich der Praxistauglichkeit einer solchen Nachversteuerungsregelung die Richter unterschiedlich beeindruckten[1090]. Mangels Einigungsfähigkeit hat man diese Kontroverse im Urteil ausgespart[1091].

1087 Ausgangsfall „Marks & Spencer".
1088 Ausgangsfall „Oy AA".
1089 In diese Richtung auch der Gedankengang von Rainer, IStR 2007, 631 (636).
1090 Vgl. hierzu Englisch, IStR 2008, 404 (ebenda).
1091 Diese Uneinigkeiten in der Richterschaft mit der Folge mangelnder Erwähnung bestimmter Konfliktpunkte im Urteil sind nichts Ungewöhnliches bei Höchstgerichten, gerade bei Kollegialgerichten, vgl. Kischel, EuR 2000, 380 (396). Diese Erscheinung beruht häufig darauf, dass hinsichtlich des gewünschten Resultates im Verfahren oder bezüglich bestimmter Unterfragen Einvernehmen besteht, allerdings vehement über die Begründung dieses Ergebnisses gestritten wird. Konsequenz ist nicht selten, dass entsprechende Darlegungen in den schriftlichen Entscheidungsgründen stark verkürzt oder sogar ganz weggelassen werden. Dies wirkt sich häufig stark nachteilig auf die dogmatische Geradlinigkeit des Urteils aus. Dabei findet sich dieses Phänomen des „Ausschweigens" vermehrt, wenn die Richter in den Grundlagen ihres juristischen Denkens erhebliche Unterschiede aufweisen, wie es bei Richtern aus verschiedenen Rechtsordnungen und Rechtskreisen der Fall ist. Gerade am EuGH ist die Besetzung und die Philosophie der Recht Sprechenden durchaus heterogen, die Kompromissfindung damit noch schwieriger als etwa an nationalen Verfassungsgerichten. Neben der Tatsache, dass die Kammerangehörigen teilweise sehr divergierenden Rechtskulturen entstammen, bestehen häufig auch erhebliche Unterschiede in der beruflichen Sozialisation. Unter der „roten Robe des EuGH" verbergen sich keineswegs immer ehemalige Berufsrichter. Vielmehr wirken hier Wissenschaftler neben Diplomaten oder ehemaligen Politikern. Der eine Richter wurde mehr durch eine administrative Sicht der Dinge, der andere durch einen verstärkt akademischen Hintergrund geprägt. Diese Komposition ist durchaus interessant, birgt jedoch auch viel grundsätzlichen Dissens. Exemplarisch sei hier ein Zitat des britischen EuGH Rich-

Insgesamt ist zu begrüßen, dass der EuGH die Wendung hin zu einem deutlich ausgesprochenen Harmonisierungsvorbehalt gefunden hat. Hierdurch wird die grundsätzliche Kompetenzverteilung zwischen Mitgliedstaaten und EG im Steuerrecht eingehender respektiert als zuvor. Der vom Gerichtshof geforderte europäische Mindeststandard liegt um einiges tiefer als in den Entscheidungsvorschlägen von *Sharpston*. Dies gilt nicht nur für die Frage des Zeitpunktes einer Verlustnutzung sondern auch für die Risikoverteilung zwischen Sitz- und Quellenstaat. Über die praktischen Probleme beim Vollzug der späteren Verlusthinzurechnung hinaus blieben Verluste nämlich oftmals im Staat des Stammhauses/Muttergesellschaft hängen, weil die Betriebsstätte/Tochter im Ausland nie die Gewinnzone erreicht[1092]. Der Sitzstaat trüge somit das Risiko einer Fehlinvestition, ohne gleichzeitig an der Chance eines gewinnbringenden „Placements" zu partizipieren. Hingegen führt die vom EuGH protegierte Lösung dazu, dass der Steuerpflichtige die Vorteile wie auch die Nachteile unterschiedlicher Verlustverrechnungsregime sowie seines wirtschaftlichen Wagnisses Investition selbst zu schultern hat. Dies erscheint sachgerecht, ist diese Ungewissheit doch Kern des Unternehmerrisikos. Dieses Risiko muss der ökonomisch Tätige in seine betriebswirtschaftliche Kalkulation mit einstellen.

Der Harmonisierungsvorbehalt sichert nun zumindest gewisse Beurteilungsspielräume der Mitgliedstaaten in ihrem Kompetenzbereich. Die damit verbundene Selbstbeschränkung respektiert Grenzen der Rechtsfortentwicklung durch eine an Einzelfälle geknüpfte Rechtsprechung. Dies zeugt von einem maßvollen Verständnis der Grundfreiheiten, welche die europäische Marktöffnung dynamisieren, ohne zugleich als „Nötigungsmittel" zur Erzwingung gleicher Wettbewerbsbedingungen zu dienen. Rechtstechnisch verkörpert der Verweis auf weitere Harmonisierungsschritte einen klassischen Kompromiss. Auf der einen Seite wollten die Richter die Fälle nicht schon auf Tatbestandsebene zugunsten der nationalen Besteuerungsbefugnis erledigen, wie es aufgrund der Kernbedeutung dieser mitgliedstaatlichen Belange geboten gewesen wäre. Andererseits sollte aber auch nicht der Eindruck einer schonungslosen Verhältnismäßigkeitsprüfung zurückbleiben. Dies führt zu einer für EuGH-Verhältnisse vergleichsweise differenzierten Abwägung zwischen internationalen Besteuerungsprinzipen und den Zielen der Binnenmarktverwirklichung[1093].

Euphorie ist dennoch nicht angebracht. Erstens macht der Gerichtshof diese Zugeständnisse auf der dogmatisch denkbar letzten und für Einzelfalländerungen anfälligsten Stufe, der Verhältnismäßigkeit. Zweitens birgt auch die nun vom Gerichtshof gefundene Lösung zahlreiche offene Fragen. Zwar ist das Modell des EuGH als

---

ter Sir Konrad *Schiemann* angefügt: „Ein Professor denkt anders als ein ehemaliger Politiker, und der Verwaltungsbeamte ist darauf aus, dass etwas auch funktionieren soll. Hier [am Europäischen Gerichtshof] ist alles anders als am englischen Gericht, wo wir eigentlich alle dieselbe Laufbahn durchlaufen haben", Die ZEIT, http://www.zeit.de/ 2006/19/EUGH, zugegriffen am 7.4.2009.
1092 Vgl. Hey, GmbHR 2006, 113 (116).
1093 In diese Richtung ebenfalls Englisch, IStR 2006, 19 (23); Kofler, ÖStZ 2006, 48 (54).

„Notanker" für den Extremfall eines drohenden „Verlustversickerns" gedacht. Die Unklarheiten im Detail eröffnen jedoch wie so oft Gestaltungsmöglichkeiten. Daher ist dieser Bereich nach den jüngsten Urteilen zunehmend zu einem Beratungsschwerpunkt für Unternehmensberater geworden[1094]. Besonders die Frage nach der „Endgültigkeit" verschiebungsfähiger Verluste beschäftigt die Experten.

3. Endgültige Verluste

Entscheidende Voraussetzung für das Eingreifen des Verlustverrechnungsmodus nach dem EuGH-Modell ist die mangelnde Nutzbarkeit der Verluste im Quellenstaat, aktuell und zukünftig. Anders ausgedrückt: die Verluste müssen endgültig sein[1095]. Erst wenn dieses Kriterium erfüllt ist, wird den Staaten grenzüberschreitende Verwertungsmöglichkeit abverlangt. Die Frage, wann eine solche Endgültigkeit vorliegt, lässt der Gerichtshof trotz der praktischen Relevanz dieses Problems in seinen bisherigen Urteilen weitgehend unbeantwortet. Dementsprechend herrscht folgende Interessenlage: Unternehmen und ihre Berater streben eine möglichst weite Ausdeutung dieser Endgültigkeitskonstellationen an, wo hingegen die Mitgliedstaaten – vornehmlich die Hochsteuerstaaten – bestrebt sind, den Kreis der als definitiv anzuerkennenden Sachverhalte gering zu halten. Da keine eindeutigen gerichtlichen Vorgaben existieren, ist hier der Phantasie von Steuerplanern ein weites Feld eröffnet. Die Anreize, Verluste im Ausland entstehen und dort endgültig werden zu lassen, sind hoch. Insofern hat sich die Blickrichtung bei den Beratern verschoben. War es bisher vorrangiges Ziel, Verluste über die Zeit zu retten und nutzbar zu halten, so geht es nun in Folge der EuGH-Vorgaben darum, diese negativen Einkünfte untergehen zu lassen, um sie wertvoller in einem anderen Staat platzieren zu können[1096]. Die Bedeutsamkeit dieser Frage spiegelt sich ebenfalls in der wissenschaftlichen Resonanz[1097]: Je weiter sich die Diskussion zeitlich vom „Lidl Belgium"-Urteil entfernt, desto intensiver wird der Diskurs über die Kriterien der Endgültigkeit. Vom mehr Grundsätzlichen wandert der Brennpunkt zunehmend zu diesem wirtschaftlich bedeutenden Schlüssel im Widerstreit zwischen Ministerialbürokratie und Beraterbranche[1098]. Letztverbindliche Klärung werden hier nur weitere Detailurteile brin-

---

1094 Vgl. schon Hey, GmbHR 2006, 113 (117); Maiterth, DStR 2006, 915 (916).
1095 Neben der Terminologie der endgültigen Verluste wird ebenfalls von „Definitivverlusten" gesprochen.
1096 Vgl. Linn/Wittkowski, BB 2006, 630 (633).
1097 Siehe nur Dörfler/Ribbrock, BB 2008, 1322 (1326f.); Lamprecht, IStR 2008, 766 (768); Obser, DStR 2008, 1086 (1087f.); von Brocke, DStR 2008, 2201 (2202f.).
1098 Siehe etwa den sich ausschließlich mit dieser Frage befassenden Beitrag von Mayr, BB 2008, 1816ff. (mit weiteren Nachweisen). Auch durch die wissenschaftlichen Beiträge in Fachzeitungen wird „Meinung gemacht". Hier kann sich eine herrschende Lehre herausbilden, welche dann je nach Konstellation sowohl in der Verwaltung als auch bei den Gerichten Beachtung finden kann. So ist es gerade für die Beraterbranche wichtig, hier Standpunkte überzeu-

gen. Dabei wird der Gerichtshof bereits auf erste empirische Erfahrungen und Trends in der Folge seiner „Marks & Spencer"-Reihe zurückgreifen können.

Im Folgenden geht es um eine Konturierung der Praxisprobleme, welche als Basis dient, die für die Gesamttendenz relevanten Fragen nach der Missbrauchsschwelle und nach der Verantwortlichkeit für die jeweiligen nationalen Verlustverrechnungssysteme zu beleuchten. Insbesondere letzter Punkt ist unmittelbarer Ausfluss der Kernproblematik einer gerechten „Aufteilung der Besteuerungsbefugnis". Die hier zu konstatierende Tendenz legt bedeutendes Zeugnis über die Durchsetzungskraft des Rechtsfertigungsgrundes in der praktischen Anwendung ab.

a) Das für die Beurteilung der Endgültigkeit maßgebliche Recht

Der Gerichtshof geht sowohl in „Marks & Spencer" als auch in „Lidl Belgium" davon aus, dass die Verwertungsmöglichkeit im Quellenstaat wegfallen muss, bevor eine Verrechnung mit Gewinnen des Mutter-/Stammhauses in Betracht kommt[1099]. Danach ist das autonom ausgestaltete Steuerrecht des Sitz-/Betriebsstättenstaates alleiniger Maßstab für die Beurteilung, wie und wann Verluste steuerlich zu Buche schlagen. Dementsprechend ist auch die mit dieser Nutzung verbundene Frage nach der Endgültigkeit eines Verlustes grundsätzlich nach dem Recht des Quellenstaates zu bestimmen. Wie im zweiten Kapitel aufgezeigt, bestehen zwischen den Verlustverrechnungskonzepten der einzelnen Mitgliedstaaten erhebliche Unterschiede.

b) Maßgeblichkeit der rechtlichen Umstände

Für den Definitivcharakter entscheidend sind die rechtlichen Gegebenheiten im Quellenstaat. Tatsächliche Aspekte spielen insofern eine Rolle, als dass es nicht zu einer Verrechnung im Quellenstaat kommen kann, solange dort nicht irgendwann Gewinne erzielt werden. Eine zeitnahe grenzüberschreitende Nutzung etwa aufgrund des Umstandes, dass auf absehbare Zeit keine positiven Einkünfte von der Tochtergesellschaft/Betriebsstätte zu erwarten sind oder ein Dritter fehlt, auf den ein Verlust zur Nutzung übertragen werden kann, ist nicht geboten[1100]. Der damit verbundene

---

gend vorzutragen, am Besten noch bevor die entsprechenden Rundschreiben aus dem BMF ergangen sind.

1099 Besonders deutlich in „Lidl Belgium", Rn. 47: „[...] über das zur Erreichung der verfolgten Ziele Erforderliche hinausgeht, wenn eine gebietsfremde Tochtergesellschaft die Möglichkeiten zur Berücksichtigung von Verlusten in dem Mitgliedstaat ihres Sitzes für den betreffenden Steuerzeitraum ausgeschöpft hat und wenn keine Möglichkeit besteht, dass die Verluste dieser Tochtergesellschaft in diesem Staat für künftige Steuerzeiträume berücksichtigt werden können."

1100 Insoweit unklar Knipping, IStR 2009, 275 (ebenda); Rehm/Nagler, GmbHR 2008, 1174 (1175 f.).

Liquiditätsnachteil für den Konzern/das Unternehmen ist nicht aufgrund des Europarechtes auszugleichen[1101]. Das EuGH-Modell möchte den auf dem Binnenmarkt Wirtschaftenden partiell im Hinblick auf ökonomischen Reibungsverlusten aufgrund des unharmonisierten Steuerzustandes, nicht jedoch von dem normalen betriebswirtschaftlichen Risiko entlasten. Die Ausnahme von der territorial begrenzten Verlustberücksichtigung ist allein zu gestatten, wenn zu der tatsächlichen die rechtliche Unverwertbarkeit tritt[1102].

c) Fallgruppen

Zunächst wird ein Überblick über die wichtigsten rechtlichen Vorgänge gegeben, welche potentiell zu einer „Endgültigkeit" des Auslandsverlustes führen können.

aa) Liquidation/Einstellung der Auslandstätigkeit

- Liquidation einer Tochtergesellschaft

Übersteigt nach der letzten Phase in der Existenz einer Tochtergesellschaft das Abwicklungs-Anfangsvermögen das Abwicklungs-Endvermögen, so besteht im Allgemeinen keine Aussicht mehr, dass diese negativen Einkünfte zukünftig im Quellenstaat noch Berücksichtigung finden[1103]. In diesem Fall ist nämlich eine Verrechnung des Liquidationsverlustes mit anderem Einkommen der Kapitalgesellschaft nicht möglich, da solches nicht existiert. Da nach Beendigung der Liquidation die Kapitalgesellschaft als solche zu bestehen aufhört, ist auch ein Verlustvortrag in nachfolgende Veranlagungszeiträume nicht gangbar. In der Regel kann die Liquidation durch die Vorlage der Löschung im Handelsregister nachgewiesen werden.

- Einstellung einer Betriebsstätte

Im Falle der Betriebsstätte weist bereits der Sprachgebrauch auf Unterschiede zur Situation der Tochtergesellschaft hin. Hier kann nicht von Liquidation, sondern lediglich von Einstellung gesprochen werden. Aufgrund der mangelnden eigenen Rechtspersönlichkeit, welche keine von dem Stammhaus unabhängige Betrachtung

---

1101 Siehe bereits D II. 3. a) dd).
1102 Vgl. Rn. 47. Erstes Prüfungskriterium sind die rechtlichen Verrechnungsmöglichkeiten im Quellenstaat. Diese bilden den Maßstab des Ausschöpfbaren. Erst auf der zweiten Stufe folgt die Frage, wie es um die tatsächlichen Umstände, insbesondere die aktive Wahrnehmung dieser rechtlich zur Verfügung stehenden Regelungen im Einzelfall bestellt ist.
1103 Jedoch sind angefallene Verluste vorher mit möglichen noch nicht realisierten Gewinnen (insbesondere stillen Reserven) zu verrechnen, vgl. in Deutschland hierzu § 11 KStG. Dies ergibt sich aus der aktiven Deutung des Ausschöpfens aller möglichen Nutzungsmöglichkeiten im Ausland.

zulässt, wohnt der Tätigkeit einer Betriebsstätte die weitaus höhere „rechtlichen Flüchtigkeit" inne. In der Folge ist die Endgültigkeit des Betriebsstättenverlustes wesentlich schwerer festzumachen, solange das die Betriebsstätte unterhaltende Stammhaus fortbesteht. Die Beendigung des Auslandsengagements hat hier weit größeren praktischen Charakter: Wie bereits bei der exakten Definition einer Betriebsstätte lässt sich daher auch über den rechtlich bedeutsamen Zeitpunkt der Einstellung streiten[1104]. Beispielhaft sei die Situation einer Bauaktivität im Ausland vergegenwärtigt. Existieren vor Ort mehrere verlustträchtige Bau-/Montagebetriebsstätten, ist bereits fraglich, ob deren Ergebnisse einzeln oder in ihrer Gesamtheit im Betriebsstättenstaat anzusetzen sind. Unterstellt man letzteres, so können sich Verrechnungsmöglichkeiten auch durch später gegründete, gewinnbringende Betriebsstätten eröffnen[1105]. Ferner ist es denkbar, dass eine einmal eingestellte Betriebsstätte nach einer gewissen Zeit ihre Tätigkeit wieder aufnimmt, in derselben oder einer neuen Betriebsstätte. Mangels einer strikten rechtlichen Trennung vom Stammunternehmen wären die Verluste im Ausland nutzbar. Die Verlustverwertungsmöglichkeiten würden wiederaufleben[1106]. Die Gefahr einer doppelten Verlustnutzung ist manifest.

bb) Verschmelzung von Gesellschaften

Bei der Verschmelzung kommt es zu einem Verlust der rechtlichen Identität der übertragenden Gesellschaft. Damit verbunden ist häufig der Wegfall vorhandener Verlustvorträge. Diese Rechtsfolge hängt jedoch vom jeweils nationalen Umwandlungssteuerrecht ab. In Deutschland tritt die übernehmende Körperschaft zwar im Wege der Gesamtrechtsnachfolge in die steuerliche Position der übertragenden Gesellschaft ein. Die hieraus eigentlich folgende Übernahme der Verlustabzüge der übertragenden Körperschaft wird allerdings nicht vollzogen; vielmehr gehen die Verluste gemäß §§ 12 Abs. 3 Satz 2 in Verbindung mit 4 Abs. 2 Satz 2 UmwStG seit dem SEStEK[1107] komplett unter[1108]. Diese systematisch fragwürdige Neuausrichtung

---

[1104] Vgl. etwa Eckl, IStR 2009, 510 (ebenda ff). Auch der diesjährige, 63. IFA Kongress in Vancouver widmet sich an zentraler Stelle diesen strittigen Fragen im Zusammenhang mit der Betriebsstättendefinition.

[1105] Vgl. Jacobs, IStR 2002, 505 (ebenda ff.).

[1106] Allerdings gilt es auch hier zu beachten, dass entscheidend für diese Bewertung das Verlustverrechnungsregime im ausländischen Staat ist. Existiert etwa ein Regime, welches die Verluste einer Betriebsstätte bei Einstellung als endgültig qualifiziert, so wird die Frage noch komplexer. Hier stellt sich dann die Folgefrage, inwieweit sich der Sitzstaat Einschränkungen der Verlustverrechnung im Quellenstaat zurechnen lassen muss. Dazu unter f).

[1107] Nach der alten Regelung war die Mitnahme der Verluste möglich, zur Vermeidung von Missbrauch jedoch an eine gewisse Fortführungsphase der übernehmenden Körperschaft gekoppelt. Dieses Regelungsmodell einer „Begünstigung" gekoppelt an eine Fortführungspflicht wird nun neuerdings ebenfalls im Erbschaftssteuerrecht angewandt, vgl. § 13a ErbStG.

[1108] Ähnliche Regelungen existieren etwa in Frankreich, Portugal oder Tschechien.

im UmwStG ist als Reaktion des Gesetzgebers auf die „Marks & Spencer"-Konstruktion zu verstehen[1109]. Die mit den Verlusten verbundene steuerliche Leistungsfähigkeit wird mithin als eine Art „höchst persönlicher Umstand" angesehen, die Verlustabzugsberechtigung subjektbezogen eingeschränkt[1110]. Ob auf diesem Wege jedoch der „Import" von ausländischen Verlusten nach dem „Marks & Spencer"-Konzept vollends gestoppt werden kann, erscheint zweifelhaft, da unabhängig von den Regelungen im UmwStG die Frage zu klären bleibt, ob mit der Hereinverschmelzung der ausländischen Tochter nicht deren Verluste in Folge ihrer rechtlichen Auflösung im Ausland endgültig werden und zu „versickern" drohen. Mit der Verschmelzung verbunden sind ferner komplexe Fragen der Aufdeckung stiller Reserven und deren Verrechnung mit bestehenden Verlustbeträgen[1111]. Je nach Ausgestaltung des Umwandlungssteuerrechts und der jeweiligen Regelungen zur Verlustberücksichtigung kann demnach auch mittels einer Verschmelzung von Gesellschaften versucht werden, Verluste über die Grenze zu verschieben[1112].

cc) Umwandlung

Auch wenn im Unterschied zur Verschmelzung nur ein Rechtsträger in den Umwandlungsvorgang involviert ist, sind die Motive für eine Änderung des „Rechtskleides" häufig nicht allein betriebs-wirtschaftlicher Natur[1113]. Gerade kreuzende Formwechsel, etwa von einer Tochtergesellschaft hin zu einer Personengesellschaft sind nicht selten steuerlich motiviert[1114]. In Deutschland ist der Formwechsel zivilrechtlich durch eine rechtliche und wirtschaftliche Identität des formwechselnden Rechtsträgers charakterisiert. Dies betrifft besonders die Kontinuität seines Vermögens[1115]. Dieses Leitbild durchbricht das steuerliche Formwechselrecht allerdings für

---

1109 Vgl. Benecke/Schnitger, IStR 2006, 765 (774); Klingberg in: Blümich: EStG - KStG - GewStG, § 12 UmwStG, Rn. 42.
1110 Diesem Verständnis den Verlust als einen „höchst persönlicher Umstand" anzusehen folgte auch der BFH in einer vergleichbaren Situation der Gesamtrechtsnachfolge, bei der Nichtvererblichkeit des Verlustvortrages, vgl. BFH, Beschluss vom 17.12.2007, DStR 2008, 545ff. Allerdings weicht dieses einschränkende Verständnis bei der Verschmelzung von der steuerlich vergleichbaren Lage der Organschaft zwischen Körperschaften ab.
1111 Vgl. hierzu im Detail Brähler, Umwandlungssteuerrecht, S. 55ff.
1112 In Deutschland führt die angesprochene Gesetzesänderung nun dazu, dass auf Gestaltungen im Bereich der Vor-Verschmelzungsmaßnahmen oder einem Zwischenwertansatz zur Nutzung der Verluste ausgewichen wird; zu den steuerplanerischen Möglichkeiten einer Verwertung von Verlustvorträge auf Ebene der übertragenden Körperschaft mittels ertragswirksamer Aufdeckung stiller Reserven siehe etwa Dörfler/Wittkowski, GmbHR 2007, 352ff.
1113 Zu den starken steuerlichen Motiven einer Umwandlung siehe Brähler, Umwandlungssteuerrecht, S. 5f.
1114 Etwa wenn durch die Umwandlung der im Ausland tätigen Tochtergesellschaft in eine Personengesellschaft eine Betriebsstätte der im Inland ansässigen Muttergesellschaft begründet wird.
1115 Vgl. BFH, II B 116/96, DStR 1997, 112 (ebenda).

die kreuzenden Wechsel und fingiert hier allein für steuerliche Zwecke eine Vermögensübertragung[1116]. Der Formwechsel von einer Kapitalgesellschaft zu einer Personengesellschaft wird im Ergebnis ähnlich einer Verschmelzung gehandhabt[1117]. Hier gilt das zu bb) gesagte: je nach Ausgestaltung des jeweiligen Steuerrechts[1118] kann auch im Wege des Formwechsels versucht werden, Verluste endgültig werden zu lassen.

dd) Verkauf

Wird eine Tochtergesellschaft, bei der die Verlustvorträge beheimatet sind, verkauft, ändert sich grundsätzlich nichts an deren rechtlicher Identität. Die Verluste sind beim Erwerber potentiell weiter nutzbar. Allerdings existieren in vielen EU-Ländern sogenannte Mantelkaufvorschriften, welche bei Veräußerung der gesellschaftsrechtlichen Beteiligungen Verlustvorträge untergehen lassen[1119]. Dem liegt erneut der Gedanke zu Grunde, dass nur diejenige Körperschaft einen steuerlichen Verlust nutzen soll, die rechtlich und wirtschaftlich mit der Körperschaft identisch ist, die also den Verlust erwirtschaftet hat. Diese Durchbrechung von Netto- sowie Trennungsprinzip erfolgt, um den Handel mit wirtschaftlich entleerten, aber steuerlich verwertbaren Verlustmänteln zu unterbinden[1120]. Somit hängt der Status des Verlustes erneut von den jeweiligen Vorschriften im Ansässigkeitsstaat der Tochtergesellschaft ab.

d) Die Schwelle des Missbrauchs

Sämtliche dieser Konstellationen eröffnen Chancen der Gestaltung, befeuert durch die bisher rudimentären Äußerungen des EuGH zur Bestimmung der Endgültigkeit und dem Umfeld einer ausländischen Steuerrechtsordnung. Im Falle der Tochtergesellschaft ist etwa vorstellbar, dass stets im Zeitpunkt, zu dem sich der Eintritt in die Gewinnzone abzeichnet, die Tochter liquidiert und eine neue Gesellschaft gegründet wird, welche dieselbe, nun aber gewinnbringende Tätigkeit unter neuer Firma fortführt. Auf diese Weise würden die Verluste im Hochsteuerland verwertet, die Gewinne im niedrig besteuerten Quellenstaat günstig belastet. Ebenso kann die endgültige Einstellung einer Betriebsstätte aus steuerlichen Gründen vorgetäuscht werden.

1116 Je nach Richtung des kreuzenden Formwechsels entweder gemäß § 9 UmwStG oder nach § 25 UmwStG, welche auf den jeweils einschlägigen Normen im UmwStG weiterverweisen.
1117 Moszka in: Semler/Stengel, Umwandlungsgesetz, Rn. 647.
1118 Siehe etwa das Beispiel bei Breuninger/Ernst, DStR 2009, 1981 (ebenda) zu einer deutsch-französischen Fallkonstellation.
1119 Vgl. in Deutschland den Regelungsinhalt des § 8 Abs. 4 KStG a. F. beziehungsweise des neuen § 8c KStG.
1120 Vgl. Hey, Beihefter zu DStR 34, 2009, S. 109 (113).

Der Aufwand hierfür ist im Vergleich zur Tochtergesellschaft noch geringer. Die Kontrolle dieser Verhältnisse dürfte sich in der Praxis als schwierig erweisen und hierbei handelt es sich noch nicht um komplexe Umwandlungs- oder Verschmelzungsvorgänge. Die Liquidation einer ausländischen Tochtergesellschaft kann sich ferner betriebswirtschaftlich lohnen, wenn wegen auf lange Sicht negativer Einkünfte im Quellenstaat keine Verlustverwertung möglich ist. Hier könnte die Liquidation mit anschließender Neugründung ebenfalls die zeitnahe Nutzung bei der Muttergesellschaft eröffnen. Inwiefern diese ausschließlich steuerlichen Motive den Maßstäben des EuGH-Modells genügen, ist zu klären.

Die Berechtigung, gegen eine missbräuchliche Berufung auf die Grundfreiheiten vorzugehen, hat der Gerichtshof in „Lidl Belgium" explizit im Zusammenhang mit der Nachweisverpflichtung des Steuerpflichtigen für die Endgültigkeit des Auslandsverlustes betont. Nachdem er darauf verweist, dass im konkreten Fall dieser Nachweis einer drohenden Verlustversickerung für die Luxemburger Filialen nicht erbracht werden konnte[1121], fügen die Richter in der unmittelbar folgenden Urteilspassage hinzu,

„dass der Gerichtshof das berechtigte Interesse der Mitgliedstaaten anerkannt hat, Verhaltensweisen zu verhindern, die geeignet sind, das Recht der Mitgliedstaaten, von ihrer Besteuerungszuständigkeit in Bezug auf die in ihrem Hoheitsgebiet ausgeübten Tätigkeiten Gebrauch zu machen, zu gefährden. Wenn insoweit ein Doppelbesteuerungsabkommen dem Mitgliedstaat, in dem die Betriebsstätte belegen ist, die Besteuerungsbefugnis über deren Einkünfte zugewiesen hat, würde der Umstand, dass dem Stammhaus die Möglichkeit eingeräumt wird, für die Berücksichtigung der Verluste dieser Betriebsstätte in seinem Sitzstaat oder aber in einem anderen Mitgliedstaat zu optieren, die Ausgewogenheit der Aufteilung der Besteuerungsbefugnis zwischen den betroffenen Mitgliedstaaten erheblich beeinträchtigen"[1122].

Auch wenn in der Betriebsstättenkonstellation die Optionsmöglichkeiten der Verlustverschiebung strukturell niedriger sind als etwa bei einem Konzept wie der finnischen Konzernbesteuerung, so tritt erneut die vom EuGH in der Urteilreihe praktizierte Verknüpfung von ausgewogener Aufteilung der Besteuerungsbefugnis und Missbrauchsbekämpfung hervor. Wo der Gerichtshof die Schwelle zum Missbrauch allerdings konkret überschritten sieht, bleibt mangels Entscheidungserheblichkeit auch nach der Urteilsreihe „Marks & Spencer" weitgehend unbeantwortet[1123]. Dennoch lassen sich einige Feststellungen hinsichtlich der Deutungstendenz treffen.

1121 Rn. 51.
1122 Rn. 52. In diesem Sinne bereits „Oy AA", Rn. 55.
1123 Insbesondere für Deutschland hat es auch der BFH im Schlussurteil zu „Lidl Belgium" vermieden diese Kriterien weiter zu konkretisieren. Das Gericht beschränkt sich weitgehend auf die Wiedergabe der abstrakten EuGH Maßstäbe, vgl. BFH, Urteil vom 17.07.2008, I R 84/04, IStR 2008, 704 (705).

aa) Inhaltliche Annährung an die steuerrechtliche Schwelle des Missbrauchs vor dem Hintergrund der Regelung in § 42 AO

Das Europarecht besitzt eine autonom zu interpretierende Missbrauchsschwelle. Einen fix definierten europäischen Missbrauchsbegriff gibt es allerdings nicht. Vielmehr variieren die Maßstäbe des EuGH häufig im Detail von Rechtsgebiet zu Rechtsgebiet, von Einzelfall zu Einzelfall[1124]. Das weitere Verständnis im Rahmen der Verlustverrechnung ist deutlich durch die Verknüpfung mit anderen Belangen, vor allem der Ausgewogenheit der Aufteilung der Besteuerungsbefugnis, geprägt[1125]. Häufig hat der Gerichtshof nationale Missbrauchsvorschriften auf ihre Europarechtskonformität hin zu beurteilen[1126]. Gerade für die Steuerverwaltung im Hochsteuerland Deutschland stellt sich dabei die Frage, wann eine unternehmerische Gestaltung zur Herbeiführung „endgültiger Verluste" missbräuchlich ist. Auch vier Jahr nach „Marks & Spencer" ist diese Problematik nicht befriedigend geregelt. Naturgemäß wird die Steuerverwaltung versuchen, den vom Gerichtshof geöffneten Spalt für einen Import von Auslandsverlusten auch mit Hilfe des Hinweises auf etwaige Missbrauchsgefahren möglichst dicht zu verschließen. So stellt sich die Frage: Wie weit wird die enge Interpretation der Finalität von Auslandsverlusten vom EuGH mitgetragen werden[1127]? Vor diesem Hintergrund lohnt eine Annährung an das deutsche Missbrauchsverständnis in § 42 AO als Ausgangspunkt für eine Prognose[1128].

§ 42 AO ist die für das Steuerrecht grundlegende Norm des Umgehungsverbotes. Die Regelung wird durch eine Vielzahl spezieller Missbrauchstatbestände ergänzt[1129]. Häufig sind es diese spezialgesetzlichen Normen, welche zur Kontrolle vor den EuGH gelangen. Dabei gehören diese Vorschriften bereits innerstaatlich zu den umstrittenen Tatbeständen. Anhand dieser speziellen Missbrauchsnormen versucht der Gesetzgeber möglichst genau aufzuzeigen, wo die Grenze zwischen zulässiger und unzulässiger Gestaltung verläuft. Mitunter liegt es aber in der Natur der

---

1124 Zur Diskussion um einen europäischen Missbrauchsbegriff und den Einfluss der deutschen Missbrauchs-definition, Heintzen, FR 2009, 599 (603).
1125 Siehe hierzu bereits die Ausführungen im Rahmen des Rechtfertigungsgrundes der Steuerfluchtgefahr unter D. II. 2. a).
1126 Vgl. hierzu die Übersicht bei Spengel, DStR 2009, 773 (776).
1127 Gegen Großbritannien als „Beklagter" in „Marks & Spencer" wurde am 18. September 2008 ein Vertrags-verletzungsverfahren wegen aus Sicht der EU-Kommission zu restriktiver Umsetzung der Urteilsvorgaben eingeleitet, vgl. Pressemitteilung IP/08/1365. Die Kritik betrifft explizit die enge Interpretation des Anhang 18A, § 7 ICTA 1988 in der Gesetzesänderung von 2007 No. 2147 hinsichtlich der Endgültigkeit eines Verlustes.
1128 § 42 AO wurde durch das Jahressteuergesetz 2008 neu gefasst. Inhaltlich hat dies das für diese Arbeit entscheidende Missbrauchsverständnis jedoch kaum verändert. Allgemein zu den geringen praktischen Auswirkungen der Änderung, Mack/Wollweber, DStR 2008, 182 (186).
1129 Siehe etwa aus jüngerer Zeit § 8b Abs. 3 KStG. Zum Streit um die Konkurrenz zwischen § 42 AO und spezialgesetzlichen Missbrauchstatbeständen, Koenig in: Pahlke/Koenig, Abgabenordnung, § 42 AO, Rn. 5f.

Sache, dass diese Normen selbst unbestimmt und besonders restriktiv abgefasst werden. Schießen sie in ihrer Regelungsintention aber über das Ziel hinaus, provoziert dies verstärkt die Kreation neuartiger Gestaltungsmodelle auf der einen Seite und nicht selten europarechtliches Konfliktpotential auf der anderen Seite.

Das BVerfG hat bereits frühzeitig festgestellt, [...] „daß es grundsätzlich jedem Steuerpflichtigen freisteht, seine Angelegenheiten so einzurichten, daß er möglichst wenig Steuern zu zahlen braucht"[1130]. Das geschickte Bemühen, Steuern zu sparen, ist freiheitliches Gut einer Marktwirtschaft. Die hohe Kunst ist, die rechte Differenzierung zwischen solch legitimer Nutzung rechtlicher Gestaltung und missbräuchlicher Steuerumgehung vorzunehmen. Nach ständiger Rechtsprechung des BFH handelt es sich um Missbrauch, „wenn eine rechtliche Gestaltung gewählt wird, die zur Erreichung des angestrebten wirtschaftlichen Ziels unangemessen ist, der Steuerminderung dienen soll und durch wirtschaftliche oder sonst beachtliche außersteuerliche Gründe nicht zu rechtfertigen ist."[1131] Dies intendiert, dass die Unangemessenheit einer Gestaltung anhand der Wertungen des potentiell umgangenen Steuergesetzes zu ergründen ist. Allein aufgrund einer besonders komplexen und/oder nicht alltäglichen Konstruktion kann kein Missbrauchsvorwurf begründet werden[1132]; dies unter anderem deshalb, weil der Fiskus sonst nicht selten in Gefahr geriete das wirtschaftliche Verhalten des Steuerpflichtigen mittels Missbrauchsgesetzgebung zu bewerten. Die wirtschaftliche Freiheit umfasst aber auch wirtschaftliche Unvernunft der Marktteilnehmer, solange damit nicht alleine der Normzweck der Steuerregelung unterlaufen werden soll[1133]. Bezugspunkt des Missbrauchsvorwurfs ist daher die Unangemessenheit der rechtlichen Gestaltung[1134]. Es wird zwar ebenfalls darauf abgestellt, was eine verständige Partei in Anbetracht des wirtschaftlichen Sachverhalts, insbesondere des erstrebten wirtschaftlichen Ziels, für eine Gestaltung wählen würde[1135]. Eine Rechtsgestaltung, welche sich vor diesem Hintergrund als umständlich, kompliziert, schwerfällig oder gekünstelt erweist, kann ein gewisser Indizcharakter für die Unangemessenheit beigemessen werden. Ein zu sanktionierender Gestaltungsmissbrauch liegt jedoch nur dann vor, wenn die gewählte Gestaltung nach den Wertungen des Gesetzgebers, die der jeweils maßgeblichen Vorschrift zugrunde liegen, gerade der Steuerum-gehung dienen soll[1136]. Solche Konstruktionen verschleiern typischerweise das wirklich Gewollte, indem sie durch die komplizierte Gestaltungsform den Blick auf das wirtschaftliche Ziel versperren. Es gilt diese rechtlichen Verformungen, welche einen steuerbaren Sachver-

---

1130 BVerfG, Beschluß vom 14. 4. 1959 - 1 BvL 23 u. 34/57, NJW 1959, 959 (981).
1131 BFH, I R 11/99, IStR 2000, 240 (241). Ferner schon BFH, I B 90/92, BeckRS 1993 22010582, II. 2.; BFH, I R 77/96, DStR 1999, 1849 (1850).
1132 Solche Merkmale dienen in der Praxis allerdings als Aufgriffskriterium, vgl. Hey, BB 2009, 1044 (1046).
1133 Beruht die Gestaltung jedoch allein auf der Steuerersparnis, ohne dass ein wirtschaftlicher oder sonstiger beachtsiger Zweck erkennbar ist, spricht dies für die Unangemessenheit, vgl. BFH, Urteil vom 27. 7. 1999 - VIII R 36/98, DStR 1999, 1848 (1849).
1134 Koenig in: Pahlke/Koenig, Abgabenordnung, § 42 AO, Rn. 18.
1135 Vgl. BFH, Urteil vom 19. 8. 1999 - I R 77-96, DStR 1999, 1849 (1850).
1136 BFH, Urteil vom 19.05.1993 - I R 124/91, DStR 1993, 1821 (ebenda).

halt dem steuerbegründenden Tatbestand dem Wortlaut nach aber eben nicht dem Grunde nach entziehen, ausfindig zu machen.

Ob es eines subjektiven Tatbestandsmerkmals in Form einer Missbrauchsabsicht bedarf, ist auch nach der Neufassung des § 42 AO, welcher in Abs. 2 Satz 2 AO nunmehr ausdrücklich auf die Motive des Steuerpflichtigen abstellt, strittig[1137]. Dieser Streit wird allerdings nur selten praxisrelevant, da die Endergebnisse nur im Einzelfall voneinander abweichen. Der BFH geht bei einer den wirtschaftlichen Verhältnissen unangemessenen Gestaltung meist von einer widerleglichen Vermutung für die Missbrauchsabsicht aus, wenn für die Gestaltung wirtschaftliche oder sonst beachtliche Gründe fehlen[1138]. Der objektive Tatbestand indiziert insoweit die Missbrauchsabsicht. Diese Vermutung überträgt dem Steuerpflichtigen den plausiblen Nachweis seiner Motive. Im Falle der Bejahung der objektiven Kriterien erfolgt mithin eine Art Motivtest, durch welchen sich der Beschuldigte entlasten kann. Dabei gilt im Grundsatz: Je lukrativer der erzielte Steuervorteil und/oder je unkonventioneller die Gestaltung, desto gewichtiger müssen die wirtschaftlichen Gründe sein[1139]. Die Beweislast wird in erheblichem Maße auf den Steuerpflichtigen verlagert. Besonders im Bereich der Verlustnutzung ist die Grenze zwischen dem mit der Vermeidung einer im Ergebnis überhöhten Gesamtbesteuerung verbundenen Ziel der Besteuerung nach der wirtschaftlichen Leistungsfähigkeit, etwa durch Gestaltungen, welche der Rettung von zu versickern drohender Verluste dienen, und illegitimen Steuervorteilen im grenzüberschreitenden Fall sehr schmal[1140].

bb) Die Tendenz der Missbrauchsdeutung durch den EuGH

- Allgemein

Wie die Betrachtung der Grundsätze zu § 42 AO zeigt, ist die „Unangemessenheit" kaum abstrakt zu normieren, sondern kann meist nur im konkreten Einzelfall festgestellt werden, indem die jeweilige rechtliche Gestaltung mit dem zugrunde liegenden wirtschaftlichen Sachverhalt und dem Sinn und Zweck der umgangenen Norm in Beziehung gesetzt werden. Wie bei der Generalklausel des § 42 AO kann daher auch die Präzisierung eines europäischen Missbrauchsbegriffes lediglich in Fallgruppen von statten gehen. Dies bedarf Zeit, enthält jedoch den Charme einer gewissen Entwicklungsoffenheit, was bei der Vielgestaltigkeit der Gestaltungsansätze im Europäischen Steuerrecht unabdingbar ist. Folgt diese Fortentwicklung der Fallgruppen in

---

1137 Hey, BB 2009, 1044 (1047).
1138 BFH, Urteil vom 28.01.1992 - VIII R 7/88, BeckRS 1992 22010177, 2. b); BFH, Urteil vom 7. 7. 1998 - VIII R 10-96, DStR 1998, 1868 (1870).
1139 Hey, BB 2009, 1044 (1047). Dieser Grundsatz beinhaltet die Gefahr, die eigene ökonomische Prioritätensetzung des Wirtschaftenden zu beschneiden.
1140 Vgl. zu dieser Grenze bei der Verlustnutzung im innerstaatlichen Fall, Brinkmann in: Lüdike/Sistermann, Unternehmenssteuerrecht, § 16, Rn. 68ff; Busch, DStR 2007, 1069 (1070f.).

der Rechtsprechung gewissen nachvollziehbaren Leitlinien, erscheint auch der nötige Grad an Voraussehbarkeit für die Betroffenen gewahrt. Bisher ist das Level an Präzisierung durch den EuGH allerdings wenig ausgeprägt.

Im jüngeren Europäischen Steuerrecht hat sich der Gerichtshof vor allem in der Rechtssache „Cadbury Schweppes" mit der europarechtlichen Schwelle eines Missbrauchs auseinandergesetzt[1141]. Bei den in diesem Verfahren zu kontrollierenden Normen der „Hinzurechnungsbesteuerung" handelt es sich um jenen Typus der eben als besonders strittig charakterisierten spezialgesetzlichen Missbrauchsbekämpfungsnormen. Der EuGH nimmt in seiner Grundfreiheitenprüfung nicht selten Missbrauchsprüfungen an zwei Stellen vor, im Tatbestand und auf Ebene der Rechtfertigung[1142]. Vor dem Hintergrund möglicher Gestaltungen im Zusammenhang mit der Endgültigkeit von Verlusten soll hier der Schwerpunkt der Betrachtung auf den Aussagen zur Rechtfertigungsebene liegen. Die Maßstäbe auf der Tatbestandsebene sind aufgrund ihrer weitgehenden Konsequenz einer völligen Blockade des Grundfreiheitenschutzes ohnehin strenger verfasst[1143].

Zur Bestimmung des Missbrauchs legt der Gerichtshof sowohl ein objektives als auch ein subjektives Element zugrunde[1144]. Objektiv richtet sich die Bekämpfung an den Vorgaben der jeweiligen Grundfreiheit aus. Ähnlich der deutschen Vorgehensweise wird hier nach dem Normzweck der Regelung gefragt, welche unterlaufen werden soll. Jedoch eröffnet sich bereits an dieser Stelle ein grundlegender Unterschied zwischen der europagerichtlichen und der nationalgesetzlichen Missbrauchsbekämpfung: Während die deutschen Vorschriften schon immer zum Ziel haben, der Steuerumgehung Einhalt zu gebieten, war der EuGH lange Zeit lediglich bestrebt, zu gewährleisten, dass die Marktfreiheiten nicht unangemessen in Anspruch genommen werden. In der Nutzung eines günstigen Steuerstandortes sah er nichts anderes als den Ausdruck eines funktionierenden Wettbewerbs, ein Stück mehr realen Binnenmarkt[1145]. Im Fall der endgültigen Verluste hätten die Richter mithin hauptsächlich auf die Regelungsziele der Niederlassungsfreiheit abzustellen. In der Frage, was

---

1141 Rechtssache C-196/04, „Cadbury Schweppes", Slg. 2006, I-7995.
1142 Siehe bereits im dritten Kapitel D I.
1143 Inhaltlich folgte der Gerichtshof auf der Tatbestandsebene seiner Linie aus den Urteilen „Centros", Rechts-sache C-212/97, EuZW 1999, 216ff, Rn. 24 und „Inspire Art", Rechtssache C-167/01, Slg. 2003, I-10155, Rn. 98. Danach darf sich ein Europäer zwar nicht missbräuchlich oder gar betrügerisch auf die Grundfreiheiten berufen. Dies wäre der Fall, wenn die Ausübung eines Rechts, den Zwecken, um derentwillen es ursprünglich verliehen wurde, offensichtlich zuwider läuft. Jedoch betont der Gerichtshof ausdrücklich, dass allein ein Handeln in der Absicht, von günstigen Steuern profitieren zu wollen, keinen Missbrauch darstellen kann. Speziell bei der Niederlassungsfreiheit bedeutet dies, dass der Umstand, dass eine Gesellschaft in einem Mitgliedstaat mit dem Ziel gegründet worden ist, um in den Genuss vorteilhafter Rechtsvorschriften zu kommen, für sich allein nicht ausreicht, um auf eine missbräuchliche Ausnutzung dieser Freiheit zu schließen, vgl. Rechtssache C-196/04, „Cadbury Schweppes", Slg. 2006, I-7995, Rn. 36f; ähnlich „Centros", Rn. 27.
1144 Vgl. Rechtssache C-196/04, „Cadbury Schweppes", Slg. 2006, I-7995, Rn. 64.
1145 Vgl. diesen Gedankengang auch in der Rechtssache C-196/04, „Cadbury Schweppes", Slg. 2006, I-7995, Rn. 49f.

denn – quasi im Sinne negativer Tatbestandsmerkmale – vom Schutzzweck der Norm nicht mehr erfasst werden soll, verdichtet sich die Trennlinie von legaler zu missbräuchlicher Konstruktion. Letztere wird in „Cadbury Schweppes" als „rein künstliche, jeder wirtschaftlichen Realität bare Gestaltung"[1146] umschrieben[1147]. Solche Scheinaktivitäten untergraben das mit der Niederlassung verbundene Ideal einer gewissen Eingliederung und Integration in die Wirtschaftsstrukturen des Aufnahmestaates. Erforderlich ist daher zumindest die Ausübung einer wirklichen wirtschaftlichen Tätigkeit mit einer festen Betriebsstätte im Zielstaat[1148]. Dabei geht der EuGH von einem weiten Verständnis aus. Nur ein niedriges Mindestmaß ökonomischer Substanz muss erfüllt sein[1149]. Als Beispiele missbräuchlicher Gestaltungen werden die „Briefkasten- oder Strohfirma" identifiziert[1150]; dies sind in der Praxis allerdings nur die Extremfälle fiktiver Geschäftstätigkeit.

Subjektiv bedarf es des Strebens nach einem Steuervorteil[1151]. Wie in der deutschen Praxis liegt jedoch auch beim EuGH der Beurteilungsschwerpunkt auf den objektiven Merkmalen einer künstlichen Gestaltung. Subjektive Aspekte wurden im Verfahren „Cadbury Schweppes" allerdings vor dem Hintergrund eines britischen Motivtestes relevant. In seiner Quintessenz verlangte dieser Test das Vorhandensein eines „einsichtigen wirtschaftlichen Anlasses" für die Verlagerung ins EU-Ausland. Die konzeptionelle Ähnlichkeit zum neuen Satz 2 in § 42 Abs. 2 AO ist keineswegs zufällig[1152]. Der EuGH hat die Systematik des britischen Motivtests nämlich nicht gänzlich verworfen. Vielmehr wurde es der Beurteilung des nationalen Gerichtes überlassen, ob die Konstruktion des Testes gerade auf die Bekämpfung rein künstlicher Gestaltungen zu begrenzen ist oder ob die Streuwirkung der Formulierung zu undifferenziert den grenzüberschreitenden Fall unter Verdacht stellt[1153]. Der EuGH

1146 Im englischen Originaltext: „wholly artificial arrangements".
1147 Rechtssache C-196/04, „Cadbury Schweppes", Slg. 2006, I-7995, Rn. 55.
1148 Vgl. hierzu beispielhaft eine Legaldefinition aus dem Sekundärrecht: „Niederlassung" jeden Tätigkeitsort, an dem der Schuldner einer wirtschaftlichen Aktivität von nicht vorübergehender Art nachgeht, die den Einsatz von Personal und Vermögenswerten voraussetzt, Art. 2 h) EuInsVO (VO Nr. 1346/2000 des Rates).
1149 In diese Richtung auch Axer, IStR 2007, S. 162 (165).
1150 Rechtssache C-196/04, „Cadbury Schweppes", Slg. 2006, I-7995, Rn. 68. Ähnlich bereits im Bruderfall aus dem Gesellschaftsrecht „Inspire Art", Rn. 102: „Die Mitgliedstaaten bleiben befugt, gegen „Briefkastengesellschaften" vorzugehen".
1151 Rechtssache C-196/04, „Cadbury Schweppes", Slg. 2006, I-7995, Rn. 64.
1152 Ebenso wohl Köhler/Tippelhofer, IStR 2007, 681 (683).
1153 Vgl. Rechtssache C-196/04, „Cadbury Schweppes", Slg. 2006, I-7995, Rn. 72. Die deutsche Regelung in § 42 Abs. 2 Satz 2 AO wahrt zudem formal die neutrale Betrachtung von deutscher und europäischer Sachverhaltskonstellation. Jedoch ist die Ausrichtung der Regelung auch auf den grenzüberschreitenden Fall gegeben. Jedenfalls ist schwer vorstellbar, dass die Hauptintention darin bestand etwa die Nutzung eines Gewerbesteuergefälles im Inland zu hinterfragen. Fraglos geht die Wirkung des neuen Motivtestes aber über die Kontrolle einer Ausnutzung des Steuergefälles hinaus. Die Annahme einer klaren Europarechtswidrigkeit der neuen Regelung durch Köhler/Tippelhofer, IStR 2007, 681 (684) erscheint allerdings zu weitgehend.

erkennt damit in gewissem Umfang an, dass es der gesetzgeberischen Gestaltungsfreiheit obliegt, wie eine Spezifizierung der Missbrauchsbekämpfung erfolgt. Die Richter kontrollieren diese allein an den Maßstäben des Europarechts. Hier ist der Motivtest innerhalb der CFC-Gesetzgebung nicht von vornherein ungeeignet, dem Erfordernis der Einzelfallprüfung größeres Gewicht zu verleihen[1154]. Zudem versperrt sich der EuGH nicht mehr strikt den im Massengeschäft des Steuerrechts gebräuchlichen typisierenden Missbrauchsvermutungen[1155]. Eine Beweislastverteilung zu Lasten des Steuerpflichtigen wird geduldet[1156]. Der Steuerschuldner hat die Voraussetzungen des Motivtests, also des Gegenbeweises, darzulegen. Dies entspricht dem Gedanken der Beweisnähe[1157].

- Prognose

Für den Bereich der Verlustverrechnung ist zu fragen, inwieweit diese „Cadbury Schweppes"-Missbrauchsschwelle zu übertragen ist und wo Besonderheiten eine Differenzierung sowie Weiterentwicklung erfordern[1158]. Fest steht, dass es dabei in hohem Maße auf die Umstände des Einzelfalles ankommt. Viele tatsächliche Aspekte einer Liquidation/Einstellung etc. sind zu gewichten. Doch folgt auch diese Beurteilung gewissen Leitlinien. Will der Gesetzgeber gewisse Formen der Finalität ausschließen, so steht er vor der Schwierigkeit, die Situation des Missbrauchs möglichst spezifisch zu deklarieren[1159] ohne einerseits den Bogen der Restriktion zu überspannen und andererseits sich der Offenheit für unvorhergesehene Umgehungsansätze zu begeben.

Eng verbunden mit der Konturierung der Missbrauchsschwelle bei der transnationalen Verlustverrechnung ist die Frage, welche Anforderungen man an das „Ausschöpfen"[1160] der Verlustberücksichtigungsmöglichkeiten im Staat der Tochtergesellschaft/Betriebsstätte stellt. Ist es bereits missbräuchlich, wenn man leichtfertig eine Verrechnungsgelegenheit im Ausland preisgibt? Man kann nachfragen, ob ein aufgrund einer Umwandlung im Ausland definitiv gewordener Verlust nicht eigenverantwortlich verschuldet ist und somit der Risikosphäre des Unternehmers zuzurechnen ist? Wie nach der Verantwortungsverteilung zwischen den Staaten[1161] kann auch auf eine Verantwortungsverteilung zwischen Staaten und Bürger/Unternehmer abgestellt werden. Hat der Staat nur bei wirtschaftlich vernünftigen Umstrukturierungsmaßnahmen/Schließungen/Verkäufen die Konsequenz eines Verlusttransfers

---

1154 Rechtssache C-196/04, „Cadbury Schweppes", Slg. 2006, I-7995, Rn. 71.
1155 Hierzu bereits im vierten Kapitel unter E. II.
1156 Axer, IStR 2007, 162 (168); Kraft/Bron, IStR 2006, 614 (618).
1157 Vgl. Rn. 70. Gedanke einer sphärenorientierten Nachweispflicht.
1158 Hierzu bereits allgemein, d.h. ohne Bezug zu der Frage einer Finalität von Auslandsverlusten, im vierten Kapitel E II.
1159 Vgl. Rechtssache C-196/04, „Cadbury Schweppes", Slg. 2006, I-7995, Rn. 55.
1160 Vgl. Rn. 47.
1161 Dazu im Folgenden unter D III. f).

zu eröffnen[1162]? Innerhalb der Ausführungen zu § 42 AO wurde aufgezeigt, dass bereits innerstaatlich allein wirtschaftliche Unvernunft nicht zum Vorwurf des Missbrauchs führt[1163]. Auch der EuGH verfolgt eine Rechtsprechungslinie, welche gerade keine Begründung wirtschaftlicher Art für eine Gründung in der Niedrigsteuer-EU verlangt. Vielmehr stellt eine Verlagerung grundsätzlich keinen Missbrauch dar[1164]. Allerdings verweisen die Richter bereits in „Cadbury Schweppes" auch auf Überlegungen in „Marks & Spencer": „Verhaltensweisen von der Art, wie sie in der vorstehenden Randnummer beschrieben worden sind [rein künstliche, jeder wirtschaftlichen Realität bare Gestaltungen zu dem Zweck zu errichten, der Steuer zu entgehen], können wie die in Rn. 49 des oben zitierten Urteils Marks & Spencer genannten Praktiken, die darin bestehen, Übertragungen von Verlusten innerhalb eines Konzerns auf diejenigen Gesellschaften zu organisieren, die in den Mitgliedstaaten ansässig waren, in denen die höchsten Steuersätze galten und folglich der steuerliche Wert dieser Verluste am höchsten war, das Recht der Mitgliedstaaten in Gefahr bringen, ihre Steuerzuständigkeit in Bezug auf die in ihrem Hoheitsgebiet durchgeführten Tätigkeiten auszuüben, und so die Ausgewogenheit der Aufteilung der Besteuerungsbefugnis zwischen den Mitgliedstaaten beeinträchtigen"[1165]. Auch in „Cadbury Schweppes" wird mithin der neue Konnex zur Aufteilung der Besteuerungshoheit herausgestellt. Für die Verlustverrechnung ist in der Folge weniger interessant, wann es sich um eine Briefkasten- oder Strohfirma handelt, sondern wann ein Vorgang allein deswegen vorgenommen wird, um eine steuerlich günstigere Verlustplazierung zu erreichen. Die Verknüpfung mit dem Aufteilungsgedanken sorgt für eine Öffnung der Missbrauchsprüfung hin zu einer gewissen Gesamtbetrachtung. Die Schwelle zur Annahme eines Missbrauchs sinkt. Dem nationalen Gesetzgeber wird gestattet, sich nach dem Vorhandensein außersteuerlicher Gründe zu erkundigen. Sind solche nicht plausibel nachzuweisen, darf er den Missbrauchsvorwurf erheben. Wird eine Tochtergesellschaft/Betriebsstätte daher nur deshalb liquidiert/eingestellt, um die sich abzeichnend gewinnbringende Tätigkeit unter neuer Firma oder neuer Form fortzuführen, so ist alleinige Motivation dieser Aktion die Verlustverschiebung. Aus der Kombination von Missbrauchs- und Aufteilungsgedanken folgt aus dieser Art der europäischen Steuerplanung ein Verstoß gegen den Normzweck von Art. 43 EG und damit eine Rechtfertigung für die Sperrung des grenzüberschreitenden Verlusttransfers trotz formaler Endgültigkeit.

Zu fragen bleibt, wie eine solche Missbrauchsschwelle praktisch zu erfassen ist. Bedarf es eines speziellen Tatbestandes, welcher auf Umgehungsprobleme im Zusammenhang mit der Verlustverrechnung zugeschnitten ist oder genügt etwa eine

---

1162 Auf eine solche Beurteilung stellt im Ergebnis etwa Mayr, BB 2008, 1816 (1818) ab.
1163 Siehe unter D III. d) aa).
1164 Siehe etwa Rechtssache C-196/04, „Cadbury Schweppes", Slg. 2006, I-7995, Rn. 36. Siehe zu einer ähnlichen Beurteilung durch den BFH in einem Urteil zu Gesellschaften in den irischen Dublin Docks, vgl. Urteil vom 19. 01. 2000 - I R 117/97, IStR 2000, 182 (185).
1165 Vgl. Rechtssache C-196/04, „Cadbury Schweppes", Slg. 2006, I-7995, Rn. 56 [eigener Klammerzusatz].

Regelung wie der neue § 42 AO mit seinem generellen Motivtest? Eine spezialgesetzliche Missbrauchsnorm könnte etwa versuchen, für den besonders schwer zu kontrollierenden Fall der Einstellung einer ausländischen Betriebsstätte eine widerlegliche Vermutung gegen die Endgültigkeit der Einstellung zu installieren[1166], die vom Steuerpflichtigen anhand des Nachweises der vor allem wirtschaftlichen Gründe und der Dauerhaftigkeit einer Beendigung der Betriebsstättentätigkeit entkräftet werden müsste. Für diesen Standpunkt könnten Erwägungen einer üblichen kaufmännischen Vorgehensweise in einem Umfeld ohne steuerlich verzerrende transnationale Rahmenbedingungen angeführt werden: Grundsätzlich ist dem Unternehmer daran gelegen, Verluste zu vermeiden. Entstehen sie dennoch, so wird er versuchen, diese zu verwerten. Auch der EuGH geht bewusst von einem aktiven Ausschöpfen der Verwertungsmöglichkeiten aus[1167]. Von endgültigen Verlusten darf erst dann ausgegangen werden, wenn dieses aufrechte Unterfangen missglückt. Erst dann darf der Verlust über die Grenze getragen werden. Die ange-sprochenen Gestaltungen bewegen sich zwar innerhalb der Marktbedingungen rational – dies ist die Kehrseite einer fehlenden Harmonisierung, sie sind jedoch nicht das Verhalten eines ordentlichen Kaufmanns.

Ob eine derartige generelle Verdächtigung einer Betriebsstätteneinstellung im Verlustkontext jedoch vom EuGH gebilligt würde, ist zweifelhaft. Wie beschrieben, hat der EuGH den britischen Motivtest zwar nicht verworfen, sondern die Zulässigkeit vom Grad seiner Präzisierungsfähigkeit abhängig gemacht, welchen in der Folge das englische Gericht zu beurteilen hatte. Jedoch würde die angedachte Konstruktion mit einer der Beweislastverlagerung inhärenten Missbrauchsbezichtigung im Betriebsstättenumfeld den CFC-Motivtest quantitativ wie qualitativ übertreffen. Zudem kannte dieser Test spezifische Ausnahmen, welche es ermöglichten, die ansässige Gesellschaft in Situationen von vornherein zu entlasten, in denen es als ausgeschlossen erschien, dass eine rein künstliche Gestaltung allein zu steuerlichen Zwecken vorlag[1168].

Darüber hinaus darf die praktische Wirksamkeit einer solchen Spezialregelung bezweifelt werden. Unternehmen und ihre Berater werden im lukrativen Fall entsprechend Zeit und Geld investieren, um formal den Nachweis zumindest außersteuerlicher Mitmotivation der Maßnahme zu erbringen. Einer durchschnittlich plausiblen Einstellung/Veräußerung oder Umstrukturierung im Betriebsstättenstaat, welche dann nur noch steuerlich mitveranlasst erscheint, wird das Argument des Gestaltungsmissbrauchs nicht entgegen zu halten sein[1169]. In Anbetracht dieser Unsicherheiten sowohl hinsichtlich der europarechtlichen als auch der praktischen Wirksam-

---

1166 Diese könnte ebenso wie der Motivtest bei der CFC-Gesetzgebung auf Fälle beschränkt werden, in denen das Besteuerungsniveau im Betriebsstättenstaat weniger als 75% der deutschen Steuerbelastung entspricht.
1167 Rn. 47. Hierzu vertiefend unter D III. f) cc).
1168 Rechtssache C-196/04, „Cadbury Schweppes", Slg. 2006, I-7995, Rn. 61.
1169 Ebenso wohl Ditz/Plansky, DB 2009, 1669 (1673); Herzig/Wagner, DStR 2006, 1 (8); Thömmes, IWB 2008, Fach 11a, 1185 (1190); von Brocke, DStR 2008, 2201 (2202).

keit ist die spezialgesetzliche Regelung dieser Konstellation wenig Erfolg versprechend.

Dennoch bedarf es gerade bei der Betriebsstättenkonstellation eines verlässlichen Verfahrens zur Anerkennung der Endgültigkeit von Verlusten. Gangbar erscheint ein Vorgehen unter Zuhilfenahme einer zeitlichen Frist. Der den Betriebsstättenverlust im Stammhausstaat verwerten wollende Unternehmer müsste grundsätzlich bestätigen, dass die Tätigkeit im Quellenstaat definitiv beendet ist[1170]. Um den bürokratischen Aufwand zu begrenzen, könnte diese Auskunft gemäß des Verfahrens in § 95 AO an Eides statt versichert werden. Die vorsätzliche oder fahrlässige Abgabe einer falschen eidesstattlichen Versicherung ist nach §§ 156, 161 StGB strafrechtlich relevant. Eine Versicherung ist falsch, wenn die Tatsachen, deren Richtigkeit versichert wird, unwahr sind, maßgebliche Angaben ausgelassen oder unwahre Angaben den Tatsachen hinzugefügt werden. Die Zusicherung der wahrheitsgetreuen Auskunft bezieht sich allein auf den Vortrag von Tatsachen, weil nur diese des Beweises zugänglich sind. Innere Tatsachen sind an sich keines Beweises zugänglich, auf sie lässt sich jedoch von beweisbaren äußeren Tatsachen aus schließen[1171]. Um die Betriebstättenfälle in dieser Hinsicht zu regeln, könnte die Anerkennung der Endgültigkeit mithin an die Bedingung einer nicht existierenden Wiederaufnahme der Tätigkeit in räumlicher, inhaltlicher und zeitlicher Hinsicht geknüpft werden[1172]. Zwar wohnt auch diesem Vorgehen eine gewisse generalisierende Missbrauchsvermutung inne, jedoch ist die Eingriffsintensität für den alltäglichen Regelfall geringer. Diese Kriterien tragen sowohl dem Nachweisbedürfnis der Steuerverwaltung im rechtlich „flüchtigen" Betriebstättenkontext als auch dem Bedürfnis eines einfachen und vorhersehbaren Ablaufes Rechnung.

Darüber hinaus kann bei konkretem Verdacht des Missbrauchs die Generalklausel in § 42 AO in Anwendung der EuGH-Leitvorgaben konkretisiert werden[1173]. Der EuGH lässt in seiner jüngeren Rechtsprechung erkennen, dass er verfahrensrechtlich über die erhöhten Nachweispflichten eine faktische Diskriminierung der Auslandskonstellation bis zu einem gewissen Grad duldet[1174]. Mit Hilfe des § 42 AO lässt

---

1170 Dies birgt ebenfalls die Frage, ob nicht die entstandenen Verluste unter Umständen mit anderen Tätigkeiten im Quellenstaat verrechnet werden könnten, z.B. mit einen anderen Bauprojekt in der Zukunft.

1171 Wünsch in: Pahlke/Koenig, Abgabenordnung, § 95 AO, Rn. 8.

1172 Über die Angemessenheit einer zeitlichen Frist lässt sich debattieren. Diese Frage enthält zugleich einen gewissen Konnex zu den temporären Verlustvortragsbegrenzungen mancher Mitgliedsstaaten, siehe hierzu unter D. III. f). Der Gedanke, dass ein längeres Ruhenlassen einer Betriebsstätte einer Einstellung gleichstehen kann hat bereits Einzug in die Verwaltungspraxis gefunden, vgl. BMF Schreiben vom 25. 8. 2009 - IV B 5 - S 1341/07/10004, DStR 2009, 1850 (1852, dort Punkt 2.9.2).

1173 Allgemein zur europarechtskonformen Auslegbarkeit des neuen § 42 AO, Heintzen, FR 2009, 599 (602).

1174 Über die Rechtssache „Cadbury Schweppes" hinaus zeigt sich diese Tendenz ebenfalls in den Verfahren C-524/04, „Thin Cap", IStR 2007, 249ff., Rn. 82ff.; C-386/04, „Stauffer", ZEW 2006, 458ff., Rn. 48f. und C-318/07, „Persche", DStR 2009, 207ff., Rn. 53ff. Der Grad der Duldung entspricht dabei in etwa dem Maßstab des § 90 Abs. 2 AO.

sich der jeweilige Einzelfall auf die spezifische Verhinderung einer Unterlaufung des § 43 EG zuschneiden. Zwar wird auf diese Art erneut viel Arbeit und Verantwortung auf die Schultern der vollziehenden Verwaltung verlagert. Allerdings ist besonders schon die Erregung eines Missbrauchsverdachtes immer eine Frage der konkreten Gesamtumstände. Soll die hier in Frage stehende komplexe Steuerumgehung möglichst präzise und einzelfallgerecht verfolgt werden, muss dieses Vertrauen in den Verwaltungsvollzug bestehen. Die Finanzverwaltung sollte allerdings von vornherein darauf bedacht sein, die Restriktion auf diesem Wege nicht zu überspannen, indem sie nahezu jeden denkbaren transnationalen Verlustfall abwehren möchte[1175].

e) Zwischenergebnis

Das durch den EuGH geschaffene „ultima ratio"-Modell eines grenzüberschreitenden Verlusttransfers erfasst mannigfache Konstellationen denkbarer Verlustdefinität. Dabei ist das Endgültigkeitserfordernis durch das Steuerrecht des jeweiligen Quellenstaates determiniert. Es existieren diverse Einbruchstellen für missbräuchliche Steuervermeidung. Die hiergegen zugestandenen Bekämpfungsmöglichkeiten der Staaten sind breiter gefächert als die bisher häufig vom EuGH postulierte spezifische Missbrauchsabwehr. Dem Steuerpflichtigen dürfen nicht zu verachtende Nachweispflichten auferlegt werden. Die Erfassung der meisten Umgehungsmodelle bedarf in Deutschland allerdings keiner spezialgesetzlichen Neuregelung.

f) Verantwortungsverteilung zwischen den Staaten

Die Ausgestaltung der Verlustverrechnungsregeln liegt im unharmonisierten Zustand grundsätzlich in der Autonomie der Mitgliedstaaten. Nach Maßgabe der „Urformel" müssen sich die Steuernormen zwar an den europarechtlichen Vorgaben messen lassen; gerade beim Grundzuschnitt eines Steuerregimes, wie etwa dem Konzept der Verlustberücksichtigung, bestehen jedoch nationale Gestaltungsspielräume[1176]. Die Frage etwa, ob ein Land einen unbegrenzten oder nur temporären Verlustvortrag gewährt, liegt prinzipiell außerhalb der Binnenmarktkontrolle; ein letzter Kern formender Konzeptionshoheit.

1175 Eine solch restriktive und flächendeckende „Importstopp-Politik" der Finanzverwaltung sehen *Breuninger/Ernst* in der derzeitigen Praxis allerdings vorherrschen, DStR 2009, 1981 (1983).
1176 Vgl. „Krankenheim Ruhesitz GmbH", Rn. 48.

aa) Grenzüberschreitende Relevanz des nationalen Verlustverrechnungsregimes

Durch die vom EuGH kreierte Subsidiaritätslösung werden jedoch neben Mantelkauf- oder Umwandlungsvorschriften auch diese auf den ersten Blick rein innerstaatlich wirkenden Wesenszüge der Verrechnungsmöglichkeiten wieder europarechtlich relevant. Die entscheidenden Passagen von „Marks & Spencer/Lidl Belgium" stellen nämlich hauptsächlich auf den Wegfall der Nutzungschance im EU-Ausland ab. Dementsprechend wäre ein Abzug ausländischer Betriebsstättenverluste von der inländischen Bemessungsgrundlage dann zu gewähren, wenn das Steuerrecht des Investitionsstaates einen Verlustvor- oder -rücktrag nicht zulässt oder ein solcher quantitativ oder zeitlich begrenzt ist und die Geltendmachung innerhalb des dafür vorgesehenen Zeitraums nicht möglich war[1177]. Konkret stellt sich etwa die Frage, ob ein Verlust endgültig wird, wenn die zeitliche Begrenzung der Vortragsmöglichkeit, etwa von fünf Jahren, abgelaufen ist[1178]. Hierbei handelt es sich keineswegs um Feinheiten. Letzten Endes geht es um die Frage, wie viel praktizierte Steuerrechtsautonomie sich ein Stammhausstaat über eng gefasste Verlustverrechnungsregeln des Betriebsstättenstaates[1179] zurechnen lassen muss. Muss der Stammhausstaat, etwa Deutschland, einspringen, wenn in Luxemburg die Vortragszeit abgelaufen ist und die Lidl Filialen immer noch rote Zahlen schreiben? Trägt Deutschland dank des EuGH die Last steuerlicher Autonomie anderer EU-Mitgliedstatten? Hier wird ersichtlich, welche Spannkraft dieser Folgefrage aus den Urteilen innewohnt; eine diffizile Konsequenz der vom EuGH gewählten Verlagerung einer Lösung auf die Feinsteuerungsebene der Verhältnismäßigkeit.

Die Unterschiedlichkeit der Verlustberücksichtigungsmöglichkeiten[1180] als Ausdruck der Steuersouveränität und der föderalen Struktur der EU wird innerhalb der „Marks & Spencer"-Lösung erneut zur Herausforderung. Beispielsweise erweisen sich die überperiodischen Verlustausgleichsregeln in den neuen EU-Mitgliedstaaten, aber auch etwa in Österreich, im Vergleich zu Deutschland als wesentlich restriktiver. So kennen diese Länder keinen Verlustrücktrag wie er in Deutschland, aber auch etwa in Frankreich oder den Niederlanden existiert. Darüber hinaus ist die Option des Verlustvortrags in diesen Ländern nicht wie in den meisten alten EU-Mitgliedstaaten zeitlich unbegrenzt möglich, sondern zumeist auf fünf bis sieben Jahre befristet. Letzteres hat etwa zur Folge, dass in den neuen EU-Staaten die Verlustvorträge in langen ertragsschwachen Phasen, wie etwa der aktuellen Finanz- und

---

1177 So die überwiegende Meinung in der Literatur vgl. Dörfler/Ribbrock, BB 2008, 1322 (1326); Linn/Wittkowski, BB 2006, 630 (634); Obser, DStR 2008, 1086 (1088); Scheunemann, IStR 2006, 145 (148); von Brocke, DStR 2008, 2201 (2202); Watrin/Wittkowski, IStR 2008, 637 (642).
1178 In Deutschland ist ein derartiger Untergang und die damit verbundene Endgültigkeit aufgrund der zeitlich unbegrenzten Verlustvortragsmöglichkeit gar nicht möglich. Siehe NsFG, 6 K 406/08, „AWD", IStR 2010, 260 (264): Die Frage der Endgültigkeit wurde offen gelassen. Die Revision ist beim BFH anhängig unter I R 16/10.
1179 Oder des Sitzstaates der Tochtergesellschaft.
1180 Siehe zweites Kapitel D. II.

Wirtschaftskrise, für die steuerliche Berücksichtigung im Inland verloren gehen können.

bb) Kontraproduktive Anreizwirkung der EuGH-Lösung

Auf diese Weise kann es zu der paradoxen Situation kommen, dass ein restriktives Verlustverrechnungsregime in einem Niedrigsteuerland als zusätzlicher Investitionsanreiz wirkt. Im bisherigen Normalfall betrachtete ein betriebswirtschaftlich planender Unternehmer, in wieweit Verrechnungsmöglichkeiten zu einer Schmälerung seiner Bemessungsgrundlage führen: Je großzügiger, desto besser. Nach „Marks & Spencer" muss er nun je nach Besteuerungsniveau des Investitionslandes und der Beheimatung seiner Konzernmutter/Stammhauses schauen, ob nicht die mit einer restriktiven Verrechnung verbundene Verlagerungschance seines Verlustes vorteilhafter ist. Die Komplexität seiner Investitionserkundung nimmt allein aufgrund dieser steuerlichen Rahmenbindung merklich zu. Benachteiligt werden hierdurch, ganz abgesehen von den Hochsteuerstaaten, im Zweifel wieder die KMU, welche zunehmend zwar europäisch agieren, denen es aber abseits der Produktions- und Lieferkalkulation häufig am steuerplanerischen Know-How mangelt[1181].

So profitieren vor allem große Unternehmen und kleine Länder von diesen EuGH-Vorgaben. Gerade letztere können leicht der Versuchung erliegen, ihre Attraktivität als Investitionsstandort für Nichtansässige zu steigern[1182]. Sie können dabei auf den Verlustexport in die Hochsteuerländer spekulieren. Je enger die eigenen Verlustvortragsregeln, desto verlockender ist die Ansiedlung für Unternehmen mit Sitz in Hochsteuerländern. Auf den ersten Blick ergibt sich so für einen Teil der Interessensgruppen eine „win win"-Situation: Gut sowohl für die Unternehmen, welche ihre Verluste werthaltiger verwerten können, als auch für die Niedrigsteuerländer, welche diese Verluste dann gar nicht berücksichtigen müssen, dadurch keine steuerlichen Einbußen erleiden, sodass auf diesem Wege zusätzlich ihre niedrigen Tarife gegenfinanziert werden können. Gegen solche grundlegenden Systementscheidungen wie die zeitliche Dauer des Verlustvortrages wird sich der jeweils betroffene Mitgliedstaat kaum wehren können. Einwenden könnte man lediglich, dass solche restriktiven Verlustregime auch für die jeweils innerstaatliche Wirtschaft Geltung entfalten, somit politisch erst einmal durchgesetzt werden müssen. Dieser erhoffte demokratische Schutz gegen enge Verrechnungsregeln läuft allerdings dann ins Leere, wenn auch die inländischen Unternehmen genügend profitieren, etwa durch die meist parallel laufenden niedrigen Körperschaftsteuersätze oder sonstige durch die win-Situation ihres Staates finanzierte Wirtschafts- oder Infrastrukturpro-

---

1181 Eine umfassende Analyse und Bewertung von KMU und deren Unterschieden zu Großunternehmen findet sich bei Ruehling, Bewertung von Klein- und mittelständischen Unternehmen, S. 2ff.
1182 Diese Gefahr registrieren ebenfalls Englisch, IStR 2004, 404 (ebenda); Scheunemann, IStR 2006, 145 (148); von Brocke, DStR 2008, 2201 (2202).

gramme. Zudem hat nicht jeder Mitgliedstaat verfassungsrechtlich gestützte Mindestvorgaben für die Verlustberücksichtigung, wie sie das BVerfG für Deutschland erhoben hat[1183].

Neben dem enormen ökonomischen Gefahrenpotential entfaltet diese Konstellation auch unbefriedigende rechtliche Rückkopplungen. Der Fiskus des Hochsteuerlandes wird qua Europarecht zum „Ausfallbürgen" des Niedrigsteuerstaates gekoren[1184]. Darüber hinaus liegt die Beurteilung der Europarechtswidrigkeit nur noch teilweise in der Hand des Sitzstaates. Dieser ist abhängig von der Rechtslage im Quellenstaat. So wird im Verhältnis zu Staaten mit restriktiver Verlustverwertungspolitik die Situation eines Verstoßes im Sinne von „Marks & Spencer/Lidl Belgium" viel schneller zu konstatieren sein als einem großzügigeren Mitglied gegenüber. Die Europarechtskonformität wird dadurch zu einem nicht unerheblichen Teil selektiv. Die Vertragsverletzung wird über den eigenen Einflussbereich hin zugerechnet. Dem ist eine inadäquate Beliebigkeit nicht abzusprechen.

cc) Anzeichen einer Nachjustierung durch den EuGH

Was als Balanceakt zwischen Leistungsfähigkeit und Territorialität konzipiert ist[1185], entpuppt sich als schwer zu entwirrende Krux. Ein Leistungsfähigkeitsverständnis, welches unternehmens- und damit oftmals binnenmarktweit interpretiert wird, überdeckt insoweit den mit der Freistellungsmethode und dem Territorialitätsprinzip verknüpften Symmetriegedanken[1186]. Doch wie soll nun mit der durch „Marks & Spencer" geschaffenen und auch durch „Lidl Belgium" nicht entschärften Problemlage umgegangen werden? Zu wessen Lasten soll die Entscheidung, ein Unternehmen oder eine Betriebsstätte in einem Staat mit restriktivem Verlustvortrag zu gründen, in Endeffekt gehen? Müssen Unternehmen nicht sowohl die Vor- als auch die Nachteile einer solchen Investitionsentscheidung tragen? Die Fragen ähneln denen der Beschränkungsebene. Das Grundproblem wurde vom EuGH lediglich hier auf die Verhältnismäßigkeitsebene verlagert, ohne es damit zu lösen.

Nachdem die Richter der Vierten Kammer des Gerichtshofs in der mündlichen Verhandlung zur Rechtssache „Krankenheim Ruhesitz GmbH" von verschiedenen Mitgliedstaaten um Erhellung dieser strittigen Folgefragen gebeten wurden, findet sich eine Urteilspassage, welche sich mit dieser Problematik der Verantwortlichkeit auseinandersetzt, ohne jedoch definitive Klarheit zu schaffen. So betont der Gerichtshof,

---

1183 Siehe zweites Kapitel D. II.
1184 Vgl. auch Seiler/Axer, IStR 2008, 838 (842).
1185 Vgl. Hufeld in: Depenheuer/Heintzen, Staat im Wort, Festschrift für Isensee, S. 868.
1186 Vgl. Kube, IStR 2008, 305 (312).

„dass ein Staat für die Zwecke seines eigenen Steuerrechts nicht verpflichtet sein kann, die eventuell ungünstigen Auswirkungen der Besonderheiten einer Regelung eines anderen Staates zu berücksichtigen, die auf eine Betriebsstätte anwendbar ist, die in diesem Staat belegen ist und zu einer im ersten Staat ansässigen Gesellschaft gehört"[1187].

Ferner habe das Gericht bereits entschieden, dass

„die Niederlassungsfreiheit nicht dahin verstanden werden kann, dass ein Mitgliedstaat verpflichtet ist, seine Steuervorschriften auf diejenigen eines anderen Mitgliedstaats abzustimmen, um in allen Situationen eine Besteuerung zu gewährleisten, die jede Ungleichheit, die sich aus den nationalen Steuerregelungen ergibt, beseitigt, da die Entscheidungen, die eine Gesellschaft in Bezug auf die Festlegung von Unternehmensstrukturen im Ausland trifft, je nach Fall Vor- oder Nachteile für sie haben können (vgl. Urteil Deutsche Shell, Randnr. 43)"[1188].

Nach diesen wichtigen, aber allgemein gehaltenen Aussagen werden die Richter vergleichsweise konkret:

„Selbst wenn man unterstellt, dass das Zusammenwirken der Besteuerung im Ansässigkeitsstaat des Stammhauses der betreffenden Betriebsstätte mit der Besteuerung im Betriebsstättenstaat zu einer Beschränkung der Niederlassungsfreiheit führen kann, ist eine solche Beschränkung ausschließlich dem letztgenannten Staat zuzurechnen. In einem solchen Fall ergäbe sich die Beschränkung nicht aus der im Ausgangsverfahren streitigen Steuerregelung, sondern aus der Aufteilung der Steuerhoheit durch das deutsch-österreichische Abkommen"[1189].

Ungeachtet der Tatsache, dass es sich im Fall „Krankenheim Ruhesitz" um Verluste handelte, welche im Quellenstaat Österreich nicht mehr nutzbar sind, musste Deutschland also nicht auf die nachgelagerte Versteuerung im Sinne des § 2a Abs. 3 Satz 3 EStG a. F. verzichten. Was bedeuten diese Aussagen des Gerichtes für das Subsidiaritätsmodell aus „Marks & Spencer/Lidl Belgium"? Stellt dieses Ergebnis eine nachhaltige Relativierung bzw. Konkretisierung des bisher bekannten Konzeptes dar oder sind die Darlegungen auf den Einzelfall zu begrenzen? Die im Folgenden zur zeitlichen Verlustvortragsbegrenzung getätigten Aussagen sind ebenso auf Formen betragsmäßiger Begrenzungen übertragbar.

Die Luxemburger Richter sprechen von „Zurechenbarkeit" der Beschränkung[1190]. Nicht auf Ebene der Beschränkungsprüfung im Tatbestand, sondern auf der letztmöglichen Stufe innerhalb der Verhältnismäßigkeit wird eine Verteilung der Haftbarkeit für Reibungsverluste zwischen den Steuersystemen vorgenommen[1191]. Im

---

1187 „Krankenheim Ruhesitz GmbH", Rn. 49.
1188 „Krankenheim Ruhesitz GmbH", Rn. 50.
1189 „Krankenheim Ruhesitz GmbH", Rn. 51f [eigene Hervorhebung].
1190 „Krankenheim Ruhesitz GmbH", Rn. 52.
1191 Diese dogmatische Vorgehensweise ist erneut zu kritisieren. Die Richter unterstellen die Beschränkung im Falle des Zusammenwirkens der Steuerrechtsordnungen. Entgegen der hier

konkreten Fall wurde die „Schuld" für die beschränkende Wirkung dem Quellenstaat Österreich zugewiesen, weil aufgrund der dort ehemals sehr restriktiven Verlustvortragsregeln die fiskalisch belastende Folge einer Schmälerung der Bemessungsgrundlage auf den Stammhausstaat Deutschland abgeschoben wurde. Es blieb somit bei der rein territorialen Lösung. Inwieweit können hieraus generelle Maßstäbe für die Frage nach der Zurechnung von Verlustberücksichtigungsbegrenzungen gewonnen werden?

Das „Krankenheim Ruhesitz"-Urteil erging zu der Sondersituation des § 2a Abs. 3 EStG a. F. und der Frage, ob die Nachversteuerung zulässig war. Die eigentliche Verlustnutzung im Stammhausstaat war aufgrund der nationalen Regelung aber unstrittig. Damit weicht die Entscheidungssituation etwas von der grundsätzlichen Problemkonstellation ab[1192], jedoch stellt sich auch hier die Kernfrage einer Verantwortungsverteilung zwischen den Staaten. Nicht ganz einfach ist zudem der Umstand zu bewerten, dass die in Rede stehende österreichische Regelung bereits eigenständig mit dem Makel der Europarechtswidrigkeit behaftet war[1193], indem trotz im Inland entstandenen Verlusts zunächst die Verrechnung mit dem restlichen Welteinkommen ausgeschöpft sein musste, bevor eine inländische Berücksichtigung in Betracht kam. Vor diesem Hintergrund könnte man die vom EuGH gewählte Vorgehensweise auf den Fall eingeschränkt deuten, dass eine der beteiligten Verlustberücksichtigungskonzepte selbständig gemeinschaftswidrig ist[1194]. Dieser Verstoß gegen die Grundfreiheiten infiziert dann automatisch den DBA-Fall. Diese Interpretation besitzt den Charme, dass mit dem Aspekt einer eigenständigen Gemeinschaftsrechtskonformität der jeweiligen Verrechnungsversagung ein klarer Bezugspunkt für die Verantwortungsverteilung gefunden ist. Im Kontext der gesamten Urteilsreihe erweist sich diese Lesart jedoch als zu eng, schließlich eröffnet die zeitliche wie betragsmäßige Begrenzung der Verrechnung das beschriebene enorme Verlustverschiebungspotential durch bewusste Verkürzung der Periode oder der Höhe. Diese Einschränkungen dürfen allerdings eigenständig noch nicht zu einer Europarechts-

---

vertretenen Auffassung misst der Gerichtshof dem hemmenden Nebeneinander verschiedener Rechtsordnungen selbst im Falle der bewussten Steuersubstrataufteilung per DBA beschränkende Wirkung bei. Ansonsten wären diese „Ausnahmen von der Ausnahme" hier im Rahmen der Verhältnismäßigkeit ja gar nicht notwendig. Liest man nun die Rn. 51 des Urteils „Krankenheim Ruhesitz GmbH" so scheint es sich dieser Marschroute selbst nicht mehr ganz so sicher.

1192 Hierin sehen Ditz/Plansky das Haupthindernis für allgemeingültige Schlussfolgerungen, DB 2009, 1669 (1672).
1193 Ebenso Knipping, IStR 2009, 275 (276).
1194 So Knipping, IStR 2009, 275 (276f.), welcher in der Gemeinschaftskonformität des Verlustverrechnungs-konzeptes des Investitionsstaates den entscheidenden Anknüpfungspunkt erblickt, um die Endgültigkeit des Verlustes zu bestimmen. Nach seiner Auffassung kann die durch das Recht eines anderen Mitgliedstaates begründete Endgültigkeit nur dann nicht maßgeblich sein, wenn diese selbst auf gemeinschaftsrechtlicher Grundlage fußt. Damit wird den konkreten Entscheidungsumständen des Urteils Krankenheim Ruhesitz die alles überragende Bedeutung zugemessen.

widrigkeit führen[1195], will man nicht die Wirkungskraft der Grundfreiheiten bis in den letzten Kern der Steuersouveränität ausdehnen[1196]. Sie wären damit von der engen Auffassung nicht umfasst.

Das dem EuGH in der mündlichen Verhandlung von Augen geführte Gefahrenpotential einer solchen Tendenz zur Restriktion zu Lasten Dritter lässt vermuten, dass der EuGH diesen Punkt jedenfalls nicht völlig ausblenden wollte. Er würde sich sonst einer wichtigen Nachsteuerungsoption berauben, dem in der gesamten Urteilslinie bekräftigten Gedanken der Ausgewogenheit der Besteuerung auch innerhalb seines eigenen Konstruktes wiederum die entscheidende Geltung zu verschaffen. Vorliegend musste sich der Gerichtshof dazu nicht eindeutig äußern, sodass er die genaue Feinjustierung in einem zukünftigen Verfahren vornehmen muss[1197]. Die Offenheit des Urteils in diesem Punkt wahrt zumindest ein Minimum an Abschreckungseffekt für Länder, welche eine verstärkte Restriktionsoption prüfen. Sollte eine Tendenz der Restriktion zu einer massenhaften Verschiebung von räumlich im Inland begründeten Verlusten über die Grenze führen, so wird der EuGH reagieren müssen, um die Akzeptanz seines „ultima ratio"-Modells nicht auf breiter Front zu gefährden. Hier auf der Verhältnismäßigkeitsebene hätte er dann die Möglichkeit gegenzusteuern. Die Prüfungsebene verschleierte insoweit etwas die Eingriffsintensität in die Steuersouveränität der restriktiv begrenzenden Staaten und ließe sich anhand einer Kombination aus Missbrauchs- und Aufteilungsgedanken einfacher als berechtigt begründen als eine im Tatbestand der Niederlassungsfreiheit verortete europäische Mindestvorgabe für die Verlustberücksichtigung. Zudem träfe die Konsequenz den Mitgliedstaat nicht unmittelbar. Folge dieser Konkretisierung im Rahmen des „ultima ratio"-Modells ist nicht die direkte Europarechtswidrigkeit der eingeengten Abzugsmöglichkeiten, sondern eine Verantwortungszuteilung zwischen den Staaten, welche im Ergebnis zu Lasten des Steuerpflichtigen geht. Im Betriebsstättenfall trüge das Unternehmen dieses Risiko untergehender Verluste damit allein, was aufgrund der Nähe zum Investitionsentschluss in einem bestimmten Staat mit restriktiven Verrechnungsmöglichkeiten durchaus zu rechtfertigen ist. Verantwort-

---

1195 Siehe hierzu bereits D. f). Ebenso Knipping, IStR 2009, 275 (277); Mayr, BB 2008, 1816 (1817).
1196 Zwar käme eine solche extensive Ausdeutung der Grundfreiheiten diesmal ausnahmsweise den Hochsteuer-staaten zu Gute, der Wirkungsbereich ist jedoch nicht nach solchen Kriterien selektiv anzuwenden. Die Grundfreiheiten würden in diesem Fall offen gewisse Mindestvorgaben für ein nationales Verlustverrechnungs-konzept vorgeben – vergleichbar den von den Grundrechten in Deutschland gesetzten Mindeststandards für die Verlustverrechnung. In diesem Falle könnten wahrscheinlich auch andere Verfassungsgerichte als das BVerfG mit dem Gedanken spielen, das EuGH-Vorgehen im Europäischen Steuerrecht als eine Art Ultra vires-Akt anzuprüfen. Hierzu ausführlich im sechsten Kapitel unter C. III.
1197 Zu einem solchen Verfahren, wo es konkret um die Angemessenheit der Verlustvortragsbeschränkung im Verhältnis zwischen zwei Mitgliedstaaten geht, wird es sicherlich in absehbarer Zeit kommen, siehe hierzu bereits Fn. 509.

lichkeit wird etabliert[1198], sowohl zwischen den Staaten als auch zwischen Staat und Unternehmer.

Offen ist jedoch die genaue Grenzziehung einer solchen Risikoverteilung. Bei welchem Betrag oder welcher zeitlichen Begrenzung soll der beschriebene Mechanismus einsetzen? Über diesen Maßstab lässt sich in der Folge zu „Krankenheim Ruhesitz" nur mutmaßen; zu abstrakt sind die Ausführungen der Richter. Derzeit wird dem Steuerschuldner ein respektables Maß an Rechtsunsicherheit zugemutet, muss er doch zuerst – anhand unklarer Vorgaben – ermitteln, gegen welchen der beiden beteiligten Mitgliedstaaten der Vorwurf des Grundfreiheitenverstoßes zu erheben ist[1199]. Er ist gezwungen sich in einem komplexer werdenden „Marks & Spencer"-Modell zurechtfinden[1200]. Eine denkbare Orientierung für den EuGH könnte eine Trennung zwischen bestehenden und später vor dem Hintergrund eines Wettbewerbsvorteils eingeführten Verrechnungsbegrenzungen sein. Für bestehende Limitierungen bestünde insofern eine Art Bestandsschutz. Eine Ahndung gegen weiter verschärfte Regelungen im Wege der Zurechnung ließe sich dann anhand der ausgewogenen Aufteilung der Besteuerungsbefugnis in Kombination mit Aspekten eines Missbrauchs der Staatensolidarität auf dem Binnenmarkt begründen. Auf diesem Wege würde nach derzeitigem Stand eine faktische Untergrenze von fünf Jahren bei der Begrenzung des intertemporären Verlustvortrags eingeführt. Darüber hinaus kann man die Aussagen des Urteils in einer Weise deuten, dass sämtliche zeitlichen Beschränkungen als Grund für eine Verantwortungszuweisung zu Lasten des Quellenstaates anzusehen sind[1201]. Dies bedeutete eine sehr starke Reduzierung des Anwendungsspektrums für den grenzüberschreitenden Verlusttransfer und eine spürbare Rückverlagerung der Nachteile fehlender Harmonisierung auf den Unternehmer.

dd) Resümee der „Krankenheim Ruhesitz"-Neuerung

Das Vorgehen des Gerichtshofs in der Rechtssache „Krankenheim Ruhesitz GmbH" führt zu einer Einengung des Anwendungsbereichs der Subsidiaritätslösung. Nicht

---

1198 Ebenso in einem jüngsten Fall zur Anrechnung spanischer Erbschaftsteuer in Deutschland, Rechtssache C-67/08, „Block", IStR 2009, 175ff., Rn. 28ff. (besonders Rn. 31).
1199 Ebenso Cordewener, IWB 2009, Fach 11, 983 (993f.).
1200 Etwas Klarheit schafft nun BFH, Urteil vom 9. 6. 2010 - I R 107/09, DStR 2010, 1611 (1614): Die Richter verneinen eine Finalität allein aufgrund einer zeitlichen Begrenzung des Vortrages im Quellenstaat. Hingegen soll die ultmia ratio Ausnahme greifen, wenn aufgrund von Umwandlung, Verkaufs-, Übertragung oder der Aufgabe der Betriebsstätte eine zukünftige Verlustnutzung in Einklang mit dem ausländischen Steuerrecht definitiv ausgeschlossen ist. Der Verlustabzug soll dabei erst im „Finalitätsjahr" erfolgen; der vom Grundsatz der Leistungsfähigkeit eigentlich geforderte phasengleiche Abzug sei „infolge der abkommensrechtlich vereinbarten und gemeinschaftlich konsentierten „Symmetrie" der Freistellung auch von Verlusten für das Verlustentstehungsjahr im Ansässigkeitsstaat gewissermaßen suspendiert".
1201 So wohl Burwitz, NZG 2009, 19 (ebenda); Lühn, BB 2009, 90 (92).

jede Nichtberücksichtigung von im Betriebstättenstaat endgültig gewordenen Verlusten verstößt gegen die Grundfreiheiten. Zwar ist die exakte Grenzziehung noch offen, wann der Stammhausstaat nicht mehr die Folgen eines eingeschränkten Verlustvortragsrechts im Betriebsstättenstaat zu tragen hat; die Entscheidung fördert jedoch das Verständnis eines nicht vom Unternehmerrisiko abgekoppelten „ultima ratio"-Anrechts auf grenzüberschreitende Verlustverrechnung im Binnenmarkt[1202]. Der Gerichtshof nimmt die vorgetragenen mitgliedstaatlichen Bedenken sonach durchaus ernst. Dies ist gerechtfertigt, will man nicht dem „race to the bottom" bei den Tarifen der Körperschaftsteuer einen „race to restriction" bei den Verlustverrechnungsregeln folgen lassen. Eine solche flächendeckende Einengung wäre nämlich die wahrscheinliche Zukunftsperspektive, wenn der gegenwärtige Trend, hauptsächlich in den neuen Mitgliedstaaten, anhalten bzw. durch entsprechende EuGH-Urteile noch befeuert werden sollte. Die belasteten Ansässigkeitsstaaten würden über kurz oder lang nachziehen, um die ihnen aufgebürdete Verlustlast zu begrenzen. Dies wäre dann eine für alle Beteiligten – aber gerade für kleine Unternehmen[1203] – ökonomisch wenig wünschenswerte Konsequenz.

Betrachtet man in Kenntnis des EuGH-Modells einer subsidiären grenzüberschreitenden Verlustnutzung nochmals die Beschränkungswirkung des § 2a Abs. 3 EStG a. F. im Fall „Kankenheim Ruhesitz GmbH", so erscheinen die dort vorgenommenen Urteilsfeststellungen noch fragwürdiger. Das „Lidl Belgium"-Level verkörpert den aus der Sicht des Gerichtshofes geforderten europäischen Mindeststandard. Die alte deutsche Regelung sorgte darüber hinaus für eine – nach diesem Mindeststandard gerade nicht notwendige – Liquiditätsgleichstellung mit dem Inlandsfall. Die von der Vierten Kammer vorgenommene Aufspaltung der Regelungswirkungen in zwei Stufen wirkt vor diesem Hintergrund gekünstelt. Die zweite Stufe der Nachversteuerung reduziert den auf der ersten Stufe gewährten Vorteil einer sofortigen, phasengleichen Verrechnung lediglich auf das in „Lidl Belgium" geforderte zurück. Der Liquiditätsvorteil bleibt. Die Regelung muss danach als Einheit verstanden werden, welche im Endeffekt ein binnenmarktfreundlicheres Ergebnis liefert als der „Lidl Belgium"-Fall. Warum der EuGH dennoch eine Beschränkungswirkung annimmt, erklärt sich erneut nur aufgrund seiner strategischen Ausrichtung „nicht nur möglichst zu allem gefragt zu werden, sondern wenn irgendwie machbar, auch zu allem etwas zu sagen[1204]".

1202 Diesen „ultima ratio"-Gedanken betont BFH, Urteil vom 9. 6. 2010 - I R 107/09, DStR 2010, 1611 (1614).
1203 Den KMU stehen mangels verzweigter Unternehmensstruktur schon weit weniger interne Verrechnungs-möglichkeiten zur Verfügung, ganz zu Schweigen von den globalen Verlagerungschancen.
1204 In Anlehnung an die Eingangs des Kapitels zitierte Aussage von Gerichtspräsident Skouris.

4. Zusammenfassung der Abwägung

Ein grenzüberschreitender Abzug der – nach Maßgabe des deutschen Steuerrechts ermittelten – luxemburgischen Betriebsstättenverluste im Streitjahr kommt mithin nur dann in Betracht, wenn Lidl die in Luxemburg für den betreffenden Besteuerungszeitraum sowie für frühere Besteuerungszeiträume vorgesehenen Möglichkeiten zur Berücksichtigung von Verlusten tatsächlich ausgeschöpft hat sowie im Streitjahr keine Möglichkeit besteht, dass die Verluste der Betriebsstätte in Luxemburg für künftige Zeiträume von ihr selbst oder von einem Dritten berücksichtigt werden.

Die Verhältnismäßigkeitskonstruktion des Gerichtshofs intendiert die Möglichkeit, die Einmalverrechnung von Verlusten zu gewährleisten[1205]. Diese „Nullversickerungsdoktrin" folgt dem Gebot einer europäisch verstandenen Leistungsfähigkeit, einer im Grundsatz ökonomisch sinnvollen und zeitgemäßen Überlegung. Allerdings gelangt der EuGH im Verfahren „Krankenheim Ruhesitz" zu der Einsicht, dass ein Unternehmer, entschließt er sich, seine Investition in einem Markt zu tätigen, wo eine besonders restriktive Verlustberücksichtigung – meist im Gegenzug für niedrige Tarife – gilt, sich an dieser Entscheidung bis zu einem gewissen Grad festhalten lassen muss. Einem steuerpflichtigen Unternehmen sollte die Verlustverrechnungsmöglichkeit zwar einmal zugute kommen, allerdings muss dies gerade nicht in dem Staat mit der höchsten Wertigkeit der Verluste erfolgen. So bleibt es nach wie vor bei dem Versuch, einen Ausgleich zwischen Leistungsfähigkeits- und Territorialitätsprinzip zu schaffen. Letzterem Prinzip wird durch die Betonung des „ultima ratio"-Charakters jedoch zu einem überwiegenden Gewicht verholfen.

Der EuGH folgt mit seinem Konzept sonach weder dem extensiven Vorschlag der Generalanwältin noch jenem in dieser Arbeit präferierten Ausstieg auf der Beschränkungsebene. Ist sein Vorgehen folglich Ausdruck eines gelungenen Kompromisses? Nein. Die von Staatenhand in eigener Kompetenz vorgenommene Aufteilung der Besteuerungsbefugnis steht – bis auf den Fall des kollusiven Zusammenwirkens – keiner relativierenden Abwägung offen[1206]. Die staatliche Souveränität ist in diesem Punkt keine Kompromissfrage. Das Konstrukt der Luxemburger Richter führt zu einer verworrenen praktischen Handhabung, welche zudem unter einer Vielzahl von offenen Fragen leidet. Ein klares und stringentes Bekenntnis zur mitgliedstaatlichen Aufteilungshoheit sieht anders aus. Doch derart entschlossene Signale sendet der Europäische Gerichtshof bei der Verlustverrechnung nicht.

1205 Ebenso wie es dem Leitbild der Marktfreiheiten entspricht im grenzüberschreitenden Fall wirtschaftlichen Erfolg nur einmal zu erfassen (also möglichst keine Doppel- oder Mehrfachbesteuerung), um die transnationale Wirtschaft im Binnenmarkt nicht ungebührlich zu belasten, vgl. Beiser, IStR 2009, 236 (237).
1206 Hierzu fünftes Kapitel D. I. 3.

E. Zusammenfassung

Das erneut deutliche Abweichen der richterlichen Begründungslinie von den Vorschlägen der Generalanwältin dokumentiert ein weiteres Mal die kontroverse rechtliche Auseinandersetzung um die Bewertungsmaßstäbe im Bereich der grenzüberschreitenden Verlustverrechnung. Mit der Entscheidung „Lidl Belgium" hat der Gerichtshof nun aber ein zwar noch nicht bis ins Detail abgeschlossenes – dies gilt insbesondere für die Maßstäbe zur Bestimmung der Endgültigkeit des ausländischen Verlustes, jedoch in seinen Konturen deutlich erkennbares europäisches Verrechnungskonzept geschaffen, an dem es sich zukünftig zu orientieren gilt. Der in „Marks & Spencer" für rechtsträgerübergreifende Konstellationen entwickelte Kurs wird auf die rechtsträgerinterne Verrechnung übertragen. Damit wird das Gros der Fälle nun nach einheitlichen Vorgaben zu behandeln sein. Allerdings darf nicht verkannt werden, dass für diesen Schritt hin zu mehr Rechtsformneutralität bei der Verlustverrechnung neben dem Pragmatismus des EuGH die konkrete DBA-Regelung eine gewichtige Rolle spielt, welche mittels Fiktion der Betriebsstätte als eigenes Steuersubjekt im grenzüberschreitenden Fall grundlegende strukturelle Differenzen verschwimmen lässt. Auch sonst sollten die starken Einzelfallbezüge der „Lidl Belgium"-Entscheidung aufhorchen lassen und davon abhalten, die dargestellten Grundsätze als „in Stein gemeißelt" zu betrachten. Dennoch kann nach den Urteilen in der „Marks & Spencer"-Reihe eine Stabilisierung sowie eine erhöhte Voraussehbarkeit der Umstände im Bereich der territorial übergreifenden Verrechnung konstatiert werden. Dies gilt sowohl für die Vorgehensweise auf der Beschränkungs- als auch der Rechtfertigungsebene. Nach der dogmatischen Kontroverse in Folge der Rechtssache „Futura", wo vom Gericht das Territorialitätsprinzip ein erstes Mal ins Feld geführt wurde, stellt der EuGH nun in der „Marks & Spencer"-Linie klar, dass die territoriale Begrenzung des Steueranspruchs nicht der Vergleichbarkeit von In- und Auslandssachverhalt entgegensteht, jedoch die Ungleichbehandlung im Einzelfall rechtfertigen kann.

Weit. Sehr weit. Das ist demnach die Linie des Gerichtes auf Ebene der Beschränkungsprüfung. Hier lässt der EuGH keinen Fall scheitern, wenn er dies nicht ausdrücklich wünscht. Das dogmatische Gerüst bietet insofern alle Freiheiten. Selbst ein noch so souverän ausgehandeltes DBA hilft nicht über eine Vertragsbehinderung im Blickwinkel des vertikalen Vergleichpaares hinweg. Zwar wird von den Regierungen unverdrossen versucht, eine Vergleichbarkeit im konkreten Sachverhalte zu widerlegen. Vergebens. Einen konzertierten Aufstand gegen die ausdehnende Vorgehensweise muss der EuGH derzeit jedoch nicht befürchten, glättet er die Wogen geschickt durch Zugeständnisse auf der Rechtfertigungsebene. Viele Regierungen akzeptieren diese Vorgehensweise, solange ihnen das Resultat nicht schwerwiegend zum Schaden gereicht. Diese ergebnisbezogene Betrachtung versperrt indessen den Blick auf grundlegende dogmatische Probleme, welche sich auf diesem Wege immer weitergehender, nahezu irreversibel verfestigen. Die Regierungen fügen sich der vorgegebenen Dogmatik; sie argumentieren innerhalb vorgefasster Bahnen und folgen einem Rhythmus, welchen die Luxemburger Richter vorgeben. Mehr Playback als Komposition.

Die Rechtfertigungsebene zeugt von einem harten Ringen um Standards. Gerade hier sind die Abweichungen von den Entscheidungsvorschlägen der Generalanwälte am deutlichsten. Hier setzt das neue Leitbild der EuGH-Verlustverrechnungsregeln, die Ausgewogenheit der Zuteilung der Besteuerungsbefugnisse, ein – zu spät. Dennoch hat dieser Rechtfertigungsgrund großes Potential. Er vereint Äquivalenzgesichtspunkte ebenso wie die Angst vor Steuerflucht und grundlegende finanzielle Gerechtigkeitsanliegen. Er schafft Querverbindungen zwischen bisher nur mittelbar verknüpften Aspekten. Die Mitgliedstaaten können auf eine „ganzheitlichere" Betrachtungsweise durch den EuGH hoffen. Der damit begonnene Drahtseilakt einer Ausbalancierung zwischen Territorialität und europäischer/weltweiter Leistungsfähigkeit, zwischen steuergutsbezogenem Nationalismus und Welteinkommensprinzip, zwischen Souveränität und Binnenmarktgebundenheit, ist daher auch Kernstück der Urteilsreihe. „Lidl Belgium" billigt hierbei die symmetrisch verstandene Freistellung des BFH und beschneidet insoweit das Welteinkommensprinzip zugunsten einer in höherem Maße territorialen Sichtweise. Zusätzlich wird ein Harmonisierungsvorbehalt für tiefer gehende Eingriffe in das Gemein-schaftsrecht installiert. Die Richter erkennen damit an, dass Maßnahmen, welche sachlich einer Vollharmonisierung nahe kämen, nicht allein auf die EG-Marktfreiheiten gestützt werden können.

Bedauerlicherweise finden sich keine direkten Äußerungen zum Verhältnis der neuen Trias zu den althergebrachten Rechtfertigungsgründen, insbesondere zur Kohärenz. Gerade vor dem Hintergrund des jüngsten Verfahrens „Krankenheim Ruhesitz GmbH" eröffnet dies Spielraum für Mutmaßungen. Ferner ist nicht transparent, inwiefern die in der „Marks & Spencer"-Reihe vorgenommene Modifikation des Rechtfertigungsgrundes der „Steuerflucht" seine zunehmende Loslösung vom spezifischen, einzelfallbezogenen Missbrauchskern, fortdauernd sein soll. Für die steuerliche Praxis besonders unerquicklich sind die bestehenden Unklarheiten in punkto „Endgültigkeit eines Auslandsverlustes".

In „Lidl Belgium" bleibt es bei der DBA-rechtlichen Aufteilung durch die Staaten. Eine Orientierung am Territorialitätsprinzip setzt sich durch. Wenn aber Verluste insgesamt zu versickern drohen, gebietet der EuGH die Ausnahme. Hierin liegt eine nicht zu verkennende Durchbrechung des DBA-Trennungskonzeptes, welches die Einheit zwischen Stammhaus und Betriebsstätte im grenzüber-schreitenden Kontext auflöst. Die vom EuGH intendierte „ultima ratio"-Funktion dieser Konstruktion wird durch den Entscheid in „Krankenheim Ruhesitz GmbH" zwar bekräftigt, allerdings technisch verwickelt, durch eine Ausnahme von der Ausnahme. Eine stimmig territorial orientierte Lösung scheitert am Geben und Nehmen der Verhältnismäßigkeit. Hier wird Präzision kleingearbeitet. Dies führt vielfach zu einer starken Verkomplizierung, zu noch höherer Bürokratisierung des Steuerrechts[1207].

1207 Dies ist kein Einzelphänomen der Rechtssache „Lidl Belgium", siehe Gosch, DStR 2007, 1553 (ebenda f.).

Vor diesem Hintergrund scheint die Frage berechtigt, wie es denn um die eigene innere Schlüssigkeit der durch den EuGH kreierten „europäischen Steuerrechtsordnung" bestellt ist. Häufig kritisiert und verworfen werden Normen der nationalen Steuerordnungen gerne unter Hinweis auf mangelnde Folgerichtigkeit im Verhältnis zum Europarecht[1208]. Doch wie ist es um die konsequente Ausrichtung des EuGH etwa im Hinblick auf das europäische Leistungsfähigkeitsprinzip bestellt[1209]? Wie ist es um die Gerechtigkeitsstandards des Europäischen Steuerrechts bestellt? Mangelt es großflächig an der inneren Geschlossenheit des richterlichen Vorgehens, sind Subsidiaritätüberlegungen besonders zu gewichten. Mangelt es bei dem durch den EuGH strukturell möglichen Lösungsangebot an einem überzeugenden Gesamtkonzept, so muss dies Einfluss auf die Tragweite haben, welches einer negativen Integration zukommen darf. Ohnehin nur zweite Wahl nach der politischen Harmonisierung, ist diese bei fehlender eigener Schlüssigkeit bewusst zurückhaltend anzuwenden. So sollte sich im Gegensatz zur lange vorherrschenden Maxime – im Zweifel für die (Binnenmarkt-)Freiheit zu streiten – verstärkt ein Bewusstsein zu etablieren, im Zweifel nur den Mindeststandard zu gewähren[1210]. Die Ausrichtung der „Marks & Spencer/Lidl Belgium"-Urteilsreihe ist ein erster, aber durchaus bedeutender Schritt in diese Richtung – leider unter Zuhilfenahme eines dogmatisch zu kritisierenden Vorgehens.

1208 Eine merklich geringere Schutzwürdigkeit der nationalen Steuerhoheit innerhalb der Abwägung mit den Binnenmarktinteressen konstatiert etwa Stewen, EuR 2008, 445 (468), für den Fall, dass eine Regelung zu Disposition steht, an der bereits national erhebliche verfassungsrechtliche Zweifel bestehen, etwa im Hinblick auf die national bemessene Leistungsfähigkeit. Insofern schlagen nationale Widersprüchlichkeit und Inkohärenz auch auf das „Außenverhältnis" mit der EG durch. Vom EuGH wird dieser Punkt der Schlüssigkeit vor allem im Rahmen der Kohärenz eingestellt, welcher die Mitgliedstaaten zu strikter Systemkonsequenz verpflichtet, wenn sie sich rechtfertigen wollen. In gewisser Hinsicht ergänzen sich mithin vom BVerfG entwickelte „Folgerichtigkeit" und die „EuGH-Kohärenz". Der Plausibilitätsdruck auf die nationale Steuerordnung hat somit zwei, im Idealfall ineinander greifende, Perspektiven.
1209 Hierzu im siebten Kapitel B.
1210 Als Schritt in Richtung hin zu diesem etwas geweiteten Blickwinkel kann der vom EuGH ins Urteil eingefügte Harmonisierungsvorbehalt gedeutet werden.

Dritter Abschnitt:

Abschließende Analyse der Entwicklungen im Bereich der grenzüberschreitenden Verlustverrechnung und allgemeine Tendenzen im Europäischen Steuerrecht

Sechstes Kapitel: Der EuGH und seine steuerliche Kompetenzdeutung im Spannungsfeld nationaler Verfassungsrechtsprechung

A. Vorbemerkung

Nach der ersten zusammenfassenden Bewertung am Ende des Falles „Lidl Belgium" sollen einige im ersten Kapitel angesprochene Grundlagen nochmals aufgegriffen und, nachdem deren Wirkungsreichweite anhand der praktischen Fälle dargelegt wurde, vertieft werden, bevor die abschließende Analyse zur tragenden Fragestellung dieser Arbeit begonnen wird, wo sich die Begutachtung erneut auf die neueste Entwicklung der Rechtsprechung im Bereich der grenzüberschreitenden Verlustverrechnung bezieht. Sowohl der dogmatische als auch der Blick auf die grenzüberschreitende Verlustverrechnung allgemein werden sich wieder etwas weiten. Dem Europäischen Steuerrecht als Gesamtkonstrukt wird erhöhte Beachtung zuteil. Hierzu werden, ausgehend vom Bereich der Verlustverrechnung, abermals Bezüge zu anderen Teilbereichen hergestellt, um die bisher gefundenen Erkenntnisse zu verknüpfen. Zudem wird die in den Verfahren mehrfach aufgeworfene Frage nach einer zu extensiven Grundfreiheiten-Rechtsprechung des EuGH im nationalen verfassungsrechtlichen Kontext behandelt, indem die Kompetenzinterpretation in Konkurrenz zum BVerfG betrachtet wird. Wo ist hier die rechtliche Grenze zu ziehen? Zunächst soll jedoch das Augenmerk auf die neusten Zutrittsvehikel des Gerichtshofes zum Bereich des Europäischen Steuerrechts gelenkt werden.

B. Grundfreiheit ohne Markt im Steuerrecht ohne Harmonisierung

Der EuGH öffnet anhand der „Urformel" die Türe zum Steuerrecht der Mitgliedstaaten. Die eigentliche Ausweitung der Kompetenz erfolgt damit nicht erst auf Ebene einer weit verstandenen Beschränkungskontrolle, der zurückhaltenden Anerkennung von Rechtfertigungsgründen oder einer strengen Verhältnismäßigkeitsprüfung. Den europäischen Dietrich zum Steuerrecht stellen die Grundfreiheiten bereits eine Ebene vorher, indem sie ihren Einflussbereich zugunsten eines extensiven Rechtsschutzsystems im Gemeinschaftsrecht begründen. Erst auf dieser Grundlage kann sich die Grundfreiheitenprüfung mit Beschränkung, Rechtfertigung und Verhältnismäßigkeit überhaupt entfalten. So dienen die vier Marktfreiheiten als eine Art „Allzweckwerkzeug", welches dem EuGH über das Zusammenspiel eines inhaltlich nahezu grenzenlosen Geltungsanspruchs mit dem Anwendungs-vorrang des EG-Rechts eine beträchtliche Machtposition schafft. Die Staaten haben sich mehr oder minder an diese Wirkungsweise der Marktfreiheiten gewöhnt. Ihre in den Stellungnahmen vorgetragenen Souveränitätsvorbehalte haben sich vom Bestreiten des grundsätzlichen Zugangs über die „Urformel" fast ausschließlich auf die Rechtfertigungsebene verlagert.

I. Art. 18 EG

Nun verbreitet der Gerichtshof erneut seine Verwurzelung im Europäischen Steuerrecht. Dies betreibter durch die Zudeutung steuerlicher Relevanz in Art. 18 EG[1211]. Der durch den Vertrag von Maastricht geschaffenen[1212] allgemeinen Freizügigkeit fehlt ursprünglich ein für die grundfreiheitliche Wirkung typischer Marktbezug[1213]. Das Freizügigkeitsrecht ergibt sich vielmehr direkt aus der Stellung als Unionsbürger. Dieses Freizügigkeitsverständnis ist damit nicht mehr nur bloßes Anhängsel zu der wirtschaftlichen Förderungsfunktion der Grundfreiheiten im Binnenmarkt, sondern existiert losgelöst von einer wirtschaftlichen Aktivität des Unionsbürgers[1214]. Gewährleistet wird ein unionsinternes Bewegungs- und Aufenthaltsrecht, welches eine möglichst umfassende Beteiligung am gesellschaftlichen, kulturellen und politischen Leben des Aufenthaltsstaates sichern soll[1215]. Diese Freizügigkeit hat eigentlich eine europapolitische, keine ökonomische Ausrichtung. Dennoch bedienen sich die europäischen Richter ihrer teilweise wie einer Marktfreiheit. Art. 18 EG übernimmt die Funktion einer lex generalis[1216], einer Auffanggrundfreiheit[1217]. Ihr wird steuerliche Relevanz zugemessen, wenn die klassischen Grundfreiheiten nicht greifen, der EuGH eine Intervention allerdings für nötig erachtet[1218]. Auf diese Weise gelangen über das Vorabentscheidungsverfahren weitere steuerliche Streitfragen nach Luxemburg. Subjektive Rechte der Steuerpflichtigen werden nicht unerheblich erweitert, staatliche Autonomie weiter beschnitten. Insofern erfolgt eine Abkopplung vom grundfreiheitlichen Gedanken des ökonomischen Eigennutzes im Bin-

---

1211 In Verbindung mit Art. 12 EG, vgl. Wollenschläger, ZEUS 2009, S. 32 ff.
1212 Düsterhaus, EuZW 2008, 103 (ebenda).
1213 Vgl. Hatje in: Schwarze, EU-Kommentar, Art. 18 EG, Rn. 1.
1214 Vgl. Magiera in: Streinz, EUV/EGV-Kommentar, Art. 18 EG, Rn. 9.
1215 Magiera in: Streinz, EUV/EGV-Kommentar, Art. 18 EG, Rn. 14 ff.
1216 Wollenschläger, Grundfreiheit ohne Markt, S. 378.
1217 Vgl. Hufeld, GPR 2009, 121 (124). Zur subsidiären Stellung des Art. 18 EG im Vergleich zu den Grundfreiheiten, Rechtssache C-104/06, „KOM/Schweden", IStR 2007, 145 ff., Rn. 15; Haratsch, Europarecht, Rn. 647.
1218 Vgl. Rechtssache C-76/05, „Schwarz", EuZW 2007, 601 ff., Rn. 83 ff. Zwar geschieht dies wie in der Rechtssache „Schwarz" meist im Kontext eines europäischen Bildungs- und Wissenstransfers, wo argumentiert werden kann, dass die Lernenden von heute die Steuerzahler von morgen sind, vgl. Hufeld, GPR 2009, 121 (124). Diese zukünftige Perspektive löst sich allerdings sehr weit von den bestehenden Grundsätzen. Ein wirtschaftlicher Unmittelbarkeitszusammenhang besteht nicht. Die ökonomische Binnenmarktdividende ist wahrscheinlich, aber nicht gewiss.

nenmarkt zugunsten einer Kompetenzausweitung des Gerichtes[1219] - eine „Grundfreiheit ohne Markt"[1220] im Steuerrecht ohne Harmonisierung.

II. Loslösung der europarechtlichen Schutzwirkung vom wirtschaftlichen Zweck

Ebenso zeugen dogmatische Schritte innerhalb der Grundfreiheiten selbst von einem zunehmenden Abrücken vom ökonomischen Kern hin zu einer verstärkt politisch verstandenen Europäischen Gemeinschaft. So wird im jüngst ergangenen Urteil zu einem Fall des Gemeinnützigkeitsrechts, der Rechtssache „Persche", die Einschlägigkeit der Kapitalverkehrsfreiheit bejaht, weitgehend gelöst vom ökonomischen Grundgedanken dieser Grundfreiheit[1221], welche in erster Linie die grenzüberschreitende Anlage- und Investitionstätigkeit gewährleisten will[1222]. Der Anwendungsbereich wird trotz des rein altruistischen Charakters der konkreten Auslandsspende eröffnet[1223]. Damit erstreckt sich der Schutzbereich der Grundfreiheiten merklich weiter als der Anwendungsbereich des Wettbewerbsrechts, welches der EuGH bisher gerade nicht auf „rein soziale Tätigkeit"[1224] erstreckt. Ein Verweis auf die Richtlinie zum Kapitalverkehr[1225], welche als Auslegungshilfe für Art. 56 EG herangezogen wird, genügt im Urteil „Persche", um über die gehegten Zweifel[1226] solch breiter Handhabung hinwegzuhelfen[1227]. Eine grundlegende Auseinandersetzung mit der Frage, ob die Grundfreiheit ohne diesen Eigennutzgedanken eigentlich greifen soll, lässt das Urteil jedoch vermissen. Auf diesem Wege wird die bisherige Systematik en passant verändert und Rechtsrealität geschaffen.

Dieses insgesamt streitbare Vorgehen ist dabei kein Spezifikum des Europäischen Steuerrechts[1228]. Die Geltung grundlegender Prinzipien des Gemeinschaftsrechts über die eigentliche Zuständigkeit der Gemeinschaft hinaus wird auch in anderen Politikfeldern als dem Steuerrecht praktiziert[1229]. Aus deutscher Sicht besonders in Erinnerung ist etwa die richterliche Handhabung des Falles „Tanja Kreil", wo der

---

1219 Einschränkend ist jedoch festzustellen, dass die auf Art. 18 EG gestützte Rechtsposition häufig in ihrer Qualität etwas schwächer ausgestaltet ist als die auf eine Grundfreiheit gestützte Rechtsstellung, vgl. hierzu Wollenschläger, ZEUS 2009, S. 47f.
1220 Begriffsverwendung nach Wollenschläger, Grundfreiheit ohne Markt, S. 3.
1221 Ebenso im Kontext der Rechtssache „Persche", Hufeld, GPR 2009, 121 (126).
1222 Vgl. Glaesner in: Schwarze, EU-Kommentar, Art. 56 EG, Rn. 7.
1223 Rechtssache C-318/07, "Persche", DStR 2009, 207ff., Rn. 41ff., Rn. 21ff.
1224 Vgl. Rechtssache C-222/04, „Cassa di Risparmio di Firenze SpA", EuZW 2006, 306 ff., Rn. 121.
1225 Genau genommen auf deren Anhang, RiL 88/361/EWG.
1226 Solche äußern etwa Hüttemann/Helios, IStR 2008, 39 (41).
1227 Rechtssache C-318/07, "Persche", DStR 2009, 207ff., Rn. 41ff., Rn. 24.
1228 Allgemein zur Kompetenzausdehnung durch Richterrecht auf Gebieten ohne eigentliche Gemeinschaftskompetenz, Schwarze, Europäisches Wirtschaftsrecht, S. 366ff.
1229 Etwa im Bereich der nationalen Systeme sozialer Sicherheit, siehe Rechtssache C-120/95, „Decker", Slg. 1998, I-1831, Rn. 21ff. Hier wird das schematisch knappe Vorgehen des EuGH beispielhaft vor Augen geführt.

EuGH Grundsätze der Gleichbehandlung von Männern und Frauen, Art. 141 EG, auf die Organisation der Streitkräfte und damit auf einen Bereich übertrug, in welcher der Gemeinschaft keine Zuständigkeit innewohnt[1230]. Das Vorgehen im Steuerrecht hebt sich dennoch von dem der anderen Politikbereiche etwas ab. Dieser Eingriff in die nationalstaatliche Kompetenz hat sich verstetigt, er ist nicht mehr nur die Ausnahme und aufgrund der Eingriffsquantität wie -qualität im Vergleich zu anderen Feldern folgenschwerer[1231]. Das Spektrum, in welchem sich das Gericht mittels „Urformel", Art. 18 EG und uneigennütziger Kapitalverkehrsfreiheit die Mitbestimmung sichert, ist beachtlich.

C. Das Verhältnis des EuGH zu den nationalen Gerichten, insbesondere zum Bundesverfassungsgericht: Das Europäische Steuerrecht als Bewährungsprobe der nahen Zukunft?

Die Machtfülle in den Händen des EuGH beunruhigt nicht nur die Regierungen. Besonders die ursprünglichen „Alleinherrscher" über die verbindliche Rechtsdeutung in den Nationalstaaten, die höchsten mitgliedstaatlichen Gerichte, fühlen sich in ihrer Bedeutung herabgesetzt[1232]. Die voranschreitende Tätigkeitsausweitung in Eigeninitiative beschwört institutionelle Spannung. Wie zu Beginn dieser Arbeit bereits thematisiert, sind die rechtlichen Möglichkeiten der nationalen Verfassungsgerichte ein gewichtiger Faktor im europäischen Balancegefüge, welches der EuGH bei der grenzüberschreitenden Verlustverrechnung zu beachten hat[1233].

I. Das Verhältnis zwischen dem EuGH und dem BVerfG

Um die Verhaltensweise des EuGH im Akteursgeflecht des Europäischen Steuerrechts in Gänze einordnen und so die Entwicklungen bei der Verlustverrechnung im Detail beurteilen zu können, sollte aus deutscher Perspektive die starke Meinungsführerschaft des BVerfG nicht verkannt werden. Wichtige steuerrechtliche wie -politische Akteure treffen aufeinander. Dabei sind über den „fruchtbaren Teil" hinaus die eingangs beschriebenen Wechselwirkungen ein ständiger Keim von Rivalität. Neben dem Einfluss im Einzelfall geht es nicht selten um eine generelle Positio-

---

1230 Rechtssache C-295/98, „Kreil", Slg. 2000, I-69.
1231 Dies gilt insbesondere für die finanzielle Dimension, vgl. hierzu die zwischen verschiedenen Politikbereichen unterscheidende Einschätzung von Everett, DStZ 2006, 357 (358).
1232 Siehe etwa die Kritik von Gerichtspräsident *Papier* an der Kompetenzauslegung des EuGH, FAZ.NET, http://www.faz.net/s/RubA5A53ED802AB47C6AFC5F33A9E1AA71F/Doc~EB 044F1764F68445 4A75128 B25F348D4F~ATpl~Ecommon~Scontent.html, zugegriffen am 12.10.2009. Früher wurde landläufig die Aussage gepflegt, dass „über dem BVerfG nur noch der blaue Himmel kommt".
1233 Siehe bereits im ersten Kapitel A. VI.

nierung im Tauziehen um die „gerichtliche Kompetenz-Kompetenz", also um die Frage, wer autorisiert ist, letztverbindlich über den Zuschnitt des Gemeinschaftsrechts zu entscheiden. Diese folgenreiche Zuständigkeitsfrage resultiert aus der unterschiedlichen Sichtweise auf das vertragsgebundene Europarecht.

1. Standpunkt des EuGH

Ausgangspunkt der EuGH-Perspektive ist ein Verständnis vom Gemeinschaftsrecht als eigenständiger Rechtsordnung. „Zum Unterschied von gewöhnlichen internationalen Verträgen hat der EWG-Vertrag eine eigene Rechtsordnung geschaffen, die bei seinem Inkrafttreten in die Rechtsordnungen der Mitgliedstaaten aufgenommen worden und von ihren Gerichten anzuwenden ist. Denn durch die Gründung einer Gemeinschaft für unbegrenzte Zeit, die mit eigenen Organen, mit der Rechts- und Geschäftsfähigkeit, mit internationaler Handlungsfähigkeit und insbesondere mit wirklichen, aus der Beschränkung der Zuständigkeit der Mitgliedstaaten oder der Übertragung von Hoheitsrechten der Mitgliedstaaten auf die Gemeinschaft herrührenden Hoheitsrechten ausgestattet ist, haben die Mitgliedstaaten, wenn auch auf einem begrenzten Gebiet, ihre Souveränitätsrechte beschränkt und so einen Rechtskörper geschaffen, der für ihre Angehörigen und sie selbst verbindlich ist."[1234] Hieraus folgt für den Gerichtshof der unbedingte Anwendungsvorrang[1235] des Gemeinschaftsrechts gegenüber jeglichem innerstaatlichen Recht, mithin auch gegenüber nationalem Verfassungsrecht[1236]. Nach Ansicht des EuGH können über diese souveränen Rechtsakte der Gemeinschaft inklusive der Fest-stellung eventueller Kompetenzüberschreitungen nie nationale Gerichte, sondern nur der Europäische Gerichtshof als eigens geschaffenes Gemeinschaftsgericht entscheiden[1237]. Folglich hätten deutsche Gerichte wie der BFH oder das BVerfG von vornherein keinerlei Prüfungskompetenz.

1234 Rechtssache 6/64, „Costa/ENEL", NJW 1964, 2371 (2372).
1235 Zwar wurde dieser Anwendungsvorrang bereits im ersten Kapitel als „Allgemeingut" eines heutigen europäischen Juristen bezeichnet, jedoch ändert diese Rechtsrealität nichts an der konstitutiven Bedeutung und Sprengkraft dieses Grundsatzes – wie sich hier erneut im Kontext der Zuständigkeit zeigt.
1236 „Aus alledem folgt, daß dem vom Vertrag geschaffenen, somit aus einer autonomen Rechtsquelle fließenden Recht wegen dieser seiner Eigenständigkeit keine wie immer gearteten innerstaatlichen Rechtsvorschriften vorgehen können, wenn ihm nicht sein Charakter als Gemeinschaftsrecht aberkannt und wenn nicht die Rechtsgrundlage der Gemeinschaft selbst in Frage gestellt werden soll.", so Rechtssache 6/64, „Costa/ENEL", NJW 1964, 2371 (2372).
1237 Siehe beispielhaft das Urteil zur Tabakwerbe-RiL, welche vom EuGH mangels ausreichender Rechtsgrundlage für nichtig erklärt wird, Rechtssache C-376/98, „TabakwerbeRiL", EuZW 2000, 694ff., besonders Rn. 117.

2. Standpunkt des BVerfG

Zwar bestreitet das BVerfG die Notwendigkeit dieses Anwendungsvorrangs nicht grundsätzlich, jedoch folgt dessen Herleitung aus einem grundlegend anderen Gedankengang[1238]. Der Vorrang gründet sich aus Sicht der deutschen Verfassungsrichter auf die in Art. 23 Abs. 1 Satz 2 GG[1239] festgeschriebene Übertragungsermächtigung. Die Bundesrepublik überträgt einzelne Hoheitsbefugnisse auf die EG. Dabei vermittelt erst der Rechtsanwendungsbefehl des parlamentarischen Zustimmungsgesetzes zum EGV den Anwendungsvorrang[1240]. Es handelt sich um eine primär völkerrechtliche Verankerung des Gemeinschaftsrechts.

3. Konfliktpunkte

Nach diesem Verständnis darf nur solchem Gemeinschaftsrecht innerstaatliche Wirkung zukommen, welches sich innerhalb der das deutsche Grundgesetz tragenden Wertestrukturen bewegt und zudem auf einer der Gemeinschaft eingeräumten Kompetenz gründet. Denn nur so weit ermächtigt der „Integrationshebel" des Art. 23 Abs. 1 GG zu Übertragung. Dabei stellt der Verweis des Art. 23 Abs. 1 Satz 3 auf Art. 79 Abs. 3 GG klar, dass das deutsche Grundgesetz eine integrationsfeste Tabuzone kennt. Absolute Grenze der Übertragbarkeit ist das Grundgefüge der Verfassung. Mit dieser Sichtweise behält sich das BVerfG zwei Prüfungsrechte für EG-Rechtsakte vor: zum einen hinsichtlich einer Kontrolle der Grundrechtskonformität des Gemeinschaftsrechts, zum anderen in Bezug auf die Nachprüfung kompetenzgemäßen Handelns der Gemeinschaft.

a) Solange-Formel: Grundrechtskonformität des Gemeinschaftsrechts

Seit der Maastricht-Rechtsprechung sieht sich das BVerfG in einem „Kooperationsverhältnis" mit dem EuGH[1241]. Dieses Kooperationsverhältnis bedeutet aus Sicht des höchsten deutschen Gerichtes, dass vorrangig der EuGH für den Grundrechtsschutz gegenüber EG-Rechtsakten verantwortlich ist[1242]. Das BVerfG beschränkt seine

---

1238 Vgl. BVerfG, NJW 1993, 3047ff.
1239 Beziehungsweise bis zum Vertrag von Maastricht die Ermächtigung nach Art. 24 Abs. 1 GG, welcher nun hinsichtlich der Kompetenzübertragungen auf die EG als allgemeine Vorschrift hinter Art. 23 GG zurücktritt. Zu Historie und Inhalt des Europa-Artikels siehe Hufeld in: Schroeder/Fincke/Pfaff, Jahrbuch für Ostrecht 2009, S. 28ff.
1240 Sogenannte „Brückentheorie". Siehe bereits vor dem „Maastrichturteil" hierzu Kirchhof in: Isensee/Kirchhof, Handbuch des Staatsrechts, Band VII, 1. Auflage 1992, § 183, Rn. 65.
1241 BVerfG, NJW 1993, 3047 (3049); ebenso jüngst BVerfG, NZA 2010, 995 (997).
1242 Anrecht auf den „ersten Zugriff", Classen in: Von Mangoldt/Klein, Das Bonner Grundgesetz, Band 2, Art. 23 GG, Rn. 76.

„Reservekompetenz" auf eine generelle Gewährleistung der absolut unabdingbaren Grundrechtestandards, das heißt, es übt sein vorhandenes Kontrollrecht solange nicht aktiv aus, als auf der Ebene des Gemeinschaftsrechts generell ein Grundrechtsschutz durch den EuGH gewährleistet wird, welcher dem Schutzstandard des Grundgesetzes im Wesentlichen[1243] entspricht[1244]. Danach wird das BVerfG erst aktiv, wenn der europäische Grundrechtsschutz in einer Reihe von Fällen schwerwiegend unter das Niveau der deutschen Grundrechtsgewährleistung absinkt. Das bedeutet folglich, dass einzelne „Fehlurteile", wie sie bei keinem Gericht ausgeschlossen werden können, grundsätzlich hinzunehmen sind.

Zwar relativiert dieser Solange-Vorbehalt des BVerfG den Zuständigkeitsanspruch des EuGH über das Europarecht, jedoch führt die Herangehensweise des Verfassungsgerichts mit dem Erfordernis einer generellen Unterschreitung des Grundrechtsschutzes zur faktischen Bedeutungslosigkeit dieser Reservekompetenz. Ein Herabsinken des Schutzlevels auf der geforderten breiten Front erweist sich derzeit als unwahrscheinlich. Daher sind die Zwistigkeiten zwischen den Gerichten um diesen Grundrechtsvorbehalt gering. Das Recht zum Schutz dieses engsten Kerns der nationalen Verfassung kann der EuGH den mitgliedstaatlichen Verfassungsgerichten auch nicht wirklich absprechen, möchte er ihre Existenz nicht generell in Frage stellen. Vielmehr geht es hier um die Symbolik der Hierarchie. So haben sich beide Seiten mehr oder weniger mit diesem Konstrukt arrangiert.

b) Ausbrechender Rechtsakt: Handeln nur im Rahmen der Kompetenz

Anders – und für den Kontext des Europäischen Steuerrechts weitaus relevanter – verhält es sich mit einem anderen vom BVerfG im Maastrichturteil konstatierten Vorbehalt:

„Würden etwa europäische Einrichtungen oder Organe den EU-Vertrag in einer Weise handhaben oder fortbilden, die von dem Vertrag, wie er dem deutschen Zustimmungsgesetz zugrundeliegt, nicht mehr gedeckt wäre, so wären die daraus hervorgehenden Rechtsakte im deutschen Hoheitsbe-

---

1243 Vgl. den Maßstab des Art. 23 Abs. 1 Satz 1 GG.
1244 Sogenannte „Solange-Formel", BVerfG, NJW 1987, 577 (582): „Angesichts dieser Entwicklung ist festzustellen: Solange die Europäischen Gemeinschaften, insbesondere die Rechtsprechung des Gerichtshofs der Gemeinschaften einen wirksamen Schutz der Grundrechte gegenüber der Hoheitsgewalt der Gemeinschaften generell gewährleisten, der dem vom Grundgesetz als unabdingbar gebotenen Grundrechtsschutz im wesentlichen gleichzuachten ist, zumal den Wesensgehalt der Grundrechte generell verbürgt, wird das BVerfG seine Gerichtsbarkeit über die Anwendbarkeit von abgeleitetem Gemeinschaftsrecht, das als Rechtsgrundlage für ein Verhalten deutscher Gerichte und Behörden im Hoheitsbereich der Bundesrepublik Deutschland in Anspruch genommen wird, nicht mehr ausüben und dieses Recht mithin nicht mehr am Maßstab der Grundrechte des Grundgesetzes überprüfen; entsprechende Vorlagen nach Art. 100 I GG sind somit unzulässig". Dieser Maßstab wurde jüngst wiederholt, wenn auch sprachlich etwas verschärft durch die Hinzufügung des Wortes „lediglich", BVerfG, 2 BvE 2/08 vom 30.6.2009, BeckRS 2009 35262, Rn. 191.

reich nicht verbindlich. Die deutschen Staatsorgane wären aus verfassungsrechtlichen Gründen gehindert, diese Rechtsakte in Deutschland anzuwenden. Dementsprechend prüft das BVerfG, ob Rechtsakte der europäischen Einrichtungen und Organe sich in den Grenzen der ihnen eingeräumten Hoheitsakte halten oder aus ihnen ausbrechen"[1245].

Diese Urteilspassage statuiert den Anspruch, aus der Sicht des Grundgesetzes letztverbindlich über die Einhaltung von Kompetenzgrenzen der EG zu entscheiden. Die Grenzen bestimmen sich im Endeffekt nach dem Primärrecht. Dessen dynamische Fortentwicklung kann mit den Vorgaben des Grundgesetzes kollidieren.

„Wenn im europäischen Integrationsprozess das Primärrecht durch Organe verändert oder erweiternd ausgelegt wird, entsteht eine verfassungsrechtlich bedeutsame Spannungslage zum Prinzip der begrenzten Einzelermächtigung und zur verfassungsrechtlichen Integrationsverantwortung des einzelnen Mitgliedstaates"[1246].

Somit bewegt sich das BVerfG im Arbeitsbereich des EuGH. Beide Gerichte messen anhand desselben Maßstabs, mit der Gefahr unterschiedlicher Resultate. Es droht offener Dissens.

Diese vom BVerfG beanspruchte Nachkontrolle von aus den Vertragskompetenzen ausbrechenden Rechtsakten entscheidet die Frage, wer im Zweifelsfall dafür zuständig ist zu bestimmen, ob der Rahmen der eingeräumten Kompetenz gewahrt wurde, zugunsten des deutschen Gerichts[1247]. Der gemeinschaftsrechtliche Anwendungsvorrang wird so unter den Vorbehalt kompetenzgemäßen Handelns der EG gestellt, welches nicht der EuGH, sondern das deutsche Gericht überwacht. Dies ist die wahre „konfliktträchtige Zone"[1248] in den Beziehungen zwischen EuGH und BVerfG. Vom besagten Kooperationsverhältnis bleibt hier nicht mehr viel übrig. Das BVerfG verfügt mit dieser Rechtsprechungslinie über ein permanentes Drohpotential zur Korrektur im Einzelfall. Die Bejahung eines ausbrechenden Rechtsaktes hätte über dessen konkrete Nichtanwendbarkeit im Einzelfall hinaus eine hohe symbolische Wirkung: Ein solches Urteil beinhaltet nämlich zwangläufig den Vorwurf der Mangelhaftigkeit hinsichtlich des Handelns von Rat, Parlament oder Kommission und ganz besonders in Richtung EuGH, welcher dieser Fehlentwicklung nicht Einhalt geboten hat.

Bisher nicht abschließend geklärt ist die Frage, wie weit das BVerfG die konstatierte Nachkontrolle statuiert. Teilweise wird einschränkend angenommen, die Figur des ausbrechenden Rechtsaktes beziehe sich nur auf Rechtsakte der Gemeinschaft,

---

1245 BVerfG, NJW 1993, 3047 (3052).
1246 BVerfG, 2 BvE 2/08 vom 30.6.2009, BeckRS 2009 35262, Rn. 238.
1247 BVerfG, 2 BvE 2/08 vom 30.6.2009, BeckRS 2009 35262, Rn. 299 spricht ausdrücklich von einem „dem Bundesverfassungsgericht zustehende[n] Letztentscheidungsrecht".
1248 So bezeichnet der ehemalige Bundesverfassungsrichter *Grimm* die strittige Schnittstelle zwischen dem EuGH und dem BVerfG, RdA 1996, 66 (68).

damit auf Sekundärrecht, und nicht auf EuGH-Urteile selbst[1249]. Hingegen ist, auch wenn es hierfür noch kein praktisches Beispiel gibt, anzunehmen, dass das BVerfG gerade auch die extensive Rechtsfortentwicklung durch den EuGH als Bedrohung lokalisiert und folglich über Optionen des Gegensteuerns verfügen möchte. Die Verletzungswirkung für den verfassungsrechtlich zugestandenen Integrationsrahmen erweist sich als ähnlich intensiv wie bei einem dem Vertragstext entrinnenden Exekutivbeschluss. Demgemäß wird das „Maastricht"-Urteil mit seinem offensiven Grundton sowie die bestätigenden Folgeurteile häufig auch als „Warnschuss" gegen ein Ultra-vires-Handeln des EuGH gedeutet[1250]. So ist davon auszugehen, dass die höchsten deutschen Richter ebenfalls vor der konkreten Nachkontrolle eines aus ihrer Sicht „ausbrechenden" EuGH-Urteils nicht zurückschrecken würden[1251].

Die weite eigene Prüfungskompetenz im Grenzbereich zwischen zulässiger Auslegung des Vertrages und unzulässiger Vertragsfortbildung gründet sich nach Auffassung des BVerfG auf Art. 38 GG in Verbindung mit dem Demokratieprinzip. Es müsse gewährleistet sein, dass die demokratische Rückkopplung an die deutsche Staatsgewalt nicht sinnentleert werde. „Entscheidend ist, daß die Mitgliedschaft der Bundesrepublik Deutschland und die daraus sich ergebenden Rechte und Pflichten – insbesondere auch das rechtsverbindliche unmittelbare Tätigwerden der Europäischen Gemeinschaften im innerstaatlichen Rechtsraum – für den Gesetzgeber voraussehbar im Vertrag umschrieben und durch ihn im Zustimmungsgesetz hinreichend bestimmbar normiert worden sind"[1252]. Aus diesem Bestimmtheitserfordernis folgt, dass wesentliche Änderungen nicht ohne Vertragsrevision vorgenommen werden dürfen. In Deutschland, als einem der „Herren der Verträge", gilt demnach nur das EG-Recht, welches vom Zustimmungsgesetz zum Vertrag gedeckt ist. Eine zu extensive Handhabung des Vertrages wäre eine Verletzung des grundgesetzlich erlaubten Zusammenspiels zwischen nationaler und supranationaler Ebene.

Hingegen sieht der EuGH eine Verwerfungskompetenz für EG-Recht auf der Basis von Art. 220 EG allein bei sich angesiedelt. Diese Annahme folgt dem aus Sicht des

---

1249 So etwa Everett, DStZ 2006, 357 (359).
1250 Vgl. Classen in: Von Mangoldt/Klein, Das Bonner Grundgesetz, Band 2, Art. 23 GG, Rn. 79; Häberle in: Häberle, Jahrbuch des Öffentlichen Rechts der Gegenwart, Band 45, S. 133; Hirsch, NJW 1996, 2457 (2462); Sommermann in: Von Bogdandy, Handbuch Ius Publicum Europaeum, Band II, S. 16. Auch die jüngste Entscheidung 2 BvE 2/08 vom 30.6.2009, BeckRS 2009 35262 stellt die Bedeutung der umfassenden Möglichkeit einer Utra-vires-Kontrolle heraus, Rn. 240. Hierzu vertiefend unter C. I. 3. c) dd).
1251 Siehe hierzu nun BVerfG, NZA 2010, 995 (997 f.) und bereits Voßkuhle, NVwZ 2010, 1 (7). Die Beschwerde „Honeywell" richtet sich gegen ein Urteil des BAG aus dem Jahre 2006, 7 AZR 500/04, NZG 2006, 1162ff., in welchem sich das Arbeitsgericht eng an der „Mangold-Rechtsprechung" des Gerichtshofs orientierte, Rechtssache C-144/04, EuZW 2006, 17ff. Im besagten Urteil prüft das BAG en detail, ob das „Mangold"-Urteil des EuGH einen ausbrechenden Rechtsakt im Sinne der Verfassungsrechtsprechung darstellt, NZG 2006, S. 1162ff., Rn. 17ff. Das BVerfG betont in seiner jüngsten Entscheidung nun die Zugestehung einer erheblichen Fehlertoleranz für die Luxemburger Richter, BVerfG, NZA 2010, 995 (997 ff.).
1252 BVerfG, NJW 1993, 3047 (3052); BVerfG, 2 BvE 2/08 vom 30.6.2009, BeckRS 2009 35262, Rn. 236.

Europäischen Gemeinschaftsgerichtes zwingenden Gedankengang, welchen der ehemalige EuGH-Richter *Hirsch* auf folgenden kurzen Nenner gebracht hat: „keine Europäische Integration ohne Rechtsgemeinschaft; keine Rechtsgemeinschaft ohne Rechtseinheit; keine Rechtseinheit ohne zentrale Gerichtsbarkeit"[1253]. Diese Betrachtungsweise betont die Essentialität der Verträge und deren Schutz für die Europäische Gemeinschaft als Konstrukt ohne eigene Kompetenz-Kompetenz. Ohne Gefolgschaft der Verträge keine Gemeinschaft. Anders als ein Nationalstaat, welcher theoretisch auch ohne niedergeschriebene Verfassung existieren kann, fehlt es der EG an einer natürlichen Legitimation. Durch den ausbrechenden Rechtsakt oder vergleichbare systematische Kontrollvorbehalte, welche darüber hinausgehen, den Wesensgehalt der nationalen Verfassungen und ihrer Grundrechte zu schützen, besteht augenscheinlich die Gefahr einer Zerfaserung der europäischen Kompetenzkontrolle durch nationale Gerichte. Deren nachgeschalteter und uneinheitlicher Vorwurf der Kompetenzwidrigkeit beträfe den Geltungsanspruch des Gemeinschaftsrechts, inklusive der entsprechenden EuGH-Urteile, über die Grenzen ihres Staates hinaus. Würde etwa das BVerfG einen Rechtsakt oder ein Urteil als „ausbrechend" geißeln, so ist zu vermuten, dass sich – gemäß der horizontalen Vorbildwirkung – andere mitgliedstaatliche Gerichte dieser Marschrichtung anschließen würden, sei es aus rechtlichen oder rechtspolitischen Gründen[1254]. Die beschworene und für die Akzeptanz der Verträge so wichtige Einheitlichkeit der Vertragsauslegung wäre hierdurch gefährdet.

Zwar sind die tatsächlichen Auswirkungen dieses Vorbehaltes bisher gering geblieben[1255].Dennoch besteht mehr als nur die theoretische Möglichkeit, dass das BVerfG von dieser Figur des ausbrechenden Rechtsaktes Gebrauch machen wird und es damit zum direkten Konflikt zwischen EuGH und BVerfG kommt[1256].

1253 Hirsch in: Häberle, Jahrbuch des öffentlichen Rechts der Gegenwart, Band 49, S. 82.
1254 Auch andere Verfassungsgerichte hegen nachhaltige Skepsis gegenüber dem Vorgehen des EuGH, vgl. zusammenfassend hierzu Mayer in: Von Bogdandy, Europäisches Verfassungsrecht, S. 248ff.
1255 Lediglich ein deutsches Gericht hat die Figur des „ausbrechenden Rechtsaktes" jemals bejaht, FG Rheinland-Pfalz, EuZW 1995, S. 588. Allerdings wurde die Ultra vires-Prüfung bereits des Öfteren vom BGH, BAG oder dem BFH, siehe etwa den Beschluss des BFH vom 09.01.1996, NJW 1996, 1367 (1368), mit großer Selbst-verständlichkeit angeprüft, vgl. zu den Reaktionen deutscher Fachgerichte auf die Figur des ausbrechenden Rechtsaktes, Sauer, Jurisdiktionskonflikte in Mehrebenensystemen, S. 190.
1256 Den praktischen Einsatz des ausbrechenden Rechtsaktes zur Schrankensetzung gegenüber dem EuGH forderten ausdrücklich die deutschen Staatsrechtslehrer *Huber* und *Murswiek*, Focus vom 29.09.2008, http://www.focus.de/politik/ausland/europa-heimliche-herrscher_aid_336502.html, zugegriffen am 29.04.2009.

c) Mahnungen des BVerfG aus jüngerer Zeit

aa) Beispiel „Oddset"-Urteil[1257]

In diesem Urteil hat das BVerfG das in Bayern bestehende staatliche Sportwetten-Monopol gekippt[1258]. Die konkrete Ausgestaltung verstoße gegen die Berufsfreiheit. Nach Ansicht der Richter fehlte der Gesetzeskonstruktion die Komponente einer effektiven Bekämpfung der Wettsucht, welche das Monopol vor Art. 12 GG hätte rechtfertigen können. Daher wurde die damalige Regelung für unvereinbar mit den Vorgaben des Grundgesetzes erklärt und dem Gesetzgeber eine Übergangsfrist zur Neuregelung der Sportwettenzulassung bis Ende 2007 gewährt[1259]. In seiner Urteilsbegründung verweist das BVerfG mehrmals auf einschlägige EuGH-Urteile[1260], welche sich mit der Beschränkungswirkung eines solchen Konzessionserfordernisses[1261] und dessen Rechtfertigung auseinandersetzen[1262]. Zwar prüft das BVerfG dabei nicht direkt die Einschlägigkeit der Grundfreiheiten, sondern verweist lediglich auf deren Relevanz. Jedoch wird ausdrücklich auf die Parallelitäten hinsichtlich der Schutzbereiche sowie der Rechtfertigungsanforderungen von Art. 12 GG und den Grundfreiheiten hingewiesen[1263]. Insofern handelt es sich um ein Vorgehen ganz im Sinne des Kooperationsgedankens. Als problematisch erweist sich jedoch der Umstand, dass dem Freistaat eine Übergangsphase zur Rechtsänderung bis Ende 2007

1257 BVerfG, Urteil vom 28.03.2006, NJW 2006, 1261ff.
1258 Zur verfassungsrechtlichen Problematik des Sportwettenmonopols, Weidemann, NVwZ 2008, 278ff.
1259 BVerfG, Urteil vom 28.03.2006, NJW 2006, 1261ff., Rn. 146f.: „Die Unvereinbarkeit des in Bayern bestehenden staatlichen Wettmonopols mit Art. 12 I GG führt nicht gem. § 95 III 1 BVerfGG zur Nichtigkeit der angegriffenen Rechtslage. Steht eine gesetzliche Regelung mit dem Grundgesetz nicht in Einklang, hat der Gesetzgeber mehrere Möglichkeiten, den Verfassungsverstoß zu beseitigen, trägt das BVerfG dem regelmäßig in der Weise Rechnung, dass es die Regelung nur für unvereinbar mit dem Grundgesetz erklärt (vgl. BVerfGE 99, 280 [298])". Allgemein zur sogenannten Unvereinbarkeitserklärung, Klein in: Benda/Klein, Verfassungsprozessrecht, S. 524ff.
1260 Etwa Rechtssache C-243/01, „Gambelli", NJW 2004, 139ff.
1261 Niederlassungs- und Dienstleistungsfreiheit können betroffen sein.
1262 BVerfG, Urteil vom 28.03.2006, NJW 2006, 1261ff., Rn. 118, 136, 144.
1263 BVerfG, Urteil vom 28.03.2006, NJW 2006, 1261ff., Rn. 144: „Insofern laufen die Anforderungen des deutschen Verfassungsrechts parallel zu den vom *EuGH* zum Gemeinschaftsrecht formulierten Vorgaben. Nach dessen Rechtsprechung ist die Unterbindung der Vermittlung in andere Mitgliedstaaten mit dem Gemeinschaftsrecht nur vereinbar, wenn ein Staatsmonopol wirklich dem Ziel dient, die Gelegenheiten zum Spiel zu vermindern, und die Finanzierung sozialer Aktivitäten mit Hilfe einer Abgabe auf die Einnahmen aus genehmigten Spielen nur eine nützliche Nebenfolge, nicht aber der eigentliche Grund der betriebenen restriktiven Politik ist (vgl. *EuGH*, Slg. 2003, I-13076 - Gambelli). Die Vorgaben des Gemeinschaftsrechts entsprechen damit denen des Grundgesetzes."

zugebilligt wird[1264]. Bei den konstatierten Parallelerscheinungen zwischen Art. 12 GG und den einschlägigen Grundfreiheiten hat dies de facto eine zeitliche Außerkraftsetzung der entsprechenden Marktfreiheiten zur Folge, welche in der Rechtsprechung des EuGH so bisher nicht existiert[1265]. Ebenso erfolgte keine Vorlage zum EuGH[1266]. Auch wenn es sich bei diesem Fall um eine subtile Relativierung der EuGH-Kompetenz handelt, dürfte sich das BVerfG der Problematik und der Signalwirkung seines Tuns bewusst gewesen sein.

bb) Herabsetzen der europäischen Vorlagedirektiven durch das BVerfG[1267]

Verweigert der Bundesfinanzhof oder ein anderes deutsches Höchstgericht die pflichtgemäße Vorlage nach Art. 234 Abs. 3 EG, so steht den Prozessparteien innerstaatlich die Berufung auf Art. 101 Abs. 1 Satz 2 GG offen[1268]. Das BVerfG sieht sich bei der Gewährleistung des Art. 101 GG jedoch nicht als finales Kontrollorgan, welches sämtliche Zuständigkeitsfehler eines Gerichtes schulmeistern möchte. Vielmehr wird die Auslegung und Anwendung von Verfahrensnormen nur beanstandet, wenn diese bei verständiger Würdigung der das Grundgesetz bestimmenden Gedanken nicht mehr verständlich erscheinen und offensichtlich unhaltbar sind. Diese Willkürprüfung wurde für das europäische Vorlage-verfahren durch drei Fallgruppen präzisiert[1269]. Danach wird die Vorlagepflicht gemäß Art. 234 EG zur Klärung der Auslegung gemeinschaftsrechtlicher Vorschriften insbesondere dann offensichtlich unhaltbar gehandhabt, wenn

- ein letztinstanzliches Gericht eine Vorlage trotz der – seiner Auffassung nach bestehenden – Entscheidungserheblichkeit der gemeinschaftsrechtlichen Frage überhaupt nicht in Erwägung zieht, obwohl es selbst Zweifel hinsichtlich der richtigen Beantwortung der Frage hat (grundsätzliche Verkennung der Vorlagepflicht).
- das letztinstanzliche Gericht in seiner Entscheidung bewusst von der Rechtsprechung des EuGH zu entscheidungserheblichen Fragen abweicht und gleichwohl

---

1264 BVerfG, Urteil vom 28.03.2006, NJW 2006, 1261ff., Rn. 156.
1265 Bisher hat sich der EuGH nicht des Mittels der Unvereinbarkeitserklärung bedient, Ottaviano, Anspruch auf rechtzeitigen Rechtsschutz im Gemeinschaftsprozessrecht, S. 76f. Die Diskussion dreht sich hier aktuell eher um die Begrenzung der Urteilswirkungen für die Vergangenheit, vgl. etwa die ausführlichen Schlussanträge von *Jacobs* in der Rechtssache C - 475/03, „Banca popolare di Cremona", Rn. 72ff.
1266 Zum Vorlageverhalten des BVerfG siehe sogleich unter bb).
1267 Beispielhaft hierfür stehen die Beschlüsse vom 20.09.2007, NJW 2008, 209ff. und vom 06.05.2008, NJW 2008, 2325ff zu den Gleichbehandlungsrichtlinien, Richtlinien 2000/78/EG und 2000/43/EG.
1268 Zur Anerkennung des EuGH als gesetzlichen Richter gemäß Art. 101 Abs. 1 Satz 2 GG siehe bereits im fünften Kapitel A.
1269 Vgl. etwa BVerfG, NVwZ 2008, 780 (ebenda f.)

nicht oder nicht neuerlich vorlegt (bewusstes Abweichen von der Rechtsprechung des Gerichtshofs ohne Vorlagebereitschaft).
- einschlägige Rechtsprechung des EuGH noch nicht vorliegt, die strittige Frage noch nicht erschöpfend beantwortet ist oder eine Fortentwicklung der Rechtsprechung des EuGH gut möglich erscheint (Unvollständigkeit der Rechtsprechung). Allerdings wird Art. 101 Abs.1 Satz 2 GG hier nur verletzt, wenn das letztinstanzliche Hauptsachegericht den ihm in solchen Fällen zukommenden Beurteilungsrahmen in unvertretbarer Weise überschreitet. Dies ist insbesondere der Fall, wenn mögliche Gegenauffassungen zu der entscheidungserheblichen Frage des Gemeinschaftsrechts gegenüber der vom Gericht vertretenen Meinung eindeutig vorzuziehen sind. Zu verneinen ist in diesen Fällen ein Verstoß deshalb bereits dann, wenn das Gericht die gemeinschaftsrechtliche Rechtsfrage in zumindest vertretbarer Weise beantwortet hat.

Diese fallgruppenartige Willkürprüfung des BVerfG korrespondiert jedoch nicht mit dem Auslegungsmaßstab des EuGH zu Art. 234 EG. Der Gerichtshof kennt als Ausnahmen von der Vorlagepflicht[1270] lediglich die Fälle des acte éclairé[1271] und des acte clair[1272]. Selbst diese beiden Institute sind nicht in Art. 234 EG festgeschrieben[1273], sondern stellen ihrerseits bereits eine Rechtsfortbildung zugunsten der Prozessökonomie sowie einer erhöhten Auslegungsverantwortung der mitgliedstaatlichen Gerichte dar. Über die Einstufung als acte clair oder acte éclairé entscheiden zwar die mitgliedstaatlichen Gerichte. Der hierbei entstehende Beurteilungsspielraum wird allerdings in das enge Korsett eines europäischen Maßstabs eingebunden: die Annahme des acte clair darf nur geschehen, wenn das Gericht schlüssig begründen kann, dass seine Einstufung vom EuGH wie auch den Gerichten anderer Mitgliedstaaten mutmaßlich geteilt wird[1274]. Desgleichen ist der acte éclairé lediglich zu

---

1270 Hingegen ist das Vorlagerecht nicht begrenzt, Rechtssache C-283/81, „Cilfit", Slg. 1982, 3415, Rn. 15.
1271 Bereits vom EuGH eindeutig geklärte Sachfragen.
1272 Bereits ohne Entscheidung offenkundige Anwendungsmaxime für das Gemeinschaftsrecht. Diese beiden Rechtsfiguren nahm der EuGH in Anlehnung an die französische Rechtstradition des Conseil d'Etat in seine Entscheidungsdogmatik auf, Kent, the law of the European Union, S. 111f; Middeke in: Middeke/Rengeling, Handbuch des Rechtsschutzes in der EU, Rn. 61ff.
1273 Beachte aber die seit dem Jahre 2000 bestehende prozessuale Spielart der „Cilfit"-Rechtsprechung in Art. 104 Abs. 3 EuGH-VerfO, welche dem EuGH die Möglichkeit einräumt eine Rechtsfrage per Beschluss zu entscheiden, wenn diese entweder mit einer früher beantworteten Frage übereinstimmt, sich die Antwort zweifelsfrei aus der Rechtsprechung des Gerichtshofs ergibt, oder wenn die Antwort offenkundig ist. Siehe als Anwendungsfall aus jüngster Zeit etwa Rechtssache C-445/08, „Wierer", EuZW 2009, 735, Rn. 35f.
1274 Vgl. Rechtssache C-283/81, „Cilfit", Slg. 1982, 3415, Rn. 16ff. Zur sachgemäßen Ermittlung des mutmaßlichen Willens von EuGH und der anderen Gerichte werden Eigenheiten des Gemeinschaftsrechts aufgelistet, welche es zu beachten gilt (verschiedene Sprachfassungen, unterschiedlicher Gehalt von Rechtsbegriffen etc.). Die restriktive Linie bestätigend Rechtssache

konstatieren, wenn die Rechtsfrage durch den EuGH zweifelsfrei gelöst ist[1275]. Die großzügige Unvertretbarkeitslösung des BVerfG stellt hingegen von vornherein eine beachtliche Zurücknahme dieser EuGH-Maßstäbe zum acte clair wie auch zum acte éclairé dar, indem sich die Fallgruppen stark an den innerstaatlich bekannten Willkürmaßstab anlehnen. Art. 234 Abs. 3 EG soll aber gerade nicht nur eine unvertretbare Handhabung des Gemeinschaftsrechts verhindern, sondern zuvörderst die einheitliche gemeinschaftsweite Auslegung durch die Gerichte gewährleisten.

In der Folge führt dieser eigenständige verfassungsrechtliche Kontrollkanon zu deutlich geringen Erfolgaussichten einer auf den Entzug des gesetzlichen EuGH-Richters gestützten Verfassungsbeschwerde[1276]. Entgegen des Grundsatzes der europäischen Methodenlehre, dass Ausnahmen stets eng zu interpretieren sind (singularia non sunt extendenda)[1277], werden die Luxemburger Vorgaben offen relativiert[1278]. Den Höchstgerichten wird entsprechend ein beachtlicher eigener Beurteilungsspielraum bei der Begutachtung des Maßes an europäischer Normenklarheit sowie einer gesicherten Rechtsprechungslage des Gerichtshofes zugestanden.

Zudem „immunisieren" sich die Verfassungsrichter gegen eine eigene Vorlage: Trotz einer strukturell vorhandenen Vorlageverpflichtung[1279] hat das BVerfG bisher noch keine solche Anfrage nach Art. 234 EG an den EuGH gerichtet[1280]. Zwar folgt

---

C-461/03, „Gaston Schul", Slg. 2005, I-10513, Rn. 18ff. Zur oftmals abweichenden Praxis der mitgliedstaatlichen Höchstgerichte, Herrmann, EuZW 2006, 231 (232).

1275 Middeke in: Middeke/Rengeling, Handbuch des Rechtsschutzes in der EU, Rn. 61ff; Ottaviano, Rechtsschutz im Gemeinschaftsprozessrecht, S. 53ff.

1276 Bis dato wurden im Ergebnis nur wenige derartige Verletzungen konstatiert, vgl. etwa BVerfG, NVwZ 2009, 519, Rn. 19. Mäßig sind ebenfalls die Erfolgsaussichten einer derzeit anhängigen Verfassungsbeschwerde, in welcher die europarechtliche Interpretation durch den ersten Senat des BFH beanstandet wird, BVerfG, 2 BvR 862/09 (siehe bereits Fn. 680). Inhaltlich geht es um die gemeinschaftsrechtliche Fragestellung, welcher Bezugspunkt bei der Abgrenzung von Kapital- und Niederlassungsfreiheit im Drittstaatenkontext maßgeblich sein soll. Hier konstatierte der BFH trotz uneinheitlicher Entscheidungsakzente des EuGH (siehe hierzu bereits Fn. 627)eine gesicherte Rechtsprechung und verzichtete mit Verweis auf die Ausnahme des acte éclairé auf die Vorlage zum EuGH (überdies stellt der BFH einen acte clair (!) fest, I R 7/08, Rn. 20).

1277 Riesenhuber, Europäische Methodenlehre, S. 61ff. Aus der Rechtsprechung des EuGH siehe etwa Rechtssachen C-155/99, „Stockholm Lindöpark", Slg. 2001, I-493, Rn. 25; C-151/02, „Jaeger", Slg. 2003, I-8389 und C-465/04, „Hoyvem", Slg. 2006, I-2879, Rn. 24. Anders für die deutsche Methodenlehre etwa Larenz, Methodenlehre der Rechtswissenschaft, Rn. 355.

1278 Kritik an der Vorgehensweise des BVerfG findet sich ebenfalls bei Roth, NVwZ 2009, 345 (350ff.).

1279 Diese Verpflichtung wird von den Verfassungsrichtern selbst bestritten, vgl. BverfGE 37, 271 (281).

1280 Sauer, Jurisdiktionskonflikte in Mehrebenensystemen, S. 519. Ebenso agieren das höchste spanische und italienische Gericht, Haltern, Europarecht, Rn. 364. Dieses Vorgehen folgt bisweilen einem rechtspolitischen Verständnis, welches im eigenen „Zutragen" eines Falles durch Verfassungsrichter zu sehr den Anschein einer Assistentenfunktion sieht, welche tendenziell einer indirekten Anerkennung an Erstrangigkeit des EuGH gleichkäme, vgl. zur Einstellung und Selbstwahrnehmung des BVerfG im Zusammenhang mit dem Vorlageverfahren, Kellerhoff, Das BVerfG und der Kompetenzkonflikt mit dem EuGH, S. 40ff. Siehe

dieses Gesamtverhalten des BVerfG bis zu einem gewissen Grad der besonderen Struktur des deutschen Gerichts- und Rechtsschutzwesens, welches in Form der Urteilsverfassungsbeschwerde ein starkes Einheitlichkeit gewährleistendes Element beinhaltet, Art. 101 GG. Hierdurch werden vorrangig die Fachgerichte zur Prüfung der Vorlagemaßstäbe angehalten[1281]. Das BVerfG möchte allerdings weder als „Superrevisionsinstanz" noch als „Supervorlagengericht" agieren, welches sämtliche Zuständigkeitsfehler schulmeistert. Ob die Einschränkung der Prüfungsdichte hier jedoch der geeignete Weg ist, darf bezweifelt werden, denn wird der EuGH in den Schutzbereich des Art. 101 Abs. 1 Satz 2 GG einbezogen, aber seinerseits die Vorlage an den Gerichtshof verweigert, dann wird das Verfassungsgericht innerstaatlich automatisch zu solch einer Kontrollinstanz. Konsequenterweise müsste das Verfassungsgericht dann aber auch die europaweit einheitlichen Maßstäbe anlegen, um nicht bewusst die Effektivität des Art. 234er Verfahrens auszuhöhlen und gegen das selbst vorgebrachte Kooperationsverhältnis zu verstoßen[1282]. Schließlich wird im Rahmen der Prüfung von Art. 101 Abs. 1 Satz 2 GG indirekt auf die Prüfungsdichte des Art. 234 EG durchgegriffen, welcher jedoch nicht länderspezifisch angelegt werden kann, soll es nicht zu einer jeweils divergierenden Gefolgschaft des Gemeinschaftsrechts kommen[1283]. Die nur gelockerte Beachtung des Gemeinschaftsrechts ist dem höchsten deutschen Gericht – wie allen anderen Trägern staatlicher Hoheitsgewalt – daher nicht gestattet.

Überträgt man die vom Verfassungsgericht angelegten Standards auf den Bereich der europäischen Verlustberücksichtigung, so könnten hier potentiell Auffassungen gebilligt werden, welche die Fragen dieses Themenkomplexes durch die „Marks & Spencer"-Reihe als zweifelsfrei geklärt ansehen und demnach konkret auf eine Vorlage zum EuGH verzichten[1284]. Wie hiesige Arbeit darlegt, führen die analysierten Urteile zwar zu einem europäischen Verrechnungssystem mit sich verdichtenden

---

ebenso die Aussage von *Kirchhof* im Bezug auf die Vorlagepraxis des BVerfG: „Dazu haben wir keine sonderliche Neigung", Focus vom 13.11.1999, S. 11.

1281 Die Existenz der Verfassungsbeschwerde als weiteres „Rechtsmittel" im Instanzenzug entbindet die höchsten Gerichte nicht von ihrer Vorlageverpflichtung. Der besondere Charakter dieses Rechtswegs gepaart mit der hier vorhandenen Prüfungsbeschränkung auf spezifisches Verfassungsrecht sowie den abgesenkten Vorlagestandards des BVerfG fundieren die Ablehnung einer Zentralisierung der Vorlagepflicht in Karlsruhe, vgl. Reimer in: Lüdicke, Wo steht das deutsche Internationale Steuerrecht?, S. 50f.

1282 Vor dem Hintergrund des im „Lissabonurteil" – dazu sogleich unter dd) – erstmals propagierten Grundsatz der Europarechtsfreundlichkeit, welchem auch das BVerfG unterliege, BVerfG, 2 BvE 2/08 vom 30.6.2009, BeckRS 2009 35262, Rn. 225, wird in der Literatur nun wieder verstärkt die Eigenvorlage durch das BVerfG gefordert, siehe Terhechte (mit weiteren Nachweisen), EuZW 2009, 724 (728). Ob das BVerfG dem im Urteil nicht weiter konkretisierten Grundsatz diese praktische Folge jedoch zuordnen wird, ist zweifelhaft.

1283 Kritik an diesem Vorgehen des BVerfG üben ebenfalls Fastenrath, NVwZ 2009, 272 (273); Roth, NVwZ 2009, 345 (350).

1284 Zu Stimmen aus dem BFH, welche zu einer derartigen Auslegung tendieren sowie den bestehenden Zweifeln an der Richtigkeit dieser Lesart siehe ebenfalls Reimer in: Lüdicke, Wo steht das deutsche Internationale Steuerrecht?, S. 43.

Standards. Bei den richterlichen Leitplanken fehlen jedoch noch diverse Komponenten, welche eine gesicherte Vorhersehbarkeit zukünftiger EuGH-Entscheidungen bedingen[1285]. Die herabgesetzte BVerfG-Kontrolle des Art. 101 Abs. 1 Satz 2 GG würde insoweit im Bereich der grenzüberschreitenden Verlustverrechnung wahrscheinlich zu einem Entzug der zur weiteren praktischen Klärung notwendigen Vorlagen beim Gerichtshof beitragen.

cc) Urteil zum Europäischen Haftbefehl

In seinem Urteil aus dem Jahre 2005 begnügte sich das BVerfG mit der Nichtigkeitserklärung des Europäischen Haftbefehlsgesetz, also dem deutschen Umsetzungsgesetz zum einem Europäischen Rahmenbeschluss. Die konkrete gesetzliche Realisierung verstieß nach Ansicht der Richtermehrheit mangels entsprechender Ausschöpfung des vorhandenen Umsetzungsspielraums gegen Art. 16 II 1 GG[1286]. Der Rahmenbeschluss selbst, mithin originäres Europarecht, wurde vom Karlsruher Gericht nicht inhaltlich geprüft. Das unmittelbare Zerwürfnis mit dem EuGH wurde erneut bewusst vermieden. Allerdings liegt die Wirkung der Entscheidung auch hier zwischen den Zeilen[1287]. Durch den Erlass einer einstweiligen Anordnung, welche den Vollzug der Umsetzung des europäischen Rechtsbefehls für den konkreten Fall aussetzte[1288], bekräftigte das Gericht seine Überzeugung, weiterhin für sich grundsätzlich in Anspruch zu nehmen, den deutschen Umsetzungsakt und damit – sofern dazu Anlass besteht – auch inzident den zu Grunde liegenden europäischen Rechtsakt am Grundgesetz nachzuprüfen[1289]. Letztere Möglichkeit, einen europäischen Rahmenbeschluss für grundrechtswidrig zu erklären, hielt sich das Gericht explizit offen.

[1285] Zu denken ist hier insbesondere an die offenen Fragen im Zusammenhang mit der Endgültigkeit von Verlusten. Bestenfalls kann von der Klärung gewisser Einzelfragen ausgegangen werden, etwa das nicht notwendigerweise kumulative Vorliegen der Rechtfertigungstrias. Siehe insgesamt zu den Ergebnissen der Urteilsreihe fünftes Kapitel E. und im siebten Kapitel C. I.
[1286] BVerfGE 113, 273, Rn. 116ff.
[1287] Die angelegten Drohgebärden kritisiert Richterin *Lübbe-Wolff* in ihrem Minderheitsvotum: „Für die fallabgehobene Aussendung dunkler Signale an den Gerichtshof der Europäischen Gemeinschaften, der diese Bestimmung [das Diskriminierungsverbot] kürzlich eher extensiv angewandt hat, sollten Urteile des Bundesverfassungsgerichts nicht zur Verfügung stehen.", BVerfGE 113, 273, Rn. 160.
[1288] BVerfG, NJW 2005, 2060 (ebenda).
[1289] Vgl. Unger, NVwZ 2005, 1266 (1268f.).

dd) Urteil zum Vertrag von Lissabon

Im jüngst ergangenen Urteil zur Verfassungskonformität des Vertrags von Lissabon bedienen sich die Richter zwei dutzend Mal des Verweises auf die staatliche „Souveränität". Dies ist eines der deutlichen Zeichen innerhalb einer stark auf die Eigenstaatlichkeit fixierten Entscheidung, welche vor allem ein auf EU-Ebene vorherrschendes Demokratiedefizit[1290] und die Wahrnehmung der mitgliedstaatlichen Integrationsverantwortung[1291] betont. Alle transnationalen Schöpfungsformen bleiben auf das klassische Staatsverständnis zugeschnitten[1292]. Staatliche Souveränität verharrt im Ergebnis scheinbar unteilbar. Die Mitgliedstaaten müssten darauf achten, dass die legitime „Tendenz zur politischen Selbstverstärkung"[1293] der Union nicht in eine unbeherrschbare Selbstermächtigung ausufere. Für entsprechende Akte jenseits der übertragenen Kompetenzen stellt das BVerfG das Recht einer beschneidenden Kontrolle durch die „Herren der Verträge" heraus. Das Urteil bezeichnet drei Ebenen des Gegensteuerns:

- Staatliche Integrationsvorbehalte: Die „Karlsruher Liste" benennt fünf Bereiche, wo zukünftig besondere Rücksicht bei Kompetenzübertragung sowie -ausübung zu wahren ist[1294]. Es handelt sich nicht um Total-, sondern um Kernvorbehalte für Politikfelder, in denen Deutschland qualitativ bedeutsame Gestaltungsmacht verbleiben muss und der Integrationsprozess in Zukunft zumindest zu entschleunigen ist.
- Innerstaatlich: Die Richter appellieren an die Integrationsverantwortung des Parlaments[1295]. Die Kompetenzübertragung müsse so bestimmt sein, dass die Parlamentarier im wesentlichen überblicken, welche Hoheitsrechte übertragen werden. So wird besonders die Rückbindung solch „weicher" Vertragsänderungen, denen das Potential eines dynamischem Eigenlebens der Union innewohnt, an das nationale Parlament gefordert. Bei „Selbstermächtigungs-" oder „Brückenklauseln" bedarf es der konkreten Zustimmung der deutschen Gesetzgebungsorgane[1296].
- Außenverhältnis: Bekräftigt wird die Befugnis des BVerfG zur Vornahme einer Identitätskontrolle[1297] und der Ultra-vires-Kontrolle[1298].

1290 Siehe etwa BVerfG, 2 BvE 2/08 vom 30.6.2009, BeckRS 2009 35262, Rn. 289ff.
1291 Siehe etwa BVerfG, 2 BvE 2/08 vom 30.6.2009, BeckRS 2009 35262, Rn. 238.
1292 Beachte in diesem Zusammenhang den Verweis auf die Drei-Elemente-Lehre in BVerfG, 2 BvE 2/08 vom 30.6.2009, BeckRS 2009 35262, Rn. 344.
1293 Vgl. BVerfG, 2 BvE 2/08 vom 30.6.2009, BeckRS 2009 35262, Rn. 237.
1294 BVerfG, 2 BvE 2/08 vom 30.6.2009, BeckRS 2009 35262, Rn. 249ff.
1295 Etwa BVerfG, 2 BvE 2/08 vom 30.6.2009, BeckRS 2009 35262, Rn. 236.
1296 BVerfG, 2 BvE 2/08 vom 30.6.2009, BeckRS 2009 35262, Rn. 239 und 411ff.
1297 Diese Identitätskontrolle entspricht dem Solange-Vorbehalt. Zur Stützung der Rechtsfigur beruft sich das BVerfG nun auch auf das eigene Vorgehen des Gerichtshofs in den verbundenen Rechtssache C-402/05 P und C-415/05 P, „Kadi", EuR 2009, 80 (100 ff.). Hier hatte sich der EuGH einer Resolution des Sicherheitsrats der Vereinten Nationen widersetzt, welche das so-

Die bereits im „Maastricht"-Urteil formulierten Warnungen an eine strikte Kompetenzeinhaltung durch die Gemeinschaftsorgane werden im „Lissabon"-Urteil wiederholt und ausgebaut. Innerhalb des Bündels an Maßnahmen zur Sicherung der mit dem Prinzip der begrenzten Einzelermächtigung verbundenen mitgliedstaatlichen Eigenverantwortung spielt der ausbrechende Rechtsakt aus Sicht des BVerfG eine signifikante Rolle. Seine Bedeutung wird durch das „Lissabon"-Urteil aufgewertet[1299]. Diese Steigerung der Relevanz geht einher mit einer zukünftig monopolisierten Ultra-vires-Kontrolle[1300]. Die kompetenzrechtliche Grenzüberwachung soll von einem Gericht vorgenommen werden, welches sowohl den entsprechenden Sachverstand bereithält als auch die Folgen seines Tuns abschätzen kann[1301]. Damit wird die Gefahr der Aushöhlung des Gemeinschafts-projektes durch partielle EG-Rechts-Zurückweisungen auf Fachgerichtsebene gebannt. Andererseits ist das Signal umso stärker, wenn das BVerfG einmal von diesem zentralen Zurückweisungsmonopol Gebrauch macht. Angeregt wird zudem die Schaffung eines eigenen[1302], speziell auf die Ultra-vires-Kontrolle zugeschnittenen verfassungsrechtlichen Verfahrens, welches zur Absicherung der Verpflichtung deutscher Organe, kompetenzüberschreitende Unionsrechtsakte im Einzelfall in Deutschland unangewendet zu lassen, dienen soll[1303]. Die Positivierung eines solch exklusiven Rechtsbehelfes brächte materiell vermutlich wenig Neues mit sich, besäße durch die Verankerung des Konfliktrechts in der Verfassung allerdings beträchtliche Signalwirkung nach außen.

---

genannte „asset freezing", ein zu Zwecken der Terrorbekämpfung vorgenommenes Einfrierung von Vermögenswerten, gestattete. Gegen diese „zeitweise Enteignung" wurden den Betroffenen keine ausreichenden Rechtsschutzmöglichkeiten zur Verfügung gestellt. Die Richter verweisen darauf, dass die Zurückweisung des Völkerrechts aus dem Sicherheitsrat strukturell nichts anderes sei als die Identitätskontrolle des Verfassungsgerichts im Verhältnis zu Eingriffen der EU, vgl. BVerfG, 2 BvE 2/08 vom 30.6.2009, BeckRS 2009 35262, Rn. 340. Der EuGH befindet sich in der „Kadi"-Entscheidung mithin in einer Zwickmühle. Hätte der EuGH die Vorgaben der Resolution gebilligt, so ist anzunehmen, dass er auch aus Sicht der deutschen Justiz einen solchen blinden Fleck im europäischen Grundrechtsschutz eröffnet hätte. Diesen hätte das BVerfG im deutschen Kontext anhand seiner „Solange"-Rechtsprechung bemängeln können. Durch die beherzte Selbstbehauptung des Gerichtshofes gegenüber dem Völkerrecht wurde wiederum der nun genutzte argumentative Spielraum für die Anmerkungen des BVerfG in Rn. 340 des Lissabonurteils geschaffen.

1298 BVerfG, 2 BvE 2/08 vom 30.6.2009, BeckRS 2009 35262, Rn. 238ff. Diese entspricht inhaltlich dem Institut des ausbrechenden Rechtsaktes. Zu dieser terminologischen Neuerung siehe Terhechte, EuZW 2009, 724 (729).
1299 Über diese abstrakte Aufwertung hinaus könnte die Figur des ausbrechenden Rechtsaktes in Kürze durch eine konkrete Verwendung im „Honeywell"-Verfahren, 2 BvR 2661/06, oder im Verfahren zur „Vorratsdaten-speicherung", 1 BvR 256/08, 1 BvR 263/08, 1 BvR 586/08, welche auf der RiL 2006/24/EG basiert, siehe hierzu das EuGH Urteil vom 10.02.2009 in der Rechtssache C-301/06, „Irland/Rat und Parlament", einen Bedeutungs-zuwachs erfahren.
1300 BVerfG, 2 BvE 2/08 vom 30.6.2009, BeckRS 2009 35262, Rn. 241.
1301 Rechtsgedanke aus Art. 100 Abs. 1 GG.
1302 Mithin eines über die bisher in Art. 93 und Art. 100 GG vorgesehenen Verfahrensarten hinausgehenden Verfahrens.
1303 BVerfG, 2 BvE 2/08 vom 30.6.2009, BeckRS 2009 35262, Rn. 241.

III. Die Relevanz der Figur des ausbrechende Rechtsakte für das Europäische Steuerrecht

1. Allgemeines

In einer Union der 27 ist die eigene Souveränität auf dem Vertragswege immer schwerer zu schützen. So wie eine einmal übertragene Kompetenz nur schwer wieder zurückzuholen ist, kann auch eine weite Handhabung der Grundfreiheiten schwerlich per Vertrag eingegrenzt werden, etwa indem eine Bereichsausnahme positiv festgeschrieben wird[1304]. Dazu fehlt in der Regel die Einigungsfähigkeit in der angewachsenen Staatengemeinschaft. Dementsprechend stellt die Ultra-vires-Kontrolle durch das BVerfG eine der wenigen verbliebenen Möglichkeiten dar, um europarechtliche Interventionen ins nationale Steuerecht rechtlich entschieden zu begrenzen. Dabei wird sich die neu zentrierte Zurückweisungsbefugnis beim BVerfG vermutlich auf die Übermittlung eines rechtspolitischen Signals konzentrieren: Den Verfassungsrichtern sollte wie bisher nicht daran gelegen sein, auf breiter Front kompetenzrechtlich strittige Einzelfälle von Karlsruhe aus zu bewerten. Bis dato sollte durch den Verweis auf das vorhandene ultima ratio-Mittel die reale Anwendung vermieden werden[1305]. Sollte der Ultra vires-Vorbehalt jedoch tatsächlich eingesetzt werden, so kann er allerhöchstens zur Statuierung eines Exempels dienen, welches den Gerichtshofs neben Rechtsfortbildung und -durchsetzung wieder verstärkt für seine Aufgabe als Kompetenzgericht sensibilisieren soll.

Nun mag das Europäische Steuerrecht nicht der typische Bereich sein, wo derzeit an ein EuGH-Handeln Ultra-vires gedacht wird[1306]. Wie die Äußerungen zu Beginn der Arbeit zeigen, empfinden jedoch nicht nur nationale Politiker die wirtschaftfreundliche Steuerrechtsprechung des EuGH als Aushöhlung der mitgliedstaatlichen Finanzhoheit, welche den Bogen einer integrationsfördernden Wahrung des Rechts überspannt[1307]; eine rechtlich wie politisch äußerst konfliktträchtige Zone der letzten Jahre[1308]. Zwar versichert *Hirsch*, dass die Richter am EuGH den „Unterschied zwi-

---

[1304] Im deutschen Kontext versucht der Gesetzgeber missfallende BFH-Urteile per Gesetz zu korrigieren, etwa die erweiterte Absetzbarkeit von Studiengebühren. Kritisch zu diesem Vorgehen äußert sich Hey, WirtschaftsWoche vom 24.08.2009, S. 81.

[1305] *Weiler* vergleicht dieses Vorgehen mit dem Konzept der nuklearen Abschreckung während des Kalten Krieges (MAD-Doktrin), The Reformation of European Constitutionalism, JCMS 35 (1997), 97 (125).

[1306] Meistens wird im Ultra vires-Zusammenhang an Grenzüberschreitungen wie die weite Rechtsprechung zur Unionsbürgerschaft, vgl. hierzu Wollenschläger, Grundfreiheit ohne Markt, S. 7, die Staatshaftungsgrundsätze, vgl. Grzeszick, Rechte und Ansprüche, S. 481 oder das Arbeitsrecht gedacht, vgl. Gerken/Stein/Streinz, „Mangold" als ausbrechender Rechtsakt, S. 34f.

[1307] Die Rechtsfigur des ausbrechenden Rechtsaktes im Maastrichturteil ist maßgeblich auf *Paul Kirchhof* als Berichterstatter dieses Grundsatzurteils zurückzuführen.

[1308] So verweist Gerichtspräsident *Papier* darauf: „Wer Gemeinschaftsrecht sät, wird Prozesse vor dem EuGH ernten. Nur sollte man sich in Luxemburg davor hüten, auch dort zu ernten, wo nicht gesät worden ist.", FAZ vom 24.07.2007, S. 5.

schen Europarecht und Europapolitik sehr wohl kennen"[1309]. Dennoch besteht Grund zu der Annahme, dass viele nationale Gerichte gerade im Steuerrecht an der Einhaltung dieser Trennlinie Zweifel hegen[1310]. Auch das „Lissabon-Urteil" betont die besondere Sensibilität fiskalischer Grundentscheidungen für die demokratische Selbstgestaltungsfähigkeit des Verfassungsstaates[1311]. Selbst wenn dieser Kernvor-behalt der „Karlsruher Liste" besonders die aktive Übertragung des Budgetrechts im Auge haben dürfte[1312], so können auch nachträglich durch EuGH-Urteile auftretende Haushaltslöcher Probleme für den politischen Freiraum eines Parlaments darstellen[1313]. In diesem Umfeld sehen die Verfassungsrichter das Erfordernis, zukünftig besonders auf die Einhaltung der verfassungsrechtlichen Grenzen zu pochen[1314].

Zwar ist auch bei den Richtern des BVerfG unklar, wo diese Grenze genau verläuft; auch ihnen ist bewusst, dass der Binnenmarktraum Tag für Tag unzählige grenzüberschreitende Streitfragen schafft, welche bei weitem nicht alle durch Sekundärrecht geregelt sind[1315]. So muss zwangsläufig für viele offene Fragen auf die Auslegung anhand des Primärrechts zurückgegriffen werden. Gerade im Steuerrecht besteht bekanntlich kaum gemeinschaftlich vollzogene Rechtssetzung, sodass der EuGH nahezu ausschließlich auf die Grundfreiheiten als Richtschnur zurückgreift. Der Gerichtshof ist zwar stets versucht, seine Vorstöße an den Text des EGV rückzukoppeln. Gleichwohl verschafft er sich durch sein inneres Verständnis einer Wertungsjurisprudenz erhebliche Freiräume in der Rechtsfindung, welche von den Mitgliedstaaten methodisch kaum zu kontrollieren, geschweige denn in dieser Breite zu beherrschen sind. Dies beginnt bei der Aufstellung von Prinzipien wie des Vorrangs und der unmittelbaren Geltung des Gemeinschaftsrechts, welche sich über viele Konkretisierungen wie die fallbezogene unmittelbare Anwendbarkeit von Richtlinien oder das Staatshaftungsrecht bis hin zur „Urformel" im Steuerrecht fortsetzen.

Es geht keineswegs darum, diesen Prinzipien jegliche Legitimation abzusprechen oder deren inhaltliche Stoßrichtung pauschal abzulehnen. Viele der Vorstöße des EuGH sind zur wirksamen Kompetenzwahrnehmung notwendig[1316], haben sich im

---

1309 Hirsch in: Häberle, Jahrbuch des öffentlichen Rechts der Gegenwart, Band 49, S. 88.
1310 So benennt etwa der achte Senat des BFH in einem Beschluss vom 14.2.2006, VIII B 107/04, IStR 2006, 345 (350) die Möglichkeit eines ausbrechenden Rechtsaktes in Bezug auf die Steuerrechtsprechung des EuGH. Da es sich um ein Verfahren im einstweiligen Rechtsschutz handelte, verweist der Senat die Prüfung dieser geäußerten Bedenken allerdings auf das Hauptsacheverfahren. Dieses Hauptsacheverfahren ist in der Folge jedoch nicht anhängig geworden. Für eine Ultra-vires-Kontrolle im Bereich des Europäischen Steuerrechts spricht sich ebenfalls der ehemalige Vorsitzende Richter am BFH *Fischer* aus, FR 2005, 457 (459f.).
1311 BVerfG, 2 BvE 2/08 vom 30.6.2009, BeckRS 2009 35262, Rn. 252.
1312 BVerfG, 2 BvE 2/08 vom 30.6.2009, BeckRS 2009 35262, Rn. 256.
1313 Zu den in Rede stehenden Dimensionen an Einnahmeausfällen siehe bereits im ersten Kapitel B. III.
1314 Vgl. BVerfG, 2 BvE 2/08 vom 30.6.2009, BeckRS 2009 35262, Rn. 251.
1315 Vgl. hierzu etwa die Aussagen in BVerfG, 2 BvE 2/08 vom 30.6.2009, BeckRS 2009 35262, Rn. 237.
1316 Die Kompetenzauslegung im Rahmen der implied powers-Lehre ausdrücklich billigend, BVerfG, 2 BvE 2/08 vom 30.6.2009, BeckRS 2009 35262, Rn. 237.

Detail bewährt und sind heute allgemein anerkannt[1317]. Allerdings sollte man sich dieser zielorientierten Vorgehensweise des Gerichtes und der sich daraus entstehenden Integrationshebel bewusst sein, um in der Folge zu fragen, ob nicht im Gegenzug an der ein oder anderen Stelle grundlegende Grenzen der Souveränität zu ziehen sind. Die weitläufigen Prinzipien, verbunden mit der Verweispraxis des EuGH auf seine vorangegangenen Urteile[1318], eröffnen den Luxemburger Richtern eine sehr weitgehende Einflussmacht – trotz vergleichsweise magerer Kompetenzzuweisung im EGV[1319].

2. Der verfahrensrechtliche Weg zur Ultra vires-Kontrolle

Bevor die materiellen Aspekte eines ausbrechenden Rechtsaktes im Europäischen Steuerrecht beleuchtet werden, ist zu klären, wie ein steuerrechtliches EuGH-Urteil zur Ultra vires-Kontrolle vor das BVerfG gelangen kann. In der Regel werden durch die umstrittenen Urteile des Gerichtshofs die Steuerpflichtigen begünstigt. Ihnen eröffnet die Kombination aus extensiver Diskriminierungsprüfung und der Abwägung auf Verhältnismäßigkeitsebene vielfach neue steuerliche Freiheiten. Sie verfügen mithin weder über das Interesse noch eine Beschwer zur Klage. Belastete Partei ist meist die deutsche Finanzverwaltung. Will sie eine Entscheidung des Gerichtshofes vom BVerfG überprüfen lassen, so konnte die Finanzgerichtsbarkeit bisher nicht über den Weg des Art. 100 Abs. 1 GG behilflich sein, da die strittigen EuGH-Urteile keine geeigneten Vorlagegegenstände darstellten[1320]. Zu denken ist ferner an die

---

1317 So sollte etwa das Prinzip des Anwendungsvorrangs in Art. I-6 EVV festgeschrieben werden. Zwar übernimmt der Vertrag von Lissabon diese ausdrückliche Normierung nicht, jedoch enthält die dem Vertrag beigefügte Schlussakte in Nr. 17 eine Erklärung zum Vorrang.
1318 Mitunter erweisen sich diese Verweise auf frühere Urteile für den interessierten Leser als rätselhaft. Gerade an kritischen Stellen finden sich kurze, knappe Sätze mit Worte wie „offensichtlich", „evident" oder „zweifelsohne" kombiniert mit dem Hinweis auf ein bereits gefälltes Urteil. Folgt man diesem Hinweis in der Hoffnung auf ein paar klarstellende Zeilen in diesem älteren Urteil wird man nicht selten enttäuscht. Oft findet sich hier dieselbe Konstellation. Macht man sich dann die Mühe die Verweiskette bis zu Anfang zurückzuverfolgen, so wundert man sich manchmal, was diese Randnummer – wieder kurz und knapp gehalten, vielleicht noch in einem völlig anderen Kontext – nun mit Ursprungsproblem zu tun hat.
1319 Häufig begründet der Gerichtshof diese juristischen Vorstöße mit der Sicherung der Wirkungsweise der Verträge1319, etwa unter Verweis auf den „effet utile", Art. 10 EG. Das BVerfG erkennt die grundsätzliche Notwendigkeit einer Entwicklung innerhalb des Vertrages durch den Verweis auf die völkerrechtlich anerkannte implied powers-Lehre auch an, BVerfG, 2 BvE 2/08 vom 30.6.2009, BeckRS 2009 35262, Rn. 237.
1320 Vgl. Reimer in: Lüdicke: Wo steht das deutsche Internationale Steuerrecht?, S. 59. Die im Maastrichturteil aufgezeigte Möglichkeit des Art. 100 GG analog bezog sich insoweit nur auf europäisches Sekundärrecht, vgl. Lachmayer/Bauer, Europarecht, S. 668. Hier besteht ein direkter Widerspruch zur Foto-Frost-Rechtsprechung des EuGH, siehe bereits im fünften Kapitel A. Beachte nun jedoch die Ausführungen im Lissabonurteil, BVerfG, 2 BvE 2/08 vom 30.6.2009, BeckRS 2009 35262, Rn. 241. Mit Verweis auf den Rechtsgedanken des Art. 100

Verfassungsbeschwerde, Art. 93 Abs. 1 Nr. 4a GG. Das BVerfG beanstandet einen Hoheitsakt formal nicht wegen Verstoßes gegen das Gemeinschaftsrecht, sondern wegen der Überschreitung des vom Zustimmungsgesetz gedeckten Rahmens des europäischen Vertrages. Prüfungsmaßstab ist demzufolge die Verletzung von deutschem Verfassungsrecht, wenn auch indirekt vom BVerfG eine eigenständige Auslegung des Gemeinschaftsrechts vorgenommen wird[1321]. Ein materiell ausbrechender Rechtsakt könnte etwa die Verletzung von Art. 20 Abs. 3 GG bedeuten[1322]. Das BVerfG hat mit der Feststellung eines ausbrechenden Rechtsaktes die Rechtsfolge der Nichtanwendung bzw. -befolgung der europäischen Vorgabe in Deutschland verknüpft. Das deutsche Finanzgericht könnte sich in diesem Falle also zu Unrecht an die Entscheidung des EuGH gebunden sehen. Diese Frage würde das BVerfG überprüfen. Problematisch sind hier jedoch Antrags- und Beschwerdebefugnis, Art. 93 Abs. 1 Nr. 4a GG i.V.m. § 90 Abs. 1 BVerfGG: Die Verfassungsbeschwerde dient auch heute noch vornehmlich der Geltendmachung von Grundrechten als Abwehrrechten gegenüber dem Staat. Die in den Staatsaufbau integrierte Finanzverwaltung steht strukturell jedoch auf der Seite dieses „Widersachers" der Grundrechte. Die hier vorherrschende Meinungsverschiedenheit zwischen nationalem Finanzgericht, welches das EuGH-Urteil anwendet, und dem Fiskus sind, anders als bei den Justizgrundrechten[1323], wo der Gedanke der prozessualen Waffengleichheit im Vordergrund steht[1324], grundsätzlich nicht im Wege der Verfassungsbeschwerde aufzulösen. Die Verwaltung ist hier nicht grundrechtsberechtigt.

Gangbar war unter Berufung auf einen ausbrechenden Rechtsakt die eigenständige Nichtbefolgung der Vorabentscheidung durch das Finanzgericht[1325]. Hiergegen konnte sich der Steuerpflichtige per Verfassungsbeschwerde zum BVerfG wehren. Das neue Zurückweisungsmonopol des BVerfG im Lissabonurteil ist nun jedoch vermutlich dahingehend zu interpretieren, dass bei Zweifeln hinsichtlich der Kompetenzgrenzen unter Berufung auf den Ultra vires-Vorbehalt bereits vom Finanzgericht selbst vorgelegt werden kann und muss[1326]. Allerdings erkennt auch das BVerfG die bestehenden Unsicherheiten bzw. Umwege auf dem Weg zu einer gezielten Ultra vires-Kontrolle und regt vor diesem Hintergrund die Schaffung eines eigenen verfassungsrechtlichen Verfahrens an[1327].

Abs. 1 GG wird hier zukünftig eine Zentralisierung der Ultra vires-Kontrolle beim BVerfG erklärt.
1321 Vgl. Mayer in: Von Bogdandy, Europäisches Verfassungsrecht, S. 244f.; Sauer, Jurisdiktionskonflikte in Mehrebenensystemen, S. 192f.
1322 So der Prüfungsmaßstab im anhängigen „Honeywell"-Verfahren, vgl. hierzu Gerken/Stein/Streinz, „Mangold" als ausbrechender Rechtsakt, S. 60ff.
1323 Vgl. Sowada, Der gesetzliche Richter, S. 159.
1324 Siehe hierzu die Konstellation der Verfassungsbeschwerde 2 BvR 862/09, eingelegt durch das Finanzamt Arnsberg in Geltendmachung einer Verletzung des gesetzlichen Richters.
1325 Reimer in: Lüdicke: Wo steht das deutsche Internationale Steuerrecht?, S. 59.
1326 Hierzu bereits Fn. 1317. Die denkbaren Verfahrenswege lässt die Lissabonentscheidung ausdrücklich offen, BVerfG, 2 BvE 2/08 vom 30.6.2009, BeckRS 2009 35262, Rn. 241.
1327 BVerfG, 2 BvE 2/08 vom 30.6.2009, BeckRS 2009 35262, Rn. 241. Hierzu bereits im sechsten Kapitel unter C. I. 3. c) dd).

3. Klare Kompetenzabgrenzung als deutsches Verfassungspostulat

Wie das BVerfG durch die Figur des ausbrechenden Rechtsaktes geltend macht, ist die klare und nachvollziehbare Kompetenzabgrenzung direkte Folge des Art. 23 Abs. 1 GG. Gerade weil sich die Verfassungsänderungen in Deutschland durch die Integrationsoffenheit des Grundgesetzes im Großteil der Fälle als „schweigender Prozess"[1328] darstellt, bedarf es möglichst fassbarer Grenzen. Dem gegenüber steht die Sogwirkung des Zielsystems der europäischen Verträge[1329], welche die Trennschärfe einer Kompetenzabgrenzung erheblich erschwert. Im Unterschied zu den traditionell gewachsenen Rechtsordnungen der Mitgliedstaaten mit ihrem teilweise über Jahrhunderte herausgearbeiteten weitläufigen Normbestand, einer Kompetenz-Kompetenz für ihre inneren Angelegenheiten und vertrauten gemeinsamen Rechtsüberzeugungen, sind die Gemeinschaftsverträge um einiges mehr auf Interpretation angewiesen. Die Politikfelder der „Gemeinschaftsverfassung" sind stärker final definiert – vergleichbar den Staatszielbestimmungen im Grundgesetz, sodass die Rechtsprechung naturgemäß eher integrationsorientiert ist[1330]. Auch wenn vieles nicht detailliert gesetzlich vorgegeben ist, muss der EuGH entscheiden. Er kann sich seiner Aufgabe zur „Wahrung des Rechts" nicht mit dem Verweis auf eine bestehende Regelungslücke entziehen[1331]. Der Gerichtshof als Vertragsinterpret ist dabei in ständiger Versuchung, über die Konkretisierung hinaus den normativen Gehalt des Vertragstextes zu novellieren.

Diesem strukturellen Unterschied einer inneren Dynamik des Integrationsprogrammes trägt der Art. 23 Abs. 1 GG Rechnung: Den normierten Gedanke eines Europas, welches nicht zu einhundert Prozent den Vorgaben des Grundgesetzes entsprechen muss, gilt es auch im Rahmen der Ultra vires-Kontrolle zu beachten. Die Überschreitung des Kompetenzrahmens bedarf mithin einer gewissen Evidenz[1332]. Dem Konzept des ausbrechenden Rechtsaktes folgend kann diese jedoch gerade auch dem Einzelfall innewohnen. Wie viel Beurteilungsspielraum dem Gerichtshof dabei aus den Mitgliedstaaten zugestanden wird, hängt zu einem nicht geringen Teil von der rechtspolitischen Bestimmtheit der höchsten nationalen Gerichte ab. Dieses Umfeld ist seit geraumer Zeit von Skepsis gegenüber dem EuGH geprägt.

1328 Leonardy in: Leonardy, Europäische Kompetenzabgrenzung, S. 25.
1329 Leonardy in: Leonardy, Europäische Kompetenzabgrenzung, S. 35.
1330 Hirsch, NJW 1996, 24 57 (2465). Diese strukturell missliche Situation würde auch durch ein eigens zu schaffendes europäisches Kompetenzgericht weder gelöst noch verbessert, vgl. Sauer, Jurisdiktionskonflikte in Mehrebenensystemen, S. 520.
1331 So der EuGH selbst in der Rechtssache 7/56, „Algera", Slg. 1957, 85 (118): „Was die Zulässigkeit des Widerrufs solcher Verwaltungsakte angeht, so handelt es sich hier um eine der Rechtsprechung und der Lehre in allen Ländern der Gemeinschaft wohl vertraute verwaltungsrechtliche Frage , für deren Lösung der Vertrag jedoch keine Vorschrift enthält. Um sich nicht dem Vorwurf einer Rechtsverweigerung auszusetzen, ist der Gerichtshof daher verpflichtet, diese Frage von sich aus unter Berücksichtigung der in Gesetzgebung, Lehre und Rechtsprechung der Mitgliedstaaten anerkannten Regeln zu entscheiden".
1332 Vgl. Dörr, der europäisierte Rechtsschutzauftrag deutscher Gerichte, S. 129.

Der Weg partnerschaftlicher Konsultation zwischen EuGH und den höchsten nationalen Gerichten ist vielfach misslungen. Vor allem die Besorgnis vor zunehmendem Kompetenz- und damit Machtverlust haben bisher eine dem Tandemverhältnis von EuGH und Instanzgerichten vergleichbare Ersprießlichkeit verhindert[1333]. Gerade die Toleranz der Verfassungsgerichte scheint zu schwinden. Dabei ist der EuGH, wenn schon nicht auf wahre Kooperation, dann auf ein „ruhig halten" dieser Institutionen angewiesen.

Um die „Axt" an der Autorität des EuGH allerdings offen anzulegen, bedarf es auch bei einem mächtigen Verfassungsgericht wie dem deutschen eines gewissen politischen wie gesellschaftlichen Rückhaltes. Freilich sind die höchsten deutschen Richter unabhängig in ihrer Entscheidungsfindung. Wer, wenn nicht sie, können und müssen ohne Rücksicht auf Applaus oder Tadel Recht sprechen[1334]. Allerdings muss auch das BVerfG um Akzeptanz bemüht sein[1335], gründet hierauf doch ein nicht zu verkennender Teil seiner Autorität[1336]. Bei einem Kraftakt wie dem Machtkampf mit dem EuGH könnte sich daher, ohne entsprechende Rückendeckung, auch das BVerfG verheben[1337].

4. Politischer Rückhalt für die Annahme eines ausbrechenden Rechtsaktes im Europäischen Steuerrecht

Dieser gesellschaftspolitische Rückhalt dürfte bei einer offenen Rebellion der Verfassungsrichter gegen die Grundlagen der Gemeinschaft, etwa gegen den Vertrag von Lissabon, fehlen. Sowohl die maßgeblichen gesellschaftlichen Verbände[1338] als

---

1333 Vgl. Haltern, Europarecht, Rn. 368ff.
1334 Limbach, Akzeptanz verfassungsgerichtlicher Entscheidungen, S. 11f.
1335 Siehe hierzu Kischel, Begründung, S. 209; ausführlich Lembcke, Ansehen des BVerfG, S. 19ff.
1336 Anmerkung: Dieses Bemühen um Anerkennung und Autorität als „einflussreiche Verfassungsgerichte" war besonders zu Beginn der Rechtsprechungstätigkeit der Gerichte entscheidend. Bekannt sind etwa die Aner-kennungskämpfe des Bundesverfassungsgerichts in den frühen Jahren der Bundesrepublik. So soll Konrad Adenauer, Altkanzler und Mitglied des Parlamentarischen Rates, im Kontext des Streites um das Zustimmungsgesetz zu den EVG-Verträgen und einer damit verbundenen Wiederbewaffnung der Bundeswehr, zur selbstbewussten Rolle der Verfassungsrichter gesagt haben: "Dat ham wir uns so nich vorjestellt". Ausführlich zur „Selbstfindung" des BVerfG, Lembcke in: Van Ooyen/Möllers, Das Bundesverfassungsgericht im politischen System, S. 152ff. Auch wenn sowohl das BVerfG als auch der EuGH sich im politischen wie auch im juristischen System merklich Respekt und Autorität verdient haben, so gilt es für diese Gerichte ständig deren Nachhaltigkeit zu sichern, vgl. zur Erschütterbarkeit der Autorität des BVerfG, Haltern in: Van Ooyen/Möllers, Das Bundesverfassungsgericht im politischen System, S. 62f.
1337 Nicht zu vernachlässigen sind in einem solchen Falle auch die Positionen, welche die anderen mitgliedstaatlichen Verfassungsgerichte beziehen.
1338 Siehe beispielhaft BDA, http://www.arbeitgeber.de/www/arbeitgeber.nsf/id/4A9A5BEC612E15B2C125 7561002F2028;IG Metall, http://www.igmetall.de/cps/rde/xbcr/SID-

auch die große Mehrheit der im Bundestag vertretenen Parteien[1339] befürworten den neuen, unter erheblichem Einsatz der deutschen Ratspräsidentschaft 2007 ausgehandelten „Reformvertrag". Eine hier gesuchte Konfrontation hätte sowohl das Ansehen Deutschlands in Europa wie in der Folge auch die innenpolitische Autorität des BVerfG nachhaltig beschädigt. Dementsprechend wahrt die angesprochene „Lissabonentscheidung" im Ergebnis die in Deutschland vorherrschende politische Überzeugung zur Europäischen Union und der Notwendigkeit des Reformvertrages.

Anders stellt sich die Situation im Teilbereich des Steuerrechts dar. Hier entwickelt sich in rasantem Tempo die immer engmaschiger werdende Rechtsprechung des EuGH zu einer Art Auffangordnung für die fehlende positive Integration im Europäischen Steuerrecht. Die finanziellen Folgen einer extensiven Rechtsprechung betreffen sämtliche Gliederungen des Staates. Hier, wo es anhand von Einzelurteilen um Milliarden an Steuereinnahmen geht, wird viel eher als innerhalb eines unlesbar gehaltenen Vertragstextes ersichtlich, welche nationalen Dämme eine extensive Deutung der Verträge einzureißen in der Lage ist. Hier wird abstrakte Skepsis vermittelbar, komplexe Zusammenhänge lassen sich verkürzt auf den Nenner bringen: In Folge der EuGH-Rechtsprechung drohen Steuereinnahmen in substanziellem Umfang zu erodieren. Lange geltende Gerechtigkeitsvorstellungen bei der Aufteilung des Steuersubstrates werden verschoben. Unabhängig vom Grad der tatsächlichen Gefahr für die nationalen Haushalte scheint die öffentliche Meinung für solche Argumentationsmuster empfänglich[1340]. Das ist gerade in Zeiten der Finanzkrise ein gefährliches Pflaster für den EuGH.

Zudem war und ist das BVerfG ein gewichtiger steuerrechtlich wie -politischer Akteur, welcher durch den EuGH inhaltlich Konkurrenz bekommen hat. Für das Steuerrecht tragende Gerechtigkeitskonzepte werden durch das BVerfG anders beurteilt als vom EuGH. Dies folgt bereits aus dem Blick auf die Materie: Geht es dem Verfassungsgericht vorwiegend immer noch um eine Gleichheit und Folgerichtigkeit im deutschen Steuerrecht, so ist der Blickwinkel des Gerichtshofes diesbezüglich ein grenzüberschreitender. Ferner sind die Maßstäbe im Detail teilweise abweichend. Wird im nationalen Kontext dem Gesetzgeber häufig eine umfassende Einschätzungsprärogative eingeräumt, so wirkt gerade die Erforderlichkeitsprüfung durch

---

0A456501-C66D53FB/internet/docs _ig_metall_xcms_28701__2.pdf; Katholische Kirche, http://www.katholisch.de/26333.html; Evangelische Kirche, http://www.ekd.de/aktuell_presse/news_2008_06_20_1 _hatzinger_europa_buergernaehe.html, jeweils zugegriffen am 29.04.2009.

1339 Lediglich die Linke lehnt den Reformvertrag ab, vgl. Die Linke, http://www.linksfraktion.de/nachricht.php?artikel=1409556873, zugegriffen am 29.04.2009.

1340 Als Beispiel für eine gezielt auf Fragen des Steuerrechts setzende Kampagne gegen Europa lässt sich das irische Referendum 2008 anführen, vgl. Die Welt, http://www.welt.de/politik/article2101258/Die_Gruende_der_Iren_den_Vertrag_abzulehnen.html, zugegriffen am 30.04.2009. Ferner besagt der Stimmungsmesser des Eurobarometers, dass 68% der Deutschen (und 65% aller Europäer) sich gegen eine gemeinsame Steuerpolitik aussprechen, Eurobarometer 68, Herbst 2007, S. 31.

den EuGH häufig stark Optionen beschneidend[1341]. Die aus den Grundfreiheiten abgeleiteten Vorgaben werden oft weitaus enger gezogen. So ergibt sich im Steuerrecht inhaltlich ein besonderes Spannungsverhältnis zwischen BVerfG und EuGH.

Nun werden auch die deutschen Verfassungsrichter gerne steuerlich gestaltend tätig, wofür sie nicht nur Zustimmung ernten[1342]. Allerdings weist der Tätigkeitsrahmen des BVerfG nicht nur territoriale Unterschiede zum EuGH auf. Zwar haben beide Gerichte in der Gesetzesverwerfung erst einmal einen destruktiven Part inne. Auf Ebene der EG fehlt im Steuerrecht wegen der Unfähigkeit zur Einigung im Ministerrat aber augenscheinlich der konstruktive Gegenpart. Diese Blockadesituation ist für Deutschland so nicht festzustellen[1343]. An dieser Gemengelage eines starken „kassatorisch" tätigen Gerichts und einer schöpferisch schwachen Legislative wird sich im Steuerrecht strukturell auch durch den Vertrag von Lissabon nichts ändern. Dieses permanente Ungleichgewicht bedingt eine gehörige Verstärkung der kritisierten Wirkungen der Grundfreiheiten-Rechtsprechung.

Die Gemengelage dieser Einzelfaktoren lassen das Europäische Steuerrecht als einen für das BVerfG denkbaren Bereich erscheinen, um mittels des ausbrechenden Rechtsaktes zu intervenieren. Der politische Rückhalt für einen solchen konfrontativen Akt erscheint im Fiskalbereich höher als in anderen Politikfeldern. Fraglich ist die juristische Plausibilität eines solchen Vorgehens.

5. Ansatzpunkte des BVerfG zur Feststellung einer Kompetenzüberschreitung

Die entscheidende Frage ist, wo eine solche Intervention rechtlich Erfolg versprechend ansetzen könnte?

1341 So auch Lammel/Reimer in: Reimer, Europäisches Gesellschafts- und Steuerrecht, S. 180.
1342 Siehe etwa die jüngste Entscheidung zur Erbschaftssteuer, BVerfG, DStR 2006, 555ff. Dieses Selbst-verständnis wird überdies offensiv vertreten. So merkte etwa der Gerichtspräsident *Papier* an, dass das jüngste Urteil zur Erbschaftsteuer „insoweit als Beitrag zur Gesetzgebungskultur im Steuerrecht verstanden werden [sollte]: Es fordert dem Gesetzgeber ein höheres Maß an Transparenz ab und verlangt Folgerichtigkeit in der Umsetzung der Belastungsentscheidungen. Der Gesetzgeber ist verpflichtet, offenzulegen, welche Arten des Vermögenserwerbs er in welchem Maße begünstigen will; und er ist gehalten, ein folgerichtiges System zu schaffen, das diese Begünstigungen tatsächlich gewährt. Insoweit weisen die Grundlagen der Entscheidung weit über den Bereich der Erbschaft- und Schenkungsteuer hinaus und sind als allgemeine Maximen des Steuerrechts zu verstehen" ,Papier, DStR 2007, 973 (976). Zur Kritik am steuerrechtlichen Vorgehen des BVerfG allgemein vgl. Diwell, Beihefter zu DStR 17, 2008, 7 (9).
1343 Zwar sind bereits einige Regierungen an dem Vorhaben einer „grundlegenden Steuerreform" gescheitert, im Einzelfall sind Bundestag und Bundesrat steuerpolitisch allerdings durchaus handlungsfähig (man denke etwa an die jüngste Reform der Unternehmenssteuer).

a) Bestreiten der „Urformel"

Mehrfach wurde auf das Fehlen einer expliziten vertraglichen Kompetenzgrundlage im Europäischen Steuerrecht hingewiesen. Ohne das Konstrukt der auf den Grundfreiheiten basierenden „Urformel"[1344] fehlt dem EuGH die rechtlich tragende Brücke zum Steuerrecht. Der hier vollzogene gedankliche Konnex mit der weiten Auslegung der Grundfreiheiten als übergreifende Querschnittskompetenzen ist unerlässliche Voraussetzung für jegliche Entscheidung zu diesem Bereich. Bereits hiermit betritt der EuGH den schmalen Grat zwischen legitimer Interpretation des Vertrages und unzulässiger richterlicher Rechtsschöpfung durch Überdehnung der Reichweite der Grundfreiheiten; er befindet sich mithin auf der Grenze zwischen judikativer und legislativer Verantwortlichkeit. Ein generelles Tabu grundfreiheitlicher Wirkung im Steuerrecht ist jedoch nicht zu konstatieren. Betrachtet man die ratio der Grundfreiheiten als den Binnenmarkt einende „Grundrechte", so sind gewisse bereichsübergreifende Glättungen durchaus intendiert, um möglichst flächendeckend den Markt beschränkende Hindernisse zu beseitigen. Die Binnenmarktrelevanz des Steuerrechts und seine teilweise hemmenden Wirkungen werden nicht ernsthaft bestritten. Wie bei nationalen Grundrechten sind die Vorgaben der Grundfreiheiten nicht trennscharf, sondern auf verfassungsgerichtliche Ausformung angewiesen. Im Unterschied zur Staatsebene ist jedoch darauf zu achten, dass in nicht harmonisierten Politikbereichen lediglich der Mindeststandard gesichert wird.

Ferner spricht gegen ein Einhaken an dieser Stelle der Prüfungsdogmatik die nun bereits jahrelang geduldete generelle Praxis des EuGH, welche nicht ohne neue triftige Gründe revidiert werden kann, ohne dass diesem Schritt etwas Willkürliches anhaftet. Das BVerfG müsste sich fragen lassen: Warum erst jetzt[1345]? Auch wenn die grundsätzliche Auseinandersetzung mit der Urformel insoweit lohnt, als es nach wie vor gilt, sich dieses Hebels zu vergewissern, um dies für die konkrete Weite der Grundfreiheiteneingriffe wertend zu berücksichtigen, so ist eine Nullkompetenz des EuGH im Steuerrecht weder realistisch noch wünschenswert.

b) Sonstige Anknüpfungspunkte

Erscheint die Zurückweisung des europäischen Zugangs zum Steuerrecht unwahrscheinlich, so verbleiben viele strittige Detailpunkte auf der Ebene danach. Überdehnt der Gerichtshof hier die grundfreiheitliche Mindestgewährleistung der negativen Integration zugunsten marktliberalen Freiheitsstrebens, so bietet sich dem BVerfG die Gelegenheit gegen ein solches Urteil grundlegend Position zu beziehen.

1344 Zu deren Entstehung und Inhalt siehe bereits im ersten Kapitel A. IV.
1345 Einzig hier denkbare Begründung erscheint ein Verweis auf mangelndes Fallmaterial anhand dessen das BVerfG einen ausbrechenden Rechtsakt im Steuerrecht hätte feststellen können. Jedoch fehlt es auch an verbalen Einlassungen der Richter, das Handeln des EuGH im Steuerrecht so grundlegend in Zweifel zu ziehen.

Eine derartige Einschätzung erscheint vor dem Hintergrund der in den Fällen thematisierten Kombination eines weiten Beschränkungsverständnisses, gepaart mit der restriktiven Handhabung von Rechtfertigungsgründen und Verhältnismäßigkeitserwägungen nicht abwegig. Dabei ist die Feststellung einer solchen Überdehnung eine Frage der Wertung durch das BVerfG. Die Grenze ist nicht strikt vorgezeichnet. Benannt werden können aber besonders sensible Stellen innerhalb der Grundfreiheitenprüfung mit steuerrechtlichem Einschlag.

Kritische Überstrapazierungen der nationalen Steuersouveränität sind etwa durch die Missachtung des grundlegenden Prinzips der Territorialität denkbar. Dem EuGH wurde durch die massive Kritik aus den Mitgliedstaaten im Vorfeld zu „Marks & Spencer" vor Augen geführt, dass hier eine neue Balance zugunsten der mitgliedstaatlichen Souveränität erforderlich ist. Wie dargelegt anerkennt der Gerichtshof im Bereich der Verlustverrechnung nun die rechtfertigende Kraft des Territorialitätsgedankens[1346]. Zwar verweigert er sich einer tatbestandlichen Wirkung, doch wird die so begründete Beschränkungswirkung auf der Rechtfertigungsebene insoweit ausbalanciert, dass – bleibt es bei diesem Status quo[1347] – kein Korrektureingriff aus Karlsruhe droht. Im Falle eines Kurswechsels bietet dieses Kernanliegen der Mitgliedstaaten jedoch jederzeit das Potential für eine ausbrechende Grundfreiheitendeutung durch den EuGH. Als besonders sensibel erweist sich dabei die Kombination mit den international gebräuchlichen Aufteilungsmechanismen[1348]: Sollte sich der Gerichtshof versucht sehen, tiefgreifend auf die bewährte OECD Abkommenspraxis einwirken zu wollen, so wäre dies ein gesteigerter Beweggrund für die Ultra-vires-Intervention. Überhaupt setzt sich der EuGH immer dann einer erhöhten Gefahr der Fremdkorrektur aus, wenn eine Entscheidung über den gleichheitsrechtlichen Diskriminierungsschutz hinaus zu einer richtlinienähnlichen Wirkung führt. Wird etwa das Territorialitätsprinzip dadurch geformt, dass die Verantwortungsverteilung für die Beseitigung einer Diskriminierung massiv über das eigene Staatsgebiet ausgedehnt, der eigene Staat also für steuerpolitische Entscheidungen des Nachbarstaates in Mithaftung genommen wird, so hat dies den Effekt einer aktiven Glättung bewusster Marktheterogenität[1349]. Diese Gestaltung ist jedoch Charakteristikum der positiven Integration.

1346 Siehe im fünften Kapitel D. II. c) aa).
1347 Eine Zusammenfassung der neuen Konzessionsbereitschaft des EuGH findet sich im siebten Kapitel.
1348 Hierzu bereits im fünften Kapitel D. I. 3. c).
1349 Im hier besprochenen Kontext hätte etwa ein Verbot der Nachbesteuerung in „Krankenheim Ruhesitz GmbH" eine solche, über den Mindestschutz hinausgehende, Wirkung gehabt. Gerade im Bereich der endgültigen Verluste ist die Rechtsprechung des EuGH nicht gefestigt. Hier besteht viel praxisrelevantes Potential die Wirksamkeit der Anerkennung der Aufteilung der Besteuerungsbefugnis inklusive Harmonisierungsvorbehalt zu verwässern, indem ausländische Verrechnungsbeschränkungen umfassend zur Endgültigkeit und damit zur Transferoption führen. Die vorgenommene Verantwortungszuteilung würde durch die Hintertüre rückgängig gemacht.

Ferner könnte die erörterte Entwicklung bei der immer weiteren Ausdehnung von rechtlichen Ansprüchen aus der Unionsbürgerschaft sowie die verstärkte Abkopplung der Kapitalverkehrsfreiheit von ihren wirtschaftlichen Wurzeln[1350] kritisch begutachtet werden. In diesem Zusammenhang ist überdies die Regelung des Art. 58 EG interessant[1351]. Art. 58 Abs. 1 a) EG erlaubt den Mitgliedstaaten Steuervorschriften im Schutzbereich der Kapitalverkehrsfreiheit weiterhin anzuwenden, die einen Steuerpflichtigen nach Wohn- oder Kapitalanlageort unterschiedlich behandeln[1352]. Diese Norm lässt eine diskriminierende Behandlung also ausdrücklich zu. Hier haben die Mitgliedstaaten versucht, die steuerliche Integration per Vorbehalt im Vertrag zu begrenzen. Der EuGH setzt diese Ausnahmeklausel jedoch unter Verweis auf Art. 58 Abs. 3 EG faktisch außer Kraft[1353], indem er ein dort verankertes Diskriminierungsverbot dahingehend interpretiert, dass auch Beschränkungen im Sinne des Art. 58 Abs. 1 EG nur zulässig sind, wenn sie von einem anerkannten Grund des Allgemeininteresses gedeckt und angemessen durchgeführt sind[1354]. Der EuGH versucht dabei die Norm des Art. 58 Abs. 1 EG als überflüssig erscheinen zu lassen, wenn er betont, dass

„die den Mitgliedstaaten durch Artikel 73d Absatz 1 Buchstabe a EG-Vertrag eingeräumte Möglichkeit, die einschlägigen Vorschriften ihres Steuerrechts anzuwenden, die Steuerpflichtige mit unterschiedlichem Wohnort oder Kapitalanlageort unterschiedlich behandeln, [...] vom Gerichtshof bereits zugelassen worden [war]. Schon vor Inkrafttreten des Artikels 73d Absatz 1 Buchstabe a EG-Vertrag konnten nämlich nach der Rechtsprechung des Gerichtshofes nationale steuerrechtliche Vorschriften der in diesem Artikel bezeichneten Art, die bestimmte Unterscheidungen, insbesondere nach dem Wohnort der Steuerpflichtigen, vorsahen, mit dem Gemeinschaftsrecht vereinbar sein, sofern sie auf Situationen angewendet wurden, die nicht objektiv vergleichbar oder durch zwingende Gründe des Allgemeininteresses, insbesondere die Kohärenz der Steuerregelung, gerechtfertigt waren."[1355]

Damit deutet das Gericht den Art. 58 EG zum Großteil als vertragliche Festschreibung seiner bisherigen Rechtsprechung[1356] und ignoriert den normierten Willen der Mitgliedstaaten. Er legt die Norm komplett im Lichte seiner bisherigen Grundfreiheiten-Rechtsprechung aus. Die vertragliche Vorbehaltsnorm des Art. 58 Abs. 1 a) EG führt zu keinerlei abgemilderten Kontrollvorgehen des Gerichtshofs. Dies sorgt zwar für annähernd gleiche Standards unter den einzelnen Marktfreiheiten, jedoch kann

---

1350 Siehe im sechsten Kapitel B.
1351 Hierzu bereits im vierten Kapitel E. I.
1352 Dies gilt jedoch nur für Vorschriften, die schon vor dem 31.12.1993 bestanden, vgl. Erklärung Nr. 7 zu Artikel 73 d des Vertrags zur Gründung der Europäischen Gemeinschaft (heute Art. 58 EG), Amtsblatt Nr. C 191 vom 29.07.1992, S. 99.
1353 Ebenso Cordewener, Europäische Grundfreiheiten und nationales Steuerrecht, S. 728f.; Frenz, Handbuch Europarecht, Band 1, Rn. 2825.
1354 Vgl. Rechtssachen C-35/98, „Verkooijen", Slg. 2000, I-4071, Rn. 43ff. oder C-319/02, „Manninen", Slg. 2004, I-7477, Rn. 28.
1355 Rechtssachen C-35/98, „Verkooijen", Slg. 2000, I-4071, Rn. 43.
1356 Ebenso schon Generalanwältin Kokott in ihren Schlussanträgen zur Rechtssache C-319/02, „Manninen", Slg. 2004, I-7477, Rn. 38.

man sich fragen, welche Möglichkeiten den Staaten überhaupt verbleiben, um den steuerrechtlichen Einflusses des EuGH zu begrenzen. Zwar existiert bei der Interpretation von Art. 58 EG inzwischen ebenfalls eine längere Übung durch den EuGH, welche ein konkretes Eingreifen des BVerfG nicht unmittelbar erwarten lässt. Ein erstmaliges vergleichbares Vorgehen könnte hingegen durchaus einen Interventionspunkt liefern.

III. Zusammenfassung

Die Zurückweisung einer EuGH-Entscheidung im Europäischen Steuerrecht über das Institut des ausbrechenden Rechtsaktes kommt in Betracht. Rechtlich kann zwar nicht die „Urformel", jedoch einzelne Ausprägungen der nationalen Steuersouveränität, allen voran eine eklatante Missachtung des Territorialitätsprinzips zu einer Intervention des BVerfG führen. Dieses Einschreiten wäre politisch aller Voraussicht nach weniger missbilligt als in anderen grundlegenden Europafragen. Zudem hat das Lissabonurteil die Wahrscheinlichkeit einer tatsächlichen Anwendung der Kompetenzkontrolle erhöht.

Siebtes Kapitel: Eine Phase neuer Konzessionsbereitschaft beim EuGH

A. Vorbemerkung

Die im sechsten Kapitel dargelegte Druckkonstruktion durch das BVerfG fügt sich wie ein Puzzlestein in die vielschichtigen Vorbehalte Deutschlands sowie anderer Hochsteuerstaaten, welche der EuGH stets im Auge behalten muss. Es wurde deutlich, wie das Europarecht das nationale Verfassungsrecht in seiner prägenden Kraft für das Steuerrecht entthront. Der damit einhergehende Bedeutungszuwachs des Europäischen Gerichtshofs ist Keim für den dargestellten Konflikt mit dem BVerfG. Vor diesem Hintergrund gilt es für den EuGH verstärkt, von sich aus die Spielräume seines rechtlichen Könnens durch eine sinnvolle Ausbalancierung des rechtlichen Dürfens zu ergänzen, will er nicht selbstbewussten nationalen Verfassungsgerichten allzu fruchtbaren Nährboden zur „Fremdzensur" bieten. Dazu muss sich die Wahrung des Rechts wieder klarer von der Schaffung des Rechts und damit vom genuin legislativen Auftrag abheben. Größere judikative Zurückhaltung gegenüber der Steuersouveränität der Mitgliedstaaten muss zur Maxime zukünftiger Eingriffe erhoben werden. Dieses Erfordernis ergibt sich sowohl aus der geschilderten bedrängenden Skepsis vieler mitgliedstaatlicher Eliten als auch aus der wachsenden Erkenntnis fehlender innerer Gerechtigkeit und Folgerichtigkeit innerhalb des Europäischen Steuerrechts. Der Gerichtshof hat über Jahrzehnte ein besonderes Feingefühl bewiesen, mit seiner Rechtsprechung immer nur soweit an Grenzen zu gehen, dass die Mitgliedstaaten gerade noch bereit waren, die Konsequenzen hinzunehmen. Im Europäischen Steuerrecht dieses Jahrzehnts schien diese Balance jedoch zu kippen[1357]. Zu fragen ist, ob im untersuchten Kontext dieser bewährte Pfad des praktizierten Feingefühls wieder beschritten wird.

B. Gerechtigkeit im Europäischen Steuerrecht

Wurden im zweiten Kapitel die Gerechtigkeitsaspekte der Verlustverrechnung im Bezug auf Deutschland charakterisiert, so geht es nun darum, anhand der gesammelten Erkenntnisse die Gerechtigkeitsfrage für die grenzüberschreitende Verlustverrechnung zu beantworten. Die hierbei auftretenden Fragen stehen exemplarisch für eine Problematik im Gesamtkonzept des Europäischen Steuerrechts: Wie viel schlüssige Gerechtigkeit ist im bisherigen Einzelfallrecht enthalten und besteht auf dieser Grundlage eine auf Gerechtigkeit gestützte Legitimation für die weitgehenden Eingriffe des EuGH in die nationalen Steuerrechtsordnungen?

1357 Siehe hierzu im ersten Kapitel A. I.

I. Im Allgemeinen

Klaus Vogel wird der Satz zugesprochen, dass „alle grundlegenden Entscheidungen über Anlage und Ausgestaltung eines Steuersystems Verfassungsentscheidungen"[1358] seien. In der Tat entspringen formende Grundsätze des deutschen Steuersystems wie Belastungsgerechtigkeit, Einfachheit und Folgerichtigkeit, aber auch lenkende Wertvorstellungen einer steuerlichen Förderung von Ehe und Familie, Umweltschutz oder eines steuerfreien Existenzminimums dem Verfassungsrecht. Der Verfassung kommt im Steuerrecht systemprägender Einfluss zu. Gebührt allerdings, wie festgestellt, dem Europarecht neuerdings die dominierende Fortentwicklungsrolle für die Steuerrechtsordnungen, so ist notwendigerweise zu fragen, wie es um dessen systembildende Eigenschaften bestellt ist. Da die Grundfreiheiten das Gerüst der Einflussnahme in diesem Bereich bilden, mündet dies letztendlich in der Frage, inwieweit der EuGH bestimmte europäischen Gerechtigkeitsmaximen zum Leitfaden seiner punktuellen Eingriffe ins nationale Steuerrecht macht.

1. Gerechtigkeitsverlust durch Steuergestaltung

Ökonomische Aspekte werden vom Gerichtshof seit langem berücksichtigt. Besonders die Standortneutralität ist Maßstab seiner Binnenmarktvorstellung. Korrespondierend hierzu wird in der Regel auf die vertikale Vergleichspaarbildung zurückgegriffen[1359]. Die wirtschaftliche Bewegungsfreiheit auf dem Binnenmarkt kommt dabei faktisch besonders den gestaltungsfähigen, weil in erheblichem Umfang grenzüberschreitend tätigen und gestaltungswilligen Großunternehmen zu Gute. Gerade sie profitieren von den Beratungsmodellen der Großkanzleien. Hier erwächst der Steuergestaltung neben der Ungerechtigkeit im Einzelfall eine besondere soziale Dimension. Zugegebenermaßen handelt es sich hierbei keineswegs um ein rein im Europäischen Steuerrecht beheimatetes Problem. Vergleichbare Tendenzen zeichnen sich ebenfalls im komplexer werdenden nationalen Steuerrecht ab[1360]. Jedoch führen

---

1358 So die Wiedergabe eines Vortragsausschnittes von Klaus Vogel bei Birk, DStR 2009, 877 (ebenda).
1359 Siehe hierzu fünftes Kapitel D. I. 3. a). Hingegen ist der Rechtsformneutralität im Steuerrecht bisher weniger Leitfunktion beizumessen.
1360 Hierbei ist etwa an die jüngste Reform der Erbschaftsteuer zu denken, welche ihrerseits aufgrund eines Urteils des BVerfG, NJW 2007, 573, welches die alte Regelung für mit Art. 3 Abs.1 GG unvereinbar erklärt hatte, notwendig wurde. Deren detailreiche Regelungen zur Entlastung von Produktivvermögen, siehe § 13a ErbStG, als Sonderregelung zur normalen Steuerbelastung, bietet findigen Beratern eine Vielzahl von Ansatzpunkten zur Gestaltung. Zu dem Vollzugdefizit aufgrund der Komplexität der Steuerrechtsordnung treten chronische Ressourcenknappheit hinsichtlich der Personal- und Sachausstattung bei der Finanzverwaltung, Schenke, Die Rechtsfindung im Steuerrecht, S. 118. Zu damit verbundenen Besonderheiten wie den „Durchwinkwochen" oder dem „maßvollen Gesetzesvollzug", konkretisiert

die Eingriffe des EuGH zu einer neuen „Löchrigkeit" der nationalen Steuerordnungen sowie zu einer breiteren Anforderungspalette für den Gesetzgeber. Neben dem ursprünglich allein maßgeblichen Fiskalzweck ist heute außer politischen Lenkungszwecken auch Verfassungs- und Europarecht bei der Schaffung eines Steuergesetzes Beachtung zu schenken. All dies führt zur Steigerung der Komplexität.

Dabei gilt: Je verzweigter das Steuergeflecht, desto mehr Ansatzpunkte für gezielte Beeinflussung des steuerlichen Tatbestandes, mithin für Steuergestaltung. Diese Entwicklung lässt sich ganz praktisch im Nachgang zu der Urteilsreihe „Marks & Spencer" beobachten. Die Konstruktion einer subsidiären Verlustberücksichtigung über die Grenze hinweg, welche die sonst territorial begrenzenden Verlustverrechnungsregeln aus der Perspektive des Gerichtes verhältnismäßig ausgestalten sollen, bietet in ihrer Unbestimmtheit Spielraum für gestalterischen Schöpfergeist. Das Merkmal der Endgültigkeit des Verlustes wird in den Mitgliedsländern verschiedenartig ausgestaltet. Mannigfache Konstellationen dieser Endgültigkeit sind denkbar[1361]. Hier wird von Beraterseite versucht, durch entsprechende Strukturierung der Unternehmen in verzweigten Holdingmodellen diese Definitivverluste zu schaffen. Neben der Aufweichung des angestrebten Schutzes für die Aufteilung des Steuersubstrates birgt dies eine ökonomisch häufig unterschätzte Gefahr für die Unternehmen. Aus einer Lust am Steuersparen heraus werden Gestaltungsstrukturen geschaffen, welche vom eigentlichen wirtschaftlichen Nutzen im Betrieb nahezu vollständig gelöst sind. Eine gewisse janusköpfige Eigendynamik ist dieser Jagd nach dem besten Steuersparmodell nicht abzusprechen. Dem Steuerrecht wohnt so eine verhängnisvolle, ungewollte Förderung von Komplexität inne. Ein Konjunkturprogramm nur für Anwälte und Steuerberater[1362].

Je mehr Raum für Steuergestaltung vorhanden ist, desto ungleicher gestaltet sich in der Folge der Vollzug einer Norm. Steuerliche Regelbelastung wird zur Ausnahme. Steuergesetze, die sich nicht gleichmäßig durchführen lassen, sind jedoch nicht gerecht. Rein marktgesteuertes wirtschaftliches Handeln, dessen Einkünfte am Ende eines Veranschlagungszeitpunktes unter einen Tatbestand subsumiert werden, ist nicht mehr genug. Vielmehr muss sich der Struktur des Gesetzes – nicht gleichbedeutend mit einer Befolgung der intendierten Lenkungsziele – im Vorhinein angepasst werden, um günstige Belastungsergebnisse zu erzielen. Ökonomischer Leistungszuwachs als Anknüpfungsgröße für die steuerliche Belastung wird manipulierbar. Steuerzahlung erweist sich vermehrt nicht mehr als Folge wirtschaftlichen Erfolges, sondern ungeschickten rechtlichen Verhaltens. Damit verbunden ist nicht nur ein rein intellektueller Vorwurf: Wer nicht gestaltet, wird finanziell benachteiligt.

---

durch den Anwendungserlass zur AO sowie den Grundsätzen zur Organisation der Finanzämter und Neuordnung des Besteuerungsverfahrens, siehe Adamek/Otto, Schön Reich, S. 40ff.
1361 Siehe fünftes Kapitel D. III. 3.
1362 Die Gefahr der Inkaufnahme durch steuerliche Anreize geschaffener sonstiger Ineffizienzen konstatiert ganz generell Lüdicke, IStR 2009, 544 (546). Vor diesem Hintergrund erachtet er eine international bindende Mindestbesteuerung bei der Körperschaftsteuer auch im Interesse der Unternehmen.

Jedoch will eine derart umfassende Gestaltung gekonnt sein. Dieses Know-how leisten sich häufig nur „die Großen". In der Folge gilt dann: Die so erlangte Begünstigung des einen ist die Belastung des anderen.

2. Gleichheit zu Lasten aller

Neben dieser Ungleichheit durch Gestaltungsvorteile folgt auch die Inkorporation von EuGH-Urteilen in nationale Gesetze zunehmend der Devise einer negativen „Gleichheit zu Lasten aller". Wird eine Norm für europarechtswidrig erklärt, kann die notwendige gesetzgeberische Revision auf drei Wegen erfolgen: durch Ausweitung der Begünstigung, durch inhaltliche Neuausgestaltung der Norm oder durch Ausdehnung der Belastung. Vom europarechtlichen Ergebnis sind die Lösungsstrategien gleichwertig; die ökonomischen Belastungs- und Lenkungswirkungen unterscheiden sich jedoch gravierend. Um sich dem Vorwurf einer diskriminierenden Behandlung zu entziehen, wird vermehrt der dritte Weg gewählt, also spezifische steuerliche Auslandsnormen sinnwidrig auf Inlandssachverhalte ausgedehnt. Alle werden gleich schlecht behandelt. Gerade der deutsche Gesetzgeber[1363] folgt dieser Marschroute und begegnet so dem Tadel aus Luxemburg in der Manier eines „trotzigen Schuljungen".

Ein besonders gravierendes Beispiel für ein solch kontraproduktives Vorgehen des Gesetzgebers ist die im Rahmen der Unternehmensteuerreform 2008 in Deutschland eingeführte Zinsschranke des § 4 h EStG[1364]. Sie ersetzt die alte Missbrauchsregel gegen eine übermäßige Gesellschafter-Fremdfinanzierung, § 8 a KStG a. F., welche in ihrer ursprünglichen Fassung für europarechtswidrig erachtet wurde[1365]. Hierzu wird der in Deutschland zu besteuernde Tatbestand verbreitert, indem betriebliche Aufwendungen zum Einsatz von Fremdkapital in geringerem Maße die Bemessungsgrundlage schmälern können als zuvor[1366]. Was einmal als Abwehrgesetzgebung gegen Gewinnverlagerungen ins Ausland gedacht war, zeigt sich nun als hoch komplexe und bürokratisch aufwendige Steuerregelung für alle Unternehmen. Verständlich wird die Regelungstechnik bestenfalls, wenn man bedenkt, dass der deutsche Gesetzgeber mit Hilfe der Zinsschranke versucht, eine äußerlich für Inlands- und Auslandsfälle gleichermaßen geltende Regelung gegen den unversteuerten Abfluss von Gesellschafterzinsen einzuführen, von deren Wirkungen dank eines komplizierten Systems von Ausnahmen die reinen Inlandssachverhalte faktisch jedoch ausgenommen werden sollen. Dennoch greifen diese Vorschriften massiv in

---

1363 Vgl. Gosch, DStR 2007, 1553 (1559).
1364 Für Kapitalgesellschaften gilt diese Regelung in Verbindung mit § 8a KStG.
1365 Rechtssache C-324/00, „Lankhorst-Hohorst", IStR 2003, 55ff. Ferner zu mitgliedstaatlichen Unterkapitalisierungsregeln, allerdings zur Ausgestaltung in Großbritannien, Rechtssache C-524/04, „Thin Cap", IStR 2007, 249ff.
1366 Ausführlich zur Systematik der Zinsschranke, Schmehl in: Schön, Zukunftsfragen des deutschen Steuerrechts, S. 107ff.

die Finanzierungsfreiheit aller Unternehmen ein[1367]. Dies wirkt gerade in der derzeitigen Finanz- und Wirtschaftskrise negativ. In Krisenzeiten steigt bei den Untenehmen regelmäßig der Bedarf nach frischem Kapital, damit auch an Fremdfinanzierung. Die verschärfte Begrenzung beim Betriebskostenabzug wirkt hier besonders hemmend, da der anfallende Zinsaufwand nicht mehr steuerlich berücksichtigt wird[1368]. Ohnehin schon wirtschaftlich geschwächte Unternehmen kommen so zusätzlich in Bedrängnis[1369].

Aufgrund des Drucks der EuGH-Rechtsprechung kommt es so zu einer Durchbrechung von Gerechtigkeitsvorstellungen im nationalen Steuerrecht. Zwar ist die beispielhaft dargestellte Reaktion des deutschen Gesetzgebers nicht zwangsläufig. Kausal und keineswegs europäischer Einzelfall ist sie gleichwohl[1370]. Das inländische Steuerrecht wird unsystematisch verändert, Prinzipien wie das objektive Nettoprinzip werden zugunsten der Europarechtskonformität geopfert. Der Gesetzgeber steht immer häufiger vor der Wahl, entweder den Vorgaben des BVerfG, vor allem hinsichtlich des Leistungsfähigkeitsprinzips, Art. 3 Abs. 1 GG, zu genügen oder alternativ eine Verurteilung durch den EuGH in Kauf zu nehmen. Sicherlich lassen sich die höchstrichterlichen Vorgaben in einer Mehrzahl der Fälle vereinen. Im Konfliktfall muss sich der Gesetzgeber jedoch festlegen. Neben weiteren Gründen führt hier die Linie des BVerfG, welche in Steuerfragen meist einen größeren Ermessensspielraum einräumt, verstärkt dazu, dass sich der pragmatisch denkende Gesetzgeber für den steuerlichen Konflikt mit dem nationalen Verfassungsgrundsatz entscheidet.

Diese Entwicklung kann im Ergebnis auch dem EuGH nicht gefallen. Anstelle einer Öffnung der nationalen Rechtsordnungen für europäische Sachverhalte führt seine Rechtsprechung durch diese Art der Umsetzung zur einer wirtschaftlich kontraproduktiven Verwilderung und Komplizierung der mitgliedstaatlichen Steuersysteme, auch wenn diese „Gleichheit zu Lasten aller" dem Gestaltungsermessen des nationalen Gesetzgebers unterfällt. Mit Bezug auf eben jenes Gesetzgebungsermessen kritisiert *Kube* die innerstaatliche gerichtliche Erstreckung von Begünstigungen

---

1367 Musil verwendet das Bild einer „Schrotflinte", welche jegliche Art von Fremdfinanzierung hart trifft, Der Betrieb 2009, 1037 (1039).
1368 Siehe zur Konjunkturanfälligkeit der Zinsschranke, Eilers, DStR 2009, 137 (ebenda f.).
1369 Im Zusammenhang mit der Wirtschaftskrise reagiert nun auch der Gesetzgeber. So soll die Anhebung der Freigrenze bei der Zinsschranke von einer auf drei Millionen Euro zu einer Entlastung der Unternehmen in der Krise führen, Focus, http://www.focus.de/politik/deutschland/steuern-zusaetzliche-milliarden-entlastung-fuer-die-wirtschaft_aid_402752.html, zugegriffen am 04.06.2009.
1370 Als weitere Beispiel ähnlicher Vorgehensweisen des deutschen Gesetzgebers können die Änderungen bei der steuerlichen Abziehbarkeit von Schulgeld (Begrenzung auf 30% des Schulgeldes und maximal 5000 Euro), § 10 I Nr. 9 EStG, als Reaktion auf die Rechtssache C-76/05, „Schwarz", NJW 2008, 351ff., hierzu Hufeld, GPR 2009, 121 (123f.) sowie die bereits thematisierte Abschaffung der Verlustübernahmemöglichkeiten bei der Verschmelzung von Körperschaften, § 12 § Abs. 3 Satz 2 UmwStG a. F., angeführt werden. Vgl. zur europarechtlichen Indikation und den Wirkungen der Streichung des § 12 § Abs. 3 Satz 2 UmwStG a. F., Maiterth/ Müller, DStR 2006, 1861ff. Kritisch zu den Änderungen des SEStEK äußert sich ebenfalls Körner, IStR 2006, 109 (112).

in der Folge von Vorabentscheidungsverfahren[1371]. So erstreckte etwa der BFH in der Folge zu den Rechtssachen „Jundt" (Steuerliche Berücksichtigung einer ausländischen Lehrtätigkeit) und „Conijn" (Steuerberater-kosten) Steuerbefreiungen mittels geltungserhaltender Reduktion der jeweiligen Norm auf den grenzüberschreitenden Sachverhalt. Hierdurch wird der Gestaltungsspielraum des Gesetzgebers rückwirkend einseitig determiniert. Gerade im Steuerrecht, wo die Grundfreiheiten in der Regel als Diskriminierungsverbote wirken, mahnt der EuGH im Spannungsfeld zwischen parlamentarischem Gestaltungsermessen und Binnenmarkteffektivität eine solch weite Umsetzung des Anwendungsvorrangs an. Im niederländischen Verfahren „F. C. Terhoeve" stellte er ausdrücklich fest: „Im übrigen haben, wenn das nationale Recht unter Verstoß gegen das Gemeinschaftsrecht eine unterschiedliche Behandlung mehrerer Personengruppen vorsieht, die Angehörigen der benachteiligten Gruppe Anspruch auf die gleiche Behandlung und auf Anwendung der gleichen Regelung wie die übrigen Betroffenen, wobei diese Regelung, solange das Gemeinschaftsrecht nicht richtig durchgeführt ist, das einzig gültige Bezugssystem bleibt."[1372] Bis zu einer Modifikation der Gesetzeslage bleibt also das günstigere Rechtsregime Anspruchsgrundlage. Hiervon profitiert unmittelbar der „Kläger" im Vorabentscheidungsverfahren. Dafür streitet, dass dieser im Ausgangsverfahren gerade auf den steuerlichen Vorteil klagt. Dem Vorabentscheidungsverfahren als Zwischenverfahren zum nationalen Prozess kommt gerade dieser Einzelfallbezug zu. Die Konstruktion der Vorabentscheidung mit seiner ausschließlichen Beantwortung der gemeinschaftlichen Rechtsfrage – der EuGH hat formal gerade keine Kompetenz, über das nationale Recht zu urteilen[1373] – führt jedoch ebenfalls zu einer graduell verallgemeinerbaren Rechtserkenntnis[1374]. In der Folge gebieten das europarechtliche Effektivitätsgebot sowie der eben angesprochene Anwendungsvorrang eine Ausdehnung der gemeinschaftlich begründeten Begünstigung zumindest auf vergleichbare und noch nicht abgeschlossene Finanzverfahren[1375]. Die Europarechtswidrigkeit in dieser Weise zu sanktionieren, fördert einen gewissen Präventiveffekt, vergleichbar mit der Staatshaftung und kann zu einer größeren Disziplinierung des

---

1371 Kube, EuGH-Rechtsprechung zum direkten Steuerrecht, S. 46f.
1372 Rechtssache C-18/95, „F. C. Terhoeve", EuZW 1999, 380ff., Rn. 57.
1373 Pechstein, EU-/EG-Prozessrecht, Rn. 844.
1374 Vgl. bereits drittes Kapitel A. Beachte ebenfalls die Ausführungen in den verbundenen Rechtssache C-453/02 und C-462/02, „Linneweber", Slg. 2005, I-1131, Rn. 41 sowie Rechtssache C-292/04, „Meilicke", Slg. 2007, I-1835: „Nach ständiger Rechtsprechung wird durch die Auslegung einer Vorschrift des Gemeinschafts-rechts, die der Gerichtshof in Ausübung seiner Befugnisse aus Art. 234 EG vornimmt, erläutert und verdeutlicht, in welchem Sinne und mit welcher Tragweite diese Vorschrift seit ihrem Inkrafttreten zu verstehen und anzuwenden ist oder gewesen wäre".
1375 Beachte auch die Differenzierung hinsichtlich der Breitenwirkung einer EuGH-Entscheidung bei Reimer in: Lüdicke, Wo steht das deutsche Internationale Steuerrecht?, S. 80 ff.

nationalen Gesetzgebers beitragen – auf Kosten des Freiraums der nationalen Parlamente[1376].

So ist zu konstatieren, dass die mit einer „Gleichheit zu Lasten aller" verbundenen Verschärfung des nationalen Steuerrechts zwar zu einer Europarechtskonformität der einzelnen Norm führt, jedoch das hieraus folgende wirtschaftliche Ergebnis einer bürokratisch aufwendigen Zuspitzung dem ökonomischen Binnenmarktziel insgesamt zuwiderläuft.

3. Wechselwirkungen unter Gerechtigkeitsvorstellungen

Das Europarecht hat eine Autorität errungen, welche den nationalen Gesetzgeber bereits bei der Genese neuer Normen an den grenzüberschreitenden Rahmen denken lassen muss. Werden diese Vorgaben ignoriert, so besteht die hohe Wahrscheinlichkeit einer folgenbehafteten Zurechtweisung aus Brüssel oder Luxemburg. Die dadurch notwendige Einbeziehung des europäischen Sachverhaltes in nationales Gesetzesdenken weist unter Gerechtigkeitsgesichtspunkten allerdings keinen Einbahnstraßencharakter auf. Dies zeigt sich etwa anhand der mit Steuergesetzen verbundenen Lenkungszwecke. Beeinflussten diese zu Zeiten geschlossener Staatlichkeit fast ausschließlich Wirtschaft und Gesellschaft des eigenen Territoriums, so wirken Lenkungsziele eines nationalen Gesetzgebers in der erweiterten Konstellation des EG-Binnenmarktes weiträumiger. An diese Lenkungsvorhaben sind im Regelfall konkrete Gerechtigkeitsvorstellungen der Legislative geknüpft.

Beispielhaft für eine solches grenzüberschreitendes Lenkungsphänomen kann das neue deutsche Erbschaftsteuerrecht genannt werden. Zur Schonung mittelständischer Betriebe kennt das ErbStG bestimmtes „begünstigtes Vermögen", § 13b ErbStG. Hierzu zählt ausdrücklich näher spezifiziertes Vermögen im Binnenmarkt, vgl. § 13b Abs. 1 Nr. 1 ErbStG. Die deutsche Regelung differenziert inhaltlich aufgrund verschiedener Wertungsgesichtspunkte nach normal steuerpflichtigem und besonders förderungswürdigen, kurz gesagt „gutem" und „bösem" Vermögen, je nachdem, ob es sich um Produktivvermögen oder Verwaltungsvermögen[1377] handelt.

1376 Vor diesem Hintergrund hat der BFH die rückwirkende Gesetzesänderung bei § 6 AStG gebilligt, I B 92/08, IStR 2008, 884, Rn. 19ff. (ausnahmsweise zulässige „echte Rückwirkung"): „Dem Gesetzgeber muss es möglich sein, rückwirkend einen gemeinschaftsrechtskonformen Rechtszustand herzustellen.". Allerdings handelte es sich hier nicht um einen Fall der „Gleichheit zu Lasten aller". Der BFH erkannte zudem die besondere „Klagerichtung" des Vorabentscheidungsverfahrens an, indem er betont, dass „der "Marktbürger" in der Durchsetzung seiner Rechte nicht frustriert werden [darf]. Es gilt der Grundsatz der Effektivität, welcher verlangt, dass die Ausübung der durch die Gemeinschaftsrechtsordnung verliehenen Rechte nicht praktisch unmöglich gemacht oder übermäßig erschwert werden dürfen", I B 92/08, IStR 2008, 884, Rn. 22. Da sich die gesetzgeberische Umgestaltung allerdings auch im Belastungsergebnis für den „Kläger" positiv gestaltete, konstatierte der BFH eine solche „Frustrationsgefahr" als nicht gegeben.
1377 Vgl. § 13b Abs. 2 Satz 2 ErbStG.

Diese Bewertung folgt dem Verständnis des deutschen Gesetzgebers, welcher gewisse Vermögenswerte für das volkswirtschaftliche Gemeinwohl besonders nützlich einschätzt. Durch den neuen Bezugsrahmen Binnenmarkt wirken solche Wertungen nun auch unmittelbar über die Grenze hinweg. Deutsche Erbschaftsteuergestaltung beeinflusst Planung auf dem Binnenmarkt. Bestehen nun Gerechtigkeitsmängel innerhalb der nationalen Regelungsstruktur[1378], so schlagen diese ebenfalls auf den europaweiten Markt durch. Dies ist Ausdruck neu vernetzter Gerechtigkeit.

II. Im Besonderen: Ideal eines europäischen Leistungsfähigkeitsprinzips

Das aus dem Gleichheitssatz folgende Leistungsfähigkeitsprinzip ist unabdingbare Leitschnur für die Anwendung und Weiterentwicklung des Steuerrechts[1379]. Als Messgröße der Bemessungsgrundlage ist es die Basis individueller Steuergerechtigkeit, entscheidet deren Zuschnitt doch maßgeblich über die angemessene Finanzierungsbeteiligung des Einzelnen. Wie die Verlustverrechnung exemplarisch belegt stellt die europäische Integration dieses Fundamentalprinzip vor ungewohnte Herausforder-ungen. Dabei stellt sich weniger die Frage nach der sachlichen als nach der räumlichen Ausrichtung dieses Prinzips. An welchen Bemessungsraum müssen die Konkretisierungen der Leistungsfähigkeit angelegt werden? Für die Verlustverrechnung ist konkret zu fragen: Gewinne und Verluste aus welchem Tätigkeitsgebiet sind in die Bemessung einzustellen? Die Auswahl der Steuerbemessungsgrundlagen in territorialer Hinsicht ist wichtige Konkretisierung der Leistungsfähigkeitsbestimmung. Hiervon hängt ganz entscheidend ab, was der Einzelne gemessen an seinem Einkommen für seinen Staat tun kann[1380]. Die bisherige Antwort der meisten Staaten in Europa ist bekannt: Die Leistungsfähigkeit wird nicht konsequent am Binnenmarkt ausgerichtet. Vielmehr erfolgt häufig eine am Staatsterritorium gemessene Berechnung des Einkommens[1381]. Muss es in der europäischen Rechtsgemein-schaft des Jahres 2009 nicht ein am gemeinsamen Markt orientiertes Leistungsfähigkeitsprinzip geben? Folgt der Realität einer zunehmend europäischen Leistungsbereitstellung nicht die steuerrechtliche Notwendigkeit eines europäischen Leistungsfähigkeitsprinzips? Wenn ja, darf der EuGH die Gerechtigkeitsperspektive aus der Sicht des Binnenmarktes zum rechtlichen Maßstab seiner Rechtsprechungslinie machen? Hier widerstreiten die Sichtweisen der Nationalstaaten, des geltenden Völkerrechts und eines agilen, zielorientierten Binnenmarktverständnisses. Binnenmarktleistungsfähigkeit und in sich geschlossene Gerechtigkeitsansichten der Länder stehen sich gegenüber.

1378 Siehe etwa zu den verfassungsrechtlichen Zweifeln hinsichtlich der Folgerichtigkeit des neuen deutschen Erbschaftsteuerrecht, Birk, DStR 2009, 877 (882).
1379 Hierzu bereits ausführlich im zweiten Kapitel B.
1380 Vgl. Tipke, Die Steuerrechtsordnung, S. 618.
1381 Zur vielfachen Durchbrechung des Welteinkommensprinzips siehe bereits zweites Kapitel C. I.

Die Probleme der Verlustverrechung stehen beispielhaft für eine entgrenzte Wirtschaft sowie eine Steuerpolitik und eine Steuerverwaltung, welche ihrem staatlichen Souveränitätspanzer noch nicht entstiegen sind. Es wird deutlich, wie das weitgehende Verschwinden von Teilmärkten Zuordnungsprobleme schafft, weil die Errichtung und Gewährleistung von rechtlichen Rahmenbedingungen[1382], das Bereitstellen funktionierender Infrastruktur[1383] und die Repräsentation der Nachfrager zunehmend verschwimmt. Die auf dem Binnenmarkt zur Verfügung gestellte ökonomische Realität überschreitet die Einflusssphäre einer Standortgemeinschaft[1384]; der Markterfolg ist immer mehr Ausfluss der europäischen Wirtschafts- und Rechtsgemeinschaft. Diese enge wirtschaftliche und rechtliche Verkettung auf dem Binnenmarkt lässt eine Rechtfertigung der Steuerauflage über die anonymisierte Globaläquivalenz[1385] vielfach nur noch europäisch zu. Der Unternehmer als Steuerbürger mit Rechten und Pflichten kann immer seltener davon Kenntnis haben, welchem Mitgliedstaat er wieviel Dankbarkeit der Marktermöglichung schuldet. Auch wenn die europäische Lasten- und Berechtigtengemeinschaft noch nicht das Intensitätsniveau der tradierten innerstaatlich demokratisch und sozialstaatlich verfassten Transfer- und Solidargemeinschaft erreicht, so ist letztere ohne eine europäische Marktermöglichung kaum noch vorstellbar.

Fraglich ist allerdings, ob das Leistungsfähigkeitsprinzip nicht unabhängig von diesen ökonomischen Äquivalenzgrundsätzen anzulegen ist, die hierdurch vermittelte Angemessenheit nicht Rechtfertigung genug darstellt[1386]. Die Steuerbemessung sowie der Steuervollzug erfolgen gerecht anhand der ermittelten individuellen Zahlungsfähigkeit einer natürlichen oder juristischen Person. Das Leistungsfähigkeitsprinzip rechtfertigt die konkret-individuelle Belastung, es ist Belastbarkeitsprinzip. So kann eine durch fehlende Leistungsfähigkeit begründete Nichtbesteuerung nicht aufgrund von Äquivalenzkriterien verdrängt werden[1387]. Die Äquivalenz dient nicht als Auffangrechtfertigung. Jedoch liefert sie im grenzüberschreitenden Sachverhalt die Begründung für die räumliche Aufteilung der Besteuerungsbefugnis. Sie bewirkt die Legitimation des Anknüpfungspunktes. In der internationalen Praxis erfolgt die

---

1382 Beispielhaft seinen die Institutionen zur Durchsetzung eines Anspruchs, der Schutz von Eigentum, die Gewährleistung eines Geld- und Bankensystems sowie gesellschaftsrechtliche Haftungsregeln genannt. Vgl. zum Ausmaß des Europäischen Wirtschaftsrechts allgemein, Schwarze, Europäisches Wirtschaftsrecht, S. 33ff.
1383 Etwa gemeinschaftsweit wirkende Kollektivgüter wie transnationale Netze oder Forschung.
1384 Hierzu schon im zweiten Kapitel unter C. I.
1385 Siehe bereits im zweiten Kapitel A.
1386 So kritisiert etwa *Tipke* für die Einkommensteuer eine Verknüpfung zwischen Leistungsfähigkeitsprinzip und Marktermöglichungsgedanken, Die Steuerrechtsordnung, S. 614ff. Für ihn ist die Steuerfähigkeit des Einzelnen entscheidender und hinreichender Grund der Steuerrechtfertigung. Ausführlich zum innerstaatlichen Verhältnis von Leistungsfähigkeits- und Äquivalenzprinzip, Schmehl, Äquivalenzprinzip, S. 53ff. sowie 103ff.; Wernsmann, Verhaltenslenkung in einem rationalen Steuersystem, S. 281ff.
1387 Vgl. Wernsmann, Verhaltenslenkung in einem rationalen Steuersystem, S. 282. Ausnahmen sind bei besonderer Gruppennutzung denkbar, etwa Kraftfahrer bei Straßennutzung.

Zuteilung der steuerbaren Quellen zwischen den Staaten anhand von mit dem Territorialitätsprinzip verknüpften Gedanken anonymisierter Globaläquivalenz. Diese Aufteilung fungiert sodann als Grundlage für eine gerechte Leistungsfähigkeitsbemessung. Die Prinzipien ergänzen sich hier ohne sich zu widersprechen.

Wird die leistungsgerechte Steuererhebung räumlich also mit Elementen der Globaläquivalenz verknüpft, so muss sich die Besteuerung der veränderten Rechtfertigungsgrundlage anpassen. Der legitimierende Belastungsgrund ist neben der persönlichen Einkommensvermehrung die Bedingtheit durch die gewährleisten Marktbedingungen. Verdanken die Steuerbürger ihr Einkommen verstärkt Auslandsmärkten, so bröckelt diese Zurechnungsgrundlage zum Ansässigkeitsstaat, sofern sich die Leistungsanteile der verschiedenen Staaten nicht mehr auseinander halten lassen. Außerhalb des Heimatmarktes begründeter Leistungsempfang schmälert bei der räumlich entlehnten Zahlungsfähigkeit die rechtfertigende Anspruchsbasis des Steuerzugriffs. Der bisher stark national ausgerichtete Leistungsfähigkeitsmaßstab erhält so aufgrund der verwobenen Binnenmarktrealitäten Gerechtigkeitsrisse, ordnet das im Mittelpunkt der Rechtfertigungsbemühungen der Mitgliedstaaten stehende Territorialitätsprinzip die Leistungsfähigkeit doch allein anhand der geographischen Quelle einer wirtschaftlichen Tätigkeit zu. Zugleich wird der Gedanke der anonymisierten Globaläquivalenz national angesetzt. Diese äquivalenztheoretische Fundierung des Territorialitätsprinzips bildet dann Grund und Grenze der steuerlichen Teilhabe des Staates; sie separiert die unbeschränkte von der beschränkten Steuerpflicht. Dies entspricht nicht mehr den Binnenmarktfaktizitäten. Das unauflösbare Ineinandergreifen des gemeinsamen Marktes lässt sich heute nicht mehr präzise durch das Gegeneinander von unbeschränkter und beschränkter Steuerpflicht beschreiben. Möchte man der europäischen Wirtschaftswirklichkeit umfassend gerecht werden, so müssen Steuerpolitik und Steuerverwaltung hier vermehrt gemeinschaftsweit gedacht, konzipiert und umgesetzt werden.

Die Staaten dieser Wirtschafts- und Rechtsgemeinschaft haben den aus der Gerechtigkeitsperspektive nötigen Schritt allerdings vertraglich nicht nachvollzogen[1388]. Die vorliegende Arbeit unterstreicht die Stützung des Europäischen Steuerrechts auf die Grundfreiheitenrechtsprechung des EuGH. Selbst das Mindestmaß koordinierter europäischer Leistungsfähigkeit, die CCTB[1389], scheitert am Vorbehalt der Staaten. Auf diesen Status quo hat der Gerichtshof reagiert: In der betrachteten Rechtsprechungslinie „Marks & Spencer" bringt er die unterschiedlichen Perspektiven auf die Leistungsfähigkeitsbestimmung zu einem gewissen Ausgleich, indem die trennenden Vorgaben der Mitgliedstaaten, welche die Verlustverrechnung territorial beschränken, durchbrochen werden, sofern ein endgültiges Versickern droht. Ausgangspunkt bleibt zwar die nationale Leistungsfähigkeitsbetrachtung; auf ihrer Grundlage ist die steuerliche Potenz vorrangig zu messen. Nachgeprüft wird dieses Ergebnis jedoch anhand des Binnenmarktraumes. Drohen hier beträchtliche ökono-

---

1388 Siehe im ersten Kapitel A. II.
1389 Siehe bereits im ersten Kapitel A. IV. 3.

mische Verwerfungen durch den Untergang von Verlusten, so fordert der Gerichtshof ein Gegensteuern und öffnet trotz vorhandener DBA die nationalen Souveränitätspanzer. Hingegen hätte die nationale Sicht sowie das internationale Steuerrecht eine Divergenz von innerstaatlicher und europäischer Leistungsfähigkeit vollends toleriert. Über dieses Konzept fordern die Richter, wenn auch subsidiär, ein gewisses Maß europäischer Leistungsfähigkeit ein.

Im Wege dieses unaufdringlichen Kompromisses weist der EuGH für die Verlustberücksichtigung auf die Binnenmarktabhängigkeiten und deren Gerechtigkeitsfolgen hin. Dabei birgt die partielle Berücksichtigung einer binnenmarktbezogenen Leistungsfähigkeit für die Staaten ökonomisch keineswegs nur Nachteile. Es bedarf gerade einer prosperierenden Volkswirtschaft und hiermit verbundener schwarzer Zahlen in den Unternehmensbilanzen, um Steuern abschöpfen zu können. So dürfen die wirtschaftlich Tätigen steuerlich nicht überfordert werden, um sie nicht in existenzielle Probleme zu bringen[1390]. Dies hieße sonst, die „Kuh zu schlachten, die man melken will". Insofern kann die Berücksichtigung der Binnenmarktleistungsfähigkeit dazu beitragen, ökonomische Überstrapazierung zu vermeiden. Hier werden nur Gewinne versteuert, welche auf dem Binnenmarkt – und mindestens so weiträumig denken und planen viele Unternehmen – auch wirklich angefallen sind.

Diesen Gedanken verfolgte auch der alte § 2a Abs. 3 EStG. Der wirtschaftsfördernden Wirkung eines europäischen Verlustverrechnungsregimes ist sich im Grundsatz auch der Gesetzgeber bewusst. Bisher hat er sich europaweit jedoch nicht zu diesem Schritt durchgerungen. In Deutschland wurde § 2a Abs. 3 EStG sogar bewusst abgeschafft. Den beschriebenen Vorteilen stehen derzeit im unharmonisierten Zustand viele Gefahren gegenüber: Die Kreativität der Unternehmen, zu einer Überkompensation, also zu einer rücksichtslosen und verantwortungsgelösten Steueroptimierung zu gelangen, ist ungebrochen. Wenn der EuGH sich zugunsten eines europäischen Leistungsfähigkeitsprinzips stark macht, so darf er diese Interessen der Staaten nicht aus den Augen verlieren. Der Binnenmarkt ist kein einem Bundesstaat vergleichbarer Raum, wo sich die aus Art. 3 Abs. 1 GG folgenden Gerechtigkeitsprinzipien bei den großen Fragen des Steuerrechts am Gesamtstaat orientieren und kästchenübergreifend gelten. Solange die Mitgliedstaaten auf dem System aus nationalem und internationalem Steuerrecht, durchsetzt vom Einfluss der Grundfreiheiten, beharren, solange muss auch die juristische der wirtschaftlichen Realität hinterherhinken. Der EuGH darf nicht der Versuchung erliegen, politisch Wünschenswertes rechtlich zu erzwingen. Dass ein solches Vorgehen des Höchstgerichtes aber auch in neuerer Zeit nicht ausgeschlossen ist, erweist sich am Beispiel des Gemeinnützigkeitsrechts. Seine jüngeren Urteile zu diesem Teilbereich des Europäischen Steuerrechts knüpfen deutlich offensiv an einen europäischen Bezugspunk, ohne dass dies vom Gemeinschaftsgesetzgeber klar determiniert ist. Die Vorstellung vom Raum der Gemeinnützigkeit und damit des maßgeblichen Solidarverbandes wird auf den Binnenmarktraum ausgedehnt. Soweit ein Gemeinwohlzweck europäisierbar ist,

---

1390 Siehe bereits zweites Kapitel A.

überragt in der richterlichen Betrachtung durch den EuGH der Wille zur Förderung des Bürgersinns und der Bürgergesellschaft die Beachtung steuerlicher Souveränitätsentscheidungen[1391]. Ein europäischer Gemeinnützigkeitsraum wird erschaffen[1392].

Wie für den Bereich der Verlustverrechnung gezeigt, wird der grenzüberschreitend tätige Unternehmer in der Regel die europäische Leistungsfähigkeit als Grundlage seiner Steuerbemessung ersehnen, soweit hierdurch keine neuen Risiken einer Mehrfachbesteuerung entstehen. Dabei ist das subjektive Recht des Einzelnen ohne eine politische Einigung der Staaten unmittelbar an die Reichweite der Grundfreiheiten gekoppelt. Wo die Grundfreiheiten nicht greifen, existiert kein wehrfähiges Recht, damit keine gerichtliche Durchsetzung seines Bestrebens. Das Maß einer binnenmarktorientierten Steuerbemessung richtet sich abermals nach der Reichweite und Wirkungsweise der Grundfreiheiten. Eine direkte Herleitung des Leistungsfähigkeitsprinzips aus den europäischen Grundfreiheiten ist trotz deren gleichheitsrechtlicher Wirkung zu weitgehend[1393]. Auch wenn die beschriebene Realität des gemeinsamen Marktes die derzeitige Rechtslage reformbedürftig erscheinen lässt, so bleibt es Sache der „Herren der Verträge", dieser Erkenntnis zu folgen. Diese Koordinierung ist zu fordern, jedoch nicht zu forcieren. Die Union hat die Freiheit ihrer Mitglieder zu respektieren, etwas nicht zu tun. Auch ohne die steuerrechtliche Glättung per Vertrag sollte der nationale Steuergesetzgeber die Leistungsfähigkeit von sich aus verstärkt europäisch zentrieren, um Reibungspunkte bereits im Vorfeld weitestgehend zu vermeiden. Jedoch wäre die flächendeckende europarechtliche Modifizierung des rechtlich verbindlichen Grundprinzips der Leistungsfähigkeit anhand der Querschnittskompetenzen der Grundfreiheiten eine Kompetenzüberdehnung, ein Akt Ultra-vires. Diese Feststellung folgt dem Verständnis eines Schutzzwecks, welcher im nicht harmonisierten Bereich lediglich einen Mindeststandard gewährleistet. Die Grundfreiheiten gewährleisten hier das Leistungsfähigkeitsprinzip für den grenzüberschreitenden Fall lediglich insoweit es für den Innlandsfall anzulegen ist ergänzt bzw. beschnitten durch gültige DBA. Mehr darf und kann der EuGH bei Vertragsstand und der Auslegungsakzeptanz der Mitgliedstaaten im Jahre 2009 binnenmarktweit nicht zusichern. Eine Konstruierung aus dem allgemeinen Gleichheitssatz[1394] im Gemeinschaftsrecht ist ebenfalls abzulehnen. Dieser wird gerade aus den, soeben als Fundament für eine durchgängiges europäisches Leistungsfähigkeitsprinzip abgelehnten, speziellen Diskriminierungsverboten hergeleitet, bezie-

---

1391 Rechtssache C-386/04, „Stauffer", Slg. 2006, I-8203, Rn. 39; Rechtssache C-318/07, "Persche", DStR 2009, 207ff., Rn. 48. Zwar gesteht der EuGH die Auferlegung erhöhter Mitwirkungspflichten für den Steuerbelasteten zu und verweist hier nicht allein auf die Amtshilfe-RiL. Allerdings führen die Erwägungen zur Wirksamkeit der Steueraufsicht nicht zu einer Rechtfertigung der Beschränkung, vgl. Persche, Rn. 51ff.
1392 Vgl. ausführlich zum Urteil Persche, Von Proff, IStR 2009, 371ff.
1393 Ebenso Kube, IStR 2008, 305 (312, dort Fn. 89).
1394 Zu diesem Grundrecht auf Gemeinschaftsebene in besonderem Bezug zum Steuerrecht siehe Zorn/Twardosz, DStR 2007, 2185 (ebenda ff.).

hungsweise als durch diese vorausgesetzt angesehen[1395]. Reichen die spezielleren Grundfreiheiten jedoch als Begründung nicht aus, so gilt dies erst recht für den allgemeinen Gleichheitssatz.

Vor dem skizzierten Hintergrund sind mehrere Zukunftsperspektiven diskutabel:

- Stützt man die Rechtfertigung der Steuererhebung deutlich auf den Gedanken anonymisierter Globaläquivalenz, so lässt es die weitere Binnenmarktverdichtung als konsequent erscheinen eigene Steuerteile der Europäischen Union zuzuordnen, etwa einen Teil der Einkommen- oder Körperschaftsteuer. Auch eine Flugsteuer innerhalb Europas ließe sich anhand einer Mitermöglichung des Tätigkeitsrahmens rechtfertigen.
- Den europäischen Leistungsfähigkeitsgedanken verwirklicht ebenfalls das Projekt der CCCTB, der gemeinsamen konsolidierten Körperschaftsteuerbemessungsgrundlage[1396]. Hier werden die Gewinne nach einheitlichen Vorschriften ermittelt, zunächst getrennt nach den jeweiligen Konzerngliedern. Nachfolgend wird die Konsolidierung dieser Ergebnisse vorgenommen bevor der Konzernerfolg im Ganzen anhand einer festgelegten Formel auf die Mitgliedstaaten verteilt wird. Abschließend erfolgt eine Besteuerung dieser Einkommensquote nach dem nationalen Steuersatz[1397]. Auf diese Weise wird im Vergleich von Wohnsitz- und Quellenprinzip die gemeinschaftsweite Anwendung eines marktorientierten Quellenprinzips präferiert. Problematisch und strittig ist jedoch die Findung der Aufteilungsformel, welche den jeweiligen Mitwirkungsanteil des jeweiligen Staates gebührend berücksichtigen soll[1398]. Diese Gewinnzuweisung würden vergleichsweise pauschal anhand von Schlüsselgrößen erfolgen und demzufolge nur Näherungswerte der staatlichen Förderung verkörpern können. Dennoch wäre hierdurch dem existierenden Zusammenspiel von Angebot und Nachfrage auf dem gemeinsamen Markt besser Rechnung getragen als bisher, indem bei grenzüberschreitenden Transaktionen sowohl der Produktionsstandort als auch der Staat, in dem das Produkt nachgefragt wird, ein Besteuerungsanteil zugewiesen würde.
- Diese beiden Wege setzten eine politische Einigung der Staaten voraus. Bleibt es derweil bei der unharmonisierten Ausgangsbasis, so erweist sich das Subsidiaritätsmodell des EuGH zwar als pragmatische Zwischenlösung, jedoch birgt dieser dogmatisch unsaubere Kompromiss die beschriebene Vielzahl unbeant-

---

1395 Siehe zur Herleitung des allgemeinen Gleichheitssatzes auf EG-Ebene, Schwarze, Europäisches Verwaltungsrecht, LXX.
1396 Siehe hierzu erstes Kapitel A. IV. 3. Dieses Projekt ist jedoch auf die Körperschaftsteuer beschränkt; die nationalen Einkommensteuersysteme bleiben bei den derzeitigen Überlegungen außen vor, vgl. Spengel, DStR 2009, 773 (ebenda).
1397 Vgl. KOM (2001) 582, S. 373ff.
1398 Zu den Problemen der CCCTB siehe Spengel, DStR 2009, 773 (777). Speziell zur Frage der im Hinblick auf die individuellen Erfolgsbeiträge verursachungsgerechten Anteilszuweisung, S. 780.

worteter Fragen in Bezug auf die Verlustdefinität. Hier wäre es angezeigt die vertraglichen Gegebenheiten in konsequenter Achtung der mitgliedstaatlichen Souveränität zu vollziehen, indem die Zuteilung durch DBA respektiert wird. Die hierdurch vermittelte klare Zugriffsberechtigung per verhandelter Erfolgslokalisation verkörpert weitestgehend nicht das Ideal eines europäischen Leistungsfähigkeitsansatzes. Einbezogen sind nur zwei „Teilmärkte" des Binnenmarktes; die Betrachtung ist lediglich zweidimensional. Vom innerstaatlichen Recht zu extensiv bemessene Besteuerungskreise werden so nicht anhand des binnenmarktadäquaten Maßstabs auf ihren Legitimationsgrund zurückgeführt. Jedoch entspricht es dem rechtlich geäußerten Willen der Staaten, die Mitwirkungsanteile am Entstehen des Einkommens sowie deren Sozialpflichtigkeit auf diesem Wege zu verdeutlichen.

Aus der Sicht des Unternehmers bleibt es demnach ohne Harmonisierung bei der allein auf die Grundfreiheiten gegründeten Hoffnung einer europäisch-individuell gerechten Leistungsfähigkeitsbesteuerung. Dies sind jedoch nur Einzelfallaussichten, abhängig von der weiteren Ausrichtung des EuGH. Vom wissenschaftlichen Ideal her gedacht, handelt es sich um Stückwerk, aber dies ist der Preis einer negativen Integration.

III. Ergebnis

Vom Einfluss des Europarechts in seiner derzeitigen Handhabung und Struktur kann kein abgerundetes, systembildendes Gerechtigkeitskonzept im Steuerrecht erwartet werden. Die punktuelle „case law"-Veränderung kann diese an Verfassung und Gesetzgeber gerichtete Hoffnung von vornherein nicht befriedigen. Vielmehr trägt die Rechtsprechung des EuGH teilweise zu einer Durchlöcherung vormals logisch und folgerichtig aufgebauter Teilbereiche innerhalb der nationalen Steuerstrukturen bei. Europarechtskonforme Besteuerung bedeutet nicht zwangsläufig leistungsgerechte Besteuerung. Gerechtigkeitserwägungen stützen folglich auch nicht durchgängig die Zustimmung zur EuGH-Praxis. Diese strukturellen Gerechtigkeitsprobleme muss der Gerichtshof bei seinem Gesamtvorgehen im Steuerrecht verstärkt bedenken.

C. Kurskorrektur beim EuGH

Verfassungsrechtsprechung verläuft in Phasen. Diese Erkenntnis gilt für den Bereich der inneren Sicherheit ebenso wie für das Steuerrecht. Die Phasen sind gekoppelt an Zeitgeist, historische Umstände aber auch an prägende Persönlichkeiten[1399]. Für die

---

1399 Zur wichtigen persönlichen Komponente der Verfassungsrechtsprechung als „Menschenwerk" siehe Voßkuhle, JZ 2009, 917 (924).

steuerliche Verfassungsrechtsprechung in Deutschland lassen sich bis dato grob drei solche Phasen beschreiben[1400]. Eine erste „aktive Phase", einsetzend Ende der 1950er Jahre mit der Entscheidung zur Zusammenveranlagung von Ehegatten bei der Einkommensteuer[1401], wurde von einer eher zurückhaltenden Periode in den 1970ern abgelöst, bevor in den 1990er Jahren wieder ein Zeitraum gestalterischer Aufbruchstimmung mit den Höhepunkten „Halbteilungsgrundsatz"[1402] und „strukturelles Vollzugsdefizit"[1403] anbrach. Auch in jüngster Zeit hat sich das BVerfG durch Urteile zur Pendlerpauschale[1404] und Erbschaftsteuer[1405] prägend in die deutsche Steuergesetzgebung eingeschaltet. Will man diese Entwicklungen anschaulich machen, so kann das Bild einer mehr oder weniger ausgeprägten Wellenbewegung bemüht werden. Auf eine Phase der Aktivität folgt eine Zeitspanne judikativer Zurückhaltung.

Es stellt sich die Frage, ob sich für den EuGH eine vergleichbare Bewertung vornehmen lässt[1406]. Eine derartige Einstufung betrachtet allerdings von vornherein einen wesentlich kürzeren Zeitraum, betrat der EuGH doch erst im Jahre 1986 mit der Entscheidung „avoir fiscal" die steuerrechtliche Bühne. Nach anfangs zurückhaltendem Ausbau seiner Steuerrechtsprechung bildete das Verfahren „Schumacker" Mitte der 1990er Jahre eine bedeutende Wegmarke. Ab diesem Zeitpunkt nahm die Anzahl und zugleich die Intensität der europagerichtlichen Kontrolle merklich zu[1407]. Ging es in den ersten Urteilen zu den direkten Steuern primär um die Beseitigung klar diskriminierender Normen, hat sich mit der Zeit das Tätigkeitsspektrum des Gerichtshofes auf der Grundlage seines Beschränkungsverständnisses merklich verbreitert. So folgten in den verschiedensten Teilbereichen des Europäischen Steuerrechts für die Mitgliedstaaten stark souveränitätsbeschneidende und kostenträchtige Urteile. Zu denken ist etwa an die Rechtssachen „Hughes de Lasteyrie du Saillant"[1408] zur Wegzugsbesteuerung, „Gootjes-Schwarz"[1409] und „Kommission/Deutschland"[1410] vor dem Hintergrund der Berücksichtigung von Schulgeldzahlungen, „Manninen"[1411] und „Meilicke"[1412] zur Körperschaftsteueranrechnung oder „Lankhorst-

---

1400 Diese Unterteilung orientiert sich an den Aussagen von Vogel und Birk, vgl. DStR 2009, 877 (878).
1401 BVerfG, NJW 1957, 417ff.
1402 BVerfG, NJW 1995, 2615ff.
1403 BVerfG, NJW 1991, 2129ff.
1404 BVerfG, NJW 2009, 48ff.
1405 BVerfG, NJW 2007, 573ff.
1406 Wobei im Kontext des EuGH der Begriff „Verfassungsrechtsprechung" eher funktional zu verstehen ist, vgl. in diesem Zusammenhang, Haltern, Europarecht und das Politische, S. 346f.
1407 Diese Fallentwicklung analysiert ausführlich, Cordewener, Europäische Grundfreiheiten und nationales Steuerrecht, S. 385ff.
1408 Rechtssache C-9/02, DStR 2004, 551ff.
1409 Rechtssache C-76/05, EuZW 2007, 601ff.
1410 Rechtssache C-318/05, DStRE 2007, 1300ff.
1411 Rechtssache C-319/02, Slg. 2004, I-7477.
1412 Rechtssache C-292/04, Slg. 2007, I-1835.

Hohorst"[1413] zur Gesellschafter-Fremdfinanzierung. In der Gesamt-schau dieser Zeit wurde von gewichtigen Teilen der Literatur eine rigide Tendenz zu Lasten der Mitgliedstaaten, gerade im Unternehmensteuerrecht, konstatiert[1414]. Hat diese Marschroute Bestand?

Die nachfolgenden Feststellungen und Bewertungen können sich fundiert nur auf den erforschten Teilbereich der grenzüberschreitenden Verlustverrechnung beziehen. Die Verweise in andere Segmente des Europäischen Steuerrechts vermitteln zwar eine gewisse Einbettung in den Gesamtbereich; eine unmittelbare Übertragung der Annahmen ist aufgrund der bereichspezifischen Besonderheiten jedoch nicht ohne weiteres möglich. Mit einer möglichen Pionierwirkung der konstatierten Entwicklung befasst sich der abschließende Ausblick[1415].

I. Neue Großzügigkeit auf der Rechtfertigungsebene

Ja, der EuGH hat seinen Rechtsprechungskurs verändert. Der neue Kurs ist erkennbar „Mitgliedstaaten freundlicher". Die grenzüberschreitende Verlustverrechnung verzeichnet dabei die erste zusammenhängende, über mehrere Urteile andauernde Bewegung des EuGH auf die Mitgliedstaaten zu, dies vor allem anhand einer Beachtung von international bewährten Besteuerungsprinzipien und einer nachsichtigeren Verhältnismäßigkeitsprüfung.

1. Rechtfertigungsgründe

Der deutlichste Wandel vollzieht sich auf der Rechtfertigungsebene. Die gefürchtet restriktive Anerkennung und Handhabung von Rechtfertigungsgründen hat sich aufgelockert. Den augenscheinlichen Unterschied belegen die Schlussanträge zu den besprochenen Verfahren. Deren „dissenting opinon" zeichnet das Erwartbare vor der Neuausrichtung des Gerichtshofes nach; sie dokumentieren die Entscheidungsalternative, welche bei den Beratungen der Kammern im Raum stand. Entgegen dieser prophezeiten Marschrichtung beschreitet der EuGH insbesondere durch die Etablierung des Rechtfertigungsgrundes einer „ausgewogenen Aufteilung der Besteuerungsbefugnis" teilweise Neuland. Zum einen wird auf diese Weise das Besteuerungsrecht der Mitgliedstaaten schlechthin, also nicht wie gewöhnlich verpackt in Nebenzwecken wie einer wirksamen steuerlichen Kontrolle oder der Steuerflucht, respektiert. Dies ist ein deutliches Anerkenntnis der Eigenstaatlichkeit im Steuerrecht. Zum anderen öffnet der EuGH seine Rechtfertigungskonzeption insoweit, als

---

1413 Rechtssache C-324/00, Slg. 2002, I-11802.
1414 Eine Zusammenfassung dieser Kritik findet sich etwa bei Musil, DB 2009, 1037ff. oder Weber-Grellet, DStR 2009, 1229 (ebenda). Einen detaillierten Überblick liefert Kube, EuGH-Rechtsprechung im direkten Steuerrecht, S. 1ff. (Fazit S.12).
1415 Siehe unter C. II. 3.

er damit regulär fiskalische Interessen der Mitgliedstaaten in seine Begutachtung einbezieht[1416].

Lange wurden diese mitgliedstaatlichen Kernanliegen unter dem Deckmantel einer stark freiheitsbezogenen Binnenmarktrechtsprechung vernachlässigt und so ebenfalls die Verknüpfung zwischen Besteuerung und Äquivalenzgedanken negiert. Die Globaläquivalenz wurde – wenn sich der Gerichtshof mit diesen Fragen überhaupt befasste – europäisch verordnet; die Gebietsbezogenheit der Erwirtschaftung von Werten samt damit zusammenhängender Rechte und Pflichten wurde weitestgehend außer Acht gelassen. Nun billigt der Gerichtshof das „Recht der Mitgliedstaaten, von ihrer Besteuerungszuständigkeit in Bezug auf die in ihrem Hoheitsgebiet ausgeübten Tätigkeiten Gebrauch zu machen"[1417]. Das bestehende Band zwischen Nationalstaat, seinem Solidarverband und den ansässigen Unternehmen, wird zunehmend wahrgenommen und gewichtet. Explizit verweist der EuGH darauf, dass die Grundfreiheiten ein freies „Optieren" bei der Verlustverwertung nicht gebieten, folglich solche Entwicklungen im Binnenmarkt auch nicht geduldet werden müssen[1418]. Dem Konnex zwischen öffentlichem Leistungsangebot und steuerlicher Finanzierungspflicht wird rechtfertigende Wirkung für Ungleichheiten zwischen Inlands- und Auslandssachverhalt beigemessen. Seine Ausrichtung im Rahmen der Verlustverrechnung folgt insofern einer deutlich äquivalenztheoretischen Anknüpfung in der Legitimation der Besteuerung. Diese Orientierung ist über den Einzelfall hinaus von Gewicht. Neben den erfreulichen Auswirkungen dieser Berücksichtigung territorialer Aspekte des Besteuerungsrechtes im konkreten Verfahren dient diese dogmatische Verankerung der Steuerrechtfertigung als Unterbau für das Vorgehen des EuGH im Steuerrecht. Ohne eine eigene Steuerrechtfertigungslehre erschaffen zu müssen, können die Richter auf bewährte Leitlinien der Äquivalenztheorie zurückgreifen. Dieser theoretische Ausgangspunkt ist notwendige Basis für jedwede nachhaltige Steuerrechtsprechung[1419].

Gerade die mitgliedstaatlichen Missbrauchsbekämpfungs- und Kohärenzerwägungen erfahren hierdurch Neuerungen. Beide Aspekte sind in der Rechtfertigungstrias inhaltlich integriert. In der Anknüpfung mit der Aufteilung der Besteuerungsbefugnis lockern sich so die gewohnt hohen Anforderungen der ausschließlichen Ausrichtung an „rein künstlichen Gestaltungen" sowie einer „strikten Unmittelbarkeit". Diese Argumentationen treten fallbezogen ergänzend neben die „Aufteilung der Besteuerungsbefugnis". Sie flankieren deren legitimierende Kraft. Bleibt ein Eingriff

---

1416 Der Wahrung des finanziellen Gleichgewichts hat der EuGH bisher vor allem im Sozialrecht rechtfertigenden Charakter beigemessen, indem „eine erhebliche Gefährdung des finanziellen Gleichgewichts des Systems der sozialen Sicherheit einen zwingenden Grund des Allgemeininteresses darstellen kann", Rechtssache C-157/99, „Smits and Peerbooms", EuZW 2001, 464ff., Rn. 72.
1417 „Lidl Belgium", Rn. 52.
1418 Diese Passage findet sich in allen drei Urteilen: „Marks & Spencer", Rn. 46; „Oy AA", Rn. 55 und „Lidl Belgium", Rn. 32.
1419 Vgl. zu den Funktionen und dem Steuerungspotential des Äquivalenzprinzips, Schmehl, Das Äquivalenzprinzip, S. 19ff.

etwa zur Vermeidung von Steuerflucht nach wie vor besonders rechtfertigungsbedürftig, so senkt sich die Schwelle für eine Duldung im Einzelfall durch Zielidentitäten mit dem Aufteilungsgedanken spürbar ab. Hier ist das Zugehen auf die Mitgliedstaaten eindrucksvoll. Über das bewusste Hintergehen des steuerberechtigten Staates hinaus werden nun ebenfalls Sanktionen für den Fall gebilligt, dass sich ein Unternehmer – betriebswirtschaftlich sinnvoll – nach dem günstigsten Steuerstandort in Europa umschaut, sofern hierdurch die Aufteilung der Steuern zwischen den Ländern untergraben wird. Diese Suche nach europaweiter Steueroptimierung war bisher stets als Ausprägung rational wirtschaftlichen Handelns auf einem unharmonisierten Gebiet des Binnenmarktes verstanden worden[1420]. Jahrelang bestand die Tendenz, dass der Bereich der Steuerumgehung, dessen Grenzen die Staaten vormals selbst bestimmen konnten, durch die EuGH-Rechtsprechung primärrechtlich mittels der Grundfreiheiten in Richtung „nicht zu bekämpfender" Steueroptimierung verschoben wurde[1421]. Diesem Trend ist – jedenfalls für die grenzüberschreitende Verlustverrechnung – durch die neuartige Verknüpfung mit dem Aufteilungsgedanken Einhalt geboten; eine noch nie da gewesene Flexibilität der Rechtfertigung.

Die Kombinationsmöglichkeit mit dem Aufteilungsgedanken als Pfeiler bedient steuerrechtliche Ansinnen, um welche die Regierungen lange vergeblich ersuchten, in der steten Hoffnung, den durch die Grundfreiheitenrechtsprechung mitverursachten „race to the bottom" zu bremsen[1422]. Die Vorherrschaft des Art. 234er-Verfahrens gibt den Steuerfällen vor dem EuGH strukturell einen Steuersenkungskurs[1423]. Unternehmen wie Privatpersonen werden schließlich nur dann einen Prozess bis zum EuGH verfechten, wenn ein finanzieller Vorteil lockt. Für den Kläger bleibt es ungünstigstenfalls beim Belastungs-Status quo. Hingegen winkt den beklagten Staaten im Falle des Obsiegens maximal der Erhalt ihrer Steuereinnahmen. Diese Ausgangssituation befördert das zahlreiche Streben nach einer Begutachtung anhand des Europarechts. Durch die nun partielle Honorierung des staatlichen Finanzbedarfs innerhalb der rechtfertigenden Kraft der „Aufteilung der Besteuerungsbefugnis" wird diesem systematischen Missverhältnis beim Prozessrisiko Rechnung getragen.

Darüber hinaus schafft der EuGH einen gewissen Ausgleich zwischen dem europäischen und dem internationalen Steuerrecht. Anerkannte Aufteilungsgrundsätze, vor allem solche, welche in ausgehandelten DBA niedergelegt sind, werden stärker als zuvor mit den Lenkansprüchen der Grundfreiheiten versöhnt. Dass der Gerichts-

---

1420 Vgl. die Schlussanträge von Generalanwältin Kokott zur Rechtssache Oy AA, Rn. 62f.
1421 Vgl. etwa die Rechtssache C-324/00, „Lankhorst-Hohorst", EuZW 2003, 79ff., Rn. 37: „Eine solche Situation impliziert aber als solche nicht die Gefahr einer Steuerumgehung, da die betreffende Gesellschaft auf jeden Fall dem Steuerrecht des Staates unterliegt, in dem sie niedergelassen ist". Hier war es dem EuGH mehr oder minder gleichgültig, in welchem europäischen Land ein Ertragsaufkommen steuerlich platziert wird.
1422 Gerade auf das Territorialitätsprinzip gestützte Anliegen wurden stets zurückgewiesen, vgl. Nachweise bei Englisch, IStR 2006, 19 (22).
1423 Vgl. Genschel in: Decker/Höreth, die Verfassung Europas, S. 212.

hof diese Verbesserungen in neue Rechtfertigungsformen gießt und nicht durch Modifikationen innerhalb bekannter Gründe wie etwa der Kohärenz vornimmt, beinhaltet einen doppelten Charme. Den Mitgliedstaaten wird ein unverbrauchter und wirksamer Allgemeinwohlbelang erschlossen. Zugleich kann der Gerichtshof seinerseits das Abweichen von Grundsätzen vergangener Rechtsprechung insofern bemänteln, als es insgesamt positiver erscheint, etwas Neues aus der Taufe zu heben, als innerhalb bekannter und verschachtelter Dogmatik die Richtung zu ändern. Diesem Vorgehen haftet nicht der Makel des Nachgebens, sondern vielmehr der Schein des Innovativen an.

Die Grundfreiheitendogmatik wird sonach auf der Rechtfertigungsebene durch die „Marks & Spencer"-Trias, besonders durch die explizite Wertschätzung der Steuerstaatlichkeit im Rahmen der „Aufteilung der Besteuerungsbefugnis", konstruktiv ergänzt. Dieser Kerngedanke birgt das Potential, über die Grenze der Verlustverrechnung hinweg zum wirkungsreichsten Rechtfertigungsgrund im Europäischen Steuerrecht emporzusteigen. Mag diese Bereicherung der Rechtfertigungsmöglichkeiten auch als lange überfälliges dogmatisches Muss angesehen werden, welche die für das Steuerrecht nicht mehr passgenauen geschriebenen wie ungeschriebenen Schrankenregelungen modernisiert, so gebührt dem Gerichtshof für die bisher tatsächlich vollzogenen Schritte in diese Richtung Respekt.

2. Verhältnismäßigkeit

Mit dieser Entwicklung unmittelbar verflochten ist ein Bedeutungszuwachs der Verhältnismäßigkeitsprüfung, denn die großzügigere Anerkennung von Rechtfertigungsgründen führt überhaupt erst zum zweiten Schritt der Rechtfertigungsebene. Der Verhältnismäßigkeitstest wird zur wesentlichen Stellschraube einer richtigen Balance zwischen Steuerstaatlichkeit und Binnenmarkt, zwischen Gerechtigkeit und Effizienz, zwischen Rücksichtnahme und Fortentwicklungsdrang. Hier versucht der Gerichtshof, die Asymmetrien[1424] des Binnenmarktes im Steuerrecht auszupendeln und die Einheit des Marktes mit einer großen Mannigfaltigkeit an Interessen der Steuergläubiger in Einklang zu bringen. Dabei ist die Intensität der asymmetrischen Struktur im Steuerrecht, wie gesehen, besonders hoch: Das bewusste Vorbehalten der Steuerkompetenz kollidiert mit dem ausgedehnten „case law"- Handeln des EuGH. Für beide Aspekte finden sich rechtliche Verankerungen: das Binnenmarktversprechen mit seinen subjektiven Rechten für die Unternehmen sowie die steuerliche Autonomie der Staaten[1425]. Die Richter versuchen, dem nun verstärkt anhand einer Abwägung gerecht zu werden.

1424 Dieser Begriffsgebrauch im Kontext des Europäischen Steuerrechts findet sich bei Hufeld in: Depenheuer/ Heintzen, Staat im Wort, Festschrift für Isensee, S. 865f.
1425 Der Vertrag kennt zudem sowohl die Förderung des Wettbewerbs, Art. 14 EG als auch die Solidarität der Staaten untereinander, Art. 10 EG.

Diese Verlagerung der Lösung auf die letztmögliche Stufe macht die Prüfung indessen undogmatischer und erhöht den Einzelfallbezug. Übertragbarkeit sowie Vorhersehbarkeit der Ergebnisse steigert dies nicht. Zwar durchzieht die „Marks & Spencer"-Reihe eine erfreuliche Tendenz richterlichen Fingerspitzengefühls, sodass nun bei der Verlustverrechnung über die Grenze im Großen und Ganzen ein ausgleichender Weg beschritten wird, welchem es nicht an der nötigen Stabilität mangelt. Die hier waltende Verlässlichkeit bedarf allerdings einer passenden Urteilskette wie der vorliegenden. Strukturell erweist sich die Verhältnismäßigkeitslösung, zudem auf der europarechtlichen Steuerrechtsbühne noch recht jung, als fragilste aller Lösungen. Bindet sich der EuGH verstärkt durch die Berücksichtigung neuer Allgemeinwohlbelange, so bleibt ihm hier die gewohnte Freiheit zum Richtungswechsel.

Geboten wäre die verstärkte Verortung der Probleme auf der Tatbestandsebene mittels einer schärferen Konturierung des Beschränkungsbegriffes. Hier blieben zwar die Unwägbarkeiten der Vergleichsgruppenbildung, die Vorbildwirkung einer Entscheidung würde dennoch merklich steigen. In Folge des derzeit praktizierten Vorgehens steht die Übertragbarkeit der Aussagen nämlich immer unter dem großen Vorbehalt des starken Einzelfallbezuges. So kann etwa für „Lidl Belgium" mit Recht gefragt werden, ob die Linie des Urteils nicht ganz erheblich von dem konkreten Umstand geprägt ist, dass die in Deutschland geltend gemachten Auslandsverluste der Lidl Filialen tatsächlich mittels Verlustabzug auch in Luxemburg Berücksichtigung fanden. Durch die in der Arbeit vorgenommene Einbettung des „Lidl Belgium"-Verfahrens gemeinsam mit den inhaltlich verwandten Rechtssachen „Marks & Spencer, Oy AA und Krankenheim Ruhesitz GmbH" lassen sich zwar viele der so entstehenden Vorbehalte entkräften. Im Regelfall dürfte es jedoch an einer solch zeitlichen wie substanziellen Verwandtschaft als Basis für Schlussfolgerungen mangeln.

Direkte Konsequenz der Verhältnismäßigkeitsprüfungen in der „Marks & Spencer"-Reihe ist das Verbot der Verlustversickerung. Die damit verbundenen Probleme bei der Feststellung von Definitivverlusten sind Resultat des Balanceaktes zwischen Territorialität und europäischer Leistungsfähigkeit. Wie gezeigt hat der EuGH im Urteil „Krankenheim Ruhesitz GmbH" begonnen nachzusteuern. Ohne Frage ist es materiell nämlich eine entscheidende Frage der Ausgewogenheit der Besteuerung, welchem Fiskus die Bürde eines endgültigen Verlustes auferlegt wird. Am Ende dieser noch andauernden Feinjustierung wird höchstwahrscheinlich eine Konstruktion stehen, welche unter Beachtung der Einzelfallgerechtigkeit die Interessen zwischen Mitgliedstaaten und Steuersubjekt passabel auslotet. Dieser Weg ist allerdings lang und beschwerlich und – dem Charakter des „case law" geschuldet – bruchstückhaft. Auf europäischer Ebene werden Fehler wiederholt, welche besonders dem deutschen Steuerrecht mit seinem Detailreichtum anhaften. Das ist ein weiterer Grund, sich bei der Frage einer Ausgewogenheit der Besteuerungsbefugnis im Kontext einer DBA-rechtlichen Aufteilung nicht auf die Prozedur einer gerichtlichen Interessenabwägung einzulassen, sondern den bilateral gefundenen, in Grundsätze des internationalen Steuerrechts eingebundenen Ausgleich der Mitgliedstaaten zu akzeptieren.

Nur noch die gröbsten Nachteile sollten im Wege solcher Feinsteuerung verhindert werden; alles Weitere hat politisch über eine Harmonisierung stattzufinden. Das Binnenmarktversprechen darf nicht anhand der freiheitsfördernden Komponente der Grundfreiheiten eingelöst werden. Eine weitergehende Korrektur ist dem beschriebenen Extremfall eines kollusiven Zusammenwirkens vorbehalten. Wo souveräne Staaten miteinander in Verhandlungen einen Kompromiss zur Lösung der Doppelbesteuerungsfrage gefunden haben, sollte auf weitere Glättungen mittels Grundfreiheiteneinfluss grundsätzlich verzichtet werden, selbst wenn diese im Einzelfall gerechter sein sollten. Für das Gesamtkonzept des Europäischen Steuerrechts besteht durch die Fallrechtausrichtung nämlich keine Aussicht auf stringente Gerechtigkeitsmuster. In der Regel mangelt es in dieser Situation folglich bereits an der Beschränkung.

Zwar wird diese dogmatische „Ideallösung" vom EuGH nicht beschritten. Die Grundhaltung, sich verstärkt rechtsfortbildende Zurückhaltung aufzuerlegen, wird über seine konkrete Abwägung hinaus allerdings ausdrücklich durch die Festschreibung des Harmonisierungsvorbehaltes[1426] verbalisiert. Diese bewusst abstrakt gefasste Bekundung der Großen Kammer stellt ein weiteres erfreuliches Novum dar: Der Gerichtshof setzt sich ungewohnt deutlich eigene Grenzen. Explizit erkennt er den Vorrang der politischen Lösung an und reduziert sein Handeln auf einen Mindestschutz der Grundfreiheiten – Subsidiarität[1427]. Damit sieht er die Wirkungsreichweite des Freiheitsschutzes unterschiedlich danach ausgestaltet, ob ein harmonisierter oder nicht harmonisierter Politikbereich betroffen ist. Er erkennt, dass Unterschiede in den vertraglichen Verpflichtungen nicht über die „Generalklauseln" der Grundfreiheiten völlig eingeebnet werden dürfen. Praktisch kommt er daher zu einer Verantwortlichkeitsabgrenzung, verschoben auf die Ebene der Verhältnismäßigkeit, bei der die Mitgliedstaaten ihrer Binnenmarktpflicht Genüge tun, wenn sie anhand von international geläufigen uni- oder multilateralen Maßnahmen versuchen, grenzüberschreitende Mehrfachbelastungen der Steuerpflichtigen zu verhindern. Eine gesamteuropäische Verantwortlichkeit gibt es hier für den Einzelstaat mangels vergemeinschafteter Einflussmöglichkeit nur im Ausnahmefall.

Bemerkenswert ist diese Schlussfeststellung ferner, weil sie der bekannten Vorgehensweise des EuGH, sich nicht mehr als nötig binden zu wollen, etwas zuwider läuft. Zwar enthält der Harmonisierungsvorbehalt lediglich eine abstrakte Leitlinie; im konkreten Detail bleibt richterliche Flexibilität erhalten. Dennoch hat sich der Gerichtshof expressis verbis – ausgestattet mit der Autorität der Großen Kammer – zu einem neuen Kurs bekannt, wo er sonst die Richtung lediglich nach und nach im Einzelfall ändert: Kein Drängen der Mitgliedstaaten in eine Harmonisierung um jeden Preis. Die Verhältnismäßigkeitsebene soll trotz der systematischen Möglichkeit nicht als Vehikel des Fernzieles missbraucht werden. Die Botschaft des Harmonisie-

---

1426 „Marks & Spencer", Rn. 58.
1427 Zum Streit um die Geltung des Subsidiaritätsprinzips für den EuGH selbst, Schäfer, das Prinzip der Subsidiarität, S. 19f.

rungsvorbehaltes ist ihrer Form nach ins gesamte Europäische Steuerrecht übertragbar. Ob sie in der nachfolgenden Praxis der Kammerentscheidung nachhaltig mit Leben erfüllt wird, bleibt abzuwarten. Die Entscheidungsreihe zur Verlustverrechnung wahrt diese Vorgabe des „Marks & Spencer"-Urteils innerhalb der Verhältnismäßigkeit jedenfalls durchgängig. Hier decken sich abstrakte Willensbekundung und Entscheidungsergebnis.

II. Resümee

1. Abschließender Querschnitt

Bei der betrachteten Urteilsreihe vollziehen sich die Neuerungen erst auf der zweiten Stufe, auf Ebene der Rechtfertigung. Im Tatbestand, insbesondere bei der Beschränkungsprüfung, lässt der Gerichtshof kein Verlassen des eingeschlagenen, restriktiven Kurses erkennen. Auf dieser Stufe können die Mitgliedstaaten derzeit nur in Fällen mit Drittstaatsbezug auf etwas mehr souveränitätswahrendes Prüfungsvorgehen der Richter hoffen[1428].

Hingegen ist die Innovation auf Rechtfertigungsebene, also in dem Bereich, in dem die Mitgliedstaaten die Verteidigung gegen Diskriminierungsvorwürfe aufnehmen, deutlich erkennbar. Der gerichtliche Argumentationsstrang verläuft hier in den besprochenen Urteilen deutlich enger an der Denkstruktur der nationalen Regierungen, bewirkt durch eine verstärkte Anerkennung der vorgebrachten Allgemeinwohlbelange in Kombination mit einer auf Sicherung gewisser europäischer Mindeststrukturen zurückgenommenen Verhältnismäßigkeitsprüfung. Das weite Eingriffsverständnis wird hier anhand der verbreiteten Rechtfertigungsmöglichkeit ins Lot der negativen Integration gebracht. Diese Mixtur sichert dem EuGH einen Europafall, den Mitgliedstaaten ein größeres Maß Eigenverantwortung.

2. Wertung

Ist der Gerichtshof mit dieser Mischung „zu kurz gesprungen"? Rechtspolitisch wie dogmatisch wünschenswert wäre die Wendung bei der Beschränkungsprüfung. Der Schritt auf die Mitgliedstaaten zu hätte also durchaus größer ausfallen können. Vor dem Hintergrund der in dieser Arbeit stets geschilderten Zielkonstellation ist die geschaffene Lösung allerdings die derzeit realistische. Sie besänftigt den Groll in den Mitgliedstaaten unter Wahrung der Autorität des EuGH. Sie vereint Fortschritt im Ergebnis mit der Sicherung entscheidender Machtinteressen. Ob dieser Fortschritt jedoch „der Weg von der primitiven über die komplizierte zur einfachen Lösung"

1428 Vgl. im Kontext der Verlustverrechnung Rechtssache C-415/06, „Stahlwerke Ergste Westig", IStR 2008, 107ff.. Siehe hierzu bereits im vierten Kapitel IV. 1.

ist[1429], darf für die Verlustverrechnung und das gesamte Europäische Steuerrecht bezweifelt werden.

Ungeachtet dessen scheint die Kurskorrektur auch auf der Einsicht zu beruhen, dass sich der über Jahre hinweg beschrittene Weg als nicht mehr gangbar erwies. Der EuGH hat insoweit die Zeichen der Zeit erkannt und auf eigene Fehlentwicklungen reagiert. Diese Reflexionsfähigkeit und die nachfolgend bewiesene Flexibilität sind ausdrücklich zu begrüßen. Nun gilt es, von Seiten der Mitgliedstaaten einen Mittelweg zu finden, welcher ein beharrliches Drängen auf eine dogmatisch weitergehende Lösung aufrechterhält, ohne dabei die ausgestreckte Hand der Versöhnung zu verschmähen. Auf dem Grundstock dieser vertrauensbildenden Maßnahme könnte eine verstärkte Zusammenarbeit mit dem EuGH dazu führen, dass Zuspitzungen vergangener Tage, welche permanent zulasten von Gerechtig- und Handhabbarkeit der nationalen Steuerrechtsordnungen führten, von einer anhaltenden Periode der Entkrampfung abgelöst werden[1430]. Opportun wäre derweil das ein oder andere Zeichen guten Willens von Staatenseite. Gemeint ist damit nicht die postwendende Zustimmung zu umfassender Harmonisierung. Weit vor diesem, die Souveränität beschneidenden, Schritt könnte die Kooperation gesucht werden. Denkbar ist, bei europarechtlich brisanten Gesetzesvorhaben sich verstärkt um die Abstimmung mit der Kommission zu bemühen und strittige Bestände des deutschen Steuerrechts auf ihre Vereinbarkeit mit dem Gemeinschaftsrecht hin zu untersuchen, sodass bereits im Vorhinein intelligente Lösungen eruiert werden können[1431]. Selbst wenn man diese „Flucht nach vorne" ablehnt – sie erscheint politisch derzeit in Deutschland auch nicht realistisch[1432] – und sich auf eine „Stillhalten und Hoffen"-Strategie beschränkt, so könnte etwas mehr Einsicht in aussichtslosen Fällen durchaus ein gegenseitiges Verständnis fördern, welches in anderen Verfahren begründete Hoffnung auf gesteigerte Nachsicht der EU-Organe wachsen ließe. Indem aber vielfach auch

---

1429 So Kurt Biedenkopf, Wirtschaftsjurist und ehemaliger Ministerpräsident des Freistaates Sachsen, allgemein zu seiner Vorstellung von Fortschritt, Die ZEIT vom 12.06.1992, S. 2.
1430 Als Zeichen dieser zunehmenden Entspannung siehe etwa die lobenden Worte von BFH-Richter *Weber-Grellert*, DStR 2009 1229 (1235) oder sonst eher kritischen Universitätsprofessoren wie *Kube*, EuGH-Rechtsprechung zum direkten Steuerrecht, S. 16.
1431 Siehe hierzu auch den Vorschlag von *Hey*, welche anregt in strittigen Fällen mit grenzüberschreitendem Bezug auch die Rechtsauffassung der EU-Kommission in einer Art Vorabprüfungsverfahren anzufragen, FR 2008, 1033 (1040). Durch solch ein vermehrt abgestimmtes Verhalten könnten viele Vertragsverletzungs-verfahren im Steuerrecht vermieden werden. Die EuGH Rechtsprechung ließe sich hierdurch zwar nicht wirklich begrenzen, jedoch könnte diese Vorabstimmung den EuGH verstärkt dazu veranlassen, die Rückwirkung von Urteilsfolgen einzuschränken, da die eingeführte Norm von einer unabhängigen Institution begutachtet wurde und so ein Europarechtsverstoß für den Mitgliedstaat nicht voraussehbar war.
1432 Vielmehr ist – etwas pointiert dargestellt – die derzeitige Praxis der Finanzverwaltung dadurch geprägt, in europarechtlichen Streitfragen die Betroffenen auf den Gerichtsweg zu verweisen, die Argumentation des Steuerpflichtigen bestätigenden BFH-Entscheidung im Wege eines Nichtanwendungserlasses zu unterlaufen und sich maximal nach einem EuGH-Urteil zu fügen. Kritisch zur Verfahrensweise der deutschen Finanzverwaltung ebenfalls Cordewener, IWB 2009, Fach 11, 959 (964).

bei noch so klarer Diskriminierung „gemauert" wird[1433], ist es um den Grundsatz der Gemeinschaftstreue und ein produktives Arbeitsklima zwischen den verantwortlichen Ebenen nicht immer zum Besten bestellt. Bleibt zu hoffen, dass das durch die EuGH-Urteile zur Verlustverrechnung gesäte Vertrauen in diese Richtung wächst. Der EuGH hat den ersten – bekanntlich schwersten – Schritt gemacht.

3. Ausblick

Für die grenzüberschreitende Verlustverrechnung verdichten sich die Standards zunehmend. Nach Klärung der Detailprobleme im Zusammenhang mit den endgültigen Verlusten wird es hier ein funktionsfähiges, von Richterhand geschaffenes europäisches Verrechnungskonzept geben. Große Neuerungen im Kurs sind in nächster Zeit nicht zu erwarten. Vielmehr kann davon ausgegangen werden, dass der Gerichtshof die Risikoverteilung für die Positionierung von Verlusten weiter stark am Äquivalenzgedanken ausrichten wird, sodass die Staaten im Großen und Ganzen von falscher Staatensolidarität im nicht harmonisierten Steuerrecht verschont werden. Dieser Kurs wird weiterhin entscheidend auf der Rechtfertigungsebene gesteuert werden.

Eine Abkehr vom eingeschlagenen Konsolidierungsweg bei der Verlustverrechnung ist neben der bereits dargestellten „case law"-Verfestigung auch aufgrund der derzeit herrschenden Stimmungslage unwahrscheinlich. Wo Banken wie Kartenhäuser zusammenzubrechen drohen, der Geldfluss und mit ihm die Wirtschaft lahmt, wo das Heer der Arbeitslosen wächst und mancherorts der Staatsbankrott droht, müssen leistungsfähige Staaten intern wie extern in die Bresche springen. Dementsprechend ist der Mittelbedarf gerade der großen Länder derzeit ungeheuer. Die Steuereinnahmen brechen weg[1434], gleichzeitig sollen Banken und systemrelevante Unternehmen gerettet, Konjunkturpakete geschnürt werden. Dafür werden Steuermittel eingesetzt. Jeder in der Solidargemeinschaft soll hierzu seinen Beitrag leisten,

---

1433 Siehe etwa das anhängige Vertragsverletzungsverfahren K (2009) 0355, welches sich mit der beschränkenden Wirkung des in § 14 Abs. 1 Satz 1 KStG statuierten Erfordernisses eines Inlandssitzes der Organgesellschaft beschäftigt. Die Problematik verdichtet sich in der Frage, ob es gegen Art. 43 iVm Art. 48 EG verstößt, dass eine im EU-Ausland gegründete Gesellschaft, welche ihre Geschäftsleitung nach Deutschland verlegt hat und in Deutschland wirtschaftet, ihre Einkünfte aufgrund des Sitzerfordernisses im Inland nicht in eine Organschaft mit einer in Deutschland ansässigen Muttergesellschaft einbringen kann. Diese Regelung ist offensichtlich gemeinschaftsrechtswidrig, wobei Fragen nach der europarechtlichen Zulässigkeit anderer strittiger Bestandteile der deutschen Organschaftsregelung, etwa des Gewinnabführungsvertrages, von der KOM gar nicht moniert wurden.
1434 Siehe die Ergebnisse der 134. Sitzung des Arbeitskreises „Steuerschätzung" vom Mai 2009, http://www.bundesfinanzministerium.de/nn_4144/DE/Wirtschaft__und__Verwaltung/Steuern/Steuerschaetzung__einnahmen/Ergebnis__der__Steuerschaetzung/0905151a6001.html, zugegriffen am 16.10.2009, sowie die mittelfristigen Aussichten der öffentlichen Haushalte in Deutschland, Monatsbericht des BMF August 2009, S. 55ff.

um das Gesamtsystem zu retten. Kann sich nun ein Teil der Steuerpflichtigen in Niedrigsteuerländer oder gar in Steueroasen absetzen, so fällt das in Krisenzeiten ganz besonders ins Gewicht, wo neben der Finanzkraft auch die Akzeptanz schwindet[1435].

Die EU als solche ist hier mehr Koordinatorin als finanziell potente Stütze. Solange die Gemeinschaft nicht den Integrationsstand und damit auch die finanziellen Mittel eines Bundesstaates innehat, solange sind es die Mitgliedstaaten, welche für das „Wohl und Wehe" des Binnenmarktes gerade stehen müssen. Insofern sind die tiefgreifenden finanziellen Konsequenzen eines EuGH-Urteils auf die Haushalte der Mitgliedstaaten anders einzuordnen als etwa die Folgen für einen Privaten[1436]. Bei rein privater Vermögensbetroffenheit muss das Interesse an der effektiven Durchsetzung des Gemeinschaftsrechts stets Priorität genießen[1437]. Der allgemeine Rechtsgehorsam darf nicht unter einen Wirtschaftlichkeitsvorbehalt gestellt werden. So eindeutig kann die Antwort aus Staatensicht nicht ausfallen. Über das zu diesem Komplex bereits Gesagte[1438] hinaus ist zu bedenken, dass es sich bei den enormen Löchern, welche diese Urteile in die Haushalte reißen können, nicht um gewöhnliche kalkulierbare Kosten handelt. Daher stellen radikale Entscheidungen des EuGH rückwirkende Haushaltsprobleme dar, welche selbst große und finanzstarke Staaten bei Häufung gerade jetzt nicht verwinden. Der balancierende Aufteilungsgedanke erweist sich auch insofern als zeitgemäßer Rechtfertigungsgrund: Er stellt keinen Blankoscheck aus, erkennt allerdings verstärkt die Bedeutung der finanziellen Leistungsfähigkeit der Mitgliedstaaten an.

Vor diesem Hintergrund ist die Notwendigkeit eines souveränitätsschonenden wie vorhersehbaren Vorgehens im Vergleich zu dem betrachteten Urteilszeitraum nochmals gestiegen. In der Krise steigen die Verlustvolumina enorm an. Bestehen Möglichkeiten des Verlustrücktrags, so kann dies die derzeit schwierige Liquiditätssituation vieler Unternehmen mindern helfen. Ansonsten gilt es, nach Bewälti-gung der Krise die nun zu verzeichnenden negativen Einkünfte bestmöglich zu platzieren. Hiervon wird in nicht geringem Maße abhängen, wie rapide und wie wirksam ein Unternehmen die Talsohle durchquert. Dabei werden gerade in den großen Unternehmen die Möglichkeiten der europäischen Steuerplanung voll ausgereizt werden[1439]. Gewaltige Verlustvorträge belasten die Haushalte nach der Krise. Die intertemporäre Ausgleichsmöglichkeit verlängert aus Sicht der Staaten die steuerlichen Auswirkungen der Krise. Umso wichtiger ist daher ein funktionierendes Konzept

---

1435 Vgl. zu den Auswirkungen der Finanzkrise auf das Steuerrecht, Weber-Grellet, ZRP 2009, 101 (103f.).
1436 Ebenso Wunderlich/Albath, EWS 2006, 205 (208f.).
1437 Vgl. in diesem Zusammenhang den jüngst ergangenen Beschluss zur Nichtannahme der Verfassungsbeschwerde über das Finanzmarktstabilisierungsgesetz, BVerfG, 1 BvR 119/09 vom 26.3.2009, Rn. 29f.
1438 Siehe im dritten Kapitel D. II.
1439 Zu Verlusten in der Finanzkrise sowie deren Verwertung siehe die Zusammenfassung des Düsseldorfer Forums der Internationalen Besteuerung bei Hütig/Plansky, FR 2009, 1021ff.

zur Zuteilung dieser Verluste. Die eingeschlagene Rechtsprechungslinie jetzt abzuändern, damit gerade in Zeiten wirtschaftlicher Bedrängnis Vertrauen zu zerstören, wäre fatal[1440]. Diesen negativen Impuls wird der EuGH nicht setzen.

Ob die Krise über den Bereich der Verlustverrechnung hinaus ein verstärkendes Element eines Mentalitätswechsels beim EuGH sein wird, kann in dem in dieser Arbeit gesetzten Rahmen nicht verlässlich prognostiziert werden. Zu konstatieren ist jedoch, dass „der Gerichtshof [bisher häufig] den Schwankungen der politischen Entwicklung gefolgt und von der allgemeinen Stimmungslage in Politik und Öffentlichkeit beeinflusst worden" ist[1441]. Der Kraft dieser Krise wohnt das Potential der Veränderung inne; Staatsverdruss ist auf dem Rückzug. Die Staaten zeigen – oder suggerieren – Handlungsfähigkeit. Die Wucht der wirtschaftlichen Einschläge, gepaart mit dem Bemühen um ein Inkrafttreten des Vertrages von Lissabon[1442], sowie die vernehmbaren Warnungen mitgliedstaatlicher Verfassungsgerichte nähren die Vermutung, dass im Steuerrecht derzeit keine Welle der Restriktion bevorsteht. Berechenbar ist dies jedoch nicht. Auch wenn es im allgemeinen europarechtlichen Kontext in jüngerer Zeit ebenfalls einige aus Staatensicht erfreuliche Urteile gibt, wie etwa „Müllverbrennungsanlage Rotenburg" im Vergaberecht[1443], „Apothekenkammer/Saarland" im Gesundheitswesen[1444] oder auch aus dem eng mit dem Steuerrecht verknüpften Bereich des Gesellschaftsrechts „Cartesio"[1445], so kann für das jüngste Europäische Steuerrecht kein durchgängiger Trend richterlichen Entgegenkommens festgestellt werden. Zwar verzeichnet die statistische Gesamtschau eine deutlich gestiegene Erfolgsquote der Staaten in steuerlichen Verfahren[1446]. In einigen Bereichen lässt der Gerichtshof jedoch nach wie vor deutlich weniger Zurückhaltung walten als beim Verlustabzug, so etwa beim Spendenabzug über die Gren-

---

1440 Über die derzeitige Sondersituation hinaus erscheint es sinnvoll, dass der EuGH bei eruptiver und kostenträchtiger Änderung seiner Rechtsprechung den Mitgliedstaaten über die aus dem anglo-amerikanischen Rechtskreis stammende Figur des „prospective overruling" mehr Zeit zugesteht, sich auf eine Neuausrichtung vorzubereiten, vgl. Schwarze, NJW 2005, 3459 (3464); Wunderlich, EWS 2006, 205 (210). Danach beurteilt das Gericht, sofern es von einer gefestigten Spruchpraxis abweichen will, auf die sich der Rechtsverkehr in seinen Dispositionen eingestellt hat, den zur Entscheidung anstehenden Fall noch nach dieser Praxis, kündigt jedoch zugleich in den Entscheidungsgründen für die Zukunft eine Änderung der Rechtsprechung an.
1441 So der ehemalige EuGH-Richter *Everling*, JZ 2000, 217 (224).
1442 Dieser Änderungsvertrag zum EU-/EG-Vertrag wurde bis zum dritten November 2009 von allen Mitgliedstaaten ratifiziert und tritt zum ersten Dezember 2009 in Kraft.
1443 Entscheidung der Großen Kammer, Rechtssache C-480/06, BeckRS 2009 70634.
1444 Verbundenen Rechtssachen C- 171/07 und 172/07, EuZW 2009, 409ff.
1445 Rechtssache C-210/06, IStR 2009, 59ff.
1446 So spricht etwa BFH-Richter *Weber-Grellet* davon, dass im Steuerrecht bis 2005 über 2/3 der Verfahren zu Ungunsten des beklagten Mitgliedstaates ausgingen. In jüngerer Zeit hält sich Erfolg und Misserfolg aus Staatensicht hingegen in etwa die Waage, DStR 2009, 1229 (1236). Von ähnlichen Größenordnungen geht Tiedtke in EuZW 2008, 424 (425, dort Fn. 24) aus.

ze[1447]. Im steuerlichen Gemeinnützigkeitsrecht verliert der nationale Solidarverband weiter an Exklusivität[1448]. Bildlich gesprochen duldet der Gerichtshof hier keine nationale Kirchturmpolitik mehr, sondern alle Kirchtürme in Europa werden als gleich steuerlich förderungswürdig angesehen[1449]. Ähnlich erweiternd verlaufen die Erwägungsstrukturen für den Bildungs-[1450] oder Forschungsraum[1451]. Andererseits zeichnet sich eine mitgliedstaatsfreundliche Behandlung der Drittstaatskonstellation ab[1452]. Hier werden den Mitgliedstaaten besondere Maßstäbe auf der Ebene der Rechtfertigung zugestanden[1453].

Der Facettenreichtum zu lösender Probleme erweist sich mithin auch außerhalb der Verlustverrechnung als enorm und ist Ausdruck der Komplexität dieser in Bewegung befindlichen Rechtsmaterie, welche in ihrer Breite allein gerichtlich nicht sinnvoll zu strukturieren ist. Der gesamte Gordische Steuerrechtsknoten wird nur anhand des abgestimmten Zusammenspiels von gesteigerter gemeinschaftlicher Harmonisierungsbereitschaft, sensibler nationaler Regelungssetzung und dem Fingerspitzengefühl des EuGH für die praktische Konkordanz im „case law"-Alltag zu öffnen sein. Hierzu bedarf es praktizierter wechselseitiger Selbstbeschränkung, um den Weg zu diesem Dreiklang zu ebnen. Im Zentralbereich der grenzüberschreiten-

---

1447 Hierzu bereits unter B. II.
1448 Dies nicht nur durch den Einfluss der Grundfreiheiten. Auch das Beihilfenrecht setzt die Normen des Gemeinnützigkeitsrechts zunehmend unter Rechtfertigungsdruck. Wenn Gemeinnützigkeitsträger nämlich am Markt auf- und damit häufig in Wettbewerb treten, dann haben Konkurrenten ein Interesse und ein Recht an der Nachkontrolle bevorzugender Unternehmensbesteuerung.
1449 *Murswiek* als Prozeßvertreter von MdB *Gauweiler* im verfassungsgerichtlichen Verfahren zum Vertrag von Lissabon führt das Urteil „Persche" gar als Beleg für die unzulässig expansive Rechtsprechung des EuGH an, NVwZ 2009, 481 (484, dort Fn. 14).
1450 Rechtssachen C-76/05, „Gootjes-Schwarz", EuZW 2007, 601ff.; C-281/06, „Jundt", IStR 2008, 220ff.
1451 Rechtssache C-39/04, „Laboratoires Fournier SA", IStR 2005, 312ff.
1452 So bejaht der EuGH konkret das Recht Schwedens, eine Steuererleichterung für den Fall zu versagen, dass die Dividenden ausschüttende Gesellschaft in einem Drittstaat sitzt, mit dem kein hinreichend verbindlicher Austausch an Informationen besteht, sodass vorgelegte Belege faktisch nicht überprüfbar sind, Rechtssache C-101/05, „A", EuZW 2008, 117ff., Rn. 54f.. Im innereuropäischen Sachverhalt scheitert ein solches Vorbringen der Regierungen regelmäßig am lapidaren Verweis auf die AmtshilfeRiL, vgl. etwa Rechtssache C-418/07, „Papillon", IStR 2009, 66ff., Rn. 54ff. An die abschließende Verhältnismäßigkeitsprüfung werden ebenfalls abgemilderte Anforderungen gestellt. So prüft der EuGH die Erforderlichkeit der Maßnahme, verweist dabei auf die mildere Möglichkeit eines Einzelfallnachweises, um sogleich darauf hinzuweisen, dass „diese Recht-sprechung, die sich auf Beschränkungen der Ausübung der Verkehrsfreiheiten innerhalb der Gemeinschaft bezieht, jedoch nicht in vollem Umfang auf den Kapitalverkehr zwischen Mitgliedstaaten und dritten Ländern übertragen werden [kann], da dieser sich in einen anderen rechtlichen Rahmen einfügt[...]", Rechtssache C-101/05, „A", EuZW 2008, 117ff., Rn. 60. Bestätigt wird diese gesamte Rechtsprechungslinie jüngst im Urteil „KBC Bank", C-439/07 und C-499/07, BeckRS 2009 70667, Rn. 72ff.
1453 Wieder erfolgen die souveränitätsschonenden Zugeständnisse auf der zweiten Prüfungsstufe. Einen eingeschränkten Beschränkungsbegriff lehnt der Gerichtshof hier sogar explizit ab, Rechtssache C-101/05, „A", EuZW 2008, 117ff., Rn. 28ff.

den Verlustverrechnung hat der EuGH gezeigt, dass er zu Zugeständnissen bereit ist und er seine Rolle als „Motor der steuerlichen Integration" durchaus zeitgemäß ausüben kann. Bleibt zu hoffen, dass die hier gezeigte Umsicht anhält und auf diese Weise auch die Weitsicht der Mitgliedstaaten stimuliert wird, sodass es im Europäischen Steuerrecht einmal lauten mag: „Vereint wirkt also dieses Paar, was einzeln keinem möglich war"[1454].

[1454] Ausschnitt aus *Christian Fürchtegott Gellerts* Gedicht „Der Blinde und der Lahme", Sammlung der poetischen und prosaischen Schriften der schönen Geister in Deutschland, S. 35.

Literaturverzeichnis

Adamek, Sascha/ Otto, Kim: Schön Reich – Steuern zahlen die anderen, München 2009

Ahmann, Karin-Renate: Das Ertragssteuerrecht unter dem Diktat des EuGH, DStZ 2005, S. 75

Albers, Marion: Gleichheit und Verhältnismäßigkeit, JuS 2008, S. 945

Albers, Willi: Handwörterbuch der Wirtschaftswissenschaft, Band 2, Göttingen und Zürich 1980

Ders.: Handwörterbuch der Wirtschaftswissenschaft, Band 3, Göttingen und Zürich 1982

Ders.: Handwörterbuch der Wirtschaftswissenschaft, Band 9, Göttingen und Zürich 1982

Alesina, Alberto/ Francesco, Giavazzi: The Future of Europe: Reform or Decline, Cambridge 2006

Alexy, Robert: Die Theorie der Grundrechte, Frankfurt am Main 1986

Ders.: Die Theorie der juristischen Argumentation, 3. Auflage, Frankfurt am Main 1996

Annacker, Claudia: Der fehlerhafte Rechtsakt im Gemeinschafts- und Unionsrecht, Wien/New York 1998

Arndt, Hans-Wolfgang: Europarecht, 6. Auflage, Heidelberg 2003

Aßmann, Dirk: Europa und direkte Steuern: Der Einfluss des Europarechts auf das nationale Steuerrecht, München 2007

Aubeck, Heinz: Rechnungswesen für Schule und Ausbildung, Norderstedt 2006

Autzen, Thomas: Die ausländische Holdingpersonengesellschaft, Berlin 2006

Axer, Georg: Der Europäische Gerichtshof auf dem Weg zur „doppelten Kohärenz" - Eine Zukunft der Hinzurechnungs-besteuerung nach dem Cadbury Schweppes-Urteil, IStR 2007, S. 162

Badura, Peter: Verwaltungsrecht im liberalen und sozialen Rechtsstaat, in: Recht und Staat, Band 328, S. 5

Balmes, Frank/ Brück, Michael/ Ribbrock, Martin: Das EuGH-Urteil Marks & Spencer Grenzüberschreitende Verlustnutzung kommt voran!, BB 2006, S. 186

Bauer, Hartmut: Die Bundestreue, Tübingen 1992

Bauer, Jan: Neuausrichtung der internationalen Einkunftsabgrenzung im Steuerrecht, Berlin 2004

Bauer, Patricia/ Voelkow, Helmut: Die Europäische Union: Marionette oder Regisseur?: Festschrift für Ingeborg Tömmel, Wiesbaden 2004

Baur, Jürgen/ Watrin, Christian: Recht und Wirtschaft in der Europäischen Union, Band 6, Berlin 1998

Bayer, Hermann: Steuerlehre: Steuerverfassung – Steuergesetz – Steuergericht, Berlin 1998

Beck, Karin: Die Besteuerung von Beteiligungen an körperschaftsteuerpflichtigen Steuersubjekten im Einkommens- und Körperschaftssteuerrecht, Berlin 2004

Becker, Ulrich/ Wolfgang, Schön: Steuer- und Sozialrecht im Euopäischen Systemwettbewerb, Tübingen 2005

Beckmann, Carl-Christian: Beziehungsorientiertes Standortmanagement und regionale Wirtschaftsförderung: Am Beispiel des Relationship Marketings in Bayern, München 2005

Becksches Steuerlexikon: Steuer- und Bilanzrechtslexikon, München 2009

Beiser, Reinhold: Verrechnungspreise im Gemeinschaftsrecht, IStR 2008, S. 587

Ders.: Kohärenz und Steuersymmetrie im Gemeinschaftsrecht, IStR 2009, S. 236

Benecke, Andreas/ Schnitger, Arne: Neuregelung des UmwStG und der Entstrickungsnormen durch das SEStEG, IStR 2006, S. 765

Benda, Ernst Klein, Eckart: Verfassungsprozessrecht, 2. Auflage, Heidelberg 2001

Bendlinger, Stefan: Zum Seminar A: Die Betriebsstätte - ein alternativer Betriebsstättentatbestand, IStR 2009, S. 521

Berg, Hans-Georg/ Schmich, Rolf: Die Beschränkung des Verlustabzuges im Karlsruher Entwurf zum Einkommensteuergesetz, DStR 2002, S. 346

Bilsdorfer, Peter: Die Informationsquellen und -wege der Finanzverwaltung, Auf dem Weg zum gläsernen Steuerbürger?, 5. Auflage, Bielefeld 2002

Birk, Dieter: Steuerrecht, 10. Auflage, Heidelberg 2007

Ders.: Verfassungsfragen im Steuerrecht, DStR 2009, S. 877

Blankenagel, Alexander/ Pernice, Ingolf: Verfassung im Diskurs, Liber Amicorum für Peter Häberle, Tübingen 2004

Blümich, Walter: Einkommensteuergesetz, Körperschaftsteuergesetz, Gewerbesteuergesetz, Loseblatt-Kommentar, München Stand April 2009

Bodin, Jean: Les Six Livres de la Republique, Paris ed. 1583

Borgsmidt, Kirsten: Leitgedanken der EuGH-Rechtsprechung zu den Grundfreiheiten in Steuerfällen – eine Bestandsaufnahme, IStR 2007, S. 802

Böttcher, Winfried: Subsidiarität für Europa, Berlin/Hamburg 2002

Bouncken, Ricarda: Management von KMU und Gründungsunternehmen: Festschrift für Egbert Kahle zum 60. Geburtstag, Wiesbaden 2003

Boysen, Sigrid: Gleichheit im Bundesstaat, Tübingen 2004

Brasche, Ulrich: Europäische Integration: Wirtschaft, Erweiterung und regionale Effekte, München 2008

Brähler, Gernot: Umwandlungssteuerrecht, 4. Auflage, Wiesbaden 2008

Brähler, Gernot/ Djanani, Christina: Internationales Steuerrecht, 4. Auflage, Wiesbaden 2008

Bräuer, Christian: Finanzausgleich und Finanzbeziehungen im wiedervereinten Deutschland, Wiesbaden 2005

Breuninnger, Gottfried: Abschied vom Abzug endgültig gewordener ausländischer Betriebsstättenverluste im Inland? – Kein „Import- Stopp" nach der EuGH-Entscheidung Wannsee!, DStR 2009, S. 1981

Brümmerhoff, Dieter: Finanzwissenschaft, 9. Auflage, München 2007

Brokelind, Cécile: EC Direct Tax Law, Amsterdam 2007

Bundesverband der deutschen Industrie/ PriceWaterhouseCoopers: Verlustberücksichtigung über Grenzen hinweg, Frankfurt am Main 2006

Bullinger, Hans Jörg: Neue Organisationsformen im Unternehmen: Ein Handbuch für das moderne Management, 2. Auflage, Berlin 2003

Burmeister, Joachim: Verfassungsstaatlichkeit, Festschrift zum 65. Geburtstag von Klaus Stern, München 1997

Burwitz, Gero: Verluste einer EWR-Betriebsstätte einer deutschen Gesellschaft, NZG 2009, S. 19

Busch, Michael: Verlustnutzung als Gestaltungsmissbrauch?, DStR 2007, S. 1069

Butterwege, Christoph: Krise und Zukunft des Sozialstaates, Wiesbaden 2006

Cardozo, Benjamin: The Nature of the Judical Process, New Heaven 1921

Cezanne, Wolfgang: Allgemeine Volkswirtschaftslehre, 6. Auflage, München 2005

Cordewener, Axel/ Schnitger, Arne: Europarechtliche Vorgaben für die Vermeidung der internationalen Doppelbesteuerung im Wege der Anrechnungsmethode, StuW 1/2006, S. 50

Cordewener, Axel: Europäische Grundfreiheiten und nationales Steuerrecht, Köln 2002

Ders.: DBA-Freistellung von Auslandsverlusten und EG-Grundfreiheiten: Klärung aufgeschoben, aber (hoffentlich) nicht aufgehoben! - Anmerkung zu FG Baden-Württemberg, Gerichtsbescheid vom 30. 6. 2004, DStR 2004, S. 1634

Ders.: EG-rechtlicher Grundfreiheitsschutz in der Praxis – Allgemeine Grundlagen, IWB 2009, Fach 11, S. 959

Ders.: EG-rechtlicher Grundfreiheitsschutz in der Praxis – Auswirkungen auf die grenzüberschreitende Verlustberücksichtigung, IWB 2009, Fach 11, S. 983

Cornils, Matthias: Die Ausgestaltung der Grundrechte: Untersuchungen zur Grundrechtsbindung des Ausgestaltungsgesetzgebers, Tübingen 2005

Czada, Roland: Politik und Macht, Wiesbaden 2003

Czakert, Ernst: Seminar K: Die zukünftige Rolle von internationalen Organisationen im Steuerbereich, IStR 2009, S. 546

Dammann, Jens: Materielles Recht und Beweisrecht im System der Grundfreiheiten, Tübingen 2007

Danwitz, Thomas: Die Universaldienstfinanzierungsabgaben im Telekommunikationsgesetz und im Postgesetz als verfassungswidrige Sonderabgaben, NVwZ 2000, S. 615

Dauses, Manfred: Handbuch des EU-Wirtschaftsrechts, München Stand 2004

Decker, Frank/ Höreth, Marcus: Die Verfassung Europas - Perspektiven des Integrationsprojekts, Wiesbaden 2009

Dehne, Barbara: Ober- und Untergrenzen der Steuerbelastung in europäischer Sicht, Berlin 2004

Dempfle, Urs: Charakterisierung, Analyse und Beeinflussung der Konzernsteuerquote, Wiesbaden 2006

Depenheuer, Otto/ Heintzen, Markus: Staat im Wort, Festschrift für Josef Isensee, Heidelberg 2007

Di Fabio, Udo: Der Verfassungsstaat in der Weltgesellschaft, Tübingen 2001

Ders.: Steuern und Gerechtigkeit. Das Freiheits- und Gleichheitsgebot im Steuerrecht, JZ 2007, S. 749

Ditz, Xaver: Internationale Gewinnabgrenzung bei Betriebsstätten: Ableitung einer rechtsformneutralen Auslegung des Fremdvergleichsgrundsatzes im internationalen Steuerrecht, Berlin 2004

Ders.: Praxisfall einer Verrechnungspreisprüfung und Funktionsverlagerung – Anmerkungen zum Beitrag von Zech, IStR 2009, S. 421

Ditz, Xaver/Plansky, Patrick: Aktuelle Entwicklungen bei der Berücksichtigung ausländischer Betriebsstättenverluste, DB 2009, S. 1669

Diwell, Lutz: Das Steuerrecht als permanente Herausforderung für den Gesetzgeber, Beihefter zu DStR 17, 2008, S. 7

Dörfler, Harald/ Wittkowski, Ansas: Zwischenwertansatz als Instrument zur Verlustnutzung bei Verschmelzungen von Körperschaften, GmbHR 2007, S. 352

Dörfler, Oliver/ Ribbrock, Martin: EuGH: Geltendmachung von ausländischen Betriebsstättenverlusten beim inländischen Stammhaus – die Rechtssache Lidl Belgium beim EuGH, BB 2008, S. 649

Dies.: EuGH: Ausschluss der grenzüberschreitenden Nutzung von EU-Betriebsstättenverlusten – kein Verstoß gegen Gemeinschaftsrecht, BB 2008, S. 1322

Dörr, Oliver: Der europäisierte Rechtsschutzauftrag deutscher Gerichte, Tübingen 2003

Dreier, Horst: Grundgesetz-Kommentar, Band I, 2. Auflage, Tübingen 2004

Ders.: Grundrechtsschutz durch Landesverfassungsgerichte: Vortrag gehalten vor der juristischen Gesellschaft zu Berlin am 8. September 1999, Berlin/ New York 2000

Drenseck, Walter: Festschrift für Heinrich Wilhelm Kruse zum 70. Geburtstag, Köln 2001

Dürrschmidt, Daniel: Das Verhältnis der Grundfreiheiten zu Regelungen der direkten Steuern in den Mitgliedstaaten, EuR 2006, S. 266

Düsterhaus, Dominik: Nationalität - Mobilität - Territorialität – Gemeinschaftsrechtliche Ansprüche mobiler Unionsbürger gegen ihre Heimatstaaten, EuZW 2008, S. 103

Eckl, Petra: Generalthema I: Die Definition der Betriebsstätte, IStR 2009, S. 510

Ehlers, Dirk: Europäische Grundrechte und Grundfreiheiten, 2. Auflage, Berlin 2005

Eilers, Stephan: Das Ende des Schönwetter-Steuerrechts: Die Finanzmarktkrise gebietet Änderungen im deutschen Sanierungssteuerrecht, DStR 2009, S. 137

Eisenbarth, Markus/ Hufeld, Ulrich: Die grenzüberschreitende Verlustverrechnung in der Konsolidierungsphase – Das Verfahren „X Holding" und die Grenzen der negativen Integration, IStR 2010, S. 309

Englisch, Joachim: Anmerkungen zu Marks & Spencer, IStR 2006, S. 19

Ders.: Dividenden aus einem anderen Mitgliedstaat: Keine Anrechnung der Quellensteuer im Wohnsitzstaat, Anmerkungen zum Urteil Kerckhaert-Morres, IStR 2007, S. 66

Ders.: Abzugsfähigkeit von Betriebsstättenverlusten aus anderem EU- Mitgliedstaat bei DBA-Freistellung, IStR 2008, S. 400

Ders.: Aufteilung der Besteuerungsbefugnisse – Ein Rechtfertigungsgrund für die Einschränkung von EG-Grund-freiheiten?, Bonn 2008

Ders.: Seminar B: Die „feste Niederlassung" und ihr Verhältnis zur „Betriebsstätte", IStR 2009, S. 526

Enste, Dominik: Jahrbuch der Schattenwirtschaft 2006, Berlin 2005

Epping, Volker: Grundrechte, Berlin 2007

Europäischer Gerichtshof: Jahresbericht des Gerichtshofs, Luxemburg ab 1997

Europäische Kommission: Bericht des Unabhängigen Sachverständigenausschuss zur Unternehmensbesteuerung, Luxemburg 1992 (deutsche Übersetzung in Bundestagsdrucksache 13/4138)

Dies.: Eurobarometer 68, Herbst 2007, Nationaler Bericht Deutschland, Luxemburg 2007

Eurostat: Taxation Trends in the European Union, Luxemburg 2008

Everling, Ulrich: Richterliche Rechtsfortbildung in der europäischen Gemeinschaft, JZ 2000, S. 217

Everett, Mary: Der Einfluss der EuGH-Rechtsprechung auf die direkten Steuern DStZ 2006, S. 357

Fastenrath, Ulrich: BVerfG verweigert willkürlich die Kooperation mit dem EuGH, NVwZ 2009, S. 272

Fischer, Hans Georg: Europarecht, 3. Auflage, München 2001

Fischer, Peter: Europa macht mobil – bleibt der Verfassungsstaat auf der Strecke?, FR 2005, S. 457

Forsthoff, Ernst: Die Verwaltung als Leistungsträger, Stuttgart 1938

Frank, Jens-Uwe: § 20 Abs. 2 AStG auf dem Prüfstand der Grundfreiheiten - Anmerkung zu den Schlussanträgen des Generalanwalts Mengozzi in der Rechtssache C-298/06, IStR 2007, S. 489

Franz, Torsten: Gewinnerzielung durch kommunale Daseinsvorsorge, Tübingen 2005

Frenz, Walter: Selbstverpflichtungen der Wirtschaft, Tübingen 2001

Ders.: Grundrechte und Grundfreiheiten, EuR 2002, S. 603

Ders.: Handbuch Europarecht, Band 1: Europäische Grundfreiheiten, Berlin 2004

Frey, Dora: Doppelbesteuerungsabkommen zwischen miteinander wirtschaftlich eng verflochtenen Staaten in der Vergangenheit und in der Gegenwart, Budapest 2008

Fridl, Birgit: Kostenrechnung: Grundlagen, Teilrechnungen und Systeme der Kostenrechnung, Wiesbaden 2004

Frotscher, Gerrit: Die Ausgabenabzugsbeschränkung nach § 3c EStG und ihre Auswirkung auf Finanzierungsentscheidungen, DStR 2001, S. 2045

Ders.: Internationales Steuerrecht, 2. Auflage, München 2005

Fürchtegott Gellert, Christian: Sammlung der poetischen und prosaischen Schriften der schönen Geister in Deutschland, Reutlingen 1774

Geibel, Stefan: Unternehmenssteuerrecht im europäischen Binnenmarkt, JZ 2007, S. 277

Genschel, Philipp: Steuerharmonisierung und Steuerwettbewerb in der EU, Frankfurt 2002

Gerken, Lüder: Internationaler Steuerwettbewerb, Tübingen 2000

Gerken, Lüder/ Stein, Torsten/ Rudolf, Streinz: Mangold als ausbrechender Rechtsakt, München 2009

Germelmann, Claas: Konkurrenz von Grundfreiheiten und Missbrauch von Gemeinschaftsrecht - Zum Verhältnis von Kapitalverkehrs- und Niederlassungsfreiheit in der neueren Rechtsprechung, EuZW 2008, S. 596

Geserich, Stephan: Die Ermittlung des Gesamtbetrags der Einkünfte nach dem Steuerentlastungsgesetz 1999-2000-2002, DStR 2000, S. 845

Giehl, Christoph: Die GmbH & Co KG, MittBayNot 2005, S. 122

Gocke, Rudolf/ Gosch, Dietmar/ Lang, Michael: Körperschaftssteuer – Internationales Steuerrecht – Doppelbesteuerung, Festschrift für Franz Wassermeyer, München 2005

Goethe, Johann Wolfgang von: Wilhelm Meisters Wanderjahre, Erstausgabe Stuttgart und Tübingen 1821

Goldscheid, Rudolf: Staatssozialismus oder Staatskapitalismus. Ein finanzsoziologischer Beitrag zur Lösung des Staatsschuldenproblems, Wien 1917

Gosch, Dietmar: Vielerlei Gleichheiten – Das Steuerrecht im Spannungsfeld von bilateralen, supranationalen und verfassungsrechtlichen Anforderungen, DStR 2007, S. 1553

Ders.: Über das Treaty Overriding, IStR 2008, S. 413

Grabitz, Eberhard/ Hilf, Meinhard: Das Recht der Europäischen Union, Kommentar: Band I, München Stand 2005

Dies.: Das Recht der Europäischen Union, Band II, München Stand 2005

Dies.: Das Recht der Europäischen Union, Band III, München Stand 2005

Grasse, Alexander/ Ludwig, Carmen: Soziale Gerechtigkeit – Reformpolitik am Scheideweg, Wiesbaden 2006

Grimm, Dieter: Europäischer Gerichtshof und nationale Arbeitsgerichte, RdA 1996, S. 66

Groh, Manfred: Bilanzrecht vor dem EuGH, DStR 1996, S. 1206

Grote, Rainer: Die Ordnung der Freiheit, Festschrift für Christian Starck zum 70. Geburtstag, Tübingen 2007

Grotherr, Siegfried: Steht der Verlustvor- und -rücktrag steuerpolitische zur Disposition (Teil I), BB 1998, S. 2337

Ders.: Handbuch der internationalen Steuerplanung, 2. Auflage, Achim 2003

Gröpl, Christoph: Haushaltsrecht und Reform, Tübingen 2001

Grzeszick, Bernd: Rechte und Ansprüche: eine Rekonstruktion des Staatshaftungsrechts, Tübingen 2002

Haas, Hans-Dieter/ Neumair, Simon-Martin: Internationale Wirtschaft: Rahmenbedingungen, Akteure, räumliche Prozesse, München 2006

Haase, Florian: Internationales und Europäisches Steuerrecht, Heidelberg 2007

Ders.: Die grenzüberschreitende Organschaft – eine Bestandsaufnahme, BB 2009, S. 980

Häberle, Peter: Jahrbuch des Öffentlichen Rechts der Gegenwart, Band 36, Tübingen 1987

Ders.: Jahrbuch des Öffentlichen Rechts der Gegenwart, Band 45, Tübingen 1997

Ders.: Jahrbuch des Öffentlichen Rechts der Gegenwart, Band 49, Tübingen 2001

Hahn, Hartmut: Grenzüberschreitende Berücksichtigung von Betriebsstättenverlusten? – Bemerkungen zu einer neu entfachten Diskussion, IStR 2002, S. 681

Ders.: Nochmals: Betriebsstättenverluste, Verfassungs- und Europarecht - Eine Erwiderung auf Kessler/Schmitt/Janson, IStR 2003, 307, IStR 2003, S. 734

Haltern, Ulrich: Europarecht und das Politische, Tübingen 2005

Ders.: Europarecht, Dogmatik im Kontext, 2. Auflage, Tübingen 2007

Haratsch, Andreas/ König, Christian/ Pechstein, Matthias: Europarecht, 5. Auflage, Tübingen 2006

Haslehner, Werner: Das Konkurrenzverhältnis der Europäischen Grundfreiheiten in der Rechtsprechung des EuGH zu den direkten Steuern, IStR 2008, S. 565

Hecker, Jan: Marktoptimierende Wirtschaftsaufsicht: Öffentlich-rechtliche Probleme staatlicher Wirtschaftsinterventionen zur Steigerung der Funktionsfähigkeit des Marktes, Tübingen 2007

Heintzen, Markus: Die Neufassung des § 42 AO und ihre Bedeutung für grenzüberschreitende Gestaltungen, FR 2009, S. 599

Helde, Stefanie: Dreiecksverhältnisse im internationalen Steuerrecht unter Beteiligung einer Betriebstätte, Köln 2000

Hemmelgarn, Thomas: Steuerwettbewerb in Europa: Die Rolle multinationaler Unternehmen und Wirkungen einer Koordination, Tübingen 2007

Hennerkes, Brun-Hagen: Die Familie und ihr Unternehmen, Strategie – Liquidität – Kontrolle, Frankfurt 2004

Herberg, Dieter: Neuer Wortschatz: Neologismen der 90er Jahre im Deutschen, Berlin 2004

Herzig, Norbert/ Wagner, Thomas: EuGH-Urteil „Marks & Spencer" – Begrenzter Zwang zur Öffnung nationaler Gruppenbesteuerungssysteme für grenzüberschreitende Sachverhalte, DStR 2006, S. 1

Hermann, Alexander: Jüngste EuGH-Entscheidungen, Auswirkungen auf europäisches Steuerrecht, Saarbrücken 2007

Herrmann, Christoph: Die Reichweite der gemeinschaftsrechtlichen Vorlagepflicht in der neueren Rechtsprechung des EuGH, EuZW 2006, S. 231

Hey, Johanna: Die EuGH-Entscheidung in der Rechtssache Marks & Spencer und die Zukunft der deutschen Organschaft. Haben die Mitgliedstaaten den EuGH domestiziert? GmbHR 2006, S. 113

Dies.: Gestaltungsspielraum des Gesetzgebers und Sicherung des Steueraufkommens, FR 2008, S. 1033

Dies.: Gestaltungsmissbrauch im Steuerrecht nach der Neufassung des § 42 AO und dem dazu ergangenen BMF-Erlass, BB 2009, S. 1044

Dies.: Körperschaft- und Gewerbesteuer und objektives Nettoprinzip, Beihefter zu DStR 34, 2009, S. 109

Hilf, Meinhard/ Stein, Torsten/ Schweitzer, Michael: Europäische Union: Gefahr oder Chance für den Föderalismus in Deutschland, Österreich und der Schweiz?, Berlin 1994

Hobe, Stephan/ Kimminich, Otto: Einführung in das Völkerrecht, 8. Auflage, Tübingen 2004

Hoffmann, Hasso: Verfassungsrechtliche Perspektiven, Tübingen 1995

Holthaus, Jörg: Anwendung der Aktivitätsklauseln in den DBA, IStR 2003, S. 632

Homburg, Stefan: Allgemeine Steuerlehre, 4. Auflage, München 2005

Hopp, Andrea: Jüdisches Bürgertum in Frankfurt am Main im 19. Jahrhundert, Stuttgart 1997

Hopt, Klaus/ Wiedemann, Herbert: Aktiengesetz, 4. Auflage, Berlin 2009

Hueck, Götz/ Windbichler, Christine: Gesellschaftsrecht, 20. Auflage, München 2003

Hufeld, Ulrich: Auf Konfliktkurs mit dem Europäischen Steuerrecht:Die Besteuerung der REIT-Aktiengesellschaft und ihrer Anteilseigner, EWS 2008, S. 209

Ders.: Der freie Verkehr von Wissen: Europas „fünfte Grundfreiheit" ist nicht die fünfte Marktfreiheit!, GPR 2009, S. 121

Hüsing, Silke: Methoden zur Vermeidung der Internationalen Doppelbesteuerung und die Wirkung ausländischer Verluste im deutschen internationalen Ertragsteuerrecht, Steuer und Studium 2007, S. 312

Hüttemann, Rainer/ Helios, Marcus: Abzugsfähigkeit von Direktspenden an gemeinnützige Einrichtungen im EU-Ausland, IStR 2008, S. 39

Hütig, Ann-Kathrin/ Plansky, Patrick: Verluste im Internationalen Steuerrecht – Auswirkungen der internationalen Finanzmarktkrise, FR 2009, S. 1021

Intemann, Jens/ Nacke, Aloys: Verlustverrechnung nach den Steueränderungen für 2003/2004, DStR 2004, S. 1149

Isensee, Josef/ Kirchhof, Paul: Handbuch des Staatsrechts der Bundesrepublik Deutschland, dritte Auflage, Band II: Verfassungsstaat, Heidelberg 2004

Dies.: Handbuch des Staatsrechts der Bundesrepublik Deutschland, dritte Auflage, Band V: Rechtsquellen, Organisation, Finanzen, Heidelberg 2007

Jacobs, Dietrich: (Un)gelöste ertragsteuerliche Fragen bei internationalen Bau- und Montagebetriebsstätten, IStR 2002, S. 505

Jaeger, Thomas: Gemeinschaftsrechtliche Probleme einer Privatisierung, EuZW 2007, S. 499

Jarass, Hans/ Pieroth, Bodo: Grundgesetz für die Bundesrepublik Deutschland, Kommentar, 7. Auflage, München 2004

Jarass, Lorenz: Unternehmenssteuerreform 2008, Gutachten, Wiesbaden 2007

Kahl, Wolfgang: Das öffentliche Unternehmen im Gegenwind des europäischen Beihilferegimes, NVwZ 1996, S. 1082

Keerl, Markus: Internationale Verrechnungspreise in der globalisierten Wirtschaft: die Bestimmung von Transferpreisen und das Verständigungsverfahren, Göttingen 2008

Keller, Johann: Die Unternehmensteuerreform 2008 und ihre Auswirkungen auf die Kommunalfinanzen, BayGTzeitung 2007, S. 509

Kellerhoff, Jan: Das BVerfG und der Kompetenzkonflikt mit dem EuGH, München 2007

Kelsen, Hans: Was ist Gerechtigkeit?, Ditzingen 2000 (Reclam Neudruck des Originals aus dem Jahre 1953)

Kent, Penelope: The law of the European Union, 3. Auflage, Harlow 2001

Kessler, Harald: Das Vorabentscheidungsersuchen des FG Hamburg vom 22. April 1999 in Sachen Bilanzierung von Kreditrisiken: Paradebeispiel für einen misslungenen Vorlagebeschluss – Zugleich ein Beitrag zum Verhältnis von nationalem Steuerbilanzrecht und Gemeinschaftsrecht, IStR 2000, S. 531

Kessler, Wolfgang: Gedanken zur grenzüberschreitenden Verlustnutzung nach Lidl Belgium, IStR 2008, S. 581

Kessler, Wolfgang/ Kröner, Michael/ Köhler, Stefan: Konzernsteuerrecht, National – International, 2. Auflage, München 2008

Kilper, Heiderose: Föderalismus in der Bundesrepublik Deutschland, Wiesbaden 1996

Kirchhof, Paul/ Neumann, Manfred: Freiheit, Gleichheit, Effizienz; Ökonomische und verfassungsrechtliche Grundlagen der Steuergesetzgebung, Bad Homburg 2001

Kirchhof, Paul: Rückwirkung von Steuergesetzen, Steuer und Wirtschaft 2000, S. 221

Ders.: Der Karlsruher Entwurf und seine Fortentwicklung zur vereinheitlichten Ertragssteuer, Steuer und Wirtschaft 2002, S. 3

Ders.: Das EStG - ein Vorschlag zur Reform des Ertragsteuerrechts, Beihefter zu DStR 37 2003, S. 1

Ders.: EStG-Kommentar, 5. Auflage, Heidelberg 2005

Kischel, Dieter: Die neue Initiative der EU-Kom zur steuerpolitischen Koordinierung im Bereich der direkten Steuern, IWB Nr. 22 vom 28.11.2007, S. 797

Kischel, Uwe: Die Kontrolle der Verhältnismäßigkeit durch den Europäischen Gerichtshof, EuR 2000, S. 380

Ders.: Die Begründung, Tübingen 2003

Klapdor, Ralf: Effiziente Steuerordnung durch ein europäisches Musterabkommen?, Berlin 2000

Kluth, Winfried/ Peilert, Andreas: Wirtschaft – Verwaltung – Recht, Festschrift für Martin Stober, Köln 2008

Knipping, Jens: Zur Frage des Definitivcharakters ausländischer Betriebsstättenverluste im Sinne des EuGH-Urteils in der Rechtssache Lidl Belgium bei fehlender Möglichkeit eines interperiodischen Verlustausgleichs im Betriebsstättenstaat, IStR 2009, S. 275

Knobbe-Keuk, Brigitte: Bilanz- und Unternehmenssteuerrecht, 9. Auflage, Köln 1993

Kofler, Georg: Dublin Docks-Gesellschaften zwischen Missbrauch und Gemeinschaftsrecht, RdW 2005, S. 786

Ders.: Marks & Spencer: Bedingte Verpflichtung zur Hereinnahme von Verlusten ausländischer Tochtergesellschaften, ÖStZ 2006, S. 48

Ders.: Wer hat das Sagen im Steuerrecht – EuGH, ÖStZ 2006, S. 154

Ders.: Europäische Grundfreiheiten, nationales Steuerrecht und die Rolle des EuGH (Teil 1), taxlex 2006, S. 13

Ders.: Europäische Grundfreiheiten, nationales Steuerrecht und die Rolle des EuGH (Teil 2), taxlex 2006, S. 63

Kokott, Juliane: Anwältin des Rechts – Zur Rolle der Generalanwälte beim Europäischen Gerichtshof, Bonn 2006

Dies.: Ist der EuGH – noch – ein Motor für die Konvergenz der Steuersysteme?, BB 2007, S. 913

Köhler, Stefan/ Tippelhofer, Martina: Verschärfung des § 42 AO durch das Jahressteuergesetz 2008, IStR 2007, S. 681

Körber, Torsten: Grundfreiheiten und Privatrecht, Tübingen 2004

Körner, Andreas: Europarecht und Umwandlungssteuerrecht, IStR 2006, S. 109

Korioth, Stefan: Der Finanzausgleich zwischen Bund und Ländern, Tübingen 1997

Kraft, Cornelia/ Kraft, Gebhard: Grundlagen der Unternehmensbesteuerung, Wiesbaden 2006

Kube, Hanno: Die Gleichheitsdogmatik des europäischen Wettbewerbsrechts – zur Beihilfenkontrolle staatlicher Ausgleichsleistungen, EuR 2004, S. 230

Ders.: Die Finanzgewalt in der Kompetenzordnung, Tübingen 2004

Ders.: Die Zukunft des Gemeinnützigkeitsrechts in der europäischen Marktordnung, IStR 2005, S. 469

Ders.: Grenzüberschreitende Verlustverrechnung und die Zuordnung von Verantwortung, IStR 2008, S. 305

Ders.: EuGH-Rechtsprechung zum direkten Steuerrecht – Stand und Perspektiven, Bonn 2009

Kunat, Stefanie: Das Ost-West Fördergefälle in Deutschland- Beurteilung aus regionalwissenschaftlicher und volkswirtschaftlicher Sicht, München 2007

Kunze, Marcel: Vergleichende Beurteilung des Ansatzes von Beteiligungen an Personen- und Kapitalgesellschaften in der Handels- und Steuerbilanz, München 2008

Kußmaul, Heinz: Betriebswirtschaftliche Steuerlehre, 4. Auflage, München 2005

Kußmaul, Heinz/ Niehren, Christoph: Grenzüberschreitende Verlustverrechnung im Lichte der jüngere EuGH-Rechtsprechung, IStR 2008, S. 81

Lachmayer, Konrad/ Bauer, Lukas: Praxiswörterbuch Europarecht, Wien/New York 2008

Lamprecht, Philipp: Betriebsstättenverluste, Verlustvortragsrecht und Aufteilung der Besteuerungsbefugnisse nach dem Urteil des EuGH in der Rs. KR Wannsee, S. 766

Lang, Joachim/ Englisch, Joachim: Grundzüge des Kölner Entwurfs eines Einkommensteuergesetzes, Beihefter zu DStR 2005, Heft 25, S. 1

Lang, Joachim: Reform der Unternehmensbesteuerung auf dem Weg zum europäischen Binnenmarkt und zur deutschen Einheit, Steuer und Wirtschaft 1990, S. 107

Ders.: Verfassungsmäßigkeit der Mindestbesteuerung nach den §§ 10d Abs. 2 EStG; 10a GewStG in der ab 1. Januar 2004 geltenden Fassung, Rechtsgutachten, Köln 2004

Ders.: Besteuerung von Einkommen - Aufgabe, Wirkungen und europäische Herausforderungen, NJW 2006, S. 2209

Lang, Michael/ Pistone, Pasquale: Introduction to European Tax Law: Direct Taxation, London 2008

Lang, Michael: Wohin geht das Internationale Steuerrecht?, IStR 2005, S. 289

Ders.: Gemeinschaftsrechtliche Verpflichtung zur Rechtsformneutralität im Steuerrecht, IStR 2006, S. 397

Ders.: Doppelte Verlustberücksichtigung und Gemeinschaftsrecht – am Beispiel der Betriebsstättengewinnermittlung, IStR 2006, S. 550

Larenz, Karl: Methodenlehre der Rechtswissenschaft, Band 6, Berlin/Heidelberg/New York 1991

Laule, Gerhard: Die Harmonisierung des Europäischen Steuerrechts, IStR 2001, S. 297

Lehmkuhl, Ursula: Theorien internationaler Politik: Einführung und Texte, 3. Auflage, München 2001

Lehner, Matthias: Die Organe der Europäischen Union, München 2008

Lehner, Moris: Grundfreiheiten im Steuerrecht der EU-Mitgliedstaaten, München 2000

Lembcke, Oliver: Über das Ansehen des Bundesverfassungsgerichts: Ansichten und Meinungen in der Öffentlichkeit 1951- 2001, Berlin 2007

Lenz, Carl/ Borchardt, Klaus: EU- und EG-Vertrag: Kommentar zu dem Vertrag über die europäische Union und zu dem Vertrag zur Gründung der europäischen Gemeinschaften, 4. Auflage, Köln 2006

Leonardy, Uwe: Europäische Kompetenzabgrenzung als deutsches Verfassungspostulat, Baden-Baden 2002

Limbach, Jutta: Die Akzeptanz verfassungsgerichtlicher Entscheidungen, Münster 1997

Linn, Alexander/ Reichl, Alexander/ Wittkowski, Ansas: Grenzüberschreitende

Verlustverrechnung: Möglichkeiten und Grenzen, BB 2006, S. 630

Lippl, Bodo: „Welten der Gerechtigkeit" in „Welten wohlfahrtsstaatlicher Regimes" - Welche Einkommensungerechtigkeit nehmen Menschen in Europa wahr und welche Gerechtigkeitsordnung wollen sie?, Arbeitsbericht Nr. 59 des International Social Justice Project, Arbeitsgruppe für die Bundesrepublik Deutschland, Berlin 2000

Lübke, Julia: Der Erwerb von Gesellschaftsanteilen zwischen Kapitalverkehrs- und Niederlassungsfreiheit, Baden-Baden 2006

Lüdicke, Jochen: Seminar I: Ein steuerlicher „race to the bottom" bei örtlich ungebundenen Aktivitäten?, IStR 2009, S. 544

Lüdicke, Jochen/ Sistermann, Christian: Unternehmenssteuerrecht, München 2008

Lüdicke, Jürgen: Wo steht das deutsche Internationale Steuerrecht?, Köln 2009

Lühn, Tim: Berücksichtigung von Betriebsstättenverlusten bei DBA-Freistellung, BB 2009, S. 90

Mack, Alexandra/ Wollweber, Markus: § 42 AO - Viel Lärm um nichts?, DStR 2008, S. 182

Maiterth, Ralf: Das EuGH-Urteil „Marks & Spencer" und die grenzüberschreitende Verlustverrechnung aus ökonomischer Sicht, DStR 2006, S. 915

Maiterth, Ralf/ Müller, Heiko: Abschaffung der Verlustübernahme bei Verschmelzung von Körperschaften – steuersystematisch geboten oder fiskalisch motiviert?, DStR 2009, S. 1861

Maunz, Theodor/ *Dürig,* Günter: Grundgesetz-Kommentar, Band I, München Stand 2004

Mayr, Gunter: Moderne Konzernbesteuerung im Lichte der EuGH-Rechtsprechung, BB 2008, S. 1312

Ders.: Endgültige Verluste im Sinne von Marks & Spencer, BB 2008, S. 1816

Meister, Norbert: Der lange Weg zu einem Konzernsteuerrecht für den Binnenmarkt, NZG 2006, S. 212

Mensch, Gerhard: Investition: Investitionsrechnung in der Planung und Beurteilung von Investitionen, München 2002

Menzel, Jörg: Verfassungsrechtsprechung, Tübingen 2000

Middeke, Andreas/ Rengeling, Hans-Werner: Handbuch des Rechtsschutzes in der Europäischen Union, 2. Auflage, München 2003

Mill, Jon Stuart: Grundsätze der politischen Ökonomie nebst einigen Anwendungen auf die Gesellschaftswissenschaften, Band 1, Hamburg 1852.

Mitschke, Wolfgang: Nichtanwendung der Rechtsprechung des EuGH im Bereich der direkten Steuern? Unrichtige Auslegung des EG-Vertrags und Nichtbeachtung des Subsidiaritäts-prinzips durch den EuGH, Fach 2, S. 9805

Möllers, Christoph/ Voßkuhle, Andreas: Internationales Verwaltungsrecht, Tübingen 2007

Müller, Heiko: Das Aufkommen der Steuern vom Einkommen in Deutschland: Gründe für die vom Volkseinkommen abweichende Entwicklung Anfang und Mitte der 1990er Jahre, Wiesbaden 2004

Murswiek, Dietrich: Die heimliche Entwicklung des Unionsvertrages zur europäischen Oberverfassung - Zu den Konsequenzen der Auflösung der Säulen-Struktur der Europäischen Union und der Erstreckung der Gerichtsbarkeit auf des EU-Gerichtshof auf den EU-Vertrag, NVwZ 2009, S. 481

Musil, Andreas: Rechtsprechungswende des EuGH bei den Ertragsteuern?, Der Betrieb 2009, S. 1037

Neidhardt, Hilde: Staatsverschuldung und Verfassung, Tübingen 2010

Nemitz, Jürgen: Die direkten Steuern der Stadt Regensburg: Abgaben und Stadtverfassung vom 17. bis zum 19. Jahrhundert, München 2000

Neus, Werner: Einführung in die Betriebswirtschaftslehre, 5. Auflage, Tübingen 2007

Obser, Ralph: Kein Abzug von Betriebsstättenverlusten aus einem Drittstaat, DStR 2008, S. 1086

Oppermann, Thomas: Europarecht, 3. Auflage, München 2005

Ottaviano, Marco: Der Anspruch auf rechtzeitigen Rechtsschutz im Gemeinschaftsprozessrecht, Tübingen 2009

Pache, Sven: Grenzüberschreitende Verlustverrechnung deutscher Konzernspitzen – Ist die Organschaft noch zu retten?, IStR 2007, S. 47

Palke, Armin/ Koenig, Ulrich: Abgabenordnung, 2. Auflage, München 2009

Papier, Hans-Jürgen: Steuerrecht im Wandel – verfassungsrechtliche Grenzen der Steuerpolitik, DStR 2007, S. 973

Parma, Viktor/ Vontobel, Werner: Schurkenstaat Schweiz? Steuerflucht: Wie sich der größte Bankenstaat der Welt korrumpiert und andere Länder destabilisiert, Bielefeld 2009

Paschen, Uwe: Steuerumgehung im nationalen und internationalen Steuerrecht, Wiesbaden 2001

Pawlowski, Hans Martin: Einführung in die juristische Methodenlehre, Heidelberg 1986

Pechstein, Matthias: EU-/EG-Prozessrecht, 3. Auflage, Tübingen 2007

Pethe, Heike: Internationale Migration hoch qualifizierter Arbeitskräfte, Berlin 2006

Pieroth, Bodo/ Schlink, Bernhard: Grundrechte Staatsrecht II, 20. Auflage,

Heidelberg 2004

Pinzani, Alexandro: Jürgen Habermas, München 2007

PriceWaterhouseCoopers: Verlustberücksichtigung über Grenzen hinweg, Frankfurt 2006

Rau, Thomas: Verfassungsdirigierende Prinzipien für das Unternehmenssteuerrecht, Berlin 2007

Rainer, Anno: Körperschaftssteuerrecht: Abzugsfähigkeit von Beträgen, die eine Gesellschaft als Konzernbeitrag gezahlt hat, nur wenn die Gesellschaft ihren Sitz im betreffenden Mitgliedstaat hat, IStR 2007, S. 631

Reif, Christian: Reform der Besteuerung des Einkommens: Notwendigkeit, Anforderungen und Möglichkeiten, Wiesbaden 2005

Reimer, Ekkehart/ Lehner, Moris: Generalthema I: Quelle versus Ansässigkeit – Wie sind die grundlegenden Verteilungsprinzipien des Internationalen Steuerrechts austariert?, IStR 2005, S. 542

Reimer, Ekkehart: Europäisches Gesellschafts- und Steuerrecht, Grundlagen – Entwicklungen – Verbindungslinien, München 2007

Ders.: Der Ort des Unterlassens, Die ursprungsbezogene Behandlung von Entgelten für Untätigkeit im Internationalen Steuerrecht, München 2004

Ders.: Die sog. Entscheidungsharmonie als Maßstab für die Auslegung von Doppelbesteuerungsabkommen, IStR 2008, S. 551

Rehm, Helmut/ Nagler, Jürgen: Neues von der grenzüberschreitenden Verlustverrechnung, IStR 2008, S. 129

Dies.: Auslandsbeteiligung: Kein prinzipieller Abzug von Verlusten einer luxemburgischen Betriebsstätte nach DBA-Luxemburg, GmbHR 2008, S. 1174

Rek, Robert/Brück, Michael: Internationales Steuerrecht in der Praxis, Wiesbaden 2008

Riegger, Bodo/ Weipert, Lutz: Münchener Handbuch des Gesellschaftsrechts, Band 2, 2. Auflage, München 2004

Riesenhuber, Karl: Europäische Methodenlehre: Handbuch für Ausbildung und Praxis, Berlin 2006

Rödder, Thomas/ Schönfeld, Jens: Mündliche Verhandlung vor dem EuGH in der Rechtssache „Cadbury Schweppes": Wird sich der Missbrauchsbegriff des EuGH verändern?, IStR 2006, S. 49

Rodi, Michael: Verfassungskonforme Besteuerung von Kapitalerträgen, NJW 1991, S. 2865

Ders.: Die Rechtfertigung von Steuern als Verfassungsproblem, München 1994

Roth, Wolfgang: Verfassungsgerichtliche Kontrolle der Vorlagepflicht an den EuGH, NVwZ 2009, S. 345

Röthel, Anne: Normkonkretisierung im Privatrecht, Tübingen 2004

Ruehling, Melanie: Besonderheiten bei der Bewertung von Klein- und mittelständischen Unternehmen, München 2008

Ruffert, Matthias: Die Wirtschaftsverfassung im Vertrag über eine Verfassung für Europa, Bonn 2004

Sachs, Michael: Grundgesetz-Kommentar, 3. Auflage, München 2003

Sander, Gerald: Deutsche Rechtssprache, Tübingen 2004

Sauer, Heiko: Jurisdiktionskonflikte in Mehrebenensystemen, Berlin 2008

Sauerland, Carsten: Besteuerung europäischer Konzerne: Eine Analyse alternativer Modelle der Konzernbesteuerung, Wiesbaden 2007

Sava, Olga: Dualismus der Einkunftsarten: Ansätze zur Steuerreformdiskussion aus betriebswirtschaftlicher Sicht, Wiesbaden 2007

Schäfer, Matthias: Subsidiarität und EU-Säulenstruktur, München 2008

Schaumburg, Harald: Internationales Steuerrecht, 2. Auflage, Köln 1998

Ders.: Außensteuerrecht und Europäische Grundfreiheiten, Bonn 2004

Schenke, Ralf: Die Rechtsfindung im Steuerrecht, Tübingen 2007

Scheunemann, Marc: Praktische Anforderungen einer grenzüberschreitenden Verlustberücksichtigung im Konzern in Inbound- und Outboundfällen nach der Entscheidung Marks & Spencer, IStR 2006, S. 145

Schewe, Sebastian: Harmonisierung der Körperschaftsteuerbemessungsgrundlage: Ein sinnvolles Instrument zur Eindämmung der Verlagerung Steuerpflichtiger Gewinne innerhalb der europäischen Union?, München 2007

Schilling, Katrin: Binnenmarktkollisionsrecht, Berlin 2006

Schmehl, Arndt: Das Äquivalenzprinzip im Recht der Staatsfinanzierung, Tübingen 2004

Schmidt, Karsten: Münchener Kommentar zum HGB, 2. Auflage, München 2007

Schmidt, Manfred: Demokratietheorien: eine Einführung, 4. Auflage, Wiesbaden 2008

Schmölders, Günter/ Hansmeyer, Karl-Heinrich: Allgemeine Steuerlehre, 5. Auflage, Berlin 1980

Schmölders, Günter: Finanzpolitik, Berlin 2007

Schneider, Markus: Die italienische Gruppenbesteuerung, IStR 2007, S. 457

Schneider, Ulrike: Der EU-Haushalt und seine Einnahmequellen, München 2007

Schneider, Volker: Entgrenzte Märkte, grenzenlose Bürokratie?: Europäisierung in Wirtschaft, Recht und Politik, Frankfurt 2002

Scholler, Heinrich/ Schloer, Bernhard: Grundzüge des Polizei- und Ordnungsrechts in der Bundesrepublik Deutschland, 4. Auflage, Heidelberg 1993

Scholz, Stephan: Besteuerung der betrieblichen Altersversorgung in Europa – internationale Steuerwirkungen – europarechtliche Analyse – Reformüberlegungen, Wiesbaden 2006

Schön, Wolfgang: Tax Competition in Europe, Amsterdam 2003

Ders.: Zukunftsfragen des deutschen Steuerrechts, MPI Studies on Intellectual Property, Competition and Tax Law, Berlin-Heidelberg 2009

Ders.: Besteuerung im Binnenmarkt – die Rechtsprechung des EuGH zu den direkten Steuern, IStR 2004, S. 289

Ders.: Steuerpolitik 2008 - das Ende der Illusionen? Beihefter zu DStR 17, 2008, S. 10

Schönfeld, Jens: Hinzurechnungsbesteuerung und Europäisches Gemeinschaftsrecht, Köln 2005

Schreiber, Ulrich: Besteuerung der Unternehmen, 2. Auflage, Berlin 2008

Schröder, Friedrich/ Fincke, Martin/ Pfaff, Dieter: Jahrbuch für Ostrecht 2009, München 2009

Schroeder, Werner: Das Gemeinschaftsrechtssystem: Eine Untersuchung zu den rechtsdogmatischen, rechtstheoretischen und verfassungsrechtlichen Grundlagen des Systemdenkens im europäischen Gemeinschaftsrecht, Tübingen 2002

Schulev-Steindl, Eva: Subjektive Rechte: Eine rechtstheoretische und dogmatische Analyse am Beispiel des Verwaltungsrechts, Wien/New York 2008

Schulze, Götz: Die Naturalobligation: Rechtsfigur und Instrument des Rechtsverkehrs einst und heute, zugleich Grundlegung einer zivilrechtlichen Forderungslehre, Tübingen 2008

Schüßler, Wilhelm: Bismarck. Die gesammelten Werke – Reden von 1878 bis 1885, Band 12, Berlin 1929

Schwarz, Peter: Zur Notwendigkeit einer Zinsschranke: Empirische Befunde und Probleme, IStR 2008, S. 11

Schwarze, Jürgen: Vertrag zur Gründung der Europäischen Gemeinschaft, 6. Auflage, Baden-Baden 2003

Ders.: EU-Kommentar, 2. Auflage, Baden-Baden 2009

Ders.: Daseinsvorsorge im Lichte des europäischen Wettbewerbsrechts, EuZW 2001, S. 334

Ders.: Der Schutz der Grundrechte durch den EuGH, NJW 2005, S. 3459

Ders.: Europäisches Verwaltungsrecht, Entstehung und Entwicklung im Rahmen der Europäischen Gemeinschaft, 2. erweiterte Auflage, Baden-Baden 2005

Ders.: Europäisches Wirtschaftsrecht, Grundlagen, Gestaltungsformen, Grenzen, Baden-Baden 2007

Schwenke, Michael: Kapitalertragsteuer bei Streubesitzdividenden gemeinschaftswidrig?, IStR 2008, S. 473

Seidel, Horst/ Temmen, Rudolf: Grundlagen der Betriebswirtschaftslehre: Lerngerüst, Lerninformationen, Lernaufgaben, Berlin 2002

Seiler, Christian/ Axer, Georg: Die EuGH-Entscheidung im Fall „Lidl Belgium" als (Zwischen-) Schritt auf dem Weg zur Abstimmung von nationaler Steuerhoheit und europäischem Recht, IStR 2008, S. 838

Seiler, Christian: Der souveräne Verfassungsstaat zwischen demokratischer Rückbindung und überstaatlicher Einbindung, Tübingen 2005

Semler, Johannes/ Stengel, Arndt/ Siems, Mathias: Umwandlungsgesetz, Kommentar, 2. Auflage, München 2007

Dies.: SEVIC: Der letzte Mosaikstein im Internationalen Gesellschaftsrecht der EU?, EuZW 2006, S. 135

Shakespeare, William: Maß für Maß, in der DTV-Übersetzung, München 2000

Soltész, Ulrich/ Bielesz, Holger: Privatisierungen im Licht des Europäischen Beihilferechts - Von der Kommission gerne gesehen, aber nicht um jeden Preis, EuZW 2004, S. 391

Sowada, Christoph: Der gesetzliche Richter im Strafverfahren, Berlin 2002

Spindler, Gerald: Recht und Konzern, Tübingen 1993

Spindler, Wolfgang: Der Nichtanwendungserlass im Steuerrecht, DStR 2007, S. 1061

Spoerer, Mark: Steuerlast, Steuerinzidenz und Steuerwettbewerb, Berlin 2004

Spengel, Christoph: Gemeinsame (konsolidierte) Körperschaftsteuerbemessungsgrundlage in der EU und Umsetzungsfragen, DStR 2009, S. 773

Stache, Ulrich: Besteuerung der GmbH, Wiesbaden 2007

Stein, Ekkehart/ Frank, Götz: Staatsrecht, 20. Auflage, Tübingen 2007

Stewen, Tobias: Der EuGH und die nationale Steuerhoheit – Spannungsverhältnis und Konfliktlösung, EuR 2008, S. 445

Stone Sweet, Alec: The Judical Construction of Europe, Oxford 2004

Stratenwerth, Günther: Festschrift für Hans Welzel zum 70. Geburtstag am 25. März 1974, Berlin 1974

Streinz, Rudolf: EUV/EGV-Kommentar, München 2003

Ders.: Europarecht, 7. Auflage, Heidelberg 2005

Ders.: Und wieder Doc Morris: Das apothekenrechtliche Mehr- und Fremdbesitzverbot aus der Perspektive des Gemeinschaftsrechts, EuZW 2006, S. 455

Sudhoff, Heinrich: Unternehmensnachfolge, 5. Auflage, München 2005

Tassikas, Apostolos: Dispositives Recht und Rechtswahlfreiheit als Ausnahmebereiche der EG-Grundfreiheiten: Ein Beitrag zur Privatautonomie, Vertragsgestaltung und Rechtsfindung im Vertragsverkehr des Binnenmarkts, Tübingen 2002

Terhechte, Jörg Philipp: Souveränität, Dynamik und Integration making up the rules as we go along? Anmerkungen zum Lissabon-Urteil des Bundesverfassungsgerichts, EuZW 2009, S. 724

Thiede, Sabine: Die verfassungsrechtliche und steuersystematische Untersuchung der Ehegattenbesteuerung und ihrer Alternativmodelle, Münster 1999

Thomas, Jörg: Die steuerliche Behandlung einer grenzüberschreitenden Verschmelzung von Kapitalgesellschaften innerhalb der EU, Lohmar 2007

Thömmes, Otmar: Phasengleiche Berücksichtigung von Betriebsstättenverlusten nicht EG-rechtlich geboten; IWB 2008, Fach 11a, S. 1185

Tipke, Klaus: Die Steuerrechtsordnung, Band II, 2. Auflage, Köln 2003

Tömmel, Ingeborg: Die europäische Union: Governance und Policy-making, Wiesbaden 2008

Treisch, Corinna: Europataugliche Ausgestaltung der Unternehmensbesteuerung: Anforderungen, Probleme und Lösungsmöglichkeiten, Wiesbaden 2004

Tschentscher, Axel: Examenskurs Grundrechte, Würzburg 2002

Umbach, Dieter Clemens, Thomas Dollinger, Franz-Wilhelm: Bundesverfassungsgerichtsgesetz, Mitarbeiterkommentar und Handbuch, 2. Auflage, Heidelberg 2005

Van Raad, Cees: The impact of the EC Treaty's Fundamental Freedoms Provisions on EU Member states Taxations on Border-crossing situations, EC Tax Review 1995, S. 190

Van Ooyen, Christian/ Möllers, Martin: Das BVerfG im politischen System, Berlin 2006

Vanistendael, Frans: The compatibility of the basic economic freedoms with the sovereign national tax systems of the Member States, EC Tax Review 2003, S. 136

Vermeend, William: The Court of Justice of the European Communities and the direct taxes: „Est-ce que la justice est de ce monde?", EC Tax Review 1996, S. 54

Vitzthum, Wolfgang: Völkerrecht, 3. Auflage, Berlin 2004

Vogel, Klaus, Lehner, Moris: Doppelbesteuerungsabkommen, Kommentar, 5. Auflage, München 2008

Vogel, Klaus: Das oberste österreichische Steuergericht erklärt Verluste bei DBA Freistellung für abzugsfähig, IStR 2002, S. 91

Von Bogdandy, Armin: Europäisches Verfassungsrecht, Berlin 2003

Ders.: Handbuch Ius Publicum Europaeum, Band II, Heidelberg 2008

Von Brocke, Klaus: Lidl Belgium und die praktischen Folgen, DStR 2008, S. 2201

Von der Groeben, Hans/ Von Mangoldt, Hermann/ Klein, Friedrich: Kommentar zum Vertrag über die Europäische Union und Das Bonner Grundgesetz, Band 1, 4. Auflage, München 1999

Dies.: Das Bonner Grundgesetz, Band 2, 4. Auflage, München 2000

Von Münch, Ingo: Die deutsche Staatsangehörigkeit: Vergangenheit – Gegenwart – Zukunft, Berlin 2007

Von Nell, Verena/ Kufeld, Klaus: Homo oeconomicus: Ein neues Leitbild in der globalisierten Welt, Berlin-Hamburg 2006

Von Proff, Maximilian: Grenzüberschreitende Gemeinnützigkeit nach dem Persche-Urteil des EuGH, IStR 2009, S. 371

Von Unger, Moritz: „So lange" nicht mehr: Das BVerfG behauptet die normative Freiheit des deutschen Rechts, NVwZ 2005, S. 1266

Von Winter, Thomas: Perspektiven der politischen Soziologie, im Wandel von Gesellschaft und Staatlichkeit: Festschrift für Theo Schiller, Wiesbaden 2008

Voßkuhle, Andreas/ Kaiser, Anna-Bettina: Das subjektiv-öffentliche Recht, Jus 2009, S. 16

Voßkuhle, Andreas: Stabilität, Zukunftsoffenheit und Vielfaltssicherung – Die Pflege des verfassungsrechtlichen „Quellcodes" durch das BVerfG, JZ 2009, S. 917

Ders.: Der europäische Verfassungsgerichtsverbund, NVwZ 2010, S. 1

Wabnitz, Heinz Bernhard/ Janovsky, Thomas: Handbuch des Wirtschafts- und Steuerstrafrechts, 3. Auflage, München 2007

Walden, Andreas: Der Einfluss der Besteuerung auf die Vorteilhaftigkeit betrieblicher Investitionen in der Republik Polen, München 2007

Wagener, Andreas: Internationaler Steuerwettbewerb mit Kapitalsteuern, Heidelberg 1997

Wagner, Christine: Die Pläne der Bundesregierung zur Reform der Unternehmensbesteuerung: Darstellung und kritische Beurteilung aus betriebswirtschaftlicher Sicht, München 2007

Wagner, Thomas: Finnische Gruppenbesteuerung vor dem EuGH – Das Urteil in der Rechtssache Oy AA und seine Folgen für die Organschaft, IStR 2007, S. 650

Wagschal, Uwe: Steuerpolitik und Steuerreformen im internationalen Vergleich: Eine Analyse der Ursachen und Blockaden, Berlin 2005

Wahl, Rainer: Herausforderungen und Antworten: Das öffentliche Recht der letzten fünf Jahrzehnte, Berlin 2006

Wanke, Florian: Streitfragen und Entscheidungsprozesse im föderalistischen Finanzausgleich der Bundesrepublik Deutschland, München 2008

Watrin, Christoph/ Wittkowski, Ansas/ Lindscheid, Friederike: EuGH: Keine Sofortverrechnung ausländischer Betriebsstättenverluste – Das Urteil in der Rs. Lidl Belgium aus betriebswirtschaftlicher Sicht, IStR 2008, S. 637

Wattel, Peter Terra, Ben: European tax law, 4. Auflage, Den Haag 2005

Weber-Fas, Rudolf: Staatsverträge im internationalen Steuerrecht: Zur Rechtsnatur, Geschichte und Funktion der deutschen Doppelbesteuerungsabkommen,

Tübingen 1982

Weber-Grellet, Heinrich: Steuern im modernen Verfassungsstaat: Funktionen,

Prinzipien und Strukturen des Steuerstaats und des Steuerrechts, Köln 2001

Ders.: Lenkungssteuern im Rechtssystem, NJW 2001, S. 3657

Ders.: Der Karlsruher Entwurf – ein Weg in die steuerliche Vergangenheit, ZRP 2003, S. 279

Ders.: Europäisches Steuerrecht, München 2005

Ders.: Die Abgeltungssteuer: Irritiertes Rechtsempfinden oder Zukunftschance?, NJW 2008, S. 545

Ders.: Das Steuerrecht in der Finanzkrise, ZRP 2009, S. 101

Ders.: Neu-Justierung der EuGH-Rechtsprechung, DStR 2009, S. 1229

Wehrheim, Michael: Einkommensteuer und Steuerwirkungslehre, Wiesbaden 2004

Weidemann, Anja Maria: Die Bedeutung der Querschnittsklauseln für die Kompetenzen der EG, Frankfurt am Main 2009

Weidemann, Clemens: Höchstrichterliche Sportwetten-Akrobatik – Zur Grundrechtskontrolle von bundesstrafrechtlichen Berufsverboten und landesverwaltungsrechtlichen Staatsmonopolen, NVwZ 2008, S. 278

Weiler, Joseph: The Reformation of European Constitutionalism, JCMS 35, 1997, S. 97

Wendt, Rudolf/ Höfling, Wolfram: Staat, Wirtschaft, Steuern, Festschrift für Friauf,

Heidelberg 1996

Wenzel, Heinz-Dieter: Finanzpolitik in Europa, Bamberg 2008

Werner, Rüdiger: Stiftungen als Instrument der Unternehmens- und Vermögensnachfolge, ZEW 2006, S. 539

Wernsmann, Rainer: Verhaltenslenkung in einem rationalen Steuersystem, Tübingen 2005

Wieland, Joachim: Der EuGH im Spannungsverhältnis zwischen Rechtsanwendung und Rechtsgestaltung, NJW 2009, S. 1841

Wienbracke, Mike: Europarecht und nationale direkte Steuern, Jura 2008, S. 929

Williams, David: The European Court and the power to destroy, EC Tax Review 1997, S. 4

Wienbracke, Mike: Europarecht und nationale direkte Steuern, Jura 2008, S. 929

Wintermann, Ole: Vom Retrenchment zur Krisenreaktionsfähigkeit: Ein empirischer Vergleich der Wohlfahrtsstaaten Schweden und Deutschland 1990-2000, Wiesbaden 2005

Wittkowski, Ansas:Grenzüberschreitende Verlustverrechnung in Deutschland und Europa. Eine ökonomische, europa- und verfassungsrechtliche Analyse, Wiesbaden 2008

Wollenschläger, Ferdinand: Grundfreiheit ohne Markt: die Herausbildung der Unionsbürgerschaft im unionsrechtlichen Freizügigkeitsregime, Tübingen 2006

Ders.: Die Unionsbürgerschaft und ihre Dynamik für den Integrationsprozess jenseits des Marktes, ZEUS 2009, S. 1.

Wunderlich, Nina/ Albath, Lars: Der Europäische Gerichtshof und die direkten Steuern, DStZ 2005, S. 547

Dies.: Wege aus der Steuersackgasse? Neue Tendenzen in der Rechtsprechung des EuGH, Europäisches Wirtschafts- und Steuerrecht 2006, S. 205

Wurmnest, Wolfgang: Grundzüge eines europäischen Haftungsrecht: eine vergleichende Untersuchung des Gemeinschaftsrechts, Tübingen 2003

Xenopoulos, Xenios: Direct tax rules and the EU fundamental freedoms: origin and scope of the problem; National and Community responses and solution, FIDE National Report 2006, Nicosia 2006

Zech, Till: Funktionsverlagerung durch Zusammenlegung von Produktion und Vertrieb? – Praxisfall aus der Betriebsprüfung, IStR 2009, S. 418ff.

Zorn, Nikolaus/ Twardosz, Benjamin: Gemeinschaftsgrundrechte und Verfassungssteuerrecht, DStR 2007, S. 2185